Schwitte/Möhlenbruch/Bottermann
Beruf Pferdewirt

Walter Schwitte
Dr. Georg Möhlenbruch
Dr. Heinrich Bottermann

Beruf Pferdewirt

27 Farbfotos
135 Schwarzweißfotos und Zeichnungen
73 Tabellen

Das Werk und seine Teile sind urheberrechtlich
geschützt. Jede Verwertung in anderen als den
gesetzlich zugelassenen Fällen bedarf deshalb der
vorherigen schriftlichen Einwilligung des Verlages.

ISBN 3-8001-1072-5

© 1991 Eugen Ulmer GmbH & Co.
Wollgrasweg 41, 7000 Stuttgart 70 (Hohenheim)
Printed in Germany
Einbandgestaltung: Alfred Krugmann, Freiberg am Neckar
Lektorat: Werner Baumeister
Herstellung: Martina Dörsam, Jürgen Sprenzel
Satz: Ungeheuer + Ulmer KG GmbH + Co.
Druck und Bindung: Friedrich Pustet, Regensburg

Vorwort

»Trotz der seit zwei Jahrzehnten andauernden ›Pferdebuch-Welle‹ überfallen uns erneut drei ›Besserwisser‹ mit einem Pferdebuch«, werden viele Leser anmerken und spontan fragen: »Haben denn die drei wirklich Neues anzubieten?«

»Nein! Im Grunde nicht«, lautet hierzu die klare Antwort.

Trotzdem glauben Verlag und Verfasser, eine Lücke schließen zu müssen, für ihr Unterfangen also einen plausiblen Grund sowie eine zutreffende Motivation zu haben.

Es soll ein den Bedürfnissen und Anforderungen des **anerkannten Ausbildungsberufes »Pferdewirt«** angepaßtes Lehrbuch angeboten werden, welches die im Ausbildungsrahmenplan verbindlich festgeschriebenen Ausbildungsinhalte vermittelt. Diese sind dargestellt in der »Verordnung über die Berufsausbildung zum Pferdewirt vom 1. 11. 1975«. Unter gleichzeitiger Berücksichtigung der Inhalte der Rahmenlehrpläne bzw. Lernzielkataloge der Bundesländer wird ein auf die Belange von Berufsschule und Ausbildungsstätte abgestimmtes Fachbuch für angehende Pferdewirte vorgelegt, welches auch Amateuren und interessierten Laien Hilfen anbietet.

Didaktische und methodische Gestaltung müssen daher in erster Linie dieser Zielgruppe angemessen sein, was sich nach außen in der gewählten Sprache und im Aufbau widerspiegelt.

Ein Lehrbuch zu erarbeiten, das die Ausbildungsinhalte der drei für Pferdewirte vorgeschriebenen Lehrjahre abdeckt, würde den Rahmen dieses Buches sprengen. Darum bleiben die spezialisierten Ausbildungsgänge des dritten Ausbildungsjahres – A. Pferdezucht und -haltung, B. Reiten, C. Rennreiten und D. Trabrennfahren – unberücksichtigt.

Auch die allgemeinbildenden Unterrichtsfächer der Berufsschule finden keine Aufnahme. Arbeitsschutz, Unfallverhütung, Umwelt- und Naturschutz werden da integriert, wo sie fachlich und inhaltlich angesiedelt sind.

Unser Dank gilt allen, die uns bei der Abfassung und Gestaltung des vorliegenden Buches in irgendeiner Form behilflich waren.

Absicht und Wunsch des Verlages und der Autoren sind es, daß alle, die sich dem Pferd verschrieben haben, Grundkenntnisse erwerben und bereits vorhandenes Wissen festigen und vertiefen können.

Wir hoffen, daß dieses Vorhaben gelingen wird, zum Nutzen aller Pferdewirte in Beruf und Hobby, aber auch zum Wohle des Partners Pferd.

Frühjahr 1991   Die Autoren

Inhaltsverzeichnis

Vorwort		5

A	**Ausbildungsberuf Pferdewirt** (Schwitte)	11
1	**Grundlagen der Berufsausbildung**	11
1.1	Was bedeutet Berufsausbildung?	11
1.2	Der Ausbildungsvertrag	11
1.3	Inhalte des Ausbildungsvertrags	12
1.4	Der Ablauf der Ausbildung	12
2	**Prüfungen in der Berufsausbildung**	13
2.1	Die Zwischenprüfung	14
2.2	Die Abschlußprüfung	14
2.3	Prüfungsausschüsse	14
2.4	Der Berufsbildungsausschuß	15
2.5	Prüfungsordnungen	15
3	**Berufliche Fort- und Weiterbildung**	16
4	**Jugendschutz- und Jugendarbeitsschutzgesetz**	17
5	**Sonstige Bestimmungen**	18
B	**Fachlicher Teil**	19
1	**Bau und Leben der Pferde**	19
1.1	Die Bauteile des Körpers	19
1.1.1	Die Zelle	19
1.1.2	Die Gewebe	21
1.1.3	Das Knochengerüst (Skelett)	24
1.1.4	Muskeln, Sehnen, Bänder	28
1.1.4.1	Muskeln	28
1.1.4.2	Sehnen und Muskeln	29
1.1.4.3	Bänder	31
1.1.4.4	Bewegungsabläufe	31
1.1.5	Nervensystem, Hormone und Drüsen, Sinnesorgane	34
1.1.5.1	Das Nervensystem	34
1.1.5.2	Hormone und Drüsen	36
1.1.5.3	Die Sinnesorgane	39
1.2	Lebensvorgänge	41
1.2.1	Der Stoffwechsel	41
1.2.2	Atmungsorgane und Atmung	41
1.2.3	Blut, Blutkreislauf und Lymphe	43
1.2.3.1	Blut	43
1.2.3.2	Blutkreislauf	45
1.2.4	Verdauungsorgane und Verdauung	49
1.2.4.1	Die Verdauungsorgane	49
1.2.4.2	Die Leber	54
1.2.4.3	Die Bauchspeicheldrüse und die Langerhansschen Inseln	54
1.2.5	Die Harnabsonderung	54
1.2.6	Haut, Haare, Hufe	56
1.2.6.1	Haut	56
1.2.6.2	Haare	56
1.2.6.3	Hufe	58
1.2.7	Geschlechtsorgane	58
1.2.7.1	Die männlichen Geschlechtsorgane	58
1.2.7.2	Die weiblichen Geschlechtsorgane	61
1.2.8	Milchdrüse und Milchbildung	62
1.3	Arteigene Verhaltensweisen des Pferdes	63
2	**Die Pferde in der Bundesrepublik Deutschland**	67
2.1	Abstammung und Entwicklung	67
2.2	Der Pferdebestand	67
2.3	Die Pferderassen nach der DLG-Schauordnung	70
2.3.1	Rassengruppe A: Sonder- oder Spezialrassen	70
2.3.1.1	Araber	70
2.3.1.2	Englisches Vollblut (XX)	70
2.3.1.3	Traber	71
2.3.1.4	Trakehner	71

2.3.2	Rassengruppe B: Deutsches Warmblut/Deutsches Reitpferd	72	4.2.3	Zugpferdehengste	114
2.3.2.1	Hannoveraner	73	4.2.4	Pony- und Kleinpferdehengste	114
2.3.2.2	Westfalen	73	4.2.5	Leistungsprüfungen für Stuten	114
2.3.2.3	Holsteiner	73	4.3	Die praktische Züchtung	115
2.3.2.4	Oldenburger	74	4.3.1	Zuchtwahl	115
2.3.2.5	Rheinländer	74	4.4	Die organisierte Zucht	116
2.3.2.6	Hessen	75	4.4.1	Organisationsformen	116
2.3.2.7	Württemberger	75	4.4.2	Zuchtbuchführung	117
2.3.2.8	Rheinland-Pfälzer und Saarländer	75	4.4.3	Zuchtpferdeschauen	118
2.3.2.9	Bayrisches Warmblut	75	4.4.4	Staatliche Förderungsmaßnahmen	119
2.3.2.10	Sonstige Warmblutrassen	76	4.4.5	Fortpflanzung	119
2.3.3	Rassengruppe C: Kleinpferde und Ponys	76	4.4.5.1	Rosse und Paarung	120
			4.4.5.2	Trächtigkeit, Abfohlen und Aufzucht	125
2.3.3.1	Haflinger	76			
2.3.3.2	Isländer	77	**5**	**Haltung und Pflege**	134
2.3.3.3	Fjordpferde	77	5.1	Auslauf, Paddock, Weide (Pflege, Einzäunung, Tore)	134
2.3.3.4	Deutsches Reitpony	78			
2.3.3.5	Welsh-Ponys	78	5.2	Der Pferdestall	139
2.3.3.6	Shetland-Ponys	78	5.2.1	Stallbausysteme	139
2.2.3.7	Connemara-Ponys	78	5.2.2	Stallklima und Stallhygiene	142
2.3.3.8	New-Forest	79	5.2.3	Inneneinrichtungen	144
2.3.3.9	Dartmoor-Ponys	79	5.2.4	Nebenräume und Nebengebäude	149
2.3.3.10	Sonstige Kleinpferde- und Ponyrassen	79	5.2.5	Bauausführung	155
			5.2.6	Baumaterialien	159
2.3.4	Rassengruppe D: Deutsches Kaltblut	80	5.3	Pflege	164
			5.3.1	Pflege der Pferde	164
			5.3.2	Zubehör, Maschinen, Geräte	170
3	**Pferdebeurteilung**	80	5.3.3	Stall und Gebäude	171
3.1	Die äußeren Körperteile	80	5.3.4	Verladen und Transportieren (MÖHLENBRUCH)	173
3.2	Identifizieren	80			
3.3	Vorstellen und Vorführen (Vormustern)	85	5.3.5	Bewegen	177
			5.3.5.1	Zaumzeug, Sattel und Pferdegeschirr	177
3.4	Beurteilen (Bewerten, Einstufen)	86			
3.4.1	Die Gesamterscheinung	86	5.3.5.2	Arbeit ohne Reiter	182
3.4.2	Beurteilung der einzelnen Körperpartien und Körperteile	88	5.3.5.3	Arbeit unter dem Reiter	187
			5.3.5.4	Bewegen von Pferden im Gespann	190
3.4.3	Die Beurteilung der Gänge	98			
3.4.4	Sonstige Beurteilungskriterien	98	5.3.5.5	Unfallverhütung	192
			5.3.5.6	Tierschutzgesetz	193
4	**Pferdezüchtung**	101			
4.1	Grundlagen	101	**6**	**Fütterung**	194
4.1.1	Befruchtung	101	6.1	Ernährung des Pferdes	194
4.1.2	Zellteilung und Reifeteilung	102	6.1.1	Futteraufnahme	194
4.1.3	Vererbungsgesetze	104	6.1.2	Nährstoffbedarf des Pferdes	196
4.1.4	Züchterische Grundbegriffe	110	6.1.2.1	Wasser	198
4.1.5	Zuchtmethoden und Paarungsverfahren	110	6.1.2.2	Energie	199
			6.1.2.3	Eiweiß (Protein)	201
4.2	Leistungsprüfungen	112	6.1.2.4	Struktur- und Ballaststoffe (Rohfaser)	202
4.2.1	Vollblut und Traber	112			
4.2.2	Deutsches Reitpferd (Hengstleistungsprüfungen)	113	6.1.2.5	Mengenelemente	203
			6.1.2.6	Spurenelemente	205

6.1.2.7	Vitamine	205		7.2.6	Abwehrmechanismen des Körpers	264
6.1.2.8	Nährstoffbedarfsempfehlungen	209		7.2.7	Entzündungen	265
6.2	Futtermittel des Pferdes	210		7.2.8	Immunität	265
6.2.1	Bewertung von Futtermitteln	211		7.2.8.1	Passive Immunität	266
6.2.2	Grundfutter	216		7.2.8.2	Aktive Immunität	266
6.2.2.1	Saftfutter, Grünfutter	216		7.3	Bakteriell bedingte Infektionskrankheiten	267
6.2.2.2	Rauhfutter	226		7.3.1	Die Druse	267
6.2.3	Kraftfutter	228		7.3.2	Der Wundstarrkrampf (Tetanus)	267
6.2.3.1	Getreide	229		7.3.3	Die Salmonellose	268
6.2.3.2	Sonstige Einzelfuttermittel	231		7.3.4	Deckseuchen	269
6.2.3.3	Mischfutter	233		7.3.5	Fohlenfrühlähme	270
6.2.4	Zusatzfutter	236		7.3.6	Fohlenspätlähme	271
6.2.5	Die wichtigsten Futtermittel und ihre Nährstoffgehalte	237		7.4	Virusinfektionen	271
6.3	Praktische Fütterung	237		7.4.1	Rhinopneumonitis	271
6.3.1	Grundsätze der Futtervorlage	237		7.4.2	Influenza oder Hoppegartener Husten	272
6.3.2	Grundsätze der Rationsgestaltung	241		7.4.3	Ansteckende Blutarmut des Pferdes (Equine infektiöse Anämie)	273
6.3.3	Tagesrationen für Zuchtpferde	244		7.4.4	Tollwut	274
6.3.4	Tagesrationen für Fohlen und Jungpferde	245		7.5	Krankheiten der Verdauungsorgane	274
6.3.5	Tagesrationen für Leistungspferde	247		7.5.1	Erkrankungen der Maulhöhle	274
6.3.6	Tagesrationen für Rennpferde	252		7.5.1.1	Zahnhaken	274
6.3.7	Fütterungsfehler	254		7.5.1.2	Zahnwechsel	275
6.3.8	Futterrechtliche Bestimmungen	255		7.5.1.3	Zahnfleischentzündungen	275
				7.5.1.4	Zäumungsverletzungen	275
7	**Pferdegesundheit** (BOTTERMANN)	257		7.5.1.5	Das Kopper-Gebiß	275
7.1	Allgemeine Verhaltensweisen des Pferdes	257		7.5.2	Störungen im Schlundbereich	275
7.1.1	Futter- und Wasseraufnahme	257		7.5.3	Krankheiten des Magens und des Darms	276
7.1.2	Kot- und Urinabsatz	257		7.5.3.1	Magenerkrankungen	276
7.1.3	Äußeres Erscheinungsbild	258		7.5.3.2	Erkrankungen des Darms	277
7.1.4	Hauttemperatur	258		7.6	Die Endoparasiten (Magen-Darm-Wurmerkrankungen)	278
7.1.5	Körperinnentemperatur	258				
7.1.6	Puls	259		7.6.1	Der Große Palisadenwurm oder Blutwurm (Strongylus vulgaris)	282
7.1.7	Atmung	259				
7.1.8	Spezielle Überprüfungen	259		7.6.2	Die kleinen Strongyliden des Pferdes (Strongylinae und Trichonomatinae)	282
7.2	Infektionskrankheiten	260				
7.2.1	Einteilung der möglichen Krankheitserreger	260		7.6.3	Der Spulwurm des Pferdes (Parascaris equorum)	283
7.2.2	Spezielle Schadwirkungen der einzelnen Mikroorganismen	263		7.6.4	Der Pfriemschwanz des Pferdes (Oxyuris equi)	283
7.2.2.1	Schadwirkungen durch bakterielle Erkrankungen	263		7.6.5	Die Magendassel des Pferdes (Gasterophilus intestinalis)	283
7.2.2.2	Schadwirkungen durch Pilzerkrankungen	263		7.6.6	Der Zwergfadenwurm (Strongyloides westeri)	284
7.2.2.3	Schadwirkungen bei Viruserkrankungen	264		7.7	Erkrankungen der Bewegungsorgane	285
7.2.3	Inkubationszeit	264				
7.2.4	Eintrittspforten für Krankheitserreger in den Körper	264		7.7.1	Huferkrankungen	286
7.2.5	Schema des Ablaufes einer Infektionskrankheit	264		7.7.2	Hornspalten	286

7.7.3	Hufrehe	287
7.7.4	Die Podotrochlose oder Hufrollen- entzündung	287
7.7.5	Die Gelenkschale	288
7.7.6	Der Spat	289
7.7.7	Die Gallen	289
7.7.8	Die Phlegmone oder der Einschuß	289
7.7.9	Der Kreuzschlag oder Lumbago	290
7.8	Die Wundverletzungen des Pferdes	290
7.8.1	Die offenen Wunderkrankungen	290
7.8.1.1	Schnittwunden	290
7.8.1.2	Rißwunden	291
7.8.1.3	Stichwunden	291
7.8.2	Gedeckte Verletzungen	291
7.8.3	Die Stallapotheke	292
7.8.4	Erste-Hilfe-Maßnahmen	293
7.9	Hauterkrankungen	293
7.9.1	Mauke	293
7.9.2	Hautpilzerkrankungen	293
7.9.3	Sommerräude	294
7.9.4	Räude	294
7.9.4.1	Die Grabmilbe	294
7.9.4.2	Die Saugmilbe	294
7.9.4.3	Die Schuppenmilbe	294
7.10	Vergiftungen	295
7.10.1	Giftpflanzen	295
7.10.1.1	Der Sumpfschachtelhalm	295
7.10.1.2	Der Adlerfarn	295
7.10.1.3	Die Eibe	295
7.10.1.4	Der Hahnenfuß	296
7.10.1.5	Die Robinie	296
7.10.1.6	Die Bucheckern	296
7.10.1.7	Der Gundermann	296
7.10.1.8	Das Kreuzkraut	296
7.10.2	Mykotoxikosen (Vergiftungen durch Pilze)	296
7.10.3	Vergiftungen durch chemische Substanzen	297
7.10.4	Nitrate, Nitrite	297
7.11	Doping	298
7.12	Pferdekauf	300
7.13	Rechtliche Grundlagen	301
7.13.1	Das Tierschutzgesetz	301
7.13.2	Das Tierseuchengesetz	302
7.13.2.1	Milzbrand	302
7.13.2.2	Tollwut	303
7.13.2.3	Rotz	303
7.13.2.4	Beschälseuche des Pferdes	303
7.13.2.5	Räude der Einhufer	303
7.13.2.6	Ansteckende Blutarmut des Pferdes	303
7.13.2.7	Afrikanische Pferdepest	303
7.13.3	Das Tierkörperbeseitigungsgesetz	304

C	**Betriebliche Zusammenhänge** (MÖHLENBRUCH)	306
1	**Die Bedeutung der Pferdehaltung für die Volkswirtschaft**	306
2	**Der Ausbildungsbetrieb**	308
2.1	Struktur der Ausbildungsstätte	309
2.1.1	Innere Verkehrslage	311
2.1.2	Äußere Verkehrslage	314
2.1.3	Klimatische Verhältnisse	314
2.2	Betriebsgebäude	318
2.2.1	Lage, Anordnung und Nutzung	319
2.2.2	Arbeitsschutz- und Unfallverhü- tungsmaßnahmen bei Gebäuden	322
2.3	Betriebsfläche	322
2.3.1	Lage, Zuordnung und Nutzung	323
2.3.2	Standorte des Grünlands	324
2.3.3	Nutzung und Pflege von Pferde- weiden	325
2.4	Pferdebestand	328
2.5	Arbeitskräfte im Betrieb	328
2.6	Maschinen im Betrieb	331
3	**Die Wirtschaftlichkeit von pferdehaltenden Betrieben**	332
3.1	Bedeutung von Boden, Arbeit und Kapital	332
3.2	Der pferdehaltende Betrieb im Wirtschaftsleben	335
3.2.1	Wirtschaftliche Grundsätze	335
3.2.2	Der Pferdebetrieb als Anbieter und Nachfrager	336
3.3	Leistungen und Kosten im Betrieb	337
3.3.1	Zuchtbetrieb	339
3.3.2	Reitbetrieb	341
3.3.3	Rennbetrieb	343
3.3.4	Futterkosten	344
3.4	Pferdehaltung im Steuerrecht	346
4	**Pferdehaltung und Umweltschutz**	347
4.1	Umweltgefährdung im pferdehal- tenden Betrieb	348
4.2	Umweltgefährdung durch den pferdehaltenden Betrieb	348

Wichtige Adressen	351
Literaturverzeichnis	355
Sachregister	358

A Ausbildungsberuf Pferdewirt

1 Grundlagen der Berufsausbildung

Seit Beginn der Pferdezucht und des Pferdesports in Deutschland werden Pferdefachleute auf alle praktischen und theoretischen Bereiche ihres Berufes vorbereitet. Diese Ausbildung erfolgte – zunächst locker, später straffer geordnet – in der Regie der zuständigen Fachverbände und deren Dachorganisationen.

In allen Sparten des Pferdesports kristallisierten sich allmählich Ausbildungswege heraus, die gezielt zu festumrissenen Qualifikationen mit entsprechender Berufsbezeichnung führten. Stiefkind dieser Entwicklung blieben die Pferdezüchter, weil sie sich vornehmlich aus den Reihen fachkundiger Landwirte rekrutierten. In außerlandwirtschaftlichen Betrieben wurden vornehmlich Traber und Vollblüter zu Rennzwecken gezüchtet. Hier entwickelte sich – besonders im Vollblutbereich – zentral gefördert eine fachbezogene Ausbildung für Pferdezüchter.

Infolge der Motorisierung verlagerten sich Pferdezucht und Pferdesport nach dem Zweiten Weltkrieg von der Landwirtschaft in Privat- und Gemeinschaftsgestüte, Reitställe, Ranches und ähnliche Unternehmen. Diese sind ohne ausgebildetes Fachpersonal nicht zu bewirtschaften.

Die Entwicklung des Bildungs- und Ausbildungssystems in der Bundesrepublik führte zu einer bundeseinheitlichen Regelung für alle anerkannten Ausbildungsberufe. Dadurch kam es Anfang der 70er Jahre zu der Sammelbezeichnung »Pferdewirt« für alle sich um das Pferd rankenden Berufe.

Der staatlich anerkannte **Ausbildungsberuf »Pferdewirt«** wurde dem **Berufsfeld »Landwirtschaft«** zugeordnet. Damit gelten die **Landwirtschaftskammern**, **Landwirtschaftsministerien** oder **Landwirtschaftsämter** als die für die Ausbildung zuständigen Stellen. Diese sogenannten **»zuständigen Stellen«** (§ 79 BBiG) arbeiten im fachlichen und organisatorischen Bereich eng mit den pferdezüchterischen und den reiterlichen Organisationen, deren Dachverbänden sowie den Berufschulen zusammen.

Grundlage der Ausbildung zum Pferdewirt ist das **Berufsbildungsgesetz** (BBiG) vom 14. 8. 1969.

1.1 Was bedeutet Berufsausbildung?

Zu einer Berufsausbildung gehören
- eine breit angelegte berufliche Grundausbildung
- Fertigkeiten und Kenntnisse für die Ausübung einer qualifizierten beruflichen Tätigkeit
- der Erwerb angemessener Berufserfahrung.

Die Anpassung an den Fortschritt erfolgt durch
- berufliche Fortbildung mit Qualifikation zu beruflichem Aufstieg
- berufliche Weiterbildung, um mit der Entwicklung Schritt halten zu können
- berufliche Umschulung – wo erforderlich.

Die Ausbildung erfolgt:
- in anerkannten Ausbildungsbetrieben und
- in berufsbildenden Schulen, also im dualen Ausbildungssystem
- durch überbetriebliche Ausbildungsmaßnahmen, z. B. Reitschule, Deula-Schule, Lehrgänge, Schulungstagungen u. a. m.

1.2 Der Ausbildungsvertrag

Er ist vor Beginn der Ausbildung abzuschließen. Normalerweise beginnt die Ausbildung am 1. 8. eines Jahres und endet drei Jahre später zum 31. 7. – zeitgleich mit den Schuljahren. Bestandteil des Vertrages ist der **individuelle Ausbildungsplan**, der, den

Möglichkeiten des Ausbildungsbetriebes angepaßt, rechtsverbindlich den sachlichen und zeitlichen Ablauf der Ausbildung festlegt. Gleichzeitig dient er den Vertragspartnern als Orientierungshilfe.

Voraussetzungen für den Abschluß eines Ausbildungsvertrages sind
- Schulabschluß (mind. Hauptschulabschluß)
- ein ärztlicher Untersuchungsbefund (bei Jugendlichen)
- eine anerkannte Ausbildungsstätte (Betrieb).

Die Vertragspartner sind
- der Ausbildende (Gestütsleiter oder Besitzer) und eventuell der Ausbilder (Gestütsmeister)
- der Auszubildende
- die Erziehungsberechtigten (bei Jugendlichen).

Die Ausbildung dauert
- grundsätzlich drei Jahre
- zwei Jahre, wenn eine andere, abgeschlossene Berufsausbildung vorausging
- zwei Jahre bei Anerkennung eines Berufsgrundschuljahres (BGJ) oder einer Berufsfachausbildung
- in besonderen Fällen zwei Jahre auf Antrag
  - nach § 29.2 BBiG Verkürzung der Ausbildung
  - nach § 40.1 BBiG vorzeitige Zulassung zur Abschlußprüfung.

Ausbildungsverträge sind grundsätzlich schriftlich auszufertigen.
Gründe:
- die Vertragspartner können sich jederzeit über die getroffenen Vereinbarungen informieren. Jede Partei erhält ein Exemplar
- die Verträge müssen der »zuständigen Stelle« vorgelegt werden
  - zur Überprüfung
  - zur Eintragung in das Verzeichnis der Ausbildungsverhältnisse
  - zur Vergabe der Vertragsnummer.

1.3 Inhalte des Ausbildungsvertrages

Sie sind im Berufsbildungsgesetz vorgeschrieben. Die Vertragsvordrucke unterscheiden sich zwar von Bundesland zu Bundesland in der äußeren Form, aber nicht vom Inhalt her. Vier Abschnitte bilden den Kern der Verträge:
- Personalien und Anschriften der Vertragspartner, Bezeichnung des Ausbildungsberufes
- Vertragsdauer, Probezeit, Kündigung
- Pflichten und Rechte der Vertragspartner
- Vergütung, Urlaub, Arbeitszeit, Sachleistungen, Unterschriften.

Alle Einzelheiten sind auf den Vertragsformularen beziehungsweise auf den beigefügten Informationen abgedruckt. Die Unterlagen und Erläuterungen müssen vor der Unterschriftsleistung studiert werden. Der individuelle Ausbildungsplan muß zusammen mit dem Vertrag ausgefertigt werden.

1.4 Der Ablauf der Ausbildung

Der Ablauf wird durch die aufgrund des § 25.1 BBiG am 1. 11. 1975 erlassene »**Verordnung über die Berufsausbildung zum Pferdewirt**« geregelt. Der § 3 dieser Verordnung stellt im **Ausbildungsberufsbild** die Mindestanforderungen an Fertigkeiten und Kenntnisse in dreizehn Schwerpunkten heraus:

1. Versorgen, Pflegen, Füttern und Transportieren von Pferden.
2. Körperbau, Lebensvorgänge, Verhalten.
3. Pferdegesundheit und Hygiene.
4. Bewegen und Arbeiten: Reiten, Longieren, Fahren usw.
5. Fortpflanzung, Züchtung, Vererbung, Pferderassen.
6. Nährstoffe, Futtermittel und ihre Gewinnung, Beschaffung, Verwendung.
7. Formen der Pferdehaltung, bauliche und technische Einrichtungen.
8. Einsetzen, Pflegen und Instandhalten von Maschinen, Geräten sowie Ausrüstung und Zubehör.
9. Betriebliche Zusammenhänge im Ausbildungsbetrieb.
10. Einschlägige Rechtskunde.
11. Wirtschafts-, Rechtskunde und Soziales.
12. Arbeitsschutz und Unfallverhütung.
13. Umweltschutz.

Der **Ausbildungsrahmenplan** (§ 4) schlüsselt die dreizehn Schwerpunkte im einzelnen auf. Der individuelle Ausbildungsplan basiert hierauf. Beide Unterlagen sind den Vertragsunterlagen beigefügt.

Die Ausbildung ist in sechs Ausbildungshalbjahre gegliedert. Die Schwerpunktbereiche 1, 3, 4, 6, 7, 8, 12, 13 des Ausbildungsberufsbildes begleiten alle Auszubildenden durch die ganze Lehrzeit.

Zur Grundausbildung zählen die Schwerpunktbereiche 1, 3, 4, 7, 8, 11, 12, 13 zu zwei Dritteln, soweit sie für die vier Schwerpunkte des Berufes Pferdewirt als Grundlage unverzichtbar sind. Der Schwerpunktbereich 2 gehört, abgesehen von einigen Besonderheiten, ganz in die Grundausbildung. Die Bereiche 5, 9, 10 werden nur beiläufig angesprochen.

Die Differenzierung im fünften und sechsten Ausbildungshalbjahr führt zu den speziellen Qualifikationen. Zu unterscheiden sind die Ausbildungsschwerpunkte
- Zucht und Haltung
- Reiten
- Rennreiten
- Trabrennfahren.

In dieser Zeit erfolgt die Ausbildung uneingeschränkt schwerpunktbereichsbezogen. Die Bereiche 1, 2, 3, 6, 7, 8, 11, 12, 13 werden den Schwerpunkten angepaßt, vertieft und ergänzt. Die Bereiche 4, 5, 9, 10 sind die Ausbildungsschwerpunkte des letzten Ausbildungsjahres und werden auf die betreffende Ausbildungsrichtung abgestimmt.

Sonderregelungen

Für die zweijährigen Ausbildungsverhältnisse gilt in etwa folgende Zeitaufteilung:
Grundausbildung: 2mal 3 Monate, 2mal 4 Monate
Schwerpunktausbildung: 2mal 5 Monate
Die Berufsschule beginnt mit der Mittelstufe.

Abschluß der Ausbildung

Das Ausbildungsverhältnis endet mit dem Tag der bestandenen Abschlußprüfung. Bis zum Vertragsende ist der vorherige Auszubildende Gehilfe.
Der Auszubildende hat Anspruch auf ein Zeugnis mit folgendem Inhalt:
- Name und Anschrift des Ausbildenden und des Ausbildungsbetriebes
- Personalien und Wohnort des Ausgebildeten
- Art und genaue Dauer der Ausbildung
- erworbene Fertigkeiten und Kenntnisse, eventuell Schwerpunkte
- Unterschrift und Datum, eventuell Empfehlungen.

Dieses Zeugnis ist unaufgefordert auszuhändigen. Auf Wunsch des Ausgebildeten muß außerdem eine Beurteilung abgegeben werden, z. B. über Führung und Leistungen.

Überwachung der Ausbildung

Sie obliegt (§ 45 BBiG) grundsätzlich der »**Zuständigen Stelle**«. Ausbildungsberater in Zusammenarbeit mit den Fachverbänden aus Pferdezucht, Reitsport und Rennsport werden vielfach mit diesen Aufgaben betraut, wobei auch die Berufsschulen wertvolle Mitarbeit leisten.

Zur Wiederholung und Vertiefung

1. Erläutern Sie Bedeutung und Aufgaben der sogenannten »zuständigen Stellen« für die berufliche Ausbildung zum Pferdewirt.
2. Warum kann auf die Ausfertigung eines individuellen Ausbildungsplanes nicht verzichtet werden?
3. Nennen Sie die vier Schwerpunkte des Ausbildungsberufes Pferdewirt und stellen Sie die Besonderheiten heraus.
4. Welche Vertragspartner müssen den Ausbildungsvertrag für Jugendliche unterschreiben?
5. Beschreiben Sie in Stichworten die Ausbildungsinhalte des eigenen Ausbildungsschwerpunktes im Ausbildungsberuf Pferdewirt.
6. Wo erfolgt die Ausbildung zum Pferdewirt und warum im dualen System?
7. Worüber muß ein Zeugnis für Ausgebildete Auskunft geben?
8. Erläutern Sie in Kürze die vier Hauptabschnitte eines Ausbildungsvertrages.
9. Welche Bedeutung hat die ärztliche Untersuchung vor Beginn der Ausbildung?
10. Begründen Sie die Aufteilung der Ausbildung zum Pferdewirt in Grundausbildung und Schwerpunktausbildung.
11. Warum fördert die enge Zusammenarbeit von **Zuständigen Stellen,** Organisationen von Pferdezucht oder -sport und Berufsschulen den Erfolg der Ausbildung zum Pferdewirt?
12. Welche Ziele verfolgt die berufliche Ausbildung nach dem Berufsbildungsgesetz?

2 Prüfungen in der Berufsausbildung

Keinem Auszubildenden, Ausbildenden und Berufsschullehrer bleibt es erspart, den Erfolg seiner Ausbildungsbemühungen ständig zu überprüfen. Ausbildungsverlaufskontrollen und Klassenarbeiten geben Auskunft darüber, ob das Ausbildungsziel erreicht werden kann, oder wo Korrekturen und Verbesserungen vorzunehmen sind. Neben diesen unumgänglichen betrieblichen und berufsschulbezogenen Tests schreibt das BBiG zwei offizielle, außerbetriebliche Prüfungen vor.

2.1 Die Zwischenprüfung

Die Zwischenprüfung soll laut § 42 BBiG frühestens nach Ablauf des ersten Ausbildungsjahres abgelegt werden. Die Teilnahme ist Voraussetzung für die Zulassung zur Abschlußprüfung. Die Zwischenprüfung besteht aus zwei Teilen:
1. Die **Fertigkeitsprüfung** erstreckt sich über maximal zwei Stunden. Zwei Arbeitsproben sind aus folgenden Gebieten auszuwählen:
   – Füttern, Tränken, Pflegen, Führen und Vorstellen von Pferden
   – Merkmale des gesunden Pferdes
   – Bewegen von Pferden
   – Satteln und Zäumen, Reinigen und Pflegen von Lederzeug.
2. Die **Kenntnisprüfung** erfolgt schriftlich bis zu drei Stunden und mündlich. Die Themen kommen aus nachstehenden Fachbereichen:
   – Körperbau und Funktion der Körperteile
   – Krankheitsanzeichen und Krankheiten
   – Grundlagen der Fütterung
   – Aufstallungsformen und Raumbedarf
   – Arbeitsschutz und Unfallverhütung.

Die Zwischenprüfung dient der Standortbestimmung, d. h. der jeweilige Ausbildungsstand wird ermittelt. Dabei ergeben sich willkommene Vergleichsmöglichkeiten. Das Ergebnis geht nicht in die Abschlußprüfungsnote ein. Die Prüfungsergebnisse werden als Orientierungshilfen mitgeteilt:
– dem Auszubildenen
– dem Ausbildenden (Ausbilder)
– der Berufsschule
– den Erziehungsberechtigten
– der »Zuständigen Stelle«, eventuell dem Ausbildungsberater.

2.2 Die Abschlußprüfung

Mit der Abschlußprüfung endet normalerweise die Ausbildung.

Zulassungsvoraussetzungen (§ 39 und 40 BBiG):
– die vorgeschriebene Ausbildungszeit ist abgeleistet. Das Ausbildungsverhältnis ist bei der »Zuständigen Stelle« registriert
– das Berichtsheft ist ordnungsgemäß geführt, es wurde anläßlich der Zwischenprüfung bereits vorgeprüft. Der Nachweis über die Teilnahme an vorgeschriebenen, überbetrieblichen Ausbildungsmaßnahmen liegt vor
– die Zwischenprüfung wurde abgelegt
– die Anmeldung erfolgte form- und fristgerecht.

Besondere Fälle:
– vorzeitige Zulassung, § 40 BBiG
– Nachweis sechsjähriger Tätigkeit im Beruf, § 40.2 BBiG.

Die Anmeldetermine werden – wie auch zur Zwischenprüfung – von der »Zuständigen Stelle« rechtzeitig bekanntgegeben unter Beifügung der Anmeldeformulare. Zuständig für die Anmeldung ist der Ausbildende, der auch die Prüfungsgebühren zu entrichten hat. Fachorganisationen und Berufsschulen helfen fast immer.

Prüfungsgegenstand (§ 35 BBiG)
Die Fertigkeitsprüfung fordert drei Arbeiten bis zu vier Stunden aus folgenden Bereichen:
– Füttern, Tränken, Pflegen
– Beurteilen und Beschreiben, Identifizieren
– Behandlung von Wunden und Schäden, Verbände anlegen
– Pflege kranker oder verletzter Pferde, Hilfe beim Hufbeschlag
– Arbeiten und Bewegen
– Pflege und Ausbessern von Ausrüstung und Zubehör
– Arbeitsschutz, Unfallverhütung, Umweltschutz.

Die Kenntnisprüfung erfolgt schriftlich bis zu drei Stunden und mündlich ca. zwanzig Minuten. Die Fachbereiche sind:
– Pferdekrankheiten und ihre Bekämpfung
– Ausbildungs- und Trainingsmethoden
– Fortpflanzung, Züchtung, Vererbung, Rassen
– Fütterung, Futtergewinnung und -verwendung, Futterrationen
– Stall- und Haltungsformen, Stallklima
– Betriebsorganisation, Fläche, Arbeitskräfte, Güter und Kosten
– Fachrechnen
– Rechtsfragen in Zucht, Haltung und Sport
– Wirtschafts- und Sozialkunde
– Umweltbelastungen, Umweltschutz.

2.3 Prüfungsausschüsse

Nach § 34–38 BBiG werden die Prüfungsausschüsse auf Vorschlag der Fachorganisationen und Arbeitnehmerorganisationen von den »Zuständigen Stel-

len« berufen. Für Pferdewirtprüfungen bestehen teilweise gemeinsame Prüfungsausschüsse für mehrere »Zuständige Stellen«.
Ein Prüfungsausschuß besteht aus mindestens drei (3) Mitgliedern – ein Drittel Arbeitgeber, ein Drittel Arbeitnehmer, ein Drittel Lehrer berufsbildender Schulen –, die je einen Stellvertreter haben und für drei (3) Jahre im Amt bleiben. Der Ausschuß ist beschlußfähig, wenn zwei Drittel der Mitglieder anwesend sind.
Die Prüfungsausschußmitglieder wählen aus ihrer Mitte den Vorsitzenden und seinen Stellvertreter. Beschlüsse werden mit Mehrheit gefaßt.

Aufgaben:
– Festlegen der schriftlichen Prüfungsaufgaben
– Auswahl der praktischen Prüfungsarbeiten
– Durchführung der Zwischen- und Abschlußprüfungen
– Beschlußfassung über die Prüfungsergebnisse
– In Sonderfällen: Entscheidung über die Zulassung zur Prüfung.

Die Geschäftsführung der Prüfungsausschüsse regelt die »Zuständige Stelle«. Basis dafür sind die von ihnen nach Beratung mit dem zugehörigen **Berufsbildungsausschuß** erlassenen **Prüfungsordnungen** (§ 41 BBiG), die der Genehmigung durch den zuständigen Landwirtschaftsminister bedürfen.

2.4 Der Berufsbildungsausschuß

Zusammensetzung des Berufsbildungsausschusses (§ 56 BBiG)
– sechs Arbeitgeber mit Sitz und Stimme
– sechs Arbeitnehmer mit Sitz und Stimme
– sechs Lehrer berufsbildender Schulen mit beratender Stimme.

Der Ausschuß wählt aus einer stimmberechtigten Mitgliedergruppe den Vorsitzenden, aus der anderen seinen Stellvertreter. Der Vorsitz wechselt nach in der Geschäftsordnung festgelegtem Rhythmus. Beschlüsse werden mehrheitlich gefaßt.

Aufgaben des Ausschusses
– Rechtsordnungen zur Durchführung der Ausbildung beschließen
– Haushaltsmittel für Ausbildungsmaßnahmen sinnvoll verteilen
– er ist bei allen die Ausbildung betreffenden Fragen und Maßnahmen zu unterrichten und zu hören
– die Arbeit erfolgt nach einer selbst gesetzten Geschäftsordnung
– die Bildung von Unterausschüssen, denen Fachleute angehören können, ist möglich
– eine der ersten und wichtigsten Aufgaben nach seiner Einsetzung waren die Beratung und die Verabschiedung von Prüfungsordnungen.

2.5 Prüfungsordnungen

Einige Bestimmungen wurden bereits angesprochen. Folgendes bleibt nachzutragen:
– Prüfungsausschußmitglieder können Befangenheit geltend machen – desgleichen auch Prüfungskandidaten
– Prüfer haben Verschwiegenheit zu wahren
– im Regelfalle legt die »Zuständige Stelle« zwei Prüfungstermine jährlich fest (zwei Zwischen- und zwei Abschlußprüfungstermine)
– über die Zulassung zur Prüfung entscheidet die »Zuständige Stelle«, bei Unklarheiten ein eigens dafür eingesetzter Ausschuß. In letzter Instanz kann der zuständige Prüfungsausschuß entscheiden
– die Kandidaten sind rechtzeitig über Zulassung oder Nichtzulassung schriftlich zu informieren
– Prüfungsort und -datum müssen früh genug bekannt gegeben werden (schriftlich), außerdem erlaubte Arbeits- und Hilfsmittel
– die besonderen Belange Behinderter sind zu berücksichtigen
– Prüfungen sind nicht öffentlich. Gäste können zugelassen werden, jedoch nicht zur Urteilsfindung
– der Gesamtprüfungsausschuß entscheidet über den Ausschluß eines Kandidaten bei Täuschungsversuchen oder bewußtem Stören des Prüfungsablaufs
– Nichterscheinen oder Rücktritt nach Prüfungsbeginn – beides ohne triftigen Grund – bedeutet: Die Prüfung ist nicht bestanden. Die Entscheidung fällt der Prüfungsausschuß
– der Prüfungsausschuß stellt gemeinsam die einzelnen Prüfungsleistungen und das Gesamtergebnis fest
– es gilt die Notenskala von 1–6. Gebrochene Zahlen werden länderweise (Länderkulturhoheit) unterschiedlich gewertet
– die Kandidaten sind nach Abschluß der Prüfung über »Bestehen« oder »Nichtbestehen« zu infor-

mieren. Das »Bestehen« ist schriftlich zu bescheinigen (Vordruck)
- nicht bestandene Prüfungen können zweimal wiederholt werden. Die Anerkennung bestandener Prüfungsteile obliegt nach Rücksprache mit dem Prüfungsausschuß der »Zuständigen Stelle«. Diese Mitteilung muß schriftlich erfolgen
- erfolgreiche Prüfungsteilnehmer bekommen von der »Zuständigen Stelle« ein Prüfungszeugnis, eine Urkunde und die persönlichen Unterlagen zurück.

Zur Wiederholung und Vertiefung

1. Welche Bedeutung haben betriebliche Ausbildungsverlaufskontrollen?
2. Beschreiben Sie die Inhalte und den Sinn der Zwischenprüfung.
3. Nennen Sie die Voraussetzungen für die Zulassung zur Abschlußprüfung.
4. Welche Aufgaben haben die Prüfungsausschüsse?
5. Beschreiben Sie in Kürze die Aufgaben des Berufsbildungsausschusses.
6. Begründen Sie, warum Fachkenntnisse schriftlich und mündlich geprüft werden.
7. Erläutern Sie wichtige Bestimmungen der Prüfungsordnung.
8. Beschreiben Sie die Zusammensetzung von Prüfungsausschüssen.

3 Berufliche Fort- und Weiterbildung

Sie gehört dem BBiG zufolge (§§ 1.3 und 46) zur beruflichen Bildung.
Als **Fortbildungsmaßnahmen** gelten alle Bildungswege, die zu neuen, gehobeneren Qualifikationen nach der Abschlußprüfung führen, z. B. zum Pferdewirtschaftsmeister.
Zur **Meisterprüfung** wird zugelassen, wer nach der Abschlußprüfung eine mindestens dreijährige Tätigkeit im Beruf nachweisen kann. Leider gibt es bundesweit noch keine kontinuierliche Vorbereitung – Seminare, Lehrgänge, Fachschulen – auf die **Pferdewirtschaftsmeisterprüfung.** Die »Zuständigen Stellen« in Verbindung mit den Fachverbänden oder anderen Fortbildungsträgern (z. B. Landbildung e. V.) bieten aber inzwischen gezielte Vorbereitungskurse oder Seminare für alle vier Sparten des Pferdewirtschaftsmeisters an.
Die Meisterprüfung, §§ 80 Abs. 2 und 81 Abs. 4 BBiG, umfaßt folgende Bereiche:
- einen praktischen Teil, bestehend aus einem bis zu vier Stunden dauernden, dem jeweiligen Fachbereich angepaßten Arbeitseinsatz
- einen fachtheoretischen Teil mit vier bis fünf Fächern, die schriftlich und mündlich geprüft werden
- einen wirtschaftlich-rechtlichen Teil mit den Fächern Wirtschaftslehre, Rechnungswesen und Rechts- und Sozialwesen
- einen berufs- und arbeitspädagogischen Teil mit den Fächern Grundfragen der Berufausbildung (erfolgt nur mündlich), Planung und Durchführung der Ausbildung, der Jugendliche in der Ausbildung und Rechtsgrundlagen der Berufsausbildung.

Die Meisterprüfung soll Anwort geben auf die Fragen: Kann der Kandidat alle im Betrieb anfallenden Arbeiten meisterlich ausführen? Ist er in der Lage, aufgrund seiner Fertigkeiten und Kenntnisse einen Pferdebetrieb selbständig zu führen? Hat er die Fähigkeit, Auszubildende ordnungsgemäß zu führen, anzuleiten und zu betreuen?
Die Prüfungsordnungen ähneln formal denen für die Abschlußprüfung und werden von den »Zuständigen Stellen« erlassen. Neben Bildungsmaßnahmen, die zu einem qualifizierten Abschluß führen, gibt es Veranstaltungen, die darauf abzielen, jedem Interessenten Kenntnisse zu vermitteln, um mit der Entwicklung Schritt zu halten.
Die von allen Pferdezucht- und Pferdesportverbänden angebotenen Weiterbildungsveranstaltungen (Vorträge, Seminare, Lehrgänge, Tagungen, Schauen) dienen diesem Zweck. Weitere Anbieter von Weiterbildungsmaßnahmen sind landwirtschaftliche Organisationen und Verbände sowie Fachfirmen und Volkshochschulen. Diese sogenannte »Berufsbezogene Erwachsenenbildung« hat heute ganz allgemein große Bedeutung erlangt.

4 Jugendschutz- und Jugendarbeitsschutzgesetz

Beide, Jugendschutz- und Jugendarbeitsschutzgesetz, dienen dem Schutz junger Menschen.

Das **Jugendschutzgesetz** schützt Jugendliche in der Öffentlichkeit, besonders an Orten, wo sittliche Gefahren u. ä. drohen. Der zu schützende Personenkeis besteht aus Kindern, die noch nicht vierzehn Jahre alt sind, und Jugendlichen ab vierzehn, die das achtzehnte Lebensjahr noch nicht erreicht haben. Einzelheiten zeigt untenstehende Tabelle.

Auszüge aus diesen Bestimmungen hängen an den betroffenen Einrichtungen aus. Verstöße gegen dieses Gesetz können nach Strafvorschriften als Ordnungswidrigkeiten oder durch Maßnahmen der Jugendämter geahndet werden.

Die Gebote und Verbote des Jugendschutzgesetzes fallen in den Bereich »Erziehung«. Sie müssen darum von Ausbildern oder Ausbildenden, deren Auszubildende im Betrieb wohnen, überwacht werden.

Das **Jugendarbeitsschutzgesetz** trat am 1. 5. 1976 in Kraft. Es schützt Jugendliche am Arbeitsplatz, in der Ausbildung und im Beruf.

Die wichtigsten Bestimmungen:
– Kinderarbeit ist verboten. Ausnahme: Ab dreizehn Jahren dürfen Kinder mit Einverständnis der Erziehungsberechtigten bis zu drei Stunden täglich leichte Arbeit verrichten
– Jugendlicher ist, wer über vierzehn Jahre, aber noch nicht achtzehn Jahre alt ist und in der Ausbildung steht oder berufstätig ist
– Jugendliche, nach beendigter Vollzeitschulpflicht, dürfen, wenn sie das sechzehnte Lebensjahr noch nicht erreicht haben, nur 35 Stunden arbeiten.
– Jugendliche können an fünf Wochentagen insgesamt 40 Stunden beschäftigt werden (5mal 8 Stunden)
– in Stoßzeiten darf die Beschäftigungszeit 85 Stunden für die Doppelwoche betragen, täglich bis zu neun Stunden
– die Mindestruhezeit beträgt zwölf Stunden im Zusammenhang
– die Kernarbeitszeit liegt zwischen 7 und 20 Uhr oder zwischen 6 und 20 Uhr, in Ausnahmen zwischen 5 und 21 Uhr
– Wechseldienst am Wochenende ist erlaubt (Tierhaltung)
– Überstunden sind an berufsschulfreien Tagen auszugleichen
– Urlaubsansprüche:
  unter 16 Jahren – 30 Werktage
  unter 17 Jahren – 27 Werktage
  unter 18 Jahren – 25 Werktage
  über 18 Jahre – nach Tarif
– Aufträge und Arbeiten dürfen die Leistungsfähigkeit der Jugendlichen nicht übersteigen und sie sittlich nicht gefährden. Akkordarbeit ist verboten
– gesundheitsgefährdende und unfallträchtige Arbeiten sind ab sechzehn Jahren erlaubt, wenn sie

Tab. 1. Jugend- und Arbeitsschutz

	Kinder unter 14 J.	Jugendliche unter 16 J.	über 16 J.
1. Aufenthalt in Gaststätten	X	X	bis 24.00$_E$
2. Aufenthalt in Nachtbars und Vergnügungsbetrieben	X	X	X
3. Abgabe von Branntwein und Schnäpsen	X	X	X
4. Abgabe und Verzehr von Bier, Wein u. ä.	X	X$_+$	–
5. Besuch öffentlicher Tanzveranstaltungen	X$_E$	X$_E$	bis 24.00$_E$
6. Kinobesuch nach Freigabe in Altersabstufung	bis 20.00$_E$	bis 22.00$_E$	bis 24.00$_E$
7. Jugendtanzveranstaltungen, Brauchtumspflege, künstlerische Betätigung	bis 22.00$_E$	bis 24.00$_E$	bis 24.00$_E$
8. Abgabe von Kassetten entsprechend Freigabe nach Alter	–	–	–
9. Besuch von Spielhallen mit Gewinnchancen	X	X	X
10. Rauchen in der Öffentlichkeit	X	X	–

– = erlaubt; X = verboten; $_E$ = erlaubt zusammen mit Erziehungsberechtigten; $_+$ = erlaubt mit Eltern/Vormund

zur Erreichung des Ausbildungszieles notwendig sind. Schutz und Aufsicht müssen garantiert sein
- vor Beginn der Ausbildung muß ein ärztlicher Tauglichkeitsbefund vorgelegt werden. Die Untersuchung ist nach einem Jahr – vor der Zwischenprüfung – zu wiederholen, wenn das achtzehnte Lebensjahr noch nicht erreicht ist
- während der Arbeitszeit sind Pausen einzulegen
  - mindestens 30 Minuten nach 4,5 bis 6 Stunden
  - mindestens 60 Minuten nach über 6 Stunden
  - Pausen unter 15 Minuten gelten als Arbeitsunterbrechung
- Aufenthaltsräume sollen zur Verfügung stehen
- Jugendliche sind freizustellen:
  - zum Berufsschulunterricht und den Zusatzveranstaltungen
  - zu überbetrieblichen Ausbildungsmaßnahmen
  - zu Prüfungen.

Aus der Sicht der Ausbildungsbetriebe greifen die obigen Vorschriften recht einschneidend ins Ausbildungsgeschehen ein. Sie verfolgen aber das Ziel, junge Menschen behutsam und vorsichtig an die Berufswelt heranzuführen unter Beachtung ihrer körperlichen und geistigen Entwicklung.
Auszubildende sind keine Vollarbeitskräfte. Sie wollen es aber werden. Zum Erreichen dieses Ausbildungszieles müssen beide Partner beitragen. Verständnis und Einsicht sowie intakte zwischenmenschliche Beziehungen sind dafür notwendig.

5 Sonstige Bestimmungen

»Wer darf ausbilden?« (§ 20 BBiG):
- wer persönlich geeignet ist
- wer fachlich geeignet ist
- wer die erforderlichen berufs- und arbeitspädagogischen Kenntnisse besitzt.

Zu diesem Personenkreis zählen:
- die Pferdewirtschaftsmeister und gleichgestellte Fachleute mit Ausbildereignungsnachweis
- nachweislich seit Jahren erfahrene und erfolgreiche »Lehrherren«
- menschlich integre Fachleute mit Ausbildereignungsprüfung
- befristet anerkannte Ausbildende (z. B. Eltern).

Nach § 22 BBiG muß auch die Ausbildungsstätte nach Art und Umfang geeignet und anerkannt sein. Die Zahl der Auszubildenden sollte in einem angemessenen Verhältnis zur Anzahl der beschäftigten Fachkräfte stehen damit ordnungsgemäße Betreuung und Ausbildung stets gewährleistet sind.
Die Verordnung über die Eignung der Ausbildungsstätte für die Berufsausbildung zum Pferdewirt vom 4. 2. 1980 legt folgende Einzelheiten fest:
- Mindestanforderungen an die Einrichtung und den Bewirtschaftungszustand des Betriebes
- Mindestanforderungen an den Pferdebestand – Qualität, Anzahl, Zusammensetzung
- Mindestanforderungen an die Gebäude, baulichen Anlagen, sozialen Einrichtungen und technischen Anlagen
- Beachtung der Unfallverhütungsvorschriften durch Bescheinigung der Berufsgenossenschaft ist nachzuweisen
- bei befristeter Anerkennung (z. B. bei Elternlehre) muß die Vermittlung aller vorgeschriebenen Ausbildungsinhalte gesichert sein, eventuell wird überbetriebliche Ausbildung zusätzlich erforderlich.

Eigens dafür errichtete **Anerkennungsausschüsse** erkennen die Ausbildungsstätten an. Sie sind bei der »Zuständigen Stelle« angesiedelt und arbeiten mit den Pferdefachorganisationen eng zusammen.

Zur Wiederholung und Vertiefung

1. Erläutern Sie die Zulassungsvoraussetzungen für die Pferdewirtschaftsmeisterprüfung.
2. Wie heißen die vier Prüfungsbereiche bei der Pferdewirtschaftsmeisterprüfung?
3. Beschreiben Sie die Bedeutung der berufsbezogenen Erwachsenenbildung (Weiterbildung).
4. Nennen Sie die wichtigsten Bestimmungen des Jugendschutzgesetzes.
5. Worin liegt die besondere Bedeutung des Jugendarbeitsschutzgesetzes?
6. Stellen Sie die Unterschiede Jugendschutzgesetz/Jugendarbeitsschutzgesetz heraus.
7. Wer darf laut Ausbildereignungsverordnung im Ausbildungsberuf Pferdewirt ausbilden (Fachbereich angeben)?
8. Welche Anforderungen müssen an eine Ausbildungsstätte im Ausbildungsberuf Pferdewirt gestellt werden?

B Fachlicher Teil

1 Bau und Leben der Pferde

1.1 Die Bauteile des Körpers

1.1.1 Die Zelle

Der Pferdekörper besteht – wie bei allen Lebewesen – aus Zellen, deren Größe und Form (siehe Abb. 1) je nach Aufgabe im Körper und nach dem Gewebe, das sie bilden, schwanken. Sie messen im Durchschnitt 4 µm, werden aber bis zu sieben Zentimeter lang (Eier). In den Zellen spielen sich alle Lebensvorgänge ab.

Die tierische Zelle ist von einer dünnen Zellhaut, der **Elementarmembran** umgeben, welche aus zwei Schichten und einer Zwischenschicht besteht. Die Elementarmembran hat folgende Aufgaben:
– sie begrenzt das Zellplasma
– sie wirkt als Filter, der nur bestimmte Stoffe passieren läßt
– sie kontrolliert den Zutritt und Austritt der Nährstoffe und Stoffwechselabbauprodukte.

Die Zellmembran ist von **Grundplasma** ausgefüllt, das vornehmlich aus kolloidal gelösten Eiweißbausteinen besteht und eine schleimige Beschaffenheit hat. Tierische Zellen (außer roten Blutkörperchen)

Abb. 1. Verschiedene Zellformen. a = Muskelzelle der glatten Muskulatur, b = Epithelzellen, c = Bindegewebszellen, d = Leukozyt, e = Nervenzelle, f = Knochenzelle, g = Samenzelle, h = Erythrozyten.

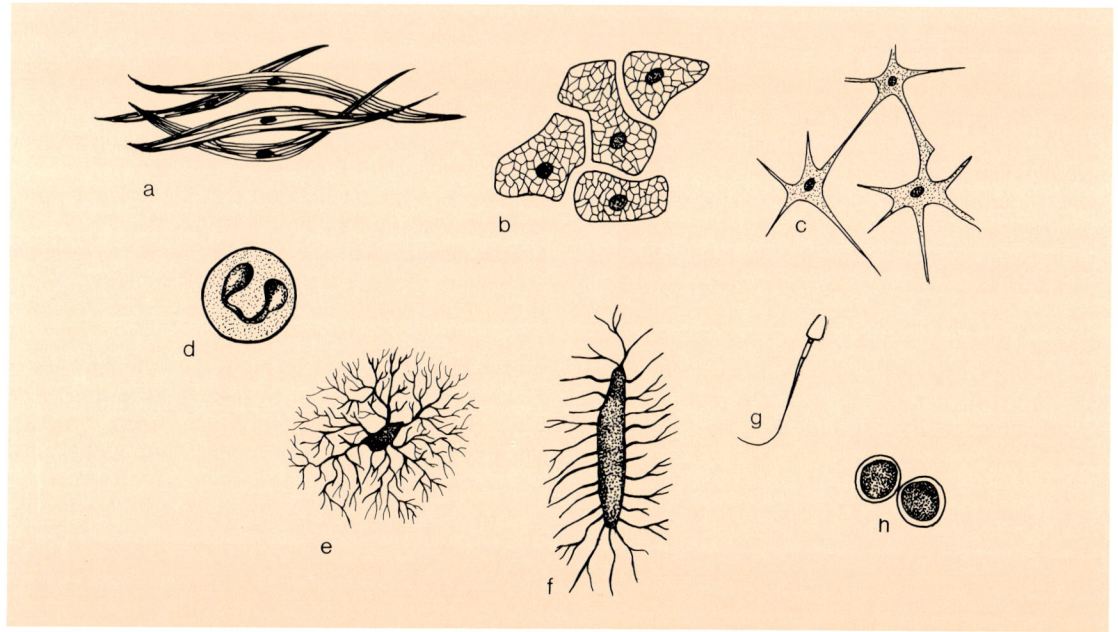

durchzieht ein Netz aus Membranen (**Retikulum**). Dieses Gitterwerk aus hohlen, gefensterten Platten, die durch Querverbindungen miteinander in Stoffaustausch stehen, hat über die Zellmembran mit dem Kern Verbindung.
Insbesondere in den Drüsenzellen sitzen auf den Häutchen des Retikulums Körnchen (**Ribosomen**), die beim Aufbau von arteigenem Eiweiß mitwirken.
Lyosomen (Zellbläschen) bauen zelleigenes Eiweiß ab. Die mit gefalteten Lamellen ausgestatteten, längsovalen **Mitochondrien** (faden- oder kugelförmige Gebilde) dienen der Atmung und dem Stoffwechsel (Energiegewinnung). Kleine Bläschenstrukturen im Zellplasma (**Golgi-Apparat**) sind am Zellstoffwechsel beteiligt. Fast alle Zellen haben zwei **Zellkörperchen** (Zentrosomen). Sie bilden bei der Zellteilung, die mit der Kernteilung beginnt, die Kernspindel aus, welche für die gleichmäßige Aufteilung der gespaltenen **Chromosomen** (Kernschleifen) auf die beiden neu entstehenden **Zellkerne** (Tochterkerne) sorgen.
Der im Inneren mit **Kernplasma** angefüllte Zellkern ist von einer elastischen Membran eingehüllt. Durch Poren in diesem Häutchen sind Kernplasma und Zellplasma miteinander verbunden.
Ein fädiges Gerüst, die Chromosomen, durchzieht das Kernplasma. Es wird erst während der Kernteilung deutlich sichtbar. Die in den Chromosomen enthaltene **Desoxyribonukleinsäure (DNS)** ist der Träger der **Erbinformationen**. Diese Informationen gibt die **Ribonukleinsäure (RNS)** an das Zellplasma weiter.
Die viel RNS enthaltenden **Kernkörperchen** bauen die Ribosomen auf, welche am Aufbau arteigener Eiweiße beteiligt sind.
DNS und RNS liegen im Zellkern und heißen deshalb auch **Nuklein- oder Kernsäuren**.
Manche tierischen Zellen sind mit Sondereinrichtungen ausgestattet.
Die freibeweglichen Spermien z. B. tragen **Geißeln** (Schwanzfäden), die zur Fortbewegung notwendig sind.
Andere besitzen an der Oberfläche **Zilien** (feine Härchen), welche die Aufgabe haben, Stoffe weiterzutransportieren. Dazu gehören beispielsweise die Schleimhäute des Eileiters und der Atmungsorgane.
In der Zelle spielen sich alle Lebensvorgänge ab. Darum muß jede lebende Zelle gelöste Stoffe aufnehmen, in körpereigene Substanzen oder Energie umwandeln und Abbauprodukte abgeben können. Die Transportaufgaben (Ver- und Entsorgung) erfüllen die Zellen des Blutes und der Körpersäfte (Lymphe).

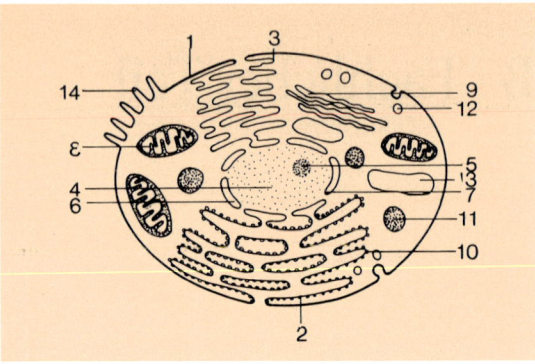

Abb. 2. Bau der tierischen Zelle. 1 Zellmembran, 2 endoplasmatisches Retikulum mit Ribosomenbesatz, 3 endoplasmatisches Retikulum ohne Ribosomen, 4 Zellkern, 5 Kernkörperchen, 6 Kernmembran, 7 perinukleärer Raum, 8 Mitochondrien, 9 Golgi-Apparat, 10 Ribosomen, 11 Lysosomen, 12 Pinozytosebläschen, 13 paraplasmatische Einschlüsse, 14 Mikrovilli.

Die Stoffübernahme und -abgabe geschieht auf unterschiedliche Weise:
Durch Diffusion. Der Ausgleich von Konzentrationsunterschieden zwischen zwei Flüssigkeiten erfolgt ohne äußere Einwirkung. Er ist möglich, weil die Zellwände feinporig durchlässig sind.
Durch Osmose. Der Übergang des Lösungsmittels (z. B. Wasser) einer Lösung in eine stärker konzentrierte Lösung erfolgt durch die semipermeable (halbdurchlässige) Zellwand, welche für das Lösungsmittel durchlässig ist, nicht aber für die gelösten Stoffe.
Durch selektive Permeabilität (auswahltreffende Durchlässigkeit). Unter Mitwirkung von Wirkstoffen (Enzymen) werden Stoffe durch die Zellhaut transportiert. Dabei wird Energie verbraucht.
Durch Pinozytose. Die tröpfchenweise erfolgende Aufnahme flüssiger Stoffe in das Zellinnere, welche durch Einstülpung und Abschnürung der Zellwand ermöglicht wird, heißt Pinozytose.
Durch Phagozytose. Gemeint ist die Aufnahme fester Nahrung – meistens von einzelligen Lebewesen. Die Zelle umfließt aktiv Futterteilchen, bildet ein Bläschen und baut durch Enzyme die darin enthaltenen Stoffe ab.
Die Zellen benötigen zur Erhaltung der Lebensfunktionen:
Kohlenhydrate und **Fette** zur Energiegewinnung. Kohlenhydrate werden verdaut, als **Einfachzucker** (Monosacharide) übernommen und zu tierischer

Stärke (Glukose) aufgebaut. Diese dient direkt als Energiequelle. Überschüsse werden als Depot gespeichert.

Eiweiß dient vornehmlich als Baustoff, aber auch als Brennstoff. Es wird in Form von Aminosäuren aufgenommen.

Mineralstoffe und **Spurenelemente** regulieren die Reaktion der Körperflüssigkeiten, sind Bestandteile von Enzymen, Hormonen und Blutfarbstoff, halten den osmotischen Druck im Gleichgewicht und üben wichtige Funktionen bei der Reizübertragung des Nervensystems aus. Sie sind beteiligt beim Aufbau der Zähne und der Knochen (Ca, P, Na, K, Mg, Fe, Cu, Cl, J, Fl, Br u. a. m.).

Wirkstoffe, wie Vitamine, Enzyme und Hormone, regulieren die meisten Lebensfunktionen in der Zelle. Ein Teil von ihnen kann im Körper gebildet, andere müssen ihm zugeführt werden.

Wie groß die Bedeutung des **Wassers** ist, zeigt die Tatsache, daß jedes Lebewesen eher verdurstet als verhungert. Der Körper besteht zu 70 bis 80 % aus Wasser. Es besorgt den Transport der darin gelösten Stoffe, reguliert die Körperwärme (Schwitzen oder Gänsehaut) und erhält in Zusammenarbeit mit Mineralstoffen und Spurenelementen die Körperspannung aufrecht.

Zellbewegungen werden durch Reize – meistens von außen – ausgelöst. Temperatur und Licht gehören dazu sowie mechanische, chemische, elektrische und nervöse Reize. In Flüssigkeiten können sich Spermien (männliche Samen) und Leukozyten (weiße Blutkörperchen) bewegen. Zellen mit Zilien (bei einigen Schleimhäuten) führen Bewegungen aus, und Muskelzellen strecken sich und ziehen sich zusammen.

1.1.2 Die Gewebe

Gewebe sind geschlossene Verbände formgleicher, gleichfunktionierender und differenzierter (unterschiedlicher) Zellen samt der von ihnen gebildeten Zwischenzellmasse (Interzellularsubstanz).

Das **Epithel** (Deckgewebe) besteht aus dichtgeschlossenen Zellverbänden. Der Anteil an Zwischensubstanz ist relativ gering. Die Epithelien liegen im allgemeinen auf einer Bindegewebsunterlage, welche von Blutgefäßen durchsetzt ist. Durch Stützgewebe, die Gefäße und Nerven enthalten, wird das Gerüst der Organe gebildet.

Man unterscheidet einschichtiges, mehrschichtiges und mehrreihiges Deckepithel. Es dient als Deckschicht der äußeren Haut, der Körperhöhlen und der Gefäße. Dickere Schichten werden über die Lymphe ernährt.

Das **Drüsenepithel** hat die Fähigkeit, in seinen Zellen spezielle Stoffe zu produzieren und diese bei Bedarf als Sekrete (Absonderungen) abzugeben, z. B. Verdauungssäfte, Hormone, Schweiß u. a.

Das **Bindegewebe** ist weich. Es bildet die Unterlage für Epithelgewebe oder füllt die Räume zwischen anderen Geweben aus. Interzellularsubstanz herrscht vor. Darin sind die Zellen als Gerüst eingelagert. Die Zwischensubstanz besteht aus einheitlicher Grundsubstanz, die je nach Einlagerungen fest oder flüssig sein kann. Halt bekommt die Interzellularsubstanz in der Grundmasse durch eingelagerte Fasern in
- kollagene (leimgebende) Fasern sind dehnbar, aber kaum biegungsfest
- Gitterfasern (retikuläre Fasern) umspannen Gewebe, z. B. Muskeln
- elastische Fasern schützen die anderen Fasernetze vor Überdehnung.

Das **embryonale Gewebe,** auch Muttergewebe genannt, besteht aus einem Netzwerk von Zellen. Alle übrigen Gewebe sind daraus hervorgegangen.

Das **retikuläre (netzartige) Bindegewebe** ist die Grundmasse für Knochenmark, Lymphknoten, Milz und die Vorstufe des Fettgewebes.

Das **Fettgewebe** stellt eine spezielle Form des retikulären Bindegewebes dar. In die Zellen sind Fetttröpfchen eingelagert. Diese fließen zu Tropfen zusammen und füllen am Ende den ganzen Zelleib aus. Es bilden sich Fettdepots
- als Nährstoff- und Energiereserve
- als Wärmeschutz, z. B. unter der Haut
- als »Stoßdämpfer« gegen mechanische Einwirkungen von außen, z. B. Niere, Augenhöhlenfett
- als Speicher für fettlösliche Stoffe, z. B. fettlösliche Vitamine.

Die Zellen des **lockeren Bindegewebes** bilden ein Zellgerüst mit Zwischenzellensubstanz, welches reich ist an locker gelagerten, kollagenen Fasern. Darin befinden sich freie Zellen mit unterschiedlichen Funktionen:
- Lymphozyten, Monozyten und Plasmazellen, die bei der Fremdstoffabwehr aktiv werden
- Gewebsmastzellen, welche Schleimstoffe für die Interzellularsubstanz bilden
- Pigmentzellen, die das Gewebe färben.

Das **straffe Bindegewebe** ähnelt dem lockeren. Es ist jedoch von Bündeln dichtgelagerter, kollagener Fa-

sern durchzogen. Man findet es in der Lederhaut, der Knochenhaut, den Gelenkkapseln, den Ohrgangkapseln u. a. Die von lockeren Bindegewebshüllen umgebenen Sehnen bestehen ebenfalls daraus.
Elastisches Bindegewebe ist an besonders dehnungsfähigen Stellen des Körpers zu finden (z. B. Nackenband und Bauchhaut).

Das **Stützgewebe** unterscheidet sich vom Bindegewebe durch die Einlagerung vornehmlich fester Zwischensubstanz. Es ist fest und fungiert im Körper als Stütze. Man findet es im Knorpel und in den Knochen.

Knorpel ist biegsam und druckelastisch. Darum ist er im Körper dort anzutreffen, wo
– Druck und Stoß abgepuffert werden müssen, z. B. beim Gelenkknorpel
– Knochenverbindungen beweglich bzw. biegsam sein müssen, z. B. Rippen und Wirbelsäule
– Organe biegsam sein müssen, z. B. Nase, Luftröhre, Ohr.

Knorpel besteht aus relativ großen Zellen. Sie sind in Knorpelhöhlen eingebettet, die von einer Kapsel aus Interzellularsubstanz umgeben sind. Die Zwischenmasse kann unterschiedlich zusammengesetzt sein. Danach unterscheidet man:
– Glasknorpel, der relativ fest aber quellfähig ist. Damit ausgestattet sind Gelenke, Rippen, Luftröhre, Nasenscheidewand
– Faserknorpel zeichnet sich durch Elastizität aus. Vorkommen: als Wirbelscheibe, im Hufknorpel und am Meniskus
– elastischer Knorpel ist im Kehlkopfdeckel, in der Ohrmuschel und an der Nasenspitze anzutreffen.

Fohlen besitzen während ihrer Entwicklung im Mutterleib zunächst ein Skelett aus biegsamem und relativ weichem Knorpelgewebe. Dieses wird zum Teil vor und zum Teil nach der Geburt in Knochenmasse umgewandelt. Die Verknöcherung ist ein komplizierter und langwieriger Prozeß, zumal die Knochenteile dabei länger und dicker werden. Solange das Skelett wächst, setzt es sich aus älteren und jüngeren Bestandteilen – aus Knorpelgewebe und verschiedenen Arten von Knochengewebe – zusammen. Bis zum Abschluß des Knochenwachstums bleiben die sogenannten Fugenknorpel (Knorpelplatten an den Röhrenknochenenden) erhalten.

Das **Knochengewebe** besteht zu einem Drittel aus organischer Substanz, zu zwei Dritteln aus anorganischer Masse. Dazwischen sind kollagene Fasern eingelagert, welche gespannt sind und bei Druckbelastung nachgeben können, ohne daß es zu Brüchen kommt. 25 % der organischen Knochenmasse sind Kollagene.

Die anorganische Substanz setzt sich wie folgt zusammen:

85 % $CaO_3 (PO_4)_2$ = phosphorsaurer Kalk
10 % $CaCO_3$ = kohlensaurer Kalk
1,5 % $Mg (PO_4)_2$ = phosphorsaures Magnesium
1,2 % $NaCl$ und KCl = Kochsalz und Kaliumchlorid
0,3 % CaF_2 = Kalziumfluorid
2,0 % sonstige anorganische Bestandteile

Das Knochengerüst kann als Mineralstoffreservoir fungieren, wenn in der Fütterung (z. B. im Winter) Mineralstoffunterversorgung vorkommt. Dieser begrenzte Skelettabbau führt sehr bald zu nachlassender Festigkeit des Knochengerüstes und sollte darum vermieden werden.

Zur Wiederholung und Vertiefung

1. Beschreiben Sie den Grundaufbau einer tierischen Zelle.
2. Welche Nährstoffe braucht eine Zelle, um leben zu können?
3. Erläutern Sie die Aufgaben des Epithelgewebes.
4. Welche Bindegewebsarten gibt es und wo kommen sie im Pferdekörper vor?
5. Beschreiben Sie Arten und Aufgaben der Stützgewebe.
6. Nennen Sie die Bestandteile des Knochengewebes.

Der **Knochen** wird außen von straffem Bindegewebe und einem das Dickenwachstum bewirkenden Gewebe – der **Kambiumschicht** – umgeben. Beide zusammen bilden die Knochenhaut, das **Periost**.
In die Kambiumschicht eingebettet sitzen die Knochenbildungszellen **(Osteoblasten)**. Vom durchbluteten Bindegewebe der Knochenhaut (Beinhaut) aus erfolgen die Impulse für das Dickenwachstum und für die Heilung von etwaigen Knochenbrüchen oder -verletzungen.
Die Wuchsintensität läßt mit zunehmenden Alter nach. Dadurch verlängern sich Heilungsprozesse.
Auf die Kambiumschicht folgt nach innen die feste Knochensubstanz **(Kompakta)**. Sie besteht aus Knochenzellen und lamellenförmig angeordneter Zwi-

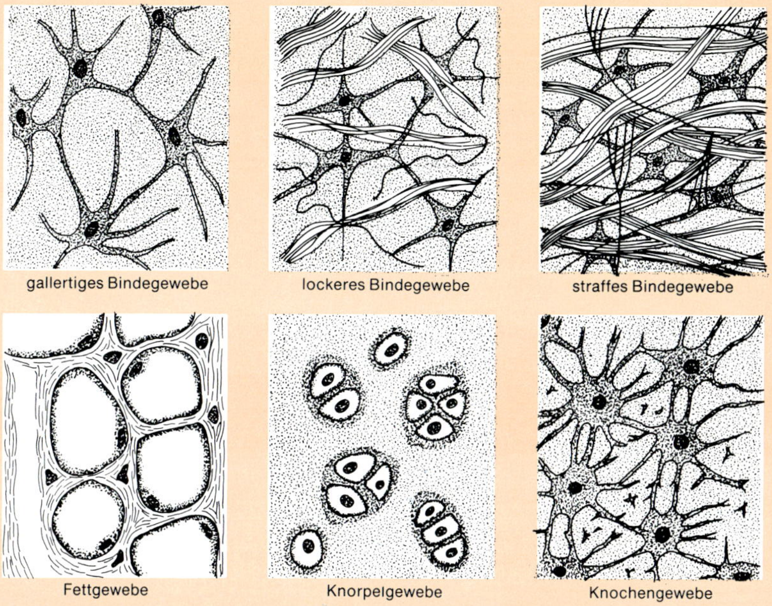

Abb. 3. Binde- und Stützgewebe.

schensubstanz. Darin sind gedrehte Fasern eingeschlossen, welche den Knochen Festigkeit und Elastizität verleihen.
Innerhalb der Kompakta liegt bei Röhrenknochen die Knochenhöhle. Das darin enthaltene Knochenmark besteht aus netzartigem (retikulärem) Bindegewebe, welches bei jungen Tieren rot ist, weil es **Hämozytoblasten** (Bildungszellen der roten Blutkörperchen) enthält.
Bei erwachsenen Tieren verfettet das Knochenmark (wird gelb/weiß) in den langen Röhrenknochen, bleibt in den kurzen aber rot. Das reicht zur Ersatzbeschaffung für rote Blutzellen aus.
Im roten Knochenmark sind außerdem die Ausgangszellen einiger Formen weißer Blutzellen angesiedelt. An den Knochenenden erweitern sich die Röhrenknochen. Die Kompakta wird dünner. Knochenbälkchen und Knochensäulchen stützen dafür die dünne Oberfläche ab. Das entstehende Gerüst **(Spongiosa)** zeichnet sich durch besondere Festigkeit aus.

Bei sehr alten Tieren verarmen die Knochen an organischer Substanz, weil Abbau und Neubildung nicht miteinander Schritt halten. Solche Knochen sind keiner Belastung mehr gewachsen.
Es wurde bereits festgestellt, daß das Dickenwachstum der Knochen von der Knochenhaut ausgeht. Darum können Verletzungen des Periosts an Vorder- und Hinterröhren zu Wucherungen oder Knochen-

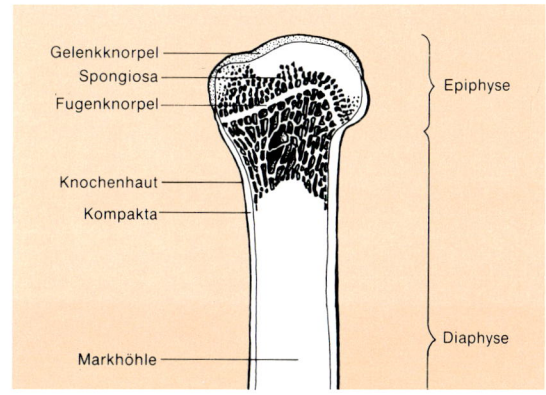

Abb. 4. Schema eines Röhrenknochens.

aufreibungen führen, die sich bisweilen leistungsmindernd bemerkbar machen.

Das Längenwachstum geht von den Fugenknorpeln aus, welche bereits bei der Geburt und in der Jugend vorhanden sind. Vereinfacht dargestellt, wird Knorpel in Knochenmasse umgewandelt. Zugleich wird Kompakta im Markkanal mit Hilfe der Osteoblasten abgebaut. Bei Knochenbrüchen bildet sich zuerst ein weiches Bindegewebe **(Kallus).** Es wird in Knochenmasse umgewandelt, wobei wiederum die Osteoblasten tätig werden.

1.1.3 Das Knochengerüst (Skelett)

Alle Knochen im Zusammenspiel (etwa 300) wirken dergestalt, daß sie dem Pferdekörper Halt geben und ihn abstützen. Sie bilden Körperhöhlen (Kopf, Brust) zum Schutz wichtiger Organe (Gehirn, Herz, Lungen), stecken die Grenzen des Wachstums ab und geben dem Körper weitgehend Gestalt und Form. Im Zusammenwirken mit Muskeln, Sehnen, Bändern und Gelenken ermöglicht das Skelett die Fortbewegung. Zu unterscheiden sind:

Abb. 5. Skelett des Pferdes.

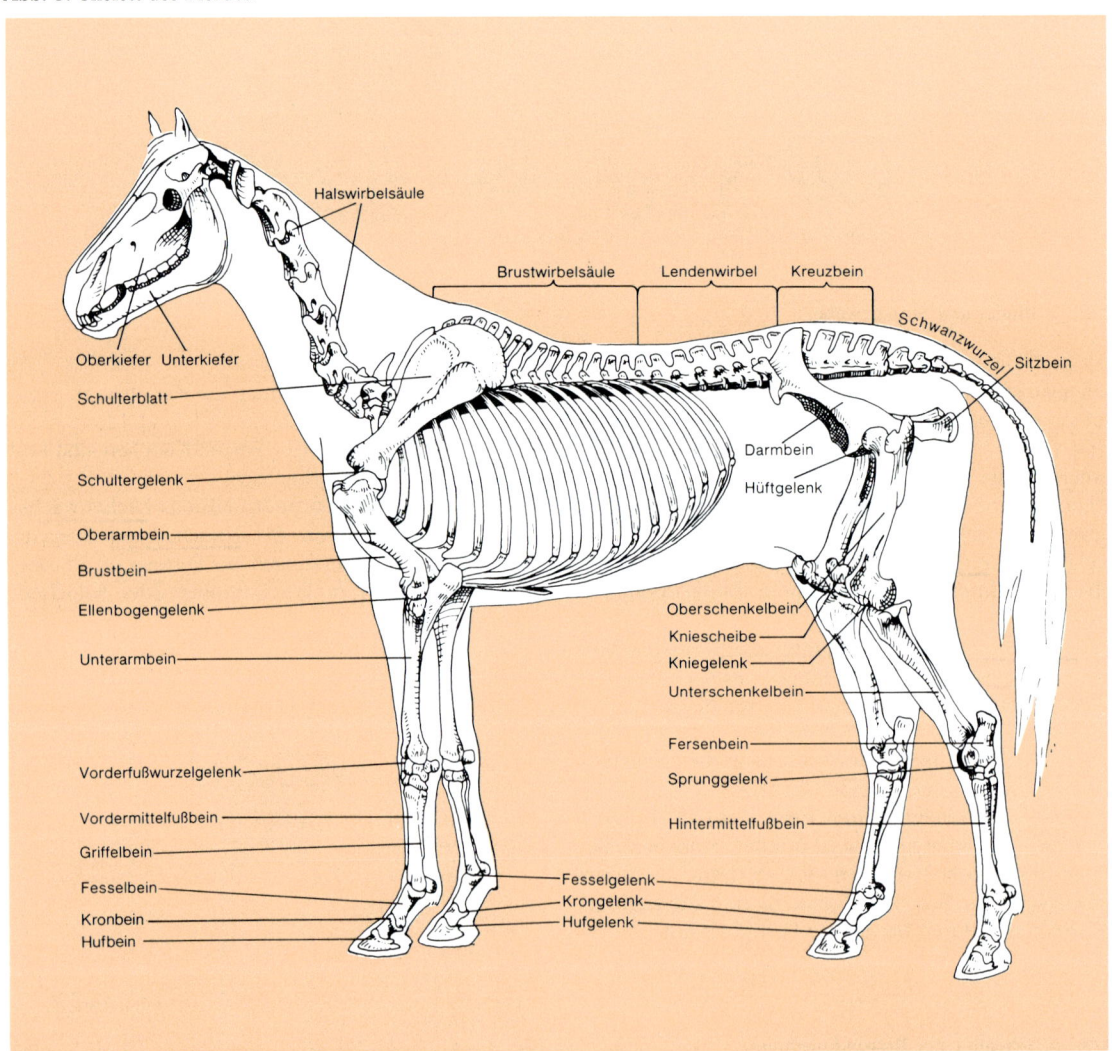

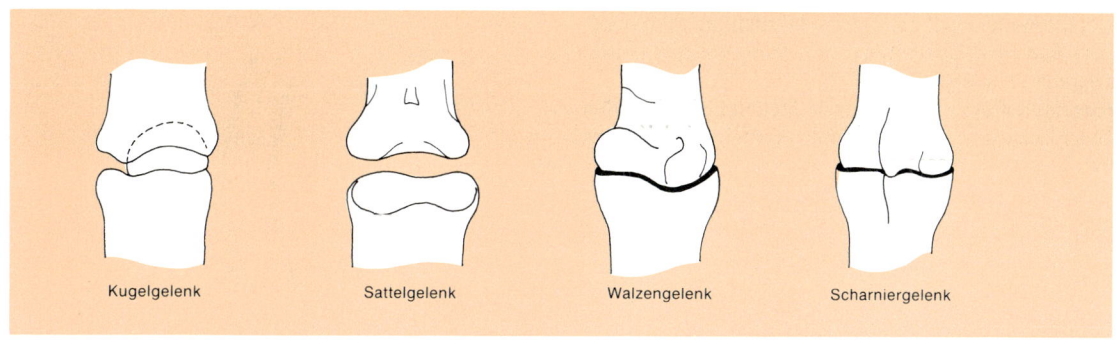
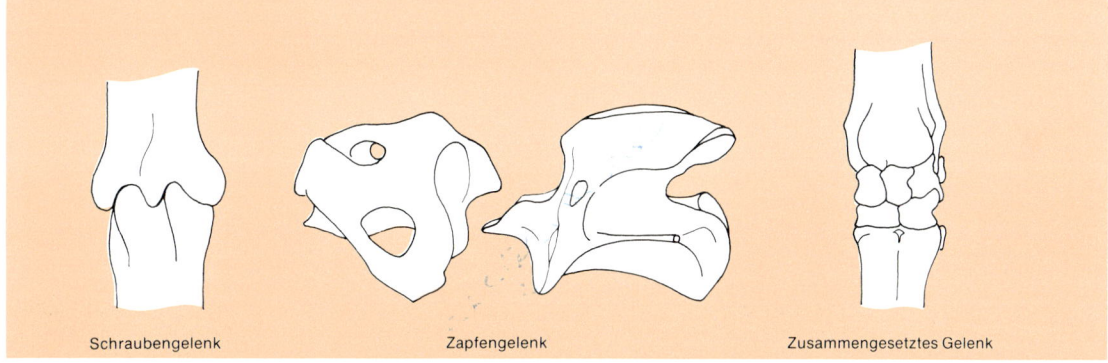

Abb. 6 und 7. Gelenkformen.

– Röhrenknochen
– flache Knochen
– Wirbel
– Gliedmaßen
– Kopf, Schulter u. a.
– Wirbelsäule.

Knochenverbindungen unterschiedlichster Art machen das Skelett erst funktionsfähig.
Wo flache Knochen aneinanderstoßen (z. B. am Schädel), bilden Nähte den Anschluß und es entsteht eine Schutzhülle. Diese Knochen sind in der Jugend an den Rändern mit Bindegewebe ausgestattet, damit Wachstumsmöglichkeiten bleiben. Sie verknöchern bei erwachsenen Tieren und werden dadurch fast unbeweglich.
Knorpelverbindungen zwischen Knochen erlauben in engen Grenzen abgesteckte Bewegungen, die mit zunehmendem Alter eingeschränkt sind. Beispiele dafür bilden die Beckenfuge und die Zwischenwirbelscheiben (Bandscheiben).
Knochenverbindungen ohne Direktkontakt gibt es im Schulterblatt-Rumpfbereich, wo Muskeln, Sehnen und Bänder den Rumpf an den Gliedmaßen »aufhängen«.
Bewegliche Knochenverbindungen heißen **Gelenke**. Der Grundaufbau aller Gelenke ähnelt sich:
– ein Gelenkkopf greift in die Gelenkpfanne des anderen Knochens ein
– die Knochenenden sind mit einer Knorpelschicht überzogen und zum Teil mit Knorpelgruben ausgestattet. Diese sorgen für optimale Verteilung der Gelenkschmierung **(Synovia)**
– Gelenkschmiere füllt die Gelenkspalten aus
– eine aus straffem Bindegewebe bestehende Gelenkkapsel umgibt das Gelenk. Sie geht im Knochenbereich in die Knochenhaut über
– Gelenkbänder verstärken das Gelenk zusätzlich
– die Kapsel ist mit Schleimhaut **(Synovialis)** ausgepolstert, die Gelenkschmiere (Synovia) produziert.

Sondert die Schleimhaut durch Verletzungen oder Entzündungen bedingt vermehrt Sekret ab, dann führt das oft zur **Gallenbildung** (blasenartige Verdickungen).

Nachstehende Gelenkformen können in Abhängigkeit von den auszuführenden Bewegungen unterschieden werden:
Kugelgelenke. Halbkugeliger Gelenkkopf in einer Gelenkpfanne. Die Bewegungsfreiheit wird durch Bänder eingeschränkt (z. B. Schulter- und Hüftgelenke).
Sattelgelenke. Bewegungen in zwei Achsen sind möglich (z. B. Kron- und Hufgelenke).
Walzen-, Scharnier-, Schrauben- und Fesselgelenke. Sie lassen nur Bewegungen in einer Ebene zu (z. B. Ellbogen- oder Kniegelenke).
Zusammengesetzte Gelenke. Zwischen zwei Hauptknochen sind mehrere kleine Knochen eingefügt. Sie machen das Gelenk federnd und elastisch (z. B. Sprunggelenk und Vorderfußwurzelgelenke).
Zapfengelenk. Drehbewegung durch Eingreifen eines Zapfens in eine Vertiefung (z. B. Verbindung zwischen Halswirbel 1 und 2, Atlas und Umdreher). Faserknorpelscheiben sind in Gelenke eingelagert, welche nicht exakt aufeinander passen, z. B. die **Menisken.** Sie wirken als Puffer oder Stoßdämpfer.
Die **Zähne** gehören zum Knochengewebe und bestehen in der Hauptsache aus **Zahnstein** (Dentin), das härter ist als normale Knochen. Mit den Zähnen wird das Futter aufgenommen und die Nahrung zerkleinert.
Die Zähne sind eingebettet in die mit Wurzelhaut ausgekleideten Zahnfächer der Kiefer. Der nicht sichtbare Teil heißt **Zahnwurzel,** der sichtbare **Zahnkrone.**

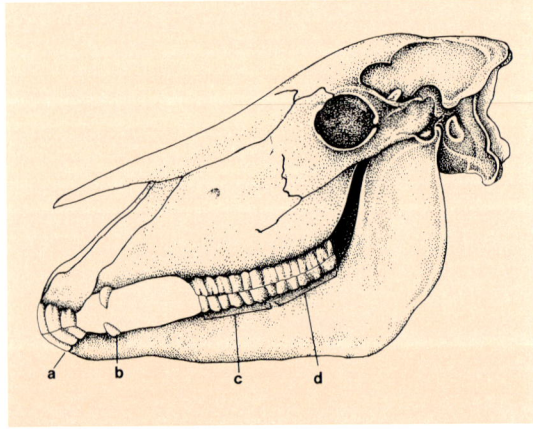

Abb. 8. Schädel eines männlichen Pferdes. a = Schneidezähne, b = Hakenzähne, c = vordere Backenzähne (Prämolaren), d = hintere Backenzähne (Molaren).

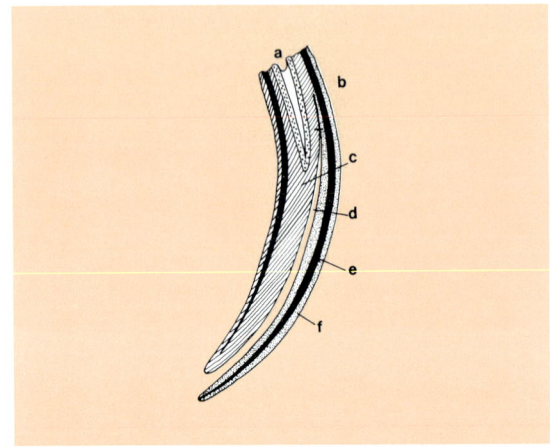

Abb. 9. Schnitt durch einen bleibenden Schneidezahn. a = Kunde, b = Zahnschmelz, c = Zahnbein, d = Pulpahöhle, darin Arterie, Vene, Nerv, e = Wurzelhaut, f = Zahnzement.

Im Inneren befindet sich die mit **Zahnpulpa** (Zahnmark) angefüllte **Wurzelhöhle.** Das Zahnmark enthält die Gefäße und Nervenzellen. Solange Zähne wachsen, besteht eine direkte Verbindung mit dem Kiefer. Die Krone ist vom **Zahnschmelz** überzogen. Der Zahn ist infolge Fluoreinlagerung die härteste Körpersubstanz. Die Wurzelhülle aus **Zahnzement** ist weicher.
Die Zähne junger Pferde haben Schmelzeinstülpungen **(Kunden),** die in den Schneidezähnen unten ca. sechs bis sieben Millimeter tief sind und jährlich um etwa zwei Millimeter abnutzen.
Die Bestimmung des Pferdealters kann anhand des Durchbruchs, des Wechsels und der Abnutzungserscheinungen der Schneidezähne erfolgen. Beeinflussungen durch die Art der Fütterung, die Besonderheiten der Pferderassen, die Beschaffenheit und Stellung der Zähne sowie durch Untugenden (z. B. das Koppen) erschweren die Genauigkeit der Altersbestimmung in vielen Fällen.
Man unterscheidet drei Perioden:
1. Periode: Die Milchzahnperiode. Sie ermöglicht eine relativ sichere Altersbestimmung von der Geburt bis zum sechsten Lebensjahr anhand des Zahnwechsels und des Kundenabriebs an den Schneidezähnen.
2. Periode: Ungenauerer Altersnachweis vom fünften bis zum elften Lebensjahr. Kriterien dafür sind einmal der Kundenabrieb in den Schneidezähnen des Unterkiefers bis zum siebten bis achten Lebensjahr. Zusätzlich verschwinden die Kunden in den Schnei-

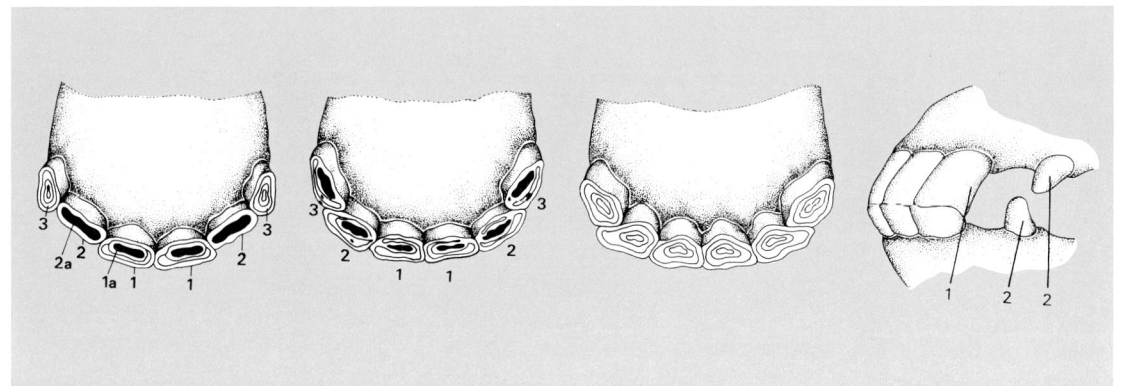

Abb. 10. Zahnformeln. 3 Jahre: 1 = Zangen (in Reibung), 1a = Kunden, 2 = Mittelzähne (gewechselt), 2a = Kunden, 3 = Eckzähne (noch Milchzähne). 5 Jahre: 1 und 2 = Zangen und Mittelzähne in Reibung, 3 = Eckzähne in Reibung getreten (angezahnt). 9 Jahre: Kunden sind verschwunden. Einbiß: 1 = Einbiß, 2 = Hakenzähne (bei Hengst und Wallach).

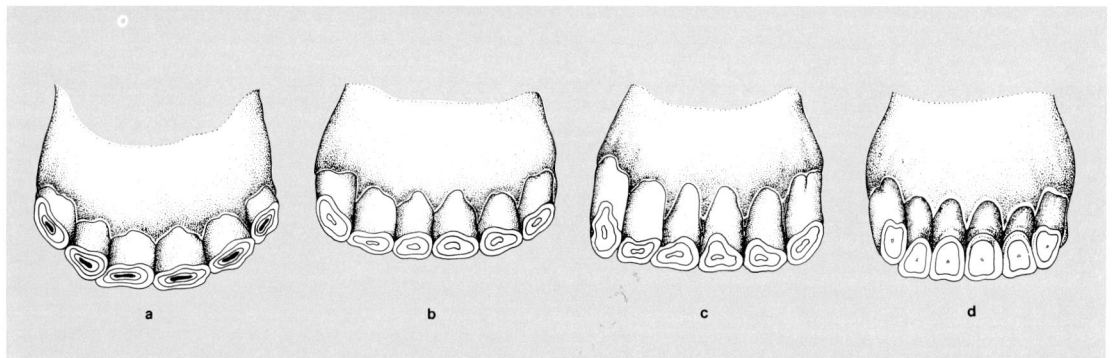

Abb. 11. Veränderung des Zahnbogens mit fortschreitendem Alter. a = halbmondförmig bis 11jährig, b = flach bis 17jährig, c = fast gerade bis 23jährig, d = gerade über 23jährig.

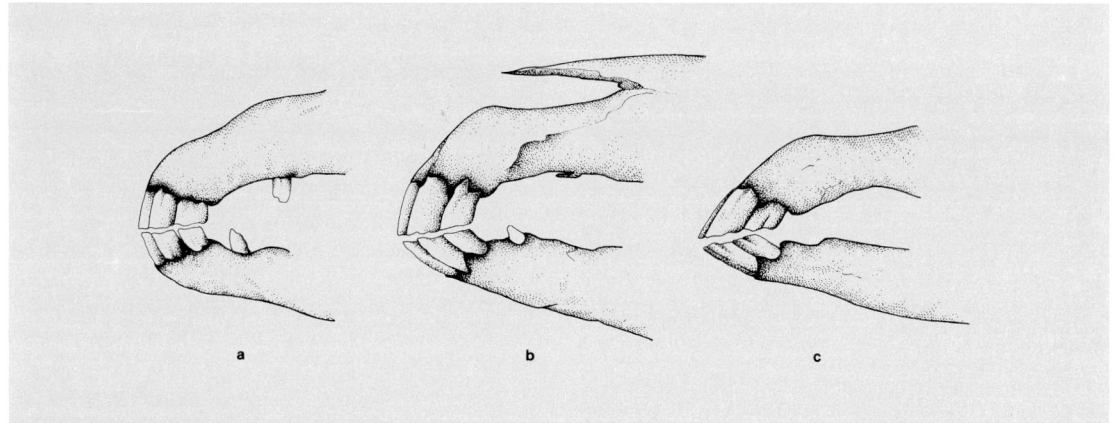

Abb. 12. Veränderung der Schneidezahnrichtung mit fortschreitendem Alter. a = Zangengebiß bis zum Alter von 8 Jahren (Kundengebiß), b = halbes Zangengebiß bis zum Alter von 15 Jahren (Kundenspurengebiß), c = Winkelgebiß im Alter über 15 Jahren (Kernspurengebiß).

Tab. 2. Durchbruch und Zahnwechsel in der Übersicht (ca.-Angaben)

Zähne		Durchbruch nach Geburt	Wechsel	Kundenabrieb
Zangen (2 × 2)		bis 6 Tage	2,5–3 Jahre	6 Jahre
Mittelzähne (2 × 2)		6 Wochen	3,5–4 Jahre	7 Jahre
Eckzähne (2 × 2)		6 Monate	4,5–5 Jahre	8 Jahre
Prämolaren (4 × 3)	1	bei der Geburt	2,5 Jahre	9 Jahre
	2		3,5 Jahre	10 Jahre
	3		3,5–4 Jahre	11 Jahre
Molaren (4 × 3)	1	1 Jahr		
	2	2 Jahre		
	3	3,5 bis 4 Jahre		
Hakenzähne (4 × 1)		4 Jahre; nur bei Hengsten und Wallachen		
Stuten 36, Hengste und Wallache 40 Zähne				

dezähnen des Oberkiefers, die etwa 12 Millimeter tief sind.
Außerdem wandeln sich die Reibflächen der Zähne von querovalen zu runden Formen bei den Unterschneidezähnen. Der **Einbiß** – ein hakenförmiger Fortsatz am äußeren Eckzahnrand – tritt im Alter von neun bis elf Jahren in Erscheinung.
3. Periode: Ab zwölf Jahre. Die Altersfeststellung wird unsicher und bleibt dem Fachmann vorbehalten. Anhaltspunkte sind die Querschnittbilder der Kauflächen, der Winkel, den die Schneidezähne des Ober- und Unterkiefers miteinander bilden und die Veränderungen des sogenannten **Zahnbogens** im Unterkiefer.

Zur Wiederholung und Vertiefung

1. Beschreiben Sie den Bau eines Röhrenknochens.
2. Nennen Sie die Abschnitte der Wirbelsäule und deren Funktionen.
3. Aus welchen Knochen bestehen:
   a) die Vordergliedmaßen
   b) die Hintergliedmaßen?
4. Erläutern Sie die Aufgaben der verschiedenen Gelenke des Pferdes.
5. Erläutern Sie den Zahnwechsel der Schneidezähne im Unterkiefer.

1.1.4 Muskeln, Sehnen, Bänder

1.1.4.1 Muskeln

Bei den Muskeln handelt es sich um die beim geschlachteten Tier als **Fleisch** bekannten Körperteile. Zu unterscheiden sind die Skelettmuskeln und die Muskeln der inneren Organe.
Die Skelettmuskeln (Körpermuskulatur) bewegen das Skelett. Sie sind also für die Körperbewegungen verantwortlich. Diese Muskeln gehorchen dem Willen und heißen deshalb **willkürliche Muskeln.**
Die Muskeln der Innenorgane (z. B. Magen, Darm, Blutgefäße u. a.) sind vom Willen nicht zu beeinflussen. Man nennt sie **unwillkürliche Muskeln.** Sie werden vom Eingeweide-Nervensystem und dem sogenannten autonomen oder vegetativen Nervensystem gesteuert. Die beiden Muskeltypen sind unterschiedlich aufgebaut.
Im Gewebe der willkürlichen Muskulatur sind mehrere Zellen zu einer Muskelfaser verschmolzen, welche folglich mehrere Kerne und **Fibrillen** (kleinste Fasern) enthält.
Wegen ihres typischen Mikroskopbildes bezeichnet man das willkürliche Muskelgewebe auch als **quergestreifte Muskulatur.**
Die bis zu einige Zentimeter langen Muskelfasern lagern sich zu **Faserbündeln** zusammen, die sich zu **Muskelbündeln** vereinen. Diese wiederum bilden zu mehreren den Muskel. Die Fasern, Bündel und der Gesamtmuskel sind von Hüllen aus elastischen Bin-

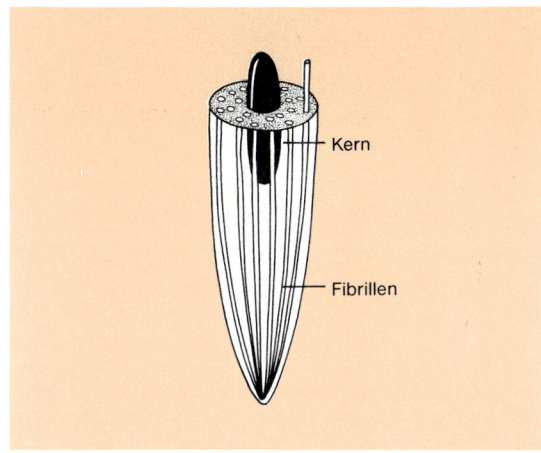

Abb. 13. Glatte Muskelzelle (halbiert).

degeweben umgeben. In diese eingebettet versorgen und entsorgen Blutgefäße alle Muskelteile.

1.1.4.2 Sehnen und Muskeln

Alle Muskelhüllen vereinigen sich an den Muskelenden zu Sehnenfasern. Diese bilden die **Sehnen,** welche an die Knochen ansetzen. Je nach Ansatz an die zu einem Gelenk gehörigen Knochen ergeben sich beim Zusammenziehen oder Strecken der Muskeln unterschiedliche Bewegungen der Gelenke:
- **Beuger** bewirken die Winkelung der Gelenke
- **Strecker** machen diese Bewegung wieder rückgängig (siehe Abb. 16)
- **Dreher** können den Körperteil, auf den sie wirken, bis zu einem gewissen Grade um seine Achse drehen (z. B. den Kopf)
- **Öffner** und **Schließer** (Ringmuskulatur) findet man an den Körperöffnungen.

Diese Bewegungsunterschiede ergeben sich aus der verschiedenartigen Form der Muskeln:
- **lange Muskeln** an den Gliedmaßen ermöglichen lange Arbeitswege (Abb. 17)
- **breite Muskeln** sitzen vor allem am Rumpf
- **kurze, dicke** und **runde Muskeln** befinden sich vornehmlich am Übergang vom Rumpf auf die Gliedmaßen. Sie können bei relativ kurzen Arbeitswegen erhebliche Kräfte entwickeln
- **kreisförmige Muskeln** wirken an den Körperöffnungen.

Sehnen übertragen die Arbeit der Muskeln. Wie hoch ihr Anteil am Muskel ist, richtet sich nach der zu leistenden Arbeit. Bei Muskeln, welche die Bewegung in Gang bringen, genügen relativ geringe Sehnenanteile. Müssen dagegen im Stand und in der Bewegung Lasten getragen werden (Rumpf, Kopf etc.), steigt der Anteil an Sehnengewebe erheblich an.

Sehnen leisten keine Arbeit, darum ermüden sie auch nicht. Infolge ihrer Struktur können sie anhaltenden Druck und Zug aushalten. Bei Überbeanspruchung treten dennoch, besonders bei jungen Pferden, Schäden (Bogen) auf.

Sehnen sind gegen Stoß und Schlag empfindlich, insbesondere wenn sie oberflächlich auf Knochen oder Knochenvorsprüngen liegen (Schutz durch Bandagen).

Als Schutz und zur Funktionserleichterung verlaufen viele Sehnen in **Sehnenscheiden.** Diese enthalten Gleitflüssigkeit.

Erkrankungen der Sehnenscheiden – meistens verletzungsbedingt – verlaufen oft recht schmerzhaft (Ruhigstellen).

Das Gewebe der **unwillkürlichen Muskulatur** besteht aus spindelförmigen, langgestreckten Zellen mit einem Kern und in Längsrichtung verlaufenden feinen Fasern, den **Muskelfibrillen.** Die Zellen dieser Muskulatur sind selten länger als 0,1 mm. **Glatte Muskulatur,** wie sie auch genannt wird, arbeitet rela-

Abb. 14. Aufbau eines Skelettmuskels (schematisch; Ausschnitt s. Abb. 15).

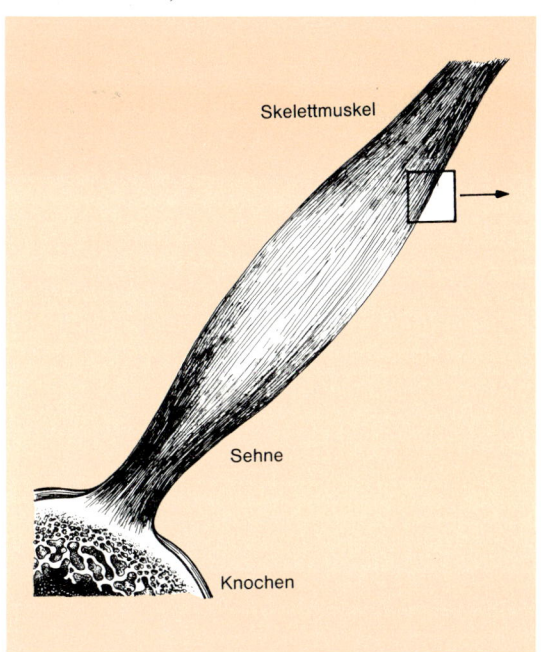

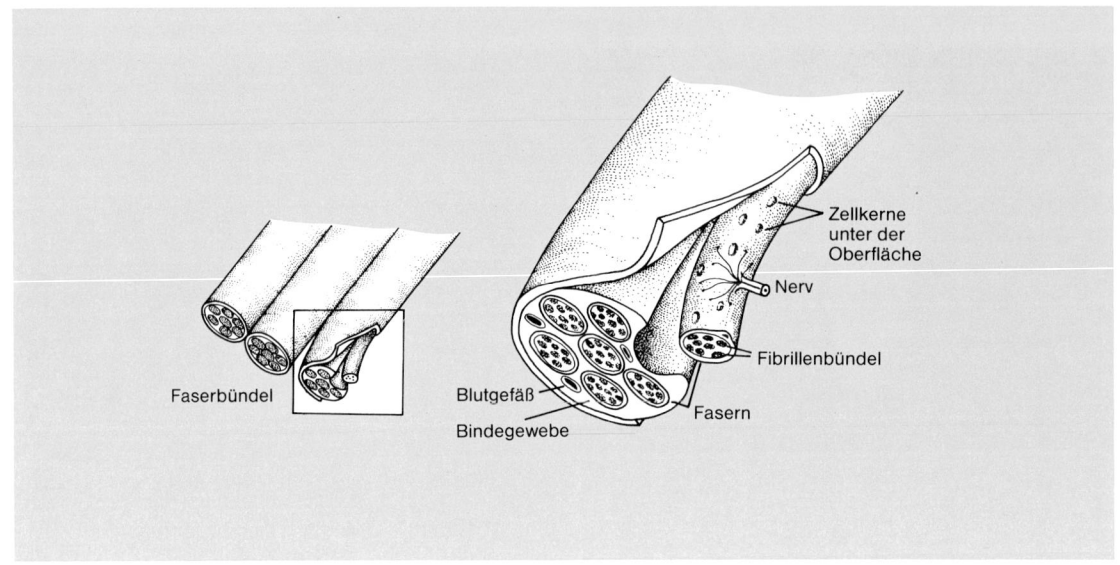

Abb. 15. Aufbau eines Skelettmuskels in Ausschnitten unterschiedlicher Vergrößerung.

Abb. 16. Das System der Rumpfstrecker und Rumpfbeuger.

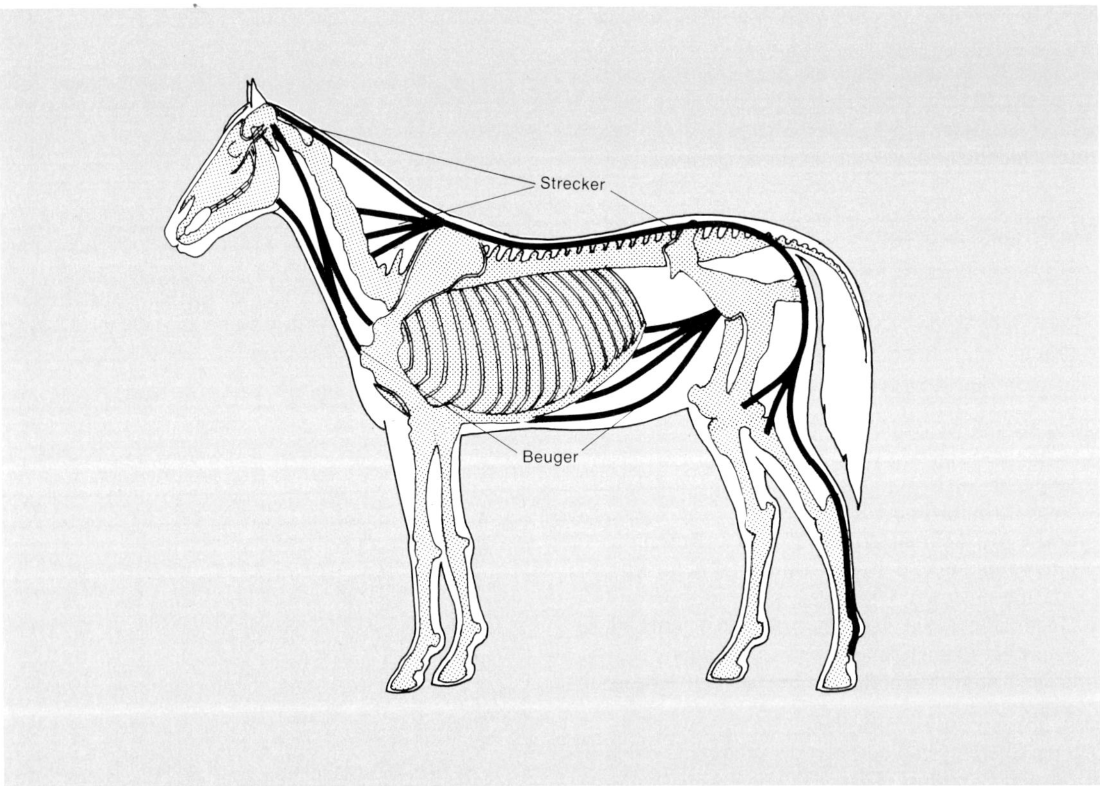

tiv langsam, dafür aber sehr ausdauernd. Sie ermüdet weniger schnell als quergestreifte. Dies kommt der kontinuierlichen Arbeit der Körperorgane zustatten.

1.1.4.3 Bänder

Sie sind strang- oder plattenförmige Faserzüge aus Bindegewebe an Gelenken und inneren Organen, die als Befestigung oder als Verbindung fungieren. In manchen Körperteilen tragen sie Lasten, z. B. das **Nackenband,** welches den Kopf hält, oder die gelbe Bauchhaut. Letztere reicht von den letzten Rippen bis zum Becken und bildet sozusagen eine Plane, in der die Verdauungsorgane liegen.

1.1.4.4 Bewegungsabläufe

Die **Bewegungsabläufe** der Gliedmaßen sind artspezifisch. Beim Lauftier „Pferd" spielen sie naturgemäß eine besondere Rolle.
Im **Schritt** verlagern Pferde ihren Schwerpunkt nach vorne. Dadurch sind sie gezwungen, ein Vorderbein zum Abstützen vorwärts zu bringen. Dieses Spielbein wird dann zum Stützbein. Durch weiteres Voranbewegen des Rumpfes gerät es unter diesen, wodurch das andere Bein vom Stützbein zum Spielbein wird. Im Normalfall sind Stützzeit und Schwingzeit im Schritt gleich lang, und jeweils zwei Beine stützen den Körper. Das jeweilige Vorderbein fußt im Regelfall einen halben Tritt nach dem Hinterbein auf. Darum hört man vier Hufschläge.
Beim **Trab** treten die jeweils sich diagonal gegenüberliegenden Füße gleichzeitig auf. Man hört zwei Hufschläge. Die Stützzeit verläuft kürzer als die Schwingzeit. Daher erkennt man deutlich eine Schwebephase des Körpers (s. Abb. 20 u. Abb. 21). Der **Galopp** beginnt mit einem Hinterbein, z. B. dem rechten. Dann folgen gleichzeitig das linke Hinter- und das rechte Vorderbein. Drei Hufschläge sind

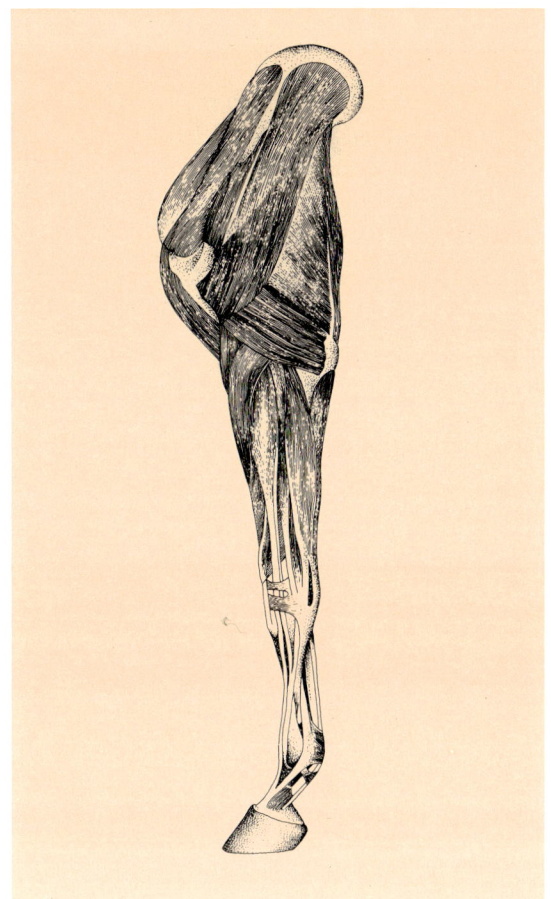

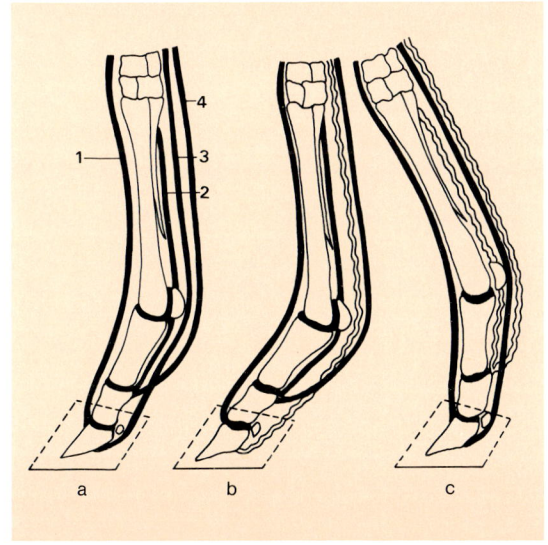

Abb. 17. Vorderbein des Pferdes (Muskeln und Sehnen).

Abb. 18. Belastung der Sehnen. a = im Stand sind alle Sehnen gleichmäßig belastet; b = beim Fußen sind Fesselträger und oberflächliche Beugesehne belastet, tiefe Beugesehne ist entlastet; c = beim Abstemmen ist tiefe Beugesehne belastet, Fesselträger und oberflächliche Beugesehne sind entlastet. 1 = Strecksehne, 2 = Fesselträger, 3 = tiefe Beugesehne, 4 = oberflächliche Beugesehne.

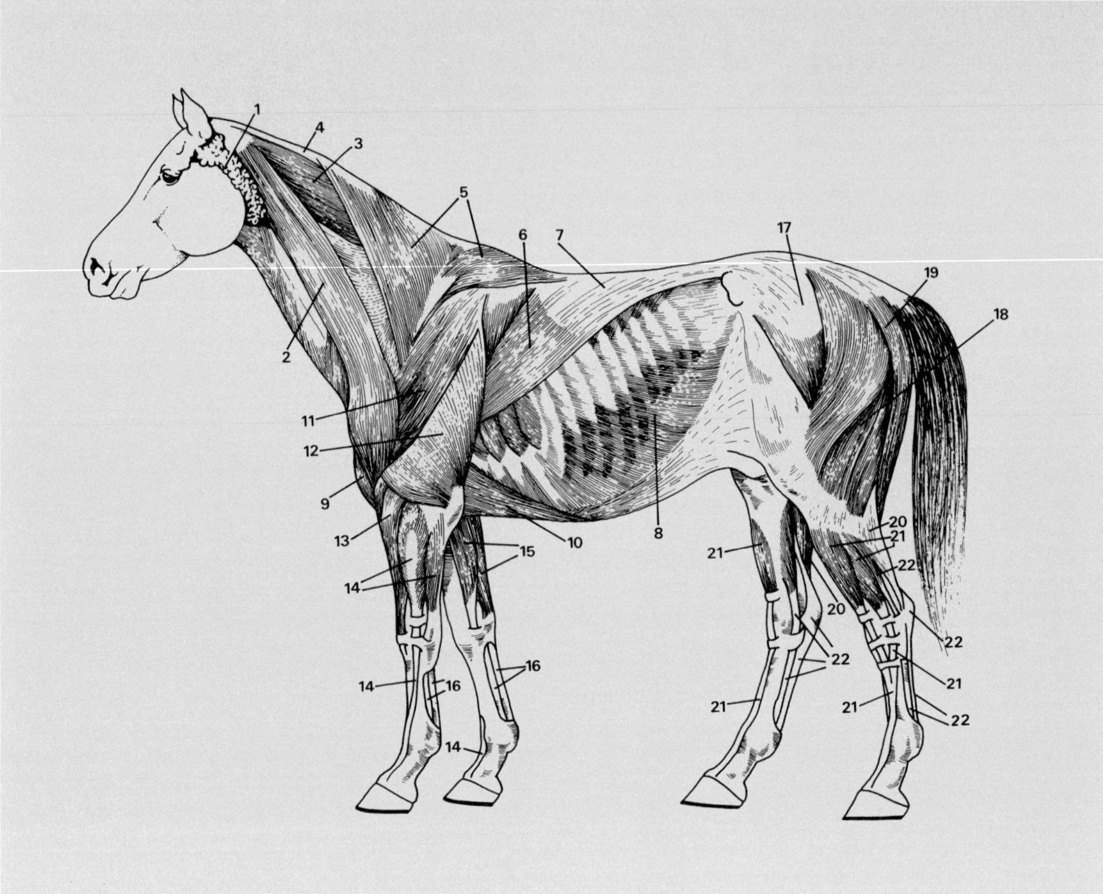

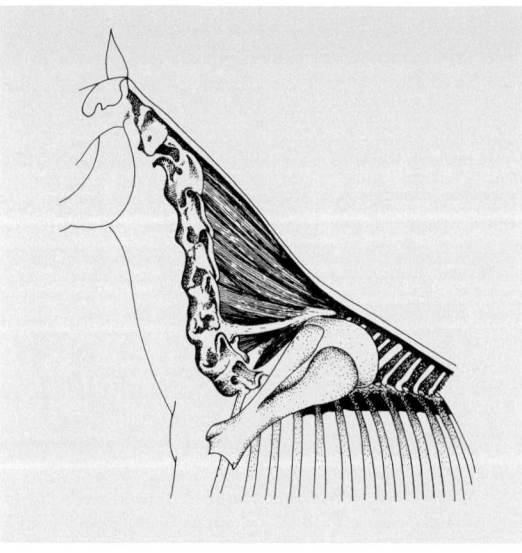

Abb. 19a. Muskeln und Sehnen des Pferdes. 1 = Ohrspeicheldrüse, 2 = Kopf-Hals-Armbein-Muskel, 3 = oberflächlich gelegener Halsmuskel, 4 = Nackenband, 5 = Kappenmuskel, 6 = breiter Rückenmuskel, 7 = Rückenlendenbinde, 8 = großer, schiefer Bauchmuskel, 9 = oberflächlicher Brustmuskel, 10 = tiefer Brustmuskel, 11 = Grätenmuskel, 12 = Strecker des Vorarms, 13 = Strecker des Vordermittelfußes, 14 = Zehenstrecker, 15 = Beuger der Vorderfußwurzel, 16 = Beugesehne, 17 = Kruppenmuskel, 18 = Auswärtszieher des Hinterschenkels, 19 = Einwärtszieher, 20 = Achillessehne, 21 = Zehenstrecker, 22 = Beugesehne.

Abb. 19b. Nackenband des Pferdes.

Abb. 20. Starker Trab in der Schwebephase.

Abb. 21. Isländer im Paßgang.

hörbar. Der Vorderfuß, welcher beim Abschluß des Galoppsprungs fußt, bestimmt, ob im Rechts- oder Linksgalopp geritten wird.

Das **Aufstehen** des Pferdes erfolgt in drei Phasen:
- Aufrichten der Vorhand
- Vorschieben der Vordergliedmaßen
- rasches Strecken der Hintergliedmaßen.

Auch das **Hinlegen** läuft nach einem artspezifischen Verhaltensmuster ab:
- die Pferde trippeln
- sie schieben die Gliedmaßen unter den Rumpf
- sie beugen alle vier Beine
- sie lassen sich sanft seitlich fallen.

Zur Wiederholung und Vertiefung

1. Erläutern Sie den Unterschied zwischen willkürlicher und unwillkürlicher Muskulatur.
2. Beschreiben Sie das Zusammenwirken von Muskeln und Sehnen.
3. Welche Sehnenschäden treten häufig auf?
4. Nennen Sie die Aufgaben der Bänder.
5. Beschreiben Sie den Bewegungsablauf im Linksgalopp.
6. Nennen Sie die Phasen beim Aufstehen des Pferdes.

1.1.5 Nervensystem, Hormone und Drüsen, Sinnesorgane

1.1.5.1 Das Nervensystem

Das Nervensystem übernimmt die von den Sinnesorganen aufgenommenen Reize, leitet sie weiter und übergibt sie nach Umwandlung als Handlungsimpulse an die ausführenden Organe (Muskeln). Enge Wechselbeziehungen bestehen zum Hormonsystem (s. Abb. 23). Zu unterscheiden sind das zentrale Nervensystem, das periphere Nervensystem und das vegetative Nervensystem.

Das Nervengewebe besteht aus einem Geflecht von Nervenzellen, die durch ihre Ausläufer miteinander verbunden sind. Eine Nervenzelle ist rundlich bzw. leicht gestreckt ausgebildet und mit einem relativ großen Kern ausgestattet. Die Fortsätze oder **Dendriten** verbinden entweder die Nervenzellen (**Neuronen**) untereinander oder haben Kontakt mit den Nervenfasern, den **Neuriten,** die den Hauptteil der Nervenmasse ausmachen. Sie bestehen aus einer Hülle, der **Nervenscheide,** und dem **Nervenmark** in der Mitte. Dazwischen befinden sich vielfach lamellenartig angeordnete **Markscheiden.** Diese lassen am Neuriten freie Stellen offen, die die Reizleitung beschleunigen.

Synapsen (Kontaktstellen) verbinden die Nervenfasern miteinander und mit den ausführenden Organen. Hier übertragen kleine Verdickungen die Informationen.

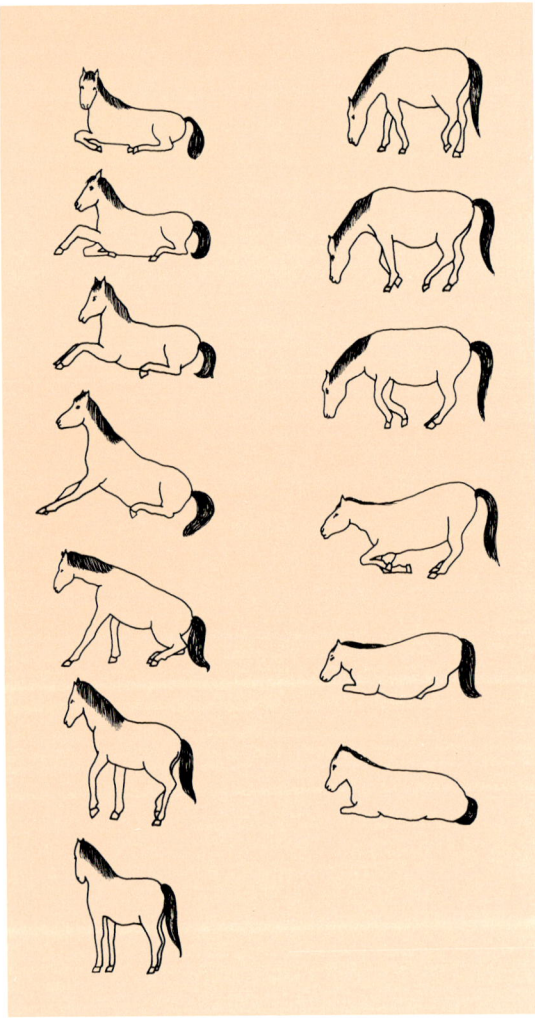

Abb. 22. Einzelablauf des Aufstehens (links) und Niederlegens (rechts) beim Pferd.

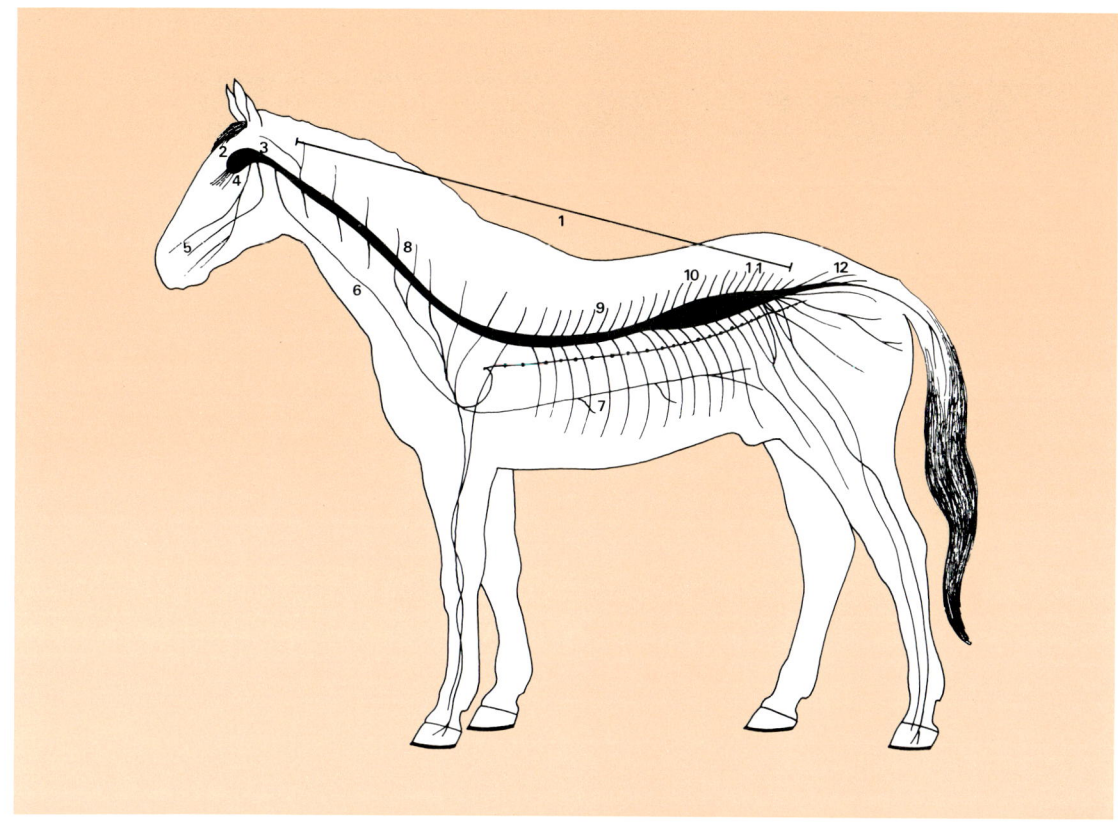

Abb. 23. Das Nervensystem (schematisiert). 1 = Rückenmark, 2 = Gehirn, 3 = Kleinhirn, 4 = Stammhirn, 5 = Gehirnnerven, 6 = Nervus vagus (parasympathisch), 7 = sympathischer Grenzstrang, 8 = Halsnerven, 9 = Brustnerven, 10 = Lendennerven, 11 = Kreuznerven, 12 = Schwanznerven.

Nach der Funktion sind anregende und hemmende Synapsen zu unterscheiden.

Umweltreize werden von den Sinnesorganen aufgenommen und über die Nervenzellen weitergeleitet. Chemische und physikalische Vorgänge greifen dabei stark ineinander über.

Das **zentrale Nervensystem** besteht aus dem Gehirn und dem Rückenmark. Die **graue Substanz** wird von Nervenzellen gebildet, die **weiße Substanz** von Nervenfasern.

Im Gehirn liegt die graue Masse außen und die weiße innen. Im Rückenmark liegen die Verhältnisse genau umgekehrt. Zwischen die Nervenzellen eingebettet befinden sich **Stützzellen** (Gliazellen). Sie haben die Funktion, das Nervengewebe zu ernähren, und halten es zusammen.

Das Gehirn, das zentrale Steuerorgan des Organismus, ist von Hirnhaut umgeben.

Es setzt sich zusammen aus:
– Großhirn
– Kleinhirn
– Zwischenhirn
– Hirnanhangdrüse (Hypophyse)
– Zirbeldrüse (Epiphyse)
– Mittelhirn und
– verlängertem Mark.

Das **Großhirn** mit seinen zahlreichen Windungen und Furchen ist zuständig für die dem Willen unterliegenden Handlungen und Bewegungen. Die einzelnen Regionen erledigen getrennt oder zu mehreren gemeinschaftlich spezielle Aufgaben. Die **Riechkolben** am vorderen Ende nehmen zum Beispiel Geruchseindrücke auf.

Das **Zwischenhirn** beherbergt viele Reflexionszentren. Hier kann medikamentös Einfluß auf Reizvor-

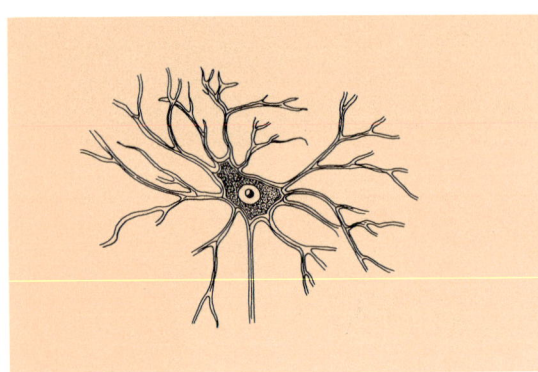

Abb. 24. Nervenzelle.

Abb. 25. Muskelfasern mit den Endigungen eines Bewegungsnervs. a = Nervenscheide, b = Nervenmark, c = Nervenplatte, sie bildet die Fortsetzung der Nervenscheide, die sich flächenförmig auf der Muskelfaser ausbreitet; das Nervenmark dagegen dringt in die Muskelfaser ein. d = Zellkerne der Muskelfaser.

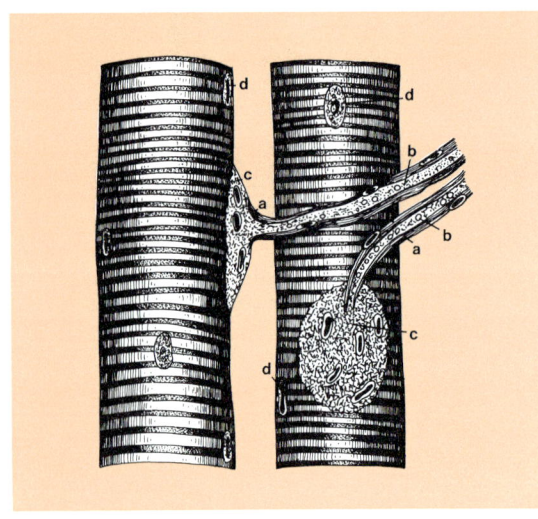

Mark. Hier wird die Koordination der Bewegungen gesteuert.

Das **Rückenmark,** von Rückenmarkshaut umgeben, liegt eingebettet im Wirbelkanal, der von den Wirbellöchern der einzelnen Wirbel gebildet wird.

Es ist die Schaltstation zwischen zentralem und peripherem (am Rande befindlichen) Nervensystem. Zwischen zwei Wirbeln entspringen vorne aus der grauen Substanz die motorischen und hinten die sensiblen Nervenfasern.

Das **periphere Nervensystem** besteht aus sensiblen und motorischen Nervenfasern. Die **sensiblen Nervenfasern** leiten Reize von den Sinnesorganen zum zentralen Nervensystem, die **motorischen** Reize von dort an die ausführenden Organe, z. B. an die Muskeln.

Der Gesamtkörper ist von Nervenfasern beider Typen durchzogen. An den sogenannten empfindlichen Stellen und in den Sinnesorganen ist das Netz dichter als an den unempfindlichen.

Das **vegetative Nervensystem** arbeitet vom Willen unabhängig. Es steuert alle Lebensvorgänge wie Verdauung, Atmung, Blutkreislauf u. a.

Enge Zusammenhänge zwischen zentralem Nervensystem, Hormondrüsen und vegetativem (selbständigem) Nervensystem sind gegeben.

Zwei Nervenbahnensysteme mit gegensätzlicher Wirkung kennzeichnen das vegetative Nervensystem.

Der **Sympathikus** bewirkt die Erweiterung der Blutgefäße in den Muskeln, Beschleunigung des Herzschlages, Erweiterung von Bronchien und Pupille, Verengung der Gefäße in der Haut und den Eingeweiden. Seine Zentrale bildet der beiderseits des Rückenmarks verlaufende Grenzstrang.

Der **Parasympathikus** hat zwei Nervenäste. Einer davon entspringt im untersten Teil des Rückenmarks, der andere im Hirnstamm. Als Gegenspieler des Sympathikus kehrt er dessen Wirkung um.

1.1.5.2 Hormone und Drüsen

Hormone sind spezifische Wirkstoffe, die in den sogenannten **endokrinen** (mit innerer Sekretion) **Drüsen** produziert werden. Sie steuern – ins Blut gegeben – schon in kleinsten Dosierungen manche Lebensvorgänge sehr wirksam oder stimmen diese aufeinander ab (z. B. Wachstum, Fortpflanzung, Stoffwechselvorgänge, Temperatur etc.). Diese Wirkungen sind mit zurückzuführen auf die Beeinflussung anderer Wirkstoffgruppen, z. B. der Enzyme.

Die Hormone verändern bisweilen die Durchlässigkeit von Zellwänden, aktivieren die Erbanlagen und

gänge genommen werden. In unmittelbarer Nähe liegen die **Hirnanhangdrüse** (Hypophyse) und die **Zirbeldrüse** (Epiphyse), welche Hormone (Wirkstoffe) produzieren.

Das **Mittelhirn** steuert die Reaktionen auf Gehör-, Seh- und Gleichgewichtsreize.

Im **verlängerten Mark** liegen das Atmungssteuerungszentrum und das Kreislaufsteuerungszentrum. Verletzungen in diesem Bereich führen sofort zum Tod (z. B. bei Genickbruch). Das kugelige, stark gefurchte **Kleinhirn** sitzt über dem verlängerten

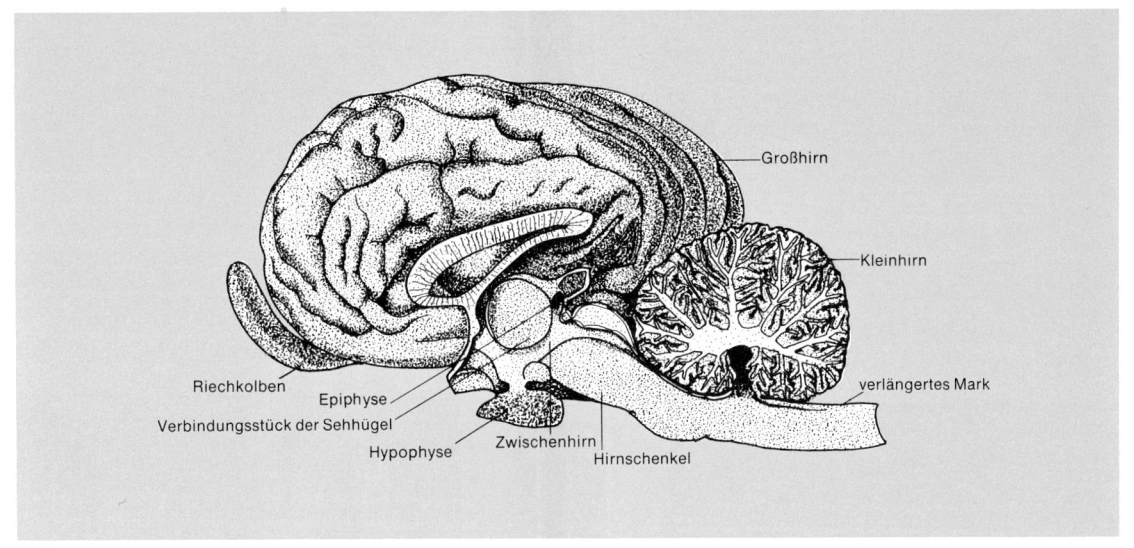

Abb. 26. Schnitt durch ein Pferdehirn.

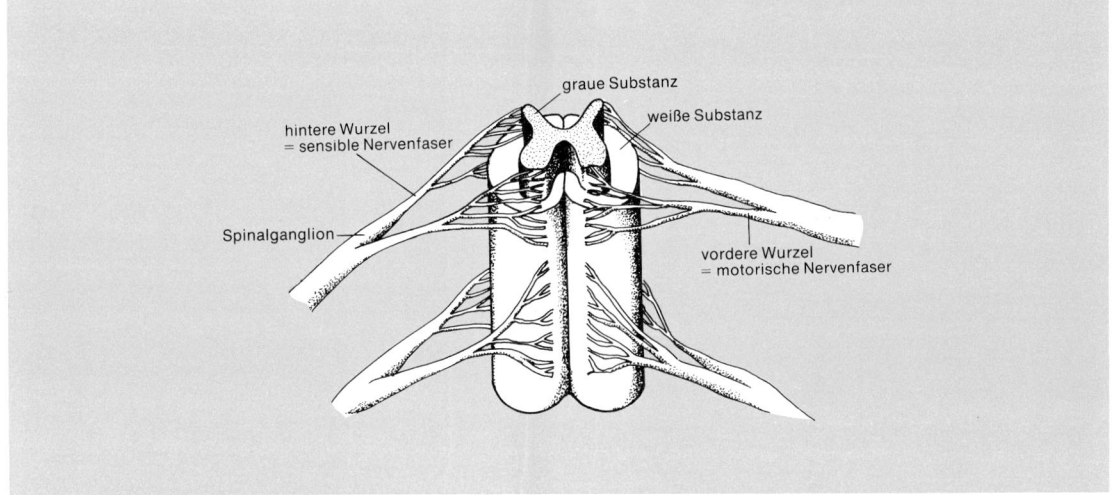

Abb. 27. Rückenmark mit Rückenmarksnerven.

steuern den Aufbau bestimmter Eiweiße. Einige Hormondrüsen produzieren mehrere Hormone, welche an ganz unterschiedlichen Stellen im Körper wirksam werden (s. Abb. 28).

Die Hirnanhangdrüse (Hypophyse) bildet:
- das Wachstumshormon **Somatotropin.** Es reguliert das Jugendwachstum
- das **Thyreotropin,** welches insbesondere Einfluß auf die Tätigkeit der Schilddrüse ausübt
- das **Adrenokortikotropin.** Es beeinflußt direkt die Hormonabgabe durch die Nebennierenrinde, und indirekt bewirkt es eine gewisse Widerstandskraft gegenüber Belastungen und Streß
- das **Melanotropin.** Es wirkt aus den Hirnanhangmittellappen auf die Pigmentbildung ein
- das **Oxytocin** hat Mehrfachwirkung durch Zusammenziehen glatter Muskulatur. Zum Beispiel:
  - Einschießen der Milch nach Eutermassage
  - Geburtswehen durch Zusammenziehen der Gebärmuttermuskulatur
- das **Adiuretin** steuert die Wasserrückgewinnung in die Nieren

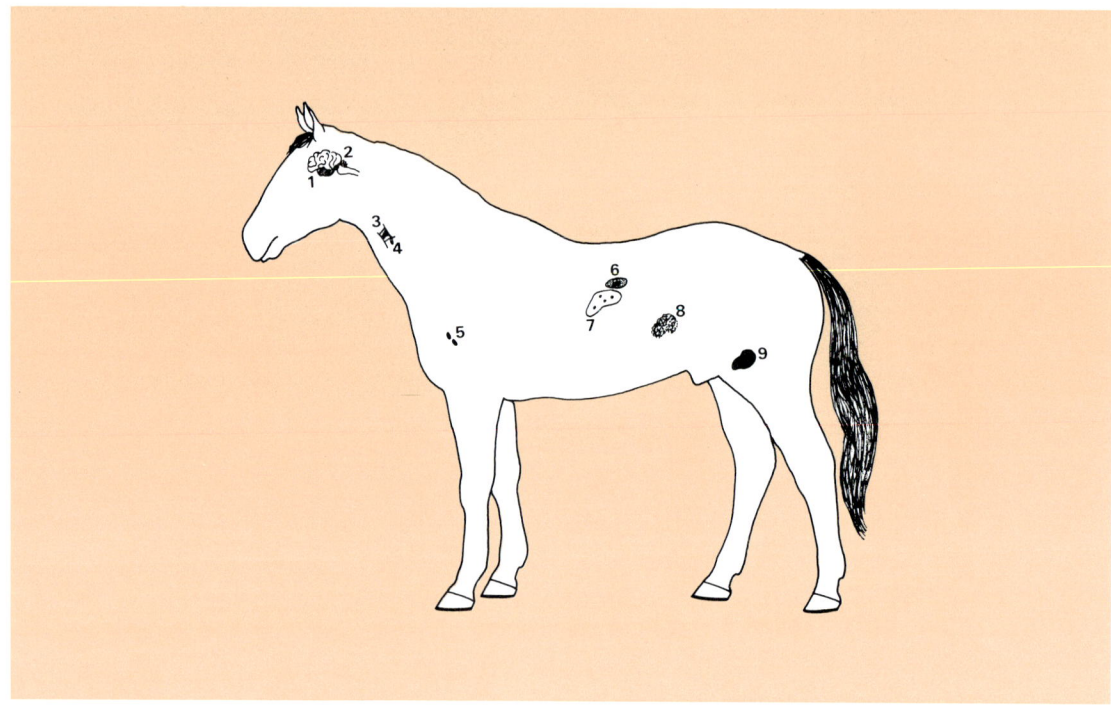

Abb. 28. Lage der Hormondrüsen. 1 = Hypophyse, 2 = Epiphyse, 3 = Schilddrüse, 4 = innere Nebenschilddrüse, 5 = äußere Nebenschilddrüse, 6 = Nebenniere, 7 = Bauchspeicheldrüse, 8 = Eierstock, 9 = Hoden.

- die **Gonadotropine** FSH, LH, LTH. Diese regulieren die Arbeit der Keimdrüsen
  - FSH: Follikelreifung, Hodenwachstum, Spermienbildung
  - LH: Follikelreifung, Eisprung, Gelbkörperbildung, Wachsen der Zwischenzellen in den Hoden
  - LTH: Aufbau von Milchdrüsengewebe, Milchsekretion.

Schilddrüse und Nebenschilddrüse liegen in Lappenform beiderseits der Luftröhre in Kehlkopfnähe.
Die Schilddrüse sondert – beeinflußt durch Thyreotropin – die zwei jodhaltigen Hormone **Thyroxin** und **Trijodthyroxin** in die Blutbahn ab. Sie regulieren und steuern den Stoffumsatz im Körper. Bei Jodmangel können beide nicht gebildet werden.
Die Nebenschilddrüsen produzieren das **Parathormon** (PTH), welches den Kalzium-Phosphorspiegel im Blut abstimmt. Muskelkrämpfe deuten Mangel an.
Die **Bauchspeicheldrüse** produziert in den Hauptdrüsen ein fermentartiges Sekret, das die Verdauung von Eiweiß, Fett und Kohlenhydraten bewirkt. In den anliegenden sogenannten **Langerhansschen Inseln** bilden die A-Zellen das Hormon **Glukagon,** das den Blutzuckerspiegel anhebt.
Die dort gleichfalls angesiedelten B-Zellen liefern das antagonistisch wirkende Hormon **Insulin,** das den Blutzuckerspiegel senkt.
In der aus Nebennierenmark und Nebennierenrinde bestehenden **Nebenniere** werden mehrere Hormone gebildet.
Die **Kortikosteroide** beeinflussen den Kohlenhydratstoffwechsel, die Glykogeneinlagerung in die Leber und den Mineralstoffwechsel, besonders aber die Mineralstoffeinlagerung in die Zellen, wodurch die Widerstandskraft gestärkt wird. Die Geschlechtshormone **Östrogen, Progesteron** und **Testosteron** sind hier zu finden.
Adrenalin und **Noradrenalin,** zwei Hormone des **Nebenrindenmarks,** fördern oder mindern die Durchblutung der einzelnen Körperteile durch Erweiterung oder Verengung der Blutgefäße.
Die **Geschlechtsdrüsen** (Hoden, Eierstöcke) produzieren neben Samen oder Eizellen Hormone, die den

Geschlechtscharakter und das Paarungsverhalten beeinflussen.
Sie wirken mit den Gonadotropinen der Hypophyse zusammen. Das männliche Geschlechtshormon **Testosteron** zeichnet verantwortlich für die Ausbildung der primären und sekundären Geschlechtsorgane und steuert den Geschlechtstrieb.
Die weiblichen **Östrogene** setzen den Geschlechtszyklus in Gang. Sie bewirken die Ausbildung der Milchdrüse und stimulieren die Gebärmutterschleimhaut im Geschlechtszyklus. Das **Progesteron** – im Gelbkörper gebildet – löst die Absonderung der Sekrete in den Gebärmutterdrüsen aus, die die Ernährung des Embryos sicherstellen.
Die Aufgaben der **Epiphysenhormone** sind schwer genau festzulegen. Sie scheinen bei der Ausbildung der Geschlechtsorgane beteiligt zu sein.
In den Zellen mancher Gewebe entstehen **Gewebshormone**, z. B. in der Magen- und Darmschleimhaut, im Sperma, in den Blutplättchen usw. Diese Hormone beleben zum Teil die Bildung von Enzymen, sind unentbehrlich für das Befruchtungsgeschehen oder regulieren teilweise das Funktionieren der Abwehrmechanismen des Körpers.

1.1.5.3 Die Sinnesorgane

Die Sinnesorgane haben die Aufgabe, die Lebewesen über die sie umgebende Außen- und Umwelt zu informieren und dieselbe wahrzunehmen. Mit ihrer Hilfe können Tiere schädliche Einflüsse abwehren und sich nützliche und notwendige Dinge nutzbar machen.
Die Sinne und die dazugehörigen Organe:

Gesicht	– Augen
Gehör	– Ohren
Geruch	– Nase
Geschmack	– Zunge
Gefühl	– Haut

Bei Pferden – wie bei allen Nutztieren – gelten die Sinnesorgane außerdem als wichtige Organe für die Beurteilung nach äußeren Merkmalen.
Das **Auge** besteht aus Sehzellen, Hilfs- und Schutzeinrichtungen.
Die **Sehzellen** sind die eigentlichen lichtreizaufnehmenden Endorgane des sogenannten **Sehnervs**. Dieser mündet vom Gehirn aus in den **Augapfel**.
Zu den Hilfseinrichtungen zählen:
– die den Augapfel umgebende feste **Lederhaut**. Sie ist vorne durchsichtig und heißt **Hornhaut**. Zusammen mit den Muskelansätzen bildet sie die äußere Hülle des Auges
– darunter liegt die stark durchblutete dunkle **Aderhaut**. Sie verhindert die Reflexion (das Zurückwerfen) einfallender Lichtstrahlen
– vorne, hinter der Hornhaut, heißt die Aderhaut **Regenbogenhaut (Iris)**. Sie läßt ein Loch frei zum Durchtritt der Lichtstrahlen, die Pupille
– die **Pupille** arbeitet wie eine Blende; sie paßt sich durch Verkleinern oder Vergrößern den Lichtverhältnissen an
– zwischen Hornhaut und Regenbogenhaut liegt die mit klarer Flüssigkeit angefüllte **vordere Augenkammer**
– hinter der Iris befindet sich die **Linse**. Sie bricht die durch die Pupille einfallenden Lichtstrahlen so, daß auf der Netzhaut ein umgekehrtes Bild entsteht
– die Brennweite der Augenlinse ist veränderlich, anpassungsfähig und das Bild dadurch stets scharf
– mit Muskeln versehene **Strahlenkörper** ermöglichen Brennweitenveränderungen
– die **hintere Augenkammer** ist mit dem Glaskörper, einer gallertartigen, farblos-durchsichtigen Masse angefüllt
– vom Gehirn her dringt der **Sehnerv** in den Augapfel ein und breitet sich auf der Aderhaut als **Netzhaut (Retina)** aus. Diese ist lichtempfindlich. Sie nimmt als Endorgan des Sehnervs die Lichtreize auf und leitet sie an das Gehirn weiter.

Abb. 29. Das Auge, senkrecht durchschnitten. 1 = Hornhaut, 2 = Regenbogenhaut, 3 = Linse, 4 = Strahlenkörper, 5 = Glaskörper, 6 = Lederhaut, 7 = Netzhaut, 8 = Aderhaut, 9 = Sehnerv.

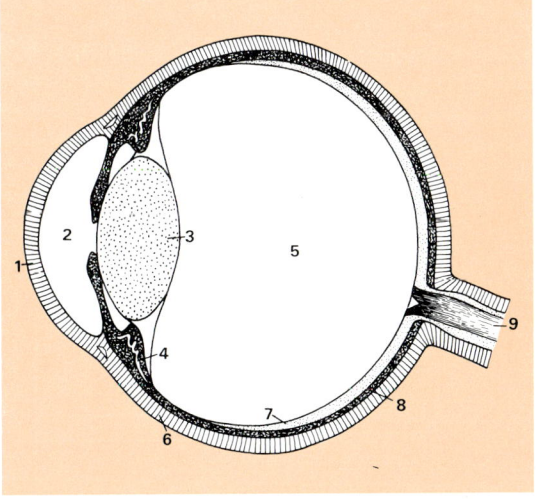

Geschützt werden die empfindlichen Augen durch Einbettung in die mit Fett gepolsterten, knöchernen Augenhöhlen. Augenbrauen und Wimpern verhindern das Eindringen von Schweiß, Regen, Staub und Schmutz aus der Stirnregion.

Die schnell beweglichen Augenlider können aufliegende Fremdkörper relativ sicher abwehren. Die Tränendrüsen sondern Tränenflüssigkeit ab, die eingedrungene feste Teilchen von den Augenoberflächen abspült. Die Tränen sorgen außerdem dafür, daß keine Schädigungen durch Reibung bei der Bewegung der Augen und Lider entstehen.

Die Leistungen des Pferdeauges sind insgesamt relativ stark ausgeprägt. Veränderungen in bekanntem Gelände nehmen Pferde zum Beispiel sofort wahr und sie reagieren nicht selten ängstlich und erschreckt.

Bewegungen und Ausdruck der Augen spiegeln meistens den Charakter und das Temperament wider.

Das **Ohr** nimmt Schallwellen der Luft auf, die als Geräusche oder Töne wahrgenommen werden, und es beherbergt die Gleichgewichtsorgane.

Als Einteilung gilt ganz allgemein:

Das **äußere Ohr.** Es besteht aus der beweglich verstellbaren Ohrmuschel, welche die Schallwellen auffängt und auch die Richtung, aus der sie kommen, erkennt.

Durch den äußeren Gehörgang werden die Laute zum **Trommelfell** geleitet. Im Gehörgang sondern Drüsen Ohrenschmalz ab, das zusammen mit Schutzhärchen eindringende Fremdkörper abfängt. Gleichzeitig hält Ohrenschmalz das Trommelfell geschmeidig, das das äußere vom mittleren Ohr trennt und das durch Schallwellen in Schwingung versetzt wird.

Das luftgefüllte **Mittelohr** (Paukenhöhle). Es steht über die **Ohrtrompete** (eustachische Röhre) zum Druckausgleich mit der Rachenhöhle in Verbindung. Dadurch wird das empfindliche Trommelfell vor Zerreißen bei Überdruck von außen geschützt. Die **Gehörknöchelchen,** Hammer, Amboß und Steigbügel, bilden eine Brücke vom Trommelfell zum **ovalen Fenster.** Diese Brücke vermittelt Schwingungen des Trommelfells auf die Flüssigkeit im inneren Ohr weiter. Das ovale Fenster trennt mittleres und inneres Ohr.

Das **innere Ohr** (Labyrinth). Es wird von einer geschlossenen Knochenkapsel in der Schädelhöhle gebildet. Es besteht aus dem **Vorhof,** der **Schnecke** sowie **drei Bogengängen** und ist mit Gehörwasser angefüllt. Die innere Wand beherbergt die Endzellen des großen Gehörnervs, welcher die Schwingungen der Flüssigkeit aufnimmt und dem Gehirn übermittelt, wo sie als Töne oder Geräusche bewußt werden.

Die drei mit Flüssigkeit angefüllten, dreidimensional angeordneten **Bogengänge** dienen nach dem Prinzip der kommunizierenden Röhren als Gleichgewichtsorgan. Sie sitzen auf der Schnecke.

Der Gehörsinn des Pferdes ist äußerst gut und differenziert ausgebildet. Das Ohrenspiel ist Ausdruck von Aufmerksamkeit.

Die **Schleimhäute der Nase** sind der Sitz des beim Pferd stark ausgebildeten **Geruchssinns.** Sie bestehen aus Sinneszellen, die feine Härchen tragen und von schleimabsondernden Zellen umgeben sind.

Die Riechstoffe werden in diesem Schleim gelöst. Dabei kommen sie mit den Sinneshaaren in Berührung. Sie üben auf diese Weise einen Reiz aus. Dieser

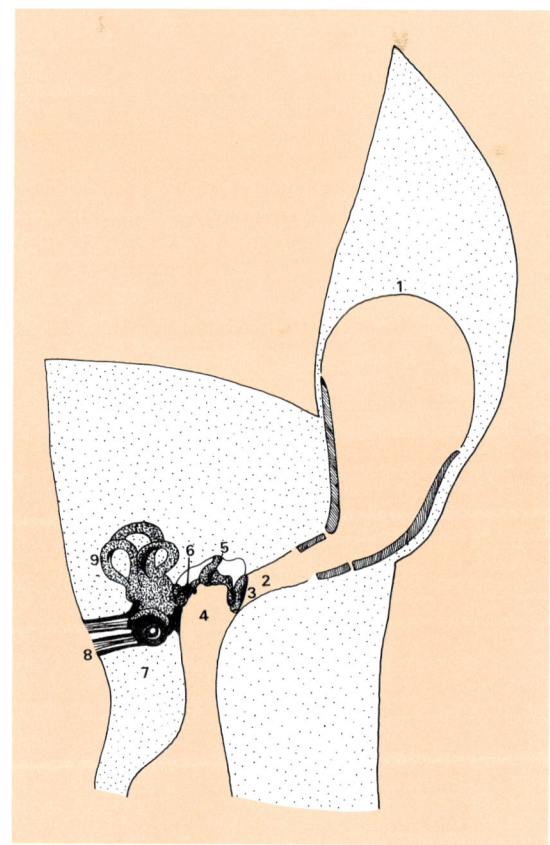

Abb. 30. Das Ohr des Pferdes. 1 = Ohrmuscheltüte, 2 = äußerer Gehörgang, 3 = Trommelfell, 4 = Paukenhöhle, 5 = Gehörknöchelchen, 6 = ovales Fenster, 7 = Gehörschnecke, 8 = Gehörnerv, 9 = Gleichgewichtsorgan (Bogengänge und Vorhof).

Impuls gelangt über den Riechnerv zum Riechzentrum im Gehirn.
Der Geruchssinn dient:
– dem Aufspüren und Selektieren der Nahrung
– dem Zusammenfinden der Geschlechter
– dem Unterscheiden von Freund und Feind
– der Orientierung u. a. m.
Geruchs- und Geschmackssinn stehen in enger Wechselbeziehung zueinander.
Die **Geschmacksnerven** endigen mit ihren Fasern an der Oberfläche der Zunge.

Zungenspitze	– süß
Zungenrand	– salzig und sauer
Zungengrund	– bitter

Geruchsempfindungen tragen wesentlich zum Gesamtgeschmack der Futtermittel bei, z.B. wird schlecht riechendes Futter abgelehnt. Geschmacksempfindungen können nur von gelösten Stoffen ausgehen. Ein ausgeprägter Geruchs- und Geschmackssinn bewahren gesunde Pferde vor der Aufnahme giftiger oder verdorbener Futterstoffe und damit vor Schäden und Krankheiten.
Gefühlszellen und **Gefühlsnerven** sind in recht unterschiedlicher Dichte in der Haut und zum Teil in den Haaren angesiedelt.
Das Pferd hat empfindliche (z.B. Kopf, Genitalien, Sinnesorgane, untere Gliedmaßen) und weniger empfindliche (z.B. Hals, Schulter, Rücken, Bauch) Körperpartien. Der besonders empfindliche Tastsinn der Lippen mit den Tasthaaren schützt das Pferd vor der Aufnahme von Fremdkörpern (Metallen und Kunststoffen), die im Futter enthalten sein können.
Auf die Auslösung von Verhaltensreaktionen wirken sich beim Pferd Sinneswahrnehmungen in etwa wie folgt aus:
– das Auge nimmt die Umwelt sehr aufmerksam und lebhaft wahr
– Pferde hören sehr gut und reagieren auf Laute, Töne und die Stimmen von Pflegern und Reitern
– der stark ausgeprägte Geruchssinn hilft dem Pferd, sich in der Umwelt richtig zu orientieren
– etwas weniger stark ausgebildet sind Geschmackssinn und Gefühlssinn.

Zur Wiederholung und Vertiefung

1. Nennen Sie die Funktionen der drei Nervensysteme.
2. Wie ist eine Nervenzelle aufgebaut?
3. Beschreiben Sie den Grundaufbau des Gehirns.
4. Erläutern Sie die Aufgaben der Hormone.
5. Nennen Sie
   a) die Drüsen mit äußerer Sekretion
   b) die Drüsen mit innerer Sekretion.
6. Beschreiben Sie den Sehvorgang.
7. Auf welche Weise werden Schwingungen zu Lauten oder Tönen?
8. Welche Bedeutung haben für das Pferd
   a) der Geruchssinn
   b) der Geschmackssinn
   c) der Gefühlssinn?

1.2 Lebensvorgänge

1.2.1 Der Stoffwechsel

Der **Stoffwechsel** ist die Grundlage aller tierischer Lebensäußerungen. Zur Aufrechterhaltung dieser recht vielgestaltigen Vorgänge wird unter anderem Energie gebraucht, die aus den gereichten Futtermitteln aufgeschlossen werden muß. Zusammen mit dem Sauerstoff (O_2) der Atemluft werden diese Umsetzungen möglich.

1.2.2 Atmungsorgane und Atmung

Der Körper braucht zur Erhaltung des Lebens fortwährend Sauerstoff (O_2) in allen Geweben. Er ist vor allem unentbehrlich bei allen Verbrennungsvorgängen (Oxidationen).
Die anfallenden Abfallprodukte (CO_2 und H_2O) müssen wieder ausgeschieden werden. Diese Aufgabe verrichten die Atmungsorgane. Das Blut fungiert dabei als Vermittler (Transporteur).
Zu unterscheiden sind bei der Atmung:
– die äußere Atmung: O-Aufnahme und CO_2-Abgabe
– die innere Atmung: O-verbrauchende, komplizierte Stoffwechselvorgänge in den Gewebszellen.

Die weiteren Aufgaben der Luft sind die Geruchsvermittlung und ein Beitrag zur Stimmbildung.
Die atmosphärische Luft gelangt durch den **Vorhof** in die **Nase**. Diese besteht aus knöcherner Grundsubstanz und Knorpel sowie aus zwei durch eine Längsscheidewand getrennte Nasenhöhlen.
Die **Nasenhöhlen** werden durch die obere und untere Nasenmuschel in insgesamt vier Gänge unterteilt.

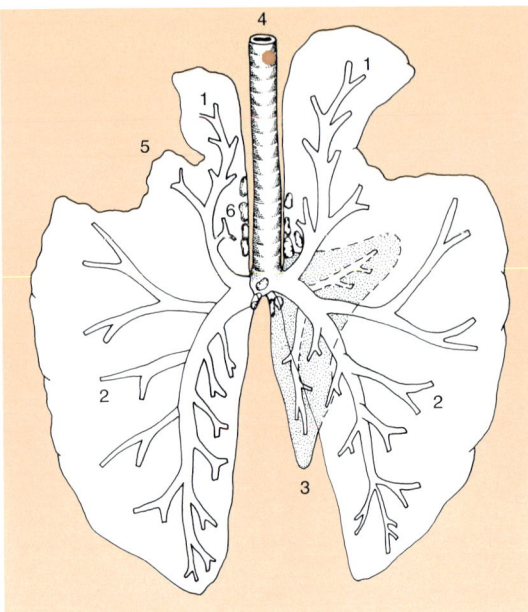

Abb. 31. Lunge des Pferdes (schematisch). 1 = Spitzenlappen, 2 = Zwerchfell, 3 = Anhangslappen, 4 = Luftröhre, 5 = Herzeinschnitt, 6 = Lymphknoten.

Hinzu kommen die sog. »Sinusgänge« in der Mitte, die zu den Nasennebenhöhlen führen. Die beiden oberen Gänge sind am Grunde (Riechgegend) mit Riechschleimhaut ausgekleidet. Sie dienen als Riechorgane. Die unteren Nasengänge sind die eigentlichen Nasenatmungsgänge, durch welche die Luft zur Rachenhöhle weitergeleitet wird. Ihre Konstruktion sowie die Ausstattung mit schleimbildendem und schleimabsonderndem Flimmerepithel sorgen dafür, daß die eingeatmete Luft an den gut durchbluteten Nasenschleimhäuten angefeuchtet, vorgewärmt und vorgereinigt wird.

In der **Rachenhöhle** kreuzen sich Luft- und Futterweg. Darum können Tiere – ausgenommen Einhufer wie Pferde – auch durchs Maul atmen. Anordnung und Aufbau des **Gaumensegels** sowie des **Kehldeckels** verhindern, daß Luft und Futter auf ihren Wegen miteinander kollidieren.

Der an den **Schlundkopf** anschließende Kehlkopf besteht aus:

- dem Ringknorpel, der den Atemweg umschließt
- dem Schildknorpel
- zwei Gießkannenknorpeln mit zwischengespannten Stimmbändern
- dem Kehldeckel und

– den Knorpelstückchen des Kehlkopfes, die durch Muskeln und Bänder miteinander verbunden werden.

Alle Knorpelteile sind beweglich. Dadurch wird die Spannung der Stimmbänder veränderbar.

Vom Kehlkopf führt der Luftzug weiter durch die **Luftröhre**. Diese bildet durch hufeisenförmige Knorpelspangen, die mittels Bindegewebsfaserhaut miteinander verbunden sind, einen versteiften Kanal. Druck benachbarter Gewebe kann diesen Luftweg nicht abschnüren. Drüsenreiche Schleimhaut im Inneren der Luftröhre, ausgestattet mit Flimmerepithel, reinigt die Luft, feuchtet sie an und wärmt sie vor. Das wässerige Sekret des Epithels ist daran maßgeblich beteiligt.

Am unteren Ende – bereits im Brustraum – gabelt sich die Luftröhre in zwei starke Äste (Hauptbronchien). Sie führen in die beiden Lungenflügel.

Die **Lunge** füllt den gesamten Raum der Brusthöhle aus. Die Oberfläche ist in Abhängigkeit vom Blutgehalt hell- bis dunkelrot gefärbt und in viele Felder aufgeteilt.

In jedem Lungenflügel sind verschiedene Lungenlappen erkennbar:

- Spitzenlappen
- Zwerchfellappen (Lungenkörper)
- Anhanglappen (nur rechts)

Die Lunge ist von Bindegewebe umgeben. Als Gerüst ziehen sich Bindegewebszüge lungeneinwärts. Die beiden Hauptbronchien verzweigen sich mehr und mehr in die einzelnen Lungenläppchen bis hin zu den **Endbronchien**. Diese enden in den sogenannten Blindsäckchen, die mit **Lungenbläschen** ausgestattet sind. Diese **Alveolen**, zunächst von der Konstruktion her noch der Luftröhre ähnlich, werden zu einem superfeinen Röhrensystem ohne Flimmerepithel, und sie verflachen, so daß Gasaustausch möglich wird. Ein dichtes Netz kleinster Blutgefäße **(Kapillaren)** überzieht die Lungenbläschen. Es führt aus dem Körper venöses Blut heraus (CO_2-reich) und bringt arterielles Blut (O-angereichert) in den Körper hinein.

Die Addition aller Alveoleninnenflächen macht etwa das Fünfzigfache der Körperoberfläche aus. Die aktive Gasaustauschfläche ist also enorm groß und kann durch Training sogar noch erweitert werden.

Die Mechanik der Atmung verläuft wie folgt:

Das elastische, schwammige Lungengewebe ist von einer dünnen Haut, dem **Lungenfell**, umgeben. Diese schmiegt sich an das die Rippen innen überziehende **Rippenfell** an, läßt dabei aber Raum für Flüssigkeit

	Sauerstoff (O$_2$)	Kohlendioxid (CO$_2$)	Stickstoff (N$_2$)
Eingeatmete Luft:	20,9 %	0,03 %	79,0 %
Ausgeatmete Luft:	16,7 %	3,70 %	79,3 %

(Serum) zwischen beiden Fellen und damit Verschiebungsmöglichkeiten bei den Atembewegungen. Zwischen Brusthöhle und Bauchhöhle liegt das sehnig-muskulöse **Zwerchfell** als Scheidewand. Dieses Zwerchfell ermöglicht in Zusammenarbeit mit den **Zwischenrippenmuskeln** die Erweiterung und Verengung des Brustkorbes. Die elastische Lunge folgt diesen Bewegungen. Im Brustkorb herrscht Unterdruck, der sich beim Ein- und Ausatmen ändert. Der Gasaustausch vollzieht sich kontinuierlich, weil auch bei tiefstem Ausatmen noch ein Rest Luft in den Alveolen verbleibt. In der Ruhe bewirkt vorwiegend das Zwerchfell die Atemzüge. Bei stärker werdender Beanspruchung der Pferde beteiligen sich die Zwischenrippenmuskeln und die Bauchmuskulatur. Bei höchster Leistungsbeanspruchung werden noch Nasenflügel und Kehlkopf aktiviert.

Bei einem gesunden Pferd in Ruhe gelten 8 bis 16 Atemzüge als normal (etwa 40 bis 50 l Luft/min). Der Luftverbrauch kann sich bei Höchstleistungen auf ca. 400 l/min steigern.
Die Luftgehalte zeigt obenstehende Tabelle.
Der Sitz des Atemzentrums liegt im Rückenmark. Reizauslöser ist der Kohlendioxidgehalt des Blutes. Die Atemfrequenz steigt mit zunehmenden Kohlendioxidgehalt des Blutes durch Spannungen in den roten Blutkörperchen. Sauerstoff wird an **Hämoglobin** (roter Farbstoff) gebunden in alle Körperzellen transportiert. Das Stoffwechselprodukt CO$_2$ ist zum Teil ebenfalls an das Hämoglobin gebunden und zum Teil an das Blutplasma.

1.2.3 Blut, Blutkreislauf und Lymphe

1.2.3.1 Blut

Das Blut setzt sich aus der flüssigen Grundsubstanz, dem **Blutplasma,** und den im Plasma schwimmenden **Blutkörperchen** zusammen.
Man unterscheidet drei Arten:
– Rote Blutkörperchen (Erythrozyten)
– Weiße Blutkörperchen (Weiße Blutzellen, Leukozyten)
– Blutplättchen (Thrombozyten)

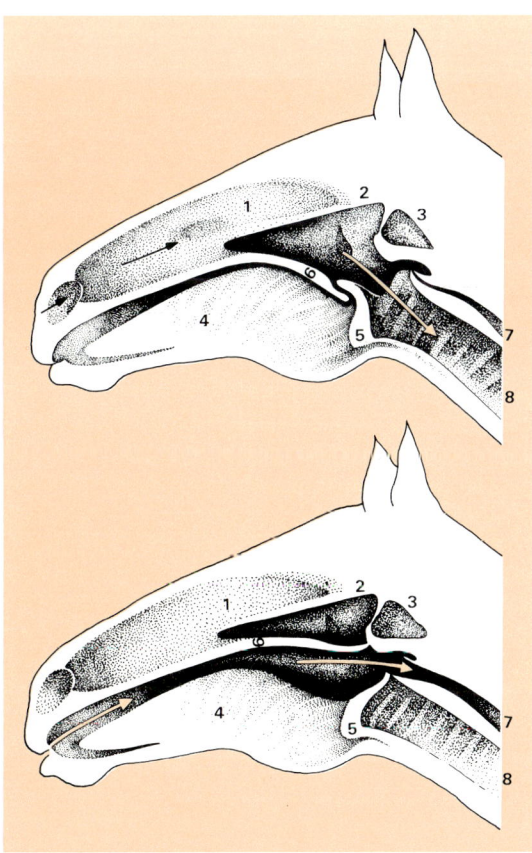

Abb. 32. Kreuzung des Atem- und Bissenweges beim Pferd. Oben: Der Atemweg ist offen, der Bissenweg geschlossen. Unten: Der Bissenweg ist offen, der Atemweg geschlossen. 1 = **Nasenhöhle**, 2 = **Rachenhöhle**, 3 = **Luftsack**, 4 = **Zunge**, 5 = **Kehldeckel**, 6 = **Gaumensegel**, 7 = **Speiseröhre**, 8 = **Luftröhre**.

Das **Blutplasma** besteht aus **Blutserum** (einer gelblichen Flüssigkeit) und **Fibrin**, das Hauptfaktor bei der Blutgerinnung ist. Im Blutserum sind alle Nährstoffe und Wirkstoffe gelöst, welche vom Blut in alle Körperzellen transportiert werden. Es enthält auch alle Stoffwechselabbauprodukte, die zu den Ausscheidungsorganen (Nieren, Leber, Milz) befördert werden müssen.

Die **roten Blutkörperchen** bestehen aus einem schwammigen (wabenartigen) Gerüst. Darin eingelagert befindet sich das **Hämoglobin**, eine eisenhaltige Verbindung.

Die Erythrozyten entstehen im Knochenmark. Ihre Lebensdauer beträgt ein bis drei Monate. Sie werden in der Milz oder der Leber abgebaut.

Die **weißen Blutzellen** sind im strömenden Blut nicht gleichmäßig verteilt. Man findet sie hauptsächlich dicht an den Blutgefäßrändern. Sie sind größer als die roten Blutkörperchen und können ihre Gestalt, die im fließenden Blut kugelig ist, verändern, um Eigenbewegungen auszuführen.

Das Verhältnis Leukozyten:Erythrozyten beträgt beim gesunden Tier etwa 1:1000. Die Relation kann sich schnell ändern, wenn bei Verletzungen Fremdkörper oder Krankheitserreger ins Blut gelangen.

Weiße Blutkörperchen werden dann aus Knochenmark, Milz, den lymphatischen Geweben u. a. mobilisiert. Die Leukozyten begeben sich bei Bedarf zum Einsatzort – teilweise durch Zellwände hindurch –, wo sie als »Polizei« oder als »Müllabfuhr« tätig werden.

Das bedeutet: Weiße Blutkörperchen unterscheiden sich je nach Aufgabe in Form und Feinaufbau voneinander.
- Die **Schadstoffverdauer** (Phagozyten) nehmen sich der in den Körper eingedrungenen Krankheitserreger an. Sie nehmen diese sozusagen in sich auf und verdauen sie.
- Die **Lymphozyten** bilden Antikörper im nächstgelegenen Lymphknoten. Diese neutralisieren eingedrungene Fremdkörper auf chemischem Wege. Außerdem können sie Kleinlebewesen attackieren und zerstören.

Beim wiederholten Eindringen gleicher Erreger verläuft die Antikörperbildung in den Lymphknoten schneller als beim ersten Befall. Die Fähigkeit, gegen einzelne Antigene Antikörper zu bilden (z. B. bestimmte Infektionserreger), kann unter Umständen lebenslang anhalten (Altersimmunität).

Durch Impfen mit abgetöteten oder schwachen Erregern kann die Bildung bestimmter Antikörper gezielt

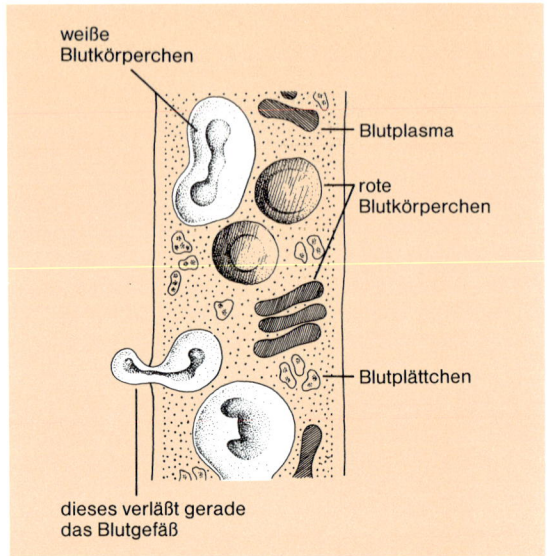

Abb. 33. Schnitt durch ein Blutgefäß (schematisch).

herbeigeführt werden **(aktive Schutzimpfung)**. Die Tiere werden dadurch zur Bildung von Antikörpern aktiviert.

Die **passive Impfung** kann unter anderem mit Serum erfolgen, das krank gewesenen, aber wieder genesenen Tieren entnommen wurde. Es enthält bereits Antikörper, die das damit geimpfte Tier nicht erst selbst bilden muß. Die Wirkung bleibt befristet. Eine aktive Impfung dient also der Vorbeugung von Infektionskrankheiten, eine passive Impfung der Heilung.

Die **Blutplättchen** (Thrombozyten) werden im Knochenmark gebildet. Es handelt sich um die kleinsten geformten Bestandteile des Blutes. Sie spielen zusammen mit **Fibrin** und **Vitamin K** eine bedeutende Rolle bei der Blutgerinnung.

Wie beim Menschen, so gibt es auch bei Tieren unterschiedliche **Blutgruppen** bzw. Unterschiede in den **Blutgruppenmustern**. Die meisten **Blutgruppenfaktoren** der Pferde sind heute bekannt. Sie sind erblich, und darum können Blutgruppentests dazu beitragen, unklare Abstammungen zu klären. Blutübertragungen (-transfusionen) können nur dann zum gewünschten Erfolg führen, wenn sich Spender- und Empfängerblut »vertragen«.

Über die Verträglichkeit geben die Blutgruppentests Auskunft. Nichtverträgliches Blut wird vom Empfängerblut unter Einwirkung bestimmter Antikörper abgelehnt. Die fremden Erythrozyten ballen sich im Blutserum zusammen.

1.2.3.2 Blutkreislauf

Das **Herz** versorgt wie eine Pumpe in einem ständigen Kreislauf den ganzen Körper mit Blut, das Sauerstoff, Nährstoffe und Wirkstoffe in alle Gewebe befördert und Kohlendioxid sowie alle Stoffwechselabbauprodukte von dort wieder abführt. Es liegt in Höhe der vierten bis sechsten Rippe in der Brusthöhle.

Das Herz wird durch eine Längswand in eine linke und rechte Hälfte geteilt.

Die linke Herzhälfte ist kräftiger als die rechte. Durch eine Querwand erfolgt die weitere Aufteilung beider Herzhälften in die kleineren **Vorkammern** und die größeren **Hauptkammern** (insgesamt vier Herzkammern).

Der **Herzbeutel** umgibt – mit den großen Gefäßen verwachsen – das Herz. Drei Schichten bilden die Herzwände:

– die Innenhaut   – Endokard
– die Muskelschicht   – Myokard
– der Herzüberzug   – Epikard

Die relativ schwach bemuskelten Herzvorkammern sammeln das einfließende Blut. Zu den Herzkammern besteht Verbindung über einen verschließbaren Durchlaß, die **Segelklappen.** Sie wirken als Ventile und werden mittels Sehnenfäden in den Hauptherzkammern gehalten. Sie öffnen sich, wenn Blut aus den Vorkammern in die Herzkammern einströmt. Sind sie gefüllt, wird das Blut in die Schlagadern gedrückt. Dabei schließen sich die Segelklappen automatisch. Dadurch wird sichergestellt, daß das Blut das Herz stets in der gleichen Richtung durchfließt.

Die **Schlagadern** setzen an die Querwände der Herzkammer an. Halbmondförmige **Taschenklappen** bilden den Verschluß. Sie öffnen sich nur zu den wegführenden Blutgefäßen hin (Ventilwirkung). Mit Hil-

Abb. 34. Das Herz des Pferdes.

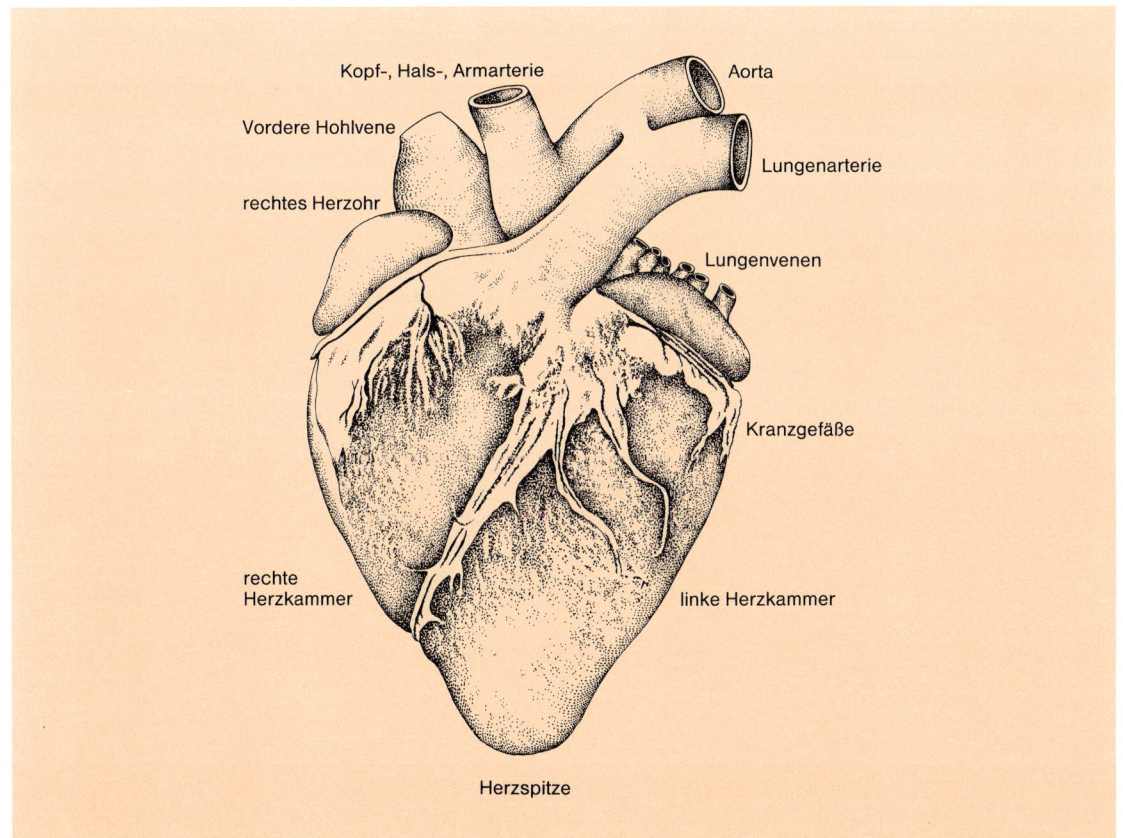

fe des Klappensystems kann das Herz einmal Blut aus den zuführenden Gefäßen ansaugen und zum anderen Blut in die abführenden Gefäße drücken (Pumpenprinzip).

Die **Herztätigkeit** wird durch das vegetative Nervensystem über drei im Herzen untergebrachte Zentren gesteuert. Das Blut kreist in einem geschlossenen Röhrensystem, dem **Blutkreislauf,** im Körper.

Drei Gefäßarten sind zu unterscheiden:

Die **Schlagadern** (Arterien) bringen helles, sauerstoffreiches Blut vom Herzen in alle Körperzellen. Von der Hauptschlagader **(Aorta)** zweigen sofort die **Herzkranzgefäße** zur Versorgung des Herzens ab. Nach vorne entspringen an der Aorta die Schlagadern zur Versorgung von Kopf, Hals und Vordergliedmaßen. Auf dem Wege nach hinten zweigen die Arterien zu den Verdauungsorganen und der Rumpfmuskulatur ab. Am Ende gabelt sich die Hauptschlagader in die Hüftschlagadern und die Beckenschlagadern. Diese verzweigen sich weiter zur Durchblutung der Hintergliedmaßen. Der **Herztakt** ist als **Pulswelle** an allen oberflächlich liegenden Schlagadern fühlbar (z. B. an den Ganaschen, unter der Schweifrübe, an den unteren Gliedmaßen). Ein gesundes Pferd hat eine Pulswelle von 30 bis 40 Schlägen pro Minute. Ein Fohlen hat etwa sechzig Pulsschläge pro Minute, ein Rennpferd bringt es auf ca. 250.

Die **Haargefäße** (Kapillaren) stellen die Verbindung zu den Zellen her und ermöglichen den Stoffwechsel. Dann führen sie zu den Venen.

Die **Blutadern** (Venen) bringen dunkles Blut aus dem Körper zurück. Sie entsorgen ihn von Stoffwechselabbauprodukten. Teilweise begleiten sie die Arterien. Sie vereinigen sich in der vorderen und hinteren **Hohlvene.** Diese münden in die rechte Herzkammer.

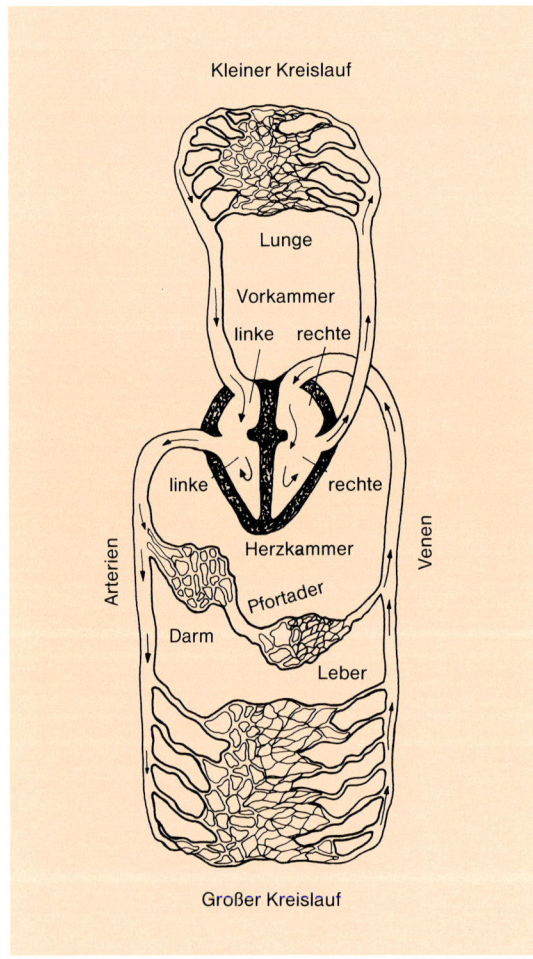

Abb. 35. Schematische Darstellung des Blutkreislaufes.

Drei Blutkreisläufe sind zu unterscheiden:
– der Körperkreislauf (großer Blutkreislauf)
– der Lungenkreislauf (kleiner Blutkreislauf)
– der Pfortaderkreislauf (an den Körperkreislauf angeschlossen).

Der **Körperkreislauf** beginnt in der linken Herzkammer und verläuft über die bereits dargestellten Schlagadern bis zu den Kapillaren in allen Körperteilen.

Die Kapillaren gehen in die Venen über, die Sammel- und Rückführungsaufgaben haben. Sie münden in die große Hohlvene. Parallel zur Aorta führt die hintere Hohlvene das venöse Blut kurz vor dem Herzen in die vordere Hohlvene und dann in die rechte Herzvorkammer. Über die Bauchvene kommt das venöse Blut aus den Bauchorganen ebenfalls in die vordere Hohlvene.

Zur Sauerstoffanreicherung muß das venöse Blut anschließend der Lunge (kleiner Kreislauf) zugeführt werden. Der Weg verläuft wie folgt: Rechte Herzkammer – Lungenarterie – Kapillaren – Gasaustausch im Bereich der Lungenbläschen (CO_2-Abgabe und O_2-Aufnahme) – arterielles Blut – linke Herzkammer – Neubeginn des Körperkreislaufs.

Der **Pfortaderkreislauf** hat die spezielle Aufgabe, durch die Darmwände resorbierte (aufgesaugte) Nährstoffe (Aminosäuren, Kohlenhydrate, Fettsäuren) zur Leber zu bringen. Die Pfortader ist eine Vene, welche von den Verdauungsorganen und der

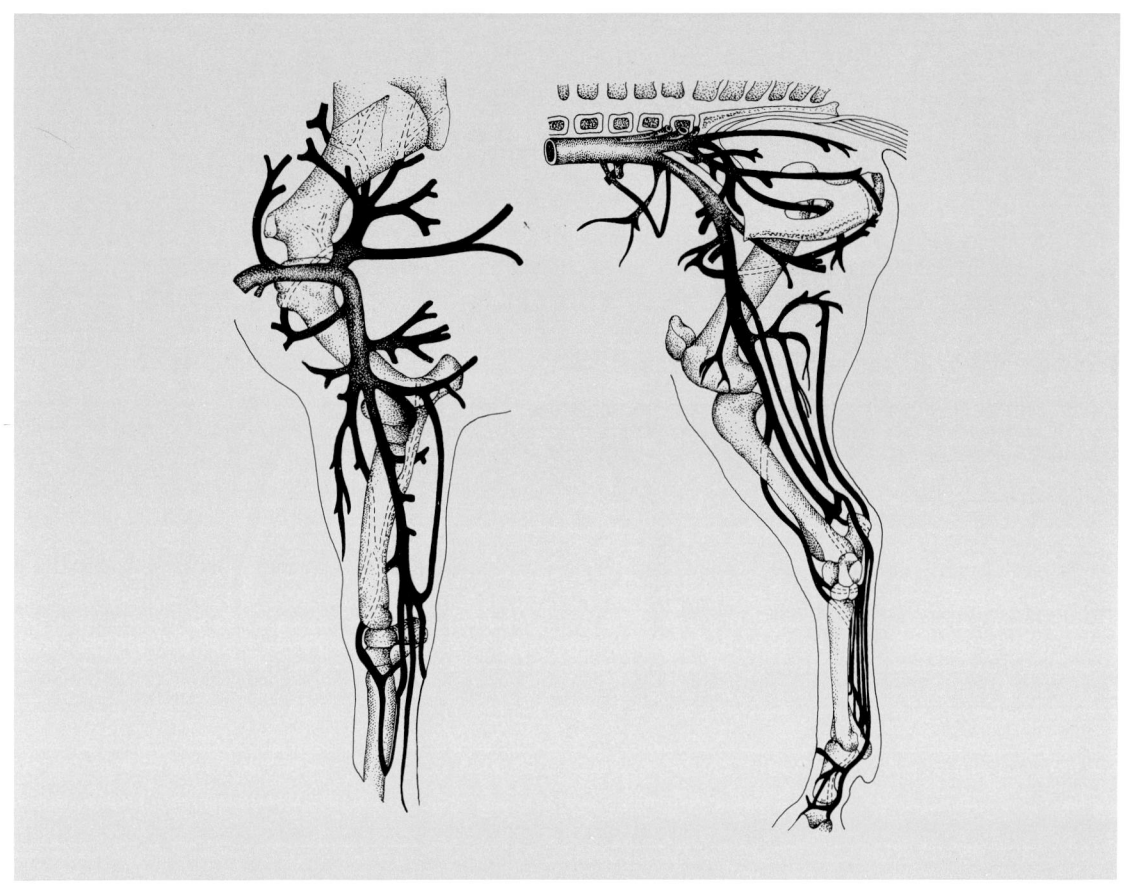

Abb. 36. Arterielle Versorgung der Vorder- und Hintergliedmaßen.

Milz zur Leber verläuft. In der Leber erfolgen Speicherung und Umbau der Nährstoffe. Anschließend gelangt das venöse Blut über die Lebervene in die hintere Hohlvene (Abb. 37).

Das **Kapillarsystem** des Blutkreislaufs erreicht nicht alle Körperzellen direkt. Zwischengeschaltet ist ein System von Gewebslücken, das mit Flüssigkeit angefüllt ist, der **Lymphe.** Die Lymphe übernimmt Aufgaben des Blutes, Nährstoff- und Schlackentransport sowie Fremdstoffabwehr. Die Lymphgefäße durchziehen als Kapillarsystem den Körper. Sie erinnern im Aufbau an die Venen und münden in den **Milchbrustgang,** welcher sich in die **vordere Hohlvene** ergießt. An den Sammelpunkten der Lymphbahnen (z. B. Bug, Kniefalte, Ohrspeicheldrüse, Kehlgang, Darmgekröse, an wichtigen Gefäßabzweigungen) sind **Lymphknoten** eingeschaltet. Es sind rundliche, graugelblich gefärbte Kapseln, die von Bindegewebe umgeben sind. Die Lymphflüssigkeit muß hier durch ein Netz aus Bindegewebszellen hindurchsickern, sie wird gefiltert.

Auf dem Weg zum Milchbrustgang passiert jedes Tröpfchen Lymphe mindestens einen Lymphknoten, in dem eine Reinigung erfolgt. Die **Lymphzellen** (Lymphozyten) werden u. a. im Inneren der Lymphknoten in deren Keimzentren gebildet. Sie zehren schädliche Keime auf.

Starkes Anschwellen der Lymphknoten läßt in der Regel auf das Eindringen vieler Keime schließen und damit auf eine Infektion. Die Lymphe im Bereich der Verdauungsorgane enthält durch die Darmwände aufgenommene Fettabbauprodukte. Das verleiht ihr eine milchige Farbe und Konsistenz.

Die größeren Lymphgefäße enthalten glatte Muskelzellen in ihrer Wand und besitzen Klappen zur Regulierung des Lymphflusses (s. Abb. 38).

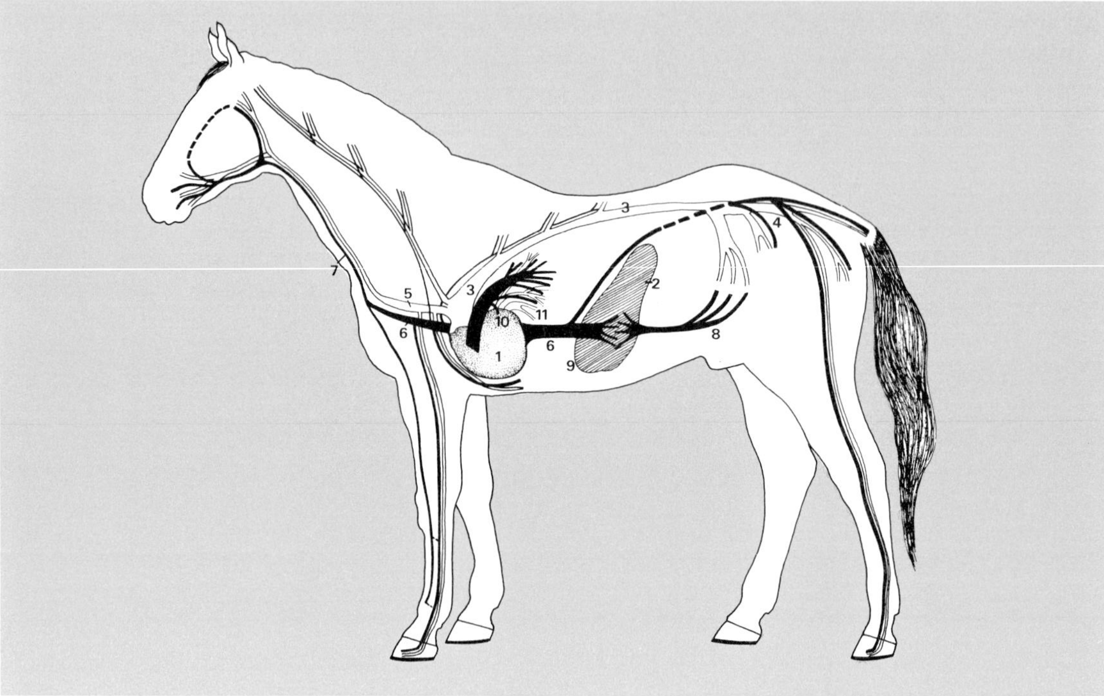
1
2
3
3
4
5
6
6
7
8
9
10
11

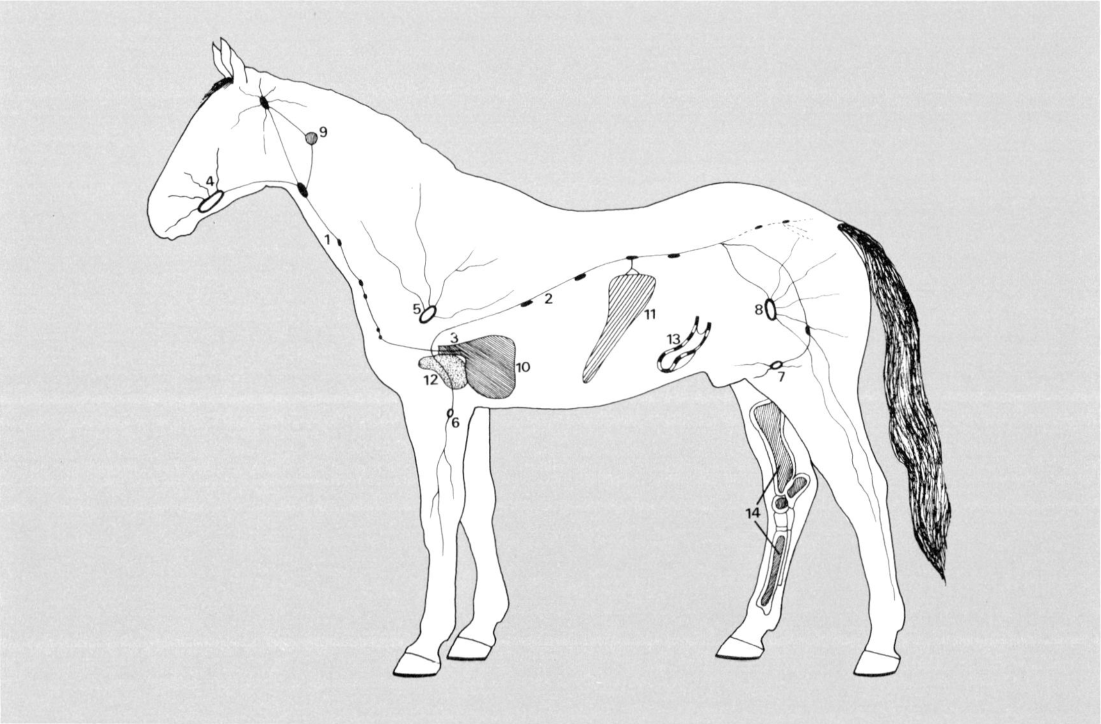
1
2
3
4
5
6
7
8
9
10
11
12
13
14

Tab. 3. Der Verdauungstrakt eines Großpferdes

	Länge (durchschnittl. m)	Fassungsvermögen (durchschnittl. l)	Verweildauer (Passage) (durchschnittl. h)	
Maulhöhle, Zunge, Rachenhöhle	–	–	–	
Speiseröhre, (Schlund), Magen	1,3 –	– 13–18	– 2–5	
Dünndarm	20	55–60	3–6	⎱ 44–56
Dickdarm	8,2	90–100	37–45	⎰

Als weiteres Filterorgan fungiert im Körper die **Milz**. Ihre Aufgaben:
- Produktion von Lymphozyten
- Abwehr von Keimen und Fremdkörpern in der sogenannten **Milzpulpa** (weiche, gefäßreiche Gewebemasse)
- Hilfe beim Abbau verbrauchter roter Blutkörperchen
- die Milz dient auch als Blutspeicher.

Zur Wiederholung und Vertiefung

1. Beschreiben Sie den Weg der Atemluft.
2. Was ist unter Gasaustausch zu verstehen?
3. Erläutern Sie die Mechanik der Atmung.
4. Woraus besteht das Blut?
5. Welche Bedeutung hat die Lymphe?
6. Beschreiben Sie die drei Blutkreisläufe.
7. Erläutern Sie die aktive und die passive Schutzimpfung.
8. Welche Bedeutung hat die Kenntnis der Blutgruppen in der Pferdezucht?

Abb. 37. Der Blutkreislauf des Pferdes (schematisch). 1 = Herz, 2 = Leber, 3 = Aorta, 4 = Arterien zum Becken und zur Hinterhand, 5 = Arterien zur Vorhand, zum Hals und zum Kopf, 6 = Hohlvenen (in Herznähe), 7 = Drosselvene, 8 = Pfortader, 9 = Lebervenen, 10 = Lungenarterie, 11 = Lungenvenen.

Abb. 38. Das Lymphsystem des Pferdes (schematisch). 1 = Halslymphsammelgang, 2 = Milchbrustgang, 3 = vordere Hohlvene, 4 = Kehlgangslymphknoten, 5 = Buglymphknoten, 6 = Ellbogenlymphknoten, 7 = Skrotallymphknoten, 8 = Kniefaltenlymphknoten, 9 = Luftsacklymphknoten (endoskopisch sichtbar) (schwarz = tiefe Lymphknoten, hell = tastbare, oberflächliche Lymphknoten), 10 = Herz, 11 = Milz, 12 = Thymus, 13 = Peyersche Platten in der Dünndarmschleimhaut, 14 = Knochenmark.

1.2.4 Verdauungsorgane und Verdauung

1.2.4.1 Die Verdauungsorgane

Der Verdauungstrakt eines Großpferdes wird in Tabelle 3 dargestellt.

Pferde nehmen das Futter vornehmlich mit den Lippen und den Schneidezähnen auf. Die beweglichen, feinfühligen Lippen ermöglichen selektives (auswählendes) Fressen.

Beim Grasen und bei der Aufnahme fester Futtermittel werden die Schneidezähne tätig.

In der **Maulhöhle** wird das Futter zerkleinert und eingespeichelt. Die Backenzähne zermahlen die Nahrung im periodischen Wechsel rechts und links mit ca. 65–75 Kieferschlägen pro Minute. Die Zunge bewegt den Futterbrei im Maul hin und her und durchmischt ihn. Beim Kauen wird das Futter außerdem eingespeichelt. Die Anhangdrüsen sondern täglich bis zu fünfzig Liter (bei Trockenfütterung) Speichel ab. Sie liegen unterhalb des Ohres (Ohrspeicheldrüse), in der Gegend des Kieferwinkels (Unterkieferspeicheldrüse), unter der Zunge (Unterzungendrüse) und seitlich in der Maulhöhle (Backendrüse) (s. Abb. 39).

Solange Pferde kauen, bleiben die Speicheldrüsen tätig. Gut eingespeichelter Futterbrei ist optimal schluckfähig und enthält Mineralstoffe und Bikarbonat (saures Salz der Kohlensäure), die dem Nahrungsbrei zur Neutralisierung der im Magenanfang entstehenden Säuren dienen. Ausreichende Speichelproduktion beeinflußt den Verdauungsablauf positiv, weil gut durchweichte Nahrung von den Verdauungssäften leicht durchdrungen werden kann, was die Futterausnutzung fördert. Im Maul erfolgt beim Pferd keine Verdauung.

Lange Kauzeiten des Pferdes bieten noch weitere Vorteile:
- gleichmäßige Zahnabnutzung

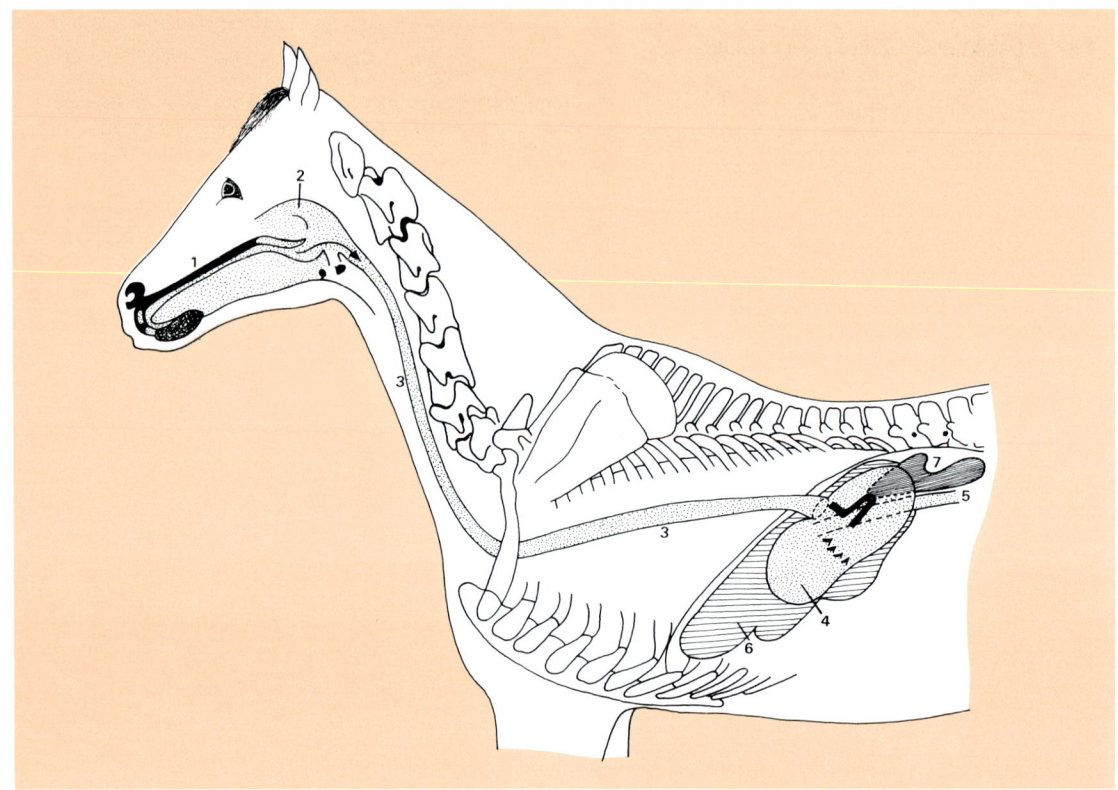

Abb. 39. Mundhöhle, Schlundkopf und Speiseröhre (schematisch). 1 = Mundhöhle mit Zunge, 2 = Schlundkopf, 3 = Speiseröhre, 4 = Magen, 5 = Zwölffingerdarm, 6 = Leber, 7 = Bauchspeicheldrüse.

– lange Beschäftigungszeiten der Pferde, dadurch weniger Untugenden (z. B. Koppen oder Weben).
Die Dauer der Futteraufnahme ist abhängig von der Struktur und Konsistenz der Futtermittel.
Beispiel:

1 kg Hafer, ganz	bis 11 Minuten
1 kg Hafer, gequetscht	bis 9 Minuten
1 kg Heu, lang	35–45 Minuten

Die Unterschiede zwischen schnell und langsam fressenden Pferden sind erheblich. Ponys brauchen die doppelte Freßzeit von Großpferden, bei Körnern und Pellets sogar die dreifache.
Der zerkleinerte und eingespeichelte Futterbrei gelangt aus der Maulhöhle über die sich anschließende **Rachenhöhle** und den **Kehlkopf** in die oberhalb der Luftröhre verlaufende muskulöse **Speiseröhre**, die in den Magen mündet. Dabei durchbricht sie das Zwerchfell.
Der relativ kleine Pferdemagen (Fassungsvermögen 12–20 l) ist auf die laufende Aufnahme kleiner Futtermengen angewiesen. Darum gelten drei Mahlzeiten täglich als Mindestforderung für das ehemalige Steppentier Pferd.
Die Speiseröhre erreicht den bohnenförmigen Magen am **Nabel** (Kardia). Ein starker Muskel verschließt ihn und verhindert Futterrückfluß (Erbrechen) infolge Dauerkontraktion bei Magenfüllung, die reflektorisch gesteuert wird (je nach Füllungsdruck).
Der Magen ist mit Schleimhaut ausgekleidet. Deren Drüsen sondern Schleim ab, welcher die Magenwand vor Selbstverdauung schützt. Der hintere Magenraum enthält, in Schleimhaut an der Magenwand eingebettet, zahlreiche Drüsen. Diese Drüsen sondern **Pepsinogen** ab. Durch die von den **Belegzellen** gebildete **Salzsäure** wird das Pepsinogen in das eiweißspaltende **Pepsin** umgewandelt.
Geringe Mengen des fettspaltenden Enzyms **Lipase** vervollständigen das Angebot an Verdauungsenzymen im Magen.

Es kommen hinzu:
- Mikroorganismen (Kleinlebewesen) im ersten Magenabschnitt
- Magensaft (körpereigen)
- Enzyme aus dem Futter selbst.

Eine dreischichtige Muskelhaut umgibt den Magen, der zur Bauchhöhle hin mit Bauchfell überzogen ist. Futterbissen werden nach dem Abschlucken schichtweise übereinander im Magen gelagert. Die flüssigen Komponenten sickern durch. Zu wirkungsvoller Durchmischung des Futterbreis kommt es erst im Magengrund durch Kontraktionsbewegungen der muskulösen Magenwand. Gute Durchmischung des Nahrungsbreis ist die wichtigste Voraussetzung für einen optimalen und ungestörten Ablauf der Verdauungsvorgänge im Magen. Dabei muß eine ausreichende Menge »Magensaft« zugemischt werden (s. Abb. 40).

Anfangs relativ schnell, dann langsamer beginnt bereits beim Fressen die Magenentleerung durch den **Pförtner** in den **Zwölffingerdarm**. Diese **Futterpassage** wird beschleunigt, wenn der Futterbrei wasserreich ist (z. B. durch Möhren, Futterrüben, junges Grünfutter, Masch o. ä.). Wasser, das nicht durch quellfähiges Futtermittel (z. B. Getreide) gebunden wird, passiert den Magen auf kürzestem Wege über die sogenannte **kleine Magenstraße**. Bei übermäßig hastiger Wasseraufnahme können Nährstoffe oder Futterbrei ausgespült werden. Derart gestörte Verdauungsabläufe führen bisweilen zu Koliken.

Der **Dünndarm**, mit relativ dünnem Inhalt gefüllt, besteht aus drei Abschnitten:
- Zwölffingerdarm
- Leerdarm
- Hüftdarm

Abb. 40. Pferdemagen (schematisch). 1 = Speiseröhrenanteil, 2 = Bereich kutaner Schleimhaut, 3 = Magengrund, 4 = Pförtnerteil, 5 = Speiseröhre, 6 = Pförtner.

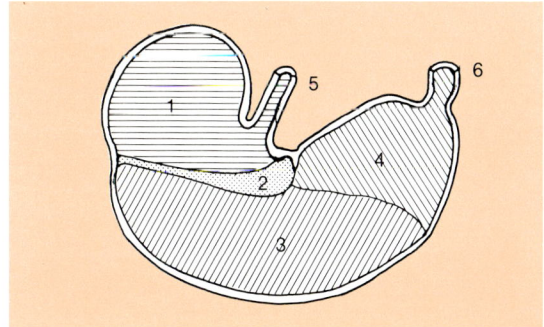

In den ungefähr einen Meter langen **Zwölffingerdarm** münden zwölf bis siebzehn Zentimeter hinter dem Magenausgang der Hauptausführungsgang der **Bauchspeicheldrüse** (Pankreas) und der **Lebergang**. Der Pankreassaft enthält beim Pferd relativ wenig Enzyme (eiweißspaltendes Trypsin und Lipase). Der Gehalt an Alkalien und Bikarbonaten ist vergleichsweise hoch. Sie puffern die in den weiteren Darmabschnitten entstehenden Säuren ab. Das kontinuierlich fließende Gallensekret (5–6 l täglich – Pferde haben keine Gallenblase) erfüllt die gleiche Aufgabe und ist bei der Fettverdauung beteiligt. Es emulgiert Fette und verteilt sie in feinste Tröpfchen.

Im Bereich des **Leerdarms** ist der Futterbrei wieder alkalisch. Der Leerdarm ist der längste Dünndarmtrakt.

Der kurze **Hüftdarm** mündet am Übergang zwischen Blinddarm und Grimmdarm in den Dickdarm.

Der gesamte Dünndarm ist mit Schleimhaut ausgekleidet, die mit **Zotten** ausgestattet ist. Sie erwirken eine erhebliche Vergrößerung der Schleimhautoberfläche. In den Darmzotten befinden sich Blutgefäße, die sich zu einem Kapillarnetz verzweigen. Diese übernehmen die von der Epithelschicht der Zotten resorbierten Nährstoffe und transportieren sie weiter. Die Zotten können sich mit Hilfe von Muskelstreifen erweitern und verengen.

In ihrer Mitte liegen Lymphgefäße, über welche der größte Teil der Fettabbauprodukte abgeführt wird.

Die Darmmuskelschicht unter der Schleimhaut ermöglicht die Darmeigenbewegung **(Peristaltik)**. Der Darmsaft, der die Verdauungsenzyme enthält, wird in Drüsen am Grunde der Zotten produziert. Außerdem sondern Becherzellen Schleim ab, der den Darminhalt schlüpfrig hält und den Darm vor Selbstverdauung schützt.

Im Dünndarm vollzieht sich der enzymatische Abbau leicht aufschließbarer Nährstoffe (z. B. Zucker, Eiweiß, Stärke, Fett). Bauchspeicheldrüse, Gallenflüssigkeit und Darmdrüse liefern die erforderlichen Enzyme. Lediglich die Kohlenhydrate werden vorher im Magenanfang bakteriell verändert.

Nicht oder nur schweraufschließbare Kohlenhydrate passieren den Dünndarm unverändert (z. B. Zellulose, Hemizellulose, Pentosane u. a.).

Die Fette werden normalerweise vor Eintritt des Futterbreis in den Dickdarm vollständig absorbiert.

Bei pferdegerechter Futterrationsgestaltung passieren etwa 30 bis 35 % der stickstoffhaltigen Nährstoffe (Eiweiße) den Dünndarm und gelangen in den Blinddarm.

Der **Dickdarm** besteht aus:
- Blinddarm
- Grimmdarm
- Mastdarm.

Der **Blinddarm** ist als Blindsack zwischen Dünndarm und Dickdarm gelegen. Er faßt 30 bis 40 Liter Inhalt und dient vornehmlich als Gärkammer, besonders zum Abbau der Zellulose und anderer strukturierter Futtermittelbestandteile. Bakterien und Protozoen (einzellige Tiere) bewirken diese Vorgänge. Fehlen sie infolge Nahrungsmangels (Rauhfutter), sind Koliken vorprogrammiert.

Der Blinddarmkopf beginnt in der rechten Flanke des Pferdes und endet mit seiner Spitze fast am Brustbein.

Der sich anschließende **Grimmdarm** (Kolon) bildet beim Pferd eine Doppelschlinge und verläuft zunächst zum Zwerchfell hin, führt auf der linken Körperseite zum Becken, dann wieder zurück zum Zwerchfell und findet in Richtung Becken ziehend über das kleine Colon Anschluß an den **Mastdarm**.

Mit 88 bis 98 Litern besitzt der Grimmdarm das größte Fassungsvermögen aller Verdauungsorgane des Pferdes. Ein großer Teil arbeitet wie eine Gärkammer.

Die Aktivitäten der Kleinlebewesen im Blind- und Grimmdarm sind abhängig:
- von der Pufferkapazität des Darmvolumens (-hohlraums)
- von Art und Menge der zufließenden Nährstoffe
- von der Passagegeschwindigkeit des Futters
- vom ausgewogenen Verhältnis leicht und schwer verdaulicher Kohlenhydrate
- vom ausreichenden Stickstoff- und Aminosäurenangebot und
- vom Vorhandensein der Vitamine, besonders B_2 und B_{12}.

Vitamine und Stickstoffverbindungen fördern Leben und Tätigkeit der Darmflora.

Bei der mikrobiellen Verdauung entstehen aus den Kohlenhydraten die flüchtigen Fettsäuren:
- Essigsäure
- Propionsäure
- Buttersäure.

Abb. 41. Dünn- und Dickdarm (schematisch), Ansicht von vorne und rechts. 1 = Magen, 2 = Zwölffingerdarm, 3 = Leerdarm, 4 = Hüftdarm, 5 = Blinddarm, 6–11 = Grimmdarm (Kolon): 6 = rechte, untere Längslage, 7 = linke, untere Längslage, 8 = linke, obere Längslage, 9 = rechte, obere Längslage (= magenähnliche Erweiterung), 10 = Querkolon, 11 = „kleines Kolon", 12 = Mastdarm.

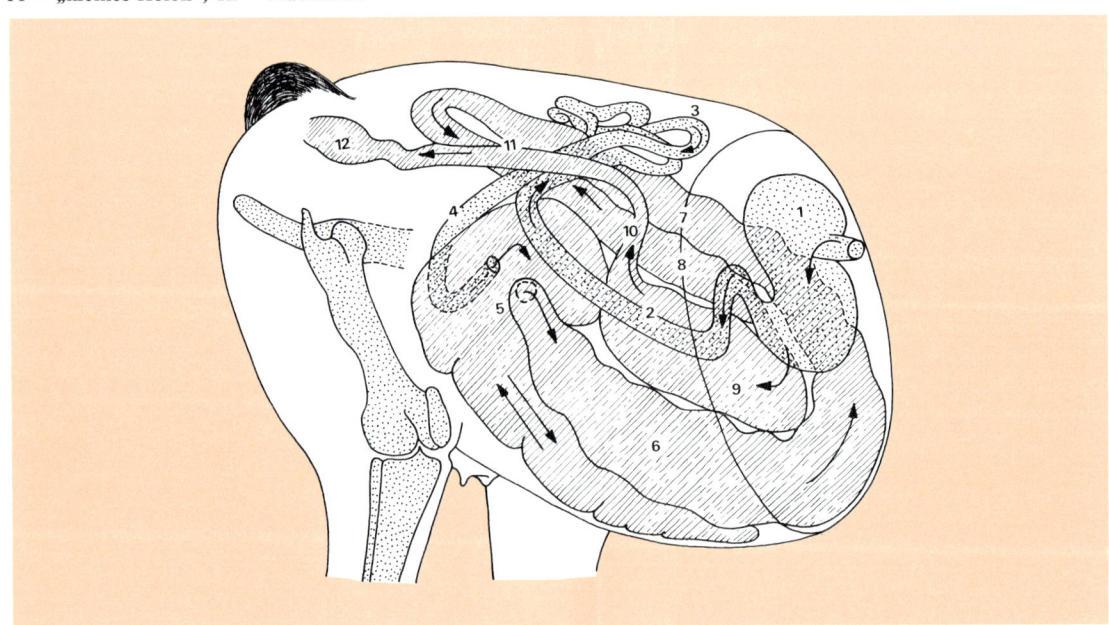

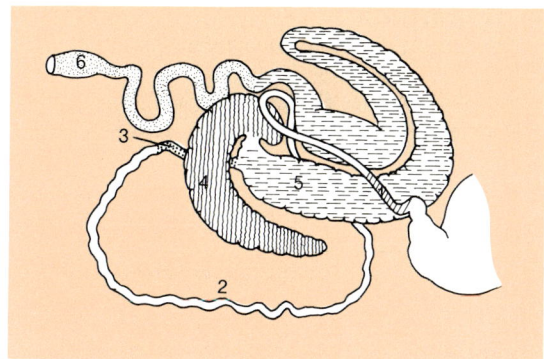

Abb. 42. Darmverlauf beim Pferd (schematisch). 1 = Zwölffingerdarm, 2 = Leerdarm, 3 = Hüftdarm, 4 = Blinddarm, 5 = Grimmdarm, 6 = Mastdarm.

Sie gelangen über die Darmwand ins Blut und liefern unmittelbare Grundlagen zur Energiegewinnung. Pferde können aus dieser Quelle 20 bis 25 % ihres Energiebedarfs decken.

Störungen des mikrobiellen Kohlenhydratabbaus entstehen bei zu hohen Gaben konzentrierten Futters (Stärke, Zucker), weil dann überhöhte Propionsäureanteile zu Fehlgärungen führen. Auch einseitig große Rauhfuttergaben verursachen Verdauungsstörungen, die sich infolge Stickstoffmangels als Verarmung der Darmflora bemerkbar machen.

Die Mikroben des Dickdarms bauen auch körpereigene Stoffe auf, z. B. aus stickstoffhaltigen Futterresten, die bisher nicht verdaut wurden. Sie bilden daraus biologisch hochwertiges, körpereigenes Eiweiß.

Weiterhin werden einige wasserlösliche Vitamine, z. B. Vitamin K, und einige nicht proteinhaltige Stickstoffverbindungen, z. B. Harnstoff, produziert. Beide kann das Pferd verwerten.

Die meisten Kleinlebewesen gehen im hinteren Teil des Dickdarms zugrunde. Die entstehenden Abbauprodukte können zu einem geringen Teil vom Pferd genutzt werden, z. B. essentielle (lebensnotwendige) Aminosäuren (Eiweißbausteine). Ausgewachsene Pferde ohne Leistungsanforderungen sind im Regelfall in der Lage, aus dieser Quelle ihr Stickstoffgleichgewicht aufrechtzuerhalten.

Der kurze **Mastdarm** (0,2 bis 0,4 m) verläuft unterhalb der Wirbelsäule und endet im After.

Der Mastdarm wird von kreisförmigen Muskeln umschlossen (Schließmuskeln). Quergestreifte Muskulatur und Darmringmuskulatur bilden diesen Schließmuskel.

Im kleinen Grimmdarm und im Mastdarm wird dem Futterbrei das Wasser entzogen und der Kot ballenartig geformt.

Täglich gelangen ungefähr zehn Prozent des Pferdelebendgewichts als Wasser in den Dickdarm. Daraus errechnet sich der hauptsächliche Bedarf an Wasser. Je nach dem Wassergehalt der Futtermittel und der Menge der Schweißabsonderung variiert der Trinkwasserbedarf von 30 bis 50 Liter täglich.

Der Kot setzt sich zusammen aus den
– unverdaulichen Bestandteilen des Futters
– unverdauten Bestandteilen des Futters
– nicht absorbierten Futterbestandteilen.

Die täglich anfallende Kotmenge schwankt beim Pferd zwischen einem und drei Prozent des Körpergewichtes.

Sie wird beeinflußt von
– der aufgenommenen Futtermenge
– der Zusammensetzung des Futters und
– seiner Verdaulichkeit (Rohfaseranteil).

Davon ist auch die Häufigkeit des Kotabsatzes abhängig. Er erfolgt tagsüber alle 30 bis 120 Minuten und reduziert sich nachts um die Hälfte.

Die Darmentleerung wird mit gesteuert vom
– Wassergehalt des Futters
– der Bewegungsbeanspruchung des Pferdes und
– der Gesamtbelastung des Pferdes.

Die Regelmäßigkeit des Kotabsatzes, die Kotformung, die Konsistenz und der Geruch geben Auskunft über normale oder gestörte Funktionen der Verdauungsorgane. Diese Dinge sollten stets beobachtet werden, insbesondere morgens beim ersten Betreten der Box.

Die Dauer der Futterpassage insgesamt und in den einzelnen Verdauungsabschnitten hängt ab von
– der Individualität des Pferdes (Temperament, Futterverwertung u. a.)
– dem Zerkleinern (Kauen) und Einspeicheln
– der Futterverabreichungsform (ganz, gequetscht, pelletiert, kurz, lang, usw.).
– der Verdaulichkeit des Futters (Gras, Stroh u. a. m.)
– der Verunreinigung des Futters (Fremdbesatz, Staub, Erde, Schimmel u. a.) sowie
– eventuellem Wurmbefall.

Generell können Gras, Möhren und Futterrüben bereits nach vierundzwanzig Stunden alle Verdauungsorgane passiert haben, während Heu und Stroh bis zu dreimal solange benötigen.

1.2.4.2 Die Leber

Die **Leber** ist die chemische Zentrale des Körpers. Alle von den Schleimhäuten des Magens und der Därme absorbierten Verdauungsprodukte, mit Ausnahme des Fettes und der fettlöslichen Verbindungen, kommen über den Pfortaderkreislauf in die Leber. Sie liegt zwischen dem Zwerchfell und den Eingeweiden und ist von Bauchfell überzogen, verformbar und tierarttypisch ausgebildet. Die Farbe rotbraun bis braun, bisweilen gelblich getönt, ändert sich in Abhängigkeit vom Alter des Pferdes, seinem Ernährungszustand und dem Blutgehalt der Leber. Zu unterscheiden sind die konvexe (nach außen gewölbte) Zwerchfellfläche und die konkave (nach innen gewölbte) Eingeweidefläche.

In der letzteren liegen die Eingänge für Pfortader, Leberarterie und Nervenbahnen sowie die Ausgänge für den Lebergallengang und die Lebervene.

Insgesamt besteht die Pferdeleber aus fünf Lappen. Im Innern bilden durch Bindegewebe voneinander abgegrenzte **Leberläppchen** die Bauelemente. Sie sind strahlenförmig von innen nach außen angeordnet und bilden Stränge, die sogenannten **Leberbälkchen** (1,5 bis 2 Millimeter lang), die von Bindegewebe zusammengehalten werden. Entlang dieser Bindegewebszüge verlaufen die Äste der Pfortader, die in ein verzweigtes System von Kapillaren auslaufen, welche die Leberbälkchen umspülen. Sie münden in der Zentralvene mitten in den Leberplättchen. Analog dem Pfortaderkapillarsystem verlaufen die Leberarterien mit ihren Verzweigungen und Verästelungen. Sie stellen die Sauerstoffversorgung der Leber sicher.

Die **Aufgaben der Leber** sind vielgestaltig. Darum sollen sie nur kurz aufgezählt werden:
– Produktion und Sekretion der Gallenflüssigkeit (ca. 6 Liter täglich)
– Beteiligung an der Regulation des Kohlenhydrat- und Fettstoffwechsels
– Speicherung verschiedener Vitamine und Spurenelemente
– Auf- und Abbau von Eiweißstoffen, Bildung von Harnstoff und Harnsäure
– Beteiligung an der Regulierung des Hormon- und Wasserhaushalts
– Blut- und Glykogenspeicher
– Entgiftung bestimmter Stoffwechselprodukte.

Zusammensetzung der Galle:
– Wasser und Schleim
– Gallensäure und Gallenfarbstoff
– Cholesterin, Lezithin, Spuren von Harnstoff und Salze.

Wirkung der Galle:
– Emulgieren der Fette (Feinstverteilen – kolloidal)
– teilweise Verseifung der Fette
– Alkalisierung des Darminhaltes
– Anregung der Darmperistaltik (Darmbewegungen)
– Färbung des Futterbreis
– Aktivierung der Arbeit mancher Enzyme (z. B. im Bauchspeichel)
– Abschwächen der Wirkung von Fäulnisbakterien.

1.2.4.3 Die Bauchspeicheldrüse und die Langerhansschen Inseln

Die **Bauchspeicheldrüse** (Pankreas) produziert in ihrem Drüsengewebe den **Bauchspeichel,** dessen Enzyme alle drei Hauptnährstoffe ganz oder teilweise abbauen (verdauen). Andere Drüsen bilden Hormone.

Die Pankreas liegt in der Nähe des Zwölffingerdarms und ergießt den Bauchspeichel nach nervöser Reizung durch den Futterbrei in den Zwölffingerdarm.

Die **Langerhansschen Inseln** bestehen aus zwei Zelltypen. Die α-Zellen produzieren **Glukagon,** die β-Zellen **Insulin.** Beide wirken gegeneinander, sie sind Antagonisten. Insulin senkt den Blutzuckerspiegel und Glukagon erhöht ihn.

1.2.5 Die Harnabsonderung

Der **Harn** ist eine mit Stoffwechselabbauprodukten angereicherte Flüssigkeit. Er wird in der **Niere** produziert und über die **harnableitenden Organe, Harnleiter, Harnblase** und **Harnröhre,** ausgeschieden.

Die Nieren reinigen das Blut. Im einzelnen gehören dazu folgende Vorgänge:
– Regulierung des Wasser- und Salzhaushaltes im Blut
– Ausgleichen des osmotischen Drucks in den Zellen und Gefäßen
– Entfernung von Fremdstoffen aus dem Blut
– Entzug der wasserlöslichen Stoffwechselabbauprodukte aus dem Blut.

Diese Aufgaben können nur bei intensivster Blutversorgung von den Nieren erledigt werden.

Die Nieren liegen zum Schutz gegen Stöße in Fettgewebe eingebettet beiderseits der Wirbelsäule unter den Querfortsätzen der Lendenwirbel.

Die zentralen Blutgefäße, Aorta und hintere Hohlvene, fließen in unmittelbarer Nähe vorbei. An der Niereninnenseite befinden sich die Eingänge für die

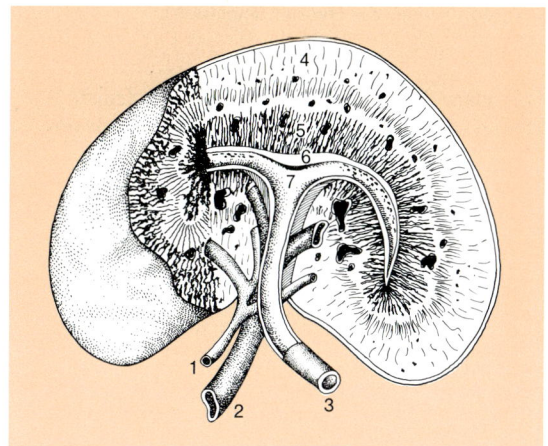

Abb. 43. Die Niere des Pferdes (Teilhorizontalschnitt). 1 = Nierenarterie, 2 = Nierenvene, 3 = Harnleiter, 4 = Rindenzone der Niere, 5 = Markzone, 6 = Sammelrohre, 7 = Nierenbecken.

Nierenarterie, die Lymphe und die Nervenbahnen sowie die Ausgänge für die Nierenvene, den Harnleiter und die Lymphe.

Pferde haben normalerweise zwei unterschiedlich gestaltete braunrote Nieren. Die Linke ist bohnenförmig, die Rechte eher herzförmig ausgebildet. Sie sind von einer festen Bindegewebskapsel umgeben. Darunter sind drei Schichten auszumachen.

Die braunrote **Rindenschicht** von meist körniger Struktur (dunkle Außenzone und heller Innenbereich) und die graubraun-rötlich gestreifte **Markschicht** (Markzone).

Zwischen Rinden- und Markschicht liegt die schmale, dunkelrot-violett getönte sogenannte **Grenzzone**. Hinter der Niereneinbuchtung (Ein- und Ausgang aller Leitungsbahnen) liegt das **Nierenbecken**, ein Hohlraum, in dem der aus den einzelnen Nierenabteilungen kommende Harn gesammelt wird.

Der **Harnleiter** führt zur **Harnblase**, einem birnenförmigen, sehr dehnungsfähigen Sammelbehälter, der aus dreischichtiger Muskelhaut besteht und innen mit faltiger Schleimhaut ausgestattet ist. Ein Schließmuskel am Blasenhals steuert die Entleerung. Die **Harnröhre** schließt sich an. Sie endet bei Stuten an der Grenze zwischen Scheide und Vorhof. Beim Hengst müssen Becken- und Penisstück der Harnröhre unterschieden werden.

Die Harnbildung beginnt in der Rindenschicht. Hier wird in den sogenannten »Bowmanschen Kapseln« der Primärharn ausgefiltert. Seine Zusammensetzung gleicht der des Blutserums ohne Eiweiß, weil letzteres die Filtrierwände nicht passieren kann. Der wenig konzentrierte Primärharn gibt im Bereich der »Henleschen Schleifen« Wasser, Glukose und Mineralien wieder ab – er rückresorbiert. Übrig bleibt der Harn in seiner Endzusammensetzung. Hormone des Hypophysenhinterlappens und der Nebennierenrinde steuern diese Rückresorption. Die Ausschüttung der Hormone wird über Sinneszellen angeregt, die Reize von der Aorta und der linken Herzvorkammer aufnehmen und über das Nervensystem weiterleiten. Auslöser sind der Füllungsgrad vorgenannter Gefäße und der osmotische Druck des Blutes in diesen Bereichen.

Der Harn ist eine gelbliche, etwas trübe Flüssigkeit, die bei Pflanzenfressern alkalisch reagiert. Er sammelt sich in der Blase. Die gefüllte Blase löst durch einen Reiz die Entleerung aus. Das Zusammenziehen der Blasenmuskulatur wird über das vegetative Nervensystem in Gang gesetzt, kann aber durch Training in Grenzen beeinflußt werden.

Harnuntersuchungen können durch Blut, Eiweiß oder Zucker im Harn relativ sicher über bestimmte Krankheiten Auskunft geben.

Zur Wiederholung und Vertiefung

1. Welche Vorteile bringen lange Kauzeiten und wovon hängen sie ab?
2. Schildern Sie den Weg der Futtermittel durch alle Verdauungsorgane.
3. Beschreiben Sie die mikrobiellen Verdauungsvorgänge im Dickdarm.
4. Woraus setzt sich der Kot gesunder Pferde zusammen?
5. Erläutern Sie die Aufgaben der Leber.
6. Welche Aufgaben haben die Nieren?
7. Beschreiben Sie die Harnabsonderung.

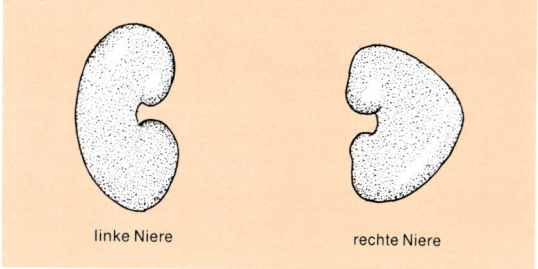

Abb. 44. Nierenformen des Pferdes (schematisch).

linke Niere   rechte Niere

1.2.6 Haut, Haare, Hufe

1.2.6.1 Haut

Die Haut schützt den Körper des Pferdes gegen Umwelteinflüsse (z. B. Regen, Wind) und vor Austrocknung. Sie stellt über den Tastsinn die Verbindung zur Umwelt her. Die Haut ist außerdem ein Organ des Kreislaufs, denn sie speichert viel Blut. Sie reguliert maßgeblich den Wärmehaushalt des Körpers (Fettschicht, Schweißabsonderung), atmet und ist ein Ausscheidungsorgan.

Sie ist aus drei Schichten aufgebaut:
– Oberhaut
– Lederhaut
– Unterhaut

Die **Oberhaut** läßt mehrere Epithelschichten erkennen.
Die **Hornhaut,** welche verhornt, abstirbt und dann als Schüppchen abgestoßen wird, ist beim Putzen zu erkennen. Die darunter liegende Keimschicht erneuert laufend die Hornhaut durch ständige Zellteilung. Sie wird über Ausbuchtungen der Lederhaut, die sogenannten **Papillarkörper,** ernährt. Diese Schicht ist reichlich mit Blutkapillaren ausgestattet. Pigmentstoffe (Farbstoffe) färben die Haut. Die Hornhaut enthält weder Blutgefäße noch Nerven und ist darum unempfindlich.
Die **Lederhaut** (wird durch Gerben zu Leder) ist fest, dehnbar und reich an Blutgefäßen und Nerven, die in den sogenannten Tastkörperchen endigen. Sie besteht aus straffem Bindegewebe, das mit elastischen, leimgebenden Fasern durchzogen ist.
Das Kapillarsystem der Lederhaut ernährt die Haare, welche aus der Oberhaut sprießen, sowie die **Schweiß- und Talgdrüsen.** Außerdem dient es als Blutspeicher.

1.2.6.2 Haare

Die **Haare** bestehen aus feinen, elastischen Hornfäden (Mark – Rinde – Scheide), die in schräg verlaufende **Haarbälge** eingebettet sind. In dieser Röhre sitzt die **Haarwurzel. Haarschaft** und **Haarspitze** ragen heraus.
Die sich nach unten zur **Haarzwiebel** verdickende Haarwurzel steckt in der Lederhaut. Vielfach sind die Haarbälge mit kleinsten Muskeln ausgestattet, welche die Haare aufrichten können (z. B. bei Erregung oder als Kälteschutz, um ein größeres Luftpolster zu erreichen).

Abb. 45. Aufbau der Haut (schematisch).

Das **Haarkleid** der Pferde besteht aus feinen Wollhaaren (unterer Wärmeschutz) und den dickeren, sie überragenden **Grannenhaaren.** Als Schutz und Schmuck dient das **Langhaar.** Die **Tasthaare,** besonders am Maul zu finden, sind mit **Tastnerven** verbunden und stellen die Gefühlsverbindung mit der Umwelt her.
Das Haar wächst aus der Haarzwiebel heraus. Der **Haarschaft** wird nach außen geschoben und löst sich, wenn ausgewachsen, aus der Haarzwiebel und fällt aus. Neues Haar wächst sofort nach. Im hiesigen Klimabereich wechseln Pferde zweimal jährlich ihr Haarkleid (Sommer- und Winterhaar).
Aus Anhängseln der Haarbälge, den bläschenförmigen **Talgdrüsen,** werden Haut und Haarkleid mit **Talg** gefettet, somit geschmeidig gehalten und mit einem Schutzfilm gegen Feuchtigkeit und Fremdstoffe überzogen.
Die **Wärmeregulierung** über die Haut gestaltet sich beim Pferd zweigleisig.
An warmen Tagen erweitern sich die Blutkapillaren der Lederhaut. Sie nehmen vermehrt Blut auf und geben verstärkt Wärme ab.
Bei Kälte verengen sie sich. Das Reserveblut bleibt dann in den inneren Körperspeichern. Die Wärmeabgabe sinkt.
Die wirksamere Wärmeregulierung erfolgt über die **Schweißabsonderung.** Das Pferd besitzt mehr lange, schlauchförmige **Schweißdrüsen,** die in der Unterhaut in einem Knäuel enden, als andere Haustiere. Sie geben bei Erwärmung vermehrt Flüssigkeit ab (Schwitzen). Die Flüssigkeit verdunstet. Dabei entsteht Verdunstungskälte. Der **Schweiß** enthält Mineralien, insbesondere Natrium, welche er dem Körper entzieht und die ersetzt werden müssen.
Die **Unterhaut** besteht aus lockerem Bindegewebe. Dieses **Unterhautbindegewebe** ist verschiebbar. Es enthält je nach Ernährungszustand des Pferdes mehr oder weniger eingelagertes Fett.
Fett dient als Wärmeschutz. Das elastische Polster schützt darunter liegende Muskeln, Sehnen und Knochen. Es dient als Puffer gegen Stöße und sonstige mechanische Einwirkungen.
Duftdrüsen an den Haarbälgen entwickeln spezifische Duftstoffe, die den Pferden das gegenseitige Erkennen erleichtern und dadurch ihr Sozialverhal-

Abb. 46. Schnitt durch Huf und Fessel (Huf von unten).

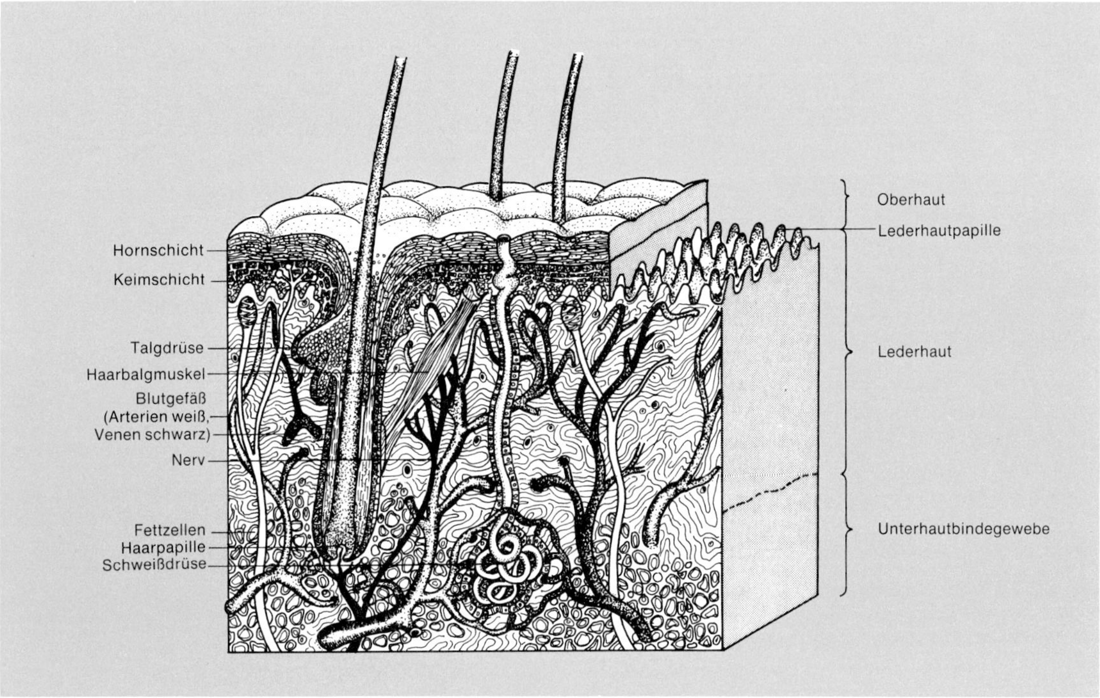

Oberhaut
- Hornschicht
- Keimschicht

Lederhautpapille

Lederhaut
- Talgdrüse
- Haarbalgmuskel
- Blutgefäß (Arterien weiß, Venen schwarz)
- Nerv

Unterhautbindegewebe
- Fettzellen
- Haarpapille
- Schweißdrüse

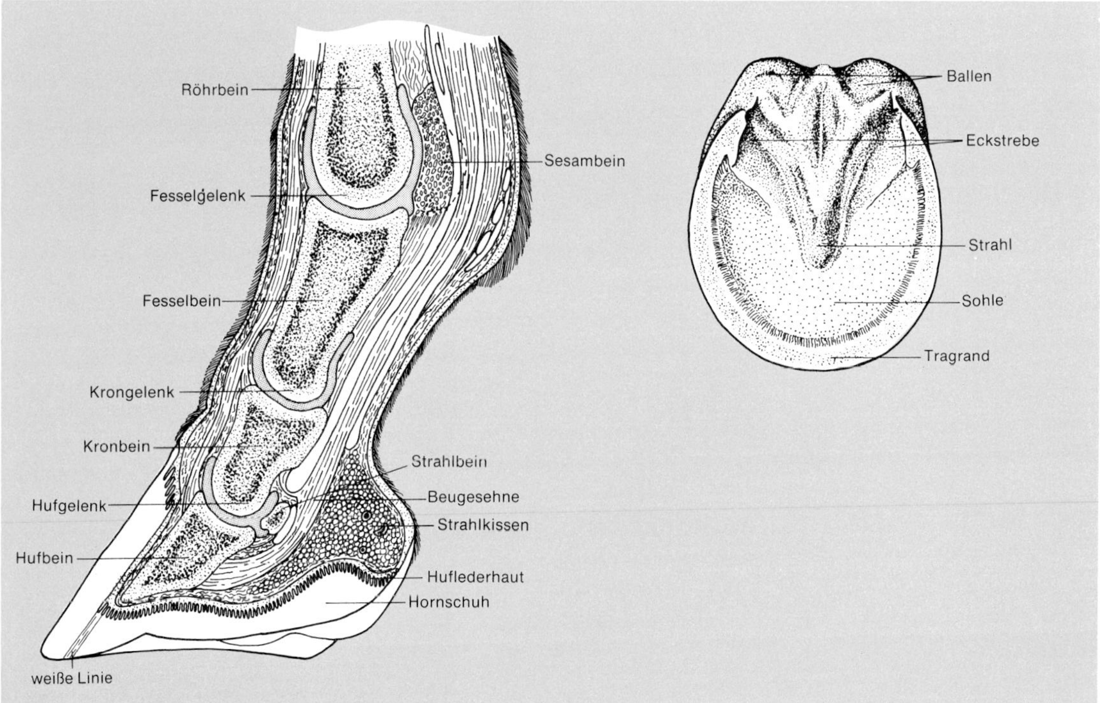

- Röhrbein
- Fesselgelenk
- Fesselbein
- Krongelenk
- Kronbein
- Hufgelenk
- Hufbein
- weiße Linie
- Sesambein
- Strahlbein
- Beugesehne
- Strahlkissen
- Huflederhaut
- Hornschuh

- Ballen
- Eckstrebe
- Strahl
- Sohle
- Tragrand

ten mit beeinflussen. Glätte, Glanz und Geschmeidigkeit von Haut und Haarkleid geben wertvolle Auskünfte über Ausdruck, Gesundheit und den Fütterungs- und Pflegezustand der Pferde.

1.2.6.3 Hufe

Die Oberhaut endigt an den unteren Gliedmaßen der Pferde in den Huf, der besonders bei Sport- und Rennpferden großen Belastungen ausgesetzt ist. Er muß enorme Druckbelastungen aushalten und soll dabei immer gesund und belastbar bleiben. Die Kenntnis seiner Anatomie ist die wichtigste Voraussetzung für die richtige Pflege sowie eventuell notwendig werdende Korrekturen oder Behandlungen.

Äußerlich sichtbar ist der **Hornschuh**, gebildet von der **Hornkapsel** und der **Lederhaut**, der vom **Kronsaum** aus ständig neu gebildet wird und sich ungefähr jedes halbe Jahr erneuert. Verletzungen wachsen daher von oben nach unten aus.

Drei Schichten sind zu unterscheiden:
– die äußere, dünne Glasurschicht
– die dickere Schutzschicht
– die Verbindungsschicht zur Lederhaut (Blättchenschicht)

Eingebettet in den Hornschuh liegen die Stützteile, das **Hufbein** und die **Hufbeinknorpel**. Sie bilden das vorderste Zehenglied und geben der **Hornsohle** die Form.

Die stark durchblutete und von Nerven durchzogene Huflederhaut schafft die Verbindung vom Hornschuh zum Knochengerüst (Hufbein, Strahlbein). Zwischen den Hufknorpeln befindet sich der **Strahl**, eine relativ weiche, verformbare Polsterfläche an der Hufunterseite.

Das **Strahlbeinkissen** federt Stöße ab und ermöglicht infolge seiner Druck- und Saugwirkung die Durchblutung des Hufinneren. Die Übergangszone zwischen Lederhaut und Hornschuh heißt **Verbindungsschicht**. Die Verbindung zwischen Wand und Sohle wird »Weiße Linie« genannt.

Sie ist schmerzunempfindlich, so daß hier der Schmied die Hufnägel einschlagen kann. Von außen betrachtet begrenzen der **Kronrand** oben und der **Tragrand** unten den Huf. Den Abschluß unten markiert die **Hornsohle** (Hufsohle), welche in der Mitte am dünnsten ist.

Die **Hornballen** (Hufballen) bilden die Begrenzung nach hinten. **Strahlfurchen** und **Eckstreben** tragen zur Elastizität des Hufes bei, daher sind sie immer sauber und offen zu halten.

Im vorderen Bereich des Hufes verläuft die Streck-, im hinteren die Beugesehne. Optimale Belastungsverhältnisse sind gegeben, wenn die Belastung durch das Körpergewicht des Pferdes zu einer Hälfte von den Zehenknochen und zur anderen Hälfte von den Sehnen übernommen wird. Das ist dann der Fall, wenn von der Seite betrachtet der Zehenwinkel der Vordergliedmaßen 45° bis 50° beträgt und der der Hintergliedmaßen 51° bis 57° ausmacht. Diese Winkelung hinten fördert die schiebende Tätigkeit der Hinterhand.

Bei den geschilderten Hufstellungen werden Zehen und Trachten beim Fußen gleichmäßig belastet, die Hornbildung verläuft regelmäßig. Hufe und Gliedmaßen bleiben gesund und leistungsbereit.

Zur Wiederholung und Vertiefung

1. Beschreiben Sie den Aufbau der Haut.
2. Welche Aufgaben hat die Haut?
3. Stellen Sie die Wärmeregulierung des Körpers durch die Haut im einzelnen dar.
4. Woraus besteht das Haarkleid des Pferdes?
5. Erläutern Sie die Aufgaben
   a) der Oberhaut
   b) der Unterhaut.
6. Wie ist der Pferdehuf aufgebaut?
7. Erklären Sie die Hufmechanik.

1.2.7 Geschlechtsorgane

Die männlichen und die weiblichen Geschlechtsorgane weisen trotz des unterschiedlichen äußeren Aufbaus auch Gemeinsamkeiten auf. Beide besitzen Keimdrüsen, in denen sich **Samen- bzw. Eizellen** entwickeln und zur Geschlechtsreife heranwachsen. Penis und Klitoris (Kitzler) weisen außerdem gewisse anatomische Gemeinsamkeiten auf.

1.2.7.1 Die männlichen Geschlechtsorgane

Es gehören dazu:
– die Hoden (Keimdrüsen) als keimbereitender Teil
– Nebenhoden, Samenleiter und Harnröhre als keimleitende Organe
– die akzessorischen (hinzutretenden) Geschlechtsdrüsen wie Samenblase, Vorsteherdrüse (Pro-

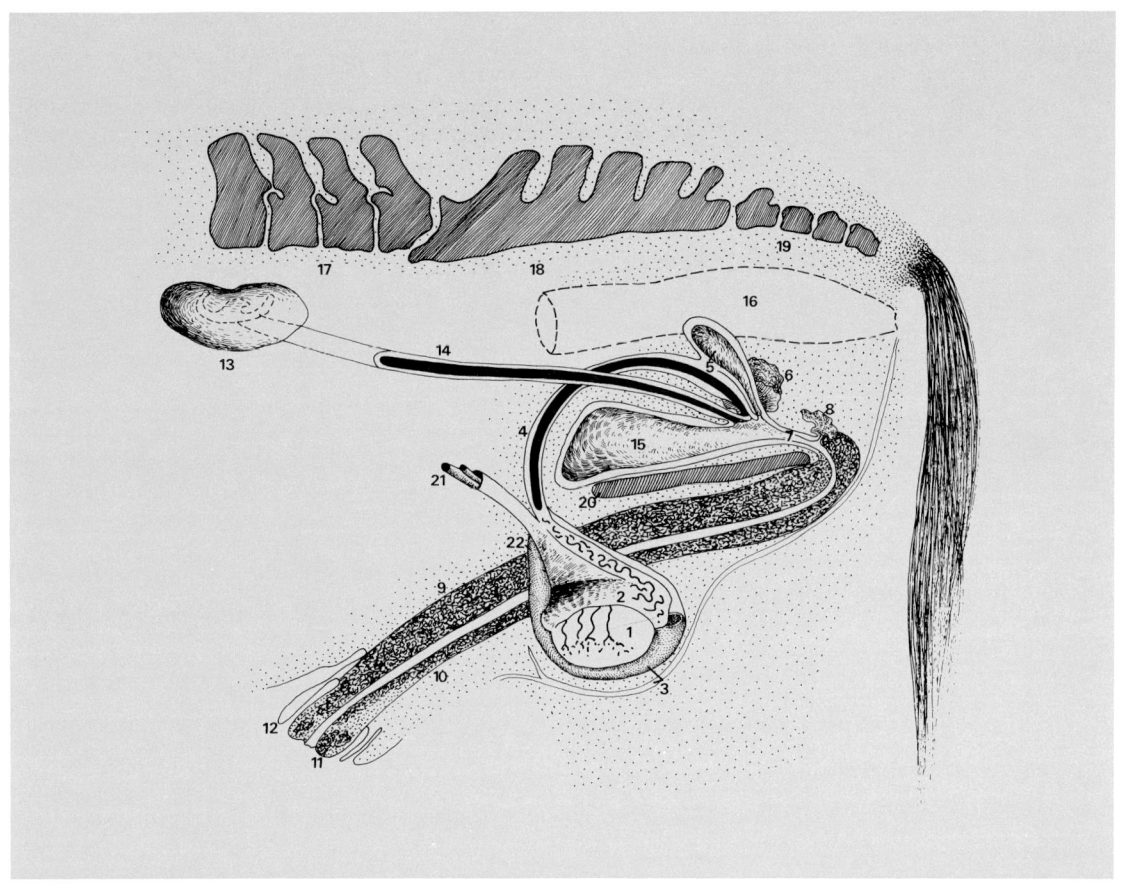

Abb. 47. Die Harn- und Geschlechtsorgane des Hengstes. 1 = linker Hoden, 2 = Nebenhoden, 3 = Hodensack und Scheidenhautfortsatz, 4 = Samenleiter, 5 = Samenblasendrüse, 6 = Prostata, 7 = Beckenstück der (Samen-)Harnröhre, 8 = Harnröhrenzwiebeldrüse, 9 = Penis, 10 = Penisteil der Harnröhre, 11 = Eichel, 12 = Vorhaut, 13 = linke Niere, 14 = Harnleiter, 15 = Harnblase, 16 = Mastdarm, 17 = Lendenwirbel, 18 = Kreuzbein, 19 = Schwanzwirbel, 20 = Beckenboden, 21 = Blutgefäß für den Hoden und Nebenhoden, 22 = Bauchring des Leistenkanals.

stata), Harnröhrenzwiebeldrüse (Cowpersche Drüse). Sie beeinflussen die Spermienreifung und schützen die Spermien
– der Penis (Rute) als spermienübertragendes Organ.

Beim Fohlen wandern die Hoden mit den dazu gehörigen Versorgungsleitungen während oder kurz nach der Geburt durch den Leistenspalt in eine Ausstülpung der Bauchwand, den **Hodensack,** der zwischen den Schenkeln der Hengste hängt.
Unterbleibt die Hodenwanderung, verbleibt also einer der Hoden oder gar das Hodenpaar in der Körperhöhle, spricht man von **Binnenhodigkeit** (Kryptorchismus). Durch Entfernung der Hoden (Kastration) verändern sich Verhalten, Wachstumsrhythmus und äußeres Erscheinungsbild der Pferde. Diese Veränderungen sind um so größer, je früher (meist einjährig) der Eingriff vorgenommen wird.
Das Innere des Hodens ist in viele Läppchen aufgeteilt. Darin liegen die gewundenen **Samenkanälchen.** Hier wandeln sich die **Ursamenzellen in Samenzellen** (Spermien) um. In den »**Leydigschen Zwischenzellen**«, die zwischen den Samenkanälchen im Interstitium (Bindegewebe in einem Organ) liegen, wird das männliche Geschlechtshormon **Testosteron** gebildet. Es ist nach Eintritt der Geschlechtsreife an der Steuerung der Geschlechtsdrüsentätigkeit beteiligt.

Die **Samenzellen** bestehen aus Kopf, Hals, Verbindungsstück und Schwanz. Der Hoden selbst ist von zwei Bindegewebsschichten umgeben. Durch einen gewundenen Kanal gelangen die Spermien in den schlauchartigen **Nebenhoden,** der sich eng an den Hoden anschmiegt.

Im dreigeteilten Nebenhoden werden die Samen befruchtungsfähig. Sie werden dort gelagert und beim Deckakt über den Nebenhodenschwanz in den Samenleiter befördert. Die Aktivität der glatten Muskelfasern in der Nebenhodenwand löst diesen Vorgang aus.

Auf dem Wege zum Ausstoß (Ejakulation) durch den Penis werden den Spermien die Sekrete der **Anhangdrüsen** zugeführt. Diese Drüsenabsonderungen verdünnen das **Ejakulat** (Samenflüssigkeit), aktivieren und schützen es. Sie bestehen aus Wasser, Schleim, Eiweißverbindungen und Mineralien. Obwohl Hengste ein relativ wasserreiches Ejakulat liefern, werden beim Deckakt trotzdem mehrere Millionen Spermien abgegeben.

Der **Samenleiter,** ein mit starker Muskulatur ausgestatteter und vergleichsweise dickwandiger Kanal, befördert den Samen stoßweise zur Harnröhre. Kurz vor Einmündung in diese erweitert er sich zur sogenannten **Samenleiterampulle.**

Der **Penis** ist mit zwei Schenkeln, welche sich vereinigen, am hinteren Beckenrand befestigt. Eine doppelhäutige Vorhaut umgibt ihn. Die im Penis verlaufende Harnröhre ist außen mit Schwellkörpern ausgestattet, die mit Hohlkörpern versehen sind. Diese füllen sich bei der Erektion (Aufrichtung) mit arteriellem Blut. Dabei werden die zuführenden Einrichtungen geöffnet und gleichzeitig die abführenden Venen zum größten Teil verschlossen. Die **Eichel** an der Penisspitze besitzt eigene Schwellkörper. Die Verlän-

Abb. 48. Die Harn- und Geschlechtsorgane der Stute. 1 = linker Eierstock, 2 = rechter Eierstock, 3 = linker Eileiter, 4 = linkes Uterushorn, 5 = Uteruskörper, 6 = Uterushals, 7 = Scheide, 8 = Scheidenvorhof, 9 = Scham, 10 = Kitzler, 11 = Eichel des Kitzlers, 12 = Euter, 13 = linke Niere, 14 = Harnleiter, 15 = Harnblase, 16 = Mündung der Harnröhre, 17 = Mastdarm, 18 = Lendenwirbel, 19 = Kreuzbein, 20 = Schwanzwirbel, 21 = Beckenboden, 22 = Eierstockgekröse, 23 = Eierstocktasche, 24 = „breites Mutterband" = Aufhängung des Uterus.

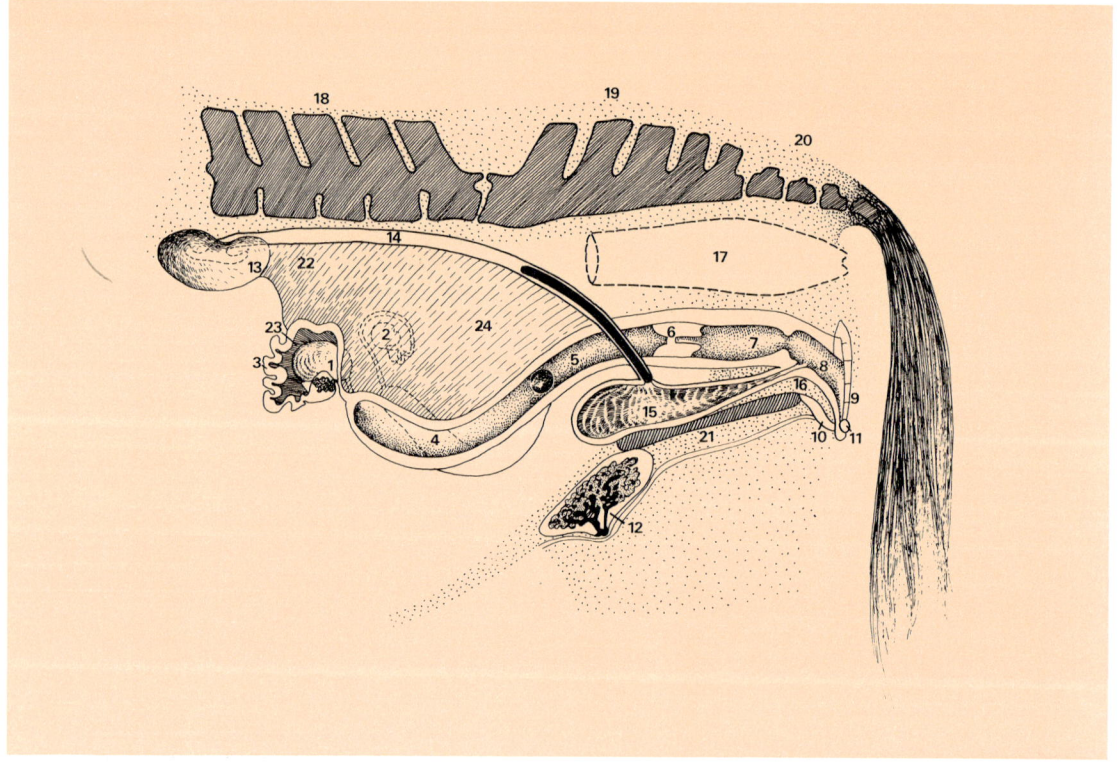

gerung des erigierten Gliedes wird durch den **Afterpenismuskel** erreicht.

1.2.7.2 Die weiblichen Geschlechtsorgane

Man kann sie wie die männlichen Geschlechtsorgane in verschiedene Bereiche unterteilen:
- keimbereitende Organe, Keimdrüsen, Eierstöcke
- eileitende Organe, Eileiter und Gebärmutter
- Begattungsorgane, Scheide, Scheidenvorhof und Scham.

Die **Eierstöcke** bilden aus den Ureizellen die **Eizellen**. Sie liegen in der Nähe der Nieren beiderseits der Wirbelsäule. Die Öffnungstrichter der **Eileiter** schließen daran an. Mit den beiden **Eileitertrichtern** beginnen die Eileiter, welche die Keimdrüsen mit den **Gebärmutterhörnern** auf gewundenen Wegen verbinden. Die Eileiter sind innen mit Flimmerepithel ausgestattet und außen von Muskelhaut umgeben. Die dadurch möglichen **peristaltischen (wurmartigen) Bewegungen** besorgen den Transport des befruchteten Eies.

In den Eierstöcken schlummern viele tausend **Ureizellen**, aber nur wenige gelangen zur Reife. Es bilden sich im Eierstock vielmehr mit gelblicher Flüssigkeit gefüllte Hohlräume, die sogenannten **Follikel**. An deren Innenseite reift jeweils eine Ureizelle zum reifen Ei heran. Bei diesem Wachstumsprozeß beult der sich innen entwickelnde Follikel die Oberfläche des Eierstocks aus. Die Follikelwand platzt, sobald sich das Ei von seiner Basiswand gelöst hat. Es gelangt in den Eileiter. Der **Follikelsprung** (Ovulation) ist erfolgt, was vom erfahrenen Tierarzt rektal (durch den After) festgestellt werden kann. Das Ei wird nun gebärmutterwärts weiterbefördert. Auf diesem Weg muß binnen zehn bis zwölf Stunden die Befruchtung erfolgen.

Der Same kommt dem Ei bis in den Eileiter entgegen. Diese Samenwanderung erfolgt einmal durch Eigenbewegung und zum anderen infolge der bei der Paarung ausgelösten Gebärmutterkontraktion (-zusammenziehung). Ein Ei ist befruchtet, sobald ein Spermium eingedrungen ist und die Kerne sich vereinigt haben.

Die befruchtete Eizelle wandert in die **Gebärmutter** (Uterus).

In der Gebärmutter vollzieht sich die Entwicklung und Ausbildung des neuen Lebens.

Zu unterscheiden sind:
- die Gebärmutterhörner
- der Gebärmutterkörper
- der Gebärmutterhals (Verbindung zur Scheide).

Der Gebärmutterhals ist mit kräftigen Schleimhautfalten versehen, welche die Verbindung zur Scheide öffnen und schließen können.

Die Gebärmutterhörner sind mit drüsiger Schleimhaut ausgekleidet. Die Drüsen sondern die **Gebärmuttermilch** (Uterinmilch) ab, welche dem befruchteten Ei solange als Nährstoffquelle dient, bis die **Eihäute** ausgebildet sind.

Zotten an der Oberfläche der Eihaut ragen in Vertiefungen der Gebärmutterschleimhaut hinein. Es entsteht der Mutterkuchen (Plazenta). Durch eine dünne Gewebeschicht erfolgt hier der Austausch von Sauerstoff und Nährstoffen gegen Abfallprodukte. Eine direkte Verbindung zwischen Mutter- und Fruchtblutkreislauf besteht nicht.

Ist beim Follikelsprung keine Befruchtung erfolgt, bildet sich nach einer von Tierart zu Tierart unterschiedlich langen Pause ein weiteres Follikel aus und platzt, bei Stuten alle einundzwanzig (19 bis 23) Tage. Die Follikelhöhle vernarbt. Dieser Vorgang wiederholt sich ständig (Geschlechtszyklus), jedoch mit jahreszeitlich unterschiedlicher Intensität.

Bei erfolgter Befruchtung wird die Follikelhöhle durch wuchernde Follikelepithelzellen und Thekazellen (hormonbildende Bindegewebszellen) ausgefüllt. Sie wandelt sich zum sogenannten **Gelbkörper** um, welcher dafür sorgt, daß keine weiteren Follikel ausreifen.

Die Nahtstelle vom Gebärmutterhals zur Scheide bildet der Gebärmuttermund. Er ist bei der Paarung geöffnet und bleibt bei erfolgter Befruchtung bis zur Geburt geschlossen.

Die muskulöse **Scheide** – als Rohr ausgebildet – beginnt am äußeren Muttermund und geht in den **Scheidenvorhof** über. Die sogenannten »**Bartolinischen Drüsen**« im Scheidenvorhof befeuchten mit ihrem Sekret die mit Schleimhaut ausgekleideten Begattungsorgane. Kurz vor der Scheidenerweiterung an der Grenze Scheide/Scheidenvorhof mündet die Harnröhre. Mit der von zwei **Schamlippen** umgebenen **Schamspalte** enden die Begattungsorgane außen. Im bauchwärts gerichteten **Schamwinkel** verbirgt sich der **Kitzler**. Er besitzt wie der Penis Schwellkörper und erigiert bei Paarungsbereitschaft und Paarung.

Hormone des Hirnanhanges leiten die Geschlechtsreife der Pferde beiderlei Geschlechts im Alter von ein bis eineinhalb Jahren ein. Sie regen die Keimdrüsen zum Wachsen an und führen anschließend zur Ausbildung reifer Ei- und Samenzellen. Es kommt jetzt auch zur Bildung der eigentlichen Geschlechtshormone, welche die Entwicklung und Ausbildung

der primären und sekundären Geschlechtsmerkmale steuern.
Spermien werden beim geschlechtsreifen Hengst ständig produziert. Bei der Stute dagegen sind Follikelreifung und die Veränderungen in der Gebärmutter zyklisch. Dieser Zyklus ist äußerlich als **Brunst** erkennbar.

Zur Wiederholung und Vertiefung

1. Nennen Sie die männlichen Geschlechtsorgane von innen nach außen.
2. Wo wird der Same produziert und auf welchem Weg verläßt er die männlichen Geschlechtsorgane?
3. Wie heißen die weiblichen Geschlechtsorgane von innen nach außen?
4. Erläutern Sie Follikelsprung und Gelbkörperbildung.

1.2.8 Milchdrüse und Milchbildung

Das **Euter** gehört zu den **sekundären Geschlechtsmerkmalen** und kommt in der Anlage bei beiden Geschlechtern vor. Es wird aber beim Hengst nur selten sichtbar.
Bis zur Geschlechtsreife verharrt es auch bei der Stute im kindlichen Zustand. Zum leistungsfähigen Organ wird es mit der ersten Trächtigkeit unter hormonaler Steuerung. Zu voller Ausbildung gelangt das Euter periodisch – parallel zu den Tragezeiten – in der **Laktations- oder Säugeperiode**.
Das Euter der Stute sitzt in der Leistengegend zwischen den Oberschenkeln, die es fast verdecken. Es ist ein länglich-rundes, relativ kleines Drüsenorgan, das auf jeder Seite (Hälfte) einen Drüsenkomplex ausbildet. Zwei starke Bänder (Faszien), aus der gelben Bauchhaut kommend, tragen das Euter. Sie umfassen es und teilen es gleichzeitig. Eine elastische Bindegewebskapsel unter der Haut umgibt das gesamte Organ. Weitere Bindegewebszüge verzweigen sich im Inneren des Euters und bilden das Grundgerüst für das Drüsengewebe und die glatte Muskulatur. Im Bindegewebe verlaufen Blutgefäße und Nervenbahnen.
Die Ausbildung eines umfangreichen Blutgefäßsystems ist entscheidend für die Milchproduktion, weil zur Bildung von einem Liter Milch etwa 300 bis 400 Liter Blut benötigt werden. Stuten leisten in der Spitze nicht selten bis über zwanzig Liter Milch am Tag.
Der Drüsenkörper jeder Gesäugeseite besteht aus zwei getrennten Drüsenröhrensystemen. Jede Euterhälfte mündet in eine kurze, stumpfe, kegelförmige Zitze. Zwei Strichkanäle geben während der Laktation Milch nach außen ab, wenn der Widerstand des Schließmuskels durch Saugen des Fohlens oder Melken überwunden wird. Die Haut des Stuteneuters ist haarfrei und schwarz oder fleckig pigmentiert. Sie ist mit zahlreichen Schweißdrüsen ausgestattet, deren Mündungen sichtbar sind.
Normalerweise beginnt die **Milchbildung und -sekretion** pünktlich mit der Fohlengeburt. Diese Präzisionsarbeit leisten Hormone.
Östrogen und **Progesteron** steuern das Wachstum des Gesäuges während der Trächtigkeit, besonders im letzten Abschnitt. Das **Prolaktin** hat direkten Einfluß auf das Drüsengewebe des Euters. Größere Mengen davon werden nach Abgang der Nachgeburt bereitgestellt. Dadurch wird die Milchbildung voll eingeleitet. Dabei wirken auch Progesteron, das in diesem Stadium zurückgehende Tendenz hat, und das sich vermehrt bildende Östrogen mit.
Die nervösen Reize durch das Saugen des Fohlens regen außerdem die Prolaktinproduktion an. Prolaktin hält mit Unterstützung von Hormonen der Schilddrüse und der Nebennierenrinde die Milchproduktion maßgeblich in Gang.
Wenn der Reiz der Euterentleerung aufhört, versiegt auch nach und nach die Milchbildung. Etwa drei Monate nach Beginn einer neuen Trächtigkeit bewirkt steigende Progesteronbildung des Gelbkörpers den Rückgang der Milchbildung. Die Laktationskurve fällt ab. Nach etwa sechsmonatiger Trächtigkeit zeigen die Stuten oft nur noch wenig Neigung, ihr großes Fohlen zu säugen. Güste Stuten mit Fohlen bei Fuß laktieren meistens länger.
Für die **Milchabgabe** ist das Hormon **Oxytocin** verantwortlich, das auch die Geburtswehen auslöst.
Eutermassage fördert infolge der nervösen Reize die Oxytocinausschüttung. Das bedeutet: Bei zunächst schwachen Fohlen muß der Pfleger in den ersten Tagen die Eutermassage übernehmen, wenn die Nahrungsversorgung des Neugeborenen gesichert sein soll. Die Milchbildung erfolgt ständig, verläuft aber bei leeren Milchzisternen schneller als bei prallem Euter. Gesunde Fohlen sorgen dafür, daß der Druck in den Milchgängen und Alveolen nicht so groß wird, daß infolge behinderten Blutdurchflusses die Milchbildung zurückgeht.

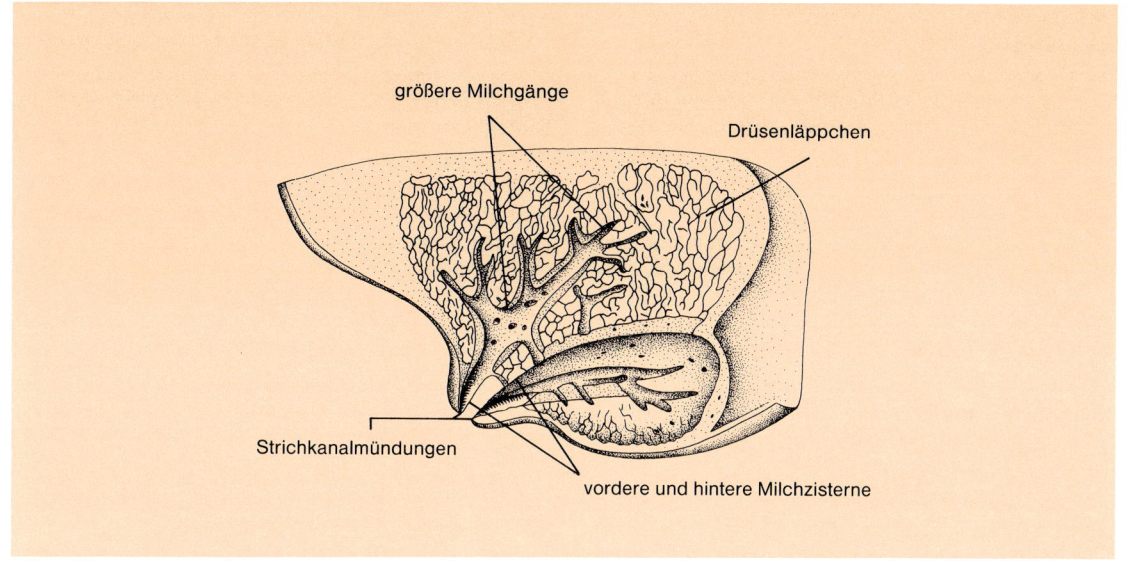

Abb. 49. Euter des Pferdes (Längsschnitt).

Pferdemilch besteht zu etwa 90 % aus Wasser und zu 10 % aus Feststoffen: 2,3 % Eiweiß (1,4 % Kasein, 0,9 % Globuline und Albumine), 1,2 % Fett, 6,2 % Milchzucker und 0,5 % Mineralien (Salze). Diese Milchinhaltsstoffe müssen der Stute über Futter und Tränke in ausreichender Quantität, in bester Qualität und in optimaler Zusammensetzung zugeführt werden.

Zur Wiederholung und Vertiefung

1. Beschreiben Sie den Bau des Euters.
2. Welche Hormone steuern Milchbildung und Milchabgabe?
3. Warum sollten die Euter säugender Stuten laufend entleert werden?

1.3 Arteigene Verhaltensweisen des Pferdes

Die **arteigenen Verhaltensweisen** aller Pferde werden maßgeblich durch ihre Herkunft und die Form ihres Zusammenlebens in Herden in freier Wildbahn geprägt.
Die eigentliche Heimat der Wildpferdherden waren die Steppen in allen Formen, aber auch Gebirge, lichte Wälder und Tundragebiete. Die weite Verbreitung der Wildpferde in unterschiedlichen Vegetations- und Klimazonen erforderte die Anpassung an die jeweils gegebenen Umweltverhältnisse und -bedingungen.
Teilweise wanderten die Herden bei Hitze nach Norden und bei Kälte nach Süden, andere lebten ortsgebunden und paßten sich den Gegebenheiten an (z. B. Winterhaar und Sommerhaar). Der von den eigentlich ortstreuen Pferden beanspruchte Lebensraum richtete sich vornehmlich nach dem Futterangebot und den Wasserstellen. Das Ergebnis aller Anpassungsprozesse an die Umweltgegebenheiten (ökologische Bedingungen) läßt sich grob vereinfacht wie folgt zusammenfassen:

– in Trockengebieten wurden Pferdetypen heimisch, die bei wenig Ballastaufnahme lange Strecken zurücklegten
– an futterreichen Standorten lebten muskulöse, weniger spezialisierte Universaltypen.

An diese Verhältnisse angepaßt, entwickelten sich auch unterschiedliche Verhaltensweisen bei den Tieren:

– in futterreichen Gegenden lebten die Pferde friedlich nahe beieinander
– in Gebieten mit spärlichem Futterangebot war die Individualdistanz erheblich größer. Futterneid war an der Tagesordnung.

Diese Besonderheiten wirken bis heute in der »Gefangenschaft« weiter.

Die Duldsamkeit der aus vegetationsreichen Klimazonen stammenden Pferde ist ganz allgemein groß. Das gilt zum Beispiel für Kaltblüter, schwere Warmblüter, viele Ponys und Robustpferde. Die Tiere leben friedlich in Gruppen relativ eng zusammen, ohne daß große Schwierigkeiten auftreten.

Aus relativ futterarmen Trockengebieten stammende Pferderassen dagegen verhalten sich weniger verträglich und sind vielfach futterneidisch. Es zählen dazu Araber, Berber, Andalusier und deren Nachfolgerassen. Sie entwickeln als Folge von Bewegungsmangel bisweilen Untugenden wie Koppen, Weben oder Rundlaufen in der Box. Diese Erscheinungen verstärken sich bei edlen, bewegungsaktiven Typen.

Nicht selten treten Ängstlichkeit, Schreckhaftigkeit und sogar Aggressivität auf. Die Vermittlung möglichst vielfältiger Außenreize gewährleistet die wirkungsvollste Vorbeugung. Leider gibt es in den Trainingszentralen auf deutschen Rennbahnen kaum Möglichkeiten für derartige Orientierungs- und Ablenkungsangebote.

Für alle Pferdehalter ist es unumgänglich, das **Sozialverhalten** ihrer Pflegebefohlenen zu studieren, weil es nur bei bester Kenntnis dieser Grundlagen gelingen kann, die Tiere artgerecht zu halten, zu pflegen und zu behandeln. Dies wiederum sind die wichtigsten Voraussetzungen für deren Wohlbefinden und Leistungsbereitschaft.

Pferde lieben Geselligkeit. In freier Wildbahn leben sie in familienähnlichen Verbänden mit einem Leithengst (3 bis 13 Tiere). Wo unter günstigen Umweltbedingungen Großverbände zusammenleben, bestehen sie aus mehreren oder vielen Kleinverbänden. Ausgewachsene oder sehr alte Hengste leben vielfach als Einzeltier. Die Rangordnung einer Herde orientiert sich normalerweise am Alter sowie an der Kraft und der Stärke der Einzeltiere. Nach dem Leithengst kommt die Leitstute, an die sich alle Gruppenmitglieder in festgefügter Rangfolge anschließen. Die Ranghöhe der Tiere legt fest, wer zuerst die Tränke benutzen darf und die besten Futter- und Schlafplätze beanspruchen kann.

Freundschaften unter Pferden können oft beobachtet werden, aber auch Unverträglichkeit oder gar Feindschaft, die zu Rangeleien und Raufereien führt.

Diese Verhaltensweisen bleiben beim Hauspferd weitgehend erhalten. Sie müssen beim Zusammenstellen von Weidegruppen, Trainingslots, Reitabteilungen und bei der Aufstallung im Laufstall berücksichtigt werden.

Jedes Pferd hält zu seinen Familien- und Artgenossen, wo immer es geht, einen individuellen, rassebedingt unterschiedlichen Abstand ein. Dieser notwendige »persönliche« Freiraum sollte bei der Stallhaltung beachtet werden.

Pferde haben ein großes Sicherheitsbedürfnis. In Freiheit bestimmt dieses Sicherheitsbedürfnis die Wahl der Futterplätze, der Tränken, der Raststellen und der Schlaforte. Pferde flüchten bei Gefahr. Sie suchen darum für ihren Aufenthalt vornehmlich Gelände auf, von dem aus sie Gefahren frühzeitig erkennen können.

Dieses Sicherheitsbedürfnis besteht auch bei den heute gezüchteten Hauspferderassen noch in hohem Maße. Das »Sich-Sicher-Fühlen« trägt zum Wohlbefinden der Tiere erheblich bei und sollte daher stets beachtet werden, besonders bei der Aufstallung. Einzelhaltung ohne Geruchs-, Gehör- und Sichtkontakt mit Artgenossen fördert Angst und Scheu.

Die Stall- und Außenwelt sollte wahrgenommen werden können. Außenkontakt und Umweltorientierung fördern Sicherheitsgefühl und seelisches Gleichgewicht der Pferde.

Ein besonderes Problem stellt für domestizierte Pferde das Befriedigen der angeborenen **Komfortbedürfnisse** dar. Es geht um die Hautpflege (Scheuern, Suhlen, Wälzen), die Huf- und Beinpflege (in Bächen und Teichen) sowie das auf der Weide stets zu beobachtende sich gegenseitige Beknabbern, zum Beispiel am Mähnenkamm.

Sachgemäßes, tägliches Putzen sowie Behang- und Hufpflege können bei Stallhaltung manches ausgleichen. Das Verlangen, sich zu scheuern und zu wälzen, kann durch noch so viel sauberes Stroh auch in großen Boxen kaum befriedigt werden.

Optimales Wohlbefinden der Pferde steht in engem Zusammenhang mit **Ausgeruht- und Entspanntsein.** Freilebende Pferde bevorzugen zum Schlafen höher gelegene, trockene, mit kurzen Pflanzen bewachsene und vom Wind bestrichene Lagerstellen. Sie wechseln die Schlafplätze selten. Das Sicherheitsbedürfnis ist die Haupttriebfeder für die Standortwahl. Der Wind trägt den auf Anhöhen ruhenden Tieren leicht Geräusche und Gerüche zu.

Im Stall muß sich das Pferd demnach sicher fühlen, wenn der Schlaf erquicklich sein soll. Licht und Geräusche sind die Hauptstörenfriede beim Schlaf.

Das Ruhen beziehungsweise Schlafen der Pferde verläuft in drei Stufen oder Intensitätsgraden:

Das Ruhen oder Dösen erfolgt im Stehen auf drei Beinen. Es ist im Sommer in den heißen Mittagsstunden zu beobachten, aber auch zeitweise während der Nachtruhe. Es wird vornehmlich von erwachsenen Pferden praktiziert.

Das eigentliche Ruhen geschieht im Liegen. Die Tiere kauern mit untergeschlagenen Gliedmaßen am Boden. Der Kopf wird entweder frei getragen oder aufgestützt. Der Schlaf ist leicht und nicht völlig entspannt. Jungpferde lieben diese Ruheform während der Mittagsruhe.

Während des erquickenden Tiefschlafes liegen alle Pferde auf der Seite. Die Beine sind ausgestreckt und auch der Kopf ruht auf dem Boden. Diese Schlafstellung nehmen ausgewachsene Pferde lediglich für zwei bis vier Stunden während der Nacht ein, Jungpferde bis zu sieben Stunden und Fohlen über Tag und Nacht verteilt, wann immer sie dazu ein Bedürfnis verspüren.

Der Platzbedarf für die Verwirklichung der geschilderten Schlaf- und Ruhegewohnheiten der Pferde ist unterschiedlich groß, beim Tiefschlaf am größten, bei Ruhen im Stehen am geringsten. Boxen, Laufställe, Weidehütten und schattenspendende Baumgruppen müssen entsprechend angepaßt eingerichtet werden. Sie sollten zusätzlich auf den erforderlichen Individualabstand der Pferde beim Schlafen Rücksicht nehmen.

Im Freien bevorzugen es die Pferde, ihre Exkremente (vornehmlich den Kot) an ganz bestimmten Stellen abzusetzen. Es bilden sich echte **Kotplätze,** die von den Tieren als Freß-, Ruhe- und Schlafplatz gemieden werden, weil sie die arteigenen Fäkalien ekelerregend finden.

Daraus ergibt sich, daß Kot und Harn im Stall das Wohlbefinden der Pferde empfindlich stören. Die von Haus aus sauberen, sich pflegenden Tiere können in der Boxe ihr angeborenes Hygieneverhalten nicht praktizieren. Der Pferdehalter oder -pfleger muß diese Aufgabe übernehmen.

Regel: »Kot und Feuchtigkeit raus – frische Einstreu rein!«

Pferden ist die Fähigkeit angeboren, sich ein- oder unterzuordnen. Nur darum wird es uns Menschen möglich, ihnen gegenüber eine ranghöhere Stellung aufzubauen. Das gelingt jedoch nur den Menschen, die, gleichsam als »Artgenosse«, viel Einfühlungsvermögen, Geduld und Liebe zum Tier mitbringen.

Der Umgang mit Pferden erfordert Beobachtungsgabe, angepaßte Reaktionen und ein großes Maß an (Pferde-)Verstand, denn bezüglich der Körperkraft sind sie den Menschen überlegen. Enger Kontakt zwischen beiden Partnern kann erst dann entwickelt werden, wenn das Pferd seine Betreuer oder Reiter als Artgenossen annimmt. Es steht aber längst nicht von vornherein fest, ob der Mensch als ranghöher, ranggleich oder rangniedriger betrachtet wird. Die Position »Ranghöherer Artgenosse« muß sich jeder Mensch, der mit Pferden umgeht, einfühlsam erarbeiten und laufend bestätigen.

Begeht der Pferdewirt dabei mehrfach Fehler, hält ihn der Partner Pferd für lästig oder gar gefährlich. Er sieht ihn als Feind, und der Umgang miteinander wird zur Qual und fast unmöglich.

Welche Möglichkeiten sinnvoller Kontaktaufnahme von Pferd zu Mensch kennen wir?

Augenkontakt. Die Pferdeaugen sehen viel, aber nicht sehr scharf. Bewegungen werden am sichersten wahrgenommen. Der Augenausdruck verändert sich nur wenig. Mit dem Pferdeauge bekommt man keine echte Blickverbindung wie z. B. mit Hunden und Katzen.

Das Pferdeauge ist kein Stimmungs- oder Reaktionsbarometer, sondern dient lediglich der Feststellung und Orientierung.

Ohrenspiel. Das Ohrenspiel drückt in erheblichem Maße <u>Empfindungen und Stimmungen</u> des Pferdes aus. Es prägt Mimik und Pferdegesicht erheblich mit. Angelegte Ohren zeigen Mißmut bis hin zur Bösartigkeit an. Lauschend nach vorn oder dem Menschen zugerichtete Ohren drücken immer gute Laune und freundliche Stimmung aus.

Hör- und Stimmkontakt. Pferdeohr und Menschenstimme sind die wichtigsten Kontaktträger beim Umgang miteinander. Pferde sind gute Hörer und Zuhörer. Sie verstehen Tonlage, Sprechstimmung (freundlich – zornig) und Lautstärke. Zu laute Sprache, Schelte und seltsamerweise menschliches Lachen verunsichern sie, was an den unlustig zurückgelegten Ohren erkennbar wird. Erregte und ängstliche Pferde lassen sich meistens durch vertrauliches Zureden besänftigen und beruhigen. Umgekehrt lassen sich die Tiere oftmals von aufgeregten Betreuern oder Reitern anstecken.

Routinierte Schulpferde befolgen im Regelfalle die Kommandos der Reitlehrer und machen den Reitschüler glauben, er beherrsche die geforderte Lektion. Aufmerksamkeit erkennt der Reiter am Ohrenspiel seines Pferdes. Es dreht ihm die Ohren zu, wenn er mit ihm spricht. Leise Worte in angepaßter Stimmlage genügen, weil es gut hört. Pferde im Training, im Sport und vor allem im Geschirr (in der Landwirtschaft) können nicht selten allein über bekannte Befehle gelenkt und gesteuert werden.

Besondere Freundschaft wird angezeigt, wenn Pferde ihre Kontaktperson (besonders morgens beim Betreten des Stalles) wiehernd begrüßen, denn sie äußern sich Menschen gegenüber relativ selten stimmlich. Vereinzelt gibt es aber sehr »gesprächige« Tiere.

Pferde untereinander begrüßen sich vornehmlich durch Wiehern, das unendlich variiert und verschiedenartig moduliert werden kann.

Beispiele:
– selbstbewußt und weittragend – der Hengst
– leise und sanft die Antwort der Stute an ihr Fohlen
– ängstlich, wenn sich befreundete Pferde verloren haben
– freudig bei der Begrüßung guter Freunde und Stallgefährten.

Pferde schnauben bisweilen aus Übermut oder als Warnung, und nicht selten ist es ein Schrecklaut oder ein Zeichen der Abwehr, auch gegenüber fremden oder ungeliebten Menschen. Körperhaltung und Art des Schnaubens geben Auskunft über den verfolgten Zweck.

Insgesamt bleibt festzustellen: Es kommt maßgeblich auf die Tonqualität und nicht auf die Lautstärke an, wenn man Wert darauf legt, von seinen Pferden verstanden zu werden. Und noch ein Tip: Man muß Pferde stets ansprechen, bevor man ihre Box betritt oder sie berühren will. Dies ist unerläßlich, wenn man sich den Tieren von hinten nähert, weil sie andernfalls erschreckt ausschlagen könnten.

Geruchskontakt. Über den Geruchssinn (Nüstern) entdecken und erkennen Pferde ihre nähere Umgebung, ihre Artgenossen und die Menschen ihres Umgangs. Darum ist es stets ein Vorteil, wenn man den Tieren Gelegenheit bietet, Hand und Körper zu beschnuppern, bevor man sie berührt. Es ist für das Pferd neben der Sprache die natürlichste Form der Kontaktaufnahme, weil es Sichtkontakt nicht in dem Maße aufnehmen kann, wie sein menschliches Gegenüber.

Im Zusammenleben der Pferde spielt der Geruchssinn eine bedeutsame Rolle:
– bei der Begrüßung: in Form von Beschnuppern von Nüstern, Hals, Flanke und Schweifrübe
– beim Sexual- und Paarungsverhalten: Rosse und Paarungsbereitschaft
– bei der Herdensicherung: das Leittier bleibt »unter Wind«.

Futtersuche und Futterauswahl erfolgen zunächst nach dem Geruch (Vorauswahl) und daran anschließend über den Geschmack.

Pferde besitzen einen gut ausgebildeten **Gefühlssinn** – sowohl körperlich als auch seelisch. Der Tastsinn (Fingerspitzengefühl) steckt vornehmlich in den Lippen mit ihren Tasthaaren. Zusätzlich empfinden Haut und Haarkleid Berührungen und leiten sie weiter. Die Tiere suchen Berührungskontakt mit Menschen, die oft beim Hauspferd die Herde ersetzen müssen. Pferde sind außerdem von Natur aus neugierig und anteilnehmend.

Jeder Pferdekenner weiß, wie dankbar die Vierbeiner auf anerkennendes Klopfen und Streicheln nach guter Leistung reagieren und wie gerne sie bisweilen »schmusen«.

Zwei weitere »Sinne« des Pferdes haben für jeden Reiter zusätzliche Bedeutung:

Bewegungs- und Gleichgewichtssinn. Dieser Sinn ist durch die Mithilfe der Menschen weit entwickelt worden. Es werden nicht Reize von außen aufgenommen und verarbeitet, vielmehr geht es um gleichzeitig ablaufende, vielfältige Körperbewegungen, welche sich gegenseitig bedingen. Hinzu kommen die regulierenden und koordinierenden Tätigkeiten der Sinne und Nerven. Anders ausgedrückt: Erst das Zusammenspiel von Skelett, Muskeln und Sehnen sowie Sinnen und Nerven garantiert das Zustandekommen des Einklangs der Bewegungen in der jeweils geforderten Gangart eines Pferdes. Das sich stets, jedoch nicht immer in Einklang bewegende Reitergewicht kommt erschwerend hinzu und muß ausbalanciert werden.

Viele Pferdeliebhaber zählen auch den **»Frohsinn«** zu den besonderen, aber unabdingbaren Sinnen eines Pferdes. Richtig ist ganz gewiß, daß Frohsinn (im weiteren Sinne) bei Mensch und Tier zum seelischen Gleichgewicht beitragen bzw. dafür Voraussetzungen schaffen. Damit wird Frohsinn zur Vorbedingung für gedeihliches Miteinander, Freundschaft und Harmonie.

Zur Wiederholung und Vertiefung

1. Wodurch werden die Verhaltensweisen der Pferde geprägt?
2. Schildern Sie das Sozialverhalten der Pferde.
3. Erläutern Sie das Sicherheitsbedürfnis der Pferde.
4. Wie befriedigt man die Komfortbedürfnisse der Pferde?
5. Beschreiben Sie das Schlafverhalten der Pferde.
6. Auf welche Weise stellen Menschen mit ihren Pferden enge Kontakte her?

2 Die Pferde in der Bundesrepublik Deutschland

2.1 Abstammung und Entwicklung

Unsere heutigen Pferdeschläge und Pferderassen lassen sich auf den **Eohippus** zurückführen, einen fünfzehigen Sohlengänger, der fuchsgroß war und vor etwa 65 Millionen Jahren lebte.

Die Entwicklung unserer modernen Pferde verlief nach neuesten wissenschaftlichen Erkenntnissen über unendlich viele Entwicklungsstufen auf zwei Wegen.

1. Die Stammform aller kleinen und primitiven Pferde ist das **Nordpony.** Seine Heimat war Sibirien, Nordamerika und Nordeuropa. Dieser Gruppe werden zugeordnet:
   – das Przewalski-Pferd, das Urwildpferd
   – das später entstandene Diluvialpferd, der Vorfahre der Kaltblüter.
2. In Südeuropa und Nordafrika entwickelte sich das **Südpferd.** Es gilt als Ausgangsform der vollblütigen Pferde des Orients und auch als Vorläufer aller Warmblutpferde. Auch der Tarpan (Wildpferd Nordosteuropas) soll davon abstammen.

Die heute in der Bundesrepublik gehaltenen Pferde werden grob in folgende Gruppen eingeteilt:
– Vollblut
– Traber
– Warmblut (Deutsches Reitpferd)
– Kaltblut
– Kleinpferde
– Ponys

Zusätzlich wird unterschieden nach:
– **Herkunft,** z. B. Holsteiner, Hannoveraner, Westfalen, Rheinländer u. a. m.
– **Verwendung,** z. B. Lauf-, Schritt-, Reit-, Wagenpferde usw.
– **Blutanteil,** z. B. Voll-, Halb-, Warm-, Kalt- und Mischblut
– **Größe,** z. B. Groß- und Kleinpferd, Pony
– **speziellen Merkmalen,** z. B. Robustpferd, Freizeitpferd, umweltangepaßtes Pferd.

In diesem Buch soll die offizielle Schauordnung der DLG (Deutsche Landwirtschafts-Gesellschaft) für die Einteilung in Rassengruppen maßgebend sein.

A Spezialrassen
B Deutsches Warmblut – Deutsches Reitpferd
C Kleinpferde und Ponys
D Deutsches Kaltblut (Abbildungen siehe Seite 161–162)

2.2 Der Pferdebestand

Einen Überblick über den Gesamtpferdebestand der Bundesrepublik ergibt untenstehende Tabelle.

Seit 1984 werden die Pferdezählungen (3. 12.) im zweijährigen Turnus durchgeführt. Die Ergebnisse von 1988 liegen noch nicht vor. Die leicht rückläufige Tendenz scheint jedoch beendet zu sein. Die Verteilung der Pferde (Ponys in Klammern) auf die einzelnen Bundesländer ist in Tabelle 4 (S. 68) dargestellt.

Erstaunlicherweise ist NRW das pferdereichste Land der Bundesrepublik. Es folgt Niedersachsen/Bremen, das bekannteste unserer Warmblutzuchtgebiete. Das pferdezüchterisch erfolgreichste, jedoch räumlich kleine Schleswig-Holstein rangiert zahlenmäßig nach den süddeutschen Ländern an fünfter Stelle.

Genaue Bestandszahlen liegen über die bei den Zuchtverbänden erfaßten und züchterisch betreuten Pferde vor.

Aus den vorstehenden Zahlen lassen sich nicht unbedingt Entwicklungstendenzen ableiten. Die auch an den steigenden Bedeckungsziffern abzulesende Zunahme der Zuchtpferdebestandszahlen muß nicht zuletzt auch im Zusammenhang mit der allgemeinen wirtschaftlichen Lage gesehen werden. In guten Zeiten wird mehr Zeit und Geld in liebgewordene Hobbys investiert als in schlechten.

Gesamtpferdebestand in der Bundesrepublik Deutschland (alte Bundesländer)

I: Gesamtpferdezahl		II: davon Ponys	Zahl der Pferdehalter I/II
1982	369 100	91 200	98 439/42 748
1984	370 200	89 300	96 000/41 000
1986	367 600	86 500	92 800/39 000

Tab. 4. Pferdebestand verteilt auf die Bundesländer (Ponys in Klammern)

	Pferde		Pferdehalter	
	1984	1986	1984	1986
Baden-Württemberg	50 600 (11 400)	51 500 (11 400)	14 700	14 700
Bayern	59 700 (13 700)	62 600 (13 800)	17 000	17 200
Berlin-West	3 500 (600)	3 500 (600)	2 000	2 000
Hessen	32 100 (8 500)	31 600 (8 300)	8 900	8 400
Niedersachsen und Bremen	80 500 (19 800)	77 900 (18 600)	20 800	19 400
Nordrhein-Westfalen	84 900 (17 700)	80 900 (16 400)	18 800	17 800
Rheinland-Pfalz	19 100 (5 400)	19 900 (5 400)	5 800	5 900
Saarland	3 800 (1 100)	3 800 (1 100)	900	900
Schleswig-Holstein und Hamburg	35 800 (10 900)	36 000 (10 900)	8 900	8 800

Tab. 5. Bestandszahlen der züchterisch betreuten Pferde

	1982	1984	1986	1988
Hengste				
Warmblut priv.	1 541	1 616	1 745	1 970
Landbeschäler	528	492	506	497
Kaltblut priv.	89	107	122	89
Landbeschäler	27	27	29	35
Ponys priv.	1 580	1 590	1 622	1 844
Landbeschäler	29	25	17	23
Sonstige priv.	40	72	137	216
Landbeschäler, Araber und Vollblut	30	27	38	38
Vollblut	120	119	113	119
Traber	270	289	383	331
Stuten				
Warmblut	56 939	56 249	55 542	55 020
Kaltblut	1 391	1 637	2 084	2 361
Ponys/Kleinpferde	18 462	18 803	18 378	18 883
Araber	1 697	1 886	1 913	2 361
Vollblut	2 297	2 238	2 135	2 250
Traber	3 638	3 500	3 728	3 638
Sonstige	154	230	518	709

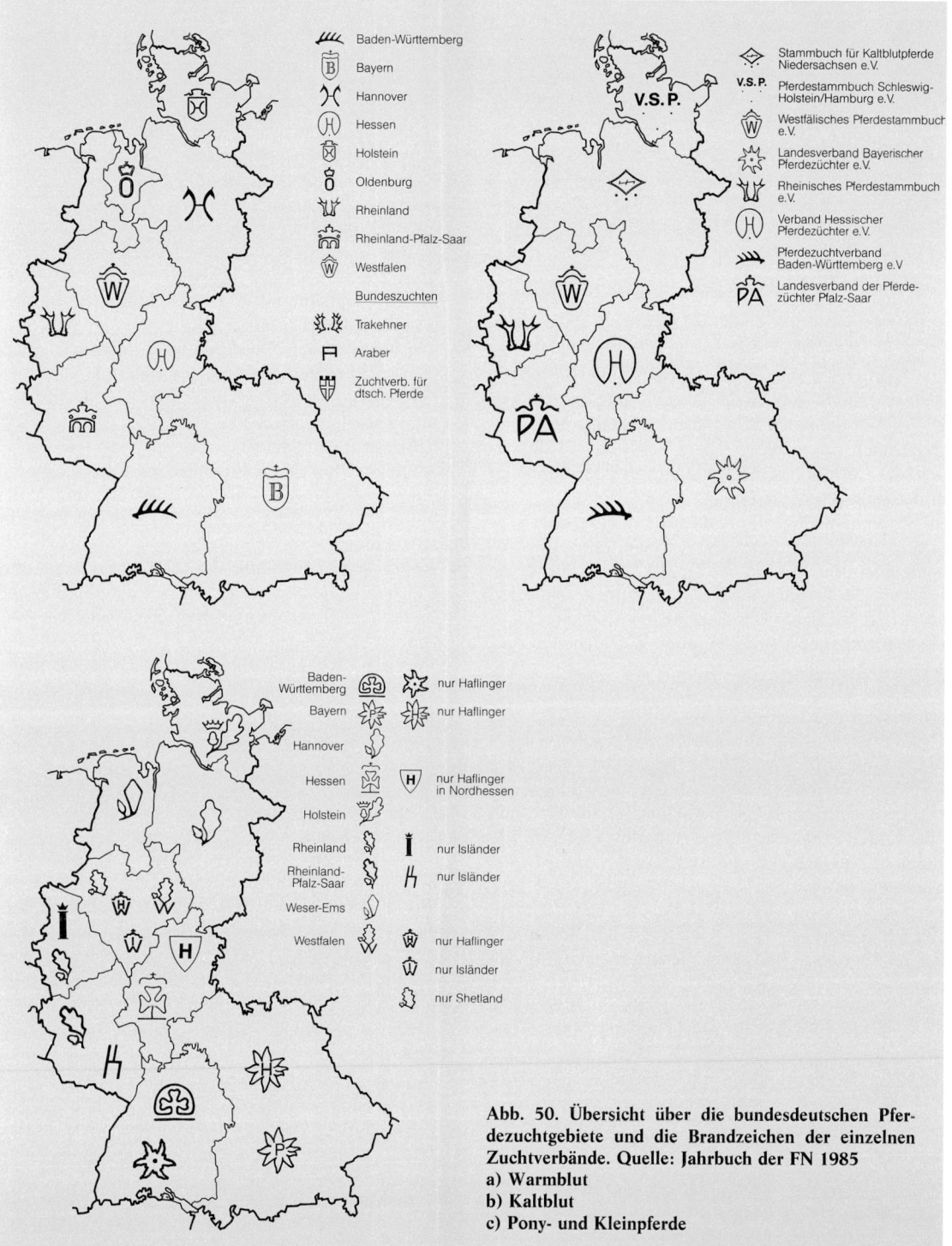

Abb. 50. Übersicht über die bundesdeutschen Pferdezuchtgebiete und die Brandzeichen der einzelnen Zuchtverbände. Quelle: Jahrbuch der FN 1985
a) Warmblut
b) Kaltblut
c) Pony- und Kleinpferde

2.3 Die Pferderassen nach der DLG-Schauordnung

2.3.1 Rassengruppe A: Sonder- oder Spezialrassen

Es gehören dazu:
- Araber
- Englisches Vollblut
- Traber
- Trakehner
- Sonstige Spezialrassen.

2.3.1.1 Araber

Die Heimat der Araber, der Orient und Nordafrika (Wüstenklima), hat diese älteste Vollblutrasse geprägt. Araber haben dank ihrer Ausdauer und Genügsamkeit sowie wegen ihrer Schönheit, Trockenheit und Harmonie zur Veredlung vieler Pferderassen in der Welt wesentlich beigetragen.

In Deutschland hat die Araberzucht Tradition. Das **Gestüt Weil**, gegründet 1817, beeinflußte die Araberzuchten Europas und wirkte nachhaltig über seine Hengste als Veredler und Former in der deutschen Landespferdezucht. Herauszustellen sind die Hengste **Amurath**, geboren 1881, auch Weil genannt, und seine großrahmigen Söhne Amurath I, geb. 1898, sowie vor allem Amurath II, geb. 1896. Beide haben in Holstein und Hannover eigene Blutlinien und hervorragende Mutterstutenstämme begründet. Dieses Blut ist bis heute aktuell geblieben.

Vier Beschäler und dreizehn Stuten aus Weil wurden 1932 vom württembergischen **Hauptgestüt Marbach** übernommen, das heute die Tradition der Araberzucht aufrechterhält und durch sein Wirken privaten Züchterinitiativen Auftrieb gab und gibt. Diese Entwicklung ermutigte den Araberkenner Landstallmeister **Ernst Bilke** 1949 zur Gründung des **Verbandes der Züchter des Arabischen Pferdes e. V.** Es war sein Ziel, die altbewährten besonderen Eigenschaften des Arabers weiterhin züchterisch zu fördern. Der 1976 erfolgte Anschluß an die **World Arabian Horse Organisation** öffnete den Weg zum weltweiten Absatz deutscher Vollblutaraber.

Die Züchtervereinigung betreut fünf Gruppen Araberpferde:

1. **Arabisches Vollblut (OX oder AV):** Die Abstammung geht entweder lückenlos auf arabische Wüstenpferde zurück oder auf Vorfahren, die in anerkannten Vollblutaraber-Stutbüchern registriert sind.
   Rassetypische Merkmale: 1,50 bis 1,55 m Stockmaß, Neigung zu quadratischer Form, kleiner edler Kopf, gerades Nasenprofil oder bisweilen Hechtkopf, große Augen, kleine Ohren, aufgesetzter Hals, hochangesetzter Schweif, trockenes, leichtes Fundament, seidiges Fell und Langhaar, elastisch-schwebende Gänge.
   Farben: Schimmel, Füchse, Braune.
   Leistungsprüfungen: Turniere, Distanzritte, seit 1977 Rennen.

2. **Araber und Shagya-Araber (A):** Rassetypische Merkmale: Stockmaß 1,55 bis 1,60 m, im Reitpferdtyp stehend, mittelstarkes Fundament, ausgeprägter Widerrist, lange Schulter.
   Die bekanntesten Pferde dieses Typs entstammen dem ungarischen **Staatsgestüt Babolna**, darunter der bekannte Vererber **Gazal VII**. An die Abstammung werden ab der fünften Vorfahrgeneration Konzessionen gemacht.

3. **Anglo-Araber (AA):** Sie sind das Kreuzungsprodukt großrahmiger, ruhiger Vollblüter mit Vollblutarabern. Ziel ist es, leistungsstarke Reitpferde zu züchten.

4. **Anglo-Araber-Halbblut (AAH):** Es werden die gleichen Ziele angestrebt wie bei den Anglo-Arabern, aber Einschränkungen bezüglich der Abstammung gemacht.

5. **Vorbuch (V):** Es werden Stuten erfaßt, die deutlich Arabermerkmale vorweisen. Gefordert werden 75 % AX- oder AA-Blut.

2.3.1.2 Englisches Vollblut (XX)

Der Name verdeutlicht, daß England das Mutterland dieser auf Rennleistung gezüchteten, homogenen Rasse ist. Stammütter waren neben Orientalen und den königlichen Stuten (Royal Mares) mehrere einheimische Stuten, die den keltischen Ponys, vornehmlich den »Galloways«, zuzuordnen sind. Drei zwischen 1690 und 1730 nach England importierte orientalische Hengste gelten als die eigentlichen Stammväter.

1. Darley – Arabien – Blut in Deutschland stark verbreitet
2. Beverly – Turk – Blutanteil in Deutschland noch beträchtlich
3. Goldophin – Arabien (auch Goldophin – Barb)-Blut, durch einige italienische Importhengste in Deutschland wieder aktuell.

Der wichtigste Meilenstein für den Aufbau der Leistungszucht Vollblut war 1793 das Erscheinen der ersten Ausgabe des **General-Stud-Book** in England.

Damit wurde das Stutbuch für englisches Vollblut geschlossen. Die damals eingetragenen 5500 Pferde, darunter 156 orientalische Hengste, sind die Vorfahren aller heutigen Vollblutzuchten auf der Welt.

In Deutschland faßte die Vollblutzucht am Anfang des 19. Jahrhunderts Fuß. Die ersten Rennen wurden 1822 in Doberan/Mecklenburg gelaufen. Man erarbeitete ein an das englische angelehnte Rennsystem, welches unter Voranstellung des Leistungsprinzips die bestmögliche Ermittlung der züchterischen Auswahlmöglichkeiten zu erreichen bestrebt war. Die geltenden Bestimmungen sind bis heute in der **Rennordnung** festgelegt.

Das Zuchtbuch für Vollblut in der Bundesrepublik heißt **Allgemeines Deutsches Gestütbuch für Vollblut.** Die Zuchtstätten liegen im Bundesgebiet verteilt mit Schwerpunkt im Rhein-Erft-Kreis (Kölner Bucht).

Das Zuchtziel strebt an: Ein auf Schnelligkeit, Ausdauer, Härte und Einsatzbereitschaft für höchste Galoppleistung gerichtetes, frühreifes Vollblutpferd, das aufgrund seiner besonderen Eigenschaften, seines Körperbaus, seiner Bewegungen und seines Charakters einmal die Landespferdezucht verbessern und zum anderen auch als Sportpferd eingesetzt werden kann.

Merkmale: Farblich überwiegen die Braunen, besonders die dunkleren Farbabstufungen, Stockmaß 1,58 bis 1,68 m, edler Kopf, bisweilen tiefangesetzter Hals, lange, schräge, gut bemuskelte Schulter, mittellanger Rücken, etwas abgedachte Kruppe mit tiefer, breiter Bemuskelung der Hinterhand, trockenes Fundament, flache Bewegungen mit viel Raumgriff.

In den Warmblutzuchten, besonders bei Hochleistungspferden, haben Vollbluthengste zur Veredlung und Leistungssteigerung beigetragen und eigene Blutlinien begründet. Sie sind weiterhin gefragt.

2.3.1.3 Traber

Der Traber verdankt seine Entstehung der Tatsache, daß Pferde gesucht wurden, die Personen und Güter möglichst schnell über weite Strecken befördern konnten. Aus dieser Notwendigkeit heraus entwickelte sich die Zucht.

1. Als wohl älteste Traberrasse entwickelte sich Ende des 18. Jahrhunderts in Rußland die Zucht des **Orlow-Trabers** durch strenge Auslese nach Leistungsprüfungen. Inzucht zur Festigung des Trabervermögens wurde mit Erfolg praktiziert. **Graf Orlow** (1775) war der Namensgeber für diese Rasse. »Orlows« wurden weltweit exportiert und gaben anderen Ländern züchterische Anregungen.
2. Fast gleichzeitig entstand aus einer Vielfalt von Ausgangsrassen (u. a. Vollblut) in Amerika der **Amerikanische Traber.** Dieses relativ kleine Pferd (Stockmaß 1,53 bis 1,60 m) zeichnete sich durch Schnelligkeit auf kurzen Strecken aus. In Amerika erfreuten und erfreuen sich diese schnellen »Paßgänger« großer Beliebtheit.
3. Aus der Kreuzung Orlow-Traber mit Amerikaschem Traber resultiert der **Russische Traber.** Er ist schwerer als der Amerikanische Traber und schneller als der Orlow-Traber.
4. Aus der Anglonormannenzucht entstand durch Auslese nach Trabvermögen in Frankreich der **Französische Traber** unter Verwendung von Vollblut. Das Stutbuch wurde 1937 geschlossen. Im Regelfall sind die Französischen Traber rahmiger (Stockmaß 1,62 bis 1,70 m) als die amerikanischen und wohl auch harmonischer im Exterieur. Die Besonderheit der Franzosen, daß 20 bis 30 Prozent aller Trabrennen unter dem Reiter ausgetragen werden, blieb bis heute erhalten.

In Deutschland sind Trabrennen und -reiten ab Mitte des neunzehnten Jahrhunderts, besonders in Bayern, beliebter Volkssport.

Das **Gestüt Mariahall** (Rheinhessen 1885) gilt als die erste deutsche Traberzuchtstätte. Hamburg (Traberclub Hamburg-Altona) veranstaltete 1874 die ersten Trabrennen in Deutschland. Die erste Trabrennordnung datiert aus dem Jahre 1892, und bereits 1896 folgte das erste Trabergestütsbuch. Limit für die Aufnahme: Eine Kilometerzeit unter 1:50 Minuten. Die Basis der systematischen Traberzucht in Deutschland bildeten die »Orlows«. Nach der Jahrhundertwende verstärkte sich der Einfluß der schnellen, speedstarken Amerikaner. Bald faßten auch die leistungsstarken Franzosen Fuß und liefen sich in den Vordergrund des Interesses.

Deutsche Traber messen 1,57 bis 1,65 m Stockmaß. Gutes Temperament, Härte und Anspruchslosigkeit sind gefragte und gerühmte Tugenden. Früher beanstandete Mängel im Exterieur konnten weitgehend abgebaut werden. Trotzdem kommen Traberhengste nur selten in der Landespflegezucht zum Einsatz. Die nicht zu übersehenden Typvariationen mögen zu diesem Verzicht beitragen.

2.3.1.4 Trakehner

Die Rasse konnte durch zielstrebige Erfassung aller im und nach dem zweiten Weltkrieg bei der Flucht in den Westen gelangten Stuten und Hengste erhalten und weitergezüchtet werden. **Dr. Fritz Schilke** gebührt das Verdienst, dieses ostpreußische Kulturgut »Trakehner« gerettet und im **Verband der Züchter und Freunde des Warmblutpferdes Trakehner Abstammung** erfaßt und züchterisch betreut zu haben. Ausgangspunkt der Trakehner-Zucht war ursprünglich das 1732 von Friedrich-Wilhelm I. gegründete **Hauptgestüt Trakehnen.** Es hatte die Aufgabe, Hengste für die Landesgestüte zu züchten.

Grundlage der Zucht waren die sogenannten **»Schweiken«,** eine kleine Landrasse Ostpreußens, denen türkisches Blut zugeführt wurde. Trakehnen hielt fünf nach Farben getrennte Stutenherden (zwei Braune, Rappen, Füchse, gemischte Farben). Orientalische Hengste trugen wesentlich zur Erreichung des gewünschten Adels bei, aber auch Vollblüter.

Zuchtziel war ein edles Warmblutpferd als Remonte für die Armee, das auch in der Landwirtschaft eingesetzt werden konnte. Ab 1926 wurden alle Landbeschäler in **Zwion** einer Leistungsprüfung unterzogen.

Die Verhältnisse nach dem Ersten Weltkrieg zwangen zur Verstärkung der Pferde.

Zum Ende und nach dem Zweiten Weltkrieg traten die meisten Trakehner Pferde den ungewollten Treck nach Südrußland und Polen an. 750 bis 800 Pferde gelangten nach Westdeutschland, davon 43 Hengste. Sie bildeten die Grundlage für den Neuaufbau der Zucht.

Zuchtziel: Stockmaß 1,60 bis 1,66 m, Leichttrittigkeit, harmonische, beschwingte Bewegungen in allen drei Gangarten und ein elegantes, harmonisches Exterieur. Besonderer Wert wird auf das Interieur gelegt: gutartiges Temperament, einwandfreier Charakter, Anhänglichkeit an Menschen.

Das Trakehner Pferd erlangte als Veredler der bundesdeutschen Warmblutzuchten nach dem Zweiten Weltkrieg große Bedeutung. Die züchterische Betreuung dieser Rasse wird dadurch erschwert, daß die Züchter bundesweit verstreut ansässig sind.

Zur Wiederholung und Vertiefung

1. Nach welchen Rassegruppen teilt die DLG-Schauordnung die deutschen Pferderassen ein?
2. Beschreiben Sie die den Araber auszeichnenden Besonderheiten.
3. Beschreiben Sie den Einfluß von Vollbluthengsten auf die anderen Pferdezuchten.
4. Worin liegen der Sinn und die Aufgaben der Traberzucht heute?
5. Erläutern Sie die Bedeutung der Trakehnerzucht.

2.3.2 Rassengruppe B: Deutsches Warmblut/ Deutsches Reitpferd

Lange Jahre hindurch war der Sammelbegriff Deutsches Warmblut das weltweit bekannte Markenzeichen für ein vielseitiges Leistungspferd im kleinen und großen Sport, aber auch als Helfer in der Landwirtschaft.

Mit der Motorisierung der Landwirtschaft, etwa ab dem Jahre 1955, begann die durchgreifende Umzüchtung auf den Typ des vielseitig verwendbaren Sportpferdes. Bei diesem Bemühen waren die Zuchtgebiete im Vorteil, die bis zu diesem Zeitpunkt bereits schwerpunktmäßig Reitpferde gezüchtet hatten.

Unter Einsatz der drei Veredlerrassen Vollblut, Trakehner und Araber begann in allen Zuchtverbänden die züchterische Umorientierung beziehungsweise Anpassung.

Zusätzlich entwickelte sich bundesweit und vereinzelt über die Grenzen hinaus ein reger Austausch von Zuchtpferden. Die Folge war eine typ- und blutmäßige Annäherung der Populationen aller Warmblutzuchtgebiete im Bundesgebiet.

Die FN beschloß darum, auch in Anlehnung an ausländische Anregungen, ab 1. 1. 1973 die Bezeichnung **Deutsches Reitpferd** einzuführen. Im April 1975 fand dieser Beschluß offiziell Ausdruck und Bestätigung durch die Formulierung eines gemeinsamen Zuchtziels.

Gezüchtet wird ein großrahmiges, edles, korrektes Reitpferd mit schwungvollen, raumgreifenden und elastischen Bewegungen, das aufgrund seines Temperaments und seines Charakters für Reitzwecke jeder Art geeignet ist. Stockmaß für Stuten 1,62 bis 1,65 m, Hengste entsprechend zwei bis vier Zentimeter größer.

Die Verfolgung dieses gemeinsamen Ziels bedeutet keinesfalls die Aufgabe der alten und neuen selbständigen Zuchtgebiete und -verbände oder gar die Beschneidung regionaler Traditionen, Rechte und Verfahrensweisen. Sie alle gelten, dem gemeinsamen Ziel angepaßt, weiter. Allen Zuchtverbänden gereicht es im Endergebnis zum Vorteil, daß auf diese Weise viele Schranken zur Nutzung vorhandener züchterischer Kapazitäten abgebaut werden konnten.

Eine Übersicht über Zuchtverbände und Brandzeichen vermittelt Abb. 50 (S. 69).

2.3.2.1 Hannoveraner

Das Zuchtgebiet umfaßt Niedersachsen ohne Oldenburg. Hannoveraner sind in allen bundesdeutschen Zuchtgebieten, mit Ausnahme von Schleswig-Holstein, mehr oder weniger stark verbreitet.

Erste Anfänge einer gelenkten Zucht im Raum **Hoya** datieren aus dem 15. Jahrhundert. Das **Landgestüt Celle** (seit 1735) beeinflußte die Zucht maßgeblich. Die Hengste stammten bis 1770 vornehmlich aus Holstein, Dänemark, Ostpreußen und England. Andalusier und Neapolitaner kamen hinzu.

Zu Beginn des 19. Jahrhunderts benutzte man insbesondere Hengste aus Mecklenburg und England. Ein kräftiges Warmblutpferd wurde angestrebt, welches sowohl alle landwirtschaftlichen Arbeiten verrichten als auch in der Armee eingesetzt werden konnte.

Ab 1900 überwogen Hengste eigener Zucht, Vollbüter kamen gezielt hinzu. Nach 1950 reduzierte sich der Celler Hengstbestand durch Mechanisierung von Landwirtschaft und Transportgewerbe um etwa 75 % von 540 auf 150 Hengste. Dieser an sich bedauerliche Rückgang der Pferdezucht bot andererseits die große Gelegenheit gezielter Qualitätsselektion in Richtung auf das aktuelle, moderne Reitpferd. Zu dieser Umstellung trugen und tragen Trakehner- und Vollbluthengste wesentlich bei. Araberhengste kamen und kommen vereinzelt zum Einsatz.

In Hannover überwiegt mit etwa 70 % die staatliche Hengsthaltung. Dem zahlenmäßig größten deutschen Warmblutzuchtgebiet gliederte sich 1975 Ostfriesland als Bezirksverband an.

Hannoversche Hengste und Stuten beeinflussen alle übrigen bundesdeutschen Warmblutzuchtverbände unterschiedlich stark und haben auch weltweit Fuß gefaßt.

Verden (Körung, Auktion) gilt als Treffpunkt von Pferdezüchtern aus aller Welt.

Wesentliche Grundlage der systematischen Züchtung sind:

– die Berücksichtigung registrierter Turnierleistungen der Pferde
– die Eigenleistung aller Junghengste seit 1927 in Westercelle
– die gesetzliche Prüfung ab 1975 im Adelheitshof (100 Prüfungsplätze).

Eine Reihe speziell interessierter Züchter (Zentrum Verden und angrenzende Kreise) züchtet Halbblut-Rennpferde. Sie stehen dem Vollbluttyp nahe und können sich in der Spitze in Rennen (besonders bei Hindernisrennen) mit diesen messen. Dieser Spezialzüchtung entstammen einige vielversprechende Sport- und Zuchtpferde.

2.3.2.2 Westfalen

Westfalen ist das zweitgrößte Warmblutzuchtgebiet im Bundesgebiet. Von Beginn der züchterischen Bemühungen an stand die landwirtschaftliche Nutzung der Pferde im Vordergrund.

Ausgangsbasis waren einheimische Pferdeschläge, die mit Andalusiern, Neapolitanern und Holländern gepaart wurden. 1826 wurde das **Landgestüt Warendorf** gegründet und ein Jahr später eine Körordnung für Hengste erlassen.

Die Rassenvielfalt war groß. Nach Ostfriesen und Oldenburgern (Ende des 19. Jahrhunderts) kamen anglo-normannische Hengste zum Einsatz. Sie erreichten das Ziel nicht im erhofften Maße, auch nicht die gelegentlich verwendeten Traberhengste.

Mit Gründung des **Westfälischen Pferdestammbuches** 1904 trennte man die Zucht nach Warm- und Kaltblut. Die Mitgliederversammlung beschloß 1920, auf hannoveranischer Grundlage zu züchten. Gute Erfahrungen mit drei hannoveranischen Hengsten gaben dazu den entscheidenden Anstoß.

Dieser Entschluß brachte der westfälischen Warmblutzucht die entscheidende Wende. Die um 1950 beginnende Umstellung vom Wirtschaftspferd zum Sportpferd war dadurch langfristig vorbereitet worden. Sie wurde fortgeführt unter vorsichtiger Verwendung von Vollbluthengsten, edlen Hannoveranern und dem Anglo-Araber **Ramses.** Trakehner spielten kaum eine Rolle. Als Folge dosierter Veredlung blieben Rahmen und Knochenstärke weitgehend erhalten.

Westfälische Warmblut-Zuchtpferde beeinflußten und beeinflussen andere Warmblutzuchtgebiete maßgeblich. Die Auktionen in Münster und seit 1977 das Zentrum für Pferdeausbildung und -verkauf in Handorf/Münster unterstützen die Verbreitung westfälischer Reit- und Zuchtpferde.

2.3.2.3 Holsteiner

Die Blütezeit der Pferdezucht in Schleswig-Holstein begann im frühen Mittelalter. Adel, Bauern, Klöster und das dänische Königshaus waren die Förderer.

Im 17. Jahrhundert waren Holsteiner als Prunk- und Kutschpferde bekannt und beliebt. Ab dem Jahr 1800 kamen Vollbluthengste und Hengste großbritannischer Kutschpferdrassen zum Einsatz. Sie lösten Andalusier und Neapolitaner ab.

Die preußische Gestütsverwaltung gründete 1867 das **Landgestüt Travental**. Die Zuchtrichtung wechselte in Richtung Kavalleriepferd. Als Gegenpol riefen die Landwirte 1891 den **Holsteiner Verband** und 1894 die **Reit- und Fahrschule Elmshorn** ins Leben. Die Ausbildungs- und Vermarktungszentrale betrieb auch Hengsthaltung.

1935 vereinigten sich die bis dahin nach Marsch und Geest getrennt arbeitenden holsteinischen Pferdezuchtverbände.

Nach dem Zweiten Weltkrieg mußten alle Hengste an das Landesgestüt verkauft werden. Es wurde 1960 aufgelöst. Die verbleibenden Hengste übernahm der Verband, der einzige im Bundesgebiet mit Verbandshengsthaltung. Sitz ist Elmshorn.

Bis zur Umzüchtung auf das moderne Reit- und Sportpferd war der Holsteiner ein gängiges Kutschpferd mit besonderer Bewegungsmanier, das sich für landwirtschaftliche Arbeiten und zum Reiten, besonders zum Springen, bestens eignete.

Die Umzüchtung auf verbesserte Reiteigenschaften, besonders auf das Springvermögen, erfolgte unter Einsatz ausgewählter Vollbluthengste, zuerst deutscher, später fast ausschließlich englisch-irischer Zucht. Der Anglo-Araber **Ramses** erlangte über seine Söhne enormen Einfluß auf die Holsteiner Zucht.

Holsteiner Leistungspferde genießen weltweit einen guten Ruf.

2.3.2.4 Oldenburger

Das Großherzogtum Oldenburg, Marsch und Geest, ist von den natürlichen Voraussetzungen her für die Pferdezucht prädestiniert. Zudem hatte es bereits im 16. und 17. Jahrhundert Landesherren, die die Pferdezucht zu ihrer eigenen Sache erhoben. In speziell dafür errichteten Schulen wurden Bauern mit der Haltung, Pflege und Nutzung von Pferden vertraut gemacht.

Das **Marschpferd** bildete die erste züchterische Basis. Andalusische und neapolitanische Hengste sowie Orientalen ließen im 17. Jahrhundert ein beim Adel gefragtes Kutsch- und Prunkpferd entstehen.

Zu Anfang des 19. Jahrhunderts wurden unter anderem englische Halbblüter- und Kutschpferdehengste aus Großbritannien eingekreuzt. Mitte des Jahrhunderts folgten hoch im Blut stehende hannoveranische Hengste und Anglo-Normannen.

Es wurden erlassen:
1819 das erste Körgesetz
1820 die erste Körordnung
1870 das Oldenburger Pferdezuchtgesetz.

Damit begann die Phase konsequenter Reinzucht, die in kurzer Zeit zu großer Ausgeglichenheit der Rasse führte.

1923 wurde die Trennung in nördliches (schwere Marsch-Pferde) und südliches (leichtere Geest-Pferde) Zuchtgebiet aufgegeben. Dadurch entwickelte sich das Oldenburger Pferd zur ausgeglichensten deutschen Warmblutrasse bezüglich Typ und Vererbung. Gezüchtet wurde ein elegantes Kutsch-, Wagen- und Ackerpferd mit bevorzugt dunklen Farben und umgänglichem Charakter.

Der Vollblüter **Lupus** und der Anglo-Normanne **Condor**, über ihre Söhne vorsichtig eingekreuzt, machten die Oldenburger edler und insgesamt schicker, ohne den Typ wesentlich zu ändern. Oldenburg gewann in Deutschland und Europa Nachzuchtgebiete.

Die Umstellung auf die Bedürfnisse des Reitsports begann zu Beginn der 60er Jahre dieses Jahrhunderts. Hannoveranische Hengste, Vollblüter und Anglo-Normannen wurden eingesetzt und außerdem Trakehner, Anglo-Araber, Holsteiner und Westfalen. Inzwischen haben die modernen Oldenburger in allen Sparten des Pferdesports Fuß gefaßt.

Absatzveranstaltungen für Pferde aller Art in Vechta sowie die Oldenburger Hengstkörung werben für diese Pferde. Eine Besonderheit: In Oldenburg gibt es ausschließlich Privathengsthaltung.

2.3.2.5 Rheinländer

Das junge Warmblutzuchtgebiet entspricht dem Landesteil Nordrhein im Bundesland Nordrhein-Westfalen. Das Rheinland war bis vor vierzig Jahren Deutschlands führendes Kaltblutzuchtgebiet mit Weltgeltung. Die erfahrenen passionierten Züchter stellten sich Anfang bis Mitte der 50er Jahre auf die Warmblutzucht um.

Viel Sachkenntnis und einiger Kapitalaufwand führten zielstrebig und relativ schnell zu einer erfolgreichen Entwicklung, die aufsehenerregende Ergebnisse auf großen Zuchtschauen einbrachte. Sowohl die vorgestellten Einzeltiere als auch die Kollektionen zeigten viel Ausgeglichenheit.

Die Ergebnisse machen deutlich, daß beste Ansätze zur Konsolidierung gewollter Eigenschaften wie Adel,

Harmonie, Schwung und Elastizität der Bewegungen bereits weitgehend erreicht werden konnten.

Für den Neuanfang und -aufbau mußten Stuten und Hengste aus Hannover, Westfalen und vom Trakehner-Verband angekauft werden. Nur relativ wenige bereits vorhandene Zuchtpferde konnten integriert werden. Vorsichtig dosiert kamen Vollbluthengste (ca. 10%) und vereinzelt Araber und Holsteiner zum Einsatz.

Die Züchterschaft in Zusammenarbeit mit dem **Rheinischen Pferdestammbuch** hat dem Rheinischen Warmblutpferd inzwischen überregional großes Ansehen verschafft. Das Pferdezentrum in Aachen ist für interessierte Züchter und Käufer zu einem Begriff geworden. Rheinische Turnierpferde mischen im großen Sport erfolgreich mit.

Die Hengsthaltung liegt vornehmlich in privater Hand (60 bis 70%). Die überaus positive Entwicklung wäre aber ohne die Zusammenarbeit mit dem **Landgestüt Warendorf** kaum möglich gewesen.

Das Rheinland ist heute zahlenmäßig Deutschlands viertgrößtes Pferdezuchtgebiet mit der größten Pferdedichte aller Bundesländer.

2.3.2.6 Hessen

Das Land Hessen war und ist infolge seiner eher kleinbäuerlichen Struktur nicht unbedingt prädestiniert für die Pferdezucht.

Bis zur Jahrhundertwende herrschten Kaltblüter vor. Grundlage der Warmblutzucht waren zunächst Oldenburger, Ostfriesen und vereinzelt Holsteiner. Entsprechend schwierig gestaltete sich die Umzüchtung auf das Deutsche Reitpferd. Hengste aus Hannover und Westfalen, aber auch Vollblüter, Trakehner sowie Araber leisteten dazu wesentliche Beiträge. Außerdem kauften hessische Züchter Stuten aus Nordwestdeutschland, besonders aus Hannover und Westfalen.

Das **Landgestüt Dillenburg** arbeitete wegbereitend bei der Umzüchtung mit und bot entscheidende Hilfen durch gezielte Hengstauswahl an.

Heute braucht Hessen qualitativ und quantitativ den Vergleich mit anderen Zuchtgebieten nicht zu scheuen. Das beweisen die auf überregionalen Schauen erzielten Prämiierungsergebnisse und die Leistungen hessischer Spitzenpferde im Leistungssport.

2.3.2.7 Württemberger

Bis ungefähr zum Jahr 1960 wurde im Bundesland Baden-Württemberg ein für die Bedürfnisse der Landwirtschaft geeignetes Warmblutpferd gezüchtet. Dieses Pferd verdankte seinen Ursprung der Einkreuzung normannischer und vereinzelt auch brandenburgischer Hengste in die heimische, von Orientalen mitbeeinflußte Stutengrundlage.

Der Umzüchtungsprozeß zum Sportpferd begann Anfang der 60er Jahre. Trakehnerhengste bester Qualität wirkten zunächst bevorzugt als Veredler. Ab etwa 1970 kamen verstärkt Hannoveraner- und einige Holsteinerhengste zum Einsatz. Stuten- und Fohlenimporte aus den nordwestdeutschen Warmblutzuchtgebieten beschleunigten die Umstellung.

Im **Haupt- und Landgestüt Marbach** durchlaufen alle Junghengste eine Leistungsprüfung (100-Tage-Test). Nach bestandener Prüfung, mit dreieinhalb Jahren, können sie endgültig anerkannt werden. Geländebedingt sind die Anforderungen hoch.

Die erzielten Erfolge bestätigen, daß die getroffenen Maßnahmen und beschrittenen Wege richtig waren.

2.3.2.8 Rheinland-Pfälzer und Saarländer

Das **Landgestüt Zweibrücken**, gegründet 1782, welches mehrfach die Nationalität wechselte (französisch, deutsch, österreichisch), gab der Ausgangsrasse, den **Zweibrückern,** den Namen. Um 1800 genossen diese edlen, von Orientalen mitgeprägten Reitpferde einen guten Ruf. Selbst Trakehner und Brandenburger erwarben Zweibrückener Hengste.

Rheinland-Pfalz und Saarland bekamen den Zweiten Weltkrieg und seine Folgen besonders stark zu spüren. Die Pferdezüchter mußten, abgesehen von kleinen Zuchtpferderestbeständen, nach dem Krieg praktisch bei »Null« wiederbeginnen.

Importe aus Nordwestdeutschland und Trakehner standen bei dieser Aufgabe Pate.

Die heutige Sportpferdezucht des Gebietes baut vor allem auf Hannoveranerhengsten, aber auch Trakehnern und vereinzelt Vollblütern auf.

Vollbluthengste finden in der um **Haßloch** sehr populären Halbblut-Rennpferdezucht Verwendung. Hier dominiert die Privathengsthaltung.

Ansonsten herrscht die staatliche Hengsthaltung mit etwa 66% vor. Das Landgestüt Zweibrücken, in Zusammenarbeit mit dem Zuchtverband, fördert die Sportpferdezucht nachdrücklich und erfolgreich.

2.3.2.9 Bayrisches Warmblut

Bis etwa 1960 beherrschten die Rottaler die Warmblutzucht des Landes. Gezüchtet wurde ein schweres Wirtschaftspferd mit hohen Anteilen Oldenburger und ostfriesischen Blutes.

Die moderne bayrische Sportpferdezucht stützt sich auf folgende Grundlagen:
– einheimische Stuten
– Stuten aus Hannover
– Stuten aus Westfalen
– Stuten aus den Ostblockländern
– Trakehner-Stuten

Dem weiteren Anpassungsprozeß dienen in erster Linie Hengste aus Hannover und Westfalen. Wenige Trakehnerhengste, Holsteiner sowie vereinzelt Vollblüter ergänzen den Vatertierbestand.
Das in **Schwaiganger** angesiedelte **Landgestüt**, als Pferdezentrum eingerichtet, beeinflußt wegweisend die bayrische Warmblutpferdezucht, welche erfolgreich vom **Verband Bayrischer Pferdezüchter** betreut und geleitet wird.

Zur Wiederholung und Vertiefung

1. Skizzieren Sie das Zuchtziel des Deutschen Reitpferdes.
2. Teilen Sie die deutschen Warmblutzuchtgebiete ein in die sogenannten:
   a) alten Zuchtgebiete und die
   b) Nachzuchtgebiete
3. Beschreiben Sie die züchterischen Schwerpunkte des heimischen Zuchtgebietes.

2.3.2.10 Sonstige Warmblutrassen

Manche Pferdeliebhaber bevorzugen das Besondere oder gar Außergewöhnliches. Sie importieren Pferde, um ihre individuellen Wünsche verwirklichen zu können.
Die Zuchtpferdebestände dieser ausländischen Rassen sind relativ klein, sie sollen trotzdem nicht unerwähnt bleiben. Die Aufzählung erhebt nicht den Anspruch auf Vollständigkeit.
Aus den USA:
– Quarter Horse
– Appaloosa
– Paints (Schecken)
Aus Ungarn:
– Savarer
Aus den Niederlanden:
– Friesen
Aus Österreich und Jugoslawien:
– Lipizzaner

Aus der UdSSR:
– Achal-Tekkiner
Aus Spanien:
– Andalusier.

2.3.3 Rassengruppe C: Kleinpferde und Ponys

Aus der Vielzahl der Kleinpferde- und Ponyrassen konnten sich einige in den Vordergrund schieben. Abb. 50c vermittelt eine ungefähre Übersicht über die Verbreitung dieser Rassen und ihre Brandzeichen.

Die wichtigsten sind:
– Deutsches Reitpony
– Haflinger
– Welsh-Pony
– Islandpferde

Kleinpferde und Ponys verdanken ihre zeitweise explosionsartige Ausbreitung vorrangig folgenden Ursachen:

– Die Tiere stellen relativ geringe Anforderungen an Haltung, Fütterung und Pflege und damit auch an die Vorkenntnisse der Eigentümer und Betreuer. Das ist zumindest oft die vorgefaßte Ansicht und Meinung.
– Der Platzbedarf ist gering. Unterbringung im oder am Hause ist oft möglich.
– Die Beschäftigung mit diesen Pferden dient Berufstätigen als Streßausgleich und den Heranwachsenden zur Stärkung des Pflichtbewußtseins.
– Kleinpferde und Ponys können vergleichsweise kostengünstig erworben werden. Sie sind relativ unkompliziert bezüglich Temperament und Charakter.
– Sie sind vielseitig verwendbar für Reiten, Fahren, Freizeit, Turniersport, Longieren u.a.m. Infolge der Rassenvielfalt kann man sie nach »Maß« aussuchen.

Diese Tiere sind hervorragend dazu geeignet, Kinder ans Pferd heranzuführen und den Reiternachwuchs systematisch zu fördern und auszubilden.

2.3.3.1 Haflinger

Seine Heimat ist das Bergdorf **Hafling** bei Meran. Anspruchslose Bergponys gepaart mit **Norikern** (Kaltblüter) bildeten die Ausgangsbasis der Zucht. Orientalische Hengste wurden eingekreuzt. Seit Gründung der ersten Zuchtgenossenschaft im Jahre

1904 wird systematisch gezüchtet. Der Haflinger fand Wertschätzung als trittsicheres Tragtier in den Bergen, aber auch als Zugtier in der Landwirtschaft.

Die Entwicklung nach dem Zweiten Weltkrieg zwang zur Erschließung neuer Absatzmärkte. Familien- und Freizeitreiterei boten sich an. Die österreichischen Zuchtverbände verfolgten darum schnell und konsequent den Weg zur notwendigen Typenumstellung auf ein gängiges, edleres Pferd.

In Deutschland begann die Haflingerzucht um 1935 mit der Einfuhr von etwa 125 Stuten. Ziel war die Züchtung eines Lasttieres für das Militär und für die Verwendung in der Landwirtschaft.

Die Anpassung an die heutigen Ansprüche erfolgte einmal durch die Selektion der edleren, eleganteren Typen und Blutlinien, und zum anderen versprach und verspricht die Anpaarung einiger nach Temperament, Charakter und Farbe sorgfältig ausgewählter Araber (OX) weiteren Fortschritt.

Die guten alten rassetypischen Eigenschaften sollen erhalten bleiben. Angestrebt wird ein rittiges Freizeit- und zuverlässiges Fahrpferd.

Haflinger sind über die ganze Bundesrepublik Deutschland verbreitet, mit züchterischen Schwerpunkten in Bayern, Westfalen, Rheinland und Weser-Ems.

Merkmale: Stockmaß 1,36 biw 1,42 m, Füchse mit hellem, seidigem Langhaar herrschen vor; ein trockenes stabiles Fundament ohne Fußabzeichen, ein trockener, relativ breiter Kopf, wenig ausgeprägter Widerrist und starke Beinmuskulatur sowie beste Futterverwertung stellen besondere Forderungen dar.

2.3.3.2 Isländer

Sie gelangten mit Besiedlung ihrer Heimatinsel durch Europäer (Norweger, Briten) vor ca. 850 Jahren nach Island und wurden dort unter härtesten Bedingungen in Freilandhaltung weitergezüchtet.

In dem unwirtlichen Bergland dienten sie als Lasttier und Fleischlieferant.

Zu Anfang dieses Jahrhunderts begannen die Inselbewohner mit der planmäßigen Züchtung auf Härte, Ausdauer und Genügsamkeit.

Um die 60er Jahre konnten diese Pferde preiswert erworben werden, weil für die Schlachtung nicht mehr benötigte Tiere aus Island für einen etwas erhöhten Frachtkostenpreis angeboten wurden. Die speziellen Gangarten, Tölt und Rennpaß, eroberten dem Pony in Deutschland schnell neue Interessenten und Freunde. Für diese Pferde sprach weiterhin ihre Anspruchslosigkeit, ihr Temperament und ihre vielseitige Verwendbarkeit, z.B. auch für Wander- und Distanzritte.

Als Folge der wachsenden Beliebtheit wurden sehr bald gezielt Zuchttiere importiert und ohne Fremdblutzufuhr weitergezüchtet. In eigens dafür geschaffenen Ausbildungsstätten werden Islandpferde und ihre Reiter geschult.

Islandpferde sind in der ganzen Bundesrepublik verbreitet. Der Schwerpunkt liegt im Rheinland, in der Pfalz und an der Saar.

Merkmale: Stockmaß 1,25 bis 1,35 m, relativ schwerer Kopf, große, klare Augen, tiefangesetzter, kräftiger, höchstens mittellanger Hals, wenig ausgeprägter Widerrist, gut bemuskelter Rücken, mittelstarkes Fundament, relativ kleine Hufe, Kruppe abfallend, Schritt und Galopp vergleichsweise kurz, oft eilig, leistungsbereit und gehlustig.

Besonderheiten. Tölt: Viertaktgangart ohne Schwebephase (Trittsicherheit); Rennpaß: Zweitaktgangart (besonders geeignet für Kurztrabrennen).

2.3.3.3 Fjordpferd

Es stammt von der Westküste Norwegens und gilt als eine der ältesten Pferderassen Europas. Das Fjordpferd zeichnet sich durch große Vereinheitlichung und genetische Festigkeit rassetypischer Merkmale und Eigenschaften aus.

Ab etwa 1950 wurde das aus Norwegen und dem Nachzuchtland Dänemark importierte Pferd als Ergänzungsanspannung zum Schlepper in Deutschland vereinzelt eingesetzt.

Infolge der Vollmotorisierung kurz in einer Krise (weniger Absatz), wurde es in Nordwestdeutschland bald zu einem beliebten Freizeitpferd. Die vorsichtige Einkreuzung von Arabern, Vollblütern und Anglo-Arabern ergab leistungsfähige, vielseitige Hobby-, Turnier- und Fahrpferde für die ganze Familie.

Das Pferd ist vornehmlich in Hessen, im Rheinland, Schleswig-Holstein, Weser-Ems und Württemberg verbreitet.

Merkmale: Stockmaß 1,38 bis 1,43 m, kurzer, breiter Kopf, wenig Widerrist, gut bemuskelte Kruppe, wenig Behang am mittelschweren Fundament, Falben mit Aalstrich herrschen vor, ohne Abzeichen, beste Futterverwerter, Wochenendpferde. Einsatzbereit auch nach „Zwangspausen".

2.3.3.4 Deutsches Reitpony

Zum deutschen Reitpony zählen insbesondere Kreuzungsprodukte, die keiner bestimmten Rasse zugeordnet werden können. Entsprechend vielgestaltig präsentiert sich das äußere Erscheinungsbild dieser Rassengruppe.

Folgende Ausgangsrassen finden Berücksichtigung: Wildponys (Dülmen, Nordkirchen), Araber, Anglo-Araber, Vollblüter, Achal-Tekkinger, Welsh, New-Forest, Reitponys aus England und den Niederlanden, Fjordpferde und einige andere Schläge.

In allen deutschen Zuchtgebieten werden große Anstrengungen unternommen, um durch Selektion und züchterische Beratung zu einer bodenständigen, homogenen Rasse zu kommen, die genetisch gefestigt ist. Die zahlen- und qualitätsmäßigen Voraussetzungen für eine gezielte Auswahl und Weiterzüchtung sind gegeben. Etwa 30 % aller Kleinpferde und Ponys zählen zu dieser Rassengruppe.

Es wird angestrebt: Ein für Kinder, Jugendliche und Erwachsene geeignetes, leistungsbereites, trittsicheres Freizeit- und Turnierpferd, welches auch zum Fahren benutzt werden kann. Der Ponytyp soll erhalten bleiben, jedoch Bewegungen und Proportionen des Reitpferdes damit vereinigt werden. Als unantastbar gelten die Ponyvorzüge Anspruchslosigkeit, Ausdauer und Umgänglichkeit.

Die Leistungsprüfungsordnung (LPO) teilt die Deutschen Reitponys in drei Sektionen ein:

K (klein)   bis 1,27 m Stockmaß
M (mittel) 1,28–1,37 m Stockmaß
G (groß)   1,38–1,48 m Stockmaß

Die Hauptzuchtgebiete der Bundesrepublik sind Westfalen, Niedersachsen, das Rheinland und Schleswig-Holstein.

2.3.3.5 Welsh-Ponys

Das Welsh-Pony, aus der Grafschaft Wales (Großbritannien) stammend, hat in ganz Europa Verbreitung gefunden. Es diente ursprünglich als Tragtier und Grubenpferd.

Um allen Wünschen interessierter Pferdefreunde gerecht werden zu können, züchtet man Welsh-Ponys in vier Sektionen:

1. **Sektion A:** Welsh-Mountain. Stockmaß bis 1,22 m; Araber-Einfluß ist unverkennbar.
2. **Sektion B:** Welsh-Pony. Stockmaß bis 1,37 m. Sie haben sich in der Bundesrepublik Deutschland schnell als Kinder- und Jugendpferd durchgesetzt.
3. **Sektion C:** Welsh-Cop-Typ. Stockmaß bis 1,37 m; stabiles Pony (Jagd, Gelände), Zugpferd. Eine Kreuzung aus Tieren der Sektionen A, B und D.
4. **Sektion D:** Welsh-Cop. Stockmaß über 1,37 m bis ca. 1,58 m; kräftiges Pferd, flüssige, raumgreifende Gänge, genügsam, ausdauernd, für Zug, Gelände- und Jagdreiten, gute Springer.

Schwerpunkte der Zucht liegen in Niedersachsen, im Rheinland, aber auch in allen übrigen Bundesländern.

2.3.3.6 Shetland-Ponys

Die Shetland-Ponys verdanken den Namen ihrer Heimat, den Shetland-Inseln nordöstlich von Schottland. Diese unter Extremhaltungsbedingungen lebenden, wetterharten und anspruchslosen, kleinwüchsigen, lebhaften Pferde sind auf der ganzen Welt verbreitet. Ihre besondere Menschenfreundlichkeit, die Beliebtheit bei Kindern als Fahrpferd, die Verwendbarkeit in Bergwerken und Gärtnereien haben dazu beigetragen.

In Deutschland faßten die »Shetties« auch als Zirkus- und Zoopferdchen Fuß. Nach dem letzten Weltkrieg begann die Züchtung mit Blickrichtung auf den Originaltyp. Dazu trugen Importe bei, vor allem von Hengsten aus den westlichen Nachbarländern (derbe Typen).

Seit etwa 1970 werden die edlen, gängigeren und längerbeinigen Typen, die mit größerem Raumgriff ausgestattet sind, züchterisch bevorzugt. Amerika-Importe halfen, das Ziel zu verwirklichen.

Miniponys (0,75 bis 0,85 m Stockmaß) stellen eine besondere Spielart dieser Rasse dar.

Shetland-Ponys werden in allen Bundesländern gezüchtet. Angestrebt wird ein umgängliches Kinderreit- und Fahrpferd.

Merkmale: Stockmaß 0,95 bis 1,05 m (maximal 1,07 m). Die Zahl der Farben und Farbkombinationen ist sehr groß. Farbzüchtungen gelten als spezielle Züchtungsvarianten.

2.3.3.7 Connemara-Ponys

Die Heimat der Connemara-Ponys liegt an der Atlantikküste Südirlands in steiniger, karger Hügellandschaft. Harte Lebensbedingungen haben dieses Pony geprägt.

Durch Selektion und durch Einkreuzung von arabischem Blut entstand ein Rassetyp, der sich durch Gesundheit, Ausdauer, Anspruchslosigkeit und Klugheit auszeichnete.

Die systematische Konsolidierung der Rasse begann mit Gründung der **Connemara-Züchtervereinigung** 1923 zunächst in Reinzucht.

Die begrenzte Einkreuzung von Vollblütern und Arabern verbesserte die Reiteigenschaften und beugte zugleich Inzuchtgefahren vor. Springpferde wurden weltweit bekannt und bestätigten die Richtigkeit des eingeschlagenen züchterischen Weges.

Zuchtziel in Deutschland ist ein vielseitiges, robustes, umgängliches und kompaktes Pony mit kräftigem Fundament, das als Reitpferd für leichte Erwachsene und Jugendliche geeignet ist, aber auch zum Fahren verwendet werden kann.

Merkmale: Stockmaß 1,40 bis 1,48 m; besonders geeignet für Springen und Jagden.

2.3.3.8 New-Forest

Die Heimat des New-Forest ist ein Wald- und Weidegebiet westlich von Southhampton (Südengland), wo die Pferde im Freien gehalten wurden. Bis zur Jahrhundertwende erfolgte die Züchtung durch gezielte Auswahl der in die Stutenherden verbrachten Hengste (vereinzelt auch Orientalen und Vollblüter). Mit Einführung eines Stutbuches im Jahre 1910 begann die planmäßige Reinzucht.

Die Variationsbreite in Größe, Körperform und Typ ist bis heute vielgestaltig geblieben. Man bevorzugt im Nachzuchtgebiet Deutschland größere, elegantere und leichtere Pferde als im Mutterland.

Zuchtziel in Deutschland ist ein umgängliches Freizeit- und Fahrpferd für Jugendliche und leichte Erwachsene.

Merkmale: Stockmaß 1,34 bis 1,42 m; keine Schecken, ausgeprägter Widerrist, raumgreifender, elastischer Gang, leistungsstark.

Zuchtgebiete in der Bundesrepublik Deutschland sind Schleswig-Holstein und Bayern.

2.3.3.9 Dartmoor-Ponys

Wie der Name andeutet, stammen die Dartmoor-Ponys aus einem Moorgebiet. Das Hochmoorklima in Devonshire/Südwestengland prägten Härte und Robustheit dieses im Reitpferdetyp stehenden Ponys. Um 1900 begann die planmäßige Züchtung (Reinzucht). Spätere, vereinzelte Anpaarung von Arabern, Vollblütern und Welsh-Ponys veränderten den Rassetyp kaum. Der ausgeprägte Ponytyp blieb erhalten. Nach und nach machten die Dartmoor-Ponys, mit Vollbluthengsten veredelt, im Heimatland als vorzügliche Kinderreitpferde von sich reden.

Auf deutschem Boden etablierten sich kleine Zuchtinseln, insbesondere in Baden-Württemberg und Schleswig-Holstein.

Merkmale: Stockmaß 1,20 bis 1,25 m (maximal 1,27 m); kurzer, breiter Kopf, aufgesetzter, gewölbter Hals, schräge Schulter, gut bemuskelte Kruppe, dunkle Farben mit wenig Abzeichen, unkompliziert im Umgang, Kinderreitpferd.

2.3.3.10 Sonstige Kleinpferde- und Ponyrassen

Hier werden Rassen angesprochen, die in der Bundesrepublik Deutschland zahlenmäßig keine größere Bedeutung erlangen konnten.

Einige davon fanden Liebhaber, weil sie sich durch spezielle Besonderheiten auszeichnen, andere kamen durch Zufall ins Land.

Das **Dülmener-Wildbahn-Pony,** Stockmaß 1,25 bis 1,35 m, ist seit vielen Jahren im »Merfelder Bruch« heimisch und bodenständig. Die aussortierten Jährlingshengste kaufen Liebhaber auf dem Volksfest am letzten Samstag des Monats Mai eines jeden Jahres als Freizeitpferd. Von einer Rasse im eigentlichen Sinn kann man nicht sprechen.

Das englische **Highland-Pony** eignet sich für das Wandern zu Pferde. Es ist ruhig, stark und zäh. Sein Stockmaß beträgt zwischen 1,40 und 1,50 m.

Die **Exmoor-Ponys** aus England, Stockmaß 1,20 bis 1,25 m, stehen im Kinderreitpferdetyp. Die durchweg dunkelbraunen Ponys mit hellem Maul- und Flankenrand zeichnen sich durch Robustheit und Springtalent aus.

Das **Gotland-Pony,** 1,20 bis 1,25 m im Stockmaß und in Schweden beheimatet, gilt als leichtes, aber zähes und robustes Kinderreitpferd.

Die **Bosniaken** züchtet man in Südosteuropa (besonders Jugoslawien) im kleinen Ponytyp und im größeren Typ, zum Teil mit Arabern gekreuzt. Es sind anspruchslose, leichte Kleinreitpferde (Stockmaß 1,28 bis 1,42 m). Die Ponys wurden und werden zeitweise äußerst preiswert von Importeuren angeboten und finden nicht zuletzt aus diesem Grunde Käufer.

Für die **Huzulen** aus den Waldkarpaten (Ungarn, Polen, Tschechei, Rumänien) gilt ähnliches. Sie werden als besonders langlebig, treu und anhänglich angeboten. Zudem gelten sie als gute Rauhfutterverwerter.

Das **Camargue-Pferd** dient vorwiegend als Erwachsenenreitpferd (Stockmaß 1,40 bis 1,45 m). Diese mittelstarken, temperamentvollen Pferde leben frei in der Camargue/Südfrankreich.

2.3.4 Rassengruppe D: Deutsches Kaltblut

Die Blütezeit dieser Rassen lag in der Zeit zwischen 1860 und 1950. Intensivierung der Landwirtschaft und großer Bedarf im Transportgewerbe sorgten für die fast explosionsartige Verbreitung.

Die Vollmotorisierung aller Wirtschaftszweige ab 1950 machte die Kaltblüter weitgehend überflüssig. Im Süden der Bundesrepublik finden Kaltblüter noch vereinzelt in der Landwirtschaft Verwendung. Für Arbeiten im Walde setzt man sie aus Gründen des Umweltschutzes wieder vermehrt ein. Publikumswirksame Werbegespanne (z. B. von Brauereien) üben nach wie vor große Anziehungskraft auf viele Menschen aus.

Einige Liebhaber vervollständigen den Züchterkreis dieser Rassen, die in manchen Feriengebieten auch als Touristenattraktion zum Reiten und Fahren immer beliebter werden.

Die Schauordnung der DLG trägt den veränderten Gegebenheiten Rechnung und stellt in der Rassengruppe D aus:
– Süddeutsches Kaltblut
– Schwarzwälder Füchse
– Kaltblüter aller anderen Landeszuchten.

Zur Wiederholung und Vertiefung

1. Erläutern Sie die Gründe für die Ausbreitung der Pony- und Kleinpferdezucht nach dem Zweiten Weltkrieg.
2. Welche Pony- und Kleinpferderassen werden schwerpunktmäßig gezüchtet und warum?
3. Vergleichen Sie Haflinger mit Fjordpferden.
4. Stellen Sie die Besonderheiten der Isländer heraus.
5. Beschreiben Sie die Sektionen des Deutschen Reitponys.
6. Warum sind Welsh-Ponys als Kinderpferde so beliebt?
7. Welches Zuchtziel verfolgen die Shetty-Züchter?
8. Nennen Sie die Pony- und Kleinpferderassen großbritannischen Ursprungs.
9. Wofür werden Kaltblüter gezüchtet?

---

3 Pferdebeurteilung

Ein Pferd nach dem äußeren Erscheinungsbild treffend zu beurteilen, setzt eingehende Kenntnis über dessen Bau und Leben voraus. Der geschulte und geübte Pferdekenner sucht nicht die Mängel und sogenannten Fehler, um ein Pferd richtig einzustufen. Er wendet sich vom reinen Formalismus ab und beurteilt die Qualität eines Pferdes durch Erfassen seines Wertes im Hinblick auf einen bestimmten Verwendungszweck. Diese objektive Wertfestlegung kann nur gelingen, wenn jeder Pferdebeurteiler ständig jede Gelegenheit zur Eigenschulung wahrnimmt. Schauen, Eintragungstermine, Körungen und andere pferdezüchterische Veranstaltungen bieten dafür laufend gute Möglichkeiten.

Die Qualität eines Pferdes ergibt sich hauptsächlich aus den Größen Gesundheit, Leistungsvermögen und -bereitschaft, Temperament und Konstitution. Viele sogenannte Fehler können durch Energie, Charakter und das, was man als Blut bezeichnet, überwunden und ausgeglichen werden. Zuchtpferde müssen darüber hinaus klar den Rassetyp verkörpern und ausdrucksvoll den Geschlechtstyp erkennen lassen.

3.1 Die äußeren Körperteile

Zur besseren Übersicht teilt man den Pferdekörper in drei Körperpartien oder Körperabschnitte ein.
1. Die **Vorhand** liegt vor der Senkrechten vom Widerrist zum Boden. Sie umfaßt Kopf, Hals, Widerrist, Schulter, Vordergliedmaßen und Vorderbrust.
2. Die **Mittelhand** liegt zwischen den Senkrechten von Widerrist und Hüfthöcker zum Boden. Es zählen dazu: Rücken, Lende, Unterbrust, Bauch, Flanke, Hungergrube und Euter, beziehungsweise Schlauch und Hodensack.
3. Die **Hinterhand** beginnt hinter der Senkrechten vom Hüfthöcker zum Boden. Sie wird gebildet von: Kreuz, Kruppe, Schweif, Hüfte und Hintergliedmaßen.

3.2 Identifizieren

Die Identität eines Pferdes sollte unverwechselbar dokumentarisch festgehalten werden. Diese Erfassung erfolgt für Zucht-, Renn- und Turnierpferde

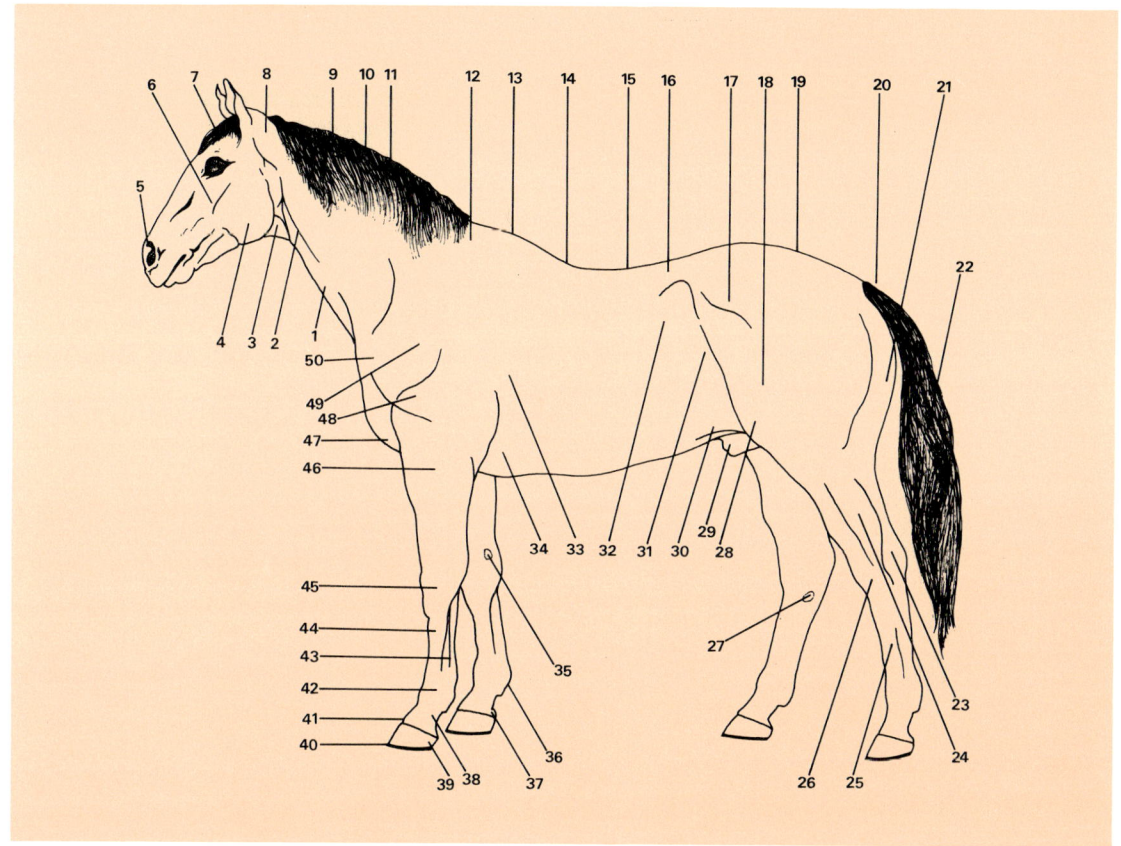

Abb. 51. Benennung der äußeren Körperteile. 1 = Unterhals, 2 = Drosselrinne, 3 = Kehlgang, 4 = Ganasche, 5 = Nüster, 6 = Jochbein, 7 = Stirn, 8 = Genick, 9 = Hals, 10 = Mähne, 11 = Mähnenkamm, 12 = Axthieb, 13 = Widerrist, 14 = Sattellage, 15 = Rücken, 16 = Lende, 17 = Hüfthöcker, 18 = Oberschenkel, 19 = Kruppe, 20 = Schweifrübe, 21 = Hinterbacke (Hose), 22 = Schweif, 23 = Sprungbeinhöcker, 24 = Unterschenkel, 25 = Hinterröhre, 26 = Sprunggelenk, 27 = Kastanie, 28 = Kniegelenk, 29 = Schlauch, 30 = Kniefalte, 31 = Flanke, 32 = Hinterrippe, 33 = Vorderrippe, 34 = Herzgegend, 35 = Kastanie, 36 = Köten, 37 = Ballen, 38 = Fesselbeuge, 39 = Trachten, 40 = Hufzehe, 41 = Hufkrone, 42 = Fesselkopf, 43 = Beugesehne, 44 = Vorderröhre, 45 = Vorderfußwurzelgelenk, 46 = Unterarm, 47 = Vorderbrust, 48 = Oberarm, 49 = Schulter, 50 = Buggelenk.

obligatorisch. Nach den geltenden Bestimmungen ist die nachstehende Reihenfolge für die Datenerfassung verbindlich vorgeschrieben. Diese Vorschrift gilt insbesondere für den Pferdepaß (Vollblut).
— Name, Geschlecht, Körperfarbe, Abzeichen
— Geburtsdatum, Geburtsort und Zuchtgebiet, eventuell Alter
— Abstammung (mindestens Eltern) mit Angaben der Abteilung und Nummer des Stut-(Stamm-)buches
— Züchter mit Name und Anschrift
— Besitzer mit Name und Anschrift

Zum Namen eingetragener Pferde gehören Abteilung und Nummer des Stut-(Stamm-)buches, bei einigen Rassen (z. B. Kaltblut) auch der Name der Zuchtstätte.
Bei Pferden, welche an Leistungsprüfungen teilnehmen, ist die Eintragungsliste und -nummer der FN anzugeben.
Zusätzlich gelten nachstehende Kennzeichnungen:
Englisches Vollblut XX
Deutsche Traber D.Tr.
Amerikanische Traber A.Tr.
Französische Traber F.Tr.

Russische Traber R.Tr.
Arabisches Vollblut OX
XX · OX X

Vom 1. 1. bis zum 30. 10. eines Jahres geborene Fohlen gelten ab 1. 1. des unmittelbar folgenden Jahres als Jährlinge; die vom 1. 11. bis zum 31. 12. geborenen jedoch erst am 1. 1. des übernächsten Jahres (12 Monate später).
Bei Vollblütern und Trabern zählen alle in einem Jahr geborenen Fohlen im unmittelbar folgenden Jahr als Jährlinge.
Züchter eines Pferdes ist dessen Eigentümer zum Zeitpunkt der zur Befruchtung führenden Bedeckung (Besamung).
Die Traber- und Vollblutzüchter erkennen davon abweichend den Stuteneigentümer zur Zeit des Abfohlens als Züchter an.
Die Angabe der Merkmale **Farbe und Abzeichen** soll in nachstehender Reihenfolge vorgenommen werden:
– Körperhaarfarbe (Deckhaar)
– Abzeichen am Kopf
– Abzeichen an den Gliedmaßen
– sonstige unveränderlichen Kennzeichen (z. B. Wirbel und Narben)
– Fuchs (F)
– Rappe (R)
– Brauner (B)
– Schimmel (Sch)

Die möglichen Farbabstufungen mit den Abkürzungen lauten:

Fuchs (F) Hellfuchs (Hlf)
Dunkelfuchs (Df)
Braun (B) Hellbraun (Hlb)
Dunkelbraun (Db)
Schwarzbraun (Schwb)
Schimmel (Sch) Fuchsschimmel (Fsch)
Rappschimmel (Rsch)
Braunschimmel (Bsch)

Die Farben:
– Isabellen (Is)
– Schecken (Schecke)
– Falben (Falbe)
– Tiger (Tiger)
– Albinos (Albino)

kommen (mit Ausnahme des Albino) in allen Farbabstufungen vor.
Die **Abzeichen am Kopf** werden von der Stirn abwärts aufgezeichnet in der Reihenfolge:
Stirn – Augenhöhe (obere) – untere Augenränder – Nasenrücken – Nüsterngegend (oberer/unterer Nüsternrand) – Oberlippe – Unterlippe.
Form, Art, Größe und eventuell die Zahl der Kopfabzeichen sind festzuhalten (Abb. 52).
Abzeichen an den Gliedmaßen sind wie folgt aufzunehmen (Reihenfolge):
vorne links – vorne rechts – hinten links – hinten rechts.
Haben entweder die Vorder- oder die Hintergliedmaßen die gleichen Abzeichen, dann können beide (bd) zusammengefaßt werden. Bei gleichzeitig identischen Markierungen kann man ebenso verfahren.
Die Gliedmaßen beschreibt man nach Farbkennzeichen von unten nach oben.
Vorn: Huf, Ballen, Krone, Fessel, Röhre, Vorderfußwurzel.
Der Fuß reicht bis zur Vorderfußwurzel, das Bein bis zum Ellenbogen.
Hinten: wie vorn; der Fuß reicht bis zum Sprunggelenk, das Bein bis zum Knie.
Es sind gebräuchlich und gelten offiziell als Abkürzungen:

Vorderbein (Vb.)
Hinterbein (Hb.)
Vorderfuß (Vf.)
Hinterfuß (Hf.)
Vorderfessel (Vfl.)
Hinterfessel (Hfl.)
Vorderkrone (Vkr.)
Hinterkrone (Hkr.)
Vorderballen (Vbln.)
Hinterballen (Hbln.)

Die Abzeichen sind in Abb. 53 beschrieben.

Weitere – im Regelfall unverwechselbare Identifikationsmerkmale sind:
Wirbel am ganzen Körper, besonders am Kopf, Mähnenkamm und Kehlgang. Sie sind bei abzeichenlosen Pferden (OA) oft die einzigen Kennzeichen.
Schutzhaarfärbung: Mähne (M), Schweif (Schw.), Behang (Bhg.). Es kommen vor: grauer Schweif, graue Mähne, Mähne und Schweif hell, Mähne und Schweif weiß (w), weiße Haare (H) im Behang, Behang hell, weißes Langhaar, mischfarbige Mähne und Schweif, grüne Beine (nur bei Braunen), helle Beine bei Hellbraunen.
Körperflecke: dunkel oder hell und weiß.
Gurtflecke (Gurtfl.): Sie sind meistens weiß und kommen mehrfach vor.
Sprenkelflecke (Sprenkelfl.), z. B.: Spritzer sind über den Körper verteilte, meist weiße Flecke. Bevorzugte

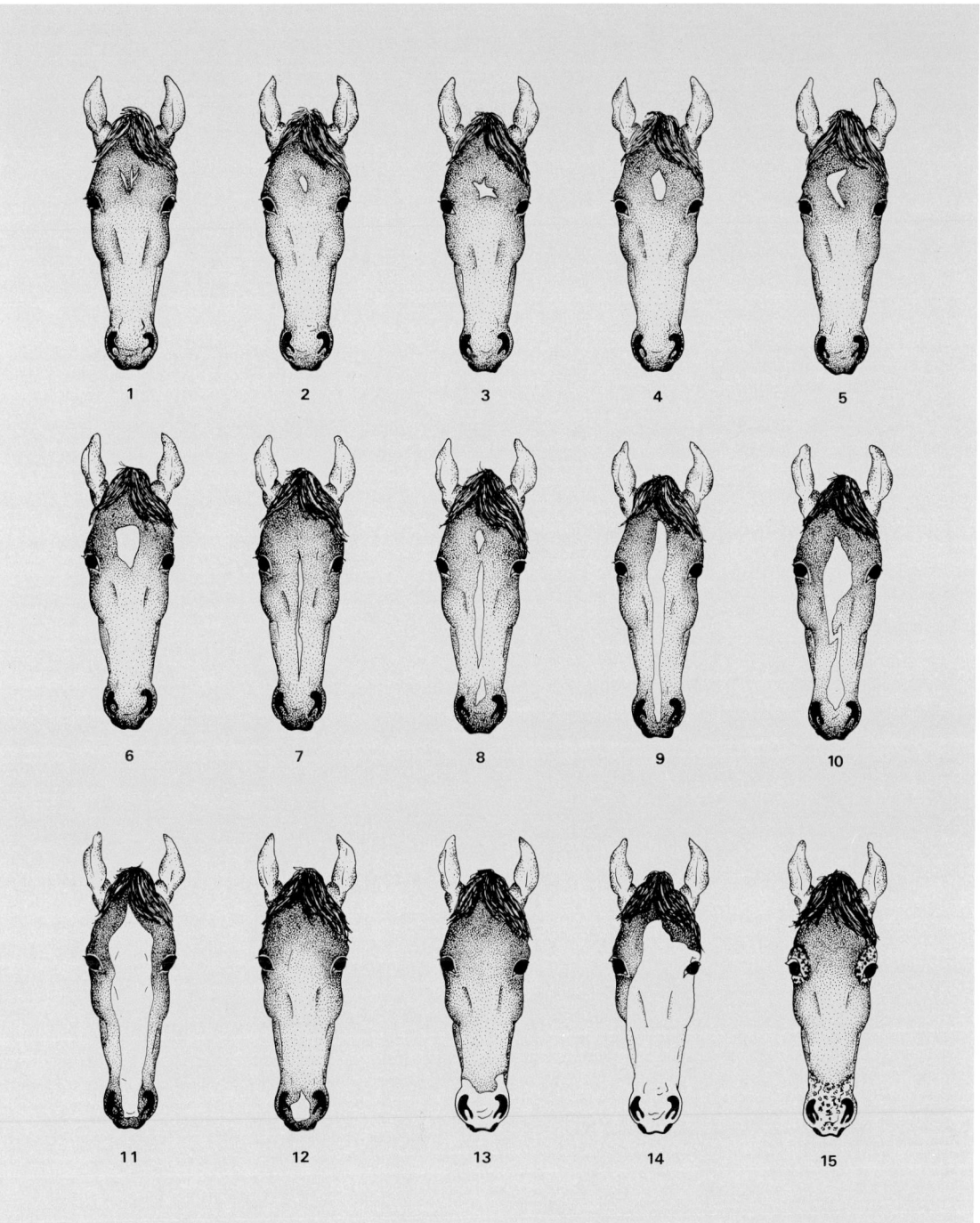

Abb. 52. Kopfabzeichen des Pferdes. 1 = Stirnhaare, 2 = Flocke, 3 = Stern, 4 = länglicher Stern, 5 = Mond, 6 = Keilstern, 7 = Schnurblesse, 8 = unterbrochene Blesse, 9 = durchgehende Blesse, 10 = unregelmäßige Blesse, 11 = breite Blesse, 12 = Schnippe, 13 = Milchmaul, 14 = Laterne mit Glasauge, 15 = Krötenmaul.

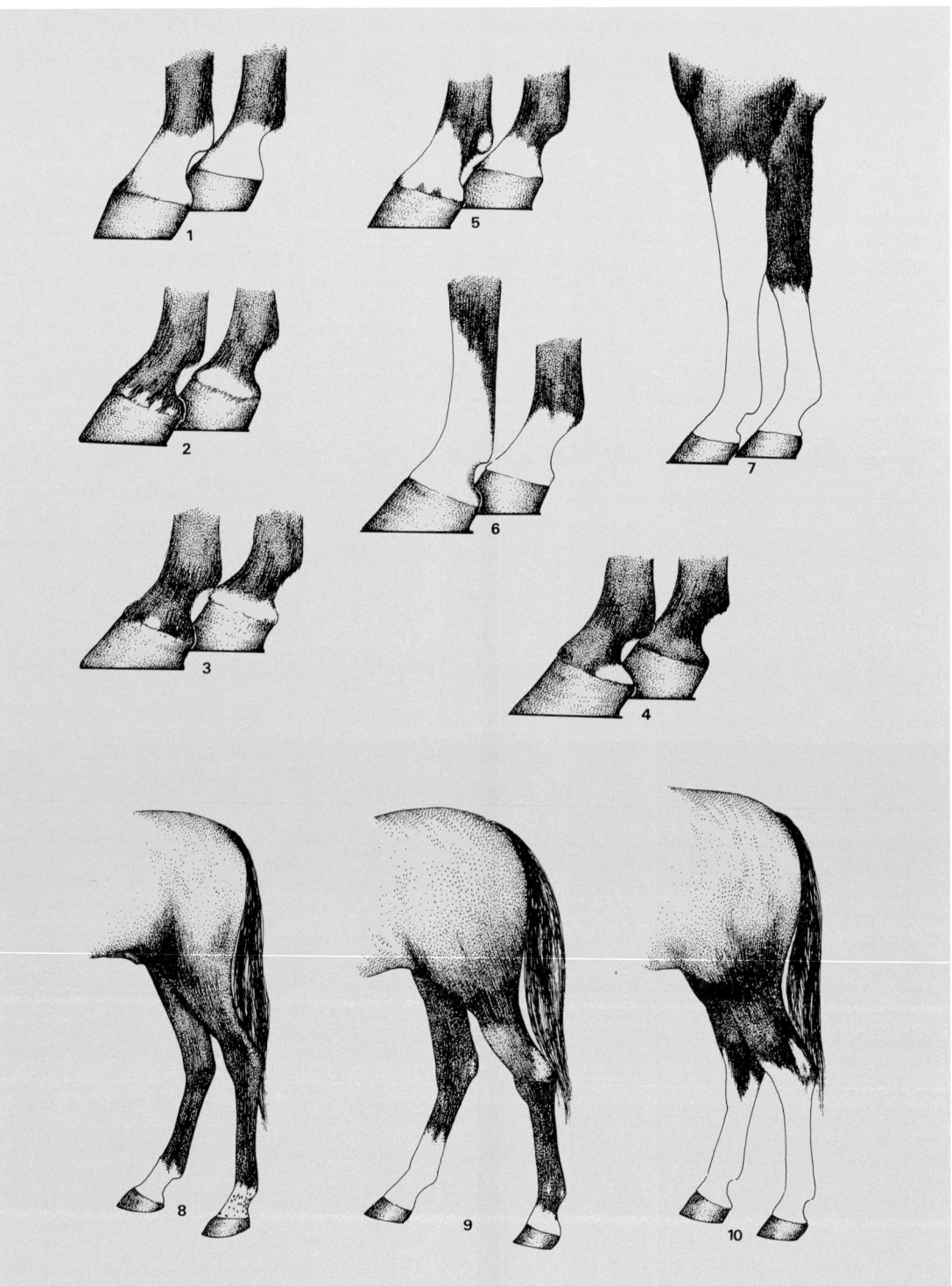

Stellen sind Innenschenkel, Bauch, Unterbrust und Flanken.
Fliegenflecke (Fliegenfl.) sind in großer Zahl über den Körper verteilte, fliegengroße Flecke verschiedener Farbe.
Muskatflecke (Muskatfl.) sind muskatnußgroße, über den ganzen Körper verteilt vorkommende bräunliche Flecke.
Apfelung (Apfelg.): Es heben sich apfelgroße Ringflecke aus der Grundfarbe ab.
Mischfarbig gefleckt (mischfarb. gefl.): An Schlauch oder Scham kommen helle oder farblose Flecke vor.
Aalstrich (Aalstr.): Ein dunkler, mehr oder weniger breiter, vom Widerrist bis zum Schweifansatz verlaufender Strich, oft verbunden mit einer über die Schulter verlaufenden Querbinde (dem Schulterkreuz).
Querstreifen an den Beinen (Querstr. a. d. Beinen) werden auch als »Wild- oder Zebrastreifen« bezeichnet und kommen bei Ponys vor.
Farbabweichungen der Augen (ein- oder beidseitig): Glasauge, Fischauge. Es kommt auch halb und gesprenkelt vor. Rote Augen (Albinos), Birkauge (weißer Ring in der Regenbogenhaut), Blindheit.
Abweichende Huffarbe, z.B.: dunkle Streifen oder Flecke in hellen Hufen oder umgekehrt helle Färbungen in dunklen Hufen.
Sonstige Merkmale: Brandzeichen, Narben (Narb.), haarlose Stellen (haarl. Stelle), Muskeldellen (Vertiefungen in der Hals- oder Hinterhandmuskulatur), abweichende Knochenbildungen (z.B. Stirnbruch, verdickte Jochleiste, Zwanghuf, Bockhuf u.a.m.).
Für alle Merkmale müssen Lage und Anzahl genauestens angegeben beziehungsweise eingezeichnet werden. Die Identifizierung von Pferden kann nie exakt und korrekt genug vorgenommen werden. Hier ist »Pingeligkeit« wirklich angebracht. Nur auf diese Weise kann die bewußte oder unbewußte Verwechslung von Pferden oder gar das »Unterschieben« von Abstammungspapieren verhindert werden.

> **Zur Wiederholung und Vertiefung**
> 1. Nennen Sie die äußeren Körperteile der
>   – Vorderhand
>   – Mittelhand
>   – Hinterhand.
>   Zeigen Sie diese am Modell.
> 2. In welcher Reihenfolge sollte das Identifizieren von Pferden erfolgen?
> 3. Wann ist ein Warmblüter und wann ein Vollblüter Jährling und wer gilt jeweils als Züchter?
> 4. Nennen Sie die Grundfarben der Pferde und ihre Abstufungen.
> 5. In welcher Reihenfolge werden die Abzeichen
>   – des Kopfes
>   – der Gliedmaßen
>   registriert?
> 6. Beschreiben Sie nicht die Abzeichen, sondern unverwechselbare Identifikationsmerkmale des Pferdes.

3.3 Vorstellen und Vorführen (Vormustern)

Zum Vorstellen und Vorführen von Pferden hat sich die **Dreiecksbahn** als besonders geeignet erwiesen. Diese Form der Präsentation wird deshalb überall auf Schauen, Eintragungsterminen, Turnieren und bei Verkaufsvorstellungen praktiziert.
Die Trense gilt bei der Vorstellung als korrekte Zäumung. Bei Hengsten und Vollblütern sind sogenannte **Steiggebisse** zulässig. Frei am mittellangen Zügel gehend, sollten die Pferde bei der Vorstellung dem Vorführenden gehorchen. Das bedeutet, daß vorher geübt und trainiert werden muß! Zwei Personen bilden das Vorstellerteam; der Pferdeführer und der Peitschenführer als Helfer.
Die Dreiecksbahn, am besten auf kurzem (4–6 cm) Grasboden angelegt, kann mit Stangen markiert sein, jedoch wirken Blumenkästen oder grüne Hecken freundlicher und beleben den Gesamteindruck. Zur Not reichen aufgestellte Kegel aus. Wichtig ist in jedem Fall, daß die Pferde immer Anlehnung finden, weil sie andernfalls nicht gerade gehen.

Abb. 53. Abzeichen der Gliedmaßen. 1 = linke Vorderfessel weiß, rechte Vorderfessel innen unregelmäßig weiß, 2 = linke Vorderkrone außen gefleckt weiß, rechte Vorderkrone innen weiß, 3 = linke Vorderkrone außen weißer Fleck, rechte Vorderkrone und Vorderballen weiß, 4 = linker Vorderballen weiß, 5 = linke Vorderfessel unregelmäßig weiß, außer Kronenflecke, Kötenfleck, rechte Vorderfessel halb weiß, 6 = linker Vorderfuß unregelmäßig hoch weiß, rechte Vorderfessel weiß, innen schattierte Kronenflecke, 7 = linkes Vorderbein, rechter Vorderfuß hoch weiß, 8 = linke Hinterfessel schattiert, rechte Hinterfessel weiß, innen schattierte Kronenflecke, 9 = linke Hinterfessel unregelmäßig halb weiß, rechter Hinterfuß innen unregelmäßig halb weiß, 10 = beide Hinterfüße unregelmäßig hoch weiß, an der Vorderseite über Sprunggelenke spitz auslaufend.

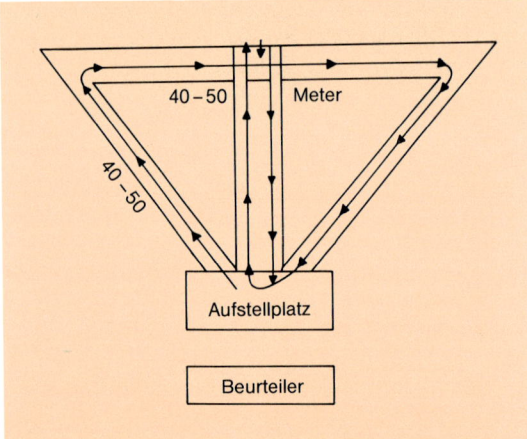

Abb. 54. Dreiecksbahn zum Vormustern.

Das Vorstellen beginnt mit dem Hereinführen im Schritt durch die Mitte der Bahn. Nach Erreichen des Aufstellungsplatzes erfolgt nach einer Rechtswendung (90°) die Aufstellung vor den Beurteilern.
Dabei ist folgendes zu beachten:
– Der Abstand zu den Beurteilern sollte sechs bis acht Meter betragen, damit das Pferd voll im Blickwinkel erscheint.
– Die Sonne steht im Rücken der Betrachter. Es gibt kein Blenden und das Pferd steht voll im Licht.
– Die linke Breitseite des Pferdes wird zunächst gezeigt. Es ist aber nicht falsch, die mähnenlose Seite als erste vorzuzeigen, weil dadurch die Gesamtschau optimaler wird.
– Das Pferd muß offen auf allen vier Beinen fußen. Das bedeutet: Alle vier Gliedmaßen müssen gleichmäßig belastet und sichtbar sein. Die Geschlechtsteile (Schlauch, Hodensack oder Euter) sollen klar erkennbar sein.
– Das Pferd muß man auf ebener Fläche aufstellen. Wenn möglich soll es vorne etwas höher, aber niemals tiefer stehen, weil es dann überbaut erscheint.
– Der Peitschenführer steht stets gut fünf Meter vor dem Pferd mit hoch aufgestellter Peitsche als Orientierungshilfe für das stehende Pferd. Sie bildet den Fixpunkt.
– Der Vorführende soll das Pferd am mittellangen Zügel halten und vor ihm stehen. Er darf keinen Zwang ausüben und es nicht nach rückwärts »zusammenschieben«.
– Wenden und Drehen erfolgen immer nach rechts, weil dann einmal der Führende sein Pferd in der Gewalt und im Blickfeld hat, und zum anderen keine Gefahr für ihn besteht, auf die Füße getreten zu werden.

Nach Aufforderung beginnt das Vorführen. Der Weg führt, wenn nichts anderes erbeten wird, um die Dreiecksbahn herum zunächst etwa zehn Meter im Schritt und dann bis vor der ersten Ecke, die im Schritt passiert wird, im Trab. Auf der Querseite zeigt man, was an Schwung, Elan und Eleganz der Bewegungen beim Trab im Pferd steckt. Vor der letzten Ecke wird durchpariert und nach der Rechtswendung auf der langen Seite wieder angetrabt. Die letzten zehn Meter absolviert man im Schritt und stellt anschließend das Pferd zum zweiten Mal auf der Musterungsplatte auf und zeigt dabei die andere Breitseite.

Geführt wird die ganze Strecke mit der rechten Hand bei angestelltem Außenzügel. Die linke Hand bleibt frei und dient als Orientierungshilfe für das Pferd (z. B. beim Durchparieren und Wenden). Damit ist schon gesagt, daß der Vorführende sich zwischen Kopf und Schulter des Pferdes zu bewegen hat.

Der Peitschenführer folgt mit etwa drei Meter Seiten- und ein bis zwei Meter Rückabstand auf der gleichen Seite. Er und die Peitsche sind Orientierungshilfe und dienen nur bei Bedarf als treibende Hilfe.

Der Abmarsch aus dem Vorführdreieck erfolgt nach Aufforderung durch die Bahnmitte in der erbetenen Gangart.

3.4 Beurteilen (Bewerten, Einstufen)

Das richtige Erkennen des Wertes und der Qualität eines Pferdes für einen bestimmten Nutzungszweck ist für Züchter, Reiter, Freizeitreiter und alle Pferdeliebhaber wichtig.

Je intensiver sich alle Interessenten über die Lehre vom Körperbau und den Lebensvorgängen des Pferdes kundig machen, desto sicherer unterliegen sie keinen Fehleinschätzungen und den damit eventuell verbundenen finanziellen Verlusten.

3.4.1 Die Gesamterscheinung

Bei der Vormusterung eines Pferdes auf der Dreiecksbahn kann auch die Gesamterscheinung optimal beurteilt werden.
Es gehören dazu:
1. **Der Typ.** Er wird beurteilt nach dem äußeren Erscheinungsbild und den sogenannten »inneren«

Abb. 55. Links: Pferd im Rechteckformat. Rechts: Pferd im Quadratformat.

Eigenschaften. Bei der Typfestlegung geht es um die Einstufung des Pferdes in Relation zum Zuchtziel, zum »Idealpferd«. Dabei sind zu unterscheiden:
- der Rassetyp: Grad der Übereinstimmung mit den Zielvorstellungen der verkörperten Rasse
- der Geschlechtstyp: weiblich oder männlich
- der Leistungstyp: z. B. Rennpferd, Traber, Springpferd, Wagenpferd.

2. **Ausdruck und Adel.** Sie werden vornehmlich am Kopf (edel, trocken, schwammig) festgestellt. Dabei sind Rückschlüsse auf Gesundheit, Charakter und Temperament möglich.

3. **Rahmen und Format.** Der Rahmen ist festgelegt durch die Widerristhöhe (Stockmaß), die Länge (Bugspitze bis Sitzbeinhöcker) und Breite (Brust, Rippe, Hüfte) sowie die Brusttiefe (Relation Widerristhöhe zu Bodenfreiheit, 55 %). Nur die Widerristhöhe wird wirklich gemessen. Die übrigen Größen werden relativiert. Mit »Rahmen« meint man somit keine absolute Größe, sondern eine relative.

Zu unterscheiden sind klein-, mittel- und großrahmige Pferde, und zwar für jede Pferderasse und jeden Pferdetyp gesondert. Bei besonders positiv auffallenden Tieren spricht man vom **Bedeutenden Rahmen** und meint damit die großen Linien und herausragenden Konturen (Umrisse) dieser Pferde.

Das Format eines Pferdes kennzeichnet das Verhältnis von Rumpflänge zur Widerristhöhe (vgl. Abb. 55 oben).

Danach sind zu unterscheiden:

- Rechteckformat (bis langrechteckig), z. B. Vollblüter, moderne Warmblüter, Stuten
- Quadratformat, z. B. viele Araber und manche Hengste.

Die heutigen Sportpferde stehen fast ausschließlich im rechteckigen bis langrechteckigen Format.

4. Mit **Kaliber** bezeichnet man das Verhältnis des Körpergewichts (in kg) zur Widerristhöhe (in cm). Diese Größen werden fast nie gewogen und gemessen, sondern die Festlegung geschieht nach Augenmaß.

Danach werden Pferde eingeteilt in eine
- leichte Klasse
- mittlere Klasse
- schwere Klasse.

5. Mit **Kondition** kennzeichnet man das durch die Umwelt beeinflußte äußere Erscheinungsbild eines Pferdes (Haltung, Fütterung, Pflege und Training).

Es sind grob zu unterscheiden:
- Zuchtkondition
- Leistungs- oder Gebrauchskondition (z. B. Rennkondition)
- Mastkondition
- Unterernährung.

Die beiden letzten Unterscheidungen stellen im Grunde keine Kondition dar.

6. Man versteht unter **Konstitution** das durch erbliche Anlagen und Umwelt gemeinsam geprägte äußere Erscheinungsbild eines Pferdes. Die Konstitution stellt bei der Auswahl von Pferden aller Typen, Rassen und Nutzungsrichtungen mit das wichtigste Entscheidungskriterium dar.

Es werden unterschieden:
- starke, gesunde, derbe, robuste und harte Konstitution
- weiche, schwache, schwammige und anfällige Konstitution
- feine, edle und eventuell überbildete Konstitution.

Die erste Gruppe ist normalerweise belastbar und leistungsfähig, die zweite dagegen wird Anstrengungen selbst bei bester Umweltgestaltung nur kurzfristig verkraften. Die letzte Kategorie neigt oft zu Überempfindlichkeit, was ihren Gebrauchswert mindern oder auch zu Höchstleistungen führen kann. Der Umgang mit diesen Tieren ist nicht leicht.

7. Die Beurteilung der **Entwicklung** eines Jungpferdes gestaltet sich besonders schwierig, wenn die Eltern dem Betrachter unbekannt sind. Nur ein geschultes und geübtes Auge vermag ein wirklich zutreffendes Urteil zu fällen. Es ist aber insbesondere für den Käufer eines Jungtieres wichtig, daß er den Entwicklungsstand richtig einschätzt.
8. Über die **Gesundheit** eines Pferdes geben Ausdruck, Adel und Konstitution erste Auskünfte. Weitere Anhaltspunkte sind bei der Besprechung der einzelnen Körperteile dargestellt. Schäden und Verletzungen werden bei der Vorstellung sichtbar. Diese Mängel mindern den Wert des Pferdes.

3.4.2 Beurteilung der einzelnen Körperpartien und Körperteile

Die Vorhand

Der **Kopf** soll ausdrucksvoll, trocken (kein Fett in der Unterhaut) und damit edel sein. Rasse- und geschlechtstypische Kopfformen werten jedes Pferd auf.

Ein in Relation zum Körper kleiner Kopf mit Adel fördert zusammen mit einem passenden Hals das Gleichgewicht des Pferdes und sieht außerdem schön aus. Er hebt damit die Gesamterscheinung.

Die **Ganaschen** (Unterkieferäste) müssen genügend Abstand voneinander haben und sanft, jedoch deutlich abgegrenzt sein. Diese Ganaschenfreiheit gewährleistet in der Beizäumung Schmerzfreiheit. Ganaschenzwang durch Druck auf den Kehlkopf und Einzwängung der Ohrspeicheldrüse mindert die Bereitwilligkeit des Pferdes, die Reitzügel und entsprechende Haltung anzunehmen.

Relativ tief am Kopf vorne liegende, deutlich hervortretende **Augen** ermöglichen die günstigsten Blickwinkel. Sind sie groß, klar, lebhaft (nicht nervös) und dabei zutraulich blickend, deutet das auf Gesundheit und zugleich auf Aufmerksamkeit sowie ausgeglichenen Charakter und gutes Temperament hin.

Trübe, wässerige Augen zeigen Unwohlsein oder Krankheit an, nervöse Augen Erregtheit und Temperamentschwierigkeiten.

Ohrenformen und -größen sind rassetypisch. Das Ohrenspiel kann als Temperaments- und Aufmerksamkeitsanzeiger, aber auch als Indikator (Anzeiger) für Reizbarkeit, Nervosität und Unruhe gelten. Kalte Ohren lassen auf Krankheit schließen.

Die **Zahnlücken** zwischen den Schneide- und Backenzähnen **(Laden)** als Lage für das Gebiß können in den oberen Rändern kantig und scharf ausgebildet sein; dann sind die Pferde im Zusammenspiel mit dem Genickbereich meistens weichmaulig. Fleischige, stumpfe und runde Laden deuten eher auf Hartmauligkeit hin.

Zungenstrecker lassen sich schwer reiten, weil sie oft dazu neigen, das Gebiß unter die Zunge zu bringen.

Abb. 56. Kopfformen. 1 = gerader Kopf, 2 = Kopf mit Ramsnase, 3 = Ramskopf, 4 = Keilkopf, 5 = Hechtkopf.

Abb. 57. Halsformen. 1 = gerader Kopf, Schwanenhals, 2 = Hechtkopf, Hirschhals, 3 = Ramskopf, überladener Hals.

Dieser Schönheits- und Gebrauchsfehler ist weitgehend erblich bedingt.

Das **Maul** dient vornehmlich der Futteraufnahme. Darum sind eine gewisse Breite, ein beweglicher Unterkiefer und kräftig-aktive Lippen erwünscht. Kieferanomalien, wie Überbeißer und Unterbeißer (selten), werden oftmals in der Anlage vererbt; darum werden Hengste mit diesen Fehlern abgelehnt.

Insgesamt muß man das Maul, den Kopf, das Genick, den Hals, den Rücken, die Lende und die Hintergliedmaßen immer im Zusammenhang betrachten, weil von der Hinterhand aus über die genannten Brücken der Vorwärtsdrang des Pferdes an das Gebiß vermittelt wird. Dadurch erst kann das Maul tätig werden. Auch der beste Reiter weiß, welche Probleme ein „totes" Pferdemaul bereiten kann und bereitet.

Die Ausbildung des **Genicks** hängt von der Länge der ersten beiden Halswirbel (Atlas, Umdreher) und den dazugehörigen Quer- und Dornfortsätzen ab. Um gute Beizäumung zu erreichen, sollte es weder breit und schwer, aber keinesfalls kurz sein. Den Übergang vom Kopf zum Hals wünschen sich Reiter und Fahrer übergangslos, geschmeidig und beweglich. Die damit gegebene Durchlässigkeit bringt Pferden aller Gebrauchsrichtungen Vorteile in Ausbildung, Sport und Freizeitreiterei.

Der ideale **Hals** müßte etwa rechtwinklig zur Schulter aufgesetzt sein und sich bei leicht gewölbter, bemuskelter Oberlinie (Kamm) zum Kopf hin verjüngen. Die untere Halslinie verläuft am besten gerade. Der kurze, schwere (überladene) Hals kann zu Gleichgewichtsschwierigkeiten führen, wenn dieses Handicap nicht durch besten Aufsatz weitgehend ausgeglichen werden kann.

Ein übermäßig stark bemuskelter Unterhals, oft gekoppelt mit steifem Genick und engen Ganaschen, macht ein Pferd zum Reiten weitgehend unbrauchbar.

Pferde mit Schwanenhals entziehen sich gerne der Hand des Reiters. Er läßt aber sehr oft das Tier elegant erscheinen. Hirschhälse treten nicht selten mit steifem Genick und festem Rücken zusammen auf.

Der Übergang beziehungsweise die Verbindung des Halses mit der Schulter sollte fließend und breit sein, weil dann das Zusammenwirken von Hinterhand, Lenden, Rücken, Vorhand, Hals und Maul optimal verläuft. Bei einem im Ansatz schmalen, dünnen Hals kann eine Unterbrechung der Verbindung möglich werden.

Ein kräftiger, gut bemuskelter **Widerrist,** der lang und allmählich in den Rücken verläuft, garantiert für Reitpferde aller Richtungen eine sichere, gute Sattellage. Er wird von den Dornfortsätzen der ersten sieben Rückenwirbel gebildet. Der höchste Punkt sollte einige Zentimeter höher liegen als die Kruppenspitze. Ein kaum erkennbarer Widerrist in Verbindung mit überhöhter Kruppe (Überbautsein) bieten dem Sattel keinen Halt und vermitteln dem Reiter das Gefühl, bergab zu reiten. Die damit verbundenen Gewichtsverlagerungen des Reiters stören ständig das Gleichgewicht des Pferdes und belasten die Vordergliedmaßen unnötig stark. Satteldruck ist kaum zu vermeiden.

Die vom Kehlrand abwärts bis zum Brustbein und anschließend zu den Buggelenken verlaufende **Vorderbrust** begrenzt den **Brustkorb** nach vorne. Darin liegt die Lunge, die einmal ausreichend Volumen und zum anderen bei Anstrengung Ausdehnungsmöglichkeiten haben muß.

Das bedeutet: Die Außenfläche vorne sollte angemessen groß sein, hoch, kräftig bemuskelt und mittelbreit.

Einige Brustformen engen die Leistungsfähigkeit der Pferde ein:
– die Hühnerbrust ist stark nach vorne gewölbt, bisweilen fast spitz auslaufend
– die Löwenbrust ist überbreit, plump und fleischig
– die Ziegenbrust ist äußerst schmal
– die Habichtsbrust hat ein weit vorstehendes Brustbein und Schnabelform
– eine breite, tiefe Brust mit weiten Verzweigungen der Lunge und damit weiten Luftwegen wirkt sich für Leistungs- und besonders für Rennpferde ungünstig aus, weil ihnen die „Puste" relativ früh ausgeht (die Luftwege sind zu weit).

Die **Schulter** verläuft vom Widerrist vorwärts-abwärts zum Buggelenk. Sie kann nicht lang und schräg genug sein. Außerdem wünscht man sie mit kräftigen Muskeln bepackt und zum Hals hin deutlich abgegrenzt. Eine so angelegte Schulterpartie ermöglicht höchste Ergiebigkeit der Gänge. Gepaart mit einem optimalen Widerrist und einem idealen Hals ergibt sich eine ausgezeichnete Sattellage, und der Reiter hat „viel vor sich". Das erhöht die Sicherheit und erleichtert die korrekte Hilfengebung.

Der **Oberarm** steht im rechten Winkel zur Schulter. Er sollte lang und muskulös sein, um weiten Vortritt zu ermöglichen. Das Pferd hat kein Schlüsselbein als Stütze für den vorderen Teil des Rumpfes. Dieser ist mittels kräftiger Sehnen, Bänder und Muskulatur mit den Gliedmaßen verbunden.

Vom Ellenbogen ist im Regelfall nur der Ellenbogenhöcker sichtbar. Er dient Sehnen und Muskeln als Ansatzstelle; deshalb wünscht man ihn stark ausgeprägt und kräftig mit genügend Abstand zur Seitenbrust (Ellenbogenfreiheit). Dadurch werden Funktionsstörungen vermieden.

Die Ausbildung des **Unterarmes** muß differenziert betrachtet werden. Beste Bemuskelung wird in allen Fällen bevorzugt. Lange, nahe an den Boden heranreichende Unterarme mit tiefliegenden Vorderfußwurzelgelenken erweisen sich als Vorteil für alle Pferde, bei denen es darum geht, vorwärts zu kommen. Die Bewegungen werden flach aber raumgreifend.

Abb. 58. Gut gebaute Schulter. Richtige Winkelung von Schulter- und Vorderbeinknochen.

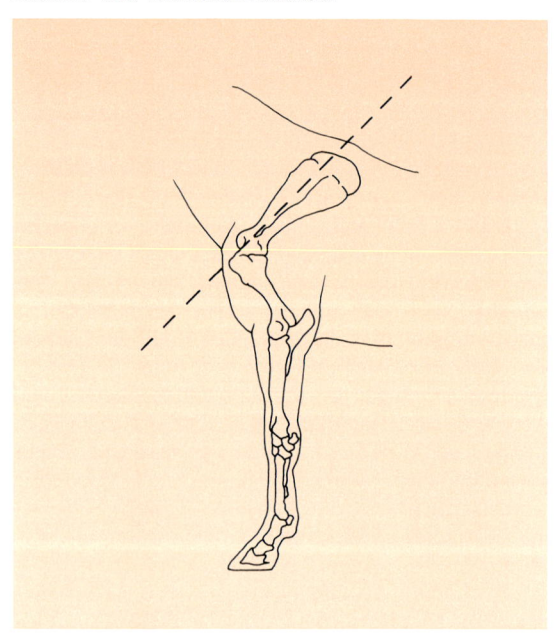

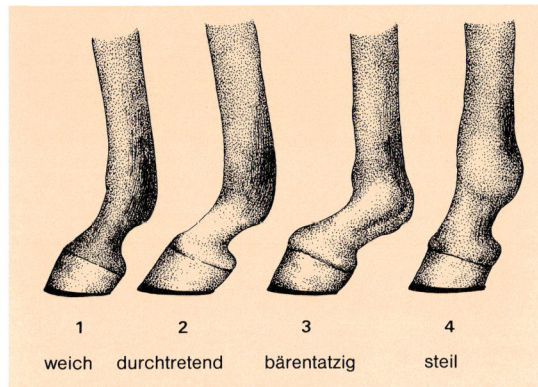

Abb. 59. Fehlerhafte Fesselstellungen.

Das **Vorderfußwurzelgelenk** sollte breit (Vorder- und Seitenbild) ausgebildet und dabei kräftig, groß und trocken sein. Die Begrenzungslinien außen verlaufen zweckmäßigerweise flach (weniger Verletzungsgefahr). Geschliffene (keine seitliche Abhebung) und geschnürte (überdeutliches Absetzen nach hinten zum Röhrbein) Vorderfußwurzeln erweisen sich meistens als nicht genügend stark und wenig belastbar. Sie zählen zu den Fehlern oder zumindest zu den Schwachpunkten eines Pferdes.

Eine kurze **Vorderröhre** erhöht Gleichgewicht und Gangleistung der Pferde. Leistungspferde zeichnen sich durch klare, trockene Vorderröhren aus. Oftmals vorkommende, ertastbare oder gar sichtbare Knochenauftreibungen (durch Ausschlagen oder sonstige Verletzungen hervorgerufen) und Überbeine beeinträchtigen die Leistungen der Pferde wenig, manchmal gar nicht, wenn sie nicht zu groß werden und nicht in der Nähe von Sehnen und Gelenken sitzen. Lahmheiten treten auf, wenn Überbeine nach größeren Anstrengungen Druck auf die hintere Beugesehne ausüben.

Auf Schauen und Stuteneintragungsterminen mißt man den **Röhrbeinumfang** an der dünnsten Stelle. Er sollte bei mittelschweren Warmblütern zwanzig Zentimeter nicht unterschreiten. Die Dicke der Vorderröhre kann gewiß nicht einziger und wichtigster Maßstab der Belastbarkeit sein, trotz-

Für Dressur- und Wagenpferde (bes. für Hakney's) kann der kürzere Unterarm durchaus erwünscht sein. Aus optischer Sicht (Ausdruck des Ganges, Ästhetik) bringt die höhere Aktion der Pferde Glanz in die Vorstellung.

Die unterschiedlichen Tempi und Gangmaße müssen immer noch klar gezeigt werden können.

Das bedeutet: Eine bestimmte Grenze in bezug auf die Länge des Unterarmes kann nicht unterschritten werden, wie verlockend anzuschauen die »Hohe Schule« für den Betrachter auch sein mag.

Abb. 60. Hufformen von vorne und von unten.

Abb. 61. Hufformen von der Seite. 1 = normal, 2 = spitz, 3 = stumpf, 4 = normal, 5 = Korrekturempfehlung bei spitzem Stand, 6 = Korrekturempfehlung bei stumpfem Stand.

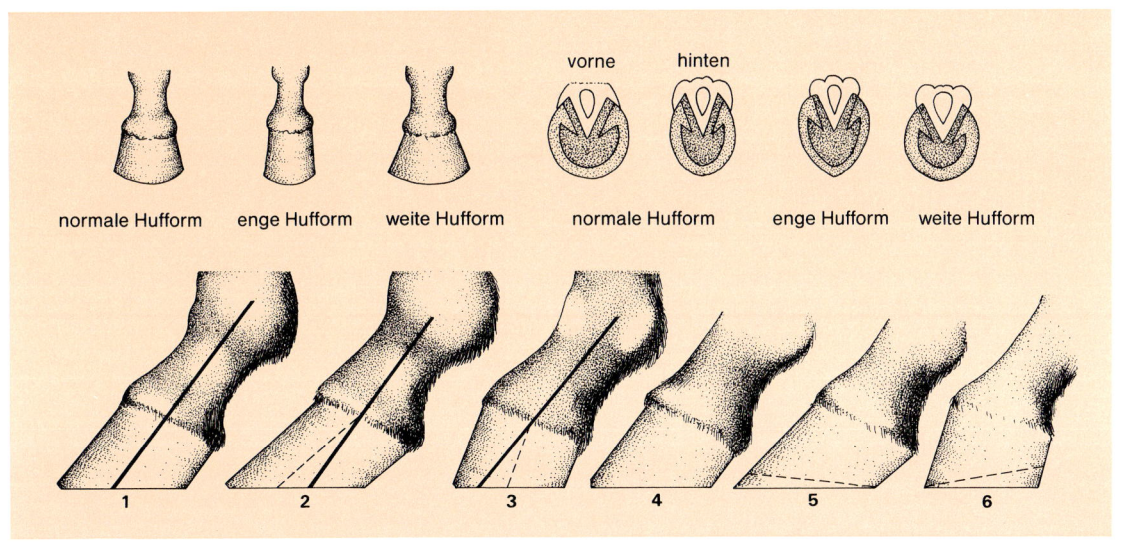

dem kann eine gewisse Stärke, die Härte, Widerstandskraft und Belastbarkeit der Knochen und Sehnen gewährleistet, nicht unterschritten werden. Darauf sollten alle Pferdezüchter unbedingt bewußt achten.

Röhrenumfang, gekoppelt mit qualitätsvollem Aufbau und optimaler Zusammensetzung von Knochen und Sehnen (trocken) machen das Skelett und die Gliedmaßen der Pferde erst »eisern« oder »stahlhart«.

Zuchtauswahl und richtige Fütterung führen zu diesem Ziel. Die **Vorderfessel** stellt die Verbindung von der Vorderröhre zum Huf her. Sie sollte mit ihr einen Winkel von etwa 45° bilden sowie gut mittellang und elastisch sein.

Bei steiler Fesselung werden Druck- und Stoßbelastung der Gelenke so groß, daß Schäden nicht ausbleiben können, weil die Pferde nicht elastisch fußen. Die Gänge werden hart und das senkrechte Aufsetzen führt leicht zum Stolpern. Das Gegenteil, die weiche Fesselung, erscheint dem Reiter angenehm (weiche Gänge). Sie strapaziert jedoch die Beugesehne über Gebühr stark und im Extrem treten die Pferde durch (Fesselkopf berührt den Boden). Diese Belastung halten die Sehnen auf die Dauer nicht aus. Stehen bei weicher Fessel die Hufe (Hufbeine) steil, dann ist die Achse im Hufbein gebrochen. Die Pferde stehen bärentatzig. Als Folge davon wird der Körper mangelhaft unterstützt; ein grober Exterieurfehler.

Die Form der Hufe (in der Anlage vererbt) wird von Boden, Klima, Fütterung und Pflege mitgestaltet. Weiche, feuchte Böden fördern über Generationen die Ausbildung großer, oft flacher Hufe mit erweiterter Auftrittsfläche. Trockene, harte Böden führen zu relativ kleinen, oft engen aber harten Hufen.

Der Normalhuf bildet mit seiner Zehenwand einen Winkel von etwa 45° zum Boden. Beim Vorwärtsbewegen fußt der Tragrand gleichmäßig und gleichzeitig auf. Er wird gleich stark belastet, wenn der Huf in geradem Stand auf ebenem Boden voll aufliegt.

Die Vorderhufe haben runde, die Hinterhufe eher ovale, bisweilen spitz zulaufende Konturen. Gesunde Hufe lassen sich gut bearbeiten, wachsen gleichmäßig und zeigen einen leichten, glänzenden Schleier auf der glatten Hornwand.

Bei der Beurteilung eines Pferdes muß man die Hufe auch von unten unter die Lupe nehmen, erst recht dann, wenn dieselben beim gleichen Pferd unterschiedliche Formen erkennen lassen. Das kann die Folge von Schädigungen, Krankheiten oder von ungleichen Belastungen sein.

Der Tragrand sollte breit und die »weiße Linie« klar sichtbar sein. Den Strahl wünscht man trocken, ausgeprägt, klar geformt, die Hufsohle (Hornsohle) gleichmäßig stark und nach innen gewölbt. Brüchige, spröde, verformte oder gar kranke, eventuell rottende Hufe machen ein sonst gutes Pferd ziemlich wertlos.

Der Aufbau des Hufes ist kompliziert, jedoch äußerst zweckmäßig. Kleine Unstimmigkeiten, Fehler oder Schäden können die Funktionsfähigkeit mindern oder sogar in Frage stellen.

Die häufigsten Fehler der Hufe sind auf den nachstehenden Abbildungen dargestellt.

Abb. 62. Stellung der Vorderbeine, von vorne gesehen.

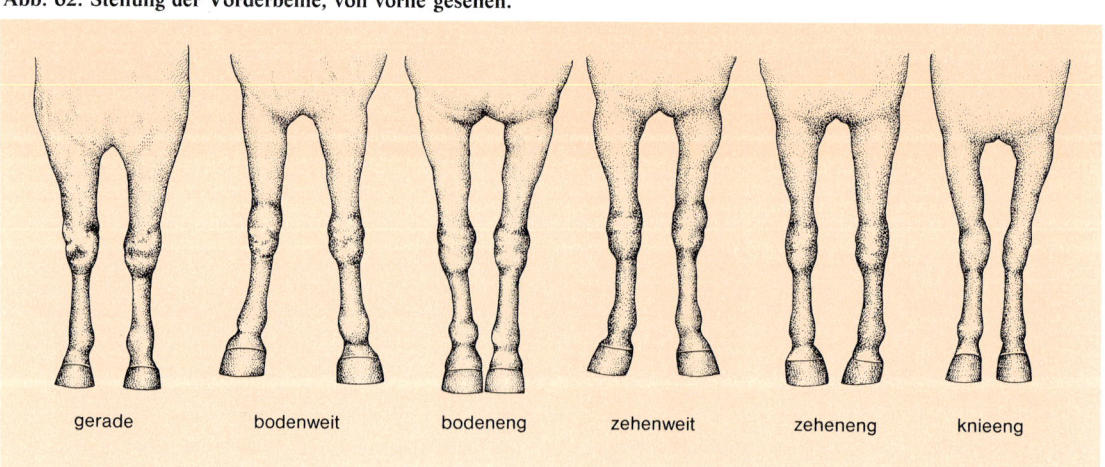

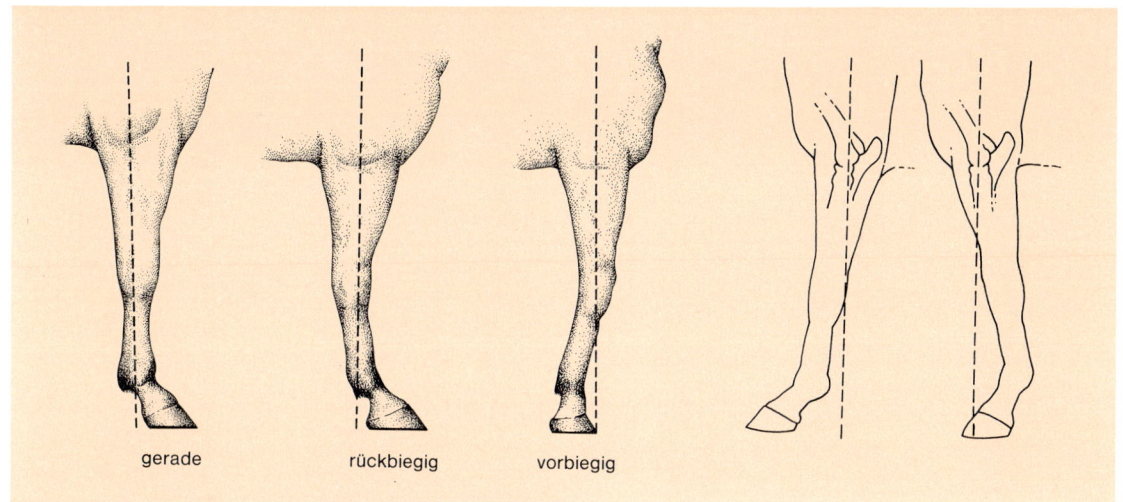

gerade   rückbiegig   vorbiegig

Abb. 63. Stellung der Vorderbeine, von der Seite gesehen.

Früh erkannte Stellungsfehler der Hufe können bei Fohlen oft korrigiert oder später durch fachgerechten Hufbeschlag in der Auswirkung gemildert werden.
Fehlerhafte Stellungen der Gliedmaßen kommen häufig vor. Ihre Richtung zum ebenen Boden verläuft recht unterschiedlich, aber nicht in allen Fällen gerade.
Die Stellungsfehler beeinträchtigen
- die Stützfunktionen der Gliedmaßen für den Körper

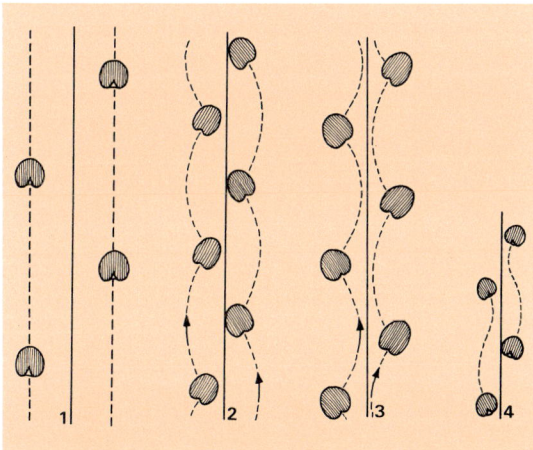

Abb. 64. Die Stellung der Vordergliedmaßen beeinflußt die Bewegungsabläufe. 1 = normal, 2 = bodeneng, 3 = bodenweit, 4 = zehen- und bodenweit.

- den Raumgriff der Bewegungen und deren Takt
- das Gleichgewicht und die Balance im Stand und in der Bewegung
- den normalen, geraden Gang.

Es treten Verletzungen durch Streichen (ein Bein schlägt gegen das andere) und Greifen (Hinterbeine greifen in die Vorderbeine) auf. Stellungsfehler fördern den schnelleren, vorzeitigen Verschleiß der Beine, besonders der Sehnen und Gelenke.
Aus der Stellung der Vordergliedmaßen ergeben sich deren Gänge und ihre Bewegungsabläufe (siehe Abb. 64).
- Normale Stellung: gerader Gang, sowohl von vorne als auch von hinten betrachtet.
- Bodenenge Stellung: Bewegungen verlaufen am Boden über außen nach innen.
- Bodenweite Stellung: Die Hufe bewegen sich im Bogen über innen nach außen vorwärts.
- Zehen- und bodenweite Stellung: Die Pferde »bügeln«.

Zur Wiederholung und Vertiefung

1. Erläutern Sie die Aufgaben des Vorführerteams bei der Vormusterung eines Pferdes auf der Dreiecksbahn.
2. Beschreiben Sie den Weg des Pferdes beim Vorführen auf der Dreiecksbahn.

3. Nennen und kommentieren Sie die Beurteilungskriterien der Gesamterscheinung eines Pferdes.
4. Welche Merkmale charakterisieren den guten Kopf der in Ihrem Betrieb gehaltenen Pferderassen?
5. Wie sollten Schulter und Widerrist der in Ihrem Betrieb gehaltenen Pferderassen ausgebildet sein?
6. Stellen Sie die Kennzeichen eines gesunden Hufes dar.
7. Kommentieren Sie die wichtigsten Stellungsfehler der Vordergliedmaßen.
8. Beschreiben Sie die Winkelungen korrekter Vordergliedmaßen.

Die Mittelhand

Sie beginnt mit dem **Rücken,** der fest, gerade, nicht zu breit und dabei kräftig, aber relativ flach bemuskelt sein sollte, da eine zu üppige Rückenmuskulatur keinen Schenkelschluß zuläßt.
Der in Relation zum Gesamtpferd gut mittellange Rücken bietet dem Sattel eine feste Lage; der Reiter kann seine Gewichtshilfen dem Pferd gut weitergeben.
Der Rücken kann tätig werden (schwingen) und ist elastisch. Das alles sind erste Vorbedingungen für jedes Reitpferd.
Dem festen, strammen, kurzen Rücken der Quadratpferde fehlen die beschriebenen Voraussetzungen meistens, darum laufen deren Bewegungen hart und ohne großen Raumgriff ab.
Bei zu langem Rücken besteht die Gefahr, daß die Hinterbeine nicht weit genug unter den Oberkörper vorgreifen können. Darunter leidet die Tragfähigkeit der Hintergliedmaßen. Die treibenden Hilfen fruchten nicht, eher wird die Schrittfolge hastig. Für Springpferde kann ein langer Rücken in passender Relation zum Gesamtkörper jedoch Vorteile bringen. Einige Fehler der Rückenausbildung mindern die Leistungsfähigkeit der Pferde.
Pferde mit **Karpfenrücken** gehen vielfach »ohne« Rücken. Sie verkrampfen.
Pferde mit **Senkrücken** – sehr häufig auch schwach bemuskelt – halten gerne den Rücken fest (lassen ihn nicht schwingen = gehen ohne Rücken). Sattellage und Tragfähigkeit werden dadurch negativ beeinflußt.

In beiden Fällen verläuft die Übertragung des Schubes aus der Hinterhand nach vorne gestört.
Die **Lende** ist das letzte Glied der Verbindungsbrücke von der Vorhand zur Hinterhand (Widerrist – Rücken – Lende).
Während Widerrist und Rücken durch Brustbein und Rippen abgestützt werden, bleibt die Lende eine freitragende Brücke. Darum muß diese Körperpartie relativ kurz, gerade, breit und kräftig sein. Dieses Verbindungsglied soll nämlich tragfähig (Verdauungsorgane) und belastbar bleiben.
Guter Schluß dieser Brücke trägt entscheidend zur Belastbarkeit der Hintergliedmaßen bei und fördert nicht zuletzt Leichtfuttrigkeit und Futterverwertung der Pferde.
Lendendruck und gewölbte Lenden vermindern die Elastizität des gesamten Rückens sowie die Kraftübertragung von hinten nach vorne.
Die **Brust,** bestehend aus Vorderbrust (bereits besprochen), Unterbrust und Seitenbrust, wird von acht wahren und zehn falschen Rippenpaaren seitlich sowie vom Widerrist oben und dem Brustbein unten gebildet.
In dem dadurch entstehenden **Brustkorb** liegen die Lunge und das Herz.
Ein Sport- oder gar Leistungspferd braucht einen gewölbten, langen und auch angemessen tiefen Brustkorb, damit sich große Lungen bei Beanspruchung (erhöhter Atemtätigkeit) seitlich und in Längsrichtung ausdehnen können.
Die vom Reiter und Fahrer erwünschte sogenannte Rippenbiegung macht einen gewissen Abstand zwischen den Rippen (Brustlänge) notwendig, weil sich bei der Biegung die inneren Rippen zusammenschieben und die äußeren den Abstand vergrößern. Das erfordert Bewegungsfreiheit der einzelnen Rippen des Pferdes.
Weit nach hinten, bis nahe an den Hüfthöcker ausladende Rippen bringen den erwünschten, guten Körperschluß, der auch ein Merkmal guter Futterverwertung ist.
Gute Rippenwölbung (weder flach – noch tonnig) bietet bei angepaßter (nicht übertriebener) Muskelbepackung optimale Gurt- und Sattellage und erlaubt dem Reiter, über Schenkel und Knie feste Verbindung zu seinem Pferd herzustellen. Zu den übrigen Körperteilen passende, günstige Rippenlängenmaße gewährleisten Geschmeidigkeit und Biegsamkeit.
Kurzrippige Pferde sind wenig geschmeidig, überlange neigen häufig zu Verbiegungen. Beide kommen immer in Kombination mit ungünstigen Rückenlängen vor.

Der an die Brust anschließende **Bauch** reicht bis zum Kniegelenk, beziehungsweise bis zum Anfang der Kruppe.

Bei Pferden im Training sollte sein Umfang den des Brustkorbes nicht übertreffen.

Die **Flanke** sollte gerade vom Bauch in die Hinterhand übergehen, dann ergeben sich weder unnötige Belastungen noch Nachteile bezüglich Leichtfuttrigkeit und Futterverwertung.

Weide- und Heubäuche erweisen sich bei Zuchtstuten und Jungpferden als unbedenklich.

Der Hängebauch (starker Durchhang) dagegen mißgestaltet alle Pferde erheblich, engt die Bewegungsmöglichkeiten ein und zeigt Konstitutionsmangel an.

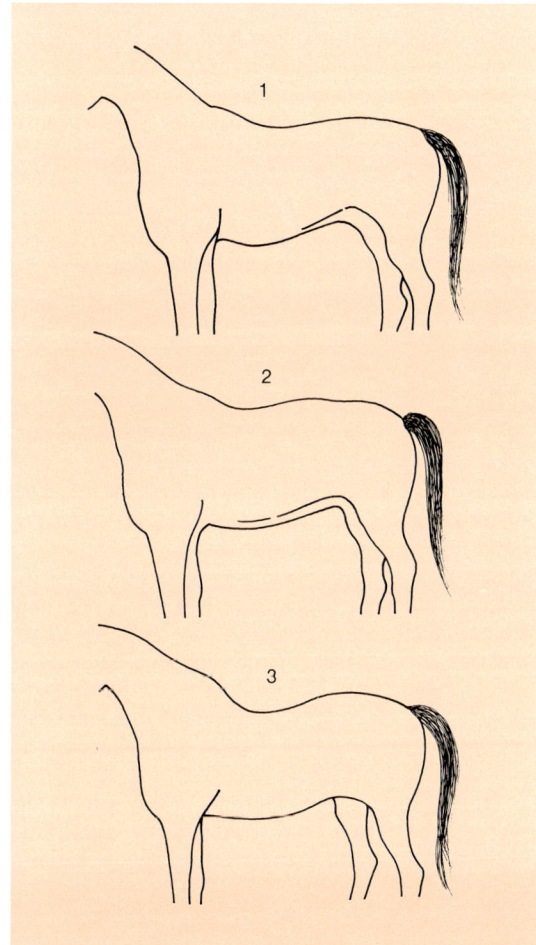

Abb. 65. Rückenausbildungen. 1 = idealer Rücken, 2 = Karpfenrücken, 3 = Senkrücken.

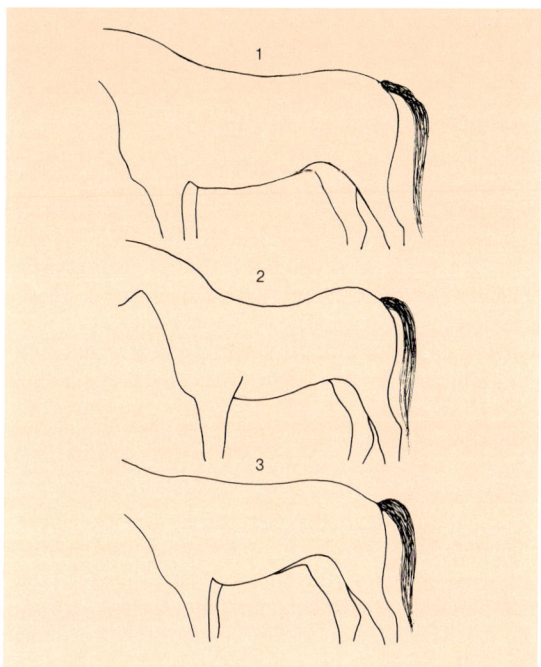

Abb. 66. Kruppenausbildungen. 1 = normale Kruppe, 2 = überbautes Pferd, 3 = abfallende Kruppe.

Das Gegenteil, der aufgezogene (geschürzte) Bauch, verbunden mit geringer Flankentiefe, läßt auf schlechte Futteraufnahme, Hartfuttrigkeit und schlechte Futterverwertung schließen.

Als Zuchtstuten eignen sich solche Pferde kaum, weil die Fütterung teuer und die Verdauung störungsanfällig wird. Für ein Fohlen bleibt kaum Platz im Mutterleib (kleine, leichte Fohlen).

Hinweise auf gute Futteraufnahme und Leichtfuttrigkeit sowie gute Futterverwertung gibt eine stets geschlossene Hungergrube. Sie liegt unterhalb des Hüfthöckers.

Die Hinterhand

Die Hinterhand ist der »Motor« des Pferdes und kann darum nicht korrekt genug geformt sein. Voraussetzungen dafür sind genügend lange, starke, belastungsfähige Knochen, die bei richtiger Winkelung ein arbeitsfähiges Hebelsystem bilden, welches von wohlgeformten, kräftigen Muskeln mit den entsprechenden Sehnen in Gang gesetzt wird.

Dazu gehört auch ein langer, getragener **Schweif**. Er dient als Anzeiger für Wohlbefinden, Losgelassenheit und Zufriedenheit. Eingeklemmte und schief getragene Schweife deuten nicht selten auf Teilmuskellähmungen hin, aber auch auf Unmut oder Angst. Sie stören die Harmonie des gesamten Pferdes und sehen häßlich aus.

Die **Kruppe** schließt an die Lende an und reicht bis zum Schweifansatz. Seitlich wird sie von den Hüftbein- und Sitzbeinhöckern begrenzt. Erwünscht ist eine aus seitlicher Sicht mäßig abfallende Kruppe (siehe Abb. 66), die von hinten betrachtet melonenartig geformt, aber nicht übermäßig breit ist (hüftig). Bemuskelung, Winkelung der Gelenke und demzufolge Tragkraft und Schubpotential (Leistungsmöglichkeit) der Hinterhand erweisen sich bei dieser Formierung als optimal.

Kurze, gerade und abfallende Kruppen (zur Seite und nach hinten) führen zu einer ungünstigen Winkelung des Hüftgelenks. Tragkraft und Vorschub der Hinterhand leiden darunter. Seitlich abfallende Kruppen sind meistens auch noch schwach bemuskelt.

Überbaute Pferde greifen sich gerne, weil die Hintergliedmaßen im Vergleich zum Gesamtpferdekörper meistens recht lang geraten (Abb. 66). Vielfach kommen ungünstige Winkelungen der Gelenke hinzu. Das Gleichgewicht und die »reinen« Gänge leiden darunter.

Die Hintergliedmaßen leisten bei jeder Beanspruchung des Pferdes die Hauptarbeit. Entsprechend diesem Anspruch müssen Stärke, Länge und Anordnung des Hinterhandskeletts bewertet werden.

Die Angaben von Gelenkswinkelungen in Maß und Zahl dürfen nicht dazu führen, eine Beurteilung der Pferde nach geometrischen Maßstäben vorzunehmen. Dann besteht nämlich die Gefahr, daß man andere wichtige Qualitätskriterien übersieht. Sie stellen aber in jedem Fall ein Hilfsmittel dar, um Anhaltspunkte zu finden.

Der Hüftgelenkswinkel (zwischen Hüft- und Oberschenkelbein) sollte etwa 90° messen (rechter Winkel). Für Kniegelenk (zwischen Ober- und Unterschenkel) und Sprunggelenk (zwischen Unterschenkel und Röhrbein) gelten etwa 130° (stumpfer Winkel) als angemessen.

Die Länge des Oberschenkels bestimmt nachdrücklich die Ergiebigkeit der Schritte. Im Idealfall liegt das Knie senkrecht unterhalb des Hüfthockers. Durch ein solches, weit nach vorne gelagertes Kniegelenk bekommt der Oberschenkel von der Seite betrachtet gleichsam die Form eines Quadrates. Diese Anordnung begünstigt Schrittlänge und Schubkraft und fördert Elastizität und Federkraft des Ganges.

Fehlerhaft sind weit hinten angelegte Knie, weil steiler Stand der Gliedmaßen und nach hinten herausgestellte Sprunggelenke daraus resultieren. Solche Pferde treten nicht weit unter, sie zackeln, die Tritte werden kurz und die Hinterhand erscheint insgesamt steif.

Für die Unterschenkel der Hintergliedmaßen gelten auch weitgehend die bei der Besprechung der Vorhand aufgezeigten Grundsätze. Breite, vergleichsweise lange Unterschenkel verlagern das Sprunggelenk weit zum Boden hin und erfordern kurze, kräftige Hinterröhren. Bei allen Pferden, besonders bei Sportpferden aller Gattungen, kann die Bemuskelung (Behosung) nicht kompakt und kräftig genug sein.

Das richtige Ansprechen des Sprunggelenks (Hinterfußwurzelgelenk) bereitet nicht selten selbst erfahrenen Hippologen einige Schwierigkeiten. Dieses wohl wichtigste Gelenk des Pferdes ist recht kompliziert zusammengesetzt. Es bedarf eines geübten Auges, um alle möglichen Varianten der Ausbildung dieses Gelenks fach- und sachgerecht einzustufen.

Wegen der hohen Beanspruchung wird ein breites, klares, ausdrucksvolles und trockenes Sprunggelenk gefordert, welches breit eingeschient ist. Es muß ohne deutlich sichtbare Übergänge in den Unterschenkel und in die Hinterröhre übergehen. Am Sprungbein setzt die wichtigste Strecksehne an; darum sollte es lang und breit ausgebildet sein.

Leicht steile Sprunggelenkswinkel (über 130°) behindern Gebrauchs- und Springpferde kaum, wenn die Oberschenkel günstig angelegt sind. Es leidet zwar der Raumgriff im Schritt, dafür können Trab und Galopp wegen des kräftigeren Abschnellens gewinnen. Bei Dressurpferden bringt wenig verstärkte Winkelung (unter 130°) kaum Nachteile, wenn die optimale Lage des Knies unverändert bleibt. Die stärkere Beugung des Gelenkes erleichtert sogar die Ausführung schwerer Dressurlektionen.

Fehlerhaft und leistungsmindernd sind schmale, schwache, schlecht eingeschiente sowie steile und stark gewinkelte Sprunggelenke. Sie führen zu Überbeanspruchung und als weitere Folge zu bleibenden Veränderungen und Schädigungen des Sprunggelenkskeletts (z. B. Spat, Knochenhautentzündungen, Piephacke, Hasenhacke, Gallen, Knochenauftreibungen).

Die **Hinterröhre** ist bei Pferden immer ein wenig länger als die Vorderröhre sowie stärker und kräftiger. Folglich muß das Sprunggelenk stets höher liegen als das Vorderfußwurzelgelenk. Ansonsten gelten die für die Vorderröhre besprochenen Merkmale.

Die **Hinterfessel** darf bei kleinen Abweichungen von

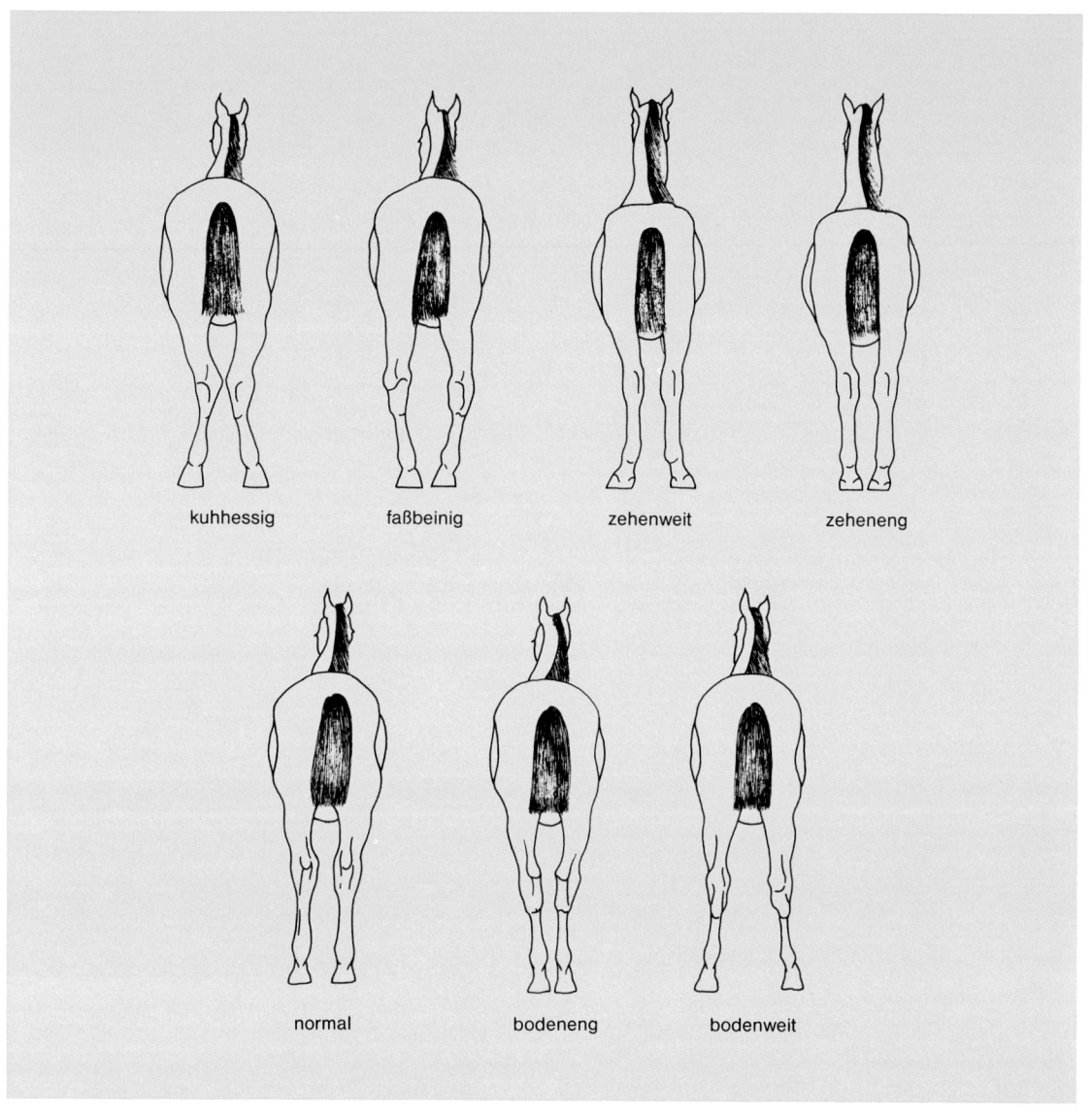

Abb. 67. Stellung der Hintergliedmaßen von hinten.

der Idealstellung nicht ganz so kritisch beurteilt werden wie die VorderfesseI, weil sie das Körpergewicht nicht auffangen muß. Sie ist normalerweise ohnehin etwas länger und weicher (50°) und macht dadurch die Bewegungen federnder und für den Reiter angenehm.

An die Ausbildung der **Hinterhufe** sind die gleichen Anforderungen zu stellen wie an die der Vorhand. Die Formabweichungen wurden bereits erläutert.

Über erwünschte und fehlerhafte Stellungen der Hintergliedmaßen informieren die Zeichnungen der Abb. 67 (Sicht von hinten) und Abb. 68 (Sicht von der Seite).

Die Hintergliedmaßen sind kräftiger und stärker ausgebildet als die vorderen. Sie halten darum größere Belastungen aus, wenn auch kleine Abweichungen von der Normvorstellung unverkennbar ins Auge fallen.

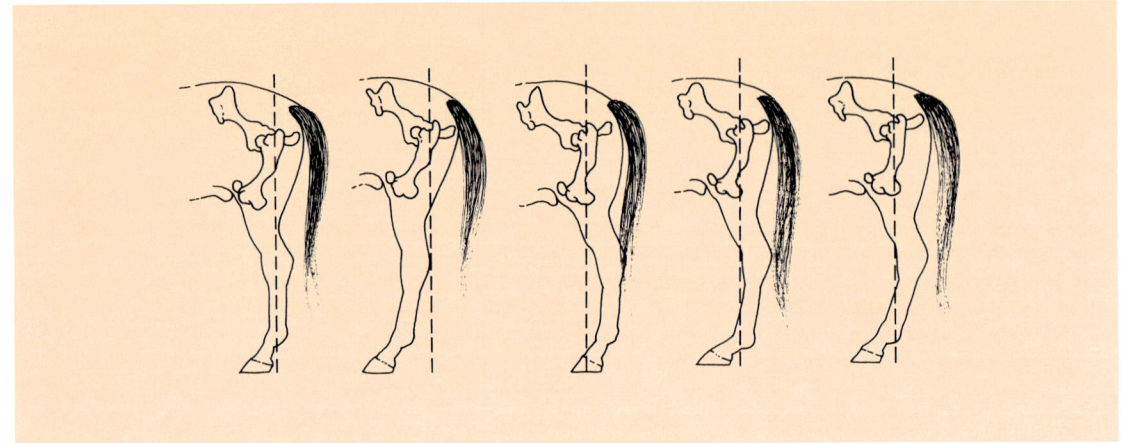

Abb. 68. Stellung der Hintergliedmaßen von der Seite.

3.4.3 Die Beurteilung der Gänge

Unter Gang versteht man den Vortritt eines Pferdes im Schritt, Trab und Galopp (Tölt und Paßfußfolgen Seite 31–34).

Als Raumgriff wird der dabei erzielte Bodengewinn bezeichnet. Bei der Vorstellung an der Hand können der Schritt und der Trab gezeigt werden. Beide sind auf dem Dreieck von hinten, von vorne und von der Seite zu sehen.

Bei der Beurteilung geht es um die Korrektheit und die Mechanik des Ganges.

Erwünscht sind:
– gerade Gänge. Das Pferd tritt da auf, wohin der Huf zeigt. Die Vorderbeine verdecken die Hinterbeine und umgekehrt. Ein solches Pferd trägt sich selbst.
– harmonische, ohne Zwang ablaufende natürliche Bewegungen.
– mächtiger Schub, der sich aus einer kräftigen, aktiven Hinterhand heraus entwickelt.
– ein langer, fleißiger, nicht am Boden klebender Schritt (Viertakt) als wichtigste Gangart. Die Hinterhufe fußen vor den Spuren (Hufschlag) der Vorderbeine.
– taktmäßiger, fleißiger, raumgreifender und gut geregelter Trab (Zweitakt). Die Hinterhufe fußen auf die Vorderfußspuren.
– weitausgreifende, lange und leichte Galoppsprünge (Dreitakt). Nur ruhige, gedehnte, mühelos erscheinende Galoppsprünge bringen Bodengewinn und ermüden das Pferd verhältnismäßig wenig.

3.4.4 Sonstige Beurteilungskriterien

Neben den Exterieurmerkmalen prägen psychische (seelische) Eigenschaften das Gesamtbild des Pferdes. Man spricht von seinem **Charakter** und **Temperament**. Beide gehören zum Pferd und können beste körperliche Veranlagungen und hervorragende Leistungsvermögen erst voll zur Wirkung bringen, aber diese auch ins Gegenteil verkehren.

Pferde mit kleinen Exterieurfehlern, aber mit einem unbeugsamen Leistungswillen ausgestattet, vollbringen meistens bessere Leistungen als korrekt gebaute mit Charakter- und Temperamentsschwierigkeiten.

Zur Beurteilung der **Pferdepsyche** nach dem äußeren Erscheinungsbild können dienen:
– das Ohrenspiel
– die Reaktionen der Augen
– die Bewegungsaktivitäten des Pferdekörpers.

Pferdekenner lesen aus dem Gesichtsausdruck und den Blicken eines Pferdes viele Einzeleigenschaften ab.

Zum Beispiel:
– zutraulich
– reizbar
– teilnahmslos
– tapfer
– feige
– freundlich
– feurig
– abgeklärt
– gescheit
– ängstlich

Versierte Pferdezüchter erkennen auf die gleiche Weise echte Mütterlichkeit bei Stuten oder Stolz und Selbstbewußtsein bei Hengsten.

Man kann Pferde durchaus in die von uns Menschen her bekannten Temperamentsgruppen einstufen. Dann kommt man zu nachstehender Einteilung:

1. **Sanguiniker** (lebhaft – friedlich) sind Leistungstypen, die gelehrig, fleißig, verläßlich, energisch mit lebhaften Bewegungen ausgestattet und gute Futterverwerter sind. Es besteht die Gefahr, diese Pferde zu überfordern.

    Anzeichen dafür sind ein weit offenes, ruhiges Auge, Ohren aufrecht stehend. Sie bewegen sich aufmerksam. Die Bewegungen und Schritte sind elastisch und fleißig.

2. **Choleriker** (lebhaft – leidenschaftlich – reizbar) sind lebhaft und kämpferisch. Die Pferde brauchen erfahrene Reiter. Sie neigen zu Widersetzlichkeiten und sind schwierig zu handhaben. Bei entsprechender Behandlung sind gute bis sehr gute Leistungen möglich. Die Futterverwertung ist schlecht. Strafen werden nicht vertragen.

    Als Anzeichen gelten weiße Teile des Auges, die mehrfach sichtbar werden. Die Pferde legen oft die Ohren an oder drücken sie mit den Spitzen zurück. Diese Pferde bewegen sich schnell und ruckweise.

3. **Phlegmatiker** (körperlich träge – geistig wenig rege) sind ruhig und friedlich. Sie bewegen sich ruhig und sind verläßlich in der Arbeit, müssen aber getrieben werden. Die Futterverwertung ist gut.

    Anzeichen sind ruhige Augen mit ein wenig gesenkten Augenlidern. Die Ohrmuscheln sind nach vorne gerichtet. Die Bewegungen verlaufen langsam, aber raumgreifend.

4. **Melancholiker** (schwermütige Pferde, ruhig, kämpferisch) sind schwer zu behandeln, nicht sehr gelehrig, bisweilen widersetzlich und versagen gerne die Leistung. In der Arbeit sind sie unzuverlässig. Bisweilen werden Strafen notwendig. Nicht selten ist die Futterverwertung schlecht.

    Die Augen sind oft halb geschlossen. Das Ohrenspiel ist unregelmäßig. Das Einzelohr nimmt oft eine unterschiedliche Stellung ein, die Tritte erscheinen schleifend und kurz.

Von Sport- und Reitpferden fordert man Leistungsbereitschaft und Leistungswillen, dazu Energie, Nerv und Gehlust. Diese Eigenschaften müssen ohne großen Widerstand zum Nutzen der Leistung gezeigt werden. Die Pferde dürfen sich nicht gegen die Wünsche der Reiter wehren.

Besonders Gebrauchs-, Freizeit- und Schulpferde sollten zusätzlich gutartig, fromm, ruhig und unkompliziert sein, weil sie von »Noch-nicht-Fachleuten« genutzt und betreut werden.

Alle Pferde dürfen im Stall, auf der Koppel und im Umgang keine Untugenden zeigen. Sie müssen stallfromm und schmiedesicher sein. Spitzenpferde können sich allenthalben einiges an Eigenheiten oder gar Untugenden leisten, weil sie diese Mätzchen durch besondere Leistungen und entsprechende Gewinne ausgleichen. Zudem wechseln sie kaum Reiter oder Fahrer und Betreuer. Das »Sich-gegenseitig-Kennen« schaltet Gefahrenquellen und Behandlungsfehler weitgehend aus.

Die Größe (Stockmaß) als Beurteilungsmaßstab

Als relativ vererbungstreu haben sich rassetypisch mittelgroße Pferde (besonders Stuten) herausgeschält. Sie bewähren sich außerdem in bezug auf Leistungsvermögen und Wirtschaftlichkeit. Sie sollten aber in großem, bedeutendem Rahmen stehen.

Riesenpferde (besonders Stuten) gelten als vergleichsweise unberechenbare Vererber mit großer Schwankungsbreite. Ihre Harmonie läßt oft viele Wünsche offen; sie fallen auseinander.

Langbeinige, staksige Pferde sind für jeden Verwendungszweck abzulehnen.

Zu klein werden Pferde sehr schnell, wenn man vornehmlich auf harmonisches Exterieur züchtet.

Farbe

Sie kann im Einzelfall ein rassetypisches, Rasseeinheit gewährleistendes Merkmal sein.

Allgemein gilt die Regel, daß gute Pferde keine Farbe haben. Allerdings betonen reine, ausgeprägte Farben die Vorzüge eines Pferdes, dagegen können unreine und allzu bunte Farbmischungen Körperformen verzerren und häßlich wirken.

Generell bestehen keine Zusammenhänge zwischen Farbe und Leistung. Trotzdem haben manche Pferdeliebhaber und -züchter Vorlieben für bestimmte Farben, andere lehnen vielleicht Füchse oder Schecken ab. Fundierte Begründungen gibt es dafür jedoch nicht.

Harmonie

Das Pferd ist ein lebender Organismus. Alle Körperteile müssen in ihren Proportionen (Größenverhältnissen) zueinander passen, um optimal in ihren Funktionen aufeinander abgestimmt zu sein. Nur wenn das der Fall ist, können alle Lebensäußerungen reibungslos und störungsfrei ablaufen.

Die Harmonie der äußerlich sichtbaren Körperpartien verleiht den Pferden außerdem den letzten Schliff und Glanz, seine Eleganz.

Weil es nicht oft genug betont werden kann, soll zusammenfassend zum Kapitel Pferdebeurteilung nochmals festgestellt werden: Pferde beurteilen bedeutet nicht, ihre Fehler zu suchen, diese zu finden und dann aufzuzählen. Es geht darum, die Qualität und den Wert eines bestimmten Pferdes für einen gewünschten Verwendungszweck unter Berücksichtigung seiner Vorzüge (Points), Fehler und Mängel nach reichlichem, fachlich und sachlich begründetem Abwägen festzulegen.

Bei öffentlicher Kommentierung gefundener Bewertungen beginnt man immer mit den positiven Merkmalen und weist auf die negativen hin. Eine unmißverständliche Aussage (Ergebnis) sollte stets als Abschluß gemacht werden.

Abschließend noch einige Begriffe aus der Pferdebeurteilungssprache:

- Gleichgewicht: Es geht dabei um die Balance des Pferdes, sowohl körperlich (physisch), als auch seelisch (psychisch), also um seine Fähigkeit, den Reiter ohne Muskelverkrampfungen sicher zu tragen.
  Diese Eigenschaft ist zum Teil angeboren (natürliches Gleichgewicht), wird aber auch durch Dressurarbeit verstärkt.
- Balance: Gemeint ist das Gleichgewicht zu den Seiten hin, nicht in Bewegungsrichtung.
- Fleißiger Gang: Beurteilt wird hier die Schnelligkeit der Wiederholungen des Bewegungsablaufes, die Gehlust.
- Takt: Im Schritt und Galopp müssen die Schritte bzw. Sprünge in regelmäßigen Abständen folgen, im Trab müssen die diagonalen Beinpaare gleichmäßig ab- und auffußen.
- Losgelassenheit: Sie ist erreicht, wenn das Pferd mit vorwärts gerichteter Hals- und Kopfhaltung taktmäßig und raumgreifend ohne zu eilen vorwärtsgeht, besonders im Trab und Galopp. Ein natürlich getragener, pendelnder Schweif ist ein sicherer Anzeiger.
- Schwung: Er ist erreicht, wenn alle vier Gliedmaßen taktmäßig auf- und abfußen, bei weichen, runden Bewegungen und schwingendem Rücken. Die Gelenke sind gleichmäßig federnd an den Bewegungen beteiligt.
- Hilfen: Hilfen sind die Schenkel (treibend, verwahrend), die Zügel (verhaltend) und das Gewicht des Reiters, welches beide ergänzt. Die Peitsche (Gerte, Klappe) treibt und führt.
- Points (Hauptpunkte): Die Points sind besonders bemerkenswerte, herausragende (gut gebaute) Körperpartien (positive Exterieureinzelheiten), die kleinere Mängel ausgleichen können.
- Reiner Gang: Takt und Fußfolge in den drei Grundgangarten sind regelmäßig, dazu kommen korrektes Gebäude, völlige Losgelassenheit, Schwung und Durchlässigkeit.
- Durchlässigkeit: Sie ist die durch Dressur erlangte Eigenschaft des Pferdes, auf Hilfen des Reiters einzugehen und darauf richtig zu reagieren.

Zur Wiederholung und Vertiefung

1. Erläutern Sie die Nachteile fehlerhaft ausgebildeter Pferderücken und -lenden.
2. Beschreiben Sie die übrigen Teile der Mittelhand.
3. Wie sollte die ideale Kruppe eines Pferdes ausgebildet sein?
4. Stellen Sie die Längenverhältnisse von Ober- und Unterschenkel kritisch dar.
5. Warum hat das Sprunggelenk eine so große Bedeutung für alle Sportpferde?
6. Nennen Sie die Stellungsfehler der Hintergliedmaßen.
7. Nach welchen Kriterien werden die Gänge des Pferdes beurteilt?
8. An Hand welcher Merkmale können Aussagen über Charakter und Temperament eines Pferdes gemacht werden?
9. Welche Bedeutung haben Farbe und Größe für die Beurteilung eines Pferdes?
10. Nennen Sie wünschenswerte Charaktereigenschaften des Pferdes.

4 Pferdezüchtung

Für die Prägung und Ausbildung von Merkmalen und Eigenschaften eines Pferdes zeichnen seine Erbanlagen (Erbgut) und die Umwelteinflüsse (Haltung, Fütterung, Pflege, Boden, Klima) verantwortlich.

Die Erbanlagen werden bei der Befruchtung über die Geschlechtszellen von den Eltern auf die Nachkommen (Kinder) übertragen. Die Vereinigung der mütterlichen Eizelle mit der väterlichen Keimzelle (Samenzelle, Spermium) führt zur Bildung der sogenannten Zygote (befruchtete Eizelle nach Verschmelzung der beiden Geschlechtskerne). Die Zygote bildet den Ausgangspunkt für die Entwicklung neuen Lebens.

Die Träger der Erbanlagen findet man somit in den Zellen. In ihnen spielt sich der Vorgang ab, den man als **Vererbung** bezeichnet.

4.1 Grundlagen

4.1.1 Befruchtung

Die Befruchtung ist Voraussetzung für die Entstehung neuen Lebens und damit für die Übertragung von Erbanlagen.

Die bei Stuten in die Gebärmutter abgegebenen Spermien gelangen durch chemische Reize und die Größe des Eies, die Anziehung ausübt, sowie durch Eigenbewegung in den Eileiter.

Ein Enzym der Spermien löst die Randschichten des Eies auf (im Bereich des sogenannten Empfängerhügels), bis eine Samenzelle ins Innere eingedrungen ist. Dann bildet sich sofort die Befruchtungsmembran, welche das Eindringen weiterer Spermien verhindert.

Mit Schrumpfen der Eizelle und Aufblähen der eingedrungenen Samenzelle wird die letztere zum Samenkern. Dann verschmelzen die beiden Kerne von Ei- und Samenzelle.

Die einfachen (halben) Chromosomensätze der Geschlechtszellen verbinden sich jetzt mit doppeltem Chromosomensatz zur Zygote. Die Befruchtung ist erfolgt.

Die Zygote beginnt sofort damit, sich zu teilen und wandert durch den Eileiter über das Gebärmutterhorn in die Gebärmutter. Dieser Weg dauert einige Tage, die Verbindungsaufnahme mit der Gebärmutter bisweilen Wochen (Ausbildung von Eihäuten).

Der **Embryo** (Keim im Anfangsstadium der Entwicklung) wird zwischenzeitlich über **Gebärmuttermilch** (Sekrete der Gebärmutterdrüsen) ernährt.

Die weitere Entwicklung erfolgt durch schnelle Zellteilungen und Faltungen über senkrechte Schnürung, Längs- und Querfurchungen (2-/4-/8-Zellstadium) zum Maulbeerstadium (**Morula**).

Dadurch, daß die innenliegenden Zellen an die Oberfläche treten, entsteht eine Hohlkugel, die **Blastula**. Durch Einstülpung derselben nach innen bildet sie die **Gastrula** (Zweischichtiger Becherkeim). Sie hat zwei Zellschichten, das **Ektoderm** (Außenkeimblatt) und das **Entoderm** (Innenkeimblatt).

Aus dem Entoderm falten sich Zellen ab und bilden das **Mesoderm** (mittleres Keimblatt).

Es entstehen aus dem:

– Ektoderm: die Oberhaut mit Drüsen, die Haare und die Hufe, das Nervensystem und Teile der Sinnesorgane sowie die Schleimhäute am Anfang und Ende des Darmes
– Mesoderm: das Skelett, die Bindegewebe, die Muskulatur, das Epithel der Nieren, das Epithel des Brust- und Bauchfells und der Keimdrüsen, die Blutgefäße mit Blut und die Lymphe
– Entoderm: das Epithel und die Drüsen des Mitteldarms, die Leber, die Bauchspeicheldrüse, die Harnblase und das Epithel der Atmungsorgane, der Schild- und der Thymusdrüse.

Zum Stoff- und Gesamtaustausch zwischen Mutter und Embryo entstehen aus der äußeren Schicht der Morula die **Eihäute**. Sie bilden durch Faltungen Hohlräume, die mit **Fruchtwasser** gefüllt sind. Der Embryo wird vom **Amnion** (Eihaut) umgeben. Darüber liegen die **Nabelblase** und der **Urharnsack** (Allantois). Allantois und Amnion sind zusammengewachsen. Die Außenseite des Zusammenwuchses ist mit Zottenhaut (**Chorion**) versehen. Das Chorion bildet Zotten, die in die Gebärmutterschleimhaut eindringen. Diese Verbindungen heißen **Placenta** (Mutterkuchen) und besorgen den Gas-, Nährstoff- und Abfallstoffaustausch zwischen Mutter und Embryo. Es besteht demnach keine Direktverbindung. Bei Pferden sind die Zotten über die ganze Fläche des Chorions verteilt. Etwa sieben bis acht Wochen nach der Befruchtung ist der Embryo soweit entwickelt, daß Ähnlichkeiten mit der endgültigen Gestalt zu erkennen sind. Er wächst jedoch langsam, und erst zum Ende der Trächtigkeit nimmt der **Fötus** (Leibesfrucht ab dem 3. Monat) enorm an Gewicht zu (zwischen dem 9. und 11. Monat Verdoppelung). Darauf muß die Fütterung abgestellt werden.

4.1.2 Zellteilung und Reifeteilung

Die Körperzellen vermehren sich durch einfache, erbgleiche Zellteilung, die **Mitose**. Auf diese Art und Weise wachsen alle Lebewesen oder ersetzen ausgewachsene, abgestorbene und abgestoßene Zellen durch neue.

Die Zellteilung läuft wie folgt ab:
Zu Beginn zieht sich das Chromatin des Kerngerüstes zu Fäden zusammen. Diese Fäden sind die vorher nicht sichtbaren Kernschleifen, die Chromosomen.
Die **Chromosomen** haben sich vorher bereits längsgeteilt und heißen nun **Chromatiden** (Tochterchromosomen). Sie werden kürzer und dadurch dicker. Die Chromatiden halten am **Zentromer** (Einschnürung auf den Chromosomen) noch zusammen.
Das Zentralkörperchen (Zentrosom) teilt sich, und die Kernmembran löst sich auf. Die neu entstehenden zwei Zentrosomen wandern zu den Zellpolen und bilden anschließend die Kernspindel.
In der Zellmitte auf der **Äquatorialebene** siedeln sich die Chromosomen an und stellen Verbindungen zu den Zentralkörperchen her. Teile der Kernspindel verbinden sich mit dem Zentromer.
Das Zentromer teilt sich. Die beiden Zentrosomen an den Polen ziehen die Chromatiden auseinander und zu den Polen hin.

Die Kernspindel verschwindet jetzt. Die Chromatiden wandeln ihre Gestalt um zum normalen Bild und bilden das Kerngerüst der zwei neuen Zellen, deren Bildung sich durch Einschnürung der Zellwand deutlich abzeichnet.
Es erfolgt die vollkommene Trennung der Ausgangszelle in zwei neue, die mit der ersteren identisch sind. Das Ruhestadium ist erreicht.
Bei der Mitose entstehen aus einer Ausgangszelle zwei Tochterzellen. Sie haben die gleiche Zusammensetzung und demnach auch die gleiche Anzahl Chromosomen.
Beim Pferd sind es 64 Chromosomen; das ergibt 32 Chromosomenpaare (einige Autoren geben 66/33 an).
Die Geschlechtszellen vermehren sich durch Reife- oder Reduktionsteilung, die **Meiose**.
Der Unterschied zur Mitose besteht darin, daß die Zahl der Chromosomen in den geschlechtsreifen Ei- und Samenzellen auf die Hälfte reduziert sein muß, damit die Chromosomenzahl von Generation zu Generation die gleiche bleibt.
Die Meiose verläuft in zwei Phasen: in der ersten und in der zweiten Reifeteilung.
Diese Zellteilung beginnt mit der Verdopplung der DNS-Stränge. Dadurch wird jedes Chromosom in zwei Chromatiden aufgeteilt.

Abb. 69. Schema der Zellteilung (Mitose). a = Interphase, b = Prophase, c = Metaphase, d = Anaphase, e = Telophase, f = abgeschlossene Telophase.

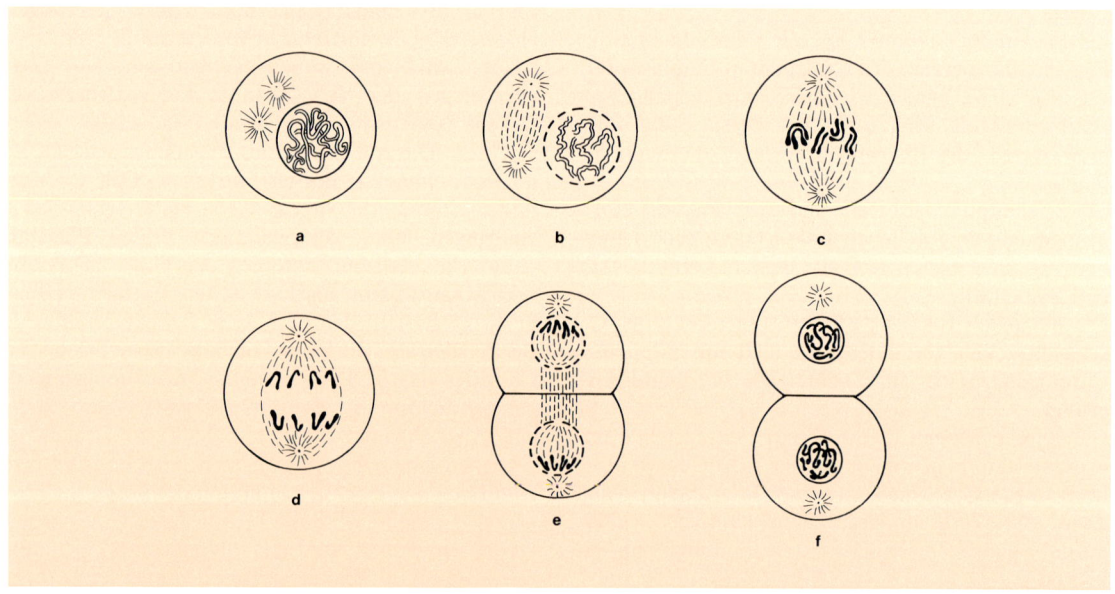

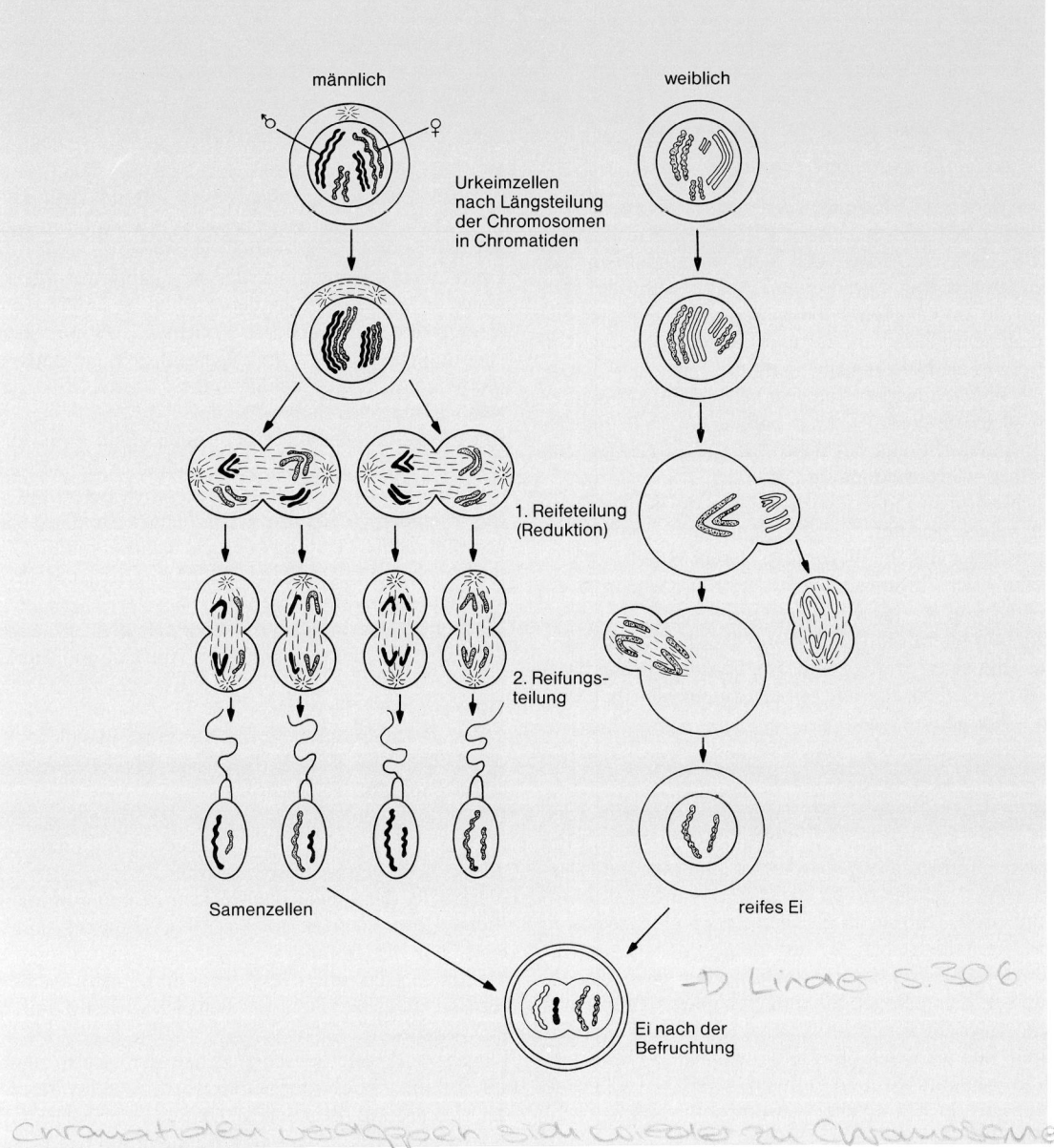

Abb. 70. Reifung der Geschlechtszellen (Meiose).

Bei der ersten Reifeteilung legen sich die homologen (einander entsprechenden) Paare von der Mutter und vom Vater eng zusammen. Die dann beieinanderliegenden vier Chromatiden heißen **Tetraden** (tetra = griech. 4). Bei diesem Vorgang (Konjugation genannt) können Chromosomenteilchen (Segmente) ausgetauscht werden (Anlagenaustausch).

Die dann folgende Verdopplung der Zentrosomen und die Auflösung der Kernmembran führen zur Bildung der Kernspindel. Jetzt trennen sich die homologen Chromosomen, und die Kernspindelfasern ziehen zu den Polen.

Zuletzt schnürt sich die Zellwand ein, und es entstehen zwei Tochterzellen (Sekundärzellen) mit je einem halben Chromosomensatz. Die zweite Reifeteilung schließt sich umgehend an. Die Chromosomen der Sekundärzellen ordnen sich auf der Äquatorialplatte. Die verdoppelten Chromatiden trennen sich und entwickeln sich zu unabhängigen Chromosomen. Sie werden von den Polen der Zelle angezogen, die sich dann einschnürt und teilt.

Aus der **Urzelle** entstehen auf diese Weise zwar vier Eizellen mit je einem halben Chromosomensatz, aber nur eine davon entwickelt sich voll und bleibt befruchtungsfähig. Die drei anderen schrumpfen, sterben ab und heißen Polkörper. In der Haupteizelle häuft sich Plasma an, das nach der Befruchtung dem Embryo als Nahrungsquelle dient.

Die Reifeteilung der Samenzellen verläuft prinzipiell in gleicher Weise, jedoch entwickeln sich aus der **Ursamenzelle** vier befruchtungsfähige Spermien mit halbem Chromosomensatz.

Es bleibt dem Zufall überlassen, welche der Paarlinge in welche Tochterzelle gelangen. Viele Kombinationen sind möglich. Wegen dieser rein zufälligen Verteilung der Chromosomen auf die Keimzelle birgt die Vererbung so viele Geheimnisse in sich.

Wichtig bleibt die Feststellung: Bei der Befruchtung verschmelzen eine Eizelle mit **haploidem** (halbem) Chromosomensatz und eine Samenzelle (haploid) zur **diploiden** Zygote.

4.1.3 Vererbungsgesetze

Die Chromosomen als Träger der Erbanlagen werden über die Keimzellen von Generation zu Generation weitergegeben. Die paarweise vorkommenden Chromosomen stammen von Vater und Mutter. In Form und Größe sind sie im gleichen Entwicklungsstadium bei Tieren derselben Art fast identisch (Autosomen). Die Geschlechtschromosomen machen eine Ausnahme von dieser Regel. Sie unterscheiden sich in Form und Gewicht voneinander, sind ungleich (Heterosomen) und werden großes X- sowie kleines y-Chromosom genannt. Stuten besitzen zwei X (XX) und Hengste ein X- und ein y-Chromosom (Xy).

Man weiß heute, daß die **Erbfaktoren, Gene** genannt, in den Chromosomen hintereinander wie eine Perlenkette angeordnet sind. Diese Gene bzw. Genpaare stellen biochemische (die chemischen Vorgänge in Lebewesen betreffende) Steuerungszentren dar, die an bestimmten Positionen des DNS-Stranges angesiedelt sind. Über Enzyme lösen sie chemische Reaktionen aus, welche die Merkmalsbildung bestimmen. Bei der Auslösung dieser Vorgänge können beliebig viele Genpaare beteiligt sein.

An einfachen Merkmalen hat der Augustinerpater **Gregor Mendel** aus Brünn (1822–1884) Versuche durchgeführt, um Vererbungsregeln zu ergründen. 1865 gab er die ersten Ergebnisse im Naturwissenschaftlichen Verein Brünn bekannt. Diese wurden 1900 von drei unabhängig voneinander arbeitenden Wissenschaftlern bestätigt.

Die Regeln bekamen den Namen »**Mendelsche Gesetze**«. Zum besseren Verständnis dieser Gesetze dazu einige klärende Vorbemerkungen.

Die Vererbungsregeln werden an qualitativen Merkmalen, zum Beispiel an den Farben, erläutert, weil diese sich einmal deutlich voneinander unterscheiden, und zum anderen im Gegensatz zu quantitativen Merkmalen (z. B. Milchleistungen) durch ein bzw. wenige Genpaare bedingt sind.

Die Laktation wird außerdem nicht allein durch die Erbanlagen festgelegt, sondern auch über die Umwelt (Fütterung, Pflege, Haltung) wesentlich beeinflußt.

Der **Phänotyp** (das äußere Erscheinungsbild) ist die wahrnehmbare Leistung oder das wahrnehmbare Gesamterscheinungsbild eines Pferdes. Es ist das Produkt aus Anlage und Umwelt.

Als **Genotyp** (Erbbild) bezeichnet man alle, also auch die nicht äußerlich erkennbaren Anlagen und Merkmale.

Trägt ein Pferd die Anlagen für ein bestimmtes Merkmal, z. B. die Schimmelfarbe, reinerbig in sich (d. h. von Mutter und Vater), dann ist es für dieses Merkmal **homozygot** (reinerbig).

Erbfaktoren kennzeichnet man in der Vererbungslehre mit Buchstaben. BB bedeutet z. B. reinerbig schwarz, Bb gemischterbig schwarz.

Merkmale, die andere überdecken, heißen **dominant** (herrschend). Zum Beispiel ist DD (Schimmel) dominant über BB (Brauner).

Merkmale, die überdeckt werden können, heißen **rezessiv** (weichend). Zum Beispiel wird BB durch DD überdeckt.

Liegen Merkmale zwischen denen der Eltern, dann spricht man von **intermediärer** (dazwischenliegender) Vererbung. Beispiel: Wenn aus einer roten und einer weißen Blume eine rosa Blume durch Kreuzung entsteht.

Die verschiedenen **Generationen** tragen folgende Kennzeichen:

P = Elterngeneration
F_1 = Kindergeneration (1. Nachkommengeneration)
F_2 = Enkelgeneration (2. Nachkommengeneration)
R = Rückkreuzungsgeneration (F·F_1)

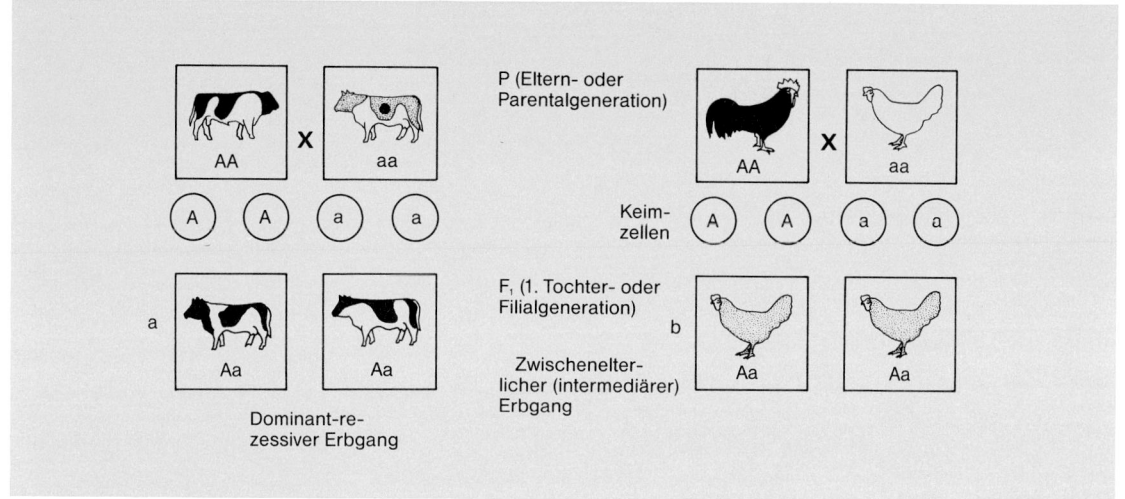

Abb. 71. Kreuzungsversuche mit einem Merkmalspaar.

Erstes Mendelsches Gesetz
(Uniformitätsgesetz)

Es soll wie alle übrigen Mendelschen Gesetze am Beispiel von Hühnern und Rindern dargestellt werden, weil damit die Zusammenhänge besonders deutlich werden.

Das Ergebnis der Paarung reinerbig schwarzer Andalusier Hähne mit weißen Andalusier Hennen ergibt gesprenkelte Nachkommen, genannt Blaue Andalusier. Es ist ein typischer Fall zwischenelterlicher oder intermediärer Vererbung.

Werden homozygote schwarzbunte Bullen mit reinerbig roten Kühen gepaart, dann bleiben die Nachkommen ausnahmslos schwarz, weil schwarz dominant über rot ist. Dies ist ein Beispiel für einen dominant-rezessiven Erbgang.

Aus den Paarungsergebnissen ist zu folgern:

- Werden für **ein** bestimmtes Merkmal reinerbige Tiere (P) miteinander gekreuzt, dann sind die Nachkommen (F_1) untereinander gleich (uniform). **Uniformitätsgesetz**.
- Beim intermediären Erbgang kann man vom Phänotyp auf den Genotyp schließen.
- Beim dominant-rezessiven Erbgang unterscheiden sich Phänotyp und Genotyp erheblich. Dies ist eine für die züchterische Praxis zu beachtende Erkenntnis.

Zweites Mendelsches Gesetz
(Spaltungsgesetz)

Die Kreuzungstiere der F_1-Generation (Bastarde) werden untereinander gepaart.

Das äußere Bild wird vielgestaltiger, weil Merkmale der Eltern (P) wieder auftauchen und einige der F_1-Generation erhalten bleiben. Daraus ergeben sich die Aussagen des **Spaltungsgesetzes**.

- Kreuzt man Tiere der F_1-Generation untereinander, dann bleibt die F_2-Generation nicht uniform, sie spaltet sich auf.
 Diese Aufspaltung erfolgt im Verhältnis:
 1 (Vater):2 (F_1-Generation):1 (Mutter)
- Die der P-Generation entsprechenden F_2-Tiere sind für das eine Merkmal Farbe im intermediären Erbgang homozygot (Phänotyp gleich Genotyp).
- Die der F_1-Generation entsprechenden Tiere sind heterozygot und spalten untereinander gepaart im Verhältnis 1:2:1 wieder auf.
- Bei dominant-rezessivem Erbgang beträgt das Spaltungsverhältnis im Erscheinungsbild 3:1, und es ist außerdem nicht zu erkennen (auf Seite 108 im Beispiel Abb. 72 dargestellt), welches der schwarzbunten Rinder reinerbig ist.

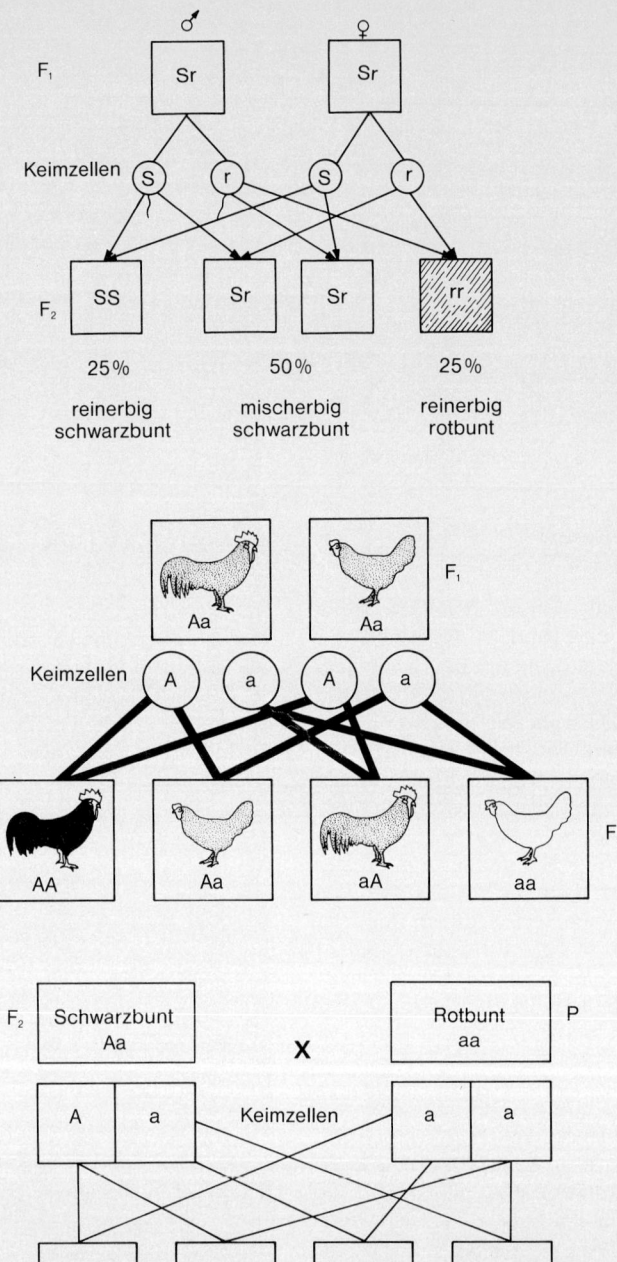

Abb. 72. Paarung der F_1-Bastarde. **Dominanter Erbgang.**

Abb. 73. **Intermediärer Erbgang.**

Abb. 74. **Rückkreuzung.**

Darüber kann die **Rückkreuzung** von F_2 heterozygot mit P rezessiv Auskunft geben.
Fallen bei diesen Kreuzungen ausschließlich schwarzbunte Kälber an, dann läßt sich Reinerbigkeit als gesichert voraussetzen. Kommen auch rotbunte Kälber vor, dann war das äußerlich schwarze Rind mischerbig.

Drittes Mendelsches Gesetz
(Unabhängigkeitsgesetz, Abb. 75)

Es soll der Erbgang betrachtet werden, der sich abzeichnet, wenn sich Tiere in zwei Merkmalen unterscheiden (Neukombination der Erbfaktoren). Als Beispiel dient die Paarung:
Bulle schwarzbunt × Kuh ganzfarbig rot
Dominant sind Schwarz und ganzfarbig.
Rezessiv ist Rot.
Als Ergebnis erscheinen vier Phänotypen.
1. neun ganzfarbig schwarze, davon eines reinerbig
2. drei ganzfarbig rot, davon eines reinerbig
3. drei schwarzbunte, davon eines reinerbig
4. ein rotbuntes Rind, eine neue reinerbige Farbvariante.

Bei Betrachtung des Genotyps ergibt sich das schon bekannte Zahlenverhältnis
$$1:2:1$$
vier reinerbig bunte:acht mischerbig ganzfarbig:vier reinerbig ganzfarbig und vier reinerbig schwarze: acht mischerbig schwarze:vier reinerbig rote Rinder.
Daraus ergibt sich das **Unabhängigkeitsgesetz.**

Werden Tiere miteinander gekreuzt, die sich mindestens in zwei Merkmalen voneinander unterscheiden, dann vererben sich die einzelnen Merkmale **unabhängig** voneinander.

Geschlechtsvererbung

Das Verhältnis von weiblichen zu männlichen Tieren pendelt sich bei großen Tierzahlen immer auf 50:50 ein.
Diese Regel gilt unabhängig davon, daß bisweilen erhebliche Abweichungen vorkommen. Dafür zeichnen die Erbanlagen verantwortlich, wie Abbildung 75a verdeutlicht.

Die Kopplung von anderen Erbfaktoren an die Geschlechtschromosomen, als die für die Steuerung der Geschlechtsausbildung zuständigen Gene, bezeichnet man als **geschlechtsgebundene Vererbung** und diese Erbfaktoren als **geschlechtsgebundene Erbfaktoren.**

Bei quantitativen Merkmalen wurde diese Bindung bisher kaum festgestellt. Es sind jedoch Fälle bekannt geworden, wo die Nachkommen eines Hengstes mit der einen Farbe gute Leistungen auf der Rennbahn zeigten, während die andersfarbigen im Grunde versagten.

Mutationen, Letalfaktoren, Erbfehler

Sprunghafte Veränderungen der Erbanlagen heißen **Mutationen.** Sie folgen meistens rezessiven Erbgängen und treten deshalb oft erst in Erscheinung, wenn zwei Partner mit den gleichen mutierenden Genen zusammentreffen.
Als Ursachen gelten zum Beispiel:
– Röntgenstrahlen
– radioaktive Strahlen
– bestimmte Chemikalien.

Man kann Mutationen heute künstlich auslösen.
Die bekannteste Mutationserscheinung ist der **Albinismus,** das erblich bedingte Unvermögen, im Haar und in der Haut Farbpigmente auszubilden. Das Resultat sind die bei allen Säugetieren vorkommenden **Albinos.**
Einige wenige Mutationen haben sich als nützlich erwiesen, zum Beispiel bei der Beseitigung des Brutinstinktes bei Legehühnern.
Im Regelfalle haben Mutationen nachteilige Auswirkungen. Die damit behafteten Tiere gehören nicht in die Zucht.
Letalfaktoren (todbringende Faktoren) führen schon vor der Geburt zum Tode, seltener kurz nach der Geburt.
Sterilisierende Faktoren gelten vielfach als Ursache für:
– Güstbleiben
– manche Aufzuchtkrankheiten
– Frühgeburten
– Lebensschwäche
– nichtinfektiöses Verfohlen
– Mißbildungen etc.

Erbkrankheiten und Erbfehler vererben sich vornehmlich rezessiv und werden oft durch Umweltfak-

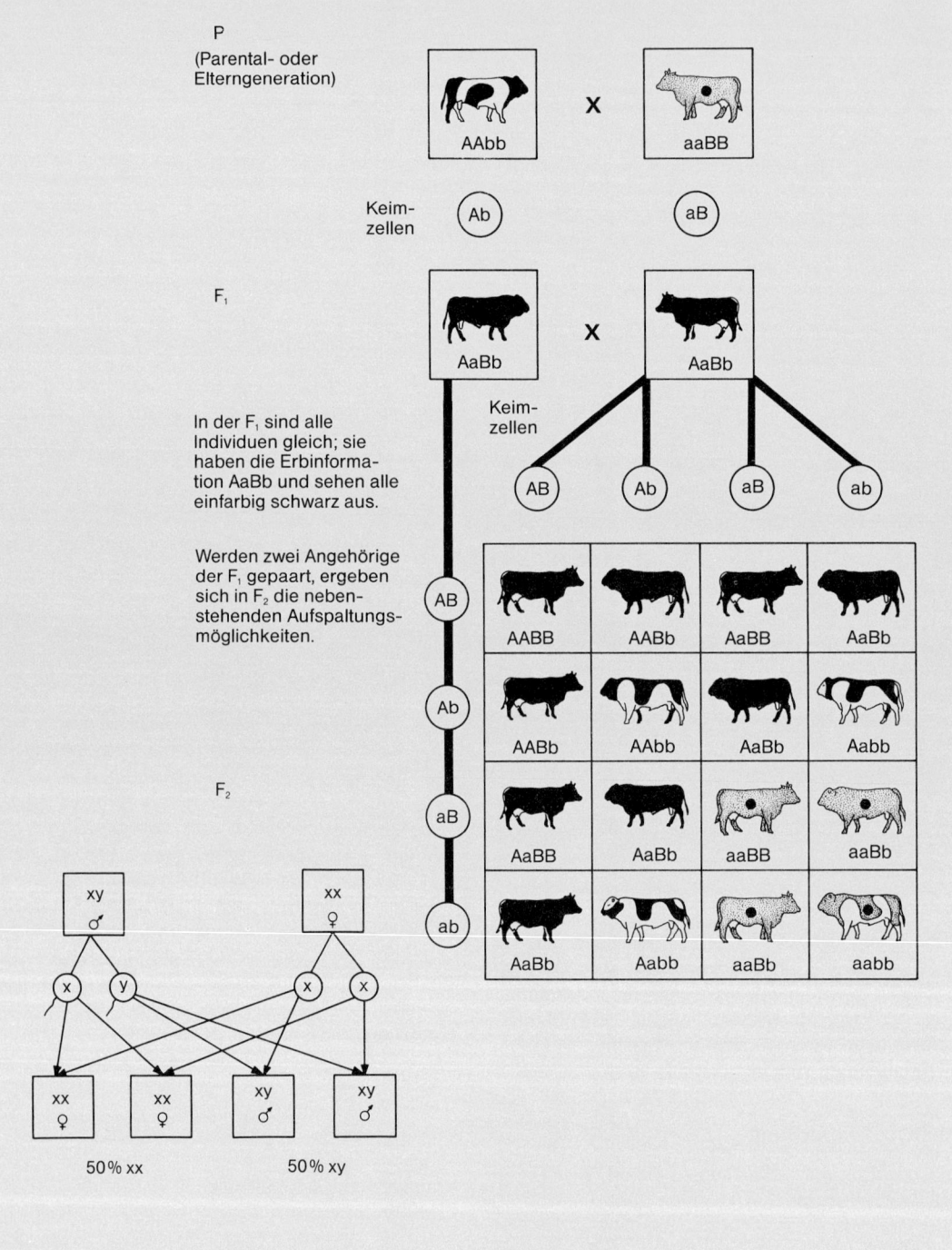

Abb. 75. Kreuzung mit zwei Merkmalspaaren.   Abb. 75a. Geschlechtsvererbung.

toren ausgelöst, wenn sie in den Erbanlagen vorhanden sind (Beispiele für Umweltfaktoren sind Nährstoffmangel, Haltungsfehler, Stoffwechselerkrankungen). Bekannt sind u. a. Überbeißer, Kryptorchiden, Kehlkopfpfeifer, Mauke, Lungendämpfigkeit.

Farbvererbung

Zu den durch eine einzige Erbanlage bedingten (monomeren) Merkmalsanlagen gehört die Farbvererbung der Pferde.
Die wichtigsten Gesetzmäßigkeiten sind daher relativ leicht zu erkennen.
Die **Schimmelfarbe** vererbt sich **dominant**. Das bedeutet: Erbreine Schimmel vererben, mit Nichtschimmeln gepaart, stets ihre Schimmelfarbe. Das klassische Beispiel dafür war der Araberhengst Amurath. Die gemischtfarbigen Schimmel, miteinander gepaart, spalten nach dem Mendelschen Gesetz auf in 25 % farbige Pferde, 50 % mischerbige Schimmel und 25 % reinerbige Schimmel.
Bei der Kreuzung mischerbiger Schimmel mit Nichtschimmeln ergeben sich 50 % farbige Pferde und 50 % Schimmel. Diese Schimmelfarbe kann in der nächsten oder übernächsten Generationenfolge bereits ganz verdrängt werden.
Bei Füchsen fehlt das schwarze Pigment. Die **Fuchsfarbe** wird **rezessiv** vererbt. Daraus ergibt sich:
Fuchs × Fuchs ergibt immer Fuchs, weil nur die Farbmerkmalsanlage Fuchs vorhanden ist.
Füchse gepaart mit homozygoten Braunen oder Rappen bringen Braune oder Rappen, also Pferde mit schwarzem Pigment.
Sind dagegen die Braunen oder Rappen heterozygot und werden mit Füchsen gekreuzt, dann resultieren zu 50 % Füchse und zu 50 % Pferde mit schwarzem Pigment (Braune und Rappen).
Die **Rappfarbe** vererbt sich **rezessiv** bei Anpaarung von Schimmeln und Braunen, aber **dominant** gegenüber Füchsen.
Das schwarze Pigment ist über den ganzen Körper verteilt.

– Rappe (homozygot)   × Rappe (homozygot)
    = Rappe (homozygot)
– Rappe (mischerbig)   × Rappe (mischerbig)
    = 25 % Füchse; 50 % Rappen (mischerbig); 25 % Rappen (reinerbig)
– Rappe (homozygot)   × Fuchs (homozygot)
    = Rappe (heterozygot)
– Rappe (reinerbig)   × Brauner (reinerbig)
    = Braune (mischerbig)

– Rappe (homozygot)   × Schimmel (homozygot)
    = Schimmel (heterozygot)

Die **Braunfärbung** ist **dominant** gegenüber Fuchs und Rappe, aber **rezessiv** gegenüber Schimmeln.
Die schwarze Pigmentierung bleibt bei Braunen auf Mähne, Schweif, Gliedmaßenbehaarung und Teile der Gliedmaßen beschränkt.
– Braune (reinerbig)   × Braune (reinerbig)
    = Braune (reinerbig)
– Braune (mischerbig)   × Braune (mischerbig)
    = je nach Farbanlagenanteilen, Braune, Rappen und Füchse

Die Paarung reinerbiger Schimmel, Füchse und Rappen mit homozygoten Braunen ergibt folgende Ergebnisse:
– Braune × Schimmel   = Schimmel (mischerbig)
– Braune × Füchse   = Braune (mischerbig)
– Braune × Rappen   = Braune (mischerbig).

Die meisten Merkmalsanlagen bei Pferden sind polymer bedingt (durch Zusammenwirken von mehreren Erbfaktoren), zum Beispiel Langlebigkeit, Leichtfuttrigkeit, Fruchtbarkeit, Frühreife, Springvermögen oder Rennvermögen.
Neben Farben vererben sich auch einige polymer bedingte Anlagen dominant. Als Beispiel seien angeführt:
– die gespaltene Kruppe der Kaltblüter
– der grobe Kopf
– starker Fesselbehang.

Zur Wiederholung und Vertiefung

1. Beschreiben Sie die Befruchtung und die erste Entwicklung des Embryos.
2. Wie verläuft die einfache Zellteilung (Mitose)?
3. Erläutern Sie die Vorgänge bei der Reifeteilung.
4. Erklären Sie
   – das Erste Mendelsche Gesetz
   – das Zweite Mendelsche Gesetz und
   – das Dritte Mendelsche Gesetz.
5. Was sind Letalfaktoren?
6. Nennen und kommentieren Sie Erbkrankheiten und Erbfehler.
7. Welche Pferdefarben vererben sich dominant?

4.1.4 Züchterische Grundbegriffe

Auf der Basis **morphologischer** (gestaltbildend) und **physiologischer** (die Lebensvorgänge betreffend) Eigenschaften wird das Tierreich hierarchisch (streng) gegliedert.
Die unterste Gruppe dieser Systematik bilden die Tierarten.
Zur **Art** Pferd (equus) gehören alle Tiere, die miteinander fruchtbar sind und wiederum (F_1) fruchtbare Jungen zeugen können (natürliche Fortpflanzungsgemeinschaft). Zebras und Esel gehören nicht dazu, denn Zebroiden und Mulis (die Kreuzungen mit Pferden) sind nicht fruchtbar.
Die Art Pferd wird nach **Rassen** unterteilt, zum Beispiel in Araber, Trakehner, Deutsches Warmblut. Jede Rasse hat ihre besonderen, erblich bedingten Eigenschaften, wie Größe, Farben, Körperformen, Leistungen usw.
Als **Pferdeschläge** bezeichnet man Unterabteilungen der Pferderassen, die bisweilen auch durch unterschiedliche natürliche Bedingungen (Boden, Klima) und aus unterschiedlichen Ansprüchen heraus entstanden sind. Beispiel: das Deutsche Reitpferd in Holstein oder Bayern.
Linien sind noch kleinere Gruppen innerhalb einer Rasse oder eines Schlages. Sich dominant vererbende Hengste und Stuten werden manchmal zu Begründern von Hengst- bzw. von Stutenlinien. In allen Zuchtgebieten gibt es Linienbegründer und -begründerinnen.
Weil Pferdezucht heute nicht mehr in engen Gebietsgrenzen betrieben wird, sondern Blutaustausch zwischen den Zuchtverbänden, Ländern und sogar Kontinenten (besonders Traber und Vollblut) stattfindet, ergeben sich erhebliche Schwierigkeiten im Gebrauch der Begriffe Rassen und Schläge.
Deshalb verwendet man jetzt bevorzugt die Bezeichnung **Population** (Gesamtheit der Lebewesen einer Art, Rasse oder eines Schlages in einem bestimmten Gebiet, z. B. Deutsches Reitpferd im Gebiet der Bundesrepublik Deutschland).

4.1.5 Zuchtmethoden und Paarungsverfahren

Als **Zuchtmethoden** bezeichnet man alle Maßnahmen zur genetischen Verbesserung einer Population. Mit **Paarungsverfahren** meint man die Art und Weise der Zusammenführung der Paarungspartner mit dem Ziel, sich fortzupflanzen (freier Sprung, Sprung aus der Hand, Besamung).

Zuchtverfahren zur Mehrung der Reinerbigkeit sind:
– Reinzucht
– Inzucht
– Inzestzucht.

Es ist das Ziel dieser Zuchtmethoden, eine Konsolidierung (Festigung und Vereinheitlichung) der Genotypen und dadurch ein großes Maß an Stabilität in der Vererbung bestimmter Eigenschaften innerhalb einer Population zu erreichen.
Die **Reinzucht** als gezielte Paarung von Tieren der gleichen Rasse oder Population kann als relativ sichere Zuchtmethode gelten, die konsequent betrieben nach und nach zu einer ausgeglichenen Population führt, unter der Voraussetzung, daß dem Zuchtziel nicht entsprechende Pferde aus der Zucht ausgeschlossen bleiben.
Reinzucht ist das am häufigsten in der Pferdezucht angewendete Zuchtverfahren. Sie war die Grundlage dafür, daß aus recht vielfältigen, unausgeglichenen Populationen weitgehend einheitliche Rassen erzüchtet werden konnten. Eine genügend breite Basis (genetische Streuung) muß stets erhalten bleiben. Dann können dem Markt über die Reinzucht Tiere einheitlicher Qualität angeboten werden.
Bei sich ändernden Verbraucherwünschen (geändertes Zuchtziel) erweist sich die Reinzucht allerdings als wenig flexibel und führt nur langsam zum neuen Ziel. Für den Normalpferdezüchter ist sie nach wie vor das Zuchtverfahren schlechthin, weil damit kein Risiko verbunden ist.
Das nur auf Rennleistung mit entsprechender Korrektheit und Gesundheit gezüchtete englische Vollblutpferd darf als bestes Beispiel für eine reingezüchtete Pferderasse gelten. Ihr Vorteil: Das Zuchtziel hat sich nie geändert.
Die **Inzucht** ist die intensivste Form der Reinzucht.
Es sind zu unterscheiden:
Inzestzucht: Paarung Verwandter ersten und zweiten Grades.
Inzucht: Paarung Verwandter dritten bis fünften oder sechsten Grades.

Durch Inzucht kann die Vermehrung reinerbiger Genorte schneller erfolgen als durch einfache Reinzucht. Homozygotes Erbgut einer Familie kann gefestigt werden.
Die besten Stammeltern in der Tierzucht waren nicht selten das Ergebnis einer Verwandtschaftszucht. Sie gehört aber nicht in die Hand züchterischer Laien. Nur der Kenner und Könner bringt die Voraussetzungen dafür mit, strengstens nach Erbanlagen, Erb-

gesundheit, Leistungsfähigkeit, Typ, Ausgeglichenheit und Gesamtqualität so zu selektieren, daß Inzuchtdepressionen (Schäden) weitgehend ausbleiben.

Inzucht kann und darf immer nur punktuell und gezielt durchgeführt werden. Unter strenger Beachtung dieser Regel können züchterische Fortschritte erzielt und Rückschläge vermieden werden.

Kreuzungszucht

Bei der Kreuzungszucht werden Pferde verschiedener Rassen miteinander gepaart (gekreuzt). Die Tiere besitzen unterschiedliche Erbanlagen. Kreuzungen müssen deshalb planvoll und immer mit Blickrichtung auf ein festes Ziel vorgenommen werden. »Wildes« Kreuzen bringt züchterisch eher Chaos als Fortschritt.

Die **Veredlungskreuzung** will wertvolle Merkmale und Eigenschaften der Ausgangspopulation erhalten, aber neue, erwünschte einer anderen Rasse hinzufügen. Dazu kreuzt man Hengste des gewünschten Typs schrittweise und gezielt ein und selektiert aus der Kreuzungsgeneration die dem angestrebten Ziel entsprechenden bzw. nahekommenden Tiere aus. Diese paart man entweder miteinander oder nochmals mit Hengsten der gesuchten Qualität.

Die Bedeutung dieses Zuchtverfahrens ist nach wie vor groß, zum Beispiel werden in der Warmblutzucht gezielt Vollblüter (Anglo-Normannen) als Veredlerhengste eingesetzt, die hauptsächlich über ihre männlichen Nachkommen der F_1- und F_2-Generation Breitenwirkung erzielen.

Die **Kombinationskreuzung** verfolgt ebenfalls zuerst das Ziel, wertvolle Points der vorhandenen Rasse zu erhalten, will diese jedoch mit unverzichtbaren Merkmalen und Eigenschaften einer oder zweier anderer Rassen kombinieren. Das Resultat ist eine mehr oder weniger neue Rasse, zumindest im Erscheinungsbild. Der Haflinger verdankt seine Entstehung dieser Zuchtmethode. Bergponys waren die Basis, hinzu kamen Noriker, Araber und vereinzelt südosteuropäische Huzulen und Bosniaken.

Das Prinzip der **Verdrängungskreuzung** beruht darauf, daß Stuten einer Lokalrasse mit Qualitätshengsten der angestrebten Population gepaart werden. Auch die Stuten der F_1- und der F_2-Generation bekommen Hengste der Verbesserungsrasse zum Partner. Dieses Paarungsschema wird so lange eingehalten, bis der gewünschte Pferdetyp erreicht ist. Der Weg kann lang werden. Bei strenger Selektion der Kreuzungsstuten läßt er sich abkürzen. Vorteile der Methode sind relativ geringe Kosten, besonders bei Einsatz der Besamung, und gute Anpassung an die Umweltverhältnisse. Die Pferde bleiben bodenständig.

Bei der Umzüchtung auf das Deutsche Reitpferd wurde und wird dieses Zuchtverfahren praktiziert.

Bei der **Gebrauchskreuzung** steht nicht das züchterische Bemühen im Vordergrund, sondern es geht um die Erstellung wirtschaftlicher Nutztiere (z. B. Mastschweine, Mastrinder, Legehennen). Bei Pferden kommt diese Methode nur zum Tragen bei der Züchtung von Mulis oder Mauleseln und der Züchtung von Mastpferden in einigen Nachbarländern.

Als **Paarungsverfahren** hat nach wie vor der **Sprung aus der Hand** die größte Verbreitung und die meisten Anhänger, weil:
- der Deckakt gezielt erfolgen kann; eventuell nach Follikelkontrolle
- der Hengst geschützt ist vor Überbeanspruchung und Verletzungen durch die Stute
- der Samenfluß kontrolliert werden kann
- alle hygienischen Maßnahmen optimal durchgeführt werden können
- die Stute vor Attacken, Ungestüm oder Bissen des Hengstes geschützt werden kann.

Bei diesem Verfahren werden die Stuten an den Hinterbeinen entweder gespannt oder mit gepolsterten Lederschuhen versehen, um den Hengst vor Tritten zu bewahren. Bisweilen bindet oder hebt man ein Vorderbein hoch. Als letztes Mittel gibt es die Nasenbremse. Der Hengst wird am besten von seinem Wärter mit der Decklonge an die vorbereitete Stute herangeführt.

Der »**Freie Sprung**« kommt kaum noch zur Anwendung. Dabei läuft der Hengst in der Stutenherde mit und kann sich Zeitpunkt und Anzahl der Bedeckungen aussuchen. Bewährt hat sich der Freie Sprung bei Wildpferden (Dülmen), freilaufenden Robustpferden, aber auch bei Problemstuten anderer Rassen.

Die **künstliche Besamung** (KB) machte in den letzten Jahren beachtliche Fortschritte und gewann dadurch an Zuspruch.

Dafür sprechen:
- Deckinfektionen können vermieden werden
- züchterisch wertvolle Hengste bekommen mehr Chancen
- schwierige und Problemstuten können befruchtet werden.

Es kommt sowohl Frisch- als auch Gefriersperma zum Einsatz. Das letztere ist lagerfähig und kann über weite Wege transportiert werden.

Ganz problemlos ist die Besamung allerdings nicht:
- nicht alle Hengste nehmen die künstliche Scheide an
- nicht alle Samen lassen sich konservieren
- Besamung erfordert Follikelkontrolle
- rechtliche Auflagen sind zu beachten
- die Verbände machen zum Teil erhebliche Auflagen
- die Kosten sind teilweise recht hoch.

4.2 Leistungsprüfungen

Die sicherste Grundlage für einen langfristig gesicherten Absatz von Pferden ist dann gegeben, wenn Leistungspferde angeboten werden. Darauf müssen die züchterischen Bemühungen nachdrücklich ausgerichtet werden und bleiben.
Zu den Leistungen im hier angesprochenen Sinne zählen nicht nur die in Rennen, auf Turnieren, im Gelände und in speziellen Tests und Prüfungen erzielten Ergebnisse, sondern es gehören gleichermaßen dazu:
- lange Lebensdauer
- Erbgesundheit
- Fruchtbarkeit
- gute Futterverwertung
- Widerstandsfähigkeit
- gute Muttereigenschaften
- ausgeglichenes Temperament
- Gelehrigkeit
- Einsatzbereitschaft
- Umgänglichkeit u. a. m.

Wenn die Pferde außerdem noch den Form- und Farbwünschen der Interessenten entsprechen, dann sind die Züchter auf dem richtigen Weg.
Die Aufgabe der Zuchtverbände in Zusammenarbeit mit den Züchtern besteht maßgeblich darin, unter Einbeziehung von Zucht- und Leistungsdaten allen Ansprüchen genügende Zuchtpferde herauszufinden, zu betreuen und züchterisch zu fördern.
Leistungsprüfungen können dann züchterische Fortschritte bringen, wenn sie auf die speziellen Nutzungsrichtungen der einzelnen Populationen ausgerichtet sind. Die Ergebnisse müssen einwandfrei, zuverlässig und abgesichert sein. Sie gewinnen an Wert, wenn sie praxisnah, unter möglichst einheitlichen Bedingungen und kostengünstig erbracht werden.
Leider können die umweltbedingten Einflüsse (Fütterung, Haltung, Pflege) und der Einfluß der die Tiere betreuenden und prüfenden Menschen nicht voll ausgeschaltet werden. Andererseits finden diese bei den Ergebnisauswertungen keine ausreichende Berücksichtigung.
Um eine klare Aussage über die erblich bedingten Anteile der Leistungsprüfungsergebnisse machen zu können, werden entweder weitgehende Standardisierung (Stationsprüfung) oder Korrektur auf Umweltbedingungen notwendig.

4.2.1 Vollblut und Traber

Bei Vollblütern und Trabern entscheidet allein die Schnelligkeit bei den Prüfungen auf Höchstleistungen über ihren Wert in der Zucht. Diese Auslese auf der Rennbahn ist weitgehend objektiv, aber auch kompromißlos.
Haltungs-, Pflege-, Fütterungs- und Trainingseinflüsse sowie Technik und Taktik der Jockeys oder Fahrer sind auch hier nicht voll erfaßbare Größen.
Beim Vollblut sind nach der Rennordnung (RO) Flachrennen über eine flache, hindernislose Bahn von Hindernisrennen über versetzbare Hürden (Hürdenrennen) und Jagdrennen über feste Hindernisse (Gräben, Hoch- und Weitsprünge) zu unterscheiden.
Die Flachrennen werden gelaufen als:
1. **Zuchtrennen:** Alle Pferde eines Jahrganges tragen das gleiche Gewicht bei zwei Kilogramm Stutenerlaubnis.
   Dreijährige Pferde (bisher noch ausschließlich inländische) bestreiten die fünf klassischen Rennen:
   ARAG-Preis (Schwarzgold-Rennen) 1600 m
   Stuten
   Mehl-Mühlens-Rennen (Henkel-Rennen) 1600 m
   Hengste/Stuten
   Preis der Diana 2200 m
   Stuten
   Holsten-Cup (Deutsches Derby) 2400 m
   Hengste/Stuten
   Großer Preis der Cont.-Vers-Gr. (Deutsches St. Leger) 2800 m
   Hengste/Stuten
2. **Altersgewichtsrennen** für dreijährige und ältere Pferde. Das zu tragende Gewicht ist alters- und geschlechtsabhängig. Es richtet sich aber zusätzlich nach den bisher erzielten Rennergebnissen.
3. **Ausgleichsrennen.** Das zu tragende Gewicht wird vom Ausgleicher (Handicaper) festgelegt. Die Grundlage dafür bildet das GAG (Generalausgleichsgewicht), welches zum Ende eines jeden Jahres für jedes Rennpferd festgelegt und veröffentlicht wird.

Es gibt vier Ausgleichsklassen:
I   sehr gute Pferde
II gute Pferde
III mittlere Pferde
IV geringere Pferde

Das **GAG** ist das Gewicht, welches ein Pferd rein theoretisch aufgrund seiner gezeigten Rennleistungen im Vergleich zu den übrigen Pferden zu tragen hätte, wenn es die gleichen Gewinnaussichten wie alle seine Mitbewerber haben soll.

Das GAG wird für folgende Vergleichsgruppen festgelegt:
– dreijährige Flachpferde
– vierjährige und ältere Flachpferde
– vierjährige Hindernispferde
– fünfjährige und ältere Hindernispferde.

Die Einstufung der Zweijährigen ist züchterisch noch nicht relevant.

Ausgleichsklassen für Hindernispferde sind:
G   gute Pferde
M   mittelgute Pferde
U   geringere Pferde.

Die Bedingungen für die Zuchtzulassung von Vollbluthengsten lauten:
– in der Vollblutzucht: GAG 95 kg und mehr
– in der Warmblutzucht: GAG 80 kg in Flachrennen oder 85 kg in Hindernisrennen. Seit dem 15. 8. 1990 gilt zusätzlich: 75 kg auf der Flachbahn, 80 kg auf der Hindernisbahn. Voraussetzungen:
– mindestens 3 Rennzeiten geprüft
– 20 Starts als Minimum
– in der Pony- und Kleinpferdezucht: GAG 70 kg in Flachrennen oder 75 kg in Hindernisrennen.

Weil der Erblichkeitsanteil (die Heritabilität) der Rennleistung mit $h^2 = 0,2$ relativ gering ist, erscheint es zweifelhaft, ob alleine auf dem Weg einer weiteren Einzelselektion nach Eigenleistung wesentliche Zuchtfortschritte erwartet werden können.

Eine Zuchthengstauswahl nach der Rennleistung ihrer Nachkommen könnte zusätzlich zur Verbesserung der Rennleistung beitragen.

Auch in der **Traberzucht** sind die erzielten Rennleistungen für die züchterische Selektion maßgeblich. Die Zulassung der Traber zu bestimmten Rennen, die Streckenzulagen oder Streckenvorgaben, richten sich laut Trabrennordnung (TRO) nach:
– den Gewinnsummen
– Alter und Geschlecht
– Rekord (Höchstleistung)
– Nationalität (Herkunftsland).

Es sind zu unterscheiden (§ 40 TRO):
1. Rennen für Inländer gem. § 5 Zuchtbuchordnung (ZBO).
2. Internationale Rennen gem. § 5 ZBO.
3. Zuchtrennen. Diese sind Rennen mit mindestens 50 000 DM Dotierung (mit Ausnahme von Rennquintettrennen) für Inländer und international.

Die Rennen dienen der Ermittlung der Elite (§ 43 TRO) allgemein und nach Jahrgängen abgestuft. Einmal soll der Nachweis des eigenen Zuchtwertes erbracht, darüber hinaus aber auch der Zuchtwert der Vorfahren herausgefunden werden (Nachkommenschaftsprüfung).

Nach § 46 TRO werden Trabrennen grundsätzlich in einem Lauf entschieden. Ausnahmen sind Vorlaufrennen und Rennen mit Punktewertung.

Vorlaufrennen bestehen aus Vorläufen und einem Entscheidungslauf. Ein Trostlauf ist möglich. Einzelheiten bestimmen § 48 der TRO und die Ausschreibungen.

In **Rennen nach Punktwertung** wird die Erstplazierung dadurch ermittelt, daß die Plazierungen in den Einzelrennen nach einem in der Ausschreibung festgelegten Punktesystem bewertet und dann aufaddiert werden.

Internationale Länder- bzw. Städtevergleichsrennen müssen paritätisch besetzt sein. Das heißt, wenn drei Länder gemeldet haben, müssen aus jedem Land ein Drittel der startenden Pferde teilnehmen.

Für die Traberzucht sind Hengste zugelassen, wenn sie folgende Leistungen erbracht haben. In mindestens drei nach den Richtlinien der TRO gelaufenen Rennen müssen sie:
– in 1600-m-Prüfungen 1000-m-Zeiten von nicht mehr als 1:19 min. erzielen
– in 2000-m-Prüfungen 1000-m-Zeiten von nicht mehr als 1:20 min. und
– in 2400-m-Prüfungen 1000-m-Zeiten von nicht mehr als 1:21 min.

Traberhengste, die ausschließlich außerhalb der Traberzucht decken, müssen eine Reiterpferdeeignungsprüfung mit Erfolg abgelegt haben.

4.2.2 Deutsches Reitpferd (Hengstleistungsprüfungen)

Hengste des Deutschen Reitpferdes müssen bis zum Höchstalter von vier Jahren eine Stationsprüfung oder Turniererfolge nach Leistungsprüfungen der Leistungsprüfungsordnung (LPO) nachweisen.

Die Stationsprüfung besteht aus einer mindestens 100 Tage dauernden **Vorprüfung** und einem abschließenden **Leistungstest**.
Mindestens 15 vergleichbare Hengste sind miteinander zu prüfen. Es soll versucht werden, den Einfluß der Reiter auf das Ergebnis weitgehend auszuschalten.
In der Vorprüfung werden bewertet:
– Charakter
– Temperament
– Bewegungsablauf
– Springanlage
– Rittigkeit
– Leistungsbereitschaft
– allgemeines Leistungsvermögen.

Das Ergebnis der Vorprüfung geht mit mindestens 40 Prozent in die Errechnung des Gesamturteils ein.
Im Leistungstest wird der Hengst nach den Regeln der LPO
– in den Grundgangarten
– im Gelände
– in der Dressur sowie
– im Springen der Klasse A geprüft.

Das Ergebnis wird mit höchstens 60 Prozent im Gesamtergebnis gewichtet.
Das Ergebnis eines um mindestens ein Jahr älteren Hengstes wird mittels einer geschätzten, dem Alter entsprechenden Abweichungskonstante korrigiert.
Die Anforderungen gelten alternativ auch dann als erfüllt, wenn ein Reitpferdehengst in Dressur- oder Springprüfungen der Klasse S fünf Plazierungen oder in Vielseitigkeitsprüfungen der Klassen M oder S drei Plazierungen an erster bis dritter Stelle vorweisen kann.
Für Trakehner- und Araberhengste (bis zu fünf Jahre) gelten die gleichen Leistungsprüfungsbedingungen. Araber können jedoch alternativ in Rennen geprüft werden.

4.2.3 Zugpferdehengste

Zugpferdehengste haben vor dem Zugprüfungsschlitten ihre Leistungsprüfung abzulegen.
Auf der Wegstrecke müssen sie dreimal anhalten und ohne Stocken wieder anziehen.
Zwei Varianten sind möglich:
1. 1500 m im Schritt, Zugwiderstand 20 % des Körpergewichtes, in 19 Minuten
2. 1000 m im Schritt, Zugwiderstand 25 % des Körpergewichtes, in 12,5 Minuten.

4.2.4 Pony- und Kleinpferdehengste

Die Reitleistungsprüfung für Pony- und Kleinpferdehengste gilt als bestanden, wenn unter dem Reiter
300 m im Schritt
750 m im Trab
1500 m im Galopp
nach Widerristgröße gestaffelt in folgenden Zeiten zurückgelegt werden:
Stockmaß 117–127 cm in 4 Minuten
Stockmaß 127–137 cm in 3,5 Minuten
Stockmaß über 137 cm in 3 Minuten
Islandhengste mit bis zu fünf Jahren ersetzen den Trab durch Tölt.

4.2.5 Leistungsprüfungen für Stuten

Vollblut- und Traberstuten werden fast ausnahmslos auf der Rennbahn geprüft und konkurrieren dabei in den meisten Fällen mit Hengsten. Diese Auslese ist hart, und darum ist die züchterische Auswahl nach Rennleistungen vorrangig.
Auch für Stuten aller übrigen Zuchtrichtungen gelten Leistungsprüfungen zunehmend als Selektionsmerkmal für die optimale Ermittlung des Zuchtwertes.
Für Kaltblutstuten gibt es die einfache Lösung vor dem Zugschlitten. Sie werden ohnehin meistens angespannt und sind es gewohnt, Arbeit zu leisten. Das gleiche gilt auch für manche Robustpferdetypen.
Schwieriger wird die Prüfung auf Turnieren, weil nur wenige Stuten vor der Übernahme in die Zucht (dreijährig) zugeritten werden. Züchter, die eine reiterliche Nutzung ihrer Stuten vor- oder zwischenschalten, trifft man relativ selten an. Sie nutzen die Chance, daß die Erfolge ihrer Zuchtstuten, die im Jahrbuch der Deutschen Reiterlichen Vereinigung veröffentlicht werden, züchterisch zum Tragen kommen. Weil diese Turnierergebnisse nach väterlicher Abstammung geordnet veröffentlicht werden, bieten sie die willkommene Möglichkeit, gleichzeitig auch die Hengste nach der Leistung ihrer Nachfahren züchterisch zu beurteilen.
Für die Stuten wurde ein **Leistungsbuch** geschaffen. Die **Abteilung A** dieses Leistungsbuches sammelt Leistungsdaten, die vornehmlich in Feldprüfungen ermittelt werden.
In Anlehnung an die Eignungsprüfung für Reitpferde wurde eine Eignungsprüfung für Zuchtstuten erarbeitet.
Es werden beurteilt:
– Exterieur
– Rittigkeit
– Temperament

– Umgänglichkeit
– Gangwerk
– Charakter
– Leistungsbereitschaft

Diese werden in speziellen Dressur- und Springtests ermittelt. Mindestleistungen müssen in den drei Grundgangarten erfüllt werden. Zum Ausgleich von Vorbereitungsunterschieden können die Richter die Kandidatinnen selber unter dem Sattel testen.
Die Wertnote 7 von 10 möglichen Punkten ist gefordert.
In die **Abteilung B** werden Turniererfolge der Stuten eingetragen. Gefordert werden Siege in Dressur-, Spring- und Vielseitigkeitsprüfungen (Mindestzahl) der leichten Klassen bzw. Reitpferdechampionate.
In **Abteilung C** erfaßt man Stuten, deren Nachkommen (mindestens drei) in Prüfungen der Klasse L und höher Spitzenpositionen erreichen.
Die **Abteilung D** hält Daten über die Fruchtbarkeit einer Stute fest. Mindestanforderung ist hier: fünf Fohlen in sieben Zuchtjahren.
Insgesamt verfolgt das Leistungsbuch das Ziel, das bisher noch recht mangelhafte Datenmaterial für die Zuchtplanung um einige Bausteine zu bereichern, was für Hengstmütter besonderes Gewicht hat.
Die Stuten-Eigenleistungsprüfung ist nicht ganz unumstritten. Manche Züchter wollen festgestellt haben, daß Stuten in der Prüfungsphase schlechter tragend werden als unbelastete, öfter resorbieren und häufiger verfohlen. Andererseits lehrt die Erfahrung aus Reitställen, die Zuchtstuten im Schulbetrieb einsetzen und mit früher in der Landwirtschaft voll arbeitenden Stuten, daß richtig dosierte Bewegung und Arbeit das Fruchtbarkeitsgeschehen positiv beeinflussen kann.

Zur Wiederholung und Vertiefung

1. Erklären Sie den Unterschied zwischen einer Pferderasse und einer Pferdepopulation.
2. Welche Bedeutung hat im Rahmen der Reinzucht die Inzucht?
3. Warum bedient man sich in der Pferdezucht auch der Kreuzungszuchtverfahren?
4. Begründen Sie, warum der »Sprung aus der Hand« das in der Pferdezucht am meisten angewandte Paarungsverfahren geblieben ist.
5. Beschreiben Sie die Leistungsprüfungen für Traber- und Vollbluthengste.
6. Erläutern Sie die Vorprüfung und den Leistungstest der Stationsprüfung für Warmbluthengste.
7. Beschreiben Sie die Inhalte der vier Abteilungen des Stutenleistungsbuches.

4.3 Die praktische Züchtung

Die praktische Züchtung gestaltet sich je nach Rasse oder Population unterschiedlich.
Es gibt dreistufige Zuchtprogramme, nach denen Warmblutzucht-, aber auch Kleinpferdezuchtverbände vorgehen.
Für das Deutsche Reitpferd liegt ein Zuchtplanungsprogramm vor, das auf vier Selektionsstufen basiert und von der Beurteilung des Fohlens bis zur Bewertung der Nachkommen einen weiten Bogen spannt. Einzelheiten darüber gehören ins dritte Ausbildungsjahr (Zucht und Haltung, Reiten).
Züchten heißt Auslese betreiben (selektieren). Es geht um die planmäßige Auswahl von Mutter- und Vatertieren zum Zwecke der Paarung. Dabei wird ein ganz bestimmtes Ziel, **das Zuchtziel**, angestrebt. Das Zuchtziel charakterisiert die wichtigsten Merkmale des äußeren Erscheinungsbildes, der Psyche und der erwarteten Leistungen. Es werden die Elterntiere ausgesucht, die einen Fortschritt auf dem Wege zum Erreichen des Zuchtzieles erwarten lassen. Die Begriffe Zuchtwahl oder Selektion werden dafür oft verwendet.

4.3.1 Zuchtwahl

Sie erfolgt nach vielen Kriterien, deren wichtigste kurz vorgestellt werden sollen.
Der Abstammung wird in allen Pferdezuchten als Selektionsmerkmal erhebliche Bedeutung beigemessen. Die Ahnentafel (das Pedigree) sollte für drei bis fünf Generationen Auskunft geben über Leistungen, Erbgesundheit, Fruchtbarkeit, Vererbungssicherheit, Exterieur, Langlebigkeit u. a. m.
Die reine Aufzählung von Pferdenamen im Pedigree sagt wenig aus. Die Rennpferdezüchter nehmen das Studium des Pedigrees sehr ernst, besonders die Vollblutzüchter, nach dem Wahlspruch: »Blut ist der Saft, der Wunder schafft.«
Abstammungsnachweise sind bei jeder Eintragung oder Identifizierung vorzulegen.

Die **Körperform** hat bei der Zuchtwahl rassegebundenen unterschiedliches Gewicht, bei Trabern und Vollblütern das geringste. Für sie gilt das Motto: »Sie müssen laufen können, brauchen aber nicht unbedingt schön zu sein.«

Es stellt sich jedoch immer wieder heraus, daß im Regelfalle nur Rennpferde ohne größere Exterieurmängel auf die Dauer gute bis sehr gute Rennleistungen ohne herbe Schäden überstehen.

Großen Wert legt man auf die inneren Eigenschaften (Charakter, Temperament, Umgänglichkeit usw.), denn kein Trainer kann sich den Zeit-, Arbeits- und Personalaufwand zur »Bändigung« von »Wildtieren« oder gar »Verbrechern« leisten.

In allen übrigen Pferdezuchten spielt die Formbewertung nach wie vor, zum Teil mangels Leistungsunterlagen, eine große Rolle.

Das Exterieur wird wie folgt bewertet:
Erscheinungsbild:
a) Rasse- und Geschlechtstyp
b) Qualität des Körpers
c) Korrektheit des Ganges
d) Schwung und Elastizität des Ganges (bei Isländern Tölt)
e) Gesamteindruck und Entwicklung

Notensystem:
10 = ausgezeichnet
9 = sehr gut
8 = gut
7 = ziemlich gut
6 = befriedigend
5 = ausreichend
4 = mangelhaft
3 = ziemlich schlecht
2 = schlecht
1 = sehr schlecht
0 = nicht bewertet

Die Gesamtnote ergibt sich aus der Summe von a–e geteilt durch 5 (Beispiel: 7 + 7 + 8 + 6 + 7 = 35:5 = 7).

Die **Zuchtwahl nach Leistung** war in der Rennpferdezucht von Beginn an erstes Auswahlkriterium. Die Leistungen (Eigen- und Vorfahren- sowie Nachkommenleistungen) gewinnen auch in allen übrigen Pferdezuchten zunehmend an Bedeutung. Schwierigkeiten bereitet deren objektive Feststellung. Für Hengste sind Leistungsnachweise laut Tierzuchtgesetz vorgeschrieben.

Gesundheit und Fruchtbarkeit gelten als Grundvoraussetzung für die Wirtschaftlichkeit und den Erfolg in der Pferdezucht. Ein anfälliges Pferd ist praktisch unverkäuflich, und der Tierarzt bleibt Stammbesucher. Unfruchtbare Stuten und Hengste verdienen niemals ihr Futter und verursachen laufend Behandlungskosten. Die negativen Anlagen vererben sich ebenso wie die positiven. Negativauslese will kein Züchter betreiben. Gesunde Pferde werden normalerweise alt und können auch lange fruchtbar bleiben. Bei ihnen verteilen sich die hohen Aufzuchtkosten auf viele Jahre. Sie sind damit geringer vorbelastet als kurzlebige Tiere.

Das **Verhalten** der Pferde spielt züchterisch eine ganz wichtige Rolle, weil immer mehr Pferdeabnehmer Amateure oder gar Laien in der Pferdehaltung sind. Obschon sie sich mit viel Liebe und Begeisterung ihrem Vierbeiner widmen, stehen sie doch Charakter- und Temperamentschwierigkeiten der Pferde recht hilflos gegenüber. Sie brauchen umgängliche, anhängliche und unkomplizierte Tiere.

Auch Profis (Pferdewirte) schätzen sich nicht gerade glücklich, wenn ihnen schwierige Pferde angedient werden, die ihnen Zeit, Kraft und Nerven rauben und damit unnötig Kosten verursachen.

Zusammenfassend bleibt also festzustellen:
– Abstammung, Leistungs- und Exterieurmerkmale sind als Selektionsgrundlage in der Pferdezucht unverzichtbar.
– Guter Charakter, gutartiges Temperament, Umgänglichkeit und Leistungsbereitschaft garantieren eine breite Käuferschicht.
– Gesundheit, Fruchtbarkeit, Langlebigkeit und Leichtfuttrigkeit bleiben erste Voraussetzung für Wirtschaftlichkeit und Erfolg von Pferdezucht und -haltung.

4.4 Die organisierte Zucht

Pferdezüchter aller Rassen und Richtungen haben sich zum Teil schon vor über 100 Jahren auf freiwilliger Basis zusammengefunden, um gemeinsam Pferdezucht zu betreiben.

4.4.1 Organisationsformen

Gemeinsame oder genossenschaftliche Hengsthaltung war der Ausgangspunkt für die Gründung von Zuchtverbänden.

Diese wurden im Regelfalle als e. V. (eingetragener Verein) im Vereinsregister geführt, und so ist es bis heute auch geblieben. Wenn die Züchtervereinigungen die im Tierzuchtgesetz festgeschriebenen Bedingungen erfüllen, gelangen sie in den Ge-

nuß der steuerlichen Vorteile anerkannter Berufsverbände.
Kommt die staatliche, tierzuchtrechtliche Anerkennung hinzu, dann erhalten sie erhebliche Eigenrechte, unterliegen aber einer Fachaufsicht.
Die Mitgliedschaft in pferdezüchterischen Vereinigungen ist generell freiwillig. Praktisch besteht aber für Züchter Beitrittszwang, die Zuchttiere, besonders Zuchthengste, mit Abstammungsnachweis veräußern wollen, weil nur staatlich anerkannte Züchtervereinigungen die erforderlichen Abstammungsunterlagen ausfertigen dürfen.
Dadurch gewinnen diese Organisationen großen Einfluß auf die züchterische Arbeit der einzelnen Mitglieder.
Die nach den Statuten möglichen individuellen Initiativen sollten jedoch alle Züchter entfalten. Sie sollten möglichst »kreativ« bleiben.
Richtschnur für die Aktivitäten von Züchtern und Zuchtverbänden sind die demokratisch beschlossenen, schriftlich niedergelegten und staatlich anerkannten
- **Satzungen,** welche über Name, Sitz, Gebiet, Zweck, Aufgaben, Mitgliedschaft und Organe informieren
- **Zuchtprogramme,** die festlegen, welche Pferde auf welchem Wege gezüchtet werden sollen
- **Zuchtbuchordnungen,** die Zuchtbuchführung, Kennzeichnung, Eintragungen, Hengstanerkennungen und weitere Einzelheiten verbindlich vorschreiben.

Vorrangig obliegen den Zuchtverbänden folgende Aufgaben:
1. **Die Stut-(Zucht-)Buchführung.** Es sind alle Zuchtvorgänge, Geburten, Identifizierung, Eintragung, Brennen, Prämierungen, Ausscheiden usw. zu registrieren und Fohlenscheine und Abstammungsnachweise auszustellen.
2. **Die Beratung der Züchter.** Sie geschieht auf Schauen, Eintragungsterminen und Absatzveranstaltungen im züchterischen Bereich durch Vergleiche oder Selektionshilfen. Fragen der Haltung, Fütterung und Aufzucht werden auf Versammlungen und bei Einzelberatungen diskutiert.
3. **Die Förderung des Absatzes.** Diesem Zweck dienen Auktionen, Märkte und die Beschickung verkaufswirksamer Ausstellungen. Auch die Direktvermittlung verkäuflicher Pferde gehört dazu.

Neben den Zuchtverbänden, die weitgehend länder- oder landesgebunden wirken (Ausnahmen sind Traber, Araber, Vollblüter und Traber, die bundesweit wirken), gibt es Hengsthaltungsvereine und -genossenschaften, die Mitglied der Züchterorganisationen sind.
In einigen Bundesländern übernehmen Kreispferdezuchtvereine oder ähnliche Untergliederungen die Basisarbeit.
Die staatliche Anerkennung der Pferdezuchtverbände liegt in der Zuständigkeit der obersten Landesbehörde (Landesministerium). Einige Verbände führen nur für eine Pferderasse Stutbücher, andere für mehrere, und manche betreuen alle in ihrem Gebiet gezüchteten Typen und Schläge.
Die Zusammenarbeit mit den reiterlichen Vereinigungen ergibt sich zwangsläufig, allein schon wegen der Durchführung von Leistungsprüfungen und der Übernahme der erzielten Ergebnisse in die Leistungsbewertung der Pferde.
Die meisten Zuchtverbände unterhalten Reit- und Fahrschulen und/oder Pferdezentren, welche hauptsächlich der Absatzförderung von Zucht-, Sport- und Gebrauchspferden dienen.
Alle Pferdezuchtverbände und die reiterlichen Organisationen haben sich in der **FN** (Deutsche Reiterliche Vereinigung = **Fédération Equestre Nationale**) zusammengefunden. Der alte Name »Hauptverband für Zucht und Prüfungen deutscher Pferde« wird zusätzlich weitergeführt. Diese Dachorganisation ist unterteilt in die **Abteilung Zucht** und in die **Abteilung Sport.**

4.4.2 Zuchtbuchführung

Für die Zuchtbuchführung aller deutschen Pferdezuchtverbände schreiben die Grundregeln der DLG einheitliche Richtlinien vor. Die DLG überwacht die Zuchtbuchführung mit Zustimmung des Bundesministers für Ernährung, Landwirtschaft und Forsten.
Die Züchtervereinigung führt das **Stut-, Stamm- oder Zuchtbuch,** welches in erster Linie Abstammung und Identität der Pferde zu garantieren hat. Zusätzlich hält es alle züchterisch wichtigen Daten fest.
Jeder Züchter hat ein Stallbuch zu führen, das jederzeit auf dem laufenden sein muß (Kontrollen).
Das Stutbuch muß grundsätzlich gegliedert sein in:
H   Hauptstammbuch
S   Stammbuch
V   Vorbuch, eventuell I und II
Die Zuchtverbände (Eintragungskommissionen) bestimmen nach Abstammung, Qualität und eventuellen Leistungen, in welche Abteilungen des Stammbu-

ches die Stuten jeweils eingetragen werden. Beurteilungsaufzeichnungen und Körpermaße (Widerristhöhe, Röhrenumfang) sind zu übernehmen.

Mehrheitlich werden für Hengste und Stuten getrennte Zuchtbücher geführt, in denen die Tiere mit Namen und Nummern, deren Vergabe recht unterschiedlich geregelt ist, und den vorgenannten Daten eingetragen sind.

Die alten Stamm- und Stutbücher hat man inzwischen durch Karteikarten abgelöst, die wesentliche Vereinfachungen und Arbeitserleichterungen brachten. Weitere Einsparungen verspricht der zukünftige Einsatz elektronischer Datenverarbeitung (EDV).

4.4.3 Zuchtpferdeschauen

Auf Zuchtpferdeschauen und den damit verbundenen Prämiierungen bekommen alle Interessenten immer wieder Denkanstöße und Impulse für die eigenen züchterischen Aktivitäten.

Schauen haben folgende Aufgaben:
- Sie bieten den Züchtern die Möglichkeit zu Vergleichen und zur Analyse des eigenen Standortes. Der züchterische Ehrgeiz gewinnt Auftrieb und oft auch die Opferbereitschaft für den Zuchtfortschritt.
- Zuchtleitung und Züchterschaft gewinnen frühzeitig einen Überblick über die Nachkommen von Hengsten und deren Qualität. Hengstanwärter können vorgemerkt werden. **Fohlenschauen** auf Deckstellen-, Kreis- oder Bezirksebene dienen diesem Zweck. Gleichzeitig kann das Brennen erfolgen.
- Auf Eintragungsterminen werden die dreijährigen Stuten ins Stutbuch aufgenommen und mit dem entsprechenden Brand versehen. Die Spitzentiere können mit staatlichen und verbandsinternen Zuchterhaltungsprämien bedacht werden. Diese verpflichten zu mehrjähriger Zuchtbenutzung.

  Die Vorstellung der zweijährigen Stuten, eventuell auch der Jährlinge, zum gleichen Termin läßt schon eine recht sichere Jugendentwicklungsbeurteilung dieser Tiere zu und ermöglicht somit Hinweise auf die spätere Verwendung.
- **Schauen auf unterer Ebene** (z. B. Kreis) erleichtern jedem Züchter die Beschickung oder den Besuch. Hier gestaltet sich der Erfahrungs-, Meinungs- und Informationsaustausch besonders für den »kleinen Züchter« ausgesprochen rege. Auch die nicht züchtenden Gäste und Zuschauer finden Gelegenheit zu Fachgesprächen und Fachinformationen.
- **Landes- und Bundesschauen** mit dem Charakter von Elite- oder Repräsentationsveranstaltungen wirken durch übergebietlichen Vergleich richtungsweisend. Sie können darüber hinaus neue Interessenten anlocken und Käuferschichten erschließen.

Die Schauen und Ausstellungen haben ohne Zweifel wesentlich zum heutigen Qualitätsstandard aller deutschen Pferdezuchten beigetragen. Als Schaufenster und Spiegelbild der deutschen Warmblutzucht und anderer Rassen konnten sie in Verbindung mit den Turniererfolgen weltweit Absatzmärkte für diese Pferde öffnen.

Großschauen für Rennpferde (Traber und Vollblüter) veranstalten die zuständigen Verbände nicht, weil diese Pferde sich ständig auf der Rennbahn präsentieren und durch Rennleistungen für sich werben.

Verkaufsschauen für Jährlinge geben jedem Interessenten die Chance, noch ungeprüfte Rennpferde in Augenschein zu nehmen und zu erwerben.

Hengstnachzuchtschauen (-prämiierungen) gewinnen an Aussagekraft, wenn möglichst viele Fohlen vorgestellt werden. Zeigt man auf zentralen Ausstellungen lediglich vorselektierte Auswahlgruppen, dann reicht der Aussagewert für eine züchterische Bewertung kaum aus.

Hengstschauen auf den verschiedensten Ebenen sollen den Züchtern vor Beginn der Decksaison bei der Auswahl der Vatertiere für die eigenen Stuten Tips und Hilfen geben.

Präsentation und Vorstellung verbandsanerkannter Hengste bieten gute Gelegenheit, züchterisches Planen zu erleichtern und Entscheidungshilfen zu geben. Hengstparaden und der »Tag der offenen Tür« in Landgestüten verfolgen gleiche Ziele.

Zuchtpferdeschauen auf jeder Ebene behalten auch bei dem Bestreben, mehr Leistungsdaten bei der Zuchtwahl zu Rate zu ziehen, ihre große Bedeutung, weil es bei der Beurteilung von Exterieur, Typ, Bewegungen und Verhalten um Merkmale geht, die einen Teil der Leistungsmöglichkeiten ausmachen. Pferdeausstellungen erweisen sich allenthalben als außerordentlich publikumswirksam und attraktiv. Diese Werbechance sollte erhalten bleiben.

Qualifizierte, objektive und dabei allgemeinverständliche Kommentare und produktive Kritiken zu den vorgestellten Pferden werten jede Pferdeschau als Orientierungs- und Informationsquelle für Interessenten jeder Art auf und sind für alle Pferdeliebhaber hilfreich.

4.4.4 Staatliche Förderungsmaßnahmen

Das **Tierzuchtgesetz** vom 20. 4. 1976, das am 1. 1. 1977 in Kraft trat, verfolgt das Ziel, die Leistungsfähigkeit der Tiere zu fördern und ihre Wirtschaftlichkeit zu erhöhen.

Prämien (Staats- und Zuchterhaltung) bekommen qualitativ überdurchschnittliche junge Stuten (3jährig) mit der Auflage, daß sie mehrere Jahre der Zucht erhalten bleiben müssen.

Einige Bundesländer vergeben Fesselungsprämien für beste Hengstfohlen, die als Hengstanwärter aufgezogen werden sollen.

Die **Landgestüte** haben sich zu ganz wichtigen staatlichen Fördereinrichtungen entwickelt. Sie stellen vor allem den Züchtern Qualitätshengste zur Verfügung, die wegen zu kleiner Stutenbestände keine eigenen Vatertiere halten können. Sie unterstützen aber alle Interessenten. Engste Zusammenarbeit mit den Zuchtverbänden sichern Erfolge und Fortschritte.

Ankaufs- und Haltungsprämien fördern die private und genossenschaftliche Hengsthaltung.

Die **Hengstleistungsprüfungen** erhalten staatliche und finanzielle Unterstützung.

Die **Hauptgestüte** beteiligen Verbände und Züchter an erzielten Fortschritten über die Abgabe hervorragender Zuchttiere.

Medaillen und Geldprämien auf Schauen und Ausstellungen geben immer wieder Anreize für die Züchter.

Neben staatlichen Stellen treten bisweilen auch die Züchterorganisationen, landwirtschaftliche Organisationen, Kommunen und Wirtschaftsunternehmen zum Wohl der Pferdezüchter als Sponsoren auf.

Auf Umwegen werden Vollblut- und Traberzucht durch **anteiligen Rückfluß der Rennwettsteuer** gefördert. Infolge der Vielzahl von Wettmöglichkeiten (Toto, Lotto u. a.) kann aber hier keine Vorwärtsentwicklung erwartet werden.

Die Fördermöglichkeiten im reiterlichen Bereich und für bauliche Maßnahmen ändern sich oft. Sie müssen im Bedarfsfalle über die zuständigen Verbände oder landwirtschaftlichen Dienststellen erfragt werden.

Die öffentliche Förderung von Pferdezucht und Pferdesport ist berechtigt, weil:
– Pferdesport Volkssport ist, mit einem sinnvollen Freizeitangebot
– das Bedürfnis, hochwertige und vielseitige Leistungs- und Freizeitpferde zu züchten, breit fundiert und weit gefächert ist.
– für manche bäuerlichen Betriebe Pferdezucht ein existenzsichernder Produktionszweig ist.

Zur Wiederholung und Vertiefung

1. Nach welchen Kriterien wird die Zuchtwahl vorgenommen?
2. Erläutern Sie die Bedeutung der Abstammung eines Pferdes als Selektionskriterium.
3. Nach welchen Merkmalen beurteilt man das äußere Erscheinungsbild eines Pferdes?
4. Stellen Sie die Bedeutung von Gesundheit und Fruchtbarkeit als züchterische Auswahlmerkmale dar.
5. Beschreiben Sie die Organisationsform des Pferdezuchtverbandes, dem der eigene Ausbildungsbetrieb angeschlossen ist.
6. Welche Aufgaben hat die FN?
7. Welche Angaben und Daten gehören in ein Stut-(Stamm-)Buch?
8. Stellen Sie die Bedeutung von regionalen Zuchtpferdeschauen dar.
9. Warum kann auf Fohlenschauen nicht verzichtet werden?
10. Welche staatlichen Fördermaßnahmen für die Pferdezucht gibt es?

4.4.5 Fortpflanzung

Die Fortpflanzung strebt danach, die genetische Grundlage der Pferde von Generation zu Generation zu verbessern.

Dieses Ziel setzt voraus:
– sorgfältigste Auswahl von Stute und Hengst
– optimale Gestaltung der äußeren Bedingungen und
– sach- und fachgerechte Aufzucht.

Nur ein Züchter, der intensiv beobachten kann, die Grundlagen und Erkenntnisse der Vererbungsforschung kennt, zielstrebig und opferbereit ist, aus seinem Wissen konsequent die richtigen Schlüsse zieht und dieselben auch in die Tat umsetzt, wird sich aus der Masse der »Pferdevermehrer« abheben.

Er kann zum Könner avancieren, der erkennt, was unter den ihm zur Verfügung stehenden natürlichen und wirtschaftlichen Gegebenheiten erreichbar und darum als Ziel anzustreben ist.

Fehlerfreie Pferde gibt es nicht. Daher bleibt es immer die Aufgabe des Spezialisten, Vorzüge und Mängel eines Tieres so gegeneinander abzuwägen, daß sich trotzdem züchterische Fortschritte ergeben. Experten der Zuchtleitungen und sonstige Pferdekenner lassen allen Ratsuchenden jederzeit Hilfen zuteil werden.

Zwei Fehler dürfen bei der Zuchtwahl niemals gemacht werden:
1. Stuten und Hengste miteinander paaren, die die gleichen Fehler und Mängel zeigen (z. B. matter Rücken, wenig Widerrist).
2. Pferde mit extremen Merkmalen miteinander kreuzen, um Mittelwerte zu bekommen (z. B. Stute mit extrem langen, weichen Fesseln und Hengst mit kurzen, steilen Fesseln. Das Merkmal »normale Fessel«, wenn es wirklich dabei herauskommt, ist mischerbig und spaltet nach dem 2. Mendelschen Gesetz wieder auf).

4.4.5.1 Rosse und Paarung

Die **Zuchtbenutzung** von Stuten und Hengsten beginnt normalerweise im Alter von drei Jahren. Manche Züchter lassen gelegentlich frühentwickelte, wüchsige Zweijährige decken, vornehmlich in der Ponyzucht.

Vollblutstuten gehen nach zwei Rennjahren, mehrheitlich vierjährig, ins Gestüt, Traberstuten im allgemeinen später. Einige Reitpferdestuten kommen nach ersten Turniererfahrungen in die Zucht.

Bei guter Jugendentwicklung werden Pferde im Alter von 14 bis 16 Monaten **geschlechtsreif**. Darum müssen Jährlinge nach Geschlechtern getrennt gehalten werden.

Die **Zuchtfähigkeit** bleibt rasse- und individuell bedingt unterschiedlich lange erhalten. Bei edleren Populationen und Ponys erlischt sie mit etwa 20 Jahren (bisweilen mit 25 Jahren) und bei Kaltblütern drei bis fünf Jahre früher.

Die **Rosse** (Brunst) macht sich durch charakteristische Verhaltensänderungen bemerkbar. Die Stuten
– streben zu Artgenossen, aber auch zu Menschen
– sind oftmals unruhig und berührungsempfindlich
– quietschen bisweilen bei Kontakten und lassen Wasser
– die sonst nervig sind, werden oft ruhig, sogar faul
– sondern Schleim und Harn ab
– öffnen zuckend und anhaltend die geröteten Schamlippen. Sie blitzen.

Die **Dauer der Brunst** und deren Intensität hängt von mehreren Faktoren ab:
– von der ererbten Anlage und der Rassenzugehörigkeit
– vom Klima, besonders von Dauer und Intensität der Lichteinwirkung (Brunstförderung über Beleuchtungsprogramme ist möglich)
– vom Ernährungszustand (niemals fett, aber nicht unterernährt) und von der Haltung (viel Bewegung im Freien)
– von der Jahreszeit. (In der Regel ist die stärkste Rosse im Frühjahr nach dem Haarwechsel. Sie flacht zum Herbst hin ab und beginnt ausgangs des Winters verhalten.)
– von der Menge der produzierten Milch bei Fohlenstuten. Bei hoher Milchleistung wird die Rosse oftmals schwach.

Insgesamt ist die Schwankungsbreite der Rosseintensität und Rossedauer groß. In der Regel dauert sie vier bis fünf Tage. Abweichungen von drei, neun und zwölf Tagen kommen vor.

Positiv wirken frisches Grünfutter (Vitamine) und Frühjahrssonne auf die Auslösung und den Ablauf der Rosse. Nur im Notfall sollte ab Anfang April eine medikamentöse Behandlung nicht rossender Stuten vorgenommen werden. Auch eine Sensibilisierung mittels Elektroschocks ist möglich. In beiden Fällen sollte der Rat eines Tierarztes eingeholt werden.

Die **Bedeckung** führt am sichersten zur Befruchtung, wenn sie nahe beim Termin des Eisprungs liegt, der erfahrungsgemäß zu Beginn des letzten Drittels der Rosse erfolgt. Der Samen bleibt nämlich nur etwa 24 bis 40 Stunden befruchtungsfähig. Der Zeitpunkt des Eisprungs kann durch **Rektaluntersuchung** (Mastdarmuntersuchung) ziemlich genau bestimmt werden. Diese sogenannte **Follikelkontrolle** nutzen fortschrittliche Pferdezüchter, um die Hengste zu schonen (es genügt ein Sprung) und die Erfolgsquote zu erhöhen.

Ohne diese gezielte Paarung sind zwei Sprünge im Abstand von 30 bis 40 Stunden zu empfehlen. Bei langer Rossedauer können weitere Bedeckungen notwendig werden, damit die Annäherung an den Eisprungzeitpunkt gesichert ist.

Ultraschalluntersuchungen können genaue Einblicke in den Ablauf der Follikelreifung vermitteln.

Die **Fohlenrosse** (erste Rosse nach dem Abfohlen) stellt sich nicht genau neun Tage nach der Geburt ein, wie oft behauptet wird. Schwankungen von 7 bis 21 Tagen sind möglich. Das gilt insbesondere für stark laktierende Stuten, wo sie bisweilen sogar ausbleibt.

Ob die Fohlenrosse die günstigsten Voraussetzungen für das Wiedertragendwerden bietet, kann nach neuesten Erfahrungen bezweifelt werden. Viele Erfahrungen deuten auf erhöhte Resorptionsgefahr (Einsaugungsgefahr) hin, weil die Leistungsbeanspruchung der Mutter (Milchleistung) die Ernährung des eingenisteten Eies behindert. Die Meinungen gehen in dieser Frage weit auseinander. **Fohlendurch-**

fall ist eines der sichersten Anzeichen für die Fohlenrosse.

Die **Rosse** kann bei Stuten periodisch zu jeder Jahreszeit auftreten. Wo es die betrieblichen und wirtschaftlichen Verhältnisse zulassen, werden im zeitigen Frühjahr geborene Fohlen aus folgenden Gründen angestrebt:
- Stute und Fohlen nutzen die Frühjahrs- und Sommerweide optimal
- Hitze und lästige Insekten auf der Weide plagen die Stuten nicht während der Hauptlaktation. Die älteren Fohlen leiden darunter weniger als die jungen
- noch frisches, nährstoffreiches Futter auf der Septemberweide erleichtert das Absetzen und die Futterumstellung für die Fohlen
- gut entwickelte, ältere Fohlen lassen sich als Absetzer besser verkaufen als weniger entwickelte
- landwirtschaftliche Betriebe haben vor der Frühjahrsbestellung Arbeitskräfte für die Betreuung von Stuten und Fohlen ohne Mehrkosten frei
- früh im Jahr geborene Fohlen haben in Zweijährigenprüfungen auf der Rennbahn größere Chancen als spätgeborene.

Ähnliches gilt für Fohlenschauen und Eintragungstermine.

Zur **Feststellung der Rosse** müssen die zu deckenden Stuten frühzeitig, etwa ab Januar, genauestens beobachtet werden.

Die Nähe eines Hengstes, zu dem sie dann drängen und das anschließende **Probieren** sind die sichersten Methoden, die Brunst klar zu erkennen. Die wenigsten Züchter haben jedoch einen Hengst im Stall. Darum muß der Faktor »Beobachten« besonders groß geschrieben werden.

Sicherheit gegen Schlagverletzungen des Hengstes bietet beim Probieren der **Probierstand,** der das Ausweichen der Stuten nach vorne und zur Seite unterbindet. Geschützt durch eine ca. 1,40 bis 1,50 Meter hohe, stabile, mit Gummi oder Matte abgedeckte und oben abgerundete Seitenwand nimmt der Hengst Schnupperkontakt, am Kopf beginnend, mit der Stute auf, ehe er die übrigen Körperpartien berührt.

Sofern der Probierstand gleichzeitig als **Deckstand** Verwendung findet, muß garantiert sein, daß er leicht zu reinigen und zu desinfizieren ist und daß der Boden nicht verschlammt, also wasserdurchlässig bleibt (z. B. Feinkieselboden).

Die Stute ist **aufnahmebereit,** wenn sie zum Hengst drängt, blitzt und bei angehobenem Schweif klaren Schleim und Harn aus stark geröteter, praller Scheide absondert.

Die nicht paarungsbereite Stute, zum Beispiel in der Vorrosse und in der ersten Hauptrosse, zeigt ihren Unwillen durch angelegte Ohren, Beißen und Schlagen gegen die Wand des Probierstandes an.

Maidenstuten oder sehr empfindliche Tiere reagieren manchmal trotz starker Rosse ähnlich.

Falsche Rosse. Eine Rosse ohne Ovulation (Eisprung) erkennt man an trockener Oberscheide und blasser Scheidenschleimhaut.

Zum Probieren halten manche Gestüte, besonders Vollblutzüchter, **Probierhengste.** Sie sollten gekört sein und auch einige Stuten decken, damit sie deckfreudig bleiben. Auf diese Weise sollen wertvolle Hengste geschont und vor unnötiger Aufregung bewahrt werden.

Viele Hengste brauchen aber die Stimulation des Probierens, um beim Deckakt bei der Sache zu sein. Das **Bedecken** der Stuten erfolgt allgemein als **Sprung aus der Hand,** also kontrolliert. Erfolgreich kann es jedoch nur verlaufen, wenn einige wichtige Voraussetzungen beachtet werden.
- Die Stuten müssen Zuchtkondition haben. Dafür hat der Stutenhalter Sorge zu tragen.
- Eine bakteriologische Untersuchung (Tupferprobe) von keimfrei dem Gebärmuttermund entnommenem Schleim muß die Gesundheit und Keimfreiheit der Geschlechtsorgane der Stute bestätigen.
- Wurmbefall, Husten und andere Erkrankungen sollten einwandfrei abgeheilt sein, bevor eine Stute dem Hengst zugeführt wird.
- Vorbereitende Fütterung, besonders optimale Mineralstoff-Spurenelemente- und Vitaminversorgung, erhöht den Paarungserfolg.
- Während des Haarwechsels sind vor allem bei Maidenstuten nicht immer alle Voraussetzungen für ein sicheres Befruchtungsergebnis gegeben.
- Nur sauber geputzte Stuten mit gepflegten Hufen gehören als Gäste für die Zeit der Rosse oder Brunstperiode in ein Hengstgestüt bzw. auf die Deckstation.
- Vollblutstuten dürfen nur gedeckt werden, wenn die gelbe Untersuchungskarte vorliegt und die Stuten laut Herbststutenuntersuchung in die Fruchtbarkeitsgruppen 1 bis 3 eingestuft worden sind.

Was für Stuten als Forderung gilt, trifft analog auch auf Hengste zu. Ohne die Beachtung nachstehender Vorbedingungen kann das Deckgeschäft nur wenig Erfolg versprechen.

- Der Hengst sollte in Zuchtkondition stehen, das heißt gut genährt, aber nicht fett sein und keinen Heubauch haben.
- Vorhautsekretproben geben nach Untersuchung Auskunft über die Geschlechtsgesundheit eines Hengstes. Diese wichtige Vorsorge sollte nicht vergessen werden. Für Vollbluthengste ist die Herbstuntersuchung vorgeschrieben.
- Tägliche Bewegung auf der Koppel, an der Longe, unter dem Reiter oder im Auslauf wirken günstig auf die Gemütsverfassung und den Allgemeinzustand eines Hengstes und sind im Grunde unverzichtbar.
- Fütterung auf Fruchtbarkeit müßte selbstverständlich sein. Eiweiß-, Mineralstoff-, Spurenelemente- und Vitaminversorgung stehen dabei im Mittelpunkt. Sie fördern die Decklust. Voluminöse Fütterung ist falsch.
- Hengste brauchen Gesellschaft. Sie müssen am Geschehen um sie herum teilhaben können (hören und sehen). In »Einzelhaft« führen psychische Störungen zu negativer Beeinflussung der Fruchtbarkeit.
- Das Glied des Hengstes, besonders im Bereich der Eichelgrube und der Faltenbildung vor dem Hodensack, sollte in regelmäßigen Abständen (2–3 Wochen) zur hygienischen Vorsorge mit einem milden Desinfektionsmittel vorsichtig, schonend und ohne mechanische Schleimhautreizung gereinigt bzw. bestrichen werden. Saubere Hände und sterile Gummihandschuhe gehören dabei zu den selbstverständlichen hygienischen Vorbeugemaßnahmen. Zu häufige Behandlung stört das biologische Gleichgewicht im Genitalbereich und muß darum unterbleiben.
- Verschmutzungen der Rute durch Scheidensekrete und Samenreste entfernt man am besten mit milder, in warmem Wasser gelöster Seife und spült mit schonender Desinfektionslösung nach.
- Hengste können im Durchschnitt zweimal täglich decken, 12 bis 15 Sprünge pro Woche sollten aber auch in der Hauptdecksaison langfristig nicht überschritten werden.

Für Hengsthalter und Stutenbesitzer kann der Anschluß an einen öffentlichen **Tiergesundheits- und Beratungsdienst** empfohlen werden, weil dadurch die laufende tiermedizinische Überwachung des Zuchtgeschehens gesichert ist.

Zum Decken eignet sich am besten eine geräumige, staubfreie **Deckhalle,** die mit einem stabilen, hygienisch einwandfreien Deckstand ausgestattet ist.

Abb. 76. Eine Methode zur Fesselung von Stuten beim Decken.

Der Stute wird vor dem Belegen die Scheidengegend trocken (keine Flüssigkeit in die Scheide) gereinigt. Dazu benutzt man Zellstoff, der anschließend aus hygienischen Gründen und nicht umweltverschmutzend beseitigt bzw. in Sammelbehälter abgelegt wird. Der Schweif wird im oberen Drittel sauber bandagiert, um Verletzungen der Rute des Hengstes beim Einführen zu vermeiden. Man spannt die Stute mit Stricken oder legt ihnen Hinterbeinschuhe an, damit der Hengst nicht geschlagen werden kann. Sind diese Vorsichtsmaßnahmen bei empfindlichen Stuten nicht möglich, dann muß man ihnen mit einer Oberlippenbremse den Kopf hochhalten und gegebenenfalls auch ein Vorderbein anheben, bis der Hengst eingesprungen ist (Abb. 76).

Die Stute wird zweckmäßigerweise von einer ihr vertrauten Person im Deckstand aufgestellt und an der Trense gehalten.

Erst nachdem diese Vorbereitungen getroffen worden sind, kann der Hengst herangeführt werden. Dazu nimmt man je nach Verhalten des Beschälers eine Trense, ein Steiggebiß oder eine Decklonge. Manche Stuten brauchen erst Hengstkontakt, um durch Blitzen Duldungsbereitschaft anzukündigen. Andere reagieren bereits, wenn sie den Hengst hören oder riechen, und vielen genügt bereits die Einstimmung durch das vorhergehende Probieren.

Auch Hengste verhalten sich unterschiedlich, bevor sie deckbereit sind. Einige bereiten sich auf dem Weg zur Deckhalle vor. Andere brauchen vorher Berührungskontakt mit der Stute.

Hengste sollten dazu erzogen werden, ohne Hast, rücksichtsvoll und nicht in die Schulter oder den Hals beißend zu decken und erst aufzuspringen, wenn sie sich zum Decken vorbereitet haben. Als Vorbeuge gegen Festbeißen haben sich feste Lederdecken, über Hals und Widerrist der Stute gelegt, bewährt.

Hengste sollten erst mit voll erigiertem (aufgerichtetem) Penis von hinten an die Stute herangeführt werden, um aufzuspringen. Die Stute muß Gelegenheit haben, ein bis drei Schritte vorzutreten, weil auf diese Weise die günstigste Stellung zum Einführen des Gliedes erreicht wird. Der Schweif wird zur Seite gezogen, um dem Hengst das Einspringen zu erleichtern.

Nach wiederholten Reibungsbewegungen wird der Samen in die Gebärmutter ausgestoßen. Der Samenfluß ist am Zucken der Schweifrübe erkennbar oder durch Fingerauflegen an die Unterseite der Rute erfühlbar. Diese Kontrolle muß stattfinden, weil einige Hengste gerne „mogeln".

Der Hengst sollte nach dem Absamen in Ruhe von der Stute absteigen. Dabei ergibt sich die Gelegenheit, das Glied zu spülen und zu desinfizieren.

Im Sexualverhalten von Stuten und Hengsten kommen erhebliche Unterschiede vor. Darum bleibt es immer problematisch, allgemeingültige Hinweise für die Handlungsweisen beim Decken geben zu wollen. Grundkenntnisse und Grundfertigkeiten von Stutenhaltern und Hengstführern müssen laufend durch eigene Beobachtungen der ihnen anvertrauten Zuchtpferde ergänzt werden. Das ist die einzige Möglichkeit, subjektive Verhaltenseigenheiten der Pferde bei der Paarung richtig zu werten und zu beachten.

Die von ihren Fesseln befreite Stute wird nach dem Decken so lange geführt, bis sie sich physisch und psychisch beruhigt hat. Sie sollte auch nicht mehr pressen oder drängen. Mehrfach umrossende Stuten müssen vom Tierarzt untersucht und bei Bedarf behandelt werden.

Die **künstliche Besamung,** die von vielen Pferdezüchtern aus unterschiedlichen Gründen abgelehnt wird, hat in der Pferdezucht an Bedeutung gewonnen und Fuß gefaßt.

Sie bringt Vorteile, hat aber auch Nachteile.

Vorteile:
- Deckinfektionen werden verhindert und Verletzungsgefahren fast ausgeschlossen
- wertvolle Hengste können züchterisch vermehrt genutzt werden
- trotz Veränderungen an den weiblichen Geschlechtsorganen, die den natürlichen Sprung unmöglich machen, ist eine Befruchtung möglich (Gefahr: Negativauslese, wenn diese Anlage erblich sein sollte)
- tiefgefrorener Same kann über weite Wege transportiert werden
- konserviertes Sperma, besonders das nicht mehr lebender Vererber, bleibt noch einige Jahre greifbar
- Stuten, die keinen Hengst annehmen, können in die Zucht aufgenommen werden. Auch hier entsteht das Problem der Negativauslese.

Nachteile:
- erblich bedingte Fruchtbarkeitsstörungen können nicht erkannt werden. Sie werden in der Anlage weiter vererbt
- intensive Follikelkontrolle wird notwendig, um den optimalen Besamungszeitpunkt herauszufinden. Das ist kosten- und zeitaufwendig. Der Probierhengst kann zusätzlich eingesetzt werden
- in kleinen Populationen besteht die Gefahr, daß das **Blutbild** (Zuchtauswahlbasis) eng wird, weil je Hengst zehnmal mehr Fohlen anfallen und nur die besten eingesetzt werden
- alle Hengste geben positive und negative Anlagen weiter. Es können sich daher auch die negativen Anlagen schnell in einer Population ausbreiten
- junge, mit besten Anlagen ausgestattete Hengste bekommen erst relativ spät Entfaltungschancen, zum Beispiel nach Turniererfolgen der ersten Nachkommen. Vielleicht werden sie nie anerkannt. Vorbeuge durch Samenkonserve ist aber möglich.

Entscheidungen für oder gegen die **instrumentelle Samenübertragung** muß jeder Pferdezüchter individuell treffen, am besten in Zusammenarbeit mit seinem Zuchtverband.

Zur Besamung zugelassene Hengste haben über die Normalbedingungen hinausgehende Anforderungen zu erfüllen und einige Tests zu bestehen:
- sie müssen die künstliche Scheide annehmen
- der Same muß einer biologischen Prüfung bezüglich der Menge des Ejakulats (Samenerguß) und der Samendichte standhalten
- Vorsekret, Samenflüssigkeit und Vorhautsekret werden **mikrobiell** (auf Kleinlebewesen) untersucht. Sie müssen frei sein von Genitalinfektionserregern
- im Bedarfsfalle erfolgen serologische Blutuntersuchungen.

Fruchtbarkeitsstörungen

Die Fruchtbarkeit der Stute und des Hengstes wird von vielen Faktoren beeinflußt und diese müssen optimal zusammenwirken, wenn keine Störungen auftreten sollen.

Erblich bedingt müssen die Geschlechtsorgane vorhanden und voll ausgebildet sein. Auch die hormonale Funktionsfähigkeit und die Anpassungsfähigkeit an Umweltbedingungen sind zunächst einmal anlagebedingt vorhanden, vereinzelt jedoch nicht.

Die erblichen Anlagen werden durch angepaßte Umweltgestaltung gefördert. Großen Einfluß auf das Fruchtbarkeitsgeschehen hat der Umweltfaktor **Fütterung**:

- Überfettung oder gar Fettsucht beeinflussen die Fruchtbarkeit negativ
- hungernde Pferde trifft man in Züchterkreisen kaum an. Die Unterernährung führt selten zur Unfruchtbarkeit, sondern eher die als Folge auftretenden Krankheiten und der hinzukommende Parasitenbefall sind die Ursachen
- Mängel in der Fütterung, z. B. Mineralstoff-, Vitamin- oder Eiweißmangel, wirken sich auf die Fruchtbarkeit nachteilig aus
- Giftpflanzen im Futter oder Pflanzenöstrogene schädigen das Fruchtbarkeitsgeschehen.

Die Umweltfaktoren **Haltung und Pflege** beeinflussen die Fruchtbarkeit dann negativ, wenn sie den Ansprüchen des Steppentieres Pferd in keiner Weise gerecht werden. Der Stall, der sich bezüglich des Klimas kaum von der Außenwelt unterscheidet, ist der beste. Der Bewegungsdrang der Pferde, ihr Luft- und besonders ihr Lichtbedarf ist groß und sollte im Rahmen des Möglichen befriedigt werden.

Störungen der Geschlechtsgesundheit beschränken sich in der Hauptsache auf anormale Eierstockfunktionen und gestörte Schleimhautgesundheit im Genitalbereich.

Funktionsschwäche oder gar **Funktionslosigkeit der Eierstöcke** kommen im Winter vor. Bleiben sie trotz bester Umweltbedingungen im Frühjahr bestehen, dann kann nur der Tierarzt weiterhelfen.

Die **stille Rosse** wird oft übersehen und es erfolgt keine Bedeckung. Umweltverbesserungen (Fütterung, Haltung) schaffen meistens Abhilfe. Fruchten diese Maßnahmen nicht, muß der Tierarzt konsultiert werden.

Bisweilen bleibt die Rosse aus, weil sich der Gelbkörper nicht zurückgebildet hat. Die Störung kann nur der Tierarzt beheben.

Verzögerte Ovulation, Follikelrückbildung, kleinzystische Veränderungen der Eierstöcke u. a. Störungen der Eierstockfunktionen kann nur der Fachmann feststellen. Sie sind in der Regel heilbar.

Bei den **Störungen der Schleimhautgesundheit** handelt es sich meistens um Infektionen. Man weiß aber oft nicht, ob die Aggressivität der Erreger oder die Abwehrschwäche der Schleimhaut zur Erkrankung führen.

Die Infektionen werden zum Teil beim Deckakt übertragen. Wenn alle empfohlenen Hygienemaßnahmen eingehalten werden, lassen sich die meisten dieser Erkrankungen vermeiden. Über die Tupferprobe sind krankmachende Keime im Genitalbereich der Stute diagnostizierbar. Man sollte sie unbedingt durchführen lassen. Nur auf diese Weise können Krankheitsübertragungen nach entsprechender Behandlung weitgehend ausgeschlossen werden.

Anormalitäten an den Geschlechtsorganen der Hengste kommen kaum vor, wenn die Vatertiere vor der Zulassung zur Zucht sorgfältig untersucht worden sind. **Störungen im Paarungsverhalten** kann man nur dann behandeln, wenn sie erworben und nicht angeboren sind.

Infektionen der männlichen Geschlechtsorgane dürften bei sachgerechter Überwachung des Zuchtgeschehens nicht vorkommen. Regelmäßige Untersuchungen von Vorhautsekretproben sollten trotzdem aus Sicherheitsgründen vorgenommen werden, besonders vor Beginn der Decksaison.

Störungen der Trächtigkeit kommen in jeder Phase der Trächtigkeit vor. In den ersten drei Monaten der Tracht sind **Fruchtresorptionen** die Hauptursache für Schwangerschaftsabbrüche. Ein abgestorbener Embryo wird aufgelöst und über den Blutkreislauf abtransportiert. Äußerlich ist dieser im Körperinneren ablaufende Vorgang nicht wahrnehmbar. Als Ursache für den embryonalen Frühtod kommen Mängel in der Fütterung, hohe Milchleistung der Stute, Chromosomenveränderungen, Gewebsverhärtungen in der Gebärmutterwand, hormonale Störungen u. a. in Frage. Von den Hengsten ausgehende Einflüsse können ebenfalls zum embryonalen Frühtod führen.

Stuten, die resorbiert haben, rossen meistens nicht sofort wieder. Die Diagnose kann nur über die laufende Frühträchtigkeitskontrolle erfolgen. Es ist dann möglich, die Stuten zum Rossen zu bringen und sie nochmals decken zu lassen.

Die meisten **Aborte** treten im letzten Drittel (vereinzelt früher) der Trächtigkeit auf.

Ein großer Teil davon (30–40 %) ist auf Zwillingsträchtigkeit zurückzuführen. Für 25 bis 30 Prozent der Verfohlungen bleiben die Gründe unbekannt, 25 bis 35 Prozent beruhen auf Infektionen (davon etwa zur Hälfte Virusabort) und 5 bis 10 Prozent werden unter »sonstige Ursachen« registriert. Genaue Unterlagen liegen nur über die westdeutsche Vollblutzucht vor.

Für die **Aborte ohne erkennbare Ursachen** kommen in der Hauptsache hormonale Störungen bei der Stute als Gründe in Betracht. Umweltereignisse (Erschrecken, Fallen, mechanische Einflüsse) führen selten zum Verfohlen.

Verluste durch Zwillingsträchtigkeit sind nicht schicksalshaft, wie mancher Züchter glaubt. Sie können weitgehend verhindert werden. Einmal besteht diese Möglichkeit bei der Follikelkontrolle, und zum anderen können nach der Frühträchtigkeitsfeststellung (Echolot) Gegenmaßnahmen eingeleitet werden. Hier ist der Tierarzt gefordert (Vorkommen insgesamt 2 %, bei Vollblütern 5 %).

Der **Virusabort** infolge einer Infektion mit Pferdeherpesvirus Typ I, Rhinopneumonitisvirus, Colibakterien, Salmonellen oder hämolytischen Streptokokken kann durch vorbeugende Impfungen erheblich eingeengt und erfolgreich bekämpft werden. In der westdeutschen Vollblutzucht werden feste Impfprogramme vorgeschrieben. Sie haben sich bewährt.

Der **Embryotransfer** steckt beim Pferd im Versuchsstadium. Es geht dabei um die Übertragung eines Embryos aus der Gebärmutter eines Spendertieres in die Gebärmutter einer Empfängerin. Die Geschlechtszyklen der Tiere müssen synchron verlaufen.

Die Schwierigkeiten beim Pferd liegen darin, daß in der Brunst nur ein bis zwei Eizellen freigesetzt werden und nicht wie beim Rind Superovulationen mit 6 bis 12 Eizellen hervorgerufen werden können. Die Kosten des Verfahrens verteilen sich bisher noch auf zu wenig Embryonen.

Zur Wiederholung und Vertiefung

1. Was ist bei der Auswahl von Hengsten zur Anpaarung mit Stuten zu berücksichtigen?
2. Beschreiben Sie die Anzeichen der Rosse.
3. Wovon hängen Dauer und Intensität der Brunst ab?
4. Erläutern Sie die zu treffenden Vorsichtsmaßnahmen beim »Decken aus der Hand«.
5. Begründen Sie die beim Abprobieren zu treffenden Maßnahmen.
6. Woran erkennt man die Rosse?
7. Nennen und begründen Sie die hygienischen Vorkehrungen beim Decken.

---

8. Beschreiben Sie die fütterungs- und haltungsbedingten Fruchtbarkeitsstörungen.
9. Nennen und erklären Sie die wichtigsten Trächtigkeitsstörungen.

4.4.5.2 Trächtigkeit, Abfohlen und Aufzucht

Aus züchterischen und wirtschaftlichen Gründen ist es angezeigt, die Trächtigkeit der Stuten frühzeitig feststellen zu lassen, damit entsprechend weiter geplant werden kann (z. B. der Einsatz nichttragender Stuten im Sport).

Methoden zur Trächtigkeitsdiagnose (-feststellung):

1. Die **klinische Diagnose** führt der geübte Tierarzt bereits am 18. Tag (Ausnahme 16. Tag) nach der letzten Befruchtung durch. Er erfühlt das Fruchtsäckchen und die stark auffällige Kontraktion der Gebärmutter vom Mastdarm aus.
2. Diese Rektaluntersuchung erfährt eine sinnvolle Ergänzung durch den Einsatz des **Scheidenspekulums** (-spiegel). Der Tierarzt bekommt dabei über das Scheidenbild Zusatzinformationen, welche das Ergebnis der Untersuchung durch den Mastdarm festigen.
3. Das **Ausbleiben der Rosse** gibt Hinweise auf eine mögliche Trächtigkeit.
4. Der Nachweis des Schwangerschaftshormons im Blut **(Blutuntersuchung)** kann vom 45. bis 120. Schwangerschaftstag vorgenommen werden.
   Diese Hormone verändern die Geschlechtsorgane von Mäusen (Mäusetest) und zeigen dadurch Trächtigkeit an. Die Methode ist aus tierschützerischen Gründen fragwürdig und erfolgt daher nur selten.
5. Nach 125 Tagen Schwangerschaft geschieht der Schwangerschaftshormonnachweis **über den Harn** (Morgenurin). Der Sicherheitsgrad bei Hormonbestimmungsverfahren liegt bei 94 bis 96 %.
6. Der **Nachweis des PMSG** (Hormon) durch den sogenannten »Rapitex« gilt als relativ einfache Methode der Trächtigkeitsfeststellung. Er kann an Ort und Stelle durchgeführt werden (96 % Sicherheit). Fehlauslegungen sind jedoch möglich, weil die Becherzellen auch nach dem Absterben oder nach dem Resorbieren weiterhin PMSG produzieren können. Das Hormon ist außerdem wenig wärmestabil und kann durch Sonnenbestrahlung abgebaut werden.

7. Die **Echographie** (Feststellung mittels Echolot) dient der Früherkennung von Zwillingsgeburten und als Trächtigkeitsdiagnose.
8. **Progesteron-Feststellungen** im Blut zeigen das Vorhandensein funktionierender Gelbkörper an. Die Methode scheint nicht immer besonders sicher das Tragendsein zu diagnostizieren.
9. **Verhaltensveränderungen der Stute,** wie vermehrte Freßlust, vorsichtige Bewegungen, Trägheit, Futterneid und Zunehmen des Bauchumfanges, verstärken die Annahme, daß sie tragend ist.
10. Vom sechsten Trächtigkeitsmonat an werden die **Bewegungen des Fohlens** im Mutterleib in der rechten, unteren Flanke fühlbar. Wenn man der Stute morgens nüchtern kaltes Wasser verabreicht, »springt« der Fetus besonders kräftig.

Alle Frühdiagnosen sollten im Herbst durch eine weitere, Sicherheit gewährende Untersuchung ergänzt werden, weil Fruchtresorptionen bis zum Ende des dritten Trächtigkeitsmonats vorkommen. Vereinzelt, besonders auf der Weide, werden auch Frühaborte nicht wahrgenommen, weil Raubvögel Fetus und Nachgeburt beseitigt haben. Man wartet dann vergebens auf ein Fohlen und verschwendet unnötig Futter und Zeit.

Je höher das Befruchtungsergebnis liegt, desto günstiger kann sich der wirtschaftliche Erfolg der Pferdezucht entwickeln. Zu einem erfreulichen Zuchtergebnis tragen Erbgesundheit von Stute und Hengst sowie artgerechte Fütterung, Haltung und Pflege in hohem Maße bei.

Es gibt zwei Methoden, das Befruchtungsergebnis zu berechnen:

1. Man stellt die Zahl der tragenden Stuten in Relation zur Gesamtzahl der gehaltenen Zuchtstuten – auch der nicht gedeckten. Das Resultat stellt die tatsächlichen Verhältnisse heraus und ist betriebswirtschaftlich aussagefähig.
2. Setzt man die tragenden Stuten in Relation zu den gedeckten, dann wird das Ergebnis optisch zwar günstiger, gibt aber nicht den wahren Sachverhalt wieder.

Es bleibt jedem Pferdezüchter vorbehalten, entweder der Wahrheit ins Auge zu sehen oder sich etwas vorzugaukeln.

Eine Stute trägt im Durchschnitt etwa 11 Monate (332–335 Tage). Schwankungen von 310 bis 360 Tagen kommen vor. Sie bewegen sich normalerweise um etwa zehn Tage nach unten und oben. Zeitüberschreitungen sind häufiger als wesentliche Verkürzungen der Tragezeiten. Stutfohlen werden ganz allgemein ein bis zwei Tage früher geboren als Hengstfohlen. Schlechte Umweltbedingungen können die Trächtigkeitsdauer verlängern. Beste Voraussetzungen verkürzen sie eher. Abweichungen von der Normaltragzeit können erblich, aber auch rassebedingt sein. Sommerbedeckungen führen nicht selten zu kürzerer Tracht als Paarungen in den kälteren Monaten.

Die Zahl der Einflußgrößen auf die Dauer der Trächtigkeit erweist sich als so vielgestaltig, daß alle Vorausberechnungen nur Anhaltspunkte geben können. Man muß die Stuten früh genug intensiv beobachten, wenn man den Zeitpunkt der Geburt nicht verpassen und Verluste vermeiden will.

Weidehaltung ist und bleibt die natürlichste Haltungsform für tragende Stuten. Gegen ihre Nutzung als Reitpferd bestehen in den ersten sechs Monaten der Tracht und auch noch etwas länger keine Bedenken, wenn sie daran gewöhnt sind. Leistungs- oder gar Hochleistungssport wären eine Überforderung und sind darum abzulehnen.

Auch in den Wintermonaten bis zur Geburt braucht die tragende Stute frische Luft und eine dem Zustand angemessene Bewegung, am besten im Freien. Allein Schneesturm, Glätte, Nebel und kalter Regen sind Beweggründe dafür, die Tiere in Hallen, Scheunen oder sonstwo unter Dach ausreichend zu bewegen.

Kühle, trockene, zugfreie Stallungen bieten Gewähr dafür, daß der Wechsel aus der Box ins Freie nicht zu Kälteschocks und Erkältungen führt.

Vielseitige, ausgewogene Fütterung muß die zweckmäßige Haltung werdender Mutterstuten begleiten und ergänzen.

Die Pflege der tragenden Stuten beschränkt sich auf die Sauberhaltung von Box und Einstreu, die Minimalreinigung von Körper und Langhaar sowie die optimale Kontrolle, Überwachung und notwendige Bearbeitung der Hufe.

Nach den Ergebnissen der Kotproben sollten die Stuten gezielt gegen Würmer behandelt werden. Die Medikamentierung richtet sich nach Grad und Art der Verwurmung. Tierärztliche Beratung und Überwachung der Wurmkuren ist anzuraten.

Die herannahende **Geburt** deutet sich durch eine Reihe markanter Anzeichen an. Bevor diese sich bemerkbar machen, sollte man nach Feststellung des letzten Deckdatums rechtzeitig (ca. 3–4 Wochen) vor dem errechneten Geburtsdatum vorbereitende Maßnahmen durchführen.

Die Stute wird in eine geräumige, 4 × 4 m große, gründlich gereinigte, desinfizierte und reichlich eingestreute Box eingestallt, und es wird ein ständig sauberes, trockenes, weiches und warmes Lager gerichtet.

Die Hintereisen sind abzunehmen, um Verletzungen von Fohlen und Betreuern vorzubeugen.

Maidenstuten müssen an die Berührung des Euters durch vorsichtiges Herantasten gewöhnt werden, damit später das Fohlen ohne Schwierigkeiten saugen kann.

Eine gute Beleuchtung sollte vorhanden sein, damit man auch für schwierige Geburtsabläufe vorbereitet ist. Für Stuten, die bei hellem Licht nervös werden, deckt man die Lampen zunächst ab und läßt sie nach und nach heller leuchten. Zur Eingewöhnung schaltet man die Leuchten mit Beginn der Dunkelheit ein. Um für alle Eventualitäten gerüstet zu sein, müssen folgende Dinge rechtzeitig bereitgestellt werden:

– Jodtinktur, gereinigter Brennspiritus oder Alkohol
– Spray oder Wundpuder
– Gleitmittel, z. B. Öl oder Spezialpräparate, eventuell Kernseifenlauge
– Desinfektionsmittel in milder Form
– Schere und Bindfaden zum Hochbinden der Nachgeburt
– ein weiches Bändchen, um bei Bedarf den Nabel abzubinden
– Wasser, Seife, Nagelbürste, Schwamm, Zellstoff, Handtücher und zwei Eimer
   a) zum Reinigen der Hände und Arme des Geburtshelfers
   b) zum Säubern von Scheidenumfeld und Hinterhand der Stute. Die Scheide und die angrenzenden Bereiche sollten nur mit Einweg-Zellstoff gereinigt werden
– saubere Gummi- oder Plastikstiefel, Gummi- oder Plastikschürze und Gummi- oder Plastikhandschuhe für den Geburtshelfer. Alles dies ist leicht zu reinigen und zu desinfizieren und umweltfreundlich zu beseitigen (Spezialbehälter)
– Geburtsstricke oder -ketten, ein Eimer heißes, abgekochtes Wasser.

Eine zweite, freie, gründlich vorbereitete Box im Abfohl- bzw. Stutenstall macht es möglich, Stuten und Fohlen nach Abgang der Nachgeburt umzustallen und dann die Abfohlbucht sorgfältig zu säubern und zu desinfizieren.

In der Vorbereitungsphase kündigt sich, hormonell geregelt, die Geburt an, und ein Wachdienst muß eingerichtet werden. Diese Überwachung kann heute auch technisch erfolgen. Geburtsmelder oder elektronische Überwachungsgeräte stehen zur Verfügung.

Geburtsmelder arbeiten nach dem Prinzip der Signalgebung, die durch Schweißabsonderung ausgelöst wird.

Elektronische Geräte arbeiten entweder mit Lichtbändern an den Boxenwänden, die nach dem Sich-Hinlegen der Stute (Lichtstrahl ist nicht mehr unterbrochen) akustische Signale weitergeben, oder beweglich montierte Fernsehkameras tasten die Box in Abständen ab und übertragen das Bild auf einen Fernsehbildschirm.

Etwa vier bis sechs Wochen vor der Geburt beginnt das Euter zu schwellen, und die Zitzenspitzen treten deutlich hervor. Kurz vor der Geburt werden die Anzeichen deutlicher:

Der Bauch senkt sich ab, und dadurch vertiefen sich die Flanken. Von hinten betrachtet flacht die Kruppe ab und fällt ein. In den letzten Tagen vor der Geburt fallen die Beckenbänder mehr und mehr ein. Die Schamlippen schwellen leicht an, die Schamspalte wird länger, und bei manchen Stuten ist sie im Liegen leicht geöffnet.

Es bilden sich Harztropfen an den Zitzenkuppen. Unmittelbar vor der Geburt schießt die Milch ein. Das Euter wird prall. Die Harztropfen (nicht bei allen Stuten auftretend) fallen ab und dafür erscheinen Milchtropfen, oder es läuft Milch im Strahl ab. Das bedeutet den Verlust von Kolostralmilch. Jetzt steht die Geburt normalerweise in einigen Stunden, manchmal auch Tagen an.

Das Schlaffwerden der Beckenbänder sowie der Beckenmuskulatur und die letzte Gesäugeentwicklung sind die ersten Vorboten für die anstehende Geburt. Manche Stuten gebären auch ohne die beschriebenen Anzeichen.

Diese Tatsache macht deutlich, daß intensive Geburtsverlaufsüberwachung bereits im Vorfeld einsetzen muß.

Das **Eröffnungsstadium** der Geburt, durch hormonell-nervöse Mechanismen ausgelöst, beginnt mit der Kontraktion der Gebärmutter. Durch Wegfall der Progesteronwirkung kommen die unmittelbar auf die Geburt wirkenden Hormone (Östrogen, Relaxin, Prostaglandine und Oxytocin) zur Wirkung. Der Muttermund weitet sich von innen nach außen, weil der Innendruck größer wird. Gleichzeitig kommt es zur Durchsaftung der Scheidenschleimhaut. Sie wird schlüpfrig, elastisch und paßt sich den Formen des nach außen strebenden Fohlens an, damit es durchgleiten kann.

Welche Auswirkungen Störungen in der Geburtsphase auf die Stute haben können, zeigt sich oftmals, wenn von außen Reize (z. B. Unruhe, Lärm, ungeschickte Helfer, Türklappern) einwirken. Der Geburtsablauf kommt dadurch nicht selten zum Stillstand. Nicht wenige Stuten werden schon durch ständiges, als lästig empfundenes Nachschauen so gestört, daß die Geburt schwer in Gang kommt.

Fohlende Stuten brauchen eine abgeschirmte Gesamtatmosphäre, damit die Geburt ungestört (besonders bei nervösen Stuten) ablaufen kann. Aus diesem Grunde gebären Pferde meistens nachts (21–3 Uhr). Aufgrund dieser Zusammenhänge ergeben sich Grundregeln für das Verhalten der Geburtshelfer.

– Ruhe und Vorsicht, um die Stute nicht zu verunsichern. Sie sind darum erstes Gebot.
– Normale Geburten bedürfen keiner Hilfe. Voreilige Eingriffe sind immer falsch.
– Peinliche Sauberkeit schützt am sichersten vor Infektionen.

Im Regelfall werden Fohlen in **Vorderendlage** geboren. Der Kopf liegt keilförmig auf den Vordergliedmaßen, deren Hufunterseite zum Euter zeigt. Die ersten Gebärmutterkontraktionen drehen den Fohlenkörper in die optimale Geburtslage, die ein stromlinienförmiges Weiten der Geburtswege bewirkt und den Geburtsablauf und die Eigenbewegung der Frucht erleichtert und unterstützt.

Das Zusammenziehen der Gebärmutter begleitet von Bauchpressen bezeichnet man als **Wehen.** Diese Wehen nehmen an Häufigkeit und Intensität individuell und rassebedingt unterschiedlich stark zu. Sie haben die Aufgabe, in der Geburtseröffnungsphase den Muttermund zu öffnen und zu weiten. In dieser Phase scharrt die Stute, wird unruhig, legt sich und steht wieder auf, tritt hin und her, schlägt mit dem Schweif und beginnt mehr oder weniger stark zu schwitzen.

Die Vorbereitungsphase dauert etwa 50 bis 80 Minuten, kann sich aber auch über Stunden erstrecken. Die anpassungsfähige **Fruchtblase** weitet, wenn sie vorangetrieben wird, die gesamten Geburtswege.

Die unruhigen Perioden der Vorbereitungsphase lösen sich mit Zeiten vollkommener Ruhe ab, in denen die Gebärenden oft fressen. Solange die Fruchtblase nicht gesprungen ist, wirken sich diese Unterbrechungen kaum nachteilig aus. Sie helfen der Stute vielmehr, sich die bestmöglichen Bedingungen für das Gebären auszusuchen und sich zu entspannen.

Das Bersten der Fruchtblase erfolgt mit kaum übersehbarem und überhörbarem Abfluß des Fruchtwassers aus den Geburtswegen. Es kündigt den Übergang von der Eröffnungs- in die **Austreibungsphase** an. Seitenlage links – manche Stuten bleiben auch stehen – schafft die günstigsten Austreibungsvoraussetzungen, weil das Fohlen von oben nach unten den Mutterleib verlassen kann.

Der Geburtshöhepunkt beginnt gewöhnlich kurze Zeit nach dem Fruchtblasensprung mit verstärkten Austreibungswehen. Zuerst treten Vorderbeine und Kopf durch den Muttermund und die Keimblase (2. Blase) wird in der Schamspalte sichtbar.

Der Druck des Kopfes auf den Muttermundring verstärkt die Ausschüttung des wehenauslösenden Hormons Oxytocin. Im Gefolge setzt die **Bauchpresse** ein.

In 10 bis 20 Minuten (Extreme 5–30 Minuten) verläßt das Fohlen den Mutterleib. Beim Durchgleiten des Beckens wird es im Geburtsweg so gekippt, daß der Körper zum Euter hin gewinkelt erscheint. Zughilfe sollte unterbleiben oder im Notfall nur dann erfolgen, wenn die Wehen nicht mehr die Kraft besitzen, das Fohlen auszutreiben. Diese Hilfen, mittels um die Fesseln gelegter Geburtsstricke oder -ketten, dürfen nur im Gleichklang (Takt) mit den Wehen vorgenommen werden und müssen euterwärts gerichtet sein.

Zu frühes Eingreifen kann den Geburtsvorgang stören und Verletzungen in den noch nicht genügend geweiteten Geburtswegen hervorrufen.

Die Eihäute sind beim Pferd sehr kräftig ausgebildet. Sie legen sich gerne, sofern sie nicht vorher bersten, als feste Haut um die Nüstern des Fohlens. Man muß sie sofort aufreißen, damit das Fohlen nicht erstickt. Diese Befreiung von den Eihäuten besorgt im Normalfall zwar die Mutter, sie kann aber auch von den Preßwehen so erschöpft sein, daß sie nicht sogleich aufsteht.

Im **Nachgeburtsstadium** löst sich die von den Fruchthüllen gebildete Nachgeburt (Eihäute). Damit endet die Geburt etwa 25 bis maximal 125 Minuten nach dem Riß der Nabelschnur und dem Aufhören der Blutzufuhr zum Fohlen.

Die Plazenta hat jetzt keine spezielle Funktion mehr. Ihr Blutgefäßsystem fällt zusammen, und damit endet gleichzeitig die enge Verbindung mit der Gebärmutterschleimhaut. Die einsetzenden **Nachwehen,** erst noch stark, dann verebbend, beschleunigen das Ablösen der Nachgeburt.

Die Nachgeburt hängt aus der Scham heraus bis zwischen die Hinterbeine. Dadurch können empfindliche Stuten zu Abwehrreaktionen (z. B. Schlagen) angereizt werden. Es besteht auch die Gefahr, daß die Stuten darauf treten, wodurch die Nachgeburt abreißt. Deshalb sollte man die Schleimhäute zusammenlegen und zusammenbinden. Diese Methode ist sicherer als das Einknoten.

Die Nachgeburt muß vollständig abgehen, weil das Verbleiben kleinster Fruchthüllenreste in der Gebärmutter zu schwerwiegenden Entzündungen und Erkrankungen führen kann. Am besten breitet man sie zur Kontrolle auf dem Boden aus und vergewissert sich, ob insbesondere die beiden Hornspitzen vorhanden sind.

Sollte nach gut zwei Stunden die Nachgeburt nicht abgegangen sein oder sollten Reste in der Gebärmutter verblieben sein, muß der Tierarzt konsultiert werden.

Hat sich die Stute gereinigt, sind die Geschlechtsteile mit Zellstoff und die Hintergliedmaßen mit einem Schwamm und warmem Wasser (eventuell mit mildem Desinfektionsmittel) gründlich zu säubern. Anschließend muß die Box geräumt, gereinigt und eventuell desinfiziert werden, um jede Infektionsmöglichkeit weitgehend auszuschalten.

Nicht jede Geburt verläuft normal. Darum empfiehlt es sich, beim Erscheinen der zweiten Blase unter Beachtung aller hygienischen Vorsichtsmaßnahmen die Lage des Fohlens zu überprüfen. Ergeben sich Verdachtsmomente für einen regelwidrigen Geburtsverlauf, dann sollte man sofort um tierärztliche Hilfe nachsuchen und nicht selber laienhaft herumprobieren.

Die Stute verharrt nach der Geburt zuerst in der Seitenlage (Erschöpfung), erhebt sich aber sehr bald in die Brustlage und nimmt Sichtkontakt mit dem Fohlen auf. Man sollte sie nicht stören oder gar auftreiben, weil dann die Nabelschnur reißen würde. Diese letzte Blutquelle der Mutter erleichtert den kritischen Übergang von der Versorgung über das Blut zur Lungenatmung und versorgt das Fohlen mit Lebensstartstoffen, die keine Spritze bieten kann.

Dem Muttertrieb folgend, wendet sich die Stute nach dem Aufstehen ihrem Fohlen zu. Sie zerreißt die Eihäute, leckt es ab und gibt dabei oftmals typische Laute von sich. Nach Abgang der Nachgeburt schließt sich der Muttermund sehr bald, und die Gebärmutter fängt an sich zurückzubilden. Sie erreicht nach etwa drei bis vier Wochen die Ausgangsgröße. Ihr flüssiger Inhalt, aus Fruchtwasser, Blut und Gewebszerfallmasse bestehend, wird zum Teil resorbiert, der Rest geht nach außen ab. Dieses in der ersten Phase rötlich-wäßrige Sekret wird für einige Tage schleimig-fadenziehend und rötlich-braun. Nach dem siebten Tag sollte es eine gelbliche Farbe annehmen und geruchlos sein. Dann hat sich die Gebärmutterschleimhaut wieder natürlich regeneriert, und eine Bedeckung in der Fohlenrosse ist möglich.

Nach einer normalen Geburt kommen Stuten sehr bald wieder in den Geschlechtszyklus. Bleibt die Rosse aus, dann kann hohe Milchleistung der Grund dafür sein, aber auch Infektionen oder Krankheiten kann man nicht ausschließen, vor allem nach schwierigen Geburten und anomalem Nachgeburtsabgang. Nach der Geburt stark schwitzende Stuten muß man trockenreiben und vor Zugluft schützen. Sie nehmen dann gerne warmen »Mash« oder Kleie- bzw. Haferbreitränke zu sich.

Das **Fohlen** beginnt unmittelbar nach Verlassen der Geburtswege zu atmen, zuerst kurz über das Maul, dann sehr schnell durch die Nüstern und den Nasen-Rachen-Raum. Die Nabelschnurverbindung sollte erst unterbrochen werden, wenn die Pulsation aufhört, weil frühere Abtrennung zu Nachblutungen führen kann.

Lebenskräftige Fohlen schütteln nach den ersten tieferen und rhythmischen Atemzügen den Kopf und halten ihn bald aufrecht. Treten Atemschwierigkeiten auf, dann muß man unverzüglich Hilfe leisten:

- ein Kaltwasserguß in den Nacken kann die Atmung anregen
- Wechseldruck auf den Brustkorb im Takt der schwachen Atmung mit beiden Händen bei überkreuzten Fingern ausgeübt, ist geeignet, die Atmung zu unterstützen
- sicherer ist der Einsatz eines Beatmungsgerätes. Auch Mund-zu-Maul-Beatmung kann für den Übergang helfen
- in schweren Fällen geht es nicht ohne Tierarzt.

Die Körpertemperatur des Fohlens fällt nach der Geburt auf etwa 37,5 °C ab (Darminnentemperatur) und erreicht nach etwa einer Stunde die Normalwerte 38 bis 38,2 °C. Auf dieser Höhe verharrt sie mehrere Wochen.

Tägliches Fiebermessen gibt bei Fohlen sichere Auskunft über Wohlbefinden oder über Störungen im Gesamtorganismus. Temperaturbereiche über 39 °C und unter 37,3 °C zeigen immer gesundheitliche Probleme an, die nur der Tierarzt diagnostizieren kann.

Die Nabelschnur reißt innerhalb der ersten Lebensminuten beim Aufstehen der Stute oder bei kräftigen Bewegungen des Fohlens an einer deutlich sichtbaren Einschnürung, ca. drei bis sechs Zentimeter unterhalb des Nabels. Eingreifen darf man nur dann, wenn die Trennung auf natürlichem Wege ausbleibt. Man hält die Nabelschnur mit einer Hand unter der Bauchdecke fest und dreht sie mit der anderen Hand an der Einkerbung ab. Dann hinterbleibt kein totes Gewebe, und die Nabelschnur kann sich nahtlos schließen. Schneidwerkzeuge sind abzulehnen, weil sie beim Abschneiden tote Zellen hinterlassen, die ein sofortiges Verschließen der Nabelschnur behindern und damit Infektionen und Blutungen begünstigen.

Der Nabel ist die gefährlichste Eintrittspforte für Infektionen und spezifische Fohlenkrankheiten.

Darum soll man am Nabelstrang nur mit sterilen Einweghandschuhen arbeiten, den Stumpf sauber ausstreifen und anschließend gründlich desinfizieren, z. B. in Gemische von Jodtinktur und gereinigtem Brennspiritus oder Jodtinktur mit Alkohol eintauchen. Diese Präparate wirken austrocknend und fördern somit den Nabelverschluß.

Nachkontrollen nach acht bis zwölf Stunden und während der ersten zehn bis zwölf Lebenstage geben Auskunft über den Verlauf der Nabelrückbildung und müssen durchgeführt werden.

Nachdem der Nabel versorgt ist, reibt man das Fohlen mit weichem Stroh trocken. Dadurch werden Lungen- und Hautatmung angeregt und das Abkühlen des Neugeborenen (Verdunstungskälte) gemildert.

Gesunde Fohlen beginnen nach 5 bis 15 Minuten mit Aufstehversuchen. Das anfängliche Wackeln bei dem Bemühen die Hinterhand zu erheben ist normal. Es wechseln zunächst Aufstehanstrengungen mit Wiederhinfallen ab. Nach etwa 45 bis 75 Minuten gelingt das Stehen mit abgespreizten Beinen (Stutfohlen brauchen im Durchschnitt 50, Hengstfohlen etwa 70 Minuten). Der Nachwuchs orientiert sich zur Mutter hin, nimmt engen Kontakt auf und sucht im Gesäugebereich die Zitzen.

Die Mutter-Kind-Beziehungen werden durch Sichtkontakte, Geruch und Lautäußerungen geknüpft. Nach etwa 2½ bis 3½ Stunden haben sich die Beziehungen so weit gefestigt, daß mit Hilfe der dem Fohlen angeborenen Saug- und Schluckreflexe die Milchaufnahme versucht wird. Dazu bedarf es meistens einiger Anläufe, weil die Mutter-Kind-Größenverhältnisse nicht immer optimal sind, unerfahrene Maidenstuten bisweilen Unwilligkeit zeigen und prall gefüllte Euter schmerzen oder vom Fohlen nur schwer gepackt werden können.

Leicht auswärts gestellte und gespreizte Hintergliedmaßen der Stute zeigen ihre Bereitschaft an, das Fohlen saugen zu lassen.

Auch wenn diese Lern- und Übungsprozesse zuerst recht holprig ablaufen, sollte der Mensch nicht eingreifen, denn die Fohlen würden Widerstand leisten, und sie könnten ängstlich und unsicher werden. Auch die Stute wird schnell von fohlenschädigender Unruhe erfaßt. Hilfe ist nur bei wirklich schwachen oder kranken Fohlen angebracht.

Mit der ersten Muttermilch, der Kolostral- oder Biestmilch, nimmt das Neugeborene Immunstoffe (Gammaglobuline) auf. Sie stärken die Abwehrkraft des Fohlens gegen Infektionen im Neugeborenenalter. Weil Fohlen ohne diese Schutzstoffe geboren werden, ist die Aufnahme der Biestmilch lebensnotwendig.

Die meisten Pferdezüchter legen sich Kolostralmilchvorräte an. Sie muß in den ersten zwölf Stunden nach der Geburt abgemolken werden und bleibt in der Tiefgefriertruhe sieben bis neun Monate ohne Wirkstoffverluste haltbar.

Die erste Stutenmilch ändert schnell ihre Zusammensetzung. Sie behält etwa zwölf Stunden die volle Schutzwirkung, welche nach 26 bis 30 Stunden kaum noch vorhanden ist. Das bedeutet: Fohlen müssen so früh wie möglich saugen!

Aus Zerfallsprodukten entsteht im Darm des Fohlens das sogenannte **Darmpech,** ein 60 bis 100 Zentimeter langer, schwarzer, stark klebriger Strang. Dieses Darmpech muß den Darm möglichst bald nach der Geburt verlassen, weil andernfalls die normalen Verdauungsvorgänge nicht einsetzen können. Die abführende Wirkung des Kolostrums erleichtert den Abgang auf natürliche Weise.

Hengstfohlen leiden öfter unter Schwierigkeiten beim Darmpechabgang als Stutfohlen, weil es infolge des schmaler ausgebildeten Beckeneingangs zu Darmpechstauungen kommen kann.

Wenn das Darmpech zwölf Stunden nach der Geburt noch nicht abgegangen ist, bekommen die Fohlen Bauchschmerzen, saugen kaum noch und fangen an, sich zu wälzen. Sofortige Hilfe ist dann dringend geboten (z. B. milder Einlauf).

Die Kolostralmilch hat noch eine dritte Aufgabe. Sie bereitet Magen, Darm und deren Drüsen auf die Verdauungstätigkeit vor.

Auch der Harnabsatz des Fohlens muß beobachtet und kontrolliert werden. Er setzt nach der Geburt ein und wiederholt sich in kurzen Abständen. Verengungen der harnabführenden Wege kommen vor und haben Flüssigkeitsansammlungen zur Folge, die zu bleibenden Schäden führen können.

Es kommt vor, daß Stuten keine Milch haben oder eingehen. Dann muß man dem Fohlen rechtzeitig mehrfach Biestmilch aus der Konserve verabreichen. Für die weitere Aufzucht gibt es zwei Möglichkeiten:
1. Man findet eine Ammenstute, die das Fohlen nach vorsichtiger Eingewöhnung annimmt und aufzieht. Dies ist die beste und einfachste Lösung.

2. Man füttert Milchersatzprodukte, die die Futtermittelindustrie als Fohlenmilch anbietet. Ohne strikte Beachtung und Einhaltung der beigefügten Fütterungsempfehlungen funktioniert diese arbeitsaufwendige Methode nicht. Trotzdem lohnt sich der Aufwand bei wertvollen Fohlen.

Die Stute sollte nach dem Abfohlen, wie auch kurz vorher, knapp gefüttert werden, um sie zu entlasten. Leichtverdauliche Futtermittel sind zu bevorzugen. Nach einigen Tagen stellt man allmählich auf milchleistungssteigernde Komponenten um.

Einige Tage nach der Geburt sollte die Stute wieder Gelegenheit bekommen, sich zu bewegen. Manche Pferdezüchter warten damit bis zur Fohlenrosse, weil sie das Fohlen neben dem dadurch oft auftretenden Durchfall nicht zusätzlich belasten wollen.

Mit Rücksicht auf das Fohlen, das schnell ermüdet und sich erhitzt, muß man die Bewegung oder den Auslauf im Freien zunächst vorsichtig dosieren und dann allmählich steigern. April-/Mai-Fohlen können bei gutem Wetter nach drei bis fünf Tagen mit der Mutter auf die Weide.

Mutterstuten dürfen, ohne daß Nachteile daraus erwachsen, 10 bis 14 Tage nach der Geburt, beginnend mit einer Stunde, bis zu vier Stunden vom Fohlen getrennt und zu leichter Tätigkeit herangezogen werden. Nach Rückkehr der Mutter sollte man aber die ersten, vielleicht erhitzten Milchstrahlen abmelken, bevor das Fohlen saugt, weil Durchfälle auftreten könnten.

Sobald es die Witterung erlaubt, gehören fohlenführende Stuten auf nährstoffhaltige, gepflegte Weiden. Ein Schutz (Baumgruppe, Hütte) vor kaltem Regen, großer Hitze und Insektenplage muß vorhanden sein, damit Gesundheits- oder Entwicklungsstörungen vermieden werden. Das relativ arbeitsaufwendige Einstallen kann manchmal die beste Lösung sein.

Zuchtstuten und Fohlen kommen ohne Kraft- und Zusatzfuttergaben nicht aus. Die zu verabreichende Menge hängt vom Alter des Fohlens, der Milchleistung der Stute und ihrem Trächtigkeitsstand sowie von der Qualität des Weidefutters ab.

Das Absetzen der Fohlen – ein Einschnitt in das Leben beider Pferde – sollte mit der gebotenen Rücksicht auf Psyche und Physis der Tiere durchgeführt werden. Es dürfen keine Entwicklungsstockungen eintreten. Der günstigste Zeitpunkt liegt zwischen dem fünften und siebten Lebensmonat des Fohlens, weil dann der Milchfluß bei der Stute normalerweise allmählich versiegt. Ältere Fohlen, etwa ab 5½ Monaten, die sich ohne Muttermilch ernähren können, empfinden beim Absetzen einen geringeren seelischen Schock und zeigen geringere Futterumstellungsschwierigkeiten als jüngere.

Frühabsetzer (4–4½ Monate) machen meistens eine Krisenzeit mit Entwicklungsstopps durch. Die Krankheitsanfälligkeit wird in der Übergangsphase relativ groß.

Einen Anhaltspunkt für den richtigen Absatzzeitpunkt bietet auch der Kraftfutterverzehr des Fohlens. Es sollte soviel Pfund gequetschten Hafer fressen, wie es Monate alt ist, jedoch mindestens drei Kilogramm (6 Pfund). Individuell kann man jedoch große Unterschiede feststellen.

Früh nach dem Abfohlen wieder gedeckte und tragende Stuten lassen ab dem vierten oder fünften Monat merklich in der Milchleistung nach. Einige Stuten lehnen sogar nach sechs Monaten ihren Nachwuchs ab. Das Absetzen verläuft dann relativ problemlos.

Geringe Schwierigkeiten treten auch dann auf, wenn die Mütter während der Säugeperiode bereits zeitweise von ihren Kindern getrennt wurden, um geritten oder gefahren zu werden.

Güstgebliebene Mutterstuten laktieren oft acht Monate und länger. Beläßt man ihnen die Fohlen, dann werden dieselben sehr früh (Februar/März des nächsten Jahres) geschlechtsreif. Setzt man die Fohlen jedoch nach sechs Monaten ab, dann entsteht das Problem, den Milchstrom der Mutter schadlos zum Versiegen bringen zu müssen.

Dazu können langsamer Kraftfutterentzug und reduzierte Wassergaben über einige Tage beitragen. Pralle Euter reibt man am besten mit Melkfett ein und bewegt die Stute. Nur in Ausnahmefällen darf abgemolken werden, weil dadurch die Milchsekretion immer neu angeregt wird.

Die endgültige Trennung von Stute und Fohlen wird unterschiedlich gehandhabt. Manche Züchter bevorzugen die Methode der täglich länger werdenden Trennungszeiten. Sie bietet sich an, wenn die Stuten ohnehin ständig geritten oder gefahren werden. Für ständig bei der Mutter lebende Fohlen ist damit eine mindestens einwöchige sich steigernde Zeit der Unruhe verbunden. Der Arbeitszeitaufwand ist erheblich. Beim kurzfristigen Absetzen werden die Partner abends beim Weideabtrieb getrennt. Die Mutter kommt zum Beispiel auf eine abgelegene Koppel zu anderen Stuten. Das Fohlen verbleibt in der Gruppe ihm seit langem bekannter Spielgefährten, wird aber die ersten Tage eingestallt. Es ist zu beachten, daß Mutter und Kind sich weder sehen noch hören dürfen.

Das gleiche Prinzip liegt der dritten Absetzmethode zugrunde. Die Fohlen verbleiben in der gewohnten Umgebung (Weidegruppe), und die Stuten werden einzeln oder zu zweit morgens aus dieser Gruppe außer Kontaktweite gebracht. Den Fohlen wird die Trennung oftmals erst spät bewußt, weil sie die Herdenmitglieder, darunter auch Mutterstuten, seit Wochen kennen. Die abgesetzten Fohlen bleiben zunächst auch nachts zusammen.

Rennpferde-Absetzer werden meistens einzeln aufgestallt, aber in Gruppen auf der Weide gehalten. Sie werden dadurch schon frühzeitig auf die Einzelhaltung im Rennstall vorbereitet. Schlechte Fresser bleiben paarweise zusammen, um sie über den Futterneideffekt zum Fressen zu bringen.

Für die Stute beginnt nach Überwindung des Trennungsschmerzes wieder der normale Tagesablauf. Die Umweltgestaltung richtet sich nach den Anforderungen, die man an sie stellt.

Für das Fohlen ist in den ersten Lebenswochen Muttermilch die alleinige Nahrungsquelle. Mit zwei bis drei Wochen beginnt es zu knabbern (Heu/Hafer) und bald zu fressen. Die Verdauungsorgane stellen sich auf die Aufnahme und Verarbeitung fester Futtermittel um. Wenn diese Umstellung beendet ist (5.–8. Woche), muß gezielt zugefüttert werden. Ein eigener, von der Mutter nicht erreichbarer Trog, der höhenverstellbar angebracht ist, und Qualitätsfutter garantieren optimale Versorgung.

Ein Fohlen, das sich gesund und kräftig entwickeln soll, braucht saubere Luft, viel Licht und im Stall Temperaturen, die das junge Pferd auf den Aufenthalt draußen vorbereiten.

Bei warmem Boxenboden, der sauber und reichlich eingestreut ist, verträgt selbst das Neugeborene trockene Kälte ohne Schaden zu nehmen. Es bleibt gesund, fühlt sich wohl und ist auf frühzeitige Bewegung im Freien wohl vorbereitet. Darauf ist der Pferdenachwuchs als Lauftier angewiesen, sollte aber langsam daran gewöhnt werden. Überdachte Räume stellen im Winter und bei Wetterunbilden lediglich nützliche Notlösungen für das Bewegen dar. Sie können den Aufenthalt und das Tummeln im Freien nicht ersetzen.

Weidegang auf gepflegten, harmonisch gedüngten Weiden bietet neben Muttermilch und Kraftfutter bestes Grundfutter guter Ausgewogenheit.

Durch Sonneneinstrahlung wird selbst bei bedecktem Himmel die Vitamin-D-Bildung aktiviert, wodurch der erbanlagenbedingte Knochenaufbau gefördert wird. Andauernde freie Bewegung stärkt Knochen, Muskeln, Bänder, kräftigt die Gelenke und verleiht ihnen Ausdruck. Der höhere Nährstoffverbrauch vergrößert die Futteraufnahme bei freiem Auslauf im Vergleich zur Stallhaltung. Das führt zur Anregung und Aktivierung der Verdauungsorgane. Die Tätigkeit der Atmungsorgane wird verstärkt mobilisiert, weil mehr Sauerstoff verbraucht wird. Die Lungen weiten sich dabei (Training). Auch Herz und Blutkreislauf kommen infolge größerer Belastungen frühzeitig ins Training.

Der Spieltrieb gemeinsam aufgezogener Fohlen vermehrt deren Bewegungsdrang und damit verbunden die Gymnastizierung des Körpers. Die vielen Abwechslungen, die der Aufenthalt im Freien bietet, verbessern Ausgeglichenheit und Temperament der Fohlen und läßt sie die Scheu vor vielen fremden Dingen ablegen.

Fütterung und Haltung des **Absetzers** orientieren sich an ihrem Entwicklungsstand und -ablauf. Aus diesem Grunde werden nachstehend einige Orientierungsdaten vermittelt:

– neugeborene Großpferde wiegen 30 bis 75 kg ($\varnothing$ 52,5 kg)
– sie verdoppeln ihr Gewicht in 55 bis 65 Tagen ($\varnothing$ 60 Tage)
– Warmblutpferde sollten im ersten Lebensjahr monatlich 22 bis 28 kg ($\varnothing$ 25 kg) Lebendgewichtszuwachs erreichen.
– sie müßten mit zwölf Monaten 300 bis 450 kg ($\varnothing$ 350 kg) wiegen
– im zweiten Lebensjahr verläuft die Entwicklung langsamer, 140 bis 180 kg ($\varnothing$ 160 kg) Gewichtszuwachs sind zu erwarten.
– für das dritte Lebensjahr ist mit 80 bis 110 kg Lebendgewichtszuwachs ($\varnothing$ 95 kg) zu rechnen.

Der Entwicklungsrhythmus hängt im einzelnen von der ererbten Anlage und der Rassenzugehörigkeit ab. Man unterscheidet früh-, mittel- und spätreife Typen und Rassen.

Rennpferde werden bewußt auf Frühreife gezüchtet. Sie kommen in der Mehrheit 1,5jährig (18 bis 20 Monate) ins Training und sollten bis zu diesem Zeitpunkt ca. 90 % der Endwiderristhöhe erreicht haben. Spätreife Populationen entwickeln sich in etwa wie folgt:

– 60 bis 65 % der Widerristhöhe werden am Ende des ersten Jahres erreicht
– 80 bis 82 % nach Ablauf des zweiten
– 100 % erst im Alter von vier oder fünf Jahren.

Das Gros der Pferde liegt in der Entwicklung zwischen den Extremen.

Bei Pferden entwickeln sich zunächst die Höhen- und Röhrenmaße (1. und 2. Lebensjahr), dann die Längenmaße (1,5–2,5jährig) und zum Abschluß die Breiten- und Tiefenmaße (2–5jährig). Das bedeutet: Im ersten Lebensjahr, aber auch noch im zweiten, müssen alle Umweltbedingungen, insbesondere die Fütterung, auf die Ausbildung des Knochengerüstes und dessen Festigkeit ausgerichtet sein.

Frühgeborene Fohlen verbleiben als Absetzer vornehmlich auf der Weide und werden beigefüttert. Nur bei extremen Witterungsbedingungen sollten sie eingestallt werden, eventuell auch nachts. Als Winterstall genügen zugfreie Schuppen mit Windfang oder leerstehende Scheunen, wenn sie hell, trocken, geräumig und mit reichlich warmer Einstreu versehen sind. Ein so ausgestatteter »Primitivstall« fördert Gesundheit und Widerstandskraft der Absetzer mehr als Warmställe mit festen Decken, die oft feucht sind.

Beste Umweltbedingungen können in der Pferdeaufzucht erst dann zum Erfolg führen, wenn auch Infektionskrankheiten und Parasitenbefall stets beobachtet und bekämpft werden. Vor allem die Verwurmung gehört zu den Geißeln der Pferdezucht und -haltung. Sie führt nicht selten zu vermeidbaren Verlusten. Weil junge, wachsende Tiere besonders anfällig sind, muß die Beobachtung und Bekämpfung dieser Parasiten beim Fohlen beginnen und bei den Absetzern besonders intensiv durchgeführt werden.

Wenn die Trennung der Geschlechter nicht bereits beim Absetzen vorgenommen wurde, dann muß sie um die Zeit des Jahreswechsels erfolgen, bevor die Jährlinge geschlechtsreif werden. Paarige Aufteilung der Stuten- und Hengstgruppen muß angestrebt werden, damit jedes Tier einen Partner findet und keines sich zum schwierigen Einzelgänger entwickelt.

Hengste kastriert man zweckmäßigerweise als Jährlinge, bevor sie Hengstmanieren und typische Hengstformen annehmen. Rennpferde bleiben normalerweise Hengste, desgleichen Zuchthengstanwärter.

Bei artgemäßer Winterhaltung mit viel freiem Auslauf kommen klimabedingte Schwierigkeiten beim Übergang von der Stall- zur Weidehaltung im Frühjahr nicht vor.

Reduzierte Kraft- und Zusatzfuttergaben gewöhnen die Jährlinge an die Aufnahme steigender Grünfuttermengen auf guter Weide, auf der man die Tiere zunächst tagsüber, später Tag und Nacht belassen kann.

Je nach Qualität des Weideaufwuchses muß gezielt und individuell zugefüttert werden, insbesondere an Rennpferde, die zweijährig Rennen laufen sollen.

Verschließbare Freßgitter, Anbindeeinrichtungen, Freßstände oder Aufstallen gewährleisten, daß jeder Jährling die ihm zugemessene Zusatzfutterration wirklich bekommt und man kontrollieren kann, ob er sie auch auffrißt. Außerdem ergibt sich die Gelegenheit, die Tiere ständig zu beobachten und in ihrer Entwicklung zu überwachen.

Junge Rennpferde werden in vielen Gestüten über Mittag und zur Nacht oder nur für die Nacht in den Stall geholt und beigefüttert. In sehr ungünstigen Klimabedingungen kann das Aufstallen zur Nacht notwendig sein.

Im Spätherbst müssen fast überall im Bundesgebiet die Jährlinge nachts wieder in einem Stall untergebracht werden, weil es draußen kalt und feucht ist und der Futteraufwuchs spärlich wird. Bei Nässe würden zudem die Koppeln unnötig zertrampelt.

Weideschuppen, als Schutz vor Regen und Wind, helfen bei genügend Futterwuchs, die Weideperiode zu verlängern und bieten im Sommer Schutz vor intensiver Sonnenbestrahlung.

Als Winterquartier reichen einfache Laufställe aus, die den Jährlingen oder Zweijährigen jederzeit Auslauf im Freien gestatten.

Zweijährige gehören nach Eingewöhnung vom Frühjahr bis zum Spätherbst Tag und Nacht auf die Weide. Nur unter schlechten Boden- und Klimabedingungen mit spärlichem Futteraufwuchs muß beigefüttert werden.

Ausgangs des folgenden Winters führt man die dann Dreijährigen langsam und vorsichtig an die sie erwartenden Aufgaben heran.

Zur Wiederholung und Vertiefung

1. Beschreiben Sie die Möglichkeiten der Trächtigkeitsfeststellung.
2. Stellen Sie die Haltung der tragenden Stute dar.
3. Aus welchen Gründen können Stuten verfohlen?
4. Erläutern Sie die Anzeichen der herannahenden Geburt.
5. Stellen Sie die Grundregeln für die Geburtshelfer dar.
6. Nennen und kennzeichnen Sie die drei Phasen der Fohlengeburt.
7. Wie muß das Fohlen nach der Geburt behandelt werden?

8. Beschreiben Sie die ordnungsgemäße Nachbehandlung.
9. Wie verhalten sich gesunde Fohlen in den ersten Stunden nach der Geburt?
10. Beschreiben Sie die Haltung von Mutter und Fohlen in den ersten fünf Monaten.
11. Worin liegt die besondere Bedeutung der Biestmilch?
12. Warum muß das Darmpech binnen zwölf Stunden nach der Fohlengeburt abgehen?
13. Erläutern Sie die Methoden des Absetzens.
14. Schildern Sie den Entwicklungsverlauf des Fohlens bis zum Alter von einem Jahr.
15. Wie hält man Absetzer bis zum Ende des ersten Lebensjahres?
16. Begründen Sie die Trennung der Geschlechter als Jährlinge am Ausgangs des ersten Winters.
17. Wie hält man Jährlinge artgemäß?

5 Haltung und Pflege

5.1 Auslauf, Paddock, Weide (Pflege, Einzäunung, Tore)

Die Maximalforderungen, die Pferde an ihre Gesamtumwelt stellen, kann man Hauspferden nicht erfüllen. Es kann lediglich versucht und angestrebt werden, sie möglichst artgerecht zu halten, um ihre Lebensqualität nicht stärker zu beschneiden als unbedingt nötig. Sozialkontakte fördern immer das Wohlbefinden der Pferde, die gesellig und mehr oder weniger bewegungsaktiv sind. Sie möchten auch eine abwechslungsreiche Umwelt erkunden. Je mehr Abwechslungen und Erfahrungen sie erleben dürfen, desto weniger ängstlich, scheu, zurückhaltend und schreckhaft reagieren sie.

Auslauf und Paddock erfüllen die gleiche Aufgabe. Sie ermöglichen den Pferden, sich im Freien zu bewegen. Wenn die Boxen einen direkten Zugang zum »Tummelplatz« haben, spricht man von einem Paddock. Die Pferde können wählen, wo sie sich aufhalten wollen. Im Notfall erweist sich eine Fläche von 100 m² (1 ar) als sinnvoll. Größere Paddocks gestatten jedoch größere Aktivitäten, darum spricht alles für sie.

Auch Ausläufe sollten auf kurzen Wegen erreichbar sein. Die räumlichen Ausdehnungen müssen echte Bewegungsgelegenheiten bieten (Mindestgröße etwa 25 × 50 m = 12,5 ar). Es kostet zwar Zeit und Arbeit, die Pferde in den Auslauf und wieder zurückzuführen, bringt aber den Vorteil, daß täglich zweimaliger Direktkontakt den Vertrauenszuwachs zwischen Mensch und Tier vertieft.

Feste Einzäunungen (ca. 1,45 m hoch), mit einem Tor versehen, sind weitgehend sicher gegen Ausbrechen und Weglaufen der Pferde. Als Paddockboden hat sich eine 10 bis 15 cm dicke Schicht aus grobem Sand bewährt. Eine Dränage darunter schützt vor Verschlämmung. Der Boden kann bei Bedarf leicht mechanisch eingeebnet werden.

Größere Ausläufe bieten den Pferden oftmals Weidegelegenheit. Wenn sie darin den ganzen Tag verbleiben, sollten zum Schutz vor Regen, Wind und Sonne Baumgruppen, Hecken, Mauern oder Weideschutzhütten angelegt werden.

In Paddocks und kleinen Ausläufen brauchen Pferde bei längerem Aufenthalt Zugang zu Rauhfuttergaben, weil sie ansonsten aus Langeweile Sand lecken oder an der Einfriedung knabbern. Koliken und Untugenden (z. B. Koppen) treten leicht als Folgeerscheinung auf.

Die **Weide** wird den natürlichen Lebensansprüchen der Hauspferde am besten gerecht.

Pferdezucht ist ohne ausreichende Koppelflächen nicht denkbar. Robustpferde fühlen sich auf der Weide mit Offenlaufstall ganzjährig am wohlsten. Sport- und Rennpferde, von denen Leistungen gefordert werden, nehmen ein bis zwei Stunden Weidegang täglich gerne an.

Sie finden auf der Koppel frische Luft, Sonne, Wind und Entspannung, verdauungsförderndes, frisches Grünfutter, die Möglichkeit, vom Streß abzuschalten, sich zu wälzen und so das seelische Gleichgewicht wiederzufinden.

Längere Verweildauer auf der Koppel setzt die Kondition der Leistungspferde herab, weil
– die voluminöse Fütterung zu Weidebäuchen führt
– eine Futteraufnahmekontrolle nicht möglich ist
– die langen Freßzeiten die Tiere ermüden
– die Verdauungsorgane bei der Verarbeitung der großen Futtermengen zu stark belastet werden und
– die für Leistungspferde erforderliche Pflege wegen der langen Weidezeiten zu kurz kommt.

Äußerst dankbar für längere Weideaufenthalte sind Rennpferde, die »sauer« geritten oder gefahren wurden. Viele Rekonvaleszenten (Genesende) erholen sich auf der Koppel relativ schnell und umfassend. Ganz allgemein verfolgt die Weidehaltung bei Pferden nachstehende Ziele:

- sie dient als Auslauf und Tummelplatz im Freien
- Muskeln, Sehnen und Lungen werden trainiert
- der Kreislauf wird angeregt
- die Sonnenstrahlen aktivieren Vitamin D
- Wind, Regen und Temperaturwechsel härten die Tiere ab
- die Weide liefert wertvolles Futter.

Gute Weidekoppeln können folgenden Pferdegruppen während der Weideperiode als Hauptnahrungsquelle dienen:
- tragenden Stuten
- Absetzern
- Stuten mit Fohlen bei Fuß
- Jährlingen und Jungpferden.

Ausschließlich von der Weide leben können:
- güste Stuten
- Robustpferde
- viele Ponys und Kleinpferde
- manche Rekonvaleszenten
- niedertragende Stuten
- Zwei- und Dreijährige.

Der Flächenbedarf pro Pferd richtet sich nach
- dem Lebendgewicht der Tiere
- ihrer Bewegungsaktivität (Zertreten der Grasnarbe)
- nach Boden und Klima, die den Futteraufwuchs begrenzen, und
- der Bewirtschaftungsintensität (z. B. Düngung).

Man rechnet für eine Stute mit Nachzucht als Faustregel mit einem Weideflächenbedarf von 0,75 bis 1,5 ha (durchschnittl. 1 ha) und im Extrem mit 2 ha.

Das Futterangebot einer Weide besteht aus drei Pflanzengruppen:
1. Gräser, 75 bis 78 % (Ober- und Untergräser).
2. Leguminosen, 10 bis 13 % (Schmetterlingsblütler und Kleearten).
3. Kräuter, 9 bis 15 % (Nutz- und Wildkräuter).

Die Obergräser bringen den Mengenertrag. Sie vertragen Biß und Tritt der Tiere weniger gut als die blattreichen Untergräser, die meistens lieber gefressen werden.

Weidegräser enthalten alle von Pferden benötigten Nährstoffe, jedoch nur selten im richtigen Verhältnis zueinander. Kleearten und Nutzkräuter schaffen die Ergänzung.

Die Leguminosen sind als Stickstoffsammler eiweißreich und füllen die Lücken aus, welche die Gräser bezüglich der Eiweißversorgung offenlassen. Sie enthalten ungefähr die doppelte Menge an Mineralien und Spurenelementen als die Gräser. Außerdem sind sie vitaminreich.

Die große Bedeutung der Nutzkräuter liegt in ihrem hohen Gehalt an Mineralien, Spurenelementen und Vitaminen.

Wildkräuter werden, wenn überhaupt, nur aus Langeweile gefressen. Die blattreichen Formen (z. B. Ampfer, Disteln) verdrängen gerne die Nutzpflanzen. Sie müssen daher bekämpft werden, bevor sie überhand nehmen. Diese Bekämpfung geschieht durch richtige Nutzung und Düngung, auf mechanischem Wege (mähen, ausstechen), über die chemische Unkrautbekämpfung oder Umbruch und Neueinsaat als letzten Ausweg.

Weiden müssen sorgfältig gepflegt und gedüngt werden, wenn sie die gestellten Anforderungen erfüllen sollen. Weidehygiene muß um so größer geschrieben werden, je dichter der Besatz (Großpferde/ha) ist.

Pflegemaßnahmen

Sie beginnen im Frühjahr vor Vegetationsbeginn mit dem Einebnen der Maulwurfshaufen. Dazu eignen sich Schleppen aus Eisenreifen, Eisenrahmen oder halbierten Autoreifen. Diese Arbeit sollte bei Bedarf wiederholt werden.

Aufgefrorene Weidenarben müssen sofort nach dem Einebnen mit einer schweren Wiesenwalze angedrückt werden, damit die Wurzeln der Weidepflanzen wieder Bodenschluß bekommen.

Während der Vegetationszeit sollten die Geilstellen beseitigt werden (überständige Gräser an Kotplätzen und anderen von Pferden gemiedenen Stellen), weil die dort wachsenden minderwertigen Gräser zuerst in Samen kommen und sich vermehren. Dadurch verschlechtert sich die Weidebestandsqualität. Mähmaschinen, Mähgeräte und auch Häcksler eignen sich für diese Arbeit.

Kombinierte Weidenutzung durch Pferde, Rinder und Schafe läßt keine Geilstellen hochkommen, weil die Tiere unterschiedliche Futteraufnahmetechniken praktizieren, andersgeartete Geschmacksansprüche ans Futter stellen und besondere Abneigungen nur gegen den Geruch der eigenen Exkremente (Ausscheidungen) bestehen.

Wenn die Unkräuter beim Nachmähen und durch Mischbeweidung nicht in Schach gehalten werden können, sollten diese mit ungefährlichen Präparaten chemisch bekämpft werden. Die Anwendungsvorschriften für diese Mittel (Herbizide) müssen genauestens eingehalten werden, ebenso die Wartezeiten.

Vor Beginn des Weideauftriebs müssen die Zäune und Weidetore kontrolliert und Schadstellen repariert werden. Diese Sicherheitsvorkehrung sollte äußerst gewissenhaft durchgeführt werden.

Ständiges Kotabsammeln trägt wesentlich dazu bei, die stete Neuinfektionsgefahr mit Parasiten einzudämmen.

Die Trinkwasserversorgungseinrichtungen sind laufend zu überwachen, damit die Versorgung störungsfrei abläuft.

Die **Düngung** der Weiden wird recht unterschiedlich gehandhabt. Wenn Bodenuntersuchungsergebnisse, wie sie die LUFA (Landwirtschaftliche Untersuchungs- und Forschungsanstalt) und andere Institute anhand von Bodenproben erstellen, zugrunde gelegt werden, kann ganz gezielt gedüngt werden. Geldbeutel und Umwelt werden geschont. Es genügt, wenn Nährstoffgehaltsfeststellungen im Boden etwa alle drei Jahre erfolgen.

Pferdeweiden sollten weniger stark gedüngt werden als Intensivweiden für Milchvieh, weil das Angebot an Rohfaser dann zu gering und das an Eiweiß zu reichlich wäre.

Bei schnellwachsendem, stets jungem Weidefutter liegt zudem der Wassergehalt für das Steppentier Pferd zu hoch. Dauerdurchfall könnte die Folge sein.

Pferdekoppeln brauchen die Hauptnährtstoffe Kalk, Phosphor, Kali, Stickstoff und Magnesium sowie eine Reihe von Spurenelementen wie Kupfer, Mangan u. a. Für die Versorgung mit organischen (pflanzlichen) Düngern sind Weidenarbe und -boden dankbar.

Die praktische Düngung der Pferdeweiden könnte wie folgt durchgeführt werden:

Die **Grunddünger** Phosphor, Kali und Kalk werden während der Vegetationsruhe (nach Weideabtrieb bis vier Wochen vor Wachstumsbeginn) gestreut. Alle drei Jahre sollten spurenelementreiche Düngemittel (z. B. Kainit, Hüttenkalk, Thomasmehl) eingesetzt werden.

Die erste **Stickstoffgabe** folgt kurz vor Vegetationsbeginn. Dem Bedarf angepaßt wird nach jedem oder nach jedem zweiten Umtrieb nachgedüngt. Schnell und nachhaltig wirkende Stickstoff-Dünger (N), aber auch Mehrnährstoffdünger können verwendet werden.

Als erste Frühjahrs-Stickstoffgabe hat sich, sehr früh ausgestreut, der Kalkstickstoff bewährt, weil damit neben der Düngewirkung gleichzeitig Blattwildkräuter (wie z. B. Löwenzahn) bekämpft werden können.

Die **organischen Dünger** (Stallmist, Kompost) bringen weniger Nährstoffe auf das Grünland. Sie werden angewendet

– als Narbenschutz vor Frösten (Ausbringung vor dem Winter)
– als Wärmespender für frühen Wachstumsbeginn (Ausbringung nach Weihnachten)
– als Schattenspender und Schutz vor Ausdörren (Ausbringung im späten Frühjahr oder Frühsommer) und
– als Bodendünger, weil sie das Bodenleben und damit die Humusbildung anregen und fördern.

Es ist wichtig, daß organische Dünger gleichmäßig und voll flächendeckend ausgebracht werden (z. B. mit Stallmiststreuern), weil Pferde andernfalls nur die nicht abgedüngten Stellen beweiden und die abgedüngten wegen des Geruches meiden.

Die Ausbreitung frischen Pferdemistes birgt die Gefahr in sich, daß die Koppeln mit Parasiten verseuchen. Wenn eine andere Verwendung (z. B. Verkauf) nicht möglich ist, dann sollte er kompostiert auf Pferdekoppeln ausgebracht werden.

Folgende Einrichtungen tragen auf der Koppel zum Wohlbefinden der Pferde bei:

Die bereits erwähnten **Wetterschutzeinrichtungen** genügen nur dann den Anforderungen, wenn sie allen Tieren gleichzeitig Unterkunft gewähren und keines zu Außenseitern abstempelt. Sie müssen also groß genug angelegt werden.

Pferde fühlen sich in **lichtem Laubwald** oder **Gestrüpp** besonders wohl. Wenn derartige Flächen in der Nähe liegen, sollten sie mit eingezäunt werden.

Scheuerpfähle, freistehend und stabil eingerammt, werden von Pferden gerne angenommen und vielfach genutzt.

Ein **Wälzplatz** (mindestens 5×5 m groß) mit 20 bis 25 cm Sandaufschüttung und Überdachung wird von Pferden gerne aufgesucht. Nach Anstrengungen benutzen sie ihn ausgiebig. Er verschafft ihnen körperliche und seelische Entspannung. Das Wälzen draußen ist weniger verletzungsträchtig als das in der Box.

Suhlen (Schlammbäder) kommen zwar den Lebensgewohnheiten der Pferde entgegen. Sie werden aber schnell zu Brutstätten für viele Parasiten und sollten deshalb nicht propagiert werden.

Schwemmen (Bäder), in denen die Tiere sich nach Bedarf tummeln können, sind hygienischer und leichter anzulegen. Sauberes, klares und frisches Wasser ohne chemische Zusätze (Reizwirkung) reinigt Hufe und Haut der Pferde optimal und wird zum Kühlen der Gliedmaßen gerne aufgesucht. Kleine Bachläufe erfüllen den gleichen Zweck, bergen aber Gesundheitsrisiken in sich.

Schwemmen sind kein Muß, sie werden auch nicht von allen Tieren gleich gut angenommen. Sie schaffen aber zusätzliche, arteigene Betätigungsmöglichkeiten.

Ohne eine ständige Trinkwasserversorgung läßt sich selbst ein Halbtagsweidegang nicht pferdegerecht durchführen. Aus hygienischen Gründen eignen sich nur selten saubere **Bäche**, zu denen feste Zugänge gebaut werden müssen. Günstig sind Direktzugänge zu vorhandenen **Quellen**. **Brunnen** mit Pumpen und Tränkekübel mit Wasserablauf oder zur Selbstbedienung lassen sich oftmals einrichten. Verbreitet sind **Wasserfässer** mit Direktentnahme oder im geschlossenen System mit Selbsttränken versehen. Wo die Gegebenheiten es zulassen, werden von Pferden mit dem Maul zu betätigende **Pumpen** installiert. Sie vereinfachen und erleichtern die Trinkwasserversorgung erheblich. Zu hofnahen Weiden verlegt man am besten **Wasserleitungen**. Getränkt werden kann dann über Wassertröge oder mittels Selbsttränkebekken. Alle Tränkeeinrichtungen müssen leicht zu reinigen, frostsicher angelegt oder im Winter abmontierbar sein, damit sie frisches, sauberes Wasser liefern und nicht einfrieren.

Weidezäune und Weidetore sollen ausbruchsicher gebaut und verletzungssicher eingerichtet sein. Folgende Baumaterialien für den **Zaun** kommen zur Anwendung:

Holz. Rundstangen, Halbstangen und Planken ohne Aststummel aus Fichten, Lärchen und Kiefern überwiegen.

Die Bohlen (Planken) bestehen bisweilen auch aus teurem, aber dafür sehr haltbarem Eichenholz. Rund- und Halbstangen müssen mindestens 8 cm und maximal 12 bis 15 cm stark sein. Die Planken sollten 3,5 bis 4,5 cm dick und etwa 15 cm breit sein. Eine Imprägnierung verlängert die Lebensdauer des Holzes. Nicht alle angebotenen chemischen Präparate sind pferde- und umweltverträglich. Man muß sich darum vor dem Einkauf und der Anwendung von Imprägnierungsmitteln ausgiebig beim Fachmann informieren und beraten lassen.

Seit einigen Jahren kommen 15 bis 20 cm breite **Gummibänder** zur Anwendung. Sie werden im Recyclingverfahren (Wiederverwendungsverfahren) aus Förderbändern herausgeschnitten. Sie zeichnen sich durch Witterungsbeständigkeit und geringe Verletzungsgefahr aus, sind aber nicht billig, weil die Kosten für das Schneiden der eisenhaltigen Förderbänder hoch liegen. Die Verarbeitung ist schwierig, weil sich das Material bei Temperaturwechsel sehr stark ausdehnt oder zusammenzieht. Gegen diese Wechselbelastung sind die Eckpfosten schwer zu stabilisieren.

Wer über günstige Bezugsquellen verfügt, der kann verzinkte **Stahlrohre** (auch gebrauchte) mit gelöcherten **Betonpfählen** zu Koppelzäunen zusammenmontieren.

Trotz mancher Bedenken hat auch der weitmaschige **Knotengitterzaun** (4–6 Drahtmaschen übereinander) Fuß gefaßt, insbesondere dann, wenn auch Schafe gehalten werden.

Die Knotengitter müssen mit Drahtspannern so stramm angezogen werden, daß die Drähte schwingen und klingen (sonst Durchtreten). Aus diesem Grunde müssen die Eckpfähle besonders zugfest verstrebt werden. Es ist zu empfehlen, die Knotengitter nach dem Weidebetrieb zu entspannen.

Glatter **Walzdraht** (3–4 Drähte), am besten verzinkt (hält länger), ist der preisgünstigste und am leichtesten zu verarbeitende Baustoff für Koppelzäune. Aus Sicherheitsgründen (er wird von den Pferden leicht übersehen) und wegen des relativ großen Verletzungsrisikos (Durchtreten) wird Draht vielfach in Kombination mit Holz (HDH oder DDH) verwendet.

Elektrozäune, als zusätzliche Sicherheitseinrichtungen, können ohne Bedenken empfohlen werden. Als alleinige Außeneinfriedung scheint das Sicherheitsrisiko jedoch recht groß zu sein. Am besten nimmt man dann zwei stromführende Drähte.

Wer die enorm hohen Kosten nicht scheuen muß, kann die Pferdeweiden, vor allem außen, mit **eisenarmierten Betonzäunen** einfrieden.

Als **Weidepfähle** sind runde Holzpfähle (⌀ 18–25 cm), angespitzt zum Einschlagen oder stumpf zum Eingraben, am gebräuchlichsten. Sie können aus Fichten- oder Lärchenholz gefertigt sein. Es lohnt sich, sie bis 15 cm über dem Erdreich zu imprägnieren (z. B. in Teeröl oder Karbolineum tränken). Besonders haltbar sind Eichenpfähle. Aus Stämmen gespalten, bestehen sie fast ausschließlich aus hartem Kernholz, das kaum fault. Oben abgeschrägte Holzpfähle halten länger als waagerechte, weil das fäulnisfördernde Wasser ablaufen kann.

Eine lange Lebensdauer haben **Eisenbahnschwellen**, einbetonierte, rostgeschützte **Eisenpfähle** und **Betonpfähle**. Die Beschaffungskosten liegen dafür jedoch hoch.

Weidepfähle müssen 1,95 bis 2,35 m lang sein. Je nach Festigkeit des Bodens schlägt oder gräbt man sie 0,60 bis 0,90 m tief ein, so daß Zäune von 1,40 bis 1,65 m Höhe errichtet werden können. Für Ponys und Kleinpferde reichen Zaunhöhen von 1,20 bis 1,30 m aus.

Die Errichtung eines neuen Weidezaunes beginnt mit dem Ausfluchten der Verlaufslinien. Der ortsübliche Grenzabstand muß eingehalten werden, um Streit mit den Anliegern auszuschließen. Gerade verlaufende, in der Oberlinie waagerechte Einfriedigungen stören das Landschaftsbild und die eigenen Augen weniger als krumme und ungleich hohe Zäune. Die Stangen lassen sich einfacher parallel und gerade anbringen, wenn die Pfähle bereits exakt gesetzt worden sind.

Die eigentliche Arbeit fängt mit dem Setzen der besonders stabilen Eckpfosten an. Sie müssen in Richtung beider Zaunfluchten abgestützt und verstrebt werden, damit sie allen Druck und Zug aushalten.

Weidepfosten sind in gleicher Weise zu stabilisieren. Bei sehr langen Seiten und Breiten der Koppeln sollten alle 60 bis 70 m starre, seitlich abgestützte Pfähle zur Erhöhung der Zaunstabilität eingebaut werden.

Weidepfähle bringt man im Abstand von 3 bis maximal 6 m so tief in den Boden ein, daß sie nicht mehr wackeln.

Rund- und Halbstangen, Planken und Gummibänder sowie Drähte werden immer an der Innenseite zur Koppel hin angenagelt (Nägel oder Krampen), damit auch die Pfähle eventuellen Druck der Pferde mit abfangen und die Nägel nicht ausreißen.

Bei zweireihigen Zäunen befestigt man die untere Stange mit der Unterkante ca. 80 bis 90 cm vom Boden entfernt am Pfahl und die zweite mit der Oberkante 50 bis 60 cm darüber. Zäune über 1,40 m Höhe werden zweckmäßigerweise dreireihig angelegt. Sie beginnen mit der Unterkante 50 bis 60 cm über dem Boden.

Weidetore dienen Tieren und Menschen als Durchlaß, müssen aber auch von Maschinen und Geräten zur Weidepflege sowie von Pferdetransportern bequem passiert werden können. Aus diesem Grunde sollten sie gut drei Meter breit sein.

Die Tore müssen so stabil sein, daß sie von vor dem Ausgang wartenden und drängenden Pferden nicht eingedrückt werden können. Aus Sicherheitsgründen müssen sie verschließbar sein. Erste Sicherheitsgaranten sind stabile, fest verankerte Torpfosten. Als Baumaterial kommen Holz oder Eisen in Betracht. Gebräuchliche und bewährte Weidetorausführungen sind:

1. **Das einfache Rick.** Es besteht aus drei bis vier Einzelstangen, die in Halterungen (oft aus Hufeisen) eingeführt werden. An einer Seite werden die Stangen durch eine in Bohrlöcher gesteckte Eisenstange miteinander verbunden und gleichzeitig gegen Herausrutschen abgesichert. Die Halterungen bringt man an den Torpfosten an.

2. **Weidetore in Gatterform.** Sie sind einfach zu handhaben und werden in Rahmenkonstruktion ausgeführt. Sie bedürfen starker Gehänge oder Scharniere, weil sie nur auf einer Seite am Pfosten befestigt sind. Ein Stützrad auf der anderen Seite erleichtert das Öffnen und Schließen. Überwürfe und gelochte Flacheisen über Ösen geführt, die im zweiten Pfosten angebracht sind, schließen diese Tore sicher.

3. **Zweiflügelige Weidetore** entsprechen in der Grundkonstruktion den vorherigen. Jede Hälfte wird jedoch für sich mit Gehängen oder Scharnieren an den Torpfosten aufgehängt. In der Mitte können die Torflügel durch Überwürfe und Ketten mit Schlössern gesichert werden.
Konstruktionen mit einzelnen, in der Mitte festzustellenden Hälften sind möglich.

4. **Weideverschlüsse aus Draht.** Drei bis vier Drähte werden an einer Seite am Pfosten festgemacht und am anderen Ende in Torlänge an einer Stange befestigt, mit der man sie spannt und in zwei Ösen (davon die oberste klappbar) am anderen Pfosten einführt.

5. **Verschlüsse mit zwei bis drei Elektrodrähten** an einem Pfosten, auf Isolatoren befestigt, werden per Handgriff auf Isolatoren des anderen Pfostens gehängt.

Pferdezüchter und -halter, die weder Zeit noch handwerkliches Geschick haben, können komplette Koppelzäune bei den verschiedensten Herstellern beziehen und fertig montieren lassen.

Zur Wiederholung und Vertiefung

1. Welche Bedeutung haben Paddock und Auslauf in der Pferdehaltung?
2. Warum wird die Weide den natürlichen Lebensansprüchen der Pferde weitgehend gerecht?
3. Welche Pferdegruppen können während der Weideperiode ausschließlich von der Weide leben?
4. Beschreiben Sie die Pflanzengesellschaften der Weide.
5. Erläutern Sie die Pflegemaßnahmen auf der Weide.

6. Stellen Sie die wichtigsten Düngemaßnahmen für die Weide dar.
7. Durch welche Weideeinrichtungen wird das Wohlbefinden der Pferde gesteigert?
8. Nennen Sie vier Möglichkeiten der Trinkwasserversorgung auf der Koppel.
9. Aus welchen Materialien können Koppelzäune errichtet werden?
10. Schildern sie drei Möglichkeiten, sichere Weidetore anzufertigen.

5.2 Der Pferdestall

Das Einstallen der Pferde bedeutet für die Tiere einen schweren Eingriff in den natürlichen Lebensablauf. Es ist schwierig, ihr Wohlbefinden im Stall nicht über Gebühr einzuschränken, weil räumliche, arbeitswirtschaftliche und finanzielle Gegebenheiten sowie rechtliche Bestimmungen allen gut gemeinten Vorsätzen Schranken auferlegen.
Die Gestaltung eines Pferdestalles sollte aber maßgeblich von den Ansprüchen der Tiere bestimmt werden. Zwischen den bestehenden Möglichkeiten, den Wünschen der Pferdebesitzer und -pfleger und den speziellen Haltungsansprüchen der Tiere muß beim Pferdestallbau ein Kompromiß gefunden werden.

5.2.1 Stallbausysteme

Die Wahl des Aufstallungssystems ist vornehmlich abhängig von
– der Bestandsgröße
– der gehaltenen Pferderasse
– der Nutzungsart und
– den arbeitswirtschaftlichen Forderungen der Betreuer.

Einzelhaltung

Die Größe der Grundfläche in der **Einzelbox** richtet sich nach dem Stockmaß des darin zu haltenden Pferdes.

Faustzahl: zweimal Stockmaß^2 = Grundfläche

Beispiel: $(1,65 \text{ m} \cdot 2)^2 = 10,89 \text{ m}^2$

Das Pferd muß sich mühelos umdrehen können. Deshalb sollte die Schmalseite der Box mindestens Stockmaß mal 1,5 m breit sein.

Beispiel: $1,65 \text{ m} \cdot 1,5 \text{ m} = 2,475 \text{ m}$

Bewegungsaktive Pferde (Vollblüter, Traber, Halbblüter) brauchen Bewegungsfreiheit, zumal sie die längste Zeit des Tages (bis zu 23 Stunden) im Stall verbringen. Aus diesem Grund sollten die Boxengrundflächen 10 bis 20 % größer als mit der Faustzahl errechnet bemessen werden.
Stuten mit Fohlen benötigen mindestens 16 m² große Boxen (Großpferde).
Die lichte Höhe der Boxen sollte etwa drei Meter betragen, weil dann die Beleuchtung und die Fenster außerhalb der direkten Reichweite der Pferde angebracht werden können und genügend Luftraum zur Verfügung steht.
Boxenaufstallung eignet sich für alle Pferde. Sie ist für Rennpferde, Turnierpferde und Zuchtstuten unentbehrlich.
Der **Pferdestall mit Außenboxen** erfreut sich immer größerer Beliebtheit. Er besteht aus zwei Grundelementen.

1. Dem Wirtschafts- und Bergeraum, der mit einem Satteldach versehen werden kann.
2. Dem Stallbereich, der zweckmäßigerweise in Hufeisenform angeordnet wird. Die Stützkonstruktion erhält ein Pultdach.

Dieses Stallsystem (siehe Abb. 77) ist so angelegt, daß man einreihig bauen und später den zweiten Schenkel hinzufügen kann. Ein überdachter, mindestens zwei Meter breiter Gang macht alle Versorgungs- und Pflegearbeiten relativ witterungsunabhängig. Zweigeteilte Klapptüren erleichtern das Be- und Entlüften der Boxen, schaffen den Pferden Außenkontakte und passen die Innentemperaturen den Außentemperaturen an (Abhärtung).
Bewegliche Boxentrennwände erleichtern das Entmisten mit dem Frontlader von der Stirnseite aus. Sie ermöglichen aber auch das Einrichten von Groß- und Sammelboxen.
Die relativ langen, aber geraden Wege beim Füttern und Einstreuen von der Bergehalle aus können mit einem entsprechend großen Mehrzweckwagen einfach überwunden werden.
Dieses Stallbausystem kann für Bestände mit 8 bis 30 Pferden empfohlen werden.
Im **geschlossenen Boxenstall** sind unter einem Dach sämtliche zu einer Stalleinheit gehörenden Einrichtungen untergebracht.
Als Beispiel wird ein zweireihiger Stall für 26 Pferde zugrunde gelegt (siehe Abb. 78).
Der Stall kann als Warmstall mit Zwischendecke und als Kaltstall mit Firstentlüftung ausgeführt werden.

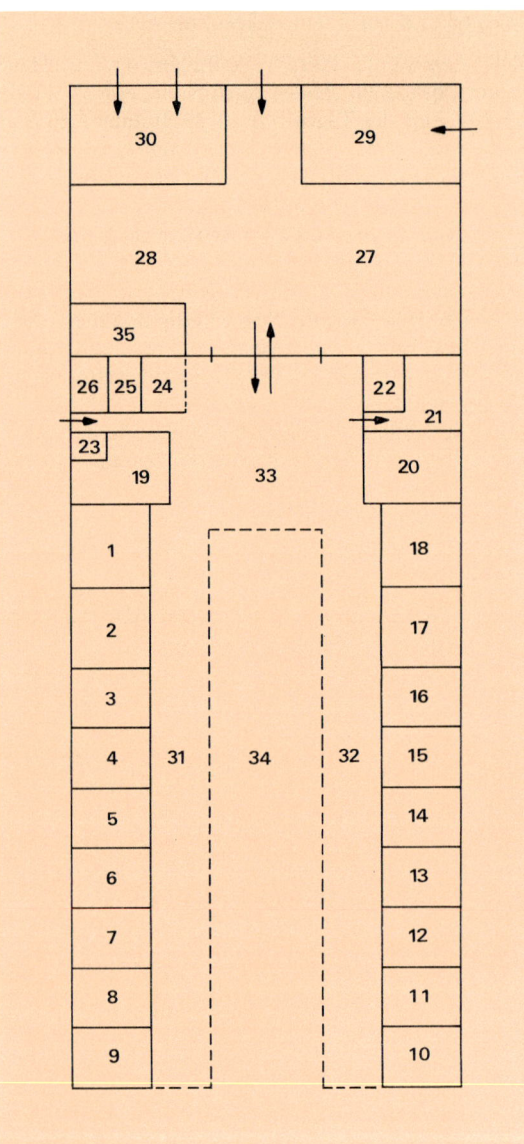

Abb. 77. Stallgebäude (Beispiel). 1–18 = Boxen (14 Boxen 3 m × 4 m, 4 Boxen 4 m × 4 m), 19 = Futterkammer, 20 = Sattelkammer, 21 = Aufenthaltsraum, 22 = Büro, 23 = Medikamentenraum (Stallapotheke), 24 = Hackfruchtlager (Möhren, Futterrüben), 25 = Dusche/WC Damen, 26 = Dusche/WC Herren, 27 = Strohlager, 28 = Heulager, 29 = Geräte und Maschinen, 30 = Garagen (Schlepper, Pkw), 31–33 = Vordächer, 34 = Innenhof (Ausmaße: 12 m × 29 m). Er kann überdacht werden (Dach mit Firstentlüftung = Kaltstall) und dann als Hilfsreithalle dienen. Dann entfallen die Vordächer. 35 = Waschplatz.

Als weitere Variante besteht die Möglichkeit, Berge- und Nebenräume in einer quer vorgebauten Scheune unterzubringen.

Ein zweireihiger Boxenstall kommt ohne geräumige Stallgasse nicht aus. Bei Bestandsgrößen ab 20 Pferde aufwärts werden durch das Verlegen einiger Nebenräume in die Gebäudemitte Arbeitswege eingespart. Flexible Boxentrennwände bringen die gleichen Vorteile wie beim Außenboxenstall. Man kann die Boxen in Stand- und eingestreute Liegeflächen aufteilen. Die Installierung einer mit Vierkanthölzern abgetrennten Mistbahn, die von der Liegefläche an ein Gefälle aufweist, wird dann möglich.

Geschlossene Boxenställe eignen sich für Bestände von 10 bis 40 Pferden. Ab etwa 28 bis 30 Pferde ist der Queranbau einer Scheune als Bergeraum zu empfehlen.

Der **Anbindestall** kommt in Betracht für stark in Anspruch genommene (vielbewegte) Schulpferde, kaltblütige und Robustpferde mit täglicher Bewegung und in Zirkusunternehmen oder ähnlichen Einrichtungen mit Stallwache.

Kastenstände mit festen Seitenbegrenzungen (Holz, Mauern) erfordern eine Mindestbreite des 1,2- bis 1,3fachen der Widerristhöhe des eingestellten Pferdes. Einfache Standplätze mit Flankierbäumen dürfen etwas schmaler sein, weil die Tiere im Liegen ihre Gliedmaßen in den Nachbarstall hineinstecken können.

Für Großpferde müssen Standflächenlängen von 3 bis 3,60 Meter angesetzt werden. Bei einreihiger Aufstallung sollte die Stallgasse mindestens 2,50 Meter breit sein, damit die Pferde mühelos zurücktreten und sich wenden können. Für doppelreihige Anbindeställe bieten erst 3,50 Meter breite Stallgassen einigermaßen Sicherheit gegen ausschlagende Tiere.

Gruppenhaltung

Für Klein- und Robustpferde, für wenig beanspruchte oder für periodisch nicht genutzte Großpferde stellt der **Offenstall** die kostengünstigste und am wenigsten arbeitsaufwendige Form der Unterbringung dar. Für kleine Einheiten (5 bis 6 Pferde) benötigt man dafür ein Pultdachgebäude, das zur windgeschützten Seite hin offen bleibt, aber überdacht ist. Freitragende Hallen, mit geschlossenen Giebelseiten und Satteldach ausgestattet, bieten je nach Größe etwa 8 bis 14 Pferden Platz.

Die Liegeflächen sollten immer nach Süden hin eingerichtet sein. Ein weites Vordach bietet zusätzlich Unterschlupf- und Aufenthaltsraum an. Neben den

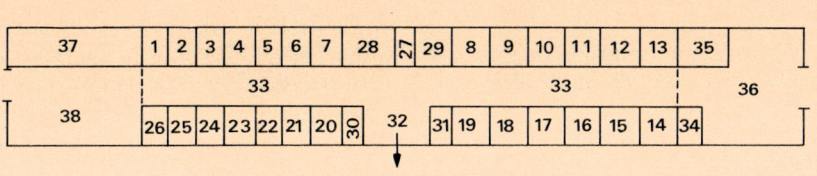

Abb. 78. Stallgebäude (Beispiel). 1–26 = Pferdeboxen (3 m × 4 m und 4 m × 4 m), 27 = Medikamentenkammer (Stallapotheke), 28 = Sattelkammer, 29 = Futterkammer, 30 = Dusche/WC Damen, 31 = Dusche/WC Herren, 32 = Waschplatz mit Durchgang zur Reithalle oder zum Reitplatz, 33 = Stallgasse 4 m, 34 = Büro, 35 = Aufenthaltsraum, 36 = Bergeraum, 37 = Maschinen und Geräte, 38 = Bergeraum.

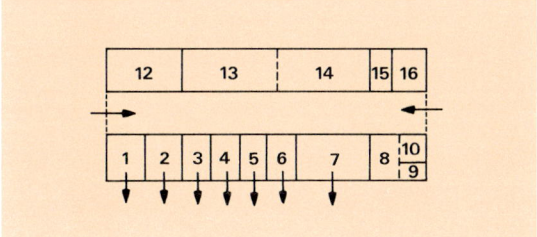

Abb. 79. Grundrißbeispiel: Offenlaufstall für ca. 12 Pferde. 1–7 = Pferdeboxen, 8 = Futterkammer, 9 = Stallapotheke, 10 = Lederzeug, 11 = Tenne, 12 = Geräte, Maschinen, 13 = Heu, 14 = Stroh, 15 = Dusche/WC, 16 = Mehrzweckraum.

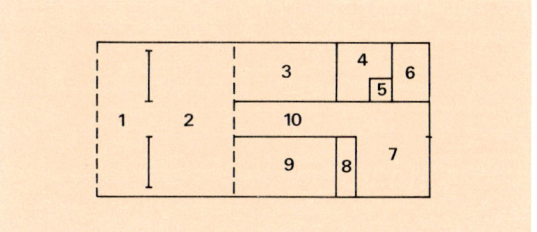

Abb. 80. Grundrißbeispiel für einen Kaltstall mit 10 bis 12 Pferden. 1 = überdachte Vorhalle, 2 = Liegefläche, 3 = Strohlager, 4 = Mehrzweckraum, 5 = Stallapotheke, 6 = Dusche/WC, 7 = Geräte, Maschinen, 8 = Lederzeug, Ausrüstung, 9 = Heulager, 10 = Fahrgasse.

Seitenwänden angebrachte Öffnungen machen Fluchtwege (bei Rangkämpfen) frei. Die als Matratze ausgebildeten Liegeflächen sollten in der Mitte mit einem großen Tor versehen sein, damit mechanisch (z. B. Frontlader) entmistet werden kann. Alle Berge- und Nebenräume werden im Nordteil der Halle untergebracht. Sie grenzen unmittelbar an den eigentlichen Stallbereich an, so daß die Versorgungswege kurz bleiben. Türen, Tore und sonstige Öffnungen müssen so angeordnet sein, daß nie Zugluft entstehen kann.

Freßgitter ermöglichen auch im Laufstall eine individuelle Futterzuteilung.

In milden Klimabereichen haben sich die sehr flexibel verwendbaren **Kaltställe** auch für kleinere Zucht- und Reitbetriebe bewährt.

In diesen mit nicht wärmegedämmtem Stalldach ausgestatteten Stallanlagen wird die Südseite als Stall und die Nordseite zur Unterbringung aller übrigen Räume genutzt. Boxen- oder Gruppenhaltung ist möglich. Herausnehmbare oder hochziehbare Trennwände erleichtern die Entmistung, weil der Frontlader eingesetzt werden kann, und gestatten, die Boxengröße zu variieren. Alle Buchten haben direkten Zugang zum dahinterliegenden Auslauf oder zur Koppel. Der First muß einen mit einer Firsthaube abgedeckten Lüftungsschlitz haben, damit sich der Stalldunst nicht in den Vorräten festsetzt.

Wie alle in einer Achse angelegten Stallbauten kann auch dieser Stall in Längsrichtung erweitert werden. Alle Planungsvorschläge sollen nur Anregungen sein. Zu gegebener Zeit wird jeder Bauherr mit versierten Fachleuten individuell planen müssen.

Zur **Standortwahl** ist einiges Grundlegende zu beachten. Das **Klima** einer Landschaft (Großklima) kann den Erfolg oder Mißerfolg eines Pferdezuchtbetriebes entscheidend beeinflussen. Es ist zum Beispiel nur unter hohen Aufwendungen von Stallbauten und Futter möglich, im rauhen, regenreichen Bereich der Mittelgebirge mit langen, strengen Wintern Vollblutpferde zu züchten. In solche Klimagebiete gehören Robustpferde.

Das Großklima kann nicht beeinflußt werden. Es ist vorgegeben und muß bei Planungen bedacht werden.

Das **Klein- oder Mikroklima** kann, ohne Mehrkosten zu verursachen, beim Stallneubau berücksichtigt werden.
– Die Windverhältnisse auf Anhöhen steigern das Sicherheitsgefühl der Pferde. Sie sind wärmer als Senken (feuchte Kältelöcher).
– Anhöhen erleichtern infolge ständiger Luftbewegung das Be- und Entlüften von Ställen.
– Der Wind sollte die langen Seiten bestreichen, weil dadurch die Insektenplage gemildert und die Luftführung verbessert wird.
– In bewegter Luft können sich Pferde intensiv über ihren Geruchssinn in der Umwelt orientieren und Infektionskrankheiten scheinen glimpflicher zu verlaufen als in stehender.
– Sonneneinstrahlung beeinflußt die Lichtverhältnisse und den Wäremehaushalt in den Stallungen.
– Südwesthänge erfahren in hiesigen Breitengraden im Jahresmittel die optimalste Sonneneinstrahlung, weil sie im Frühjahr und Herbst günstiger abschneiden als Südlagen.
– Der Pflanzenbestand einer Gegend beeinflußt den Sauerstoffgehalt der Luft. Ausgedehntes Grünland und Wälder verbessern ihn. Wälder gleichen Klimaschwankungen aus (im Sommer wird Hitze, im Winter Kälte gemildert).
– Trotzdem muß von Wäldern ein angemessener Abstand eingehalten werden, weil sie wie Bodensenken wirken können.
– Die Lage zu Ansiedlungen, besonders zu Ballungszentren wird, was die Abstände angeht, vom Bundesbaugesetz und regionalen Bestimmungen festgelegt. Diese Regelungen verfolgen aber nicht das Wohl der Pferde, sondern das der Menschen.
– Industrielle Dunstglocken, andauernder Straßenlärm und Fußgänger mit Hunden können Pferde gesundheitlich erheblich gefährden bzw. in ihrer Ruhe stören.
– Bei vorherrschendem Westwind ist die Westseite der Städte oder ihrer Gewerbegebiete weniger gefährdet als ihr Ostrand.

5.2.2 Stallklima und Stallhygiene

Bezüglich der **Stalltemperatur** setzt sich vermehrt die Erkenntnis durch, daß der Warmstall (10 bis 15 °C) nicht mehr die optimale Lösung darstellt. Pferde müssen ihre Leistungen überwiegend im Freien oder in ungeheizten Reithallen erbringen. Dabei unterliegen sie ständig den schwankenden Einflüssen der Außentemperatur. Darauf sollten sie vorbereitet sein. Das gelingt am besten, wenn die Stalltemperaturen denen der Außenluft weitgehend angeglichen sind.

Im Kaltstall, in der Außenbox oder im Offenlaufstall wirken, etwas abgemildert, die gleichen Temperaturreize auf die Tiere ein wie im Freien. Sie werden abgehärtet und bleiben widerstandsfähig. Voraussetzungen für diese Art der Temperaturgestaltung sind:
– ausgewogene, energiereiche Fütterung (höherer Energieverbrauch)
– reichlich trockene Einstreu
– Schutz vor kalter Nässe und Schnee über längere Zeit, weil das dichte Haarkleid sehr lange braucht, um durchzutrocknen. Dabei entsteht zusätzliche Verdunstungskälte.

Die **Stalluft** wird maßgeblich durch ihren **relativen Luftfeuchtigkeitsgehalt** geprägt. Er darf 80 % nicht über- und 50 % nicht unterschreiten. Er wird mit dem Hygrometer gemessen. Als optimal gelten 65 % (55 bis 70 %) relative Luftfeuchtigkeit.
Schwierigkeiten treten hauptsächlich in Warmställen auf. Sie werden im Winter gerne feuchtwarm und im Sommer durch Sonneneinstrahlung heiß-trocken, weil die Luftbewegung fehlt.
Der Kohlendioxidgehalt (CO_2) der Stalluft wird bei 0,1 % kritisch, besonders für atmungsaktive Pferde (Renn- und Sportpferde). Frischluft enthält 0,03 % CO_2. Der Gehalt steigt in der ausgeatmeten Luft auf ca. 4 % an. Ein 450 kg schweres Pferd braucht 165 m^3 Frischluft pro Stunde, wenn keine Atembeschwerden durch überhöhten CO_2-Gehalt der Stalluft auftreten sollen (Pferd 600 kg = 215 m^3; 250 kg = 90 m^3).
Im Sommer ist dieser intensive Luftwechsel über geöffnete Fenster und Türen in allen Ställen leicht zu erreichen. Kaltställe führen in keiner Jahreszeit zu Schwierigkeiten. Feuchtwarme Ställe müssen im Winter belüftet, in Ausnahmefällen auch beheizt werden.
Sumpfgase (Flüssiggase) und **Ammoniak** mindern den Wert der Stalluft im Regelfall nicht, wenn es gelingt, den Kohlendioxidgehalt stets im Griff zu behalten.
Staub in der Stalluft kann bei starkem Auftreten die Atemwege reizen und dadurch schädigen. Staubfreies Heu und Stroh verhindern Staubbildung weitgehend. Verkleidete Abwurfschächte fangen den meisten Staub auf. Rauhfutter und Stroh kann auch vorsichtig aufgeschüttet werden, so daß die Staubentwicklung sich in Grenzen hält. Harken und Kehren sollte man nach vorherigem Anfeuchten; dann wird nicht unnötig Staub aufgewirbelt.

Die schädigenden Auswirkungen der **Zugluft** werden häufig übertrieben. Im Kaltstall tritt sie selten nachteilig auf, weil die Temperatur der bewegten Luft kaum unter der der Stalluft liegt und selten partiell auf die Tiere trifft.

Zugluft ist immer dann ein Grund für Erkältungen, Husten oder sogar Lungenentzündung, wenn sie kleine Bereiche des Körpers trifft, an diesen Stellen Kältereize auslöst, weil dann die Thermoregulation (Wärmeregulation) der Pferde nicht in Gang gebracht wird und mit mehr als zwei Meter pro Sekunde auf Teilbereiche des Körpers auftrifft.

Windströmungen, die den ganzen Pferdekörper umstreichen, lösen bei abgehärteten Tieren kaum negative Folgen aus, weil die Thermoregulation meistens gut funktioniert. Bei stark unterkühlter Luft mit Geschwindigkeiten über 2,5 m/sek. bestehen für alle Pferde gesundheitliche Bedenken.

Das **Licht** (besser die Lichtwirkung) wird als Regulator für Leistungsfähigkeit, Gesundheit und besonders für Fruchtbarkeit vielfach unterbewertet.

Es ist allgemein bekannt, daß die UV-Strahlen (ultraviolett) das 7-Dehrocholesterin in der Unterhaut in wirksames Vitamin D_3 umwandeln.

Durch Vitamin D_3 wird:
– das Kalzium-Phosphor-Verhältnis reguliert
– das Wachstum gefördert
– der Knochenbrüchigkeit und
– der Knochenweiche (Rachitis) vorgebeugt.

UV-Strahlen
– regen die Stoffwechselvorgänge an
– fördern die Bildung roter Blutkörperchen
– machen resistent gegenüber manchen Infektionen, weil sie einige Erreger abtöten oder deren Entwicklung hemmen.

Bekannt sind der Wachstumsrückstand und die Anfälligkeit sogenannter Stallfohlen. Das Fensterglas resorbiert nämlich UV-Strahlen. Sie erreichen die Fohlen im Stall dann nicht. Das bedeutet, daß auch die hellsten Stallungen reichlichen Aufenthalt im Freien allein schon wegen der Lichtwirkung nicht ersetzen können.

Die über die Augen aufgenommenen Lichtreize gelangen über die Sehleitungsbahnen bis zur Hypophyse, von wo aus der Hormonhaushalt maßgeblich mitgesteuert wird. Bei Lichtmangel stellen sich nachhaltige Schäden ein, zum Beispiel:
– Anämie, der Mangel an roten Blutkörperchen
– Störungen im Wasserhaushalt (-speicherung)
– Muskelschlaffheit
– verminderte Sexualfunktionen.

Der Lichtbedarf der Pferde ist größer als der anderer Haustiere (z. B. der von Rindern), desgleichen aber auch ihre Toleranz gegenüber starker Lichteinstrahlung.

Konkrete Lichtbedarfswerte für Pferde sind nicht bekannt, die Mindestfensterfläche in der Box sollte aber ein Zwanzigstel der Bodengrundfläche ausmachen. Zu groß können Stallfenster nie sein.

Hochangesetzte Fenster haben den Vorteil, daß sie bei hochstehender Sonne Licht- und Wärmeeinfall mindern. Sie gewähren aber im Winter der schräg bis waagerecht einfallenden Sonne mit ihren wärmenden Strahlen Einlaß.

Gesundheitsschädigende Auswirkungen von über lange Zeit auf Pferde einwirkende Lärmbelästigungen werden vermutet. Sie wirken in jedem Fall störend, weil sie die Tiere beim Orten der normalen Lautquellen im Stall behindern und sie damit verunsichern.

Die **Stallhygiene** beeinflußt das Wohlbefinden des seinem Naturell nach reinlichen Pferdes erheblich. Im Freien suchen sie sich Freß-, Liege- und Kotplätze aus. In der Box sind sie oft dazu verurteilt, mit ihren Exkrementen zu leben und nachts auf ihnen zu schlafen.

Die **Matratzen-Haltung** ist weitverbreitet. Der Kot wird täglich mehrfach abgesammelt und die nasse Einstreu ein- bis zweimal am Tag aus der Box entfernt. Morgens und abends ebnet man die übrige Einstreu ein und versieht sie reichlich mit einer Decke frischer Einstreu.

Ausgemistet wird einmal in der Woche oder in Abständen von zwei, vier, sechs oder gar acht Wochen.

Tieflaufställe werden meistens nur eingeebnet und eingestreut. Entmistet wird bei Bedarf ein- bis dreimal im Jahr. Arbeitseinsparung und eine stets warme Lagerstätte werden als Begründung für diese Haltungsform ins Feld geführt. Sie birgt aber Gefahren und Risiken in sich:
– Miststapel sind Nährböden für den Entwicklungskreislauf einiger Würmer (Palisaden- und Spulwürmer)
– es entwickeln sich krankmachende Kleinlebewesen im anaeroben (sauerstoffarmen) Bereich der Tiefstreu, z. B. Tuberkelbakterien, Darmbakterien, Starrkrampfbazillen
– Insekten, besonders Fliegen, finden ideale Entwicklungsvoraussetzungen
– es entwickelt sich vermehrt Ammoniak (NH_3). Dieses Gas greift die Schleimhäute an (Augen, Nase, Rachen), erhöht die Krankheitsanfälligkeit der Atmungsorgane und führt zu chronischem Husten

– entstehende Faulgase (z. B. Schwefelwasserstoff (H_2S) schädigen das Hämoglobin. Zusammen mit NH_3 fördern sie die Dämpfigkeit.

Saubere, trockene und sorgfältig ausgebreitete Einstreu kann die Gefahren mindern. Negativ wirken sich stets schmutzige und feuchte Miststapel aus. Sie schädigen zusätzlich die Hufe (Strahlfäule).
Wechselstreu erweist sich aus hygienischer Sicht als optimal, weil Kot und Feuchtstellen täglich ausgeräumt werden. Der Stallboden bleibt immer trocken, sauber und die Einstreu frisch. Kleinlebewesen haben keine Entwicklungschancen, und die Stalluft wird kaum belastet. Diese Vorteile müssen durch erhöhten Arbeitsaufwand erkauft werden.
Ob **neuere Lösungen**, zum Beispiel Rost- und Spaltböden oder Bodenbeläge aus Gummi- oder Kunststoffmatten, aus arbeitswirtschaftlichen Gründen empfohlen, auch aus hygienischer Sicht vertretbar sind, kann noch nicht abschließend beurteilt werden, weil zu wenig Erfahrungen vorliegen.

5.2.3 Inneneinrichtungen

Die Inneneinrichtungen müssen drei Grundforderungen erfüllen:
1. Sie sollen Gesundheit, Zufriedenheit und Wohlbehagen der Pferde schaffen und fördern. Diese sind Voraussetzung für das Leistungsvermögen und den Leistungswillen der Tiere.
2. Verletzungsgefahr muß im ganzen Stallbereich soweit wie möglich ausgeschaltet werden.
3. Der Arbeitsaufwand ist so gering zu halten, wie das ohne Vernachlässigung der Pferde vertretbar ist.

Der **Stallboden** hat folgende Anforderungen zu erfüllen:
– er muß rutschfest sein, aber die Tritte beschlagener Pferde aushalten, ohne Schaden zu nehmen
– besonders der Boxenboden darf keine Feuchtigkeit oder gar Nässe von unten eindringen lassen
– der Boden soll gegen Kälte von unten schützen
– zur Beseitigung anfallender Jauche müssen Gefälle und Abflüsse angebracht sein
– der Boden soll trittelastisch sein, damit die Gliedmaßen der Pferde geschont werden.

Der altbewährte, festgestampfte **Lehmboden** ist längst noch nicht tabu. Er erfüllt alle gestellten Anforderungen und wirkt zusätzlich feuchtigkeitsausgleichend sowie luftdurchlässig.

In Laufställen und Boxen mit Matratzenstreu kann Lehmboden empfohlen werden, wenn gut und reichlich eingestreut wird. Die Schmierschicht als Nahtstelle von Boden und Mist isoliert. Sie ist wasserdicht, gestattet aber den Luftaustausch. Leider erlauben regionale Bauvorschriften diese Billiglösung oftmals nicht. Zur Reinhaltung des Grundwassers müssen Stallböden meistens absolut dicht angelegt werden.
Der **Ziegelboden** aus hochkant in den Sand verlegten Normalziegeln, die fest gestampft werden, steht in seiner Funktion dem Lehmboden am nächsten.
Eine Schicht Grobkies oder Hochofenschlacke (15 bis 25 cm) als Unterboden verhindert möglichen Wasseraufstieg. Die Ziegel können auch in Kalkmörtel verlegt und vergossen werden.
Holzböden aus Bohlen, besser aus hochkantstehendem quadratischem Holzpflaster gefertigt, erfüllen die wesentlichen Anforderungen an einen Stallboden. Holz muß vor dem Verlegen mit ungiftigen Holzschutzmitteln getränkt werden. Die Fugen können mit Sand oder mit säurefestem, umweltfreundlichem Bitumen verfüllt werden. Weil Holz „arbeitet", darf es nicht starr vergossen werden.
Vergossenes Kopfstein- und Kleinpflaster sowie reiner, glatter **Betonboden** sind undurchlässig und entsprechen den Vorschriften vieler Bauordnungen. Sie widersprechen aber den anfangs gestellten Forderungen weitgehend.
Genoppte **Gummimatten, Weich-PVC** und andere moderne Baustoffe haben sich als Stallbodenbelag bewährt.
In der Landwirtschaft gebräuchliche **Spezialbeläge** (z. B. Stallit, Steinit) sind in Gestüten mit Erfolg verlegt worden.
Betonverbundsteinpflaster eignet sich bei entsprechendem Unterbau für Stallgassen, die mit Schleppern und Hängern befahren werden. Der hohe Fugenanteil macht sie rutschfest. Sie garantieren, korrekt verlegt, Verschleißfestigkeit.
Alle Stallböden erfüllen die gestellten Anforderungen nicht hundertprozentig. Ein Kompromiß zwischen pferdegerecht, baurechtlich zulässig und finanziell machbar muß im Einzelfall gesucht und gefunden werden.
Gute und reichliche Einstreu schafft oft den notwendigen Ausgleich und läßt Mängel nicht in Erscheinung treten.
Die **Boxenwände** werden gerne den Außenwänden optisch angepaßt.
Sie müssen
– stabil (schlagfest), aber etwas elastisch sein

- sich einfach und schnell reinigen lassen
- Luftaustausch zulassen und porös sein
- korrosions- und feuchtigkeitsbeständig und
- auswechselbar sein.

Holz und **Werkstoffe aus Holz** haben sich bewährt und konnten sich darum als Innenwände durchsetzen.

Die Trennwände werden in Brusthöhe (1,2 bis 1,5 m) verbrettert und darüber 0,60 bis 0,80 Meter hoch vergittert. Beide Teile können als feste Einheit, aber auch zweiteilig eingebaut werden. Zur Kontaktförderung bleiben bei gutmütigen, verträglichen Pferden die Gitter weg, bei unverträglichen setzt man geschlossene Oberteile ein.

Folgende Trennwandkonstruktionen aus Holz kommen zum Einsatz.

Waagrechte Wände aus Bohlen (4 bis 6 cm stark), Rundhölzer (9 bis 12 cm dick) oder Halbstangen (8 bis 10 cm stark). Die Hölzer können in senkrechte U-Eisen eingeschoben oder in durch aufgenagelte Holzleisten erstellte Nuten eingelegt werden.

Man kann lange Trennwände entweder in der Mitte oder nach jedem Drittel mittels senkrechter Verbindungen versteifen.

Zum Schutz der Tiere gegen Verletzungen muß auf saubere Verarbeitung – keine Ecken, Kanten und Vorsprünge – besonders Wert gelegt werden. Insbesondere Nägel müssen unausrückbar eingeschlagen oder durch Deckbleche abgesichert werden.

Senkrechte Verbretterung der Trennwände in U-Eisen oder Holzrahmen fertigt man aus den gleichen Materialien an. Sie brauchen nicht ganz so stark zu sein, weil sie kürzer sind.

Beide Trennwandkonstruktionen gewährleisten eine gute Luftführung, weil sie nie fugenfrei sind.

Aus Bohlen oder Brettern mit Nut und Federn hergestellte Trennwände und Ausführungen aus Spanplatten oder Spezialsperrholzplatten müssen im unteren Drittel mit Lüftungsschlitzen versehen werden, weil sonst die Luft im Stall nicht zirkulieren kann.

Holz muß vor dem Einbau mit umweltfreundlichen und pferdeunschädlichen Imprägnierungsmitteln behandelt werden.

Vorgefertigte, einbaufertige Boxenstände liefern viele Firmen in fast jeder gewünschten Form und Ausführung. Standardausführungen sind preiswerter als Sonderanfertigungen.

Holz wird mit Ausnahme einiger ausländischer Hölzer (zu hart) gerne von Pferden benagt. Dafür gibt es unterschiedliche Gründe:
- die Pferde haben Langeweile und wollen ihren Betätigungs- und Bewegungsdrang befriedigen
- sie versuchen Ballast-, Rohfaser- oder Mineralstoffmangel auszugleichen
- Fohlen und Jungpferde wollen Schwierigkeiten beim Zahnen oder beim Zahnwechsel überwinden.

Um keine Haltungsneurosen zu erzeugen, tut jeder Pferdehalter, der seinen Stall vor „Verschandelung" bewahren will, gut daran, den Pferden Knabbermöglichkeiten anzubieten. Weichholzklötze oder -halbstangen, die nicht splittern (kurzfaseriges Holz) lenken am ehesten von Stallbauteilen ab.

Trennwände aus **Mauerwerk, Beton** oder **Bitumenplatten** werden von Pferdehaltern bevorzugt, die das Benagen der Wände verhindern wollen, die beim Eigenbau lieber mauern oder für die diese Lösungen kostengünstiger sind.

Ziegelsteine sind wenig empfindlich und wärmetechnisch unbedenklich. Gut verfugt oder vollfugig vermauert können sie unverputzt bleiben. Die Wände sind porös, und es besteht keine Gefahr, daß sie feucht oder kalt werden. Die Reinigung erfordert allerdings einigen Aufwand.

Verputztes Mauerwerk mit glatter Oberfläche läßt sich leichter sauber halten und kann mit desinfizierender Kalkmilch gestrichen werden. Bei Mörtelputz (Kalk-) bleiben ein Teil der natürlichen Ventilation im Stall und etwas Wandatmung erhalten. Zementputz unterbindet diese Vorteile völlig und ist deshalb abzulehnen.

Gegen Betontrennwände und Bitumenplatten bestehen die gleichen Bedenken. Luftschlitze im unteren Drittel tragen dazu bei, die Nachteile zu mildern.

Die **Gitteraufsätze** auf den Trennwänden können aus Metall (Stäbe oder Rohre) oder Holz gefertigt werden. Sie sollen den Pferden Seh-, Geruch- und Hörkontakt gewähren. Das kommt ihrem Geselligkeitstrieb entgegen.

Die Gitter erstellt man meistens aus aufrecht gestellten, verzinkten Rohren (½ bis ¾ Zoll) oder aus Rundstahl (1,2 bis 1,5 cm).

Bei waagerechten Ausführungen nimmt man 1½- bis 1¾zöllige, verzinkte Rohre. Rundstahl wird auf Längen über 3,5 Meter zu schwer.

Die Zwischenabstände (5 bis 8 cm) der Stäbe oder Rohre müssen so eng bemessen sein, daß schlagende oder steigende Pferde nicht hängenbleiben können.

Gitter aus imprägnierten Holzlatten (3 × 5 cm oder 4 × 5,5 cm) erfüllen ebenfalls ihren Zweck und sind wärmetechnisch dem Eisen überlegen. Sie verführen jedoch zum Benagen.

Die **Befestigung der Abtrennungen** in der Außenwand ist technisch einfach lösbar. Mauerverband,

eingemauerte Anker, aufgeschraubte Kanthölzer oder U-Eisen und andere Lösungen sind möglich.
Im Stallgassenbereich haben sich Standsäulen bewährt. Sie können freistehend in den Boden eingelassen oder an der Decke festgemacht werden, aber auch in die Frontwand eingearbeitet sein. In deckenlosen Ställen müssen sie fest in den Boden einbetoniert und verankert werden.
Verzinkte Stahlrohre (∅ 12 bis 14 cm bei 3 bis 5 mm Wandstärke), Rundhölzer (∅ 15 bis 18 cm) und Kanthölzer (15 × 15 cm oder 18 × 18 cm) eignen sich als Standsäulen, die gleichzeitig als Türpfosten dienen können.
Die **Gestaltung der Frontwand** zur Stallgasse hin – bei Außenboxen nach außen – muß zweckmäßig und absolut sicher sein. Nicht selten sollen aber auch subjektive optische Repräsentationsvorstellungen verwirklicht werden, denn die Boxenvorderfront vermittelt den ersten, oft recht nachhaltigen Eindruck vom Stall. Sie gibt vielleicht sogar ein Bild der Gesamtatmosphäre wieder.
Glatte, gerade Fronten ohne Ecken und Kanten vermindern Verletzungsgefahren und sind mit wenig Arbeitsaufwand sauberzuhalten.
Geschlossene Gitterfronten (manchmal vom Boden bis zur Decke) aus verzinkten Rohren oder Holz schützen in großen Ställen mit viel Publikumsverkehr die Tiere vor Belästigungen (Necken, Erschrecken, Füttern) und umgekehrt die Menschen vor Belecken, Beknabbern und Stoßen.
Wenn eine Futterluke eingebaut ist, sollte sie feststellbar sein, weil Pferde gerne daran spielen, den Kopf durchstecken und sich dabei die Mähnen scheuern oder sich verletzen können.
Das Füttern mit Betreten der Box wird immer beliebter, weil dabei zwangsläufig willkommener Kontakt zu den Tieren aufgenommen wird. Diese Erweiterung der Vertrauensbasis zwischen Mensch und Pferd ist, wenn auch zeitaufwendig, vor allem bei hoch im Blut stehenden Tieren eigentlich unverzichtbar.
Viele alte Ställe haben geschlossene, massive Vorderwände. Auch die Trennwände hat man oft bis zur Decke hochgezogen. Die zeitweise geöffneten Oberteile der zweigeteilten Türen stellen die einzige Verbindung zur Umwelt her. Derartige Ställe gelten heute als pferdefeindlich und damit als überholt. In Sonderfällen können aggressive, unverträgliche Pferde darin untergebracht werden. Sie vereinsamen darin aber meistens noch stärker und reagieren entsprechend.
Offene Frontwände sollten ganz allgemein bevorzugt werden. Sie ermöglichen ständigen Nahkontakt untereinander und mit Menschen. Die Pferde können alle Vorgänge um sich herum beobachten und nach Belieben daran teilhaben. Die Abtrennungen zur Stallgasse müssen aus Sicherheitsgründen gut brusthoch sein (1,30 bis 1,50 m). Die meisten Pferde schätzen die relativ großen Freiheiten, die die offene Frontwandgestaltung bietet. Nur wenige mißbrauchen sie und überspringen oder überklettern sie. Manche Bauvorschriften und einige Berufsgenossenschaften lehnen offene Frontwände in Pferdeställen ab.
Halboffene vordere Boxenabschlüsse erweisen sich in der Praxis als empfehlenswert. Sehr oft sind diese Frontwände im unteren Bereich wie die Trennwände gestaltet. Der obere Bereich wird aus an den Türen angebrachten Gittern angefertigt. Mauerwerk als vorderer Boxenabschluß ermöglicht im geschlossenen Gesamtstall den Ausbau als Futtertisch mit Heubodenraufe.
Die Krippe baut man mit der Oberkante (0,8 bis 0,9 m hoch) bündig in den Futtertisch ein. Sie muß in der ganzen Breite untermauert werden. Das Mauerwerk sollte sich im Boxeninnern nach unten verjüngen, damit Verletzungen des Vorderfußwurzelgelenks nicht vorkommen.
Die daneben eingebaute Raufe (Bodenraufe) läßt noch Platz für eine ausreichend breite Türe.
Die Vorderfronten von Außenboxen können aus Sicherheitsgründen nur geschlossen und stabil gebaut werden. Futterklappen erhöhen das Risiko und sollten deshalb nicht eingeplant werden. Die Türen müssen einzeln und fest verschließbar sein – am besten jede Türhälfte für sich.
Pferdestalltüren gibt es als Schiebetüren und als Schwenktüren. Schiebetüren verdienen immer da den Vorzug, wo Stallgassen und -gänge schmal und eng sind. Man sollte sie nie mit roher Gewalt bedienen und sie nicht unnötig dem Druck der Pferde aussetzen, weil dann die Rollen gerne aus der Profilschiene springen. Die untere Führung verschmutzt leicht und muß regelmäßig ausgeräumt werden. Bei neueren Modellen laufen die Rollen in entgleisungssicheren, rechteckigen Gleitschienen.
Die altbewährten Schwenktüren (Drehtüren) sind im allgemeinen fester, sicherer und gegen Druck widerstandsfähiger als Schiebetüren. Das hängt aber maßgeblich von der Ausführung ab.
Von geöffneten Türen droht keine Gefahr, wenn man Türbeschläge auswählt, die sich bei einem Öffnungswinkel von 90° entweder ganz öffnen oder schließen. Türen sollten mindestens 1,20 Meter breit sein (lichte Weite). Bis zu einer Breite von 1,50 Meter ist die

notwendige Stabilität bei entsprechender Konstruktion gewährleistet.
Zwei bis drei Gehänge auf der einen Seite (2 × 2 = 4 bei zweigeteilten Türen) und ein bis zwei Arretierungen auf der anderen Seite – alle auf starke Riegel aufgeschraubt – verleihen der Tür Festigkeit. Eine Verriegelung sollte abschließbar sein.
Die lichte Türhöhe beträgt im Idealfall Stoßmaß × 1,33 Meter (z. B. 1,65 m Stockmaß × 1,33 m = 2,20 m).
Die obere Türbegrenzung muß klar markiert und erkennbar sein. Der Türsockel bietet abgerundet und nicht hoch herausragend keine Stolpergelegenheit.
Türseitenbegrenzungen mit Rollen (Walzen) abgesichert oder zumindest abgerundet bergen am wenigsten Verletzungsgefahren in sich.
Laufstalltüren (besser Tore), durch die oft mehrere Pferde gleichzeitig drängen, dürfen bis zu drei oder gar vier Meter breit sein.
Laufstalltrennwände müssen besonders stabil sein, dürfen aber nicht zu schwer werden, damit man sie (z. B. beim Entmisten) herausnehmen kann.
Gatter oder Einzelteile aus Planken, Rundstangen, Halbstangen oder verzinkten Rohren genügen bei angemessener Stärke den Anforderungen.
Gatter sollten maximal 5 m lang und im Durchschnitt 1,20 m hoch sein. Zu ihrer Befestigung können vorhandene Wände oder andere Bauteile benutzt werden. In einzementierte Rohre eingelassene Pfosten aus Holz oder verzinkten Rohren stellen oft die beste Alternative dar. Zusätzliche Absicherung mit einem Elektrozaundraht wird von allen Pferden respektiert. Der Platzbedarf wird dadurch größer, weil die Tiere etwa 50 cm Abstand halten.
Anbindevorrichtungen sind in der Pferdehaltung oft kritische Punkte der Einrichtungen. Eine optimale Lösung, bei der Pferde nie (besonders nervige) in Panik geraten, gibt es kaum. Es ist wichtig, daß Pferde frühzeitig und allmählich an diese Form der „Freiheitsberaubung" gewöhnt werden. Die Eingewöhnung gelingt je nach Temperament der Tiere schnell, langsam und vereinzelt gar nicht.
Für die Anbindeaufstellung (Ständer) haben sich Anbindungen mit unten angebrachten Gewichten, am besten in Rohren verlaufend, bewährt, weil keine Stricke, Riemen oder Ketten herumhängen und dadurch zu Verletzungen führen können.
Die Länge und Höhe der Anbindungen muß so bemessen sein, daß sich die Pferde unbehindert hinlegen und wieder aufstehen können. Sonstige Anbindevorrichtungen, z. B. zum Putzen, Frisieren und zur Hufpflege, werden in der Box über bzw. neben dem Trog in Schulterhöhe angebracht, weil dann die Pferde mit Fressen abgelenkt werden können.
Auf der Stallgasse bindet man Pferde beidseitig an, so daß man nach Belieben von allen Seiten an sie herankommt, um Pflegearbeiten bequem durchführen zu können. Sicherheitskarabiner oder zwischengeknotete Strohbänder bewirken in Notfällen müheloses Öffnen bzw. rechtzeitiges Zerreißen.

Türverschlüsse müssen leichtgängig, funktionssicher und verschließbar sein. Pferde dürfen sie nicht öffnen können. Scharfkantige Teile und Vorsprünge sind verletzungsträchtig und darum zu vermeiden. Von innen und außen per Hand bedienbare Türen erhöhen die Sicherheit (kein Herauslaufen der Pferde).
An Drehtüren sind mindestens zwei Verschlüsse anzubringen. Einseitig bedienbare Schiebebolzen mit unterschiedlichen Absicherungen sind einfache, kostengünstige Lösungen.
Versenkt eingesetzte Schnappverschlüsse setzen sich zunehmend durch. Mit einem Hebel bedienbare Zweipunktverschlüsse sind technisch ausgereift und können empfohlen werden.
Drehtüren müssen sich nach außen öffnen, damit für alle Fälle der Fluchtweg offenbleibt.
An Schiebetüren sind meistens federbelastete Schnappverschlüsse in der Türmitte eingelassen. Einfache Steckbefestigungen werden seltener.
Im Vormarsch befinden sich Verschlüsse, bei denen der erste, bewegliche Gitterstab über eine Feder mittels Bolzen in Löcher der Laufschienen einrastet. Diese Türen können durch zwei weitere Bohrungen teilgeschlossen (30 bis 40 cm) werden. Der Pfleger kann dann die Box betreten oder verlassen, das Pferd aber nicht.

Stallfenster, richtig eingebaut, sorgen im Stall für Helligkeit und Luftaustausch. Sie müssen groß genug bemessen sein (1/20 der Bodenfläche) sowie einwandfrei zu öffnen und zu schließen sein.
Fensterrahmen werden aus Holz, Eisen, Beton und Kunststoff gefertigt. Komplette Fertigfenster bekommt man genormt meistens in Beton- oder Kunststoffausführung. Beide Rahmen bedürfen keiner Pflege. Kunststoffenster als schlechte Wärmeleiter bilden kein Kondenswasser.
Fenster müssen zugfrei sein und Kondenswasser nach draußen ableiten, ohne Schäden an der Außenwand zu hinterlassen. Sie werden am besten im oberen Drittel unter der Decke angebracht und befinden sich dann außerhalb der direkten Reichweite der Pferde. Die Tiere stehen nicht im grellen Licht, was für die Augen eine mögliche Belastung wäre und Bewegungsaktivitäten wecken würde.

Fenster müssen geputzt werden, wenn Licht hereinkommen soll. Neben einfachem Glas haben Isolierverglasungen und Doppelscheiben (kein Schwitzwasser) in Pferdeställen Verwendung gefunden. Drahtglas ist ziemlich bruchsicher, läßt aber relativ wenig Licht durch.

Praktisch sind Plexiglas-Doppelplatten, weil sie aus Großplatten in jeder beliebigen Größe zugeschnitten und rahmenlos montiert werden können.

Wo keine Fenster angebracht werden dürfen, bringen Glasbausteine wenigstens etwas Licht in den Stall.

Lichtplatten im Dach führen besonders in Warmställen zu Kondenswasserbildung (Kälteschleuse). Sie sind nicht sauberzuhalten. Lichtbänder und Lichthauben haben sich dagegen bewährt. Glasfensterscheiben werden durch vormontierte Eisengitter gegen Eindrücken abgesichert. Gleichzeitig schützt man damit die Pferde vor Schnittverletzungen.

Zur Wiederholung und Vertiefung

1. Welche Stallbausysteme gibt es, und wodurch unterscheiden sie sich?
2. Erläutern Sie die Merkmale gesunder Stalluft.
3. Welche Bedeutung hat das Licht für das Wohlbefinden der Pferde?
4. Beschreiben und erläutern Sie die unterschiedlichen Einstreuverfahren im Pferdestall.
5. Welche Forderungen sind an den Stallboden in der Pferdebox zu stellen?
6. Stellen Sie drei Formen der Boxentrennwandgestaltung dar.
7. Welche Gründe sprechen für offene oder halboffene Frontwände in Pferdeställen?
8. Schildern Sie die Unterschiede zwischen Schwenk- und Schiebetüren bezüglich ihrer Verwendbarkeit im Pferdestall.
9. Worauf ist beim Anbinden von Pferden zu achten?
10. Erläutern Sie die Anforderungen, die Stallfenster erfüllen sollten.

Die **Belüftung** der Pferdeställe erfolgt meistens über die Schwerkraft-Lüftung, also mit Fenstern und Türen. Im allgemeinen funktioniert diese einfache Lösung gut, weil Pferdeställe nicht exakt gleichbleibend temperiert sein müssen, das Gesamtluftvolumen im Stall recht groß und die Belegung mit Pferden relativ gering ist.

In Großstallungen mit Decken kann der Einbau moderner Belüftungstechnik notwendig werden. Dazu bedarf es fachkundiger Beratung.

In ebenerdigen Kaltställen hat sich die Firstenlüftung mit Luftzufuhr im Traufenbereich durchgesetzt.

Heuraufen in althergebrachter Form über dem Trog sind überholt. Hochraufen sind abzulehnen, weil die unnatürliche Körperhaltung zu Wirbelsäulenschäden und Augenleiden (Staub, Sonne) führt. Das Pferd, ein selbstrupfender Grünfutterfresser, nimmt das Heu am besten am Boden, von der sauberen Einstreu. Tiefraufen neben der Krippe verleiten die Pferde gerne zum Spielen und Kratzen.

In Laufställen haben sich höhenverstellbare Netzraufen und Holzsprossenraufen bewährt.

Für Pferde, die zur Freßsucht neigen, muß Heu und Stroh rationiert werden.

Futterkrippen bietet der Markt in vielen Variationen an. An ihre Qualität sollten hohe Ansprüche gestellt werden. Sie müssen leicht zu reinigen sein, eine glatte Oberfläche besitzen, stabil sein und dürfen weder Feuchtigkeit noch Futterreste eindringen lassen. Tröge aus Steingut ($70 \times 35 \times 25$ cm), die innen glasiert sind, solche aus geglättetem Eisenbeton, Metall (Guß, verzinktem Blech) oder aus Polyester erfüllen die Anforderungen. Kunststoffe dürfen nicht mit giftigen Anstrichen versehen und müssen bißfest und stabil (glasfaserverstärkt) sein. Am besten haben sich muldenförmige Krippen mit innen überstehenden Rändern (kein Futterherauswerfen) bewährt. Alle Kanten müssen abgerundet sein, damit das Verletzungsrisiko klein bleibt. Die Krippenunterkanten und die Räume darunter sollten nach unten verjüngend geschlossen werden, um keinem Ungeziefer Unterschlupf zu bieten.

Neben rechteckigen Krippen, vorne angebracht oder in einen Futtertisch eingebaut, nimmt die Verbreitung platzsparender Ecktröge zu. Sie gehören in die Ecke diagonal gegenüber der Boxeneingangstür.

Alle Tröge müssen so fest eingebaut werden, daß sie nicht abgetreten werden können. Die Höhe der Krippenoberkante sollte der Höhe des Buggelenkes entsprechen (85 bis 105 cm), weil dann die physiologisch günstigste Freßhaltung der Pferde gegeben ist. Speicheldrüse und Speichelfluß werden so nicht behindert. Als Regel gilt: „Besser niedriger als zu hoch."

Holztröge sind abzulehnen, weil sie feucht bleiben, schwer zu reinigen sind und damit Hygieneprobleme aufwerfen.

Selbsttränken haben sich durchgesetzt. Sie ersparen Arbeit und Zeit. Die Pferde können sich nach Belieben bedienen. Das Wasser ist stets sauber und frisch. Dadurch werden oftmals Futterverwertung und Allgemeinzustand der Pferde verbessert.

Jede Selbsttränke muß einzeln von außerhalb der Box her abstellbar sein, um „Säufer" zu schützen und um überhitzten Pferden vor dem Trinken Zeit zum Entspannen geben zu können. Die Tränken werden am besten in der dem Trog diagonal gegenüberliegenden Ecke abbruchfest montiert, damit nicht Futter in die Tränke oder Wasser ins Futter gebracht wird. Saufen während des Fressens führt außerdem schnell zum „Futterherunterspülen". Das Futter wird dabei weder gekaut noch eingespeichelt.

Selbsttränken müssen einfach sauberzuhalten sein und dürfen die Tiere nicht zu „Wasserspielen" verführen.

Die Zuleitungen müssen in Kaltställen und an Außenwänden wärmeisoliert verlegt werden und die Tränken, wo nötig, elektrisch beheizbar sein.

Der Arbeitsaufwand für **Eimertränken** ist wirtschaftlich kaum noch vertretbar. Das Wasser, mit Karabinerhaken in einer Boxenecke im Eimer aufgehängt, bleibt nicht lange frisch und verschmutzt leicht (Futter, Staub). Die Möglichkeit kontrollierter Wasserzuteilung und Kontakterweiterung mit den Pferden sprechen in bestimmten Fällen trotzdem für die Eimertränke.

Trogtränken, zu denen Pferde geführt werden müssen, sind nur noch vereinzelt anzutreffen. In Laufställen und auf der Weide stellen sie eine einfache und kostengünstige Lösung für die Wasserversorgung dar.

Helles, am besten schattenfreies **Licht** erhöht die Sicherheit in allen Stallbereichen. In den Boxen erleichtert es die Durchführung der täglich anfallenden Arbeiten. Ein heller Pferdestall präsentiert sich zudem freundlich und einladend.

- Elektrische Leitungen sind so zu verlegen, daß Pferde sie nicht beknabbern können.
  Lampen und Leuchten müssen im Pferdebereich durch Gitter (Metall, Kunststoff) geschützt werden.
- Feuchtraumkabel, -schalter und -fassungen sind vorgeschrieben.
- Leuchtstoffröhren sind wirkungsvoller und wirtschaftlicher als Glühlampen.
- Alle VDE-Vorschriften müssen genauestens eingehalten werden.
- Elektrische Anlagen sollten vom Fachmann installiert werden.

5.2.4 Nebenräume und Nebengebäude

Die **Futtervorratsräume** können erdlastig und deckenlastig angelegt werden. Bergeräume mit direktem Zugang zu den Verbrauchsstellen schaffen günstige Voraussetzungen für arbeitswirtschaftlich optimalen Ablauf aller anfallenden Arbeiten.

Erdlastige Lagerräume erfordern große Baulandflächen. Manchmal erhöht sich auch der Aufwand an Material. Dafür können Vorratslager und Stall getrennt werden. Es besteht dann keine direkte Luftverbindung. Firstenlüftung wird möglich, die Arbeitswege verlaufen ebenerdig und gerade.

Dadurch kann relativ einfach und kostengünstig mechanisiert werden. Die Tot- und Leerräume unter dem Dach bleiben klein. Dadurch können die Lagerkapazitäten ohne überschwere Stapelarbeit voll ausgelastet werden.

Deckenlastige Lagerräume, meistens über dem Stall angesiedelt, nutzen das vorhandene Baugerüst gut aus. Der Baulandbedarf ist relativ gering.

Die Decken müssen äußerst tragfähig erstellt werden, gegen aufsteigende Feuchtigkeit (Stalldunst) isoliert und wärmegedämmt sein. Dadurch erhöhen sich die Baukosten. Die Beschickung dieser Lagerräume ist arbeitsaufwendig und technisch nicht immer einfach. Unter den Dächern bleibt relativ viel ungenutzter Freiraum. Die Böden eignen sich zur Lagerung von Stroh, Heu und Trockenfutter.

Voraussetzung für die Lagerhaltung (besonders Vorratshaltung) sind trockene, luftige Räume und lagerfähiges Vorratsgut (Getreide und Mischfutter etwa 14 %, Heu und Stroh 16 % Feuchtigkeit).

Sacklagerung beschränkt sich auf kleine Posten und kurze Lagerzeiten.

Lose Bodenlagerung (meistens deckenlastig) erfordert große Lagerflächen und erlaubt nur geringe Lagerhöhen.

Lagerboxen aus Holz, Platten, Drahtgeflecht oder Mauerwerk eignen sich für Getreide, Mischfutter, Trockenschnitzel und andere Trockenfutter. Sie können mit Bodenbelüftungsanlagen ausgestattet werden.

Die Entnahme durch Fallrohre ist bei deckenlastiger Einrichtung am einfachsten. Elevatoren, Rohrketten, Schnecken, Gebläse und andere Fördereinrichtungen können eingesetzt werden. Die Tragfähigkeit der Decken begrenzt die Lagerhöhen.

Silos (rund oder quadratisch) in den unterschiedlichsten Ausführungen garantieren die beste Raumausnutzung. Sie werden in allen Größen und Höhen als Belüftungs- und Lagerbehälter angeboten. Sie kön-

nen nur mechanisch beschickt werden (z. B. durch Tankwagen).
Siloanlagen mit Vortrocknung interessieren in der Hauptsache Getreideanbauer und vom Erzeuger ab Feld beziehende Pferdehalter.
Getreide macht einen Schwitzprozeß durch, der vor Gebrauch abgewartet werden muß (ungefähr 8 Wochen).
Mit folgenden Raumgewichten ist zu rechnen:

Hafer	4,0–5,2 dt/m^3
Gerste	5,6–6,5 dt/m^3
Roggen/Weizen	6,5–8,0 dt/m^3
Mais	7,0–8,3 dt/m^3
Fertig- u. Mischfutter	4,8–6,2 dt/m^3
Trockenschnitzel	3,0–3,6 dt/m^3

Getreidesilos können direkt mit einer Futterquetsche verbunden werden.
Automatische Fütterung (3- bis 5mal täglich) mit Alleinfutter vom Silo aus wird in einzelnen Betrieben praktiziert.
Heu und Stroh machen nach der Einlagerung einen Schwitzprozeß durch (4 bis 6 Wochen). Während dieser Zeit sollte das Heu nicht gefüttert werden, weil Verdauungsstörungen sonst nicht ausbleiben. Bei Feuchtigkeitsgehalten oberhalb 18 bis 20 % verläuft der Schwitzprozeß im Heu verlustreich (Hitzeentwicklung) und führt zu erheblichen Wertminderungen.
Heu und Stroh müssen bei Bodenlagerung vor Feuchtigkeit von unten geschützt werden (Lattenroste, Altstroh). Bei deckenlastiger Lagerung beugt eine Dunstsperre vor Verlusten durch aufsteigende Stalldünste vor.
Abwurfschächte müssen den Vorschriften der Berufsgenossenschaft entsprechen und dürfen nicht als Dunstkamin wirken, der den „Stallmief" in die Bergeräume leitet.
Erdlastige Lagerung von Heu und Stroh, die nach Qualität getrent aufbewahrt werden sollten, bedarf oftmals keiner Mechanisierung. Bei höher werdenden Stapeln erleichtern Förderbänder oder Ballenförderer die Arbeit. Bei deckenlastiger Lagerung können Querförderer nachgeschaltet werden.
Zum Transport von losem Heu (Eigenerzeugung) eignen sich Gebläse, bei geraden Wegen auch Greiferanlagen. Der Frontlader bringt Ladewagenheu ebenerdig mühelos in alle Ecken.
Unterdachtrocknungen und Belüftungsanlagen schützen Heu vor Verlusten und helfen Eigenerzeugern in unsicheren Klimabereichen Qualitätsheu zu werben.

Heu- und Strohballen erleichtern die Ernte, das Einbringen, die Entnahme und die Verteilung beider Erntegüter.
Die Raumgewichte:

Heu, lose	0,65–0,75 dt/m^3
Heu, gehäckselt	0,90–1,10 dt/m^3
Heu, HD*-Ballen (Garn)	0,95–1,05 dt/m^3
Stroh, HD-Ballen (Garn)	0,65–0,85 dt/m^3
Heu, HD-Presse (Draht)	1,65–2,00 dt/m^3
Stroh, HD-Presse (Draht)	0,85–1,25 dt/m^3

* HD = Hochdruck

Silagen in guter Qualität bereichern die Futterration bestimmter Pferdegruppen (z. B. güste und niedertragende Stuten). Nur täglich frisch entnommene Silage ist als Pferdefutter unbedenklich (Nachgärung). Darum bleibt ihr Einsatz meistens auf Betriebe mit Pferde- und Rindviehhaltung beschränkt.
Qualitätssilage zu bereiten gelingt nur dann, wenn die Luft schnell aus dem Futterstock entfernt wird, weil die benötigten Milchsäurebakterien sich nur anaerob (also unter Luftabschluß) entwickeln können.
Es haben sich bewährt: Holzsilos, Fahrmieten, Foliensilos, Siloballen (Mäusefraßgefahr) und mit Abstrichen Erdmieten (Randverluste).
Entscheidend für den Erfolg sind schnelle Befüllung, optimale Verdichtung, sofortige luftdichte Abdeckung und Schutz vor Mäusefraß (Luftzutritt).
Als Siliergut übertreffen kohlenhydrat- und zuckerreiche Pflanzen die eiweißhaltigen. Kurzgehäckselter Mais in der Milchreife siliert zum Beispiel unproblematisch.
Wichtig ist das Vortrocknen (Vorwelken) der Grünfutterpflanzen auf 28 bis 40 % Trockensubstanz (TS). Trockensilage wird lieber gefressen als nasse, und die Nährstoffkonzentration liegt höher.
Pferde fressen am liebsten Maissilage und trockene Grassilage. Ein Kubikmeter Maissilage wiegt 6,45 bis 7,47 dt.

Möhren und Futterrüben lagern am verlustlosesten in feuchten, kühlen Kellern oder sonstigen frostfreien Räumen bei etwa 4 °C und 85 bis 95 % relativer Luftfeuchtigkeit. In Erdmieten bleiben diese Hackfrüchte sehr frisch. Die frostsichere, aber trotzdem nicht zu warme Abdeckung bereitet oft Schwierigkeiten, weil das Lagergut weiter atmen können muß, um nicht zu faulen.
Entnahmen können für sieben bis zehn Tage im voraus gemacht werden, damit Keller oder Mieten nicht täglich geöffnet werden müssen.
Raumgewichte:

| Möhren | 5,30–6,30 dt/m³ |
| Futterrüben | 6,00–6,75 dt/m³ |

Nebenräume richten sich in Anzahl und Ausstattung nach der Größe des jeweiligen Pferdebestandes, der Zahl der Mitarbeiter und natürlich auch nach den individuellen Vorstellungen des Gestütsbetreibers.

Futterkammern beherbergen die konzentrierten, trockenen Futterkomponenten für drei bis sieben Tage. Futterkisten mit mehreren Fächern tragen zur Ordnung im Raum bei. Fütterung aus Säcken führt in den meisten Fällen zu Unordnung und lockt Ungeziefer an.

Wenn Silos und Haferquetschen eingebaut werden, steigt der Raumbedarf erheblich an.

Futterkammern sollten zur Wegeeinsparung zentral zu den Boxen angelegt werden und abschließbar sein, damit freigekommene Pferde sich nicht selbst bedienen können (Kolikgefahr) und kein Stalldunst eindringt.

Hackfrüchte (Möhren, Futterrüben) gehören in einen Extraraum, weil sie mit ihrem Erdbesatz die Futterkammer laufend verschmutzen würden. Beim Reinigen fällt zusätzlich Dreck an.

Das **Rauhfutter und Stroh** holt man bei ebenerdiger Lagerung nach Bedarf in den Stall. Bei Deckenlagerung verhindern Abwurfschächte unnötige Staubentwicklung. Ein Vorratsraum zur Zwischenlagerung erspart Arbeit, weil man nicht jeden Tag auf den Boden zu steigen braucht.

In der **Sattelkammer** müssen Sättel, Zaumzeug, Longierausrüstungen, Decken, Gurte, Bandagen, Halfter, Peitschen und Geschirre sachgerecht, übersichtlich und möglichst staubfrei untergebracht werden. Die Räume sollen trocken sein, weil Feuchtigkeit die Haltbarkeit des Lederzeugs herabsetzt und Ungeziefer anlockt.

Platz für Putzböcke und Raum für Pflegearbeiten einzuplanen, ist ratsam, weil immer Pflege- und Reparaturarbeiten anfallen. Abschließbare Türen, gute Belüftung und Beleuchtung dürfen nicht fehlen.

Genügend Steckdosen, Wasseranschluß, Wasserbecken mit Ablauf und dazu ein Arbeitstisch und Stühle erleichtern alle anfallenden Arbeiten.

Zaumzeughalter, Sattelträger und alle sonst benötigten Halterungen kann man im Fachhandel beziehen oder im Eigenbau herstellen. Ohne sie ist in der Sattelkammer keine Ordnung zu halten.

Ein **Geräteraum** für Gabeln (Forken), Besen, Schaufeln, Putzzeug und andere Gerätschaften gehört in jeden mittleren und größeren Pferdebetrieb. Er kann mit Werkbank und Werkzeug ausgestattet zusätzlich als Kleinwerkstatt dienen. In kleineren Pferdehaltungen wird man zur Geräteunterbringung eine Ecke der Sattelkammer abzweigen.

Ein gesonderter **Apothekenraum** mit Kühlschrank, der abgeschlossen werden kann, muß in jedem Pferdebetrieb vorhanden sein. Hier sollte auf keinen Fall nach Not- oder Behelfslösungen gesucht werden, weil damit unnötig Gefahren heraufbeschworen werden.

Sanitäre Einrichtungen, dazu zählen Toilette, Handwaschbecken (Kalt- und Warmwasser) und Dusche mit Vorraum als Mindestausstattung, gehören in jeden Pferdebetrieb mit familienfremden Mitarbeitern. Ein Umkleideraum mit Spind und ein Aufenthaltsraum für die vorgeschriebenen Pausen gehören ebenfalls dazu.

Mistbeseitigung und Mistlagerung bereiten manchen Betrieben große Probleme, weil Umwelt- und Grundwasserschutzbestimmungen zum Teil erhebliche Auflagen erteilen.

Ein Pferd produziert am Tage 12 bis 25 kg (∅ 18,5 kg) Kot und 3 bis 12 l (∅ 7,5 l) Harn. Die Einstreumengen schwanken je nach Aufstellungsform von 4 bis 10 kg (∅ 7 kg) Stroh. Im Jahr fallen 80 bis 120 dt Stallmist je Großpferd an.

Der anfallende Mist kann per Schubkarren, seilgezogenem Mistschlitten, Schubstange oder Mistbahn täglich auf die Dunglage oder den Hänger befördert werden.

Stall(Hof-)schlepper, Frontlader oder Greiferanlagen eignen sich eher für periodisches Entmisten (wöchentlich, monatlich, halbjährlich). Herausnehmbare Boxen- und Laufstalltrennwände sind dann Voraussetzung.

Die Größe der benötigten **Mistlage** (Dungstätte) hängt vom täglichen Mistanfall, von der Lagerdauer und der Weiterverwendung ab.

Eine stallnahe, wasserdichte Betonplatte mit Gefälle zur Ableitung der Jauche (Jauchewasser) auf der windabgewandten Seite des Stalles, gekoppelt mit einer dichten Jauchegrube, stellen die Standardmindestlösung dar.

Bauvorschriften verlangen oft zusätzliche Absicherungen, zum Beispiel dreiseitige Mauereinfassung gegen Geruchsbelästigung, manchmal sogar Überdachung.

Die Öffnung zum Befüllen und Entnehmen von Mist, zum Stall hin gelegen, muß mit ausreichend Rangierfläche ausgestattet sein, damit alle Misttransportarbeiten ohne Behinderungen durchgeführt werden können.

Der Mistflächenbedarf errechnet sich nach folgenden Daten:

Mistanfall Pferd/Tag	18–35 kg
Frischmist, strohreich	3,00–4,00 dt/m³
abgelagerter Mist	4,50–5,20 dt/m³

Muß der Mist aus hygienischen Gründen (Insekten- und Parasitenplage, Geruchsbelästigung) außerhalb des Betriebes gelagert werden, dann bringt man ihn am besten sofort vom Stall aus auf tiefgestellte Hänger oder Container und fährt ihn hinaus, stapelt und tritt oder fährt (Schlepper) ihn fest, damit sich bei anaerober Rotte die Gerüche in Grenzen halten. Pferdehaltungen ohne landwirtschaftliche Nutzfläche sind auf den Verkauf des Mistes angewiesen. Die Absatzmöglichkeiten sind regional recht unterschiedlich.

Mist aus Tief- und Tieflaufställen wird am besten direkt verwertet und entweder auf dem Acker untergepflügt oder verkauft. Arbeitsaufwendige Kompostierung ermöglicht die hygienisch unbedenkliche Ausbringung des Pferdemistes auf Pferdekoppeln.

Die aerobe (unter Luftzutritt) Rotte des Miststapels über ca. drei Jahre mit mehrmaligem Umsetzen tötet Krankheitskeime, Eier und Larven von Parasiten und Insekten ab.

Das Umsetzen ist mit einer rotierenden Frästrommel mechanisierbar.

Nebengebäude und bauliche Anlagen werden in neuerbaute Betriebe mit eingeplant. In Altgebäuden müssen sie sinnvoll einbezogen werden. Es ist zum Beispiel nicht immer einfach, Scheunen und Schuppen alter Bauernhöfe arbeitswirtschaftlich sinnvoll zu nutzen. Amtliche Bauberatungsstellen, Zuchtverbandsexperten der Pferdesportorganisationen helfen bei den Planungen gerne und kostengünstig.

Ohne **Reitplatz** in der Nähe des Betriebes kommt kein Pferdehalter aus, der Pferde oder Reiter ausbildet. Größe und Form der Anlage werden durch die örtlichen Gegebenheiten festgelegt und bestimmt.

Als Mindestgröße wären 30 × 60 Meter wünschenswert, denn Pferde wollen richtig zutreten können. Nach oben sind keine Größenbeschränkungen gesetzt, aber der Überblick muß gewahrt bleiben.

Kurzrennbahnen sind den Spezialisten vorbehalten, die jedoch meistens in Trainingsquartieren vorbereitet werden.

Die Rechteckform gilt für Reitplätze als die günstigste Lösung. Sie ermöglicht auch die Arbeit auf dem Zirkel.

Bei entsprechender Größe kann zusätzlich ein Springplatz, mit vielgestaltigen Sprüngen ausgestattet, eingerichtet werden. Aus Sicherheitsgründen sollte ein Reitplatz stabil eingefriedet und mit einem verschließbaren Eingangstor versehen werden. Hecken, Sträucher, kleine Bäume und Stauden, nicht störend angepflanzt, lockern das Bild des Geländes auf, schaffen Abwechslung und gewöhnen die Pferde an Eindrücke.

Auf leichten Böden kann man den Hufschlag naturbelassen. Auf schweren, bindigen Böden führen Regenwetter und Frost schnell zur Unbenutzbarkeit der Bahn. Poröse Unterbauten aus Grobkies, Hochofenschlacke oder ähnlichen Materialien (25 bis 35 cm) mit 15 bis 25 cm Grobsandauflage schaffen Abhilfe, die durch Drainage noch wirksamer wird.

Die Hufschläge pflegt man, je nach Benutzung, mit Federzahngrubber, Egge oder Planierschild.

Das Reiten in abgegrenzter Bahn gestaltet sich auf die Dauer für beide Partner, besonders für das Pferd, recht eintönig. Es wäre ein unbezahlbarer Gewinn, wenn zusätzlich ins Gelände mit seinen natürlichen Gegebenheiten und wechselnden Eindrücken hinausgeritten werden könnte. Öffentliche Wege und Straßen sollten nicht ausgespart werden, weil dabei das Pferd nur an Sicherheit gewinnen kann.

Die Bestimmungen des Bundeswaldgesetzes und die dazu erlassenen Länder- und Kommunenvorschriften sowie die Straßenverkehrsordnungen müssen bei Ausritten beachtet werden.

Takt, Rücksichtnahme und Höflichkeit gegenüber den übrigen Landschaftsbenutzern sollten geübt werden. Sie sind oft wichtiger als gesetzliche Bestimmungen.

Für **Longierplätze** – am besten abgetrennt vom Reitplatz – gelten die vorher beschriebenen Grundausstattungen. Runde oder achteckige Formen mit 15 bis 25 Meter Durchmesser sind zu empfehlen. Eine Umzäunung sollte nicht fehlen.

In **Reithallen** können Pferde aller Verwendungs- und Nutzungsrichtungen bei jedem Wetter unter dem Reiter, an der Hand oder im freien Auslauf bewegt werden. Um für alle Fälle gerüstet zu sein, hält man bei Neubauten die geforderten Hufschlagmaße für Prüfungen oder Turniere ein.

Neben baurechtlichen Vorschriften (regional unterschiedlich) müssen beim Reithallenbau viele Forderungen miteinander koordiniert werden:

– die Reithalle ist den übrigen Gebäuden harmonisch anzupassen
– sie darf das Landschaftsbild nicht stören
– die Halle soll von allen Ställen des Betriebes aus auf kurzen Wegen gefahrlos erreichbar sein
– sie muß mit Schleppern, Hängern und Pflegegeräten, eventuell auch mit Pkw, befahrbar sein. Dafür

ist ein Eingangstor mit 3,0 bis 3,5 Meter Breite und 4,0 Meter lichter Höhe notwendig
- Reithallen erfüllen nur ausreichend und schattenfrei beleuchtet den gewünschten Zweck. Das gilt für das Tageslicht und die elektrische Beleuchtung
- alle Bauteile und Baumaterialien müssen garantiert korrosionsfest sein, weil Atem und Schweiß der Pferde sowie das Sprengen des Bodens bisweilen den Feuchtigkeitsgehalt der Luft erhöhen und Kondenswasser erzeugen, das sich niederschlägt
- die Halle darf im Sommer nicht zur „Sauna" werden. Eine Wärmedämmschicht unter dem Dach schafft Abhilfe und wirkt im Winter als Kälteschutz
- störende Geräusche bei Regen, Sturm oder Hagel werden durch eine Dachdämmung abgemildert
- wärmegedämmte Seitenwände erleichtern die Wärmeregulation
- wirksame Be- und Entlüftung erhöhen die Brauchbarkeit von Reithallen
- in milden Klimabereichen haben sich Kalthallen mit Traufenbe- und Firstentlüftung bewährt
- einfache Verlängerungen der Hallen vorzusehen lohnt sich immer.

Nachstehende Hufschlagmaße sollten angestrebt werden:
20 × 40 m als Normalmaßstab für kleine Prüfungen oder Turniere
20 × 60 m für Betriebe mit dem Schwerpunkt Dressurreiten
25 × 66 m für Vereinshallen mit internationalen Prüfungen
Um diese Hufschlagmaße zu erreichen, muß die Spannweite der Hallen um etwa zwei Prozent größer bemessen sein, weil die Banden und etwas Leerraum abzuziehen sind
Für kleine Betriebe, Privatställe oder als Zweithalle reichen Hufschlagmaße von 12,5 × 25 m, bzw. 15 × 30 m aus.
Ausbauten in alten Scheunen ergeben meistens völlig andere Maße. Sie erfüllen trotzdem den erhofften Zweck.
Reithallen baut man stützenlos. Leimbinderkonstruktionen und andere Holzbauweisen sowie Ausführungen in Stahl und Stahlbeton werden auf dem Markt angeboten und zum Teil auch für den Eigenbau vorgefertigt. Rahmenkonstruktionen überwiegen, und auch Tragluft-Hallen haben bereits Liebhaber gefunden.
Die Fundamentierung von Reithallen schlägt kostenmäßig erheblich zu Buche. Es gilt die Regel: Preisgünstige Hallenkonstruktionen (einfach und materialsparend) erfordern materialaufwendige, relativ teure Fundamente. Umgekehrt können aufwendigere Hallen preisgünstiger fundamentiert werden.

Zusatzeinrichtungen in Reithallen

Tribünen können fest eingebaut, aber auch bei Bedarf montiert werden. Sie brauchen ein festes Geländer zum Hufschlag hin, sollten etwa einen Meter über dem Hallenboden liegen und ab zwei Meter Breite stufenförmig angelegt sein.
Stabiler Einbau vermittelt nicht nur Sicherheit, sondern mindert auch den Reitbetrieb störende Geräusche.
Richterplätze gehören in die Mitte der kurzen Seiten.
Spiegel, in der Mitte einer langen Seite und an der Ecke einer Giebelseite aufgehängt, geben den Reitern Gelegenheit zur Eigenkontrolle.
Banden rund um den Hufschlag verhindern, daß Pferde zu nahe an die Hallenwände gelangen und dabei sich und die Reiter gefährden.
Man legt sie 1,5 bis 2,0 Meter hoch mit 18 bis 22° Neigung zur Wand an. Bretter (1 Zoll), genutet und gefedert oder gesäumt (ab 1,5 Zoll), können bei einem Meter Stützenabstand senkrecht oder waagerecht verlegt werden. Der stabile Hinterbau ist entscheidend für die Haltbarkeit. Sperrholzplatten (1 Zoll) oder Spanplatten (1 Zoll) müssen auf Fugen verarbeitet werden, weil sie beim Wechsel von Feuchtigkeit und Trockenheit arbeiten. Große Stützweiten (über 1 m) erfordern stärkere Bretter oder Platten, und umgekehrt kommen enger stehende Stützen mit dünnerem Belag aus.
Als Bandenabschluß unten haben sich auswechselbare Bohlen bewährt, weil das Holz am feuchten Boden fäulnisgefährdet ist.
Eingangsschleusen werden oft zwischen Hallentor und Bande errichtet.
Die **Bandentore** dürfen sich im Profil nicht von der Gesamtbande abheben, das irritiert die Pferde. Öffnen nach außen ohne schräges Anheben erleichtert die Bedienung und mindert Gefahren.
Die Gestaltung und Zusammensetzung der **Hallenböden** bereitet oftmals Kopfzerbrechen, weil die Anforderungen sehr vielgestaltig sind.
Der **Unterboden** muß tragfähig sein. Bindige, feste Naturböden (z. B. Lehm) eignen sich dafür (12 bis 20 cm dick).
Die **Tretschicht** (10 bis 15 cm stark) soll staubfrei, elastisch, locker, aber trittsicher, rutschfest und pflegeleicht sein.

Man verwendet meistens Mischungen. Zum Beispiel:
- grober Sand und Nadelholzspäne im Verhältnis 5:4
- grober Sand und Gummi- oder Lederspäne im Verhältnis 5:4
- Rindenspäne maschinell entrindeter Bäume.

Die Tretschicht muß gepflegt werden. Dazu gehören:
- regelmäßiges Einebnen der Bodenoberfläche mit Egge, Grubber oder Schiebeschild (Ecken)
- Anfeuchten des Bodens, um Staubbildung zu vermeiden
- Kotabsammeln sowie Auswechseln des Tretschichtbodens bei starkem Funktionsabbau
- das Beimischen von Magnesiumchlorid in den Hallenböden ($150 g/m^2$) zur Staubbindung hat sich bewährt.

Longierhallen baut man zweckmäßig achteckig in freitragender Bauweise. Die Hallendurchmesser schwanken zwischen 12 und 25 Metern. Banden und Böden entsprechen denen der Reithallen.
Hallen, deren Dach von einer starken Mittelsäule getragen wird, sind preisgünstiger als freitragende. Diese Säule stört oder behindert die Arbeit mit jungen Pferden aber oft erheblich.

Führmaschinen können in Betrieben mit Personal- und Zeitmangel, sachgerecht eingesetzt, zum Wohlbefinden der Pferde beitragen. Sie ergänzen in Renn- und Turnierställen das normale Trainingsprogramm und erledigen auch feste Aufgaben:
- die Gymnastik vor dem Reiten oder Fahren
- das Trockenreiten(-fahren) nach der Arbeit
- das Bewegen und Führen von Rekonvaleszenten.

Das gesundheitsfördernde Bewegen der Pferde kann mit der Führmaschine (Horse-Worker) wenig personalaufwendig im Schritt und Trab beliebig dosiert werden. Die Maschine kann aber den Menschen nicht ersetzen.
Um Beinschäden zu vermeiden, müssen Rundlaufbahnen mindestens zwölf Meter Durchmesser aufweisen, da bei schnelleren Gangarten die Belastung der Gliedmaßen sonst zu groß wird.
Auslegerenden von 3 bis 3,5 Meter Höhe und elastische Führungszügel (fangen ruckartige Bewegungen ab) mindern die Verletzungsgefahren. Außen- und Innenbegrenzungen des Hufschlages nehmen Pferde als Orientierungshilfe gerne an.
Überdachungen einfachster Konstruktion und Ausführung machen die „Horse-Worker" wetterunabhängig. Der stark strapazierte Hufschlag bedarf trotzdem intensiver Pflege (siehe Reithalle).

Bewegungsmaschinen gibt es in zwei Grundausführungen:
1. Als feste Rundbahn. Ein Zentralmast rotiert von einem Motor angetrieben. Er ist mit 6, 8, 12 oder 16 Auslegern ausgerüstet, die entweder stabil abgesteift sind oder frei rotierend bzw. auf Gummibändern laufend von einer Rohrkonstruktion getragen werden. Eine Rutschkupplung ist aus Sicherheitsgründen eingebaut.
2. Als ungebundene Laufbahnform. In Seilscheiben laufende, elektrisch angetriebene, endlose Führungsseile sind nicht an Laufbahnformen gebunden. Sie können zum Beispiel an Hallenkonstruktionen oder Standsäulen, die stabil genug sein müssen, befestigt werden. Der Antrieb, mit einer Rutschkupplung versehen, ist auf Rechts- und Linksumlauf umschaltbar. Die Laufgeschwindigkeiten der Führmaschinen können stufenlos von 50 bis 200 Meter pro Minute variiert werden. Im allgemeinen gewöhnen sich Pferde schnell an die Arbeit mit den Bewegungsmaschinen.

Zur Wiederholung und Vertiefung

1. Warum sollten Pferde Heu vom Boden fressen?
2. Welche Anforderungen sind an eine gute Futterkrippe zu stellen?
3. Erläutern Sie die Vorteile der Selbsttränke.
4. Vergleichen Sie deckenlastige mit erdlastigen Heu- und Strohlagerräumen.
5. Welche Vorteile bieten Silos für die Lagerung von Getreide und Mischfuttermitteln?
6. Warum gehören Hackfrüchte (Möhren, Futterrüben) nicht in die Futterkammer?
7. Beschreiben Sie die Einrichtung einer Sattelkammer.
8. Stellen Sie die Mistlagerung im Ausbildungsbetrieb dar.
9. Welche Ansprüche sind an eine Reithalle zu stellen?
10. Stellen Sie die Anlage eines guten Reitplatzes dar.
11. Erläutern Sie den sinnvollen Einsatz einer Führmaschine.
12. Beschreiben Sie die Ausstattung einer Futterkammer.
13. Wie und wo sollen Medikamente aufbewahrt werden?

5.2.5 Bauausführung

Planung, Vorschriften, Bestimmungen

Bevor mit dem Bauen begonnen werden kann, muß umfassend geplant werden. Der Bauherr hat viele Fragen vorab zu klären und nach Antworten zu suchen.

Frage 1: Wo werde ich fachmännisch beraten, und wo finde ich Architekten und Bauunternehmer mit Spezialerfahrung im Pferdestallbau?
Als Beratungsstellen kommen in Betracht:
1. Die Bauberatungsstellen der Landwirtschaftskammern und der Landwirtschaftsämter sowie der Ministerien.
2. Fachkundige Mitarbeiter der Pferdezuchtverbände und Pferdesportorganisationen.
3. Fachberater einschlägiger Firmen.

Sie alle können Besichtigungsobjekte empfehlen und die Orientierung am Objekt vermitteln. Überall im Bundesgebiet stehen beispielhafte Baulösungen für Informationen zur Verfügung.
Die genannten Stellen machen Planungsvorschläge. Ein ortsnah ansässiger Architekt muß die Planfertigung übernehmen und die Baugenehmigungsunterlagen erstellen. Er übernimmt im Regelfalle auch die Bauaufsicht.
Wird der Bau an einen Bauunternehmer vergeben, dann stellt dieser normalerweise den Bauleiter.
Bauaufsicht und Bauleitung sind auch bei Eigenbau in fast allen Bundesländern unverzichtbar.

Frage 2: Welche gesetzlichen Vorschriften, Bestimmungen und Auflagen sind zu beachten?
Grundsätzlich wird die Durchführung von Baumaßnahmen durch Bestimmungen des **Bundesbaugesetzes** und der **Bauordnungen der Länder** geregelt. Über die Notwendigkeit eines Baugenehmigungsverfahrens, die Bebaubarkeit des vorgesehenen Grundstückes und eventuelle Auflagen sollte man sich schon vor Planungsbeginn bei der zuständigen Behörde (Kreis- oder Stadtbauamt) eingehend informieren. Im allgemeinen sind auch für Umbauten Baugenehmigungen erforderlich. In Bayern gibt es einige Ausnahmen von dieser Regel, in geringem Umfang auch in anderen Bundesländern.
Zur Abwicklung des Baugenehmigungsverfahrens müssen folgende Unterlagen beim Kreis- oder Stadtbauamt vorgelegt werden:
– ein Lageplan, Maßstab 1:500
– die Bauzeichnungen, Maßstab 1:100 (Grundriß, Schnitte, Ansichten)
– eine Baubeschreibung auf Formblättern der Bauämter
– die Statik mit Konstruktionszeichnungen
– Angaben über die Ver- und Entsorgung (Strom, Wasser).

Das Baugenehmigungsverfahren ist kostenpflichtig. Die Gebühren richten sich nach den laut Baukostensätzen errechneten Objektkosten.

Frage 3: Welche Bauweisen, Konstruktionen und Baumaterialien sind gleichzeitig pferdegerecht, preiswert und dabei zweckmäßig?
Hinweise zu dieser Frage werden auf den Seiten 139 bis 154 gegeben. Einzelheiten müssen in der Praxis oder bei sachkundigen Architekten und Bauunternehmern erfragt werden. Auch Beratungsstellen geben Hinweise und Anregungen. Fachzeitungen und Baubriefe berichten über einschlägige Erfahrungen.

Frage 4: Wie hoch werden die Kosten am Ende liegen, und baut man am besten konventionell, mit einem Unternehmer, in Fertigbauweise oder hauptsächlich in Selbsthilfe?
Diese Frage kann nach eingehender Beratung, Überlegung und Abwägung aller Für und Wider jeder Bauherr nur selbst beantworten.

Frage 5: Welche sonstigen Kosten oder Verpflichtungen sind zu erwarten?
Eine notwendig werdende Überprüfung der Statik ist kostenpflichtig. Die Gebühren werden nach Qualität und Umfang des Bauvorhabens festgelegt.
Das Architektenhonorar richtet sich nach deren Gebührenordnung (GOA), den erbrachten Leistungen und der Baukostenhöhe.
Ausführung, Nutzung und Brennbarkeit der Baumaterialien sowie der Abstand zu Nachbarbauten bestimmen die Höhe der Brandversicherungsprämien. Daran sollte man bereits bei der Vorplanung denken.
Es ist ratsam, für die Bauzeit eine Unfall- und Haftpflichtversicherung abzuschließen, die für jeden Eventualfall absichert. Diese Absicherung ist besonders zu empfehlen, wenn Eigenleistungen erbracht werden.
Bei kleineren Bauvorhaben im Rahmen des Wirtschaftsbetriebes sind Mitglieder landwirtschaftlicher Berufsgenossenschaften gegen Unfälle abgesichert.
Werden größere Objekte durchgezogen und tritt dabei der Bauherr als Eigenunternehmer auf den Plan, muß er alle am Bau beteiligten Helfer bei der Bauberufsgenossenschaft versichern.

Die freiwillige Bauherren-Haftpflichtversicherung sichert gegen baubedingte Schadens- und Regreßansprüche ab.

Für Schäden an bereits ordnungsgemäß errichteten Bauteilen steht eine Bauwesenversicherung ein, deren Abschluß nicht Pflicht ist.

Grundlegende Empfehlungen und die einschlägigen Bauvorschriften für die Planung und Ausführung von Pferdestallum- und Neubauten sind auf DIN-Blättern zusammengetragen. Sie können beim Beuth-Verlag in 5000 Köln 1, Kamekestraße, bestellt werden.

Bauverfahren werden in der Praxis selten in reiner Form durchgeführt. Vielmehr werden sie meistens miteinander kombiniert.

Eigen- oder Selbstbauverfahren sparen Lohnkosten ein. Sie werden von privaten Pferdehaltern und Vereinen praktiziert. Der Anteil der Selbsthilfe kann unterschiedlich hoch sein.

Die Mithilfe an von einem Unternehmer verantwortlich durchgeführten Bauverfahren beschränkt sich auf Handlanger- und Hilfsarbeiten. Eingespart wird der Hilfsarbeiterlohn.

Vereine und private Pferdehalter bauen oft in Eigenregie. Sie übernehmen die Organisation und Durchführung aller Baumaßnahmen. Die eigenen Arbeitskräfte werden von bezahlten Handwerkern und Hilfskräften unterstützt. In dieser Form werden sonst kaum finanzierbare Pferdestallum- und Neubauten in großer Zahl durchgeführt.

Pferdehaltende Landwirte bauen sehr oft in Eigenverantwortung mit eigenen Arbeitskräften und stundenweise angestellten Helfern. Die Bauleitung und fachliche Beratung übernimmt ein Fachmann (z. B. Architekt). Es ist die preisgünstigste Form zu bauen.

Selbstbauprogramme werden als Hilfen von mehreren Instituten (z. B. Echem, Weihenstephan) und Firmen angeboten. Bauanleitungen, Bauzeichnungen, Statiken und Stücklisten werden kostengünstig zur Verfügung gestellt.

Dem Eigenbau sind auch Grenzen gesetzt. Einmal fehlt es häufig an Fachwissen und -fertigkeiten, zum anderen oft an der Zeit. Es gibt Arbeiten, die laut Bauordnung genehmigungspflichtig sind oder nur von Fachleuten erbracht werden dürfen. Zum Beispiel sind bestimmte Abbrucharbeiten genehmigungspflichtig. Schweißarbeiten an tragenden Bauteilen darf nur der Fachmann ausführen. Elektroinstallationen (auch Reparaturen) sollte ein gelernter Handwerksmeister verantwortlich übernehmen. Ähnliches gilt für alle anderen Installationen (Wasser, Heizung u. a.).

Von der **Fertigbauweise** darf man beim Pferdestallbau wegen der geringen Stückzahlen keine spürbare Kostenentlastung erwarten. Für dieses „Bauen mit vorgefertigten Bauteilen", wie es korrekt heißen muß, sprechen aber übersehbare Baukosten, festliegende Bauzeiten und die Spezialerfahrung der meisten Hersteller und Anbieter.

Bei der Montage der vorgefertigten Teile kann im Regelfall auf die Mitarbeit von Handwerkern nicht verzichtet werden, weil der Vorfertigungsgrad selten „laiengerecht" ist. Natürlich bauen fast alle Firmen ihre Ställe auch betriebsfertig auf.

Speziell für Pferdehaltung konzipierte Fertigställe (besonders Außenboxställe) bieten englische Hersteller an. Sie genügen nicht in allen Klimabereichen den Anforderungen in bezug auf Statik (Schneelasten) und Wärmedämmung. Die Frachtkostenbelastung verteuert die Ställe erheblich.

Langjährige Erfahrung in Vollblutgestüten der Köln-Aachener Bucht beurteilen diese Ställe positiv.

Heimische Hersteller kombinieren meistens Industrie- und Stallbauprogramme für andere Nutztierarten mit Erfolg zu pferdegerechten Stallbaulösungen. Individuelle Wünsche lassen sich bei Fertigbauweise nur bedingt erfüllen, weil das Abweichen von Standardabmessungen und -ausführungen immer mit Zusatzkosten belastet ist.

Bei **konventionellen Bauverfahren** arbeitet man vornehmlich mit Mauerwerk und Zimmermannskonstruktionen. Man kann individuell planen und die Gebäude dem Orts- und Landschaftsbild anpassen. Meistens werden langlebige, bewährte Baustoffe verwendet. Zwei Verfahren sind möglich.

1. Man arbeitet mit ortsansässigen Handwerkern, die auch während des Bauens meistens noch Spezialwünsche erfüllen.

    Es bleibt die Frage offen, ob sie mit dem neuesten Stand moderner Pferdehaltung vertraut sind. Die Baukostenkalkulation ist schwierig, und die Angebote werden fast immer überzogen, gleichfalls die Termine.

2. Man vergibt den Gesamtauftrag einem Unternehmer, der den Stall mit Nebenanlagen bezugsfertig erstellt.

    Der Vorteil liegt darin, daß man es nur mit einem verantwortlichen Ansprechpartner zu tun hat. Termin- und Kostenvoranschlagsüberschreitungen sind allerdings auch bei diesem Verfahren kaum auszuschließen.

Wärmegedämmte Ställe sollten einige bautechnische Anforderungen bezüglich der Konstruktion erfüllen.

- Sie müssen sich dem Orts- und Landschaftsbild und der gesamten Betriebsanlage anpassen. Angesprochen sind vor allem die Dachneigung und das Gebäudeprofil. Zimmermannskonstruktionen in konventioneller Form erweisen sich als besonders anpassungsfähig.
- Stützenfreie Konstruktionen ermöglichen sowohl für die Zukunft andere Nutzungen als auch wechselnde Aufstallungsarten. Sie sind flexibel. Der Materialaufwand für größere Bauten mit Stützen ist geringer. An den Stützen können Inneneinrichtungen befestigt werden. Umbaumöglichkeiten sind dagegen kaum gegeben.
- Die Wärmedämmschichten müssen dem Klima, der Belegungsdichte und der Belüftungsdichte angepaßt und optimal bemessen sein, um Kondenswasserbildung zu vermeiden. Diese Werte kann nur der Fachmann exakt berechnen.
- Der Luftraum im Stallbereich muß so bemessen sein, daß Frischluft für die Pferde niemals Mangelware werden kann. Bei Ställen mit erdlastiger Lagerung ist das Problem durch Verzicht auf Zwischendecken relativ einfach zu lösen. In den Stallungen mit deckenlastiger Lagerung müssen die tragenden Decken angemessen hoch (ca. 3 m lichte Höhe) eingezogen werden.

Für die **Bauausführung** von wärmegedämmten Ställen gibt es recht unterschiedliche und vielseitige Lösungen:
Alte oder ältere Pferdeställe wurden aus **Massivmauerwerk** errichtet. Gemauert wurde mit Ziegeln, gebietsweise auch mit Bruchsteinen.
Die Decken waren oft aus Massivgewölben, aus gemauerten Stahlträgern oder Beton. Einfache Holzdecken erwiesen sich als belüftungstechnisch erheblich vorteilhafter und waren in Gebieten mit reichlich Waldbestand üblich. Zimmerleute setzten einen Dachstuhl darüber, der mit Ziegeln, Riet oder Stroh abgedeckt wurde.
Die Masse des Mauerwerkes konnte von den wenigen Pferden meistens schwer erwärmt werden, die Außenwände waren kalt. Die Kälte strahlte ab.
Die Massivbauweise wurde aber verbessert durch Verwendung leichterer Baumaterialien im Großformat. Die Bauelemente haben heute bei geringeren Wandstärken gute Wärmedämmung und sind schnell zu verarbeiten. Zu nennen sind Leichtziegel, Hohlblocksteine und Holzbetonschalungssteine für das Mauerwerk.
Für Decken kommen Stahlbetondecken mit Dämmschicht zu den Boxen hin und Decken aus Stahlträgern mit eingeschobenen Hohlkammersteinen in Betracht.
Heute werden Massivbaupferdeställe in zwei Varianten gebaut:

1. **Eingeschossige Ställe** mit erdlastiger Vorratslagerung und Satteldach (ca. 15% Dachneigung) sind die arbeitswirtschaftlich und kostenmäßig bevorzugten Lösungen. Wärmegedämmte Zwischendecken können am Untergurt des Fachwerkbinders angebracht werden. Spannweiten bis zu zwanzig Metern sind möglich.
Die Fachwerkbinder für Satteldächer können mit waagerechtem oder hochgezogenem Untergurt erstellt werden. Im zweiten Fall gewinnt man soviel Höhe, daß die Stallgasse mit beladenen Wagen befahren werden kann.
Der Raum über dem Stallbereich (zwischen Dachhaut und Zwischendecke) kann nicht genutzt, muß aber belüftet werden.

2. **Zweigeschossige Ställe** mit deckenlastiger Vorratslagerung erhalten dort den Vorzug, wo man Bauplatzflächen einsparen muß. Die Stalldecken müssen bei mehr als sechs Meter Breite mit Stützen und Unterzügen versehen werden, weil darauf Vorräte lagern sollen. Die Stützen können zur Befestigung der Stalleinrichtungen genutzt werden.
Ohne Wärmedämmung sollten die Decken nicht eingezogen werden, weil der Boden nicht ständig und überall mit Heu oder Stroh belegt ist.
Zimmermannsdachstühle können allen Wünschen angepaßt werden und erweisen sich als zweckmäßig und unproblematisch.
Stützen, Streben und Zangen in diesen Dachstühlen behindern aber oft die Beschickung und Entnahme von Vorräten. Starrahmendachstühle erlauben die volle Nutzung des umbauten Raumes. Der Seitenschub der Binder am Fußpunkt muß durch die tragende Decke oder durch von Wand zu Wand durchlaufende Balken aufgefangen werden.

Leichtbauweisen eignen sich besonders für den Bau ebenerdiger Pferdeställe.
Holzkonstruktionen sind sehr beliebt, weil Holz einfach zu bearbeiten ist und sich gut für die Vorfertigung eignet. Es ist in Relation zum Gewicht recht tragfähig, atmungsaktiv, feuchtigkeitsregulierend und verträgt vor allem die aggressive Stalluft.
Neuzeitliche Schutzanstriche oder -bäder mindern die Wirkung von Fäulnisbakterien oder Schadinsekten sowie die Brandgefahr.
Vollholzställe bieten einschlägige Firmen in unterschiedlichen Ausführungen an und montieren sie be-

zugsfertig. Sie eignen sich für die Pferdehaltung, weil die Wände infolge ihrer Elastizität gegen Hufschläge recht widerstandsfähig sind. Wert zu legen ist auf exakte Fugendichtung und richtig bemessene Wärmedämmung.

Oftmals werden die Tragekonstruktionen der Vollholzställe aus Stahlstützen errichtet.

Fertigställe werden seit einigen Jahren vermehrt angeboten. Es überwiegen leichte Holz-Stahl-Konstruktionen, die im Baukastensystem nach Rastermaßen montiert werden. Sie können im Regelfall erweitert und auch an andere Standorte versetzt werden. Fundamente, elektrische Anlagen und Installationen sind normalerweise vom Bauherrn zu erstellen.

Alle Fertigstallangebote können in drei Grundtypen eingeordnet werden.

1. Tragende Konstruktion und Innenausbau sind völlig voneinander getrennt. Nach Fertigstellung der Fundamente wird eine freitragende Hallenkonstruktion aus Holz oder Stahl errichtet. Sie kann nach Belieben bewandet und eingedeckt werden. Alle Inneneinrichtungen werden im Boden verankert, in Ausnahmefällen eventuell zusätzlich an der Wand befestigt.

   Der Vorteil dieses Bausystems beruht auf seiner Flexibilität. Die Inneneinrichtungen können in Eigenbau und individuell eingebaut werden. Umbauten und Nutzungen ohne Pferdehaltung werden möglich. Der Materialaufwand für die freitragende Grundkonstruktion liegt relativ hoch.

2. Die freitragende Grundkonstruktion ist teilweise mit der Inneneinrichtung gekoppelt. Zum Beispiel fungieren die Standsäulen für die Boxentrennwände gleichzeitig als Stützen und tragen Dachlasten.

   Eine gewisse Flexibilität für Umbauten bleibt erhalten. Diese Lösungen stellen einen Kompromiß dar zwischen Materialeinsparungen und nicht endgültig festgelegter Gebäudenutzung.

3. In den sogenannten Fertigboxenställen sind Grundkonstruktion und Innenausstattung voll miteinander kombiniert. Die Boxenwände sind in das statische System einbezogen. Dadurch werden spätere Umbauten fast unmöglich.

   Die Vorteile dieses Bauprinzips nach englischem Vorbild sind offensichtlich:
   – es kann viel Holz verarbeitet werden
   – der Materialaufwand kann geringer gehalten werden als bei den beiden vorherigen Lösungen
   – die Bauten werden leicht, und die Bauteile sind dadurch gut zu transportieren und einfach zu montieren

   – die Konstruktionen eignen sich für Innen- und Außenboxenställe. Dafür ist man jedoch an die Rastermaße der Hersteller gebunden.

Fertigställe sind bei relativ großem Eigenleistungsanteil schnell zu montieren. Die Baupreise können vorauskalkuliert werden, und Bauerweiterungen in der Längsachse bereiten selten Schwierigkeiten.

Neuralgischer Punkt ist die oft anzutreffende falsche Einordnung von Fertigställen in die jeweiligen Klimagebiete. Wärmedämmung und Wärmespeicherung reichen dann nicht aus, um das Einfrieren von Wasserleitungen und Kondenswasserbildung zu verhindern.

Beim Bau von **Kaltställen** für Offenstallhaltung lassen sich die Material- und Baukosten ganz erheblich senken. Ganz so primitiv wie manche Pferdehalter glauben, können sie jedoch nicht erbaut werden.

– Die Bauteile müssen so stabil sein, daß sie den Druck sich scheuernder Pferde oder deren Rangeleien aushalten, ohne beschädigt zu werden. Andererseits dürfen sie keine Möglichkeiten für Verletzungen der Tiere bieten.

– Sie sollten auf drei Seiten Wände haben, die gegen Regen, Schnee und Wind schützen. Die offene, windabgewandte Seite wird am besten überdacht. Ein 2,5 bis 3,0 Meter breites Vordach bietet den Pferden zusätzlich Aufenthaltsraum und der Boden darunter bleibt trocken und rutschfest. Leichte Pendeltüren (Kunststoff, Gummi o. ä.) sind in der kalten Jahreszeit ein zusätzlicher Schutz.

– Das Regenwasser vom Dach muß aufgefangen und abgeleitet werden, weil sonst um die Gebäude herum Schlamm- oder Morastflächen entstehen. Zum Trockenhalten haben sich in diesen Bereichen Schlacken- oder Rollkiesunterbauten bewährt.

– Laufställe sollten zum Entmisten mit Schlepper und Frontlader befahren werden können.

– Die Ställe stehen am besten im Bereich der Mistmatratze korrosionssicher und fäulnisabweisend auf Betonsockeln (60 bis 100 cm hoch). Für die Austrittsschwellen sollte aus Sicherheitsgründen auswechselbares Rundholz gewählt werden.

– Laufställe sollten in jedem Fall so angelegt sein, daß sie erweitert werden können.

– Ungehinderter Luftaustausch zwischen innen und außen muß gesichert sein, weil keine erheblichen Unterschiede zwischen Innen- und Außentemperatur im Kaltstall auftreten dürfen. Das würde die Gesundheit der Pferde gefährden.

– Im Offenstall müssen die tragenden Bauteile, die der Witterung und dem Stalldunst ausgesetzt sind, korrosionsgeschützt werden. Das gilt für alle Metallteile und Verbindungsmaterialien (z. B. Nägel, Schrauben). Verzinkt halten sie nahezu unbegrenzt.

Nicht wärmegedämmte Lauf- und Offenställe sowie Weidehütten können in den verschiedensten Konstruktionen erstellt werden. Eigenbau ist weitgehend möglich.

Rundholzkonstruktionen halten den Materialaufwand niedrig. Die **Mastenbauweise** (Masten eingraben, besser einbetonieren) hat Verbreitung gefunden, weil sie einfach und preisgünstig ist. Sie darf aber in weiten Teilen des Bundesgebietes nur mit Sondergenehmigung durchgeführt werden.

An **Kantholzkonstruktionen** sind Fenster und Türen dichtschließender anzubringen als an Rundholz. Man kann insgesamt exakter arbeiten. Darin liegt ihr Vorteil begründet und auch die große Beliebtheit.

Die **Starrahmenbauweise mit Satteldach** ist vielseitig verwendbar. Für Kaltställe reicht die einschalige Ausführung aus. Sie kann in beliebiger Größe erstellt werden.

Das Dach kann zum Vordach abgeschleppt und zum Geräteschuppen oder Stall ausgebaut werden.

Etwas nachteilig kann die Starrahmenbauweise mit Satteldach sein, weil die Bauten nur von den Giebelseiten her zu erschließen sind.

Diesen Nachteil haben **Starrahmenbauweisen mit Pultdach** nicht. Sie können von den Seiten aus befahren und entmistet werden. Einfache Zimmermannskonstruktionen in kleiner Ausführung (5 bis 10 m Tiefe) werden meistens mit Pultdach versehen und die größeren (ab 8 bis 10 m Breite) mit Satteldach. Oft ist keine Statik erforderlich. Das Holz können Sägewerke liefern. Der Materialaufwand ist vergleichsweise gering.

Bei diesen Konstruktionen engen nicht selten Streben, Zangen oder gar Stützen den Einsatz von Frontladern und Schleppern ein.

Vorgefertigte Offenställe werden inzwischen in mehreren Varianten auf dem Markt angeboten. Diese Ställe sind meist demontier- und umsetzbar.

5.2.6 Baumaterialien

Bei der Auswahl der **Baumaterialien** müssen in Einklang gebracht werden:
– Aussehen
– Verarbeitungsmöglichkeiten
– Preiswürdigkeit der Baustoffe
– Ansprüche der Pferde
– Ansprüche der Betreuer
– Wünsche, Einstellung und Selbstwertgefühl des Bauherrn.

Dabei können bautechnische Zusammenhänge nicht unberücksichtigt bleiben.

Die Materialgruppe der **Schwerbaustoffe** ist reichhaltig.

Vollziegel werden wegen ihres hohen Gewichtes im arbeitsaufwendigen Kleinformat hergestellt. Mauerstärken ab 50 cm erreichen die zu fordernden Wärmedämmwerte.

Hohllochziegel isolieren infolge ihres Luftraumes besser. Wandstärken um 36 cm reichen meistens für Außenwände aus.

Hohlblocksteine sind je Kubikmeter Mauerwerk billiger als Ziegel und infolge des Großformates schneller zu verarbeiten. Sie dürfen erst nach gründlichem Trocknen verputzt werden, weil sie schrumpfen. Dabei reißt der Putz.

Kalksandstein zeichnet sich durch seine exakten Abmessungen aus. Wo es auf genauestes Einhalten von Maßen ankommt, sind sie am Platze. Als unverputztes Sichtmauerwerk sind Kalksandsteine beliebt.

Schalungssteine eignen sich gut für den Eigenbau, weil die Steine ohne Mörtel (2 bis 3 Schichten) aufeinandergesetzt, waagrecht und senkrecht eisenarmiert und dann mit Beton vergossen werden.

In **Holzbetonschalungssteine** (z. B. Duoisol, Eurospan, Rekord) kann genagelt und geschraubt werden. Vertäfelungen oder Platten sind somit leicht anzubringen. Putz darf nur nach Herstellervorschrift aufgebracht werden.

Leichthohllochziegel (z. B. Poroton, Klimaton) besitzen durchgehend Luftkammern und zusätzlich kleinste Luftporen. Darum reicht meistens einschaliges Mauerwerk (30 cm) aus.

Schwerbetonschalungssteine (Kellersteine) eignen sich für Fundamente, Lagerbehälter und Dungstätteneinfassungen, aber nicht für wärmegedämmte Wände.

Zum Mauern und Putzen nimmt man zementarmen Kalkmörtel. Er verringert die Atmungsaktivität gemauerter Wände kaum und bildet keine Kältebrücke wie reiner Zementmörtel.

Wände aus den genannten Materialien wirken temperaturausgleichend. Sie sind atmungsaktiv und können in beschränktem Umfang Kondenswasser aufnehmen, ableiten und abgeben.

Diese Wände haben eine lange Lebensdauer, jedoch bauen sich die aufgezeigten positiven Eigenschaften infolge Porenverstopfung mit den Jahren ab.

Alle **Leichtbaustoffe** kann man relativ einfach verarbeiten und lassen nachträgliche Änderungen zu. Sie sind leicht zu reinigen und zu desinfizieren. Viele Materialien schließen aber gas- und dampfdicht ab. Mangels Masse ist die Wärmespeicherung minimal. Sofern sie Wasser aufnehmen, geben sie es kaum weiter.

Die Leichtbaustoffe dienen im allgemeinen speziellen Zwecken. Sie sind nur gezielt verwendbar. Man sollte die Wärmedämmschichten verstärken, damit es nicht zu großen Temperaturgegensätzen in den Stallungen bei Tag (Hitze) und bei Nacht (Kühle) kommt. Korrosionsfeste Metallbleche, Kunststoffe, Mineralfasern und Bitumen sowie zementgebundene Platten sind die gängigsten Materialien für diese Leichtbaustoffe.

Holz und Holzwerkstoffe wirken unbeschichtet außerordentlich atmungsaktiv und feuchtigkeitsausgleichend. Sie sind leicht zu verarbeiten, und Umbauen ist jederzeit möglich. Bezüglich der Wärmedämmung rangieren sie zwischen Schwer- und Leichtbaustoffen. Die Anwendungsbreite ist groß. Sie reicht von den tragenden Teilen über Wand- und Deckenverschalungen bis zu Inneneinrichtungen.

Holz und Holzwerkstoffe haben eine lange Lebensdauer, wenn sie imprägniert werden, nicht ständig naß sind und von trockener Luft umstrichen werden.

- Die deutschen **Nadelhölzer** (Tanne, Kiefer, Fichte) dienen vornehmlich als Bauholz.
- Das feuchtigkeitsbeständige, schwer entflammbare **Eichenholz** kommt da zur Anwendung, wo Feuchtigkeitseinwirkungen unvermeidbar sind (z. B. Pfosten, Luken, Türe, Tore). Es ist teuer und als Hartholz nicht leicht zu verarbeiten.
- Fensterrahmen und Türverschalungen werden bei höheren Ansprüchen aus **Lärche, Oregon-Pine** oder **Mahagoni** gefertigt.
- Das besonders strapazierfähige **Bongossiholz** findet als Boxentrennwand und als Bodenbelag Verwendung.
- Zu den **Schnitthölzern** zählen Kanthölzer, Bohlen, Latten, Bretter, Schwarten, Profilbretter. Sie alle sind vielseitig verwendbar.
- **Rundhölzer** und **Stangen** (auch Halbstangen) sind preiswert und tragfähig. Tragende Konstruktionen, Trennwände, Koppelzäune und Laufstallgatter lassen sich daraus fertigen.
- Die aufs Gewicht bezogen zug- und bruchfesten **Sperrholzplatten** können als Verschalung, zum Bau von Türen und Toren sowie für Boxentrennwände und andere Inneneinrichtungen Verwendung finden. Sie werden meistens wetterfest verleimt und in Stärken von 8 bis 21 mm (für Bauzwecke) angeboten.
- Aus verleimten Holzspänen werden **Spanplatten** gepreßt. In Pferdeställen sollten sie nur spezialverleimt, feuchtigkeitsbeständig und pilzbefallgeschützt verarbeitet werden. Der Anwendungsbereich entspricht dem der Sperrholzplatten. Mit Nut und Feder versehen, dienen sie (Verlegeplatten genannt) als Dachverschalung und Bodenauflage für Holzdecken. Dehnungsfugen sind erforderlich. Es gibt Plattenstärken von 5 bis 35 mm.

Platten zur Wärme- und Schalldämmung an Decken und Wänden werden fast nur noch aus Mineralfasern und Schaumstoffen hergestellt. Sie müssen selbst schlechte Wärmeleiter sein und zusätzlich viel Luft enthalten.

- **Mineralfaserplatten,** gesteppt oder mit aufkaschierter Alufolie versehen, lassen sich schneller und angenehmer verarbeiten als die früher gebräuchliche Glaswolle.
- Sie werden bezüglich der Verarbeitung von den weniger feuerfesten **Kunstschaumstoffplatten** übertroffen. Einfache Schaumstoffplatten (z. B. Styropor) können auf Unterschalung mit Dampfsperre im Stall verlegt werden.
- Die glatten, steifen und fast dampfdichten Platten aus Styrofoam oder Styrodur nagelt man sichtbar direkt an engstehende Balken. Sie sind mittels Nut und Feder untereinander verbunden und können überall dort verwendet werden, wo sie nicht in direkte Verbindung mit Pferden, Maschinen und Geräten kommen, weil ihre Oberflächenfestigkeit gering ist.
- **Stramit-Strohplatten** haben sich zur Dämmung von Reithallendächern und Stalldecken als gut geeignet erwiesen. Sie sind brandbeständig, atmungsaktiv und tragfähig. Sie dürfen nicht ständig naß sein und müssen hinterlüftet werden.
- Eine besondere Variante stellt die **Isotex WD-Platte** dar. Sie hat zwischen zwei Heraklithschichten einen Styroporkern. Auf einer Seite ist PVC-Folie aufkaschiert.

Farbtafel 1
Von links oben nach rechts unten:
Arabisches Vollblut; Englisches Vollblut;
Traber; Trakehner;
Holsteiner; Rheinisch-Westfälisches Kaltblut.

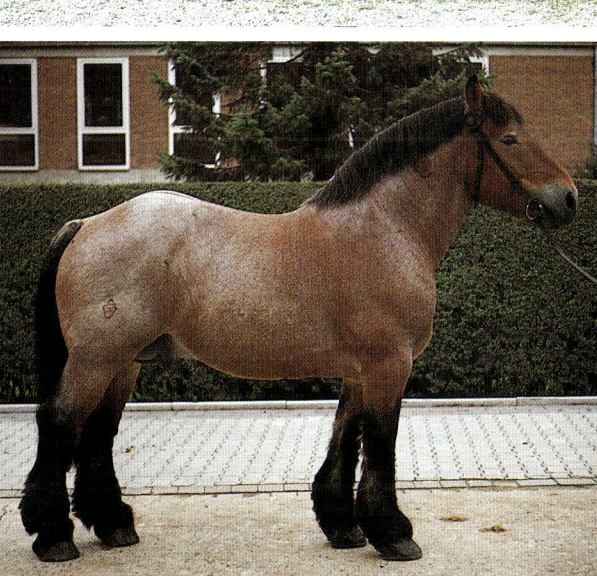

Materialien zur Dachabdeckung werden auf dem Markt in großer Auswahl angeboten. Sie werden fast jedem Wunsch gerecht und sind den Vorschriften angepaßt. Dachneigung und Tragfähigkeit des Unterbaus bestimmen die Auswahl der jeweiligen Bedachung maßgeblich.

— **Dachziegel** sind nach wie vor preisgünstig, haltbar und pflegeleicht. Die Anwendungsbereiche werden durch Dachneigung und Unterbaukonstruktion begrenzt. Wegen des hohen Gewichts sind bei großen Dachspannweiten teure Unterbauten notwendig.

— Die relativ teuren **Asphaltschindeln** können auf Vollschalung einfach angenagelt werden. Sie sind leicht und auch bei flachen Dächern dicht, wenn Bitumenpappe unterlegt ist. Fertigställe und -hallen werden vielfach damit abgedeckt.

— **Bitumenwellpappen** (z. B. Onduline, Gutta) sind preiswert, leicht und einfach verlegbar (nageln). Gegen Aufpreis kann man sie in vier von der Grundausführung (schwarzgrau) abweichenden Farben beziehen. Die Zusatzfarbschichten sind dünn und werden leicht beschädigt. Als Zubehör werden Lichtplatten, Firstplatten und Anschlußprofile angeboten. Nicht alle Brandversicherungen erkennen Bitumenwellplatten als Hartdach an und erheben entsprechend erhöhte Prämien.

— Die brandversicherungsrechtlich als Hartdach geltenden **Wellasbestzementplatten** (z. B. Eternit, Fulgurit) haben sich bewährt und sind deshalb weitverbreitet. Die spröden Platten müssen spannungsfrei verlegt und mit Spezialschrauben befestigt werden. In schattigen, feuchten Lagen siedeln sich gerne Flechten und Moose an.

— Extrem leicht, aber tragfähig und witterungsbeständig, sind **Leichtmetallprofilbleche.** Sie reflektieren infolge ihrer hellen Oberfläche gut fünfzig Prozent der Sonnenstrahlen. Diese Dächer sind meistens angenehm kühl und einfach anzuschrauben.

Die Bildung von Kondenswasser muß verhindert werden, weil sonst Korrosionsgefahr besteht. Bei Regen, Hagel und Temperaturwechsel entstehen starke Geräusche. In manchen Regionen verweigern die Bauämter dieser Hellbedachung die Baugenehmigung.

— **Dachpappe** auf Vollschalung wird für Flachdächer unter 10 % Neigung angewendet. Sie halten ohne Ausbesserungen ca. zehn Jahre, wenn schwere, besandete Bitumenplatten heiß verklebt werden.

An die **Materialien zur Belichtung** von Pferdeställen und Nebengebäuden werden im Hinblick auf Bruchsicherheit und Lichtdurchlässigkeit einige Anforderungen gestellt.

— **Einfachglas** genügt den Ansprüchen nicht. Es bricht leicht, neigt zu wärmeverlustreicher Kondenswasserbildung und Blendwirkung.

— **Drahtglas,** oder noch besser **drahtgittergesichertes Zweischeiben-Isolierglas,** bietet trotz der Lichtdämpfung Vorteile. Diese müssen jedoch relativ teuer erkauft werden.

— **Kunststoff-Lichtplatten,** zweischalig gefertigt, lassen über 80 Prozent des einfallenden Lichtes durch. Sie sind bruchsicher und haben einen hohen Wärmedämmwert. Man kann sie sägen oder durchbohren und braucht keine teuren Fensterrahmen. Ihre Witterungsbeständigkeit übertrifft die fast aller sonstigen lichtdurchlässigen Materialien. Zu bedenken ist beim Einbau die große Wärmeausdehnung.

— Für Offenställe und Reithallen reichen meistens **einschalige Kunststoff-Lichtplatten** aus PVC oder glasfaserverstärktem Polyester aus.

Sie erreichen die Lichtdurchlässigkeitswerte (ca. 85 %) von Glas. Dies läßt jedoch mit den Jahren nach und muß bei der Lichtflächenbemessung bedacht werden.

Lichtplatten sind preiswert, aber bei Minustemperaturen relativ bruchempfindlich.

— Verstärkte und UV-stabilisierte **Kunststoffolien** aus PVC oder PE können als Billiglösung für Lichtbänder in Offenställen, Reithallen und Nebengebäuden verwendet werden. Sie halten ca. fünf Jahre lang.

Holzschutzmittel sind weitgehend unentbehrlich, weil die Vorbehandlung des Holzes, wie Trocknung und Lagerung, oft zu wünschen übrig läßt. Aus Rationalisierungsgründen werden Einschlagen, Trocknen und Vorbereiten meistens so stark zeitlich gestrafft, daß sie einer „Holzmißhandlung" gleichkommen. Chemische Behandlung muß der Pilzbildung und anderen Schäden (z. B. Stockflecken) vorbeugen. Auch bautechnischer Holzschutz ist unverzichtbar, zum Beispiel gegen aufsteigende Feuchtigkeit aus dem Boden, den Fundamenten und dem Mauerwerk sowie gegen Stalldunst.

Die Auswahl der Mittel muß sorgfältig und gezielt erfolgen.

Farbtafel 2
Oben: Przewalski-Pferd.
Unten: Haflinger.

In feuchtes Holz können nur salzhaltige Präparate eindringen.

Holzschutzmittel der Giftklassen I und II scheiden da aus, wo Tiere damit in unmittelbare Berührung kommen können.

Weil Pferde geruchsempfindlich sind, sollte man im Stall keine intensiv und nachhaltig riechenden Schutzanstriche anwenden.

Wo Holz direktem Sonnenlicht ausgesetzt ist, muß es mit lichtbeständigen Schutzpräparaten behandelt werden, weil es sonst ausbleicht und unansehnlich wird.

Die Schutzwirkung eines Mittels hängt maßgeblich von der Tiefe des Eindringens ins Holz ab. Dieses Eindringen ins Holz wird vom Imprägnierungsverfahren mit beeinflußt (Streichen, Spritzen, Tauchen, Druckimprägnieren).

Jedes geprüfte Mittel trägt auf dem Etikett einen Vermerk über seine Schutzwirkung.

Das billige **Karbolineum** dient in erster Linie zum Imprägnieren von Pfählen und Hölzern im Erd- und Fundamentbereich. Es riecht stark und anhaltend und eignet sich kaum zur Bauholzbehandlung.

Wo der starke, etwa sechs bis neun Wochen nachwirkende Geruch nicht stört, können **teerölhaltige Holzschutzmittel** der Giftklasse III (schwächste Gifte) verarbeitet werden.

In geschlossenen Räumen kommen **Mittel auf Mineralölbasis** in Betracht, weil sie schnell trocknen und dann nicht mehr riechen.

Ölhaltige Lasuren zeichnen sich durch Wetter- und Lichtbeständigkeit aus. Sie blättern nicht ab, können ohne Vorarbeiten nachgestrichen werden, und das Holz kann weiterarbeiten, weil die Poren offenbleiben.

Diese nicht ganz billigen Präparate eignen sich für Türen, Fenster, Zäune, Außen- und Deckenverkleidungen und vieles andere mehr.

Bei allen ölhaltigen Holzschutzmitteln empfiehlt sich ein zweimaliger Grundanstrich.

Salzhaltige Holzschutzmittel müssen durch Auflösen in Wasser streichfähig gemacht werden.

Die ungiftigen Salze auf der Basis von Borverbindungen (B-Salze) werden ausgewaschen. Sie kommen daher nur für Holz unter Dach zur Anwendung. Für Salze auf Fluoridbasis (FS- und TS-Salze), die zur Giftstufe II gehören, gilt ähnliches.

Die sogenannten U- und CF-Salze sind zwar nach drei Tagen nicht mehr auslaugbar, sie gehören aber wegen ihrer Giftigkeit nicht in Pferdeställe.

Vorsicht ist geboten, wenn Holzschutzmittel mit anderen Baumaterialien in Berührung kommen. Die meisten Kunststoffe vertragen zum Beispiel keine ölhaltigen Holzanstriche. Die salzhaltigen Präparate bewirken in Verbindung mit Feuchtigkeit Korrosionen auf Metallen, selbst auf verzinkten.

Zur Wiederholung und Vertiefung

1. Was gehört alles zur Bauplanung?
2. Welche Vorschriften und Bestimmungen sind beim Bauen zu beachten?
3. Erläutern Sie die Vorteile des Eigen- oder Selbstbauverfahrens.
4. Wägen Sie die Vor- und Nachteile der Fertigbauweise gegeneinander ab.
5. Erläutern Sie die Unterschiede zwischen Massivbauweise und Leichtbauweise.
6. Welche Möglichkeiten gibt es, Offenlaufställe zu errichten?
7. Nennen Sie die Schwerbaustoffe, und charakterisieren Sie einige.
8. Warum gewinnen Leichtbaustoffe an Bedeutung?
9. Beschreiben Sie die Vorzüge von Holz und Holzwerkstoffen.
10. Vergleichen Sie die wichtigsten Materialien zur Dachabdeckung miteinander.
11. Warum verliert Glas als Außenlichtquelle in Pferdeställen an Bedeutung?
12. Stellen Sie die Aufgaben der Holzschutzmittel dar.

5.3 Pflege

5.3.1 Pflege der Pferde

Die Pflege der Pferde beginnt schon beim Fohlen nach der Geburt zunächst damit, daß man sich bemüht, sein Vertrauen zu gewinnen. Das geschieht durch freundlichen Zuspruch, viel Geduld und Handkontakte. Überstreichen des Rückens und Abtasten der Gliedmaßen bereiten auf Putzen und Hufpflege vor. Nach acht bis vierzehn Tagen kann ein Halfter angelegt werden.

Nach und nach bemüht man sich, auf dem Rücken beginnend, alle Körperteile an die Berührung mit einer weichen Bürste (Kardätsche) zu gewöhnen und die Füße aufzuheben.

Das richtige Putzen und das Anbinden werden erst allmählich gelingen. Beides hängt vom Temperament des Fohlens und dem Geschick des Pflegers ab. Es darf niemals Angst aufkommen. Mit etwa sechs Wochen sollte das Gewöhnen an Putzen, Anbinden und Füßeaufheben so weit gediehen sein, daß Hufpflege und eventuell Hufkorrekturen durchgeführt werden können. Das Fohlen muß sich nun führen lassen.

Besorgte Stuten werden bei allen Übungen zuerst festgehalten und später angebunden. Sie dürfen in keinem Falle »durchdrehen«. Nach dem Weideauftrieb entfällt das Putzen, weil dadurch die natürliche Schutzschicht zerstört wird. Die Hufbeobachtung und -pflege müssen aber weiterverfolgt werden. Es sollte auch versucht werden, das Vertrauensverhältnis zum Pfleger in der Weideperiode aufrechtzuerhalten (Führen, Abtasten, Füße heben usw.).

Die Kontaktförderung geht im ersten Winter beim Absetzen weiter. Aus erzieherischen Gründen sollten die Tiere bei allen Pflegemaßnahmen angebunden werden.

Jährlinge verbringen, wie alle nichtarbeitenden Pferde und Fohlenstuten, den Sommer vornehmlich auf der Weide.

Die Tiere können sich nach Belieben scheuern und wälzen. Wind und Regen übernehmen die weitere Körperpflege. Die Kontrolle und eventuelle Korrektur der Hufe, aber auch die Kontaktpflege (z. B. anläßlich der Beifütterung) müssen beibehalten werden.

Für auffälliges Scheuern an der Schweifrübe können Wurmbefall, verfilzter Schweif sowie Läuse-, Milbenoder Pilzbefall die Ursache sein. Darauf ist stets zu achten.

Alle **Gebrauchspferde** müssen regelmäßig geputzt und nach der Arbeit abgewartet werden.

Gründliche Reinigung von Haar und Haut verschönert das äußere Erscheinungsbild eines Pferdes. Die durch Putzen erwirkte Massage aktiviert außerdem die Durchblutung der Haut.

Angetrockneter Schweiß, mit Staub und Talg vermischt, muß entfernt werden, weil nur offene Hautporen atmen können. Mangelhafte Hautatmung führt immer zu Mehrbelastungen von Lunge, Nieren und Herz (Kreislauf). In schweiß- und schmutzverklebtem Haar finden Hautparasiten und Hautkrankheiten ideale Brutstätten.

Beim Putzen können Vertrauen und Zuneigung zwischen Mensch und Tier aufgebaut und gefestigt werden, wenn einfühlsam, wo nötig energisch, gearbeitet wird. Untugenden müssen mit Nachdruck abgebaut werden.

Für das Putzen benutzt man eine Kardätsche (Bürste) und einen Striegel aus Hartgummi oder Kunststoff. Es kommen hinzu:
– ein Wischlappen
– eine Wurzelbürste
– zwei Schwämme oder Zellstoff

Ein Metallstriegel kann zum Reinigen der Kardätsche und nur in Ausnahmefällen zum Lösen verklebter Haare auf muskelgepolsterten Körperpartien eingesetzt werden. Die gesamte Haut wird durch übertriebenes Striegeln zu überhöhter Schuppenabsonderung angeregt. Es sollte daher gezielt dosiert werden.

Am Kopf und an den Gliedmaßen ist das Striegeln zu unterlassen, weil die meisten Pferde dadurch nervös oder gar bösartig werden können.

Putzen bedeutet nicht streicheln. Es sollte zügig und energisch erfolgen. Ein geputztes Pferd muß an allen Körperpartien sauber sein und gepflegtes Langhaar sowie gereinigte Hufe haben. Nach Lösen verdreckter Körperstellen durch kreisende Bewegungen mit dem Hartgummistriegel, ohne großen Druck auszuüben, beginnt das eigentliche Putzen mit langen, gleitenden, nicht hektischen Strichen über das ganze Pferd, dem Verlauf des Haarkleides folgend.

Man fängt vorne links hinter dem Kopf an und nimmt dabei die Kardätsche in die linke und den Striegel in die rechte Hand. Beim Putzen der rechten Seite wird das Putzzeug gewechselt, weil das Abstreichen der Kardätsche vom Pferd abgewandt (Staubrückablage) erfolgen sollte.

»Strohwische« erweisen sich als sehr hilfreich bei der Vorreinigung.

Die Körperöffnungen am Kopf (Augen, Maul, Nüstern) reinigt man mit einem feuchten Schwamm und benutzt für After und Scheide den zweiten Schwamm. Hygienischer ist Zellstoff, weil er anschließend beseitigt werden kann.

Der Kopf selbst muß besonders behutsam mit Kardätsche, Lappen und eventuell Schwamm gesäubert werden.

Schweif und Mähnen bedürfen auch täglicher Pflege, nicht zuletzt aus optischen Gründen. Die Reihenfolge Durchbürsten (Kardätsche), bei Bedarf Verlesen und feucht Anbürsten (Wurzelbürste) ist empfehlenswert. Bei der Benutzung des Mähnenkamms muß man Vorsicht walten lassen, weil schnell Langhaar ausgerissen wird.

Die letzte Politur erhält das Pferd durch Abwischen des Oberflächenstaubes mit einem Wischtuch.

Die Gesamtpferdepflege eines Tages kann erst abgeschlossen werden, wenn auch die Hufe gesäubert und genauestens kontrolliert worden sind. Strahlgruben

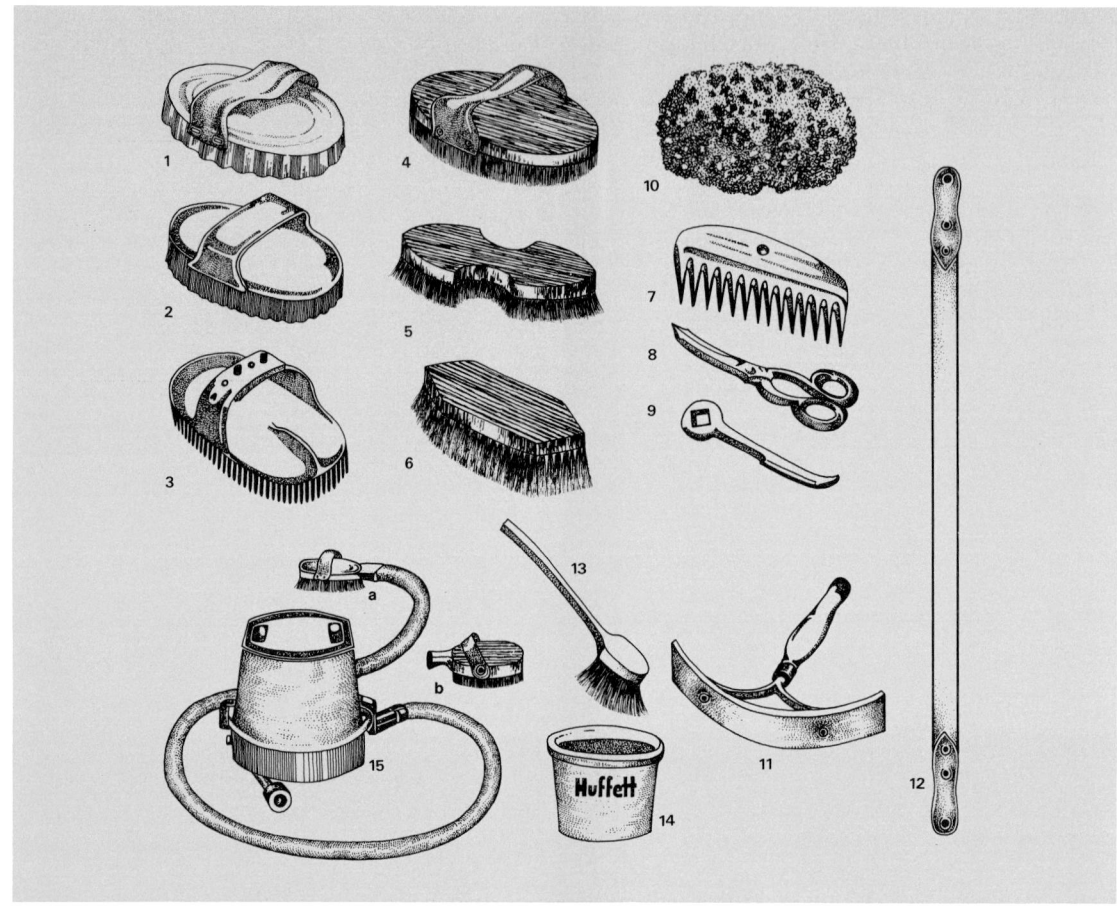

Abb. 81. Putzzeug zur Pferdepflege. 1 = Reform- oder Eisenstriegel, 2 = Gummistriegel, 3 = Massagebürste, 4 = Kardätsche, 5 = Wurzelbürste, 6 = Mähnenbürste, 7 = Mähnenkamm, 8 = gebogene Fesselschere, 9 = Hufkratzer mit Stollenschlüssel, 10 = Schwamm, 11 = Schaum- oder Schweißstriegel, 12 = Schweißmesser, 13 = Hufeinfettbürste, 14 = Huffett, 15 = Staubsauger: a) Gummistriegel, b) Kardätsche für Staubsauger.

und -furchen werden mit dem Hufräumer (besser: Holzspan) ausgekratzt. Mit einer Wurzelbürste arbeitet man nach.

Bei Nässe empfiehlt es sich, die Hufe vor der Arbeit einzufetten. Dazu eignen sich pflanzliche oder tierische Spezialfette. Einmal in der Woche sollte man die Hufe nach gründlicher Reinigung auch von unten dünn mit Holzteer einschmieren.

Nach jeder Arbeit, ob Training oder Wettkampf, müssen Pferde trockengeritten oder -geführt werden. Diese Aufgabe kann die Führmaschine übernehmen. Verbleibende Naßstellen sind mit Stroh (eventuell Lappen) zu trocknen. Anschließend sollten alle Körperpartien von Schmutz und Schweiß befreit werden (Stroh, Bürste, Kardätsche, Lappen, feuchter Schwamm). Alle Erd- und Sandteilchen müssen aus der Beinbehaarung entfernt werden, weil sie aggressiv scheuern und dabei die Haut des Pferdes verletzen können.

Bei der »Abwartung« von Pferden schwört jeder Pferdehalter auf seine Methode:
– Reinigen der Beine mit Stroh, Bürste und Lappen ohne Wasser. Hufesäubern mit Hufräumer und Wurzelbürste.
– Abschwammen der Beine und Ausschwammen der Hufe über einem Eimer mit Wasser. Trocknen der Beine mit Stroh und Lappen.

- Abspritzen der Gliedmaßen bei geringem Wasserdruck. Nacharbeiten mit Stroh, Lappen, Hufräumer und Wurzelbürste.
- Durchreiten eines betriebsnahen Baches, Teiches oder einer eigens angelegten Schwemme. Nacharbeit wie vorher.

Welche Methode man wählt, bleibt Geschmacks- oder Ansichtssache. Es ist aber wichtig, daß die Gliedmaßen anschließend sandfrei und weitgehend trocken sind. Oftmals gibt die kühlende Wirkung des Wassers den Ausschlag für die Methodenwahl.
Für Waschen (Wasserschlauch) oder Duschen sind Pferde nach vorsichtiger Eingewöhnung meistens äußerst dankbar. An warmen Tagen bestehen dagegen keine Bedenken. Gründliches Trocknen mit Schweißmesser, Stroh und Lappen sind aber unabdingbar. Sie verursachen zusätzlich Arbeit, verbessern dafür Wohlbefinden und Aussehen der Pferde (Massageeffekt). Duschanlagen mit Warmlufttrocknung wurden in Einzelfällen installiert.
Waschungen von Brust, Gurten- und Sattellage (kaltes Wasser, eventuell mit Essigzugabe) stärken die Haut und beugen gegen das Auftreten von Druck- und Scheuerstellen vor.
Für die Pferdepflege werden auf dem Markt eine Reihe technischer Anlagen angeboten. Die elektrischen Putzgeräte (Staubsauger) haben sich in zwei Varianten bewährt und durchgesetzt:
1. Mit Einzelgeräten, die an eine Steckdose angeschlossen werden, arbeitet man gewöhnlich außerhalb der Box, meistens auf der Stallgasse.
2. An Zentralanlagen mit Saugleitungen werden die Putzgeräte in der Box angeschlossen.

Die **Langhaarpflege** erfolgt bei Pferden rassespezifisch, aber auch subjektiv-eigenwillig nach Eigentümergeschmack.
Schau- und Turnierordnungen können Aufmachungsformen empfehlen.
Bei Ponys und Robustpferden läßt man in der Regel das Langhaar natürlich wachsen. Auch „Naturmähnen", „Naturschweif" und Behang müssen bisweilen gereinigt (Wasser und Seife), entwirrt und ausgedünnt werden.
Kommen die Tiere auf Turniere oder Schauen, gelten unter Beibehaltung rassentypischer Langhaarmerkmale die Pflegegrundsätze für Großpferde.
In den Langhaarwuchs der Araber darf man kaum eingreifen. Man sollte aber bemüht sein, den seidigen Glanz zu erhalten.
Alle in der Öffentlichkeit auftretenden Sport- und Freizeitpferde unterliegen bezüglich der „Langhaarfrisur" relativ fest vorgeschriebenen Vorstellungen und Regeln. Die Frisur stellt eine Visitenkarte des Pferdes und des Vorstellenden dar.
Die Mähnen wünscht man möglichst auf der rechten Halsseite liegend und 12 bis 22 cm lang, weil dann bei Vormusterungen zunächst die mähnenfreie Seite gezeigt werden kann. Länge und Dichte sollten dem Hals und dem Pferdetyp angepaßt sein.
Schlecht liegende Mähnen flicht man gleichmäßig straff mit Gummibändern und Klebeband ein. Nach Öffnen der Zöpfchen feuchtet man sie an und deckt sie mit einer zusammengefalteten Decke (Woilach)

Abb. 82. Frisieren und Einflechten der Mähne. 1 und 2 = gleichmäßiges Verziehen der Mähne mit dem Reißkamm, 3 = die Arbeitsgänge beim Einflechten der Mähne, 4 = fertig geflochtene Mähne.

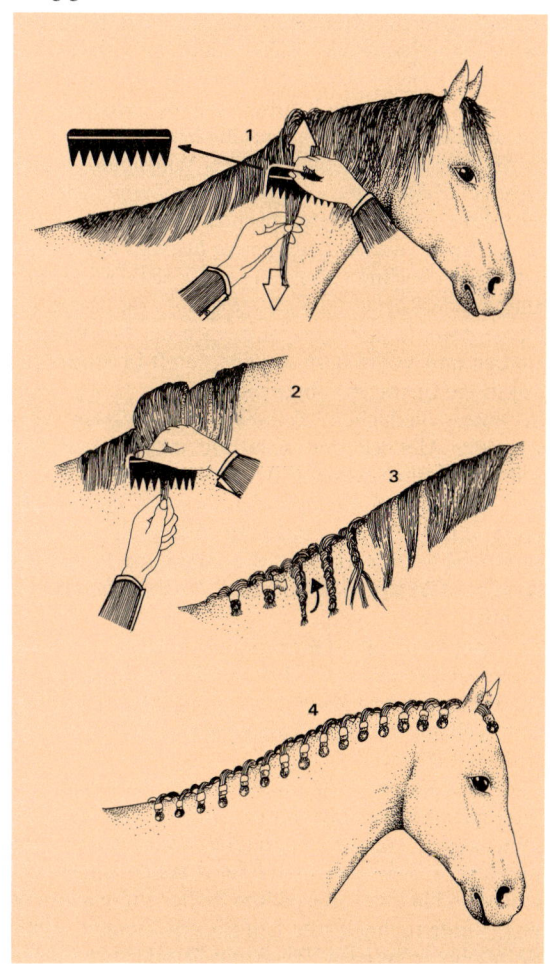

ein, bis sie trocken sind. Manchmal genügt es auch, die Mähnen mit einer angefeuchteten Bürste zu glätten.

Überdicke, zerfranste Mähnen werden durch Zupfen der Unterhaare mit einem schmalen Mähnenkamm ausgedünnt. Die Hand ist dabei mit einem Handschuh zu schützen. Die Deckhaare sollten erhalten bleiben.

Man beginnt mit der Mähnenfrisur am Schopf, den man zunächst mit der Hand lockert. Dann wird der Haarboden gebürstet und zum Schluß der Schopf mit Kardätsche oder Bürste auf der Stirn geglättet. Danach kann mit dem Mähnenkamm nachgearbeitet werden, weil keine Gefahr mehr dafür besteht, daß unkontrolliert Haare ausgerupft werden.

Mit der Mähne wird, am Kopf beginnend, in gleicher Weise vorgegangen.

Um ausgeprägte Halskonturen hervorzuheben, bevorzugt mancher Pferdebesitzer das Vorführen mit farbig eingeflochtener Mähne oder er entscheidet sich für Bürsten- oder Stehmähne (Fjordpferde).

Der Schweif wird handverlesen und die Schweifrübe mit der Bürste gereinigt. Anschließend streicht man die Haare mit der Bürste glatt. Bei Warmblütern und sonstigen Reitpferden entfernt man mit einer Spezialschere die seitlich langwachsenden Schweifhaare bis zu der Stelle, wo bei getragenem Schweif der Bogen nach unten beginnt (Übergang in die senkrechte Haltung).

Pferdeschweife läßt man lang wachsen. Bei Wagenpferden und Vollblütern werden sie oft in Sprunggelenkshöhe (getragen) abgeschnitten.

In unterschiedlichen Zeitabständen müssen verschmutze Mähnen und Schweife mit Wasser und Seife gewaschen werden. Bei Reit- und Wagenpferden, weniger bei Rennpferden, werden die Fesselhaare üblicherweise geschoren. Dadurch fällt der natürliche Schutz weg und die sorgfältige Pflege der Fesseln (Reinigen, Trocknen) wird besonders wichtig.

Die **Langhaare der Ohrmuscheln** dürfen dann gekürzt werden, wenn sie über den Rand hinausragen. Die **Tasthaare ums Maul** müssen dagegen stehenbleiben, weil sie wichtige Aufgaben als Tastorgane zu erfüllen haben.

Viele Diskussionen löst immer wieder die Frage aus: „Soll man Pferde scheren oder nicht?" Die Antwort sollte lauten: „Alle Pferde, die bei jedem Wetter ihre Arbeit im Freien verrichten oder draußen länger verweilen und in klimaangepaßten Ställen untergebracht sind, werden schnell zum Fall für den Tierarzt, wenn sie geschoren werden. Pferde im Turniersport sowie

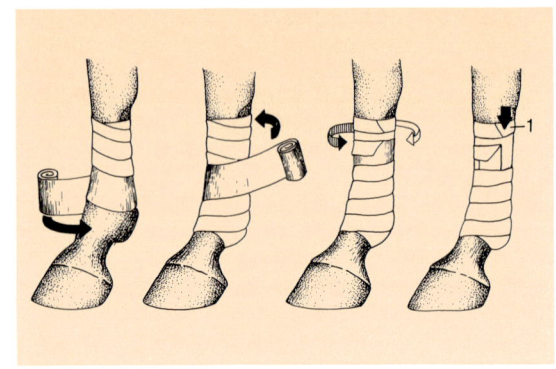

Abb. 83. Anlegen der Bandagen. 1 = Lage von Knoten und Bandende zwischen Griffelbein und Sehne.

im Reit- und Fahrdienst werden dagegen überwiegend geschoren, weil in der Regel sowohl die Hallen als auch die Stallungen klimatisiert sind und sich die Temperaturschwankungen in Grenzen halten."

Für diese Pferde bedeutet das Scheren „Diensterleichterung", weil sie weniger schwitzen und schneller abtrocknen. Auch die Pfleger werden entlastet.

Das Scheren erfolgt in zwei Grundvarianten.

1. An den Beinen und in der Sattellage bleiben die Deckhaare stehen. Der übrige Körper wird geschoren.
2. Es bleiben ungeschoren: Oberhals, Rücken, Lende, Kruppe und Beine.

Bei Stillstand des Winterhaarwuchses (Oktober-Novemberwende) ist der richtige Zeitpunkt für das Scheren gekommen, weil dann nicht nachgeschoren werden muß.

Bandagen dienen dem vorbeugenden Schutz gegen Streichen und Anschlagen in der Arbeit und beim Verladen.

Sie können unterstützend als kühlende Umschläge oder als Angußverbände angebracht werden. Sie vermitteln optische Eindrücke, wenn sie der Pferdefarbe angepaßt sind.

Bandagen müssen falten- und fremdkörperfrei sowie gleichmäßig straff, aber nicht stramm angelegt werden.

Das Wickeln beginnt mit frei überstehendem Anfang unterhalb des Vorderfußwurzel- bzw. Sprunggelenks und führt in schrägen, sich halb deckenden Windungen bis zum Fesselkopf und dann hoch.

Als Sicherung gibt es Spezialverschlüsse (z. B. Klebeband) oder angenähte Bänder. Deren Knoten und Schleifen dürfen nicht auf Knochen oder Sehnen drücken. Die Enden werden zwischen die Bandagenwindungen geschoben.

Bandagen können teilweise (z. B. beim Verladen) durch Gamaschen ersetzt werden.

Normalerweise muß ein gesundes Pferd nicht eingedeckt werden. Kranke und geschorene Pferde machen da eine Ausnahme. Das **Eindecken** kann auch in kalten, zugigen Ställen und beim Transport zum Schutz vor Erkältungen notwendig werden; bei anhaltend schlechtem, kaltem Wetter empfiehlt es sich ebenfalls. Im Training und bei sonstigen Ritten im Freien haben sich Kreuzdecken als Nässe- und Kälteschutz bewährt.

Das Eindecken naßgeschwitzter Pferde mit Strohunterlagen als Luftpolster (Ventilation) muß als Behelfslösung für den Fall angesehen werden, daß Trockenreiten oder -führen absolut nicht möglich ist.

Bei der Verwendung normaler Decken oder Woilachs ist ein Deckengurt mit Widerristkissen überzuschnallen. Die im Fachhandel erhältlichen Pferdedecken kann man maßgerecht angepaßt auswählen. Gurte, Schnallen oder Verschlußriemen sowie Schweifriemen sichern gegen Abrutschen ab.

Die **Hufpflege** ist eine der wesentlichsten Voraussetzungen für die Erhaltung der Leistungsfähigkeit und Tauglichkeit eines Pferdes. Deshalb muß ihr früh Aufmerksamkeit geschenkt werden. Die Überwachung der Hufe und ihrer Stellung beginnt beim vier Wochen alten Fohlen und muß in regelmäßigen Abständen (ca. alle 4 Wochen) wiederholt werden. Etwa vier bis sechs Wochen nach der Geburt sollte das fötale Zottenhorn an Sohle und Strahl des Fohlenhufes entfernt werden. Alle weiteren Maßnahmen dienen anschließend dazu, die Fohlenhufe unverstellt und gesund zu erhalten. Der noch relativ weiche Huf ist anfällig für das Entstehen fehlerhafter Hufformen und -stellungen. Diese sind nur genau zu erkennen, wenn die Fohlen auf ebenem, festem Boden stehen und anschließend geführt werden.

Notwendige Korrekturen sollte immer ein Fachmann durchführen. Sie werden mit der Raspel, vorsichtig mit dem Hufmesser und möglichst ohne Hauklinge vorgenommen. Es gilt die Regel: »Dorthin abraspeln, wohin der Huf zeigt, wo er am stärksten wächst.« Zum Beispiel wird bei zehenweiter Stellung außen und bei zehenenger Stellung innen abgeraspelt, um die Gegenseite zum Wachsen anzuregen.

Steile Fesseln führen infolge erhöhter Zehenabnutzung gerne zu stumpfen Hufformen bis hin zum Bockhuf. Kürzen der Trachten und in schweren Fällen leichte Zeheneisen bessern oder heilen meistens den Schaden.

Starke Korrektureingriffe am Huf schädigen Sehnen, Bänder und Gelenke. Darum dürfen derartige Maßnahmen immer nur allmählich vorgenommen werden. Drei bis vier kleine Korrekturen sind sicherer als einmaliges »Klotzen«.

Auf weichem Boden wächst die Hornsubstanz des Hufes stärker als sie abnutzt. Dadurch verlagert sich die Hauptbelastung auf die Trachten. Auf hartem Boden dagegen nutzt die Zehe ab und die Spitze wird belastet. Als Folge davon kann der Bockhuf entstehen.

Das Hufgelenk ist infolge seiner elastischen Vergrößerungen durch das Strahlbein und in Verbindung mit allen elastischen Teilen des Hufes in der Lage, alle Unebenheiten des Bodens und die damit verbundenen Wechselbelastungen voll auszugleichen. Dieses System funktioniert nur so lange, wie der Huf regelmäßig geformt ist und sich statisch im Gleichgewicht befindet:

– die Zehenachse sollte, von vorne und von der Seite betrachtet, gestreckt verlaufen
– innere und äußere Trachten müssen gleich lang sein. Stärker belastete, steile Hufabschnitte sind zu schonen, die weniger belasteten, schrägen, angemessen zu kürzen
– die Normalhufform muß bei Jungpferden erhalten bleiben. Bei älteren Pferden, die zum Schiefhuf neigen, sollte sie zurückgewonnen werden
– Hufe mit gleichmäßig abgenutzten Eisen erfordern keine Korrekturen, sondern lediglich gleichmäßiges Kürzen. Bei ungleich abgenutzten Eisen muß dem Materialmehrverschleiß durch »Mehr-Eisen« Rechnung getragen werden
– gerade gestellte Hufe zeigen in der Zehenmitte deutlich erkennbar Eisenabnutzung.

Der **Hufbeschlag** bietet wirksame Hilfen zur Gesunderhaltung der Hufe an:

– er ermöglicht es, die natürliche Hufform zu erhalten oder Verstellungen zu korrigieren
– der Beschlag schützt das Hufhorn vor zu starker Abnutzung
– die Eisen geben dem Huf bei Belastungen (z. B. Rennen, Springen) den notwendigen Halt
– spröde, bröckelnde Hufe werden vor dem Ausbrechen von Hornteilen bewahrt
– der Beschlag muß dem Gebrauchszweck der Pferde sowie der Größe und Form der Hufe angepaßt sein.

In welchen Zeitabständen Pferde beschlagen werden müssen, hängt von ihrem Einsatz und ihrer Verwendung ab. Auch das Wachstumsvolumen der Hornwände spielt eine maßgebliche Rolle dabei. Ungefähr

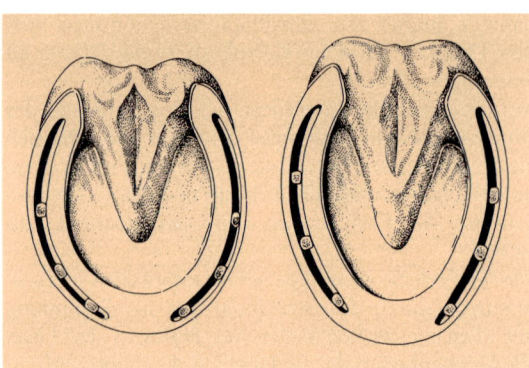

Abb. 84. Beschlagener regelmäßiger linker Vorderhuf und beschlagener regelmäßiger linker Hinterhuf eines Reitpferdes.

alle vier bis sechs Wochen sollten die Eisen umgelegt oder gewechselt werden.
Beim Abnehmen der Eisen dürfen keine Hornteile ausbrechen. Eisen werden heiß, aber nicht glühend angepaßt. Die Enden der Schenkel sollen die Trachtenecken abdecken und dürfen sie um etwa vier Millimeter überragen. Ein Aufzug an der Zehe verleiht dem Eisen zusätzlichen Halt.
Wenn sie innen etwas bodeneng geformt sind, vermindert sich die Verletzungsgefahr durch Streichen. In gleichmäßigen Abständen werden die kantenfreien Eisen mit sechs bis acht Nägeln in den Hufseitenwänden befestigt. Die Nägel sollen die Hornwand etwa 2 bis 2,5 cm über dem Eisen durchbrechen. Sie werden abgekniffen, umgenagelt und versenkt. Bei dieser Arbeit darf die Glasurschicht des Hufes nicht mehr als unbedingt nötig beschädigt werden, weil dadurch die natürliche Schutzschicht verloren geht.
Vom korrekten Sitz des Beschlages muß man sich anschließend überzeugen und zwar im Stand, im Schritt und im Trab.
Die meisten Rennpferde werden kalt beschlagen (Alu-Eisen). Es gelten dabei die beschriebenen Grundregeln.
Kunststoffeisen und -schuhe erfüllen meistens Spezialaufgaben bei Hufkorrekturen und -erkrankungen.
Das **Barfußgehen** hat sowohl im Turniersport als auch in der Freizeitreiterei viele Anhänger. Ponys mit ihren harten, elastischen und wachstumsfreudigen Hufen (es gibt Ausnahmen) werden selten beschlagen. Auch eisenfreie Hufe müssen gepflegt werden:
– die durch Abrieb scharf gewordenen Tragrandkanten müssen alle vier bis sechs Wochen berundet und die Hufe ausgewirkt werden

– ungleich abgenutzte Tragrandteile sind auszugleichen
– lose Teile, besonders am Strahl und an der Hufsohle, müssen entfernt werden
– zu lange Hornwandabschnitte (meistens die Eckstreben) sollten gekürzt werden
– bei zu starkem Abrieb der Zehen (besonders vorne) werden Eisen oder Plättchen aufgelegt.

»Es ist falsch, bei der Hufpflege und beim Hufschmied sparen zu wollen, weil das Pferd an jedem Bein nur einen Huf hat.« Diese alte Weisheit stimmt gewiß auch heute noch. Aber der ganze Aufwand ist nutzlos, wenn die Pferde nicht regelmäßige und ausreichende Bewegung auf relativ festem, trockenem Boden bekommen. Außerdem müssen die Ställe trokken, sauber und reichlich eingestreut sein. Ständiger Kot- und Urinkontakt der Hufe sowie einseitiger Auslauf in nassen Weiden und morastigen Ausläufen machen die beste Hufpflege zunichte.

5.3.2 Zubehör, Maschinen, Geräte

Aus Sicherheitsgründen kann auf die Pflege und Ausbesserung des Lederzeugs und des sonstigen Zubehörs nicht verzichtet werden. Hygienische Gründe (Ansteckungsgefahr) und optische Gesichtspunkte (der »gute Eindruck«) sprechen weiterhin für die ständige Wartung aller Gebrauchsgegenstände. Zaumzeug, Sättel mit Zubehör und Geschirre kommen täglich mit Pferdeschweiß in Berührung. Schmutz, Staub, Feuchtigkeit oder gar Nässe dringen in sie ein. Sie werden morsch und brüchig und damit zum Risikofaktor für Pferd und Reiter.
– Nach jedem Gebrauch müssen Zaumzeuge, Sättel und Geschirre trockengerieben werden. Bei schlechtem Wetter hilft ein feuchter Schwamm, allen Schmutz zu entfernen. Das Trockenreiben mit einem Lappen darf man aber nicht vergessen.
– Die Satteldecken sind nach Gebrauch zu lüften und zu trocknen.
– Gebisse sollten unter Wasser von Speichel und Futterresten befreit und gesäubert werden.

Je nach Gebrauch müssen die Ausrüstung und das Zubehör alle sechs bis acht Wochen gründlich gereinigt und auf Schäden durchgesehen werden. Dazu schnallt man sie auseinander, weil man sonst nicht mit Lappen, Schwamm und Bürste an alle Einzelteile herankommt. Auch auf Schäden, die sofort zu beseitigen sind, wird man leichter aufmerksam.

Zwei- bis dreimal im Jahr müssen alle Ausrüstungsgegenstände gründlich gesäubert, repariert und konserviert werden, damit sie geschmeidig bleiben:
- zuerst schnallt man die Sachen auseinander, sortiert defekte Teile aus und läßt sie reparieren oder erneuern
- alle Lederteile werden anschließend mit einem feuchten Schwamm gründlich gesäubert, dann kräftig mit Sattelseife behandelt und abschließend nach dem Trocknen mit dem Lappen (Wolle) blank gerieben
- Ausrüstungsteile aus Synthetik braucht man nur zu waschen und zu trocknen
- Baumwoll- und Eisengarngurte können in einen Leinensack gesteckt und bei 50 °C in der Maschine gewaschen werden
- viele synthetische Gegenstände darf man ebenfalls in die Waschmaschine geben, muß aber die Temperatur beachten
- zum Trocknen hängt man alle Sachen am besten auf die Leine. Damit sie nicht schrumpfen, beschwert man die Enden
- Filzdecken und einige andere Gegenstände (Anleitung lesen) müssen oft noch mit der Bürste gereinigt und anschließend zum Trocknen aufgehängt werden
- Satteldecken aus Baumwolle und ähnlichen Grundstoffen gehören mindestens einmal wöchentlich in die Waschmaschine und dann zum Trocknen auf die Leine
- von den Metallteilen entfernt man mit Seifenlauge den Schmutz. Rost läßt sich mit Stahlwolle oder speziellen Metallpflegemitteln beseitigen
- man kann alle Lederteile auch nach althergebrachter Weise mit Seifenlauge reinigen und nach dem Abtrocknen einfetten (Lederfett, Tran, ungesalzenes Schweinefett u. a.). Die angepriesenen Vorzüge einer ganzen Palette von Lederpflegemitteln sollte man allerdings nicht zu wörtlich nehmen
- für Ausrüstungsteile aus Wildleder, Lammfell und Synthetikmaterial geben die Hersteller Pflegeanleitungen heraus, die genauestens beachtet werden sollten.

Spezielle **Putzböcke** oder kombinierte **Putzbocktische** erleichtern die Pflegearbeiten an Ausrüstungsgegenständen und Zubehör. Sie bieten im Inneren oft Platz für die ordnungsgemäße Aufbewahrung aller Putz- und Reinigungsmittel.
Alle **Maschinen und Geräte** bedürfen der vorgeschriebenen Wartung und Pflege. Betriebsanleitung studieren! Darüber hinaus sollte man sie nach dem Gebrauch säubern, vor Rost schützen und trocken unterstellen. Aus Sicherheitsgründen müssen die kleinsten Schäden und Fehler sofort beseitigt und die Unfallvorschriften genau eingehalten werden.
Nur bei Beachtung aller in den Betriebsanleitungen empfohlenen Maßnahmen können die Maschinen und Geräte stets einsatzbereit bleiben und eine lange Lebensdauer erreichen.

5.3.3 Stall und Gebäude

Das Umfeld von Stall und Betrieb trägt wesentlich zum Wohlbefinden der Pferde bei, weil sie darin die meiste Zeit ihres Lebens verbringen.
Die **Einstreu,** das Bett des Pferdes, sollte bequem, weich, rutschfest, trocken, sauber, saugfähig und warm sein. Sie muß das Festlegen weitgehend verhindern und die Gliedmaßen schonen. Wenn sie Kot und Urin aufnimmt, fällt zusätzlich wertvoller organischer Dünger an. Er bringt den Betrieben mit Ackerbau Vorteile, anderen allerdings zusätzliche Belastungen bei der schadlosen Beseitigung.
Alle Forderungen erfüllt mittellanges **Stroh** in hohem Maße, weil es als schlechter Wärmeleiter eine Isolier- und Dämmschicht bildet, die ein trockenes, behagliches und warmes Lager bietet. Es schont die Gliedmaßen, bindet Gerüche und trägt somit zur Luftverbesserung bei.
Gutes Stroh ist geruchlos, frei von Rost- und Schimmelpilzen und hat keine fremden Beimischungen (z. B. Wildkräuter wie Disteln). Es wird gefressen und beschäftigt dabei die Tiere.
Am besten eignet sich Roggenstroh. Weizenstroh ist ebenfalls gut geeignet, beim Gerstenstroh stören jedoch die Grannen und Haferstroh ist wenig saugfähig und darum kalt.
Trockene **Torfstreu** saugt dreimal mehr Feuchtigkeit auf als Stroh. Es bindet flüchtiges Ammoniak (NH_3). Torfstreu ist aber teurer als Stroh, läßt Langeweile bei den Pferden aufkommen (wird nicht gefressen) und kann zum Auftreten von Untugenden wie Koppen und Weben beitragen.
Torfstreu eignet sich jedoch besonders als Einstreu für dämpfige Pferde (kaum Staub), für übermäßige Strohfresser und bei einigen Hufkrankheiten (z. B. Mauke, Fauler Strahl).
Die preisgünstigen **Säge- oder Hobelspäne** bieten den Pferden ein sauberes Lager. Ihre Saugfähigkeit erreicht die Torfwerte nur ungefähr zur Hälfte. Den Holzabfällen ist eine gewisse Feuchtigkeit zu eigen, darum wärmen sie im Winter relativ wenig. Sie ballen sich in den Huffreiräumen zusammen, treten sich

ein und müssen täglich ausgekratzt werden. Der Sägespan-Dünger ist kaum abzusetzen.

Gummi- und Kunststoffmatten haben sich als Stallgassenbelag bewährt. In Boxen und Ständen wurden damit in Kombination mit Einstreu gute Erfahrungen gemacht, weil sie trittsicher, rutschfest und warm sind. Sie lassen sich außerdem leicht entmisten und reinigen.

Die Matten können auf planiertem Boden aufgelegt und befestigt werden, wenn vorher der Mutterboden durch Kies und Sand ersetzt worden ist. Dadurch werden Stallbaukosten eingespart.

Wenn man sich für eine Einstreuart entschieden hat, muß noch die Form der Einstreu (das Einstreuverfahren) festgelegt werden.

Wechselstreu oder **Tagesstreu** bedeutet, daß täglich der Kot (mehrfach) und alle nassen Einstreumaterialien restlos aus der Box entfernt werden. Frische Einstreu wird nach Bedarf zugegeben, so daß stets ein trockenes, sauberes Lager zur Verfügung steht.

Wechselstreu, sorgfältig gehandhabt, ist für die Pferde die beste Einstreuform.

Das Verfahren ist arbeitsaufwendig, verbraucht viel Einstreu und ·der Mistanfall ist groß. Es wird meistens in der Vollblutzucht und in Rennställen praktiziert.

Eine Variante der Tagesstreu stellt die **Wochenwechselstreu** dar. Der Kot wird täglich mehrfach gesammelt und auch sehr nasse Einstreu muß aus dem Stall entfernt werden. Die Resteinstreu bleibt eine Woche in der Box und wird dann ausgeräumt.

Arbeitsaufwand und Einstreuverbrauch verringern sich bei diesem Verfahren erheblich.

Die **Matratzenstreu** spart Einstreu und Arbeit ein. Dungstätten werden fast überflüssig.

Richtig angelegt, verschafft sie den Pferden ein gliedmaßenschonendes, warmes und einigermaßen trockenes Lager.

Grundlage einer zweckmäßig angelegten Matratzenstreu ist eine Torfschicht (10 bis 15 cm) auf trockenem Naturboden und darauf eine 10 cm dicke, festgestampfte Strohmatte. Dieser Unterbau wirkt wie ein Schwamm.

Die Matratze muß immer fest bleiben und darf keine Löcher aufweisen, damit Luft keinen Zugang findet. Das würde zu gasentwickelnden, aeroben Gärungen führen.

Die oberste Matratzenschicht sollte aus trockenem, strukturiertem Stroh bestehen und den Pferden keinen Zugang zur festen Unterschicht gewähren. Frischer Kot und Naßstellen müssen entfernt werden.

Die Matratzen werden ein- bis dreimal im Jahr mechanisch ausgeräumt. Der Mist kann sofort verwertet werden (Acker oder Verkauf).

Diese Arbeit paßt nicht in den Winter, weil die »Fußbodenheizung« ausfällt.

Aus hygienischer Sicht läßt die Matratzeneinstreu einige Wünsche offen, weil Brutstätten für Krankheitserreger und Insekten nie ausgeschlossen werden können.

Stall- und Gebäudewartung sollten selbstverständlich sein. Täglich oder vor jeder Mahlzeit müssen die Krippen gereinigt werden, wenn man nicht Verdauungsstörungen vorprogrammieren will.

Saubere Stallgassen und Arbeitswege erfreuen nicht nur das Auge, sie verhindern Stolperunfälle, erleichtern Transportarbeiten und beugen der Ansiedlung von Ungeziefer und Krankheitserregern vor.

Ordnung und Sauberkeit in der Sattelkammer erleichtern den Überblick und helfen, unnötiges Zubehörreinigen zu vermeiden.

Die Ansiedlung von kleinen Nagern, Schadinsekten und Vorratsschädlingen in der Futterkammer und den Vorratsräumen kann nur dann verhindert werden, wenn diese Räume sauber gehalten werden. Hier ist Ordnung kein Selbstzweck.

In regelmäßigen Abständen sollten die Fenster geputzt werden, damit das Licht ungehindert einfallen kann.

Die Spinnen an Decken und Wänden müssen gefegt werden, weil sie Pferde und Futter verschmutzen und oft Krankheiten übertragen.

Alle Bauteile, mit denen Pferde in Berührung kommen, sind ein- bis zweimal im Jahr zu reinigen und zu desinfizieren, damit sich Parasiten und Schadorganismen nicht ungestört entwickeln können.

Die gezielte Behandlung aller Gebäude und Innenausbauten mit Konservierungsmitteln und Anstrichen verlängert deren Lebensdauer und verleiht dem gesamten Betrieb ein freundliches Aussehen.

Hof und Außenanlagen wirken nur dann einladend und vertrauenerweckend, wenn sie aufgeräumt sind und gepflegt werden.

Zur Wiederholung und Vertiefung

1. Stellen Sie die Erziehung des Fohlens im ersten Lebensjahr dar.
2. Beschreiben und begründen Sie das Putzen der Gebrauchspferde.

3. Erläutern Sie die Langhaarpflege.
4. Warum werden Pferde bandagiert?
5. Welche Pferde müssen eingedeckt werden?
6. Schildern Sie die Hufpflege des Fohlens.
7. Was ist beim Beschlagen zu beachten?
8. Welche Pflege brauchen unbeschlagene Pferdehufe?
9. Warum werden Pferde beschlagen?
10. Beschreiben Sie die Pflege von Ausrüstungsgegenständen und Zubehör.
11. Bewerten Sie die bekanntesten Einstreumaterialien.
12. Stellen Sie das Wesen der verschiedenen Einstreuverfahren dar.

5.3.4 Verladen und Transportieren

In größeren pferdehaltenden Betrieben werden täglich Pferde verladen, aber auch Freizeitreiter kommen mehr und mehr in die Situation, ihre Pferde transportieren zu müssen, denn unsere schnellebige Zeit verlangt auch im Reitsport ein größeres Maß an Mobilität.
Der Transport von Pferden kann z. B. bei folgenden Anlässen erforderlich werden:
– Fohlenschauen
– Zuchtbucheintragungen, Brände
– Turnierbesuche
– Distanz- oder Wanderritte
– Jagden
– Reitstunden in einer entfernten Reitanlage
– Lehrgänge
– Teilnahme an Umzügen oder Festlichkeiten
– Mitnahme eines Pferdes an den Urlaubsort
– entfernte Weiden
– Verkauf
– Bedeckung
– Tierklinik usw.

Sowohl Züchter als auch Berufsreiter und Amateure sind folglich darauf angewiesen, daß sich ihre Pferde »verladefromm« zeigen. Ein Pferd, das willig in den Hänger läuft, steigt im Wert; Tiere, die starken Widerstand leisten oder sich überhaupt nicht mehr verladen lassen, sind für die meisten Reiter nur bedingt oder gar nicht mehr zu gebrauchen.
Deshalb muß schon bei der Aufzucht und bei der Ausbildung eines jungen Pferdes dem Verladen besondere Bedeutung beigemessen werden.

Vier Faktoren sollten beim Pferdetransport beachtet werden, denn durch eine Häufung negativer Erlebnisse kann das Vertrauen des Pferdes schnell verspielt werden:
– das Verladen muß wie eine Dressurlektion eingeübt werden
– die Transportfahrzeuge müssen sicher und zweckmäßig ausgestattet sein, um Verletzungen und unnötigen physischen und psychischen Streß zu vermeiden
– das Fahrverhalten muß auf den »Fahrgast« abgestellt werden
– Umgebung, Eindrücke und Erlebnisse am neuen Aufenthaltsort dürfen das Pferd nicht zu stark verängstigen oder strapazieren.

Einüben des Verladens

Für Pferde ist es etwas völlig Artfremdes, in ein kleines, dunkles, hohlklingendes, schwankendes Vehikel zu klettern, da ihr in freier Wildbahn entwickeltes, überlebenswichtiges Wahrnehmungsvermögen (Sehen, Hören, Riechen) und ihre Fluchtmöglichkeiten dadurch weitgehend eingeschränkt sind.
Wenn ein Pferd aber den Menschen als ranghöher anerkennt und es größtes Vertrauen zu ihm hat, ist es in der Lage, fremde Verhaltensweisen und Umgebung relativ schnell anzunehmen. Deshalb muß das Verladen mit viel Ruhe und Geduld eingeübt werden. Größerer Zwang beim ersten Verladen verursacht eine grundsätzliche Scheu, die oft nie mehr ganz abgelegt wird. Man sollte deshalb nicht warten, bis ein Transport plötzlich notwendig wird, sondern ein Pferd **rechtzeitig** mit dieser neuen Aufgabe vertraut machen.
Zunächst muß das Pferd sich an das neue Fahrzeug gewöhnen können. Hierzu kann man den Anhänger zweckmäßigerweise ein paar Tage zur freien Besichtigung geöffnet auf die Weide, in die Reithalle oder den großen Laufstall stellen. Pferde sind von Natur aus neugierig. Sobald sie im Verlaufe eines Tages den Hänger als ungefährlich eingestuft haben, werden sie ihn also freiwillig erst von außen, dann von innen inspizieren. Dies kann man auch dadurch unterstützen, daß man Futter hineinlegt.
Vor dem ersten Verladen sollten dem Pferd Rückwärtsrichten und Seitwärtstreten, Antreten und Anhalten an Halfter und Führstrick geläufig sein. Außerdem sollte es sich die Hufe gut aufhalten lassen.
Beim Hinaufführen an Halfter und Strick sollten zwei im Umgang mit Pferden erfahrene und dem Pferd vertraute Personen anwesend sein. Nichts beunruhigt

ein Pferd mehr und weckt erst sein Mißtrauen, als ein hektischer Menschenauflauf, während es mit einer neuen Aufgabe konfrontiert wird.

Zunächst wird das Pferd **ganz gerade,** ruhig und selbstverständlich auf den Hänger zugeführt. Der Führende betritt dann zuerst die Klappe und läuft langsam in den Hänger hinein. Im Idealfall kommt das Pferd direkt hinterher. Es wird mit der Stimme und durch Streicheln gelobt und mit Futter belohnt, während der Helfer die hintere Begrenzungsstange befestigt, wobei auch er zunächst das Pferd ruhig anspricht und klopft. Danach schließt er die Verladerampe, bevor das Festbinden vorne erfolgt.

Beim Hinausführen muß ebenso sorgfältig, allerdings genau in umgekehrter Reihenfolge (erst Lösen des Stricks vorne, dann Öffnen der Heckklappe und der hinteren Begrenzungsstange) verfahren werden. Dabei ist zu beachten, daß die Pferde rückwärts gehen müssen und außerdem die ersten Male nicht wissen, wohin sie treten. Die Rampe ist schmal und abschüssig, außerdem manchmal auch rutschig. Der Führende veranlaßt das Pferd beim Hinausklettern demnach zum besonnenen Rückwärtstreten, Tritt für Tritt, Pausen einlegend, die zum Loben und Beruhigen dienen können. Wenn die Hinterhand nicht ganz gerade auf der Rampe steht, stellt sich der Helfer an der entsprechenden Seite auf und drückt sie ruhig ein Stück in die richtige Richtung. Sobald die Vorhand an der Rampe angekommen ist, hat das Pferd Gelegenheit, Kopf und Hals umzuwenden und sich selber zu orientieren.

Das oberste Gebot beim Hinein- und Hinausführen heißt **Ruhe.**

Sollte das Pferd versuchen, möglichst schnell aus dem Hänger zu stürmen, froh, diesem, »Gefängnis« zu entrinnen, tritt es häufig mit einem Hinterbein neben die Rampe, panikartige Reaktionen oder gar schwere Verletzungen können die Folge sein. Außerdem konzentriert es sich nicht auf das Erlernen des richtigen Ablaufs, es erlangt keine Sicherheit und Ausgeglichenheit.

Läuft das Pferd die ersten Male nicht willig in den Hänger hinein – dies wird oft der Fall sein –, so bleibt man nahe bei seinem Kopf stehen und läßt es in Ruhe die große schwarze Öffnung betrachten und beschnauben, damit es Witterung aufnehmen kann. Dann tritt man einen Schritt weiter auf die Rampe und lockt das Pferd mit einem Stückchen Futter, wobei man den Strick leicht anzieht. Sollte das Pferd auch nach längerer Zeit nicht reagieren, so nimmt der Helfer ein Vorderbein auf und setzt es auf die Rampe. In einer kurzen Pause kann das Pferd sein Gewicht wieder auf alle vier Beine gleichmäßig verteilen, der Helfer stellt dann das zweite Vorderbein auf die Rampe. Pausieren – das Pferd tritt hinten nach, um sein Gleichgewicht wieder zu finden. Anschließend nimmt der Helfer wieder ein Vorderbein usw.

Sollten diese Versuche nicht zum Erfolg führen, weil vorherige Negativerfahrungen nachwirken, können folgende Maßnahmen ein Verladen ermöglichen oder erleichtern:
– ein ruhiges, erfahrenes Führpferd zuerst verladen
– die Plane des Anhängers teilweise abdecken
– den Hänger direkt vor die Außenboxe oder Stallgasse stellen
– die Laderampe seitlich begrenzen
– die Laderampe mit Stroh einladender gestalten (allerdings Rutsch- und Stolpergefahr)
– zwei Longierleinen seitlich am Anhänger befestigen und hinter dem Pferd überkreuzen. Der leichte Druck wirkt auf die Flanken und die Hinterhand des Pferdes.

Ausrüstung für den Pferdetransport

Um eine bequeme, sichere und verletzungsfreie Fahrt zu gewährleisten, sollte das Pferd mit folgenden Gegenständen für den Transport ausgerüstet sein:
– einem stabilen, gut sitzenden Halfter und einem Führstrick mit Panikhaken
– einer Decke, in Abhängigkeit von Witterung, Jahreszeit und Transportfahrzeug
– eventuell einem Schweifschoner zur Verhinderung des Wundscheuerns der Schweifrübe an der Transporterwand
– eventuell Gamaschen oder wattierte Bandagen (vom Kronsaum bis zum Vorderfußwurzelgelenk bzw. Sprunggelenk)
– bei beschlagenen Pferden eventuell Stollen entfernen.

Beim Pferdetransport unterscheidet man zwei Fahrzeugtypen:

Der Pferdeanhänger wird an ein dafür geeignetes Kraftfahrzeug angehängt. Das Auto mit Anhängerkupplung muß als Zugfahrzeug zugelassen sein, das heißt das nötige Gewicht und die erforderliche Leistung aufweisen. Über ein Kabel müssen Brems-, Blink- und Warnblinklichter auf den Anhänger übertragen werden. Ein gut lesbares Nummernschild muß ebenfalls an der Rückseite des Hängers angebracht sein.

1. Der Ein-Pferde-Hänger kann einachsig sein. Dieser Typ ist allerdings kaum noch in Gebrauch, da er

seine Stützlast auf das Auto überträgt, an diesem große Verschleißerscheinungen hervorruft und das Pferd neben der Zentrifugalkraft auch noch Schwankungen nach vorne und hinten während der Fahrt ausgleichen muß. Üblich ist auch für Einpferde- oder »Anderthalb«pferdehänger die Doppelachse, die dem Anhänger ein eigenes, stabiles Gleichgewicht verleiht. Dieser Typ kommt für Pferdebesitzer in Frage, die auf längere Sicht immer nur ein Pferd befördern wollen oder deren Zugfahrzeug nur für ein Pferd zugelassen ist.

2. Der Zwei-Pferde-Hänger ist immer doppelachsig und das häufigste Pferdetransportfahrzeug, da man sowohl ein Pferd als auch zwei Pferde mit gleichbleibendem Aufwand transportieren kann. Es gibt ihn in den verschiedensten Abmessungen und Ausführungen mit Plane oder mit »Hard-Top«. Er ist mit einer versetzbaren Trennwand ausgestattet. Dies erleichtert das Hineinführen unerfahrener Pferde. Auch wenn nur ein Pferd transportiert wird, sollte die Trennwand festgesetzt werden, um den seitlichen Spielraum für das Pferd zu begrenzen und es in scharfen Kurven durch die Wände abzufangen.

Im Anhänger stehen die Pferde grundsätzlich mit dem Kopf zur Fahrtrichtung.

Der aufwendige **Pferdetransporter,** Zugmaschine und Transportraum in einem Fahrzeug, lohnt sich nur für Personen oder Betriebe, die regelmäßig mehr als zwei Pferde transportieren wollen. Dieses Spezialfahrzeug wird ausschließlich zur Pferdebeförderung hergestellt.

Die Pferde stehen meist quer zur Fahrtrichtung und werden durch Stangen voneinander abgetrennt.

In allen Transportfahrzeugen muß der Boden, einschließlich der Verladerampe, stabil und rutschfest sein, Gummimatten dämpfen das Auftreten und verhindern ein Ausrutschen. Die Seitenwände müssen glatt und nach Möglichkeit mit einer Abpolsterung versehen sein. Heunetz und Innenbeleuchtung gehören ebenso selbstverständlich zu einem Pferdehänger wie Türöffnungen, Haken und Verschlüsse, die so angebracht sind, daß Verletzungen bei Mensch und Tier weitgehend ausgeschlossen werden können. Seitenfenster und Belüftungseinrichtungen sorgen ebenfalls für eine angenehme Fahrt.

Fahrweise beim Pferdetransport

Ein behutsamer Fahrstil trägt dazu bei, die Nerven der Pferde während der Fahrt zu schonen und Verletzungen zu vermeiden. Je unerfahrener oder aufgeregter ein Pferd ist, desto vorsichtiger muß gefahren werden, denn es wirken in jeder Kurve Zentrifugalkräfte auf das Pferd ein, die es ausbalancieren muß; es muß aber auch Bremsung, Beschleunigung und Bodenunebenheiten ausgleichen. Nach einigen ruhigen Übungsfahrten wird ein Pferd diese Aufgabe spielend meistern, so daß dann auch etwas flüssiger gefahren werden kann.

Wenn ein unerfahrenes Pferd bei den ersten Fahrten nach links oder nach rechts, vor und zurück und nach oben geschleudert wird, ohne zu wissen, wie ihm geschieht, kann es leicht passieren, daß es nie wieder einen Hänger betreten wird.

Eine ruhige und vernünftige Fahrweise ist gekennzeichnet durch
– behutsames Anfahren
– sehr vorsichtigen Einsatz der Bremsen (Ausrollen)
– langsame Kurvenfahrten.

Hört man das Pferd im Hänger trampeln, treten und unruhig werden, muß die Geschwindigkeit zunächst vermindert werden, um dem Pferd die Einstellung auf die Fahrt zu ermöglichen.

Der Fahrer muß sich aber auch darüber klar sein, daß die veränderte Fahrweise Auswirkungen auf die Verkehrssicherheit hat:
– Brems- und Beschleunigungsweg sind wesentlich länger
– der Anhänger ist eventuell breiter als das Zugfahrzeug
– Auto und Hänger haben zusammen eine beträchtliche Länge
– der Anhänger fährt einen kleineren Kurvenradius
– der Hänger kann ins Schleudern geraten und das Lenkverhalten des Autos verändern.

Aus diesen Gründen sollte ein Überholen möglichst vermieden werden.

Deshalb ist auch eine Geschwindigkeitsbegrenzung von 80 km/h vorgeschrieben, außerdem dürfen Pferdeanhänger nicht mit Gegenständen beladen gefahren werden.

Bevor man zum ersten Mal ein Pferd transportiert, ist es ratsam, sich mit dem Rückwärtsfahren, mit Wendemanövern, mit dem Anfahren am Hang usw. **mit Anhänger** vertraut zu machen, um sich vor unliebsamen Überraschungen zu schützen.

Am Ankunftsort sollte man vor dem Abstellen des Transportfahrzeugs folgendes bedenken:
– Anfahren beim Rücktransport ist auf geradem oder leicht abschüssigem Weg am leichtesten.
– Man sollte so parken, daß man genug Raum für

andere läßt, keinen behindert oder mehr Platz als nötig in Anspruch nimmt; andererseits darf man nicht Gefahr laufen, eingekeilt zu werden, oder sich nur durch knifflige Rangiermanöver aus der Parklücke befreien zu können.
- Es ist schlecht, den Anhänger auf nicht befestigtem Untergrund abzustellen, obwohl solche Parkplätze (Wiesen, Felder, Straßenränder usw.) oft zugewiesen werden. Wenigstens das Zugfahrzeug sollte auf festem Boden stehen. Es ist für einen normalen Pkw mit Zweiradantrieb nahezu unmöglich, einen Pferdehänger aus einem feuchten, tiefen Acker oder aus einer verschlammten Wiese (Regenwetter) zu ziehen.
- Wird der Pferdeanhänger auf stark abschüssigem Gelände abgestellt, so empfiehlt es sich, Keile unter die Räder zu schieben.

Der Zielort und die Transportdauer

Aufgaben, Erlebnisse und Eindrücke am Zielort haben entscheidenden Einfluß darauf, ob sich ein Pferd gerne verladen läßt.

In einer fremden Umgebung muß sich ein Pferd ganz neu orientieren. Gerüche, Geräusche und Perspektiven sind dem Pferd fremd, der Untergrund ist ihm nicht vertraut. Es trifft auf andere Pferde, mit denen die Rangordnung nicht geklärt ist, unbekannte Menschen verwirren es.

Schwere und ungewohnte Aufgaben, die das Pferd eventuell körperlich oder nervlich überfordern, verbinden sich in der Erinnerung des Pferdes mit dem Transport und setzen sich nachhaltig in seinem Gedächtnis fest.

Hektik, Nervosität und Streß bei seinen »Vertrauenspersonen« übertragen sich auf das Pferd besonders in fremder Umgebung. Daher sollte der erste Transport eine Übungsfahrt sein, am besten nur einige Kilometer, mit Ein- und Ausladen am Heimatstall. Zeigt das Pferd dabei keinerlei Unruhe mehr, ist es ratsam, zunächst ein nahes, für das Pferd angenehmes Ziel anzusteuern, beispielsweise eine entlegene Weide oder ein schönes Ausreitgelände, bevor man das Pferd mit Transport **und** Anforderungen konfrontiert. Das Pferd muß also behutsam an den Transport gewöhnt werden.

Abb. 85. Verladen eines Pferdes.

Ist der Transport für das Pferd selbstverständlich geworden, verbindet es Negativerlebnisse (z. B. Tierklinik) auch nicht mehr mit dem Anhänger.
Man kann die Transportdauer dann auf bis zu acht Stunden steigern. Allerdings sollten regelmäßig Pausen eingelegt werden, in denen sich das Pferd bewegen kann.
Aufgaben an anderen Orten sollten dem Pferd Spaß machen, es sollte nicht mehr leisten müssen, als es gewöhnt ist. Schließlich muß man sich bewußt sein, daß ein Pferd in fremder Umgebung besonders auf die Ruhe und Ausgeglichenheit seines »Vertrauten« angewiesen ist.

5.3.5 Bewegen

Die Fortbewegung gehört zu den lebensnotwendigen Grundbedürfnissen des Lauftieres Pferd. Wer Pferde hält und pflegt, muß daher über ausreichenden und geeigneten Raum und über entsprechende reiterliche Fähigkeiten verfügen, um sie möglichst im Sinne der Nutzungsrichtung, wie beispielsweise Rennen, Springen, Dressur, Vielseitigkeit oder Fahren, bewegen zu können.
Bei intensiver Ausbildung und regelmäßigem Training spricht man von »Arbeiten« mit dem Pferd. Diese Arbeit erfordert viele Fertigkeiten, Kenntnisse und Erfahrungen.
Die Ausbildung des Pferdes zum Galopper, Traber, Spring- und Dressurpferd usw. oder der Einsatz als Zuchtpferd macht die verschiedenen Schwerpunkte des Ausbildungsberufes »Pferdewirt« aus. Der Rahmen des vorliegenden Buches würde gesprengt, wenn es auf die speziellen Richtlinien der einzelnen Nutzungsrichtungen eingehen würde.
Absicht ist vielmehr, Grundlagenwissen zu vermitteln, das für alle Schwerpunktbereiche des Berufes gleichermaßen erforderlich ist.

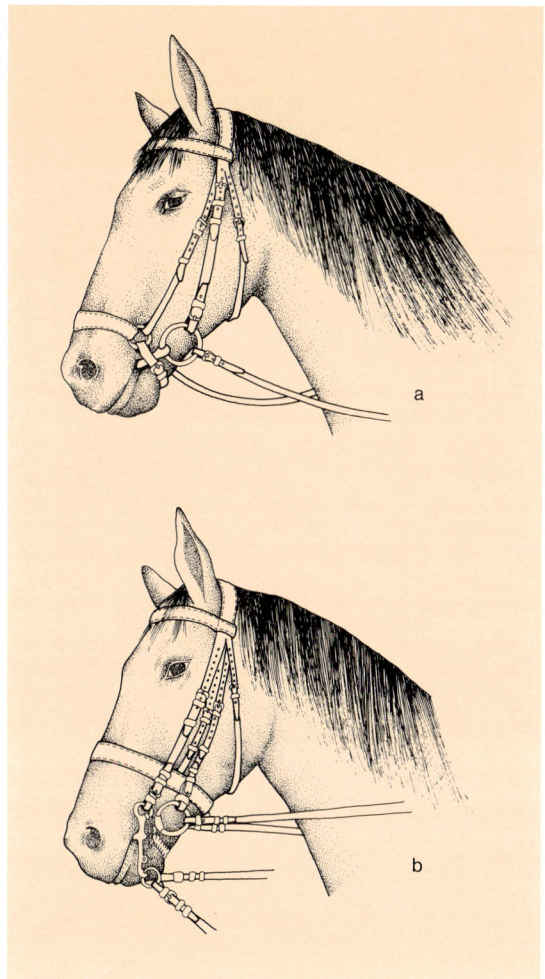

Abb. 86. Zaumzeug. a = Trense mit hannoverschem Reithalfter, b = Kandare.

5.3.5.1 Zaumzeug, Sattel und Pferdegeschirr

Um gezielt und richtig auf das Verhalten des Pferdes bei der Arbeit oder dem Bewegen einwirken zu können, ist eine entsprechende Ausrüstung nötig. Diese läßt sich grob einteilen in Zäumung, Sattel und Pferdegeschirr.

Die Zäumung

Die einfachste Form der Zäumung ist das **Halfter**. Es besteht aus dem sogenannten **Kopfstück**, dem **Nasenriemen** und dem **Kinnriemen**. Der Nasenriemen sollte vier Finger breit über dem Nüsternrand auf dem Nasenrücken liegen. Der Kinnriemen ist beim Reiten so weit anzuziehen, daß ein Kauen des Pferdes, aber kein Aufsperren möglich ist. Man unterscheidet verschiedene Reithalfter: das hannoversche, englische und mexikanische Reithalfter. Der Einwirkungsgrad auf das Pferd ist immer verhältnismäßig gering.
Deshalb verschnallt man das Reithalfter in Verbindung mit der **Trense**. Die Trense besteht aus dem **Genickstück**, dem **Stirnriemen**, dem **Kehlriemen**, den beiden **Backenstücken**, den beiden **Trensenringen**, den **Zügeln** und dem **Gebiß**. Letzteres ist der wesentliche Bestandteil der Trense, alle übrigen die-

nen mehr oder weniger der Unterstützung seiner Funktionstüchtigkeit und der richtigen Einstellung und Anpassung an den Pferdekopf. Das Gebiß übt einen Druck auf die empfindliche Stelle zwischen den Haken- und Backenzähnen aus. Dicke und gebrochene Gebißstücke wirken schonender als dünne und starre. Damit der Druck des Mundstückes nicht einzig auf der Zunge lastet, sondern auch auf den Laden, sind die Gebisse außen breiter (16 mm) als innen. Das Angebot an verschiedenen Gebißformen ist außerordentlich breit gefächert. Grundsätzlich muß festgehalten werden, daß ein schärferes Gebiß nur in die Hand eines erfahrenen Reiters gehört. Außerdem sind nicht alle Gebißformen nach der Leistungsprüfungsordnung (LPO) der Deutschen Reiterlichen Vereinigung (FN) erlaubt.

In Verbindung mit einer Unterlegtrense findet in der weitergehenden Dressurausbildung die **Kandare** Verwendung. Sie besitzt neben den Teilen der Trense noch zusätzlich die **Kandarenbackenstütze,** das **Kandarengebiß,** die **Kinnkette,** die **Kinnkettenhaken** und die **Kandarenzügel.** Das Kandarengebiß ist ungebrochen mit einer in der Mitte befindlichen Wölbung (Zungenfreiheit), die die richtige Zungenlage garantiert. Der Einwirkungsgrad der Kandare ist größer als der der Trense, da das Zusammenwirken von Gebiß, Kinnkette und Anzügen den Kandarenzügeln eine enorme Hebelwirkung ermöglicht. Die Höhe der Hebelkraft kann durch das Spannen der Kinnkette reguliert werden.

Im Fahrsport verwendet man spezielle Kandaren, meist die Postkandare (Sielen- und Brustblattanspannung) oder die Liverpool-Kandare (Kummet-Anspannung).

Der Sattel

Einen festen Sitz hat man auf dem Pferderücken auch ohne eine Unterlage. Diese Art zu reiten beansprucht aber die Muskulatur und das Knochengerüst des Menschen stark. Der Sattel dient somit in erster Linie dem bequemen Sitz des Reiters. Dabei soll er auch die Sicherheit fördern, das Einwirken der Hilfen des Reiters erleichtern und das Gewicht des Reiters gleichmäßiger auf den Pferderücken übertragen.

Der Sattel wird gebildet aus dem **Innengerüst** und den hierauf befindlichen Bestandteilen. Das Innengerüst, auch Sattelbaum genannt, kann aus Holz oder Kunststoffen und Glasfiber bestehen. Die Ausprägung des Innengerüstes macht die Form des Sattels aus und bestimmt, ob der Sattel paßt oder nicht. Hohe Anforderungen werden an die Belastbarkeit,

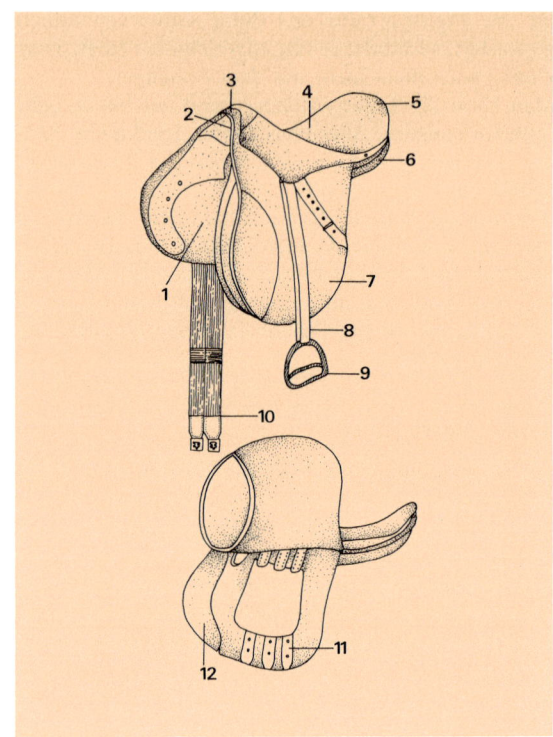

Abb. 87. Bestandteile des Sattels. 1 = Schweißblatt, 2 = Sattelkammer, 3 = Vorderzwiesel, 4 = Sitzfläche, 5 = Hinterzwiesel, 6 = Sattelpolster, 7 = Sattelblätter, 8 = Steigbügelriemen, 9 = Steigbügel, 10 = Sattelgurt, 11 = Gurtenstrupfen, 12 = Sattelpausche.

Elastizität und Haltbarkeit gestellt, andererseits wirkt ein geringes Gewicht schonend für das Pferd. Weitere Bestandteile des Sattels sind:
– Sattelkammer (Wölbung des Sattels zur Schonung des Widerrists)
– Vorderzwiesel (äußerer Teil der Sattelkammer)
– Schweißblatt (unteres Leder)
– Sattelblatt (oberes Leder)
– Sitzfläche
– Hinterzwiesel, Sattelkranz (hintere Begrenzung der Sitzfläche)
– Pauschen (Aufpolsterung am vorderen Teil des Sattelblattes)
– Sattelgurtstrupfen (Befestigungsriemen zwischen Schweiß- und Sattelblatt)

Farbtafel 3
Ein- und Zweispänner. Oben: Buggy,
Mitte links: Friesenkarre bzw. Dogcart, Mitte rechts:
Jagdwagen, unten: Sulky.

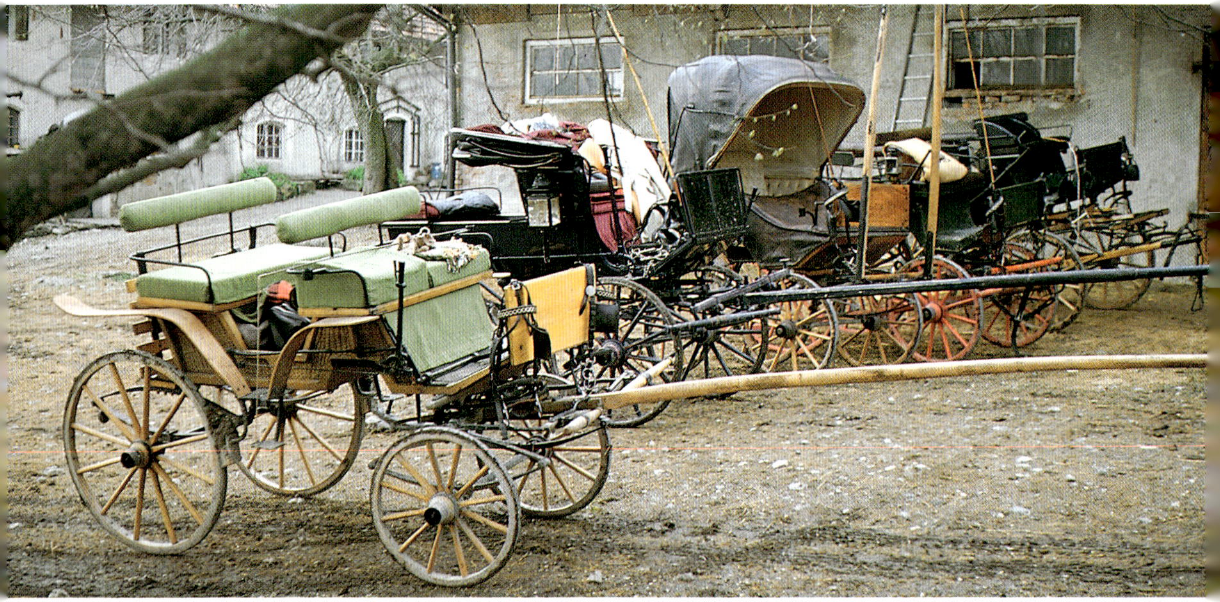

AUSSTELLUNG - WE
ANDWIRTSCH

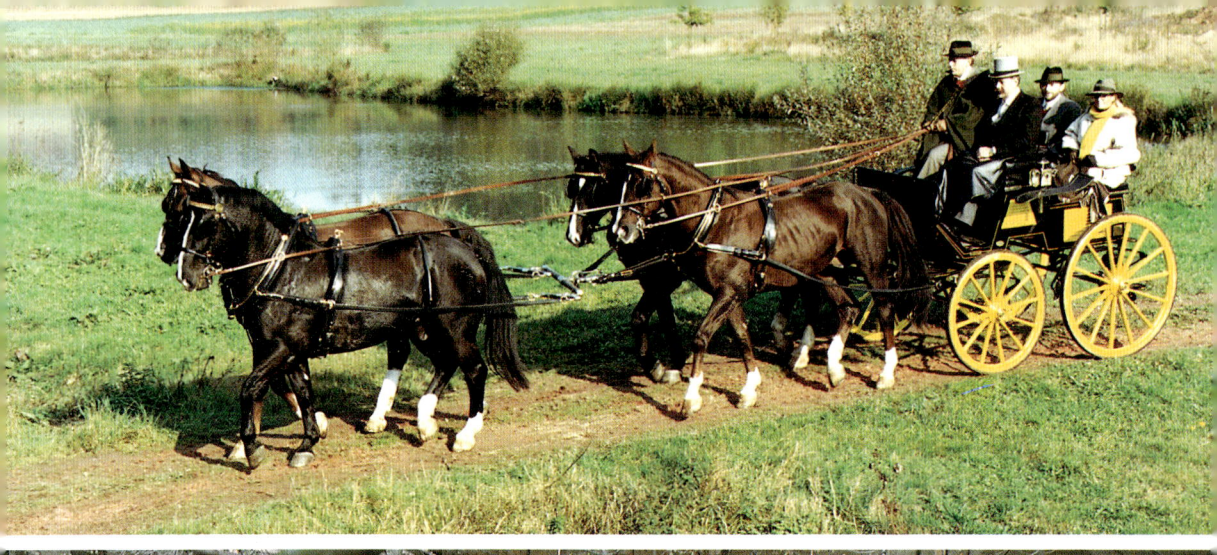

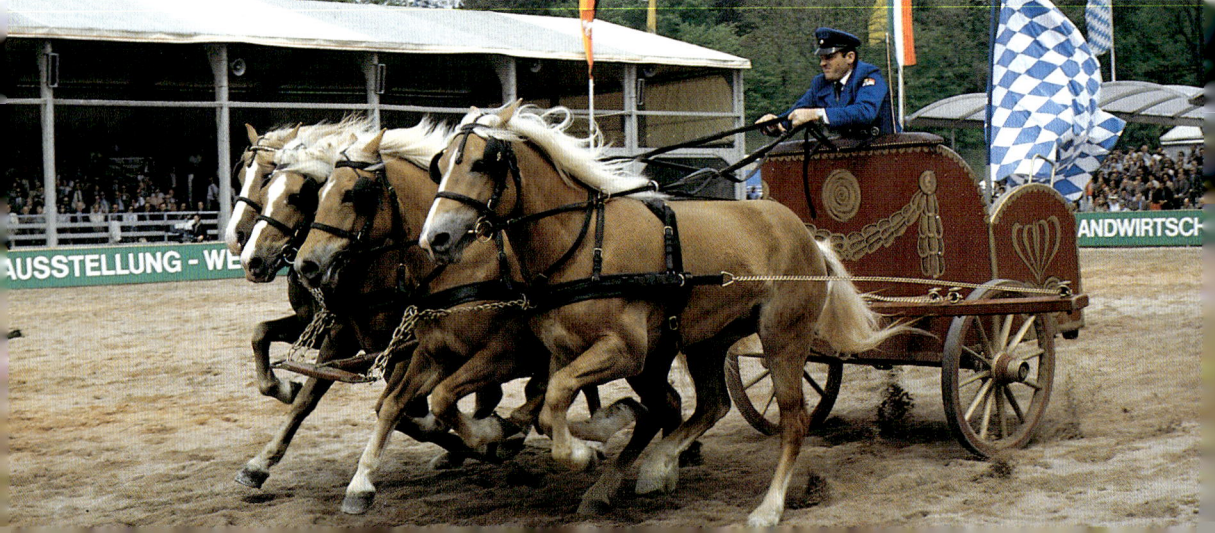

- Sattelgurt
- Steigbügelriemen
- Steigbügel

Der Sattel muß dem Pferd und dem Reiter angepaßt sein. Die größte Bedeutung kommt hierbei dem gut sitzenden Sattelbaum zu. Die Sattelkammer muß genügend Freiheit bieten (besonders bei neuen Sätteln), drei bis vier Finger Abstand zwischen Widerrist und Vorderzwiesel. Die Trachten des Innengerüstes müssen auf der Rückenmuskulatur gut aufliegen, sie dürfen nicht einschnüren. Die Sitzfläche des Sattels ist der Gesäßgröße und die Sattelblätter sind der Beinlänge des Reiters anzupassen.

Letzteres gilt auch für die Länge der Bügelriemen. Bügelriemen wie auch Sattelgurtstrupfen und Sattelgurt müssen von höchster Qualität sein, da sie wesentliche Sicherheitsfaktoren darstellen. Genähte, ausgelaugte oder angerissene Lederriemen gefährden Pferd und Reiter. Auch der Steigbügel ist nach Sicherheitsaspekten auszusuchen. Er muß in der Größe so gewählt werden, daß jederzeit ein schnelles, leichtes Herausziehen der Reitstiefel möglich ist. Darüber hinaus ist zu bedenken, daß ein größerer, schwerer Bügel nach einem Ausgleiten wieder leichter aufzunehmen ist.

Da bei den verschiedenen Pferdesportarten die Einwirkung und der Sitz des Reiters unterschiedlich sind, gibt es somit auch unterschiedliche Sattelformen:

Der **Dressursattel** hat meistens eine knappe Sitzfläche, aber lange, dünne, kaum aufgepauschte Sattelblätter. Hierdurch wird ein gestreckter Sitz mit tiefliegendem Knie und langen Unterschenkeln ermöglicht, was zu einem sehr guten Kontakt zwischen Reiterschenkel und Pferdeleib beiträgt.

Der **Springsattel** besitzt ein vorgezogenes Sattelblatt mit kräftigen Pauschen, da der Springreiter mit stärker gewinkeltem Knie und kürzeren Bügeln reitet. Die Sitzfläche kann größer als beim Dressursattel sein.

Beim **Vielseitigkeitssattel** liegt eine Mischung aus den beiden vorgenannten Arten vor. Da er sich mit Einschränkungen sowohl in der Dressur als auch im Springen einsetzen läßt, ist er am häufigsten verbreitet.

Farbtafel 4
Das Fahren erfreut sich zunehmender Beliebtheit sowohl als Freizeit- und Turniersport als auch auf Showveranstaltungen.

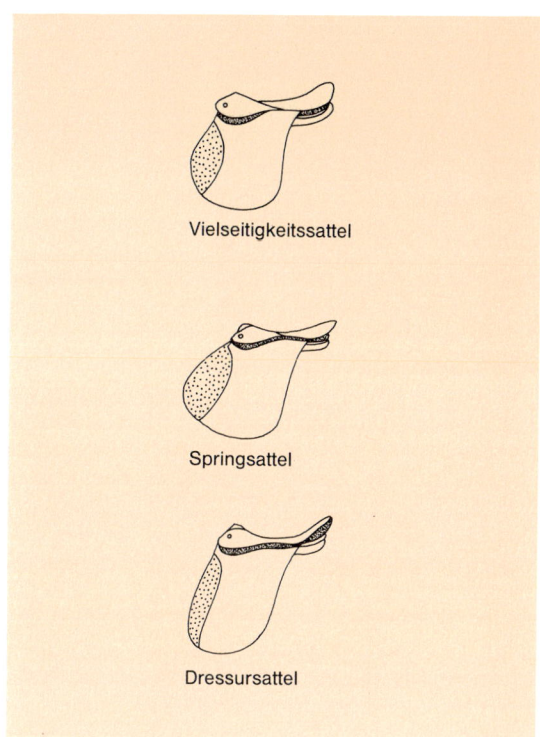

Abb. 88. Sattelarten.

Die leichteste Sattelart ist der **Rennsattel** mit ca. 1500 g Gewicht. Dies erreicht man nur, wenn alle Bestandteile so knapp wie möglich bemessen werden. Die Sattelblätter sind kurz, die Sitzfläche ist klein, der Sattelbaum ist flach, wenn er überhaupt vorhanden ist. Der Sattelgurt ist schmaler und nur mit einer Schnalle versehen, so daß auch nur eine Strupfe erforderlich ist. Zum Rennsattel gehört die Renndecke aus leichtem Baumwollstoff.

Auch bei den anderen Sattelarten finden Sattelunterlagen Verwendung. Leichtere Unterlagen wie Filz, Baumwoll- oder Kunststoffdecken gewähren noch einen befriedigenden Schenkel- und Gesäßkontakt, wirken andererseits jedoch nicht so intensiv Wundscheuerungen, Druckstellen und Abschürfungen entgegen, wie z. B. Lammfellunterlagen.

Das Pferdegeschirr

Wird das Pferd zum Ziehen eines Wagens oder anderer Arbeitsgeräte eingesetzt, so benötigt man hierzu ein passendes Pferdegeschirr. Unterschiede im Detail bestehen zwischen Einspänner-, Zweispänner- und Vierspännergeschirren. Verschieden im Aufbau sind dagegen das Sielen- und das Kumtgeschirr. An alle Geschirrarten werden die gleichen Anforderungen gestellt: Beste Ausnutzung der Zugkraft des Pferdes, Sicherheit und Bequemlichkeit für Fahrer, Mitfahrer und Pferd.

Wesentlicher Bestandteil des **Sielengeschirres** ist das Brustblatt, ein ca. 10 cm breiter Lederriemen, der um den Bug des Pferdes geführt wird. Es muß knapp über der Buggelenkspitze liegen. Verläuft es höher, könnte die Luftröhre verengt werden, liegt es zu tief, wird Druck auf den Oberarm ausgeübt. Mit Halsriemen und Halskoppel kann die richtige Lage eingestellt werden, Die Zugkraft des Brustblattes wird in Verlängerung auf die Zugstränge übertragen. Das notwendige Verbindungsstück stellt das Kammkissen oder der Kammdeckel dar. Es soll unmittelbar hinter dem Widerrist liegen. An ihm ist auch der Schweifriemen befestigt. Zum Sielengeschirr gehört meist die Doppelringtrense. Das Sielengeschirr wird eher für leichte Wagen und Arbeiten sowie bei kleinen und mittleren Pferden eingesetzt.

Während beim Sielengeschirr das Pferd mehr mit der Brust zieht, wird beim **Kumtgeschirr** die Last auf die Schulter übertragen. Demzufolge muß das Kumtkissen auf den Schultern aufliegen. Es muß individuell ausgesucht werden, da eine nachträgliche Anpassung wie beim Sielengeschirr nicht möglich ist. Die Kraftübertragung vom Kumtkissen auf die Zugstränge erfolgt über zwei Strangstutzen, die am Kumtbügel befestigt sind. Über den Sprungriemen wird das Kumtkissen am Kammkissen-Bauchgurt befestigt und in der richtigen Lage gehalten. Auch hier ist der Schweifriemen mit der Metze am Kammkissen angebracht. In der Regel ist das Kumtgeschirr schwerer als das Sielengeschirr, demzufolge wird es auch eher für schwerere Arbeiten bzw. Arbeiten am Hang oder am Berg eingesetzt. Beim Kumtgeschirr wird mit Kandare gefahren. Die Kopfgestelle bei beiden Anspannungsarten besitzen Backenstücke mit Scheuklappen, die sich mit Hilfe der Blendriemen richtig einstellen lassen.

Natürlich gehört zu jedem Geschirr auch eine Leine. Als zweckmäßigste Leine wird von allen Experten die »Achenbach-Leine« empfohlen, die je nach Größe des Pferdes verschieden verschnallt werden kann, was auch während des Fahrens möglich ist, so daß der Fahrer darüber hinaus auch auf das jeweilige Temperament der Pferde eingehen kann.

Zaumzeug, Sattel und Pferdegeschirr bedürfen einer regelmäßigen Pflege und Kontrolle (s. Seite 170). Die Ausrüstung des Pferdes muß dem hohen Sicherheitsanspruch des Menschen gerecht werden. Unachtsamkeit und Nachlässigkeit führen schnell zu folgenschweren Unfällen. Weiterhin bleibt zu bedenken, daß durch die Pflege des Lederzeugs das gute Aussehen und der beträchtliche Wert der Ausrüstung erhalten werden.

> **Zur Wiederholung und Vertiefung**
> 1. Was zählt zur Ausrüstung des Pferdes im Ausbildungsbetrieb?
> 2. Unterscheiden Sie verschiedene Arten der Zäumung nach ihrem Aufbau und ihrer Funktionsweise.
> 3. Wie ist ein Sattel aufgebaut?
> 4. Worin unterscheiden sich die verschiedenen Sattelarten?
> 5. Welche Hauptaufgaben hat ein Pferdegeschirr zu erfüllen?
> 6. Beschreiben Sie den Aufbau des Brustblattgeschirrs und des Kumtgeschirrs.

5.3.5.2 Arbeit ohne Reiter

Die Arbeit mit dem Pferd beginnt schon im jungen Fohlenalter, denn früh erworbene Fähigkeiten ermöglichen nicht nur den problemlosen Umgang mit dem Fohlen, sondern erlauben es auch dem älteren Pferd, sich in der Ausbildung nur auf die neuen Aufgaben zu konzentrieren. Außerdem wird die Eingewöhnungsphase in einer fremden Umwelt erleichtert. Ein Fohlen sollte bereits
– vertraut sein mit dem Halfter
– sich putzen
– Hufe aufnehmen
– verladen
– und führen lassen.

Alle Fähigkeiten können nur mit viel Geduld und Ruhe anerzogen werden. Diese zeitaufwendige Arbeit führt jedoch zur gewünschten Vertrauensbasis zwischen dem Pferd und seinem Pfleger.

Das Führen

Die notwendige Voraussetzung für den erfolgreichen Umgang mit Pferden ist, daß sie sich gut führen lassen. Der Führer geht dabei links neben dem Pferd

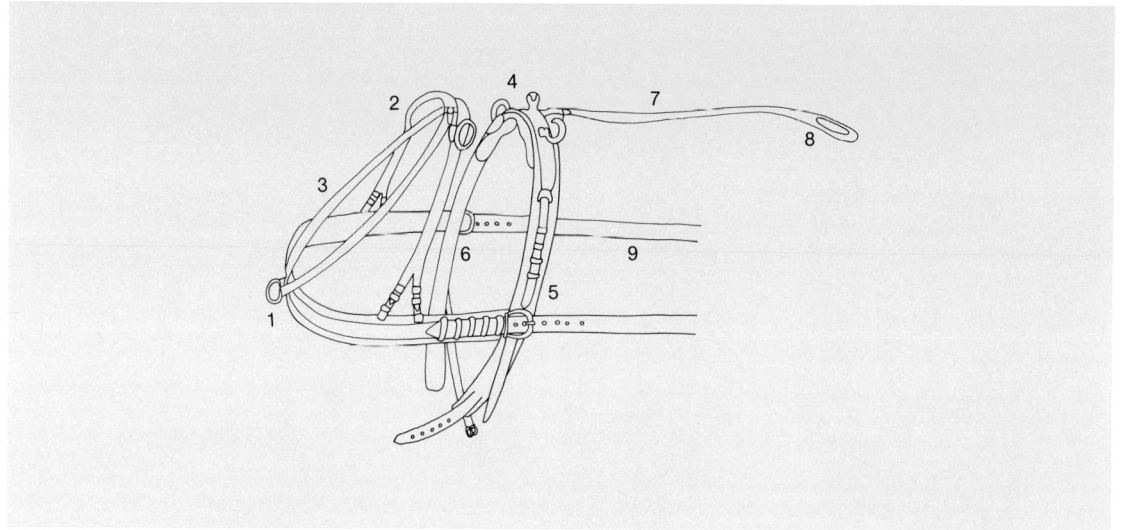

Abb. 89. Sielen- oder Brustblattgeschirr. 1 = Brustblatt mit Aufhaltering, 2 = Halsriemen mit Leinenauge, 3 = Halskoppel, 4 = Kammdeckel mit Leinenösen, 5 = Kammkissengurt, 6 = Bauchgurt, 7 = Schweifriemen, 8 = Schweifmetze, 9 = Zugstränge.

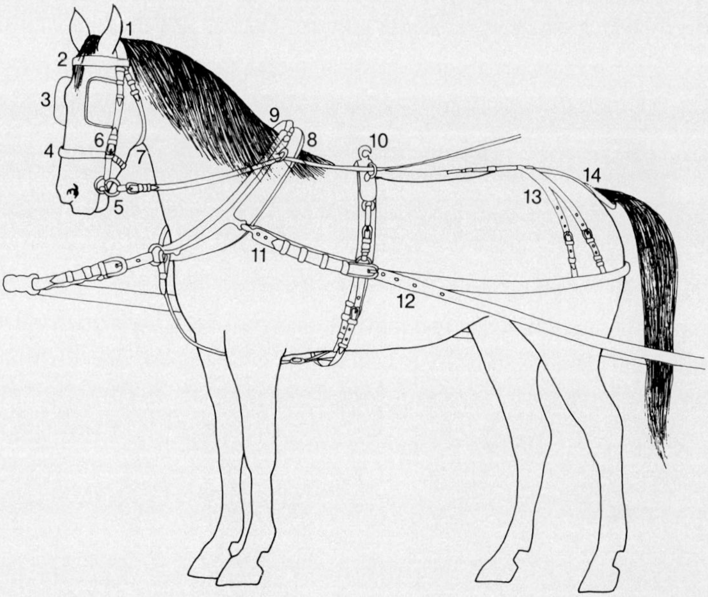

Abb. 90. Kumtgeschirr Einspänner. 1 = Blendriemen, 2 = Stirnband, 3 = Scheuklappen, 4 = Nasenriemen, 5 = Ellenbogenkandare, 6 = Backenstück, 7 = Kehlriemen, 8 = Kumtgürtel, 9 = Kumtbügel mit beweglichen Leinenaugen, 10 = Selette mit Schweifriemen und Leinenringe, 11 = Strangstutze, 12 = Tragegurt, 13 = Schlagriemen, 14 = Schweifmetze.

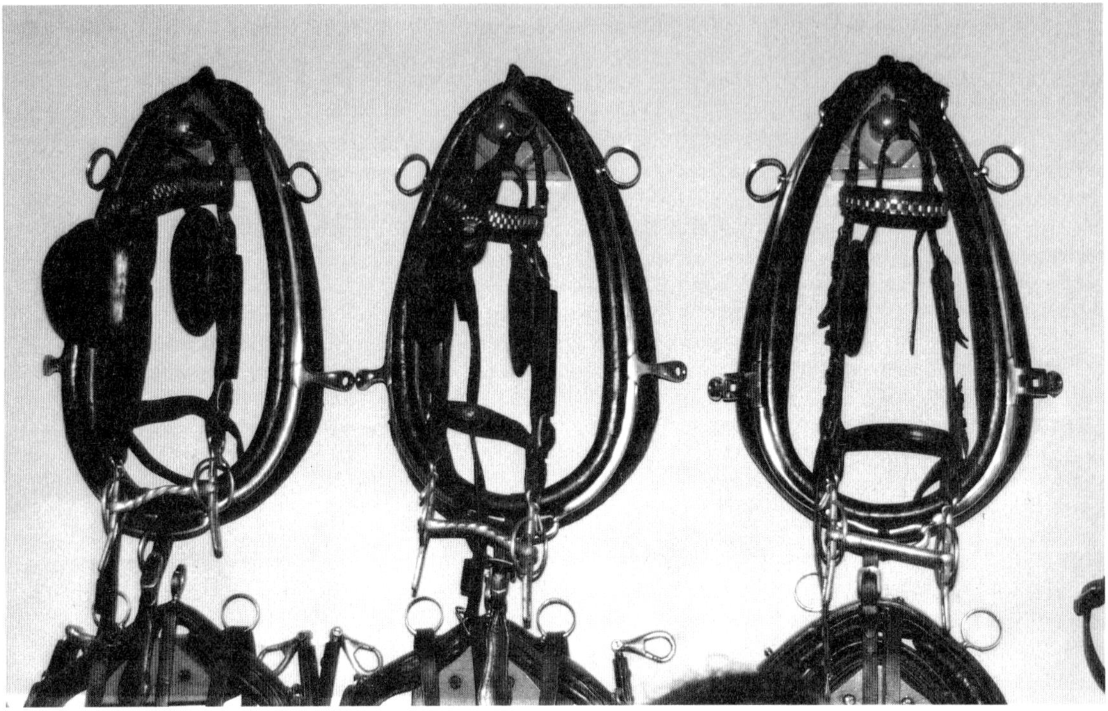

Abb. 91. Die ordentliche Aufbewahrung des Geschirres schont das Material und erleichtert die Arbeit.

Abb. 92. Das Führen von Pferden gehört zu den häufigsten Tätigkeiten des Pferdewirts.

in Kopfhöhe und hält den Führzügel zusammengelegt in der rechten Hand. Die Hand darf nicht in den Zügel hineingeschlungen sein, da bei einem plötzlichen Aufschrecken des Pferdes die Hand eingeschnürt werden kann und somit große Verletzungsgefahr besteht (Brandwunden durch Reibungshitze, Fingerabrisse, Quetschungen, Zerrungen, Knochenbrüche). Wendungen des Pferdes sollten stets nach rechts durchgeführt werden, da der Pferdepfleger so besser die Kontrolle über das Tier behält und außerdem ein Aufsetzen der Hufe auf die Füße des Führers vermieden wird, wie es bei Linkswendungen möglich ist. Der Führende erhebt zum Abwenden seine **linke** Hand in Augenhöhe des Pferdes und weist damit dem Pferd die Richtung. Zum ordnungsgemäßen Führen gehört je nach Temperamentslage des Tieres ein passendes, stabiles Halfter, eine Trense oder ein Steiggebiß, immer jedoch ein Führ- oder Trensenzügel. Geführt wird am kurzen bis mittellangen Zügel, wobei erkenntlich werden soll, daß das Pferd frei auf die Stimme gehorcht. Ein gut erzogenes Pferd läßt sich in ruhigem oder fleißigem Schritt und im Trab geradeaus oder in der Wendung vorstellen; es hält auf leichten Zügelanzug an oder tritt zurück; es beherrscht ein paar Tritte seitwärts und eine Vorhandwendung. Der längere Zügel ist beim Abführen und Trockenführen nach der Arbeit erlaubt.

Das Führen von Pferden gehört zu den häufigsten Tätigkeiten des Pferdewirts. Hierbei zählt nicht nur das tägliche Bringen vom Stall zur Weide oder zur Trainingsbahn, sondern auch das Vorstellen und Vorführen bei Gesundheitskontrollen, bei Zuchtschauen, bei Prüfungen, bei Körungen etc. (s. Seite 85). Am richtigen Führen erkennt man schon den guten Pferdewirt, sein Einfühlungsvermögen, seine Entschlossenheit und sein Selbstvertrauen gegenüber Pferden.

Vor der eigentlichen Ausbildungsphase kann auch schon die Gewöhnung an weitere Ausrüstungsbestandteile stehen, wie z. B. Zaum- und Sattelzeug. Da dies völlig fremde Dinge für das junge Pferd sind, sollte nur eine Person hiermit beauftragt werden, zu der das Pferd Vertrauen hat. Man kann diese Dinge bei den täglichen Arbeiten mit in die Box nehmen, so daß Schnupperkontakt möglich ist. Die Trense muß schonendes Gebiß haben. Wenn es mit Heu umwickelt ist, ist die Aufnahme beim ersten Mal leichter.

Es ist strittig, ob der Sattel das erste Mal in der vertrauten Umgebung der Box oder in der Halle beziehungsweise dem Reitplatz aufgelegt werden soll. Wenn Pferde nach dem Aufsatteln losstürmen, besteht im Stall Verletzungsgefahr.

Ist der Sattel akzeptiert, wird der Gurt angelegt und im Laufe der Zeit erst allmählich angezogen, um ein Aufblähen und den Sattelzwang (Angstgefühl, bei dem das Pferd leicht steigt oder sich zu Boden wirft) zu vermeiden.

Das Longieren

Der Arbeit an der Longe (französisch: Leine) kommen verschiedene Aufgaben zu:
- Festigung des Vertrauensverhältnisses zwischen Mensch und Pferd
- Vorbereitung junger Pferde
- Lösen älterer Pferde
- Gymnastizieren der Pferde
- Bewegen von Pferden mit Verletzungen (z. B. Satteldruck) oder Erkrankungen (z. B. Hautausschlag)
- Korrektur von Gangfehlern
- Anfänger-Reitunterricht
- Sitzkorrektur bei fortgeschrittenen Reitern
- Voltigieren

Das Longieren kann auf jedem ebenen Platz in der Halle oder im Freien stattfinden.
Für das Longieren sind folgende Ausrüstungsbestandteile erforderlich:
- Trense, nach Möglichkeit mit Kappzaum
- Ausbindezügel
- Longiergurt
- Longe (7,00 bis 8,50 m)
- Longierpeitsche

Um jungen Pferden das Longieren beizubringen, ist eine Longierhalle oder ein fester Longierzirkel ideal. Steht eine solche Anlage nicht zur Verfügung, sollte man einen Zirkel durch Strohballen, Bodenricks oder Fänge abgrenzen.

Beim Anlongieren werden die Pferde die ersten Male nicht ausgebunden, denn sie sollen zunächst nur lernen, auf dem Zirkel zu gehen; die Longe kann in das Stallhalfter geschnallt werden. Wird das Pferd später mit Trense longiert, schnallt man die Longe bei jungen Pferden durch den Trensenring **und** durch den Kinnriemen (der Zug der Longe wirkt so nicht allein auf das Gebiß ein). Ideal ist ein Kappzaum zum Anlongieren junger Pferde.

Später wird das Pferd ausgebunden. Die Ausbindezügel werden hierzu durch den mittleren Ring des Longiergurtes oder durch die ersten beiden Strippen des Sattelgurtes und in die Trensenringe geschnallt, und zwar so lang, daß das Pferd sie im Halten gar

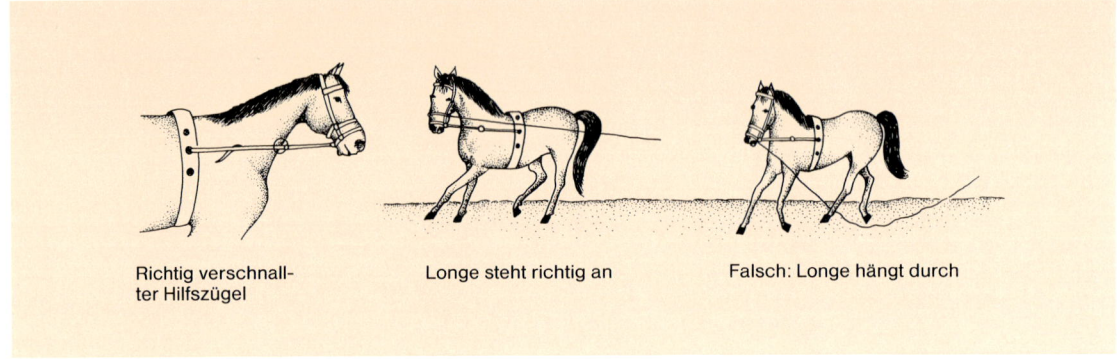

Abb. 93. Longieren.

nicht bemerkt, sondern die Zügel nur spürt, wenn es den Kopf weit vor die Senkrechte streckt.

Die Longe muß mindestens sieben Meter lang sein, die Schnur der Longierpeitsche sollte das Pferd bei Bedarf erreichen. Da die meisten Pferde lieber auf der linken Hand gehen und die Pferde auch an Führen und Satteln von links gewöhnt sind, beginnt man auch beim Longieren auf der linken Hand.

Ein Helfer führt das Pferd im Schritt auf dem Kreisbogen des Zirkels. Wenn das Pferd seine neue Aufgabe verstanden hat, tritt er allmählich zurück in die Mitte des Kreises. Der Longenführer selbst bleibt immer in der Mitte des Zirkels stehen. Er vermeidet so Stehenbleiben, Kehrtwendungen und Abweichen des Pferdes vom Kreisbogen.

Die Longe soll in einer ständigen, gleichmäßigen Verbindung zum Pferdemaul anstehen und darf nicht durchhängen.

Wenn das Pferd bei ersten Trabversuchen davonstürmt, beruhigt der Longenführer mit der Stimme und nimmt die Longe leicht an. Junge Pferde ermüden rasch; man braucht es nicht auf einen Kampf ankommen zu lassen.

Wollen die Pferde nach außen ausbrechen, treibt man energisch mit Stimm- und Peitschenhilfen in die Vorwärtsbewegung. Wenn die Pferde nach innen drängen und in einem immer kleiner werdenden Kreisbogen um den Longenführer herumgehen, kann er die Peitschenschnur auf die Pferdeschulter richten und dadurch das Pferd wieder auf die Zirkellinie hinausweisen. Man sollte sich dabei nicht scheuen, die Pferde auch mal deutlich mit der Peitschenschnur zu berühren.

Wenn das Pferd sicher auf der linken Hand geht, wird mit der Arbeit auf der rechten Hand angefangen. Wieder kann ein Helfer das Pferd zunächst anführen, bis es seine Aufgabe verstanden hat. Die Longe wird nun in der rechten, die Peitsche in der linken Hand gehalten.

Man kann das Pferd vermehrt mit den vortreibenden und verwahrenden Hilfen vertraut machen, sobald es die ersten Lektionen der Longenarbeit verstanden hat. Zum Vortreiben wird die Peitsche leicht von oben nach unten gegen die Hinterhand geführt, gleichzeitig wird mit der Stimme energisch zu einer Verstärkung der Tritte aufgefordert. Um das Tempo zu verkürzen oder das Pferd anzuhalten, spricht der

Abb. 94. Arbeit mit der Doppellonge.

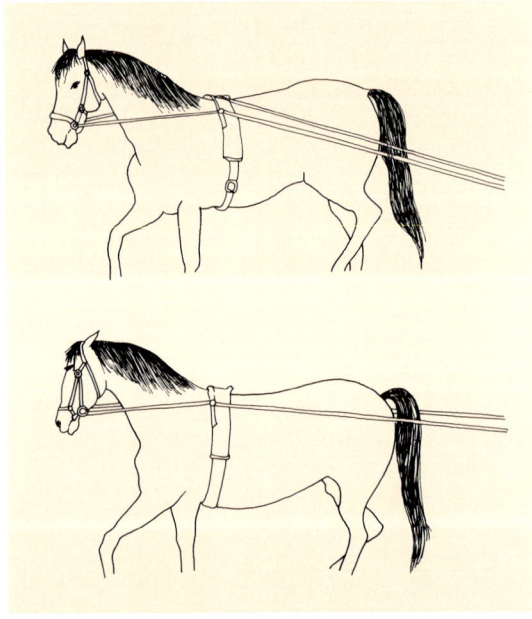

Longenführer ruhig auf das Pferd ein (auf Stimmhilfen reagieren Pferde außerordentlich sensibel, da sie ein sehr feines Gehör haben). Gleichzeitig nimmt er die Longe mehrmals leicht an und gibt dann wieder nach.

Das Ziel der Longenarbeit ist dann erreicht, wenn die Pferde mit Vorwärts-abwärts-Tendenz am Ausbindezügel und an der Longe stehen und entkrampft, losgelassen, ruhig und gleichmäßig in allen Grundgangarten fleißig gehen.

Will man die Longenarbeit nicht nur auf dem Zirkel, sondern auf Geraden anwenden, benötigt man die Doppellonge oder eine lange Einspännerleine. Gebrauch wird hiervon insbesondere beim Anlernen junger Fahrpferde (Traber) und beim Einüben von Dressurlektionen mit hoher Versammlung (Passage, Piaffe) gemacht.

Zur Wiederholung und Vertiefung

1. Erläutern Sie das ordnungsgemäße Führen eines Pferdes.
2. Beschreiben Sie die Gewöhnung junger Pferde an die notwendigen Ausrüstungsbestandteile des Ausbildungsbetriebes.
3. Nennen Sie fünf wichtige Gründe für das Longieren von Pferden.
4. Beschreiben Sie die Funktionen der notwendigen Ausrüstungsgegenstände für das Longieren.

5.3.5.3 Arbeit unter dem Reiter

Bei allen Disziplinen im Reitsport kommt es auf den richtigen Sitz an. Soll das Pferd seine volle Leistungsfähigkeit zeigen, dürfen die freien und schwungvollen Bewegungen nicht durch Störung des Gleichgewichtes durch falsches Sitzen behindert werden. Der Reiter sitzt im Gleichgewicht, wenn er senkrecht über dem Schwerpunkt des Pferdes sitzt, so daß das Reitergewicht auf alle vier Pferdebeine gleichmäßig verteilt wird. Die Schwerpunktlage des Pferdes kann sich durch seine Haltung verändern (Verlängerung des Halses, seitliche Biegung). Der Reiter muß dies berücksichtigen. Fünf Punkte des Reiters bestimmen hier den richtigen Sitz: Lage und Haltung des Kopfes, der Hände, des Gesäßes, der Knie und der Fersen.

Ein schonendes Tragen des Reiters wird durch den Voll- oder Normalsitz erreicht, indem beide Gesäßknochen gleichmäßig in der Mitte des Sattels aufsitzen, wobei eine gedachte Verbindungslinie von Schulter, Hüfte und Ferse eine Senkrechte bilden soll. Sind das Gesäß und der Oberkörper zu weit nach hinten geschoben (angezogene Beine), spricht man vom sogenannten Stuhlsitz, werden die Gesäßknochen kaum aufgesetzt (Hohlkreuz), so entsteht der sogenannte Spaltsitz.

Nur durch einen korrekten Sitz wird der Reiter in der Lage sein, korrekte Hilfen zu geben, individuell einzuwirken und Reitergefühl zu bekommen. Mittel, die der Einwirkung auf das Pferd dienen, bezeichnet man als Hilfen. Im einzelnen sind dies:
– Stimme
– Körpergewicht

Abb. 95. Der Sitz des Reiters.

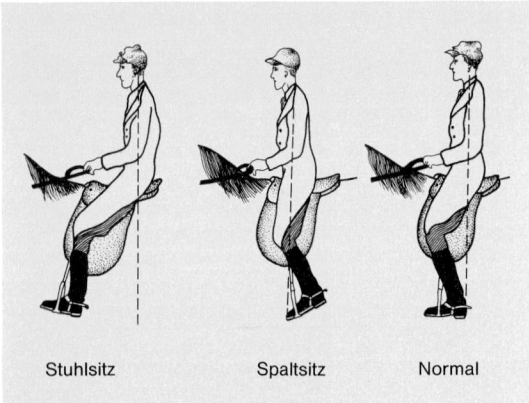

Stuhlsitz Spaltsitz Normal

Abb. 96. Der Sitz des Reiters.

– Hände (Zügel und Gebiß)
– Schenkel (verstärkt durch Sporn und Gerte)

Will der Reiter ganzheitlich auf das Pferd einwirken, müssen alle Hilfen zusammenwirken, d. h. auch aufeinander abgestimmt und dem Zweck angemessen sein. Herausfühlen, was für die Leistungsfähigkeit und die Beherrschung des Pferdes notwendig und angemessen ist, nennt man Reitergefühl oder Reitertakt.

Insbesondere die Ausbildung junger Pferde setzt Reitergefühl voraus. Bevor jedoch mit der Grundausbildung begonnen werden kann, muß sich das Pferd an die Belastung durch den Reiter gewöhnen. Beim ersten Anreiten sollte ein möglichst leichter Reiter in den Sattel gehoben werden. Das vorher ablongierte Pferd wird dann unverzüglich von einem Gehilfen angeführt. Nach einigen Runden an der Longe sollte, wenn möglich, das Auf- und Absitzen mehrmals geübt werden können.

In der nachfolgenden Zeit sind die Reitphasen nur langsam zu erhöhen, da sich die Rückenmuskulatur noch stärken muß. Die weitere Ausbildung des Pferdes sollte einheitlich nach folgenden sechs Stufen erfolgen:
– Losgelassenheit
– Takt
– Anlehnung
– Schwung
– Geradeausrichten
– Versammlung

Unter dem Gewicht des Reiters sind besonders die Bewegungen des jungen Pferdes eingeschränkt. Zur

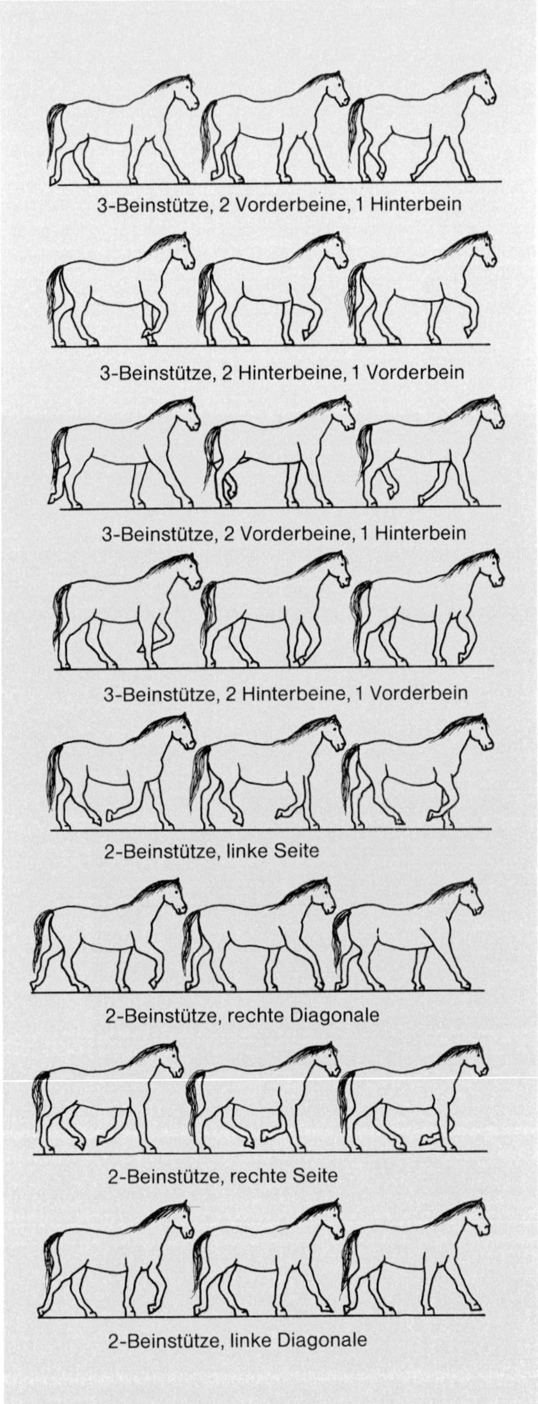

3-Beinstütze, 2 Vorderbeine, 1 Hinterbein

3-Beinstütze, 2 Hinterbeine, 1 Vorderbein

3-Beinstütze, 2 Vorderbeine, 1 Hinterbein

3-Beinstütze, 2 Hinterbeine, 1 Vorderbein

2-Beinstütze, linke Seite

2-Beinstütze, rechte Diagonale

2-Beinstütze, rechte Seite

2-Beinstütze, linke Diagonale

Abb. 97. Fußfolge im Schritt.

Abb. 99. Fußfolge im Galopp.

vollen Leistungsfähigkeit dürfen die Bewegungen jedoch nicht verkrampft, sondern müssen frei und gelöst aus der Muskulatur kommen. Ein »losgelassenes« Pferd erkennt man an den federnden Schwingungen des Rückens, dem natürlich getragenen Schweif, dem vorwärts-abwärts gerichteten Hals, dem raumgreifenden Schritt. Die **Losgelassenheit** wird gefördert durch Longieren, Leichttraben, wenige kleine Sprünge (Cavalettis), Freispringen und Geländereiten.

Fördert der Reiter den gleichmäßigen Rhythmus in diesen Bewegungen, so soll sich das Pferd in einem der jeweiligen Gangart angemessenen **Takt** bewegen. Im Schritt müssen vier, im Trab zwei und im Galopp drei bestimmte Takte (Hufschläge) hörbar sein. Der **Schritt** ist eine schwunglose, schreitende Gangart,

Abb. 98. Der Trab und seine Fußfolge. 1 = rechte Diagonale stützt, 2 = Schwebe, 3 = linke Diagonale stützt, 4 = Schwebe.

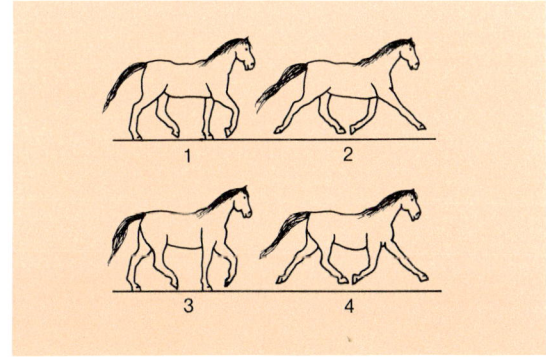

eine unmittelbare Bodenstütze (Drei- bzw. Zweibeinstütze) ist immer vorhanden. Wenn z. B. ein Pferd hinten links ausschreitet, ist die weitere Fußfolge so: hinten links, vorne links, hinten rechts, vorne rechts. Der Schritt ist die langsamste Gangart; die Schrittweite beträgt bei Großpferden bis zu 1,80 m.

Der Zweitakt des **Trabes** kommt dadurch zustande, daß die diagonalen Beinpaare – hinten rechts und vorne links, hinten links und vorne rechts – abwechselnd den Boden berühren. Trab ist eine schwungvolle Gangart. In der dazwischenliegenden Schwebephase berührt kein Fuß den Boden. Eine Raumlänge von bis zu 6 m kann mit einem Trabritt überbrückt werden.

Der **Galopp** ist eine springende Gangart. Beim Rechtsgalopp beobachten wir folgende Fußfolge: hinten links, hinten rechts und vorne links diagonal, vorne rechts. Da letzteres Bein am weitesten vorgestreckt wird, bezeichnet man es auch als das führende Bein und die Gangart in diesem Beispiel als Rechtsgalopp. Der Galopp ist die schnellste Gangart, Raumlängen von mehr als 8 m sind möglich.

Sollen diese taktmäßigen Bewegungen und der Schwung des Pferdes durch den Reiter unterstützt werden, sind treibende Hilfen notwendig. Der Reiter muß die Haltung einnehmen, in der das Pferd seine Kräfte am besten entfalten kann. Hierzu ist auch eine dauernde, leichte Verbindung zwischen Reiterhand und Pferdemaul notwendig; dies nennt man **Anlehnung**. Hals- und Genickmuskeln dehnen sich dabei an das Gebiß heran (Am-Zügel-Stehen). Anlehnung bewirkt man folglich durch richtigen Sitz und anliegenden Schenkel, nicht überwiegend durch die Hand. Der **Schwung** entfaltet die volle Muskeltätigkeit des

Pferdes in taktmäßigen Bewegungen. Hierbei wird die Schubkraft der Hinterhand über die schwingenden Bewegungen des Rückens auf die Vorhand deutlich sichtbar übertragen. Pferde mit steifem Rücken können über Gang verfügen, jedoch nicht über Schwung. Die Tritte erscheinen dann gespannt, der Takt wird nicht immer sauber gehalten. Ein **gerade gerichtetes** Pferd spurt die Hinterfüße in Richtung der Vorderfüße, nicht seitlich daneben. Die Längsachse des Pferdes paßt sich dabei der Hufschlaglinie an. Daß dies den Pferden schwerfällt, soll von der Linksbiegung der Pferde abhängen, die durch die Lage im Mutterleib bedingt ist. Um dies auszugleichen, wird die Fußung der Hinterbeine auf die Spur der Vorderbeine ausgerichtet. Dieses Ausbildungsziel nennt man das Geradeausrichten.

Geht das Pferd losgelassen, taktmäßig, am Zügel, schwungvoll und geradegerichtet, so fehlt in der Ausbildungsskala nur noch die **Versammlung.** Hierunter versteht man eine stärkere Beugung der Hinterhand, insbesondere der Hüft- und Kniegelenke. Der Rahmen des Pferdes erscheint kürzer, der Hals richtet sich auf. Beugen und Strecken stehen im Wechsel, wodurch ein hoher gymnastischer Wert erreicht wird. Schwung und Raumgriff können daraus zur höchsten Entfaltung kommen.

Auf diese Stufen der Ausbildung baut jede Arbeit unter dem Reiter auf. Auch bei älteren Pferden muß man sich hierauf zurückbesinnen, wenn es um die Beseitigung von Mängeln oder die Steigerung der Leistungsfähigkeit geht.

Zur Wiederholung und Vertiefung

1. Beschreiben Sie den korrekten Sitz des Reiters und begründen Sie seine Notwendigkeit.
2. Schildern Sie das erste Anreiten junger Pferde.
3. Welche Stufen der Ausbildung unterscheidet man?
4. Erläutern Sie die einzelnen Ziele der Ausbildungsskala.

5.3.5.4 Bewegen von Pferden im Gespann

Zum richtigen Fahren muß der Pferdewirt folgende Fertigkeiten beherrschen:
– Auf- und Abschirren
– An- und Ausspannen
– Leinen aufnehmen
– Auf- und Absteigen
– Fahren und Beherrschen eines Gespanns in verschiedenen Gängen, Gebrauch von verschiedenen Leinenhaltungen

Auf- und Abschirren sollten in einer bestimmten Reihenfolge durchgeführt werden. Bei Zweispännern ist das ruhigere Pferd zuerst aufzuschirren. Nachdem das Halfter abgenommen wurde, werden Stränge und Kammdeckel auf den rechten Unterarm gelegt und Brustblatt und Halsriemen des Sielengeschirrs mit beiden Händen über den Pferdekopf gestreift; von links nach rechts mit der Mähnenlage drehend. Beim Kumtgeschirr wird das Kumt mit der weiten Öffnung nach oben übergestreift und hinter dem Kopf mit der Mähnenlage in die richtige Lage gedreht. Anschließend werden Kammdeckel, Schweifriemen und Hinterzeug aufgelegt sowie der Bauchgurt zugeschnallt. Jetzt kann der Kopfzaum angelegt werden. Sind Scheuklappen vorhanden, wird der Schopf unter die Stirnriemen gelegt. Die richtige Lage der Scheuklappen und des Gebisses sind zu prüfen. Zum Schluß werden die Leinen von der Außenseite durch das Leinenauge am Kammdeckel, Halsriemen bzw. Kumt eingezogen und am Gebiß befestigt.

Das Abschirren erfolgt in umgekehrter Reihenfolge wie das Aufschirren, nur sollte das unruhigere Pferd zuerst abgeschirrt werden.

Beim **An- und Abspannen** werden die Pferde vorsichtig vom Fahrer vor die Deichsel geführt und rückwärts gerichtet. Hierbei werden bei Zweispännern die Pferde an den inneren Backenstücken geführt. Fährt man mehrspännig, müssen jetzt die Innenleinen am Gebiß eingeschnallt werden. Deichselketten bzw. Aufhalteriemen werden vorerst lose befestigt. Es folgt das Aufnehmen und Einstellen der Stränge. Bei Mehrspännern sind die Handstücke der Leinen richtig zusammenzuschnallen. Zum Schluß die Aufhalteriemen passend einstellen, Bauch- und Stranggurt nachziehen. Nochmals Geschirr, Anspannung und Fahrzeug überprüfen.

Das Abspannen erfolgt in umgekehrter Richtung wie das Anspannen. Bei beiden Arbeiten muß die Bremse des Wagens fest angezogen sein.

Es ist zweckmäßig, schon beim bzw. vor dem Aufsitzen die Leine richtig, d. h. in Verbindung mit dem Pferdemaul, in der Hand zu halten. So hat der Fahrer frühzeitig die Möglichkeit, auf das Pferd einzuwirken. Für dieses »**Leinen aufnehmen**« steht der Fahrer eine Armlänge vom Kammdeckel entfernt. Die Handstücke der Leine werden auf den linken Unterarm gelegt, die Enden nach links. Die rechte Hand

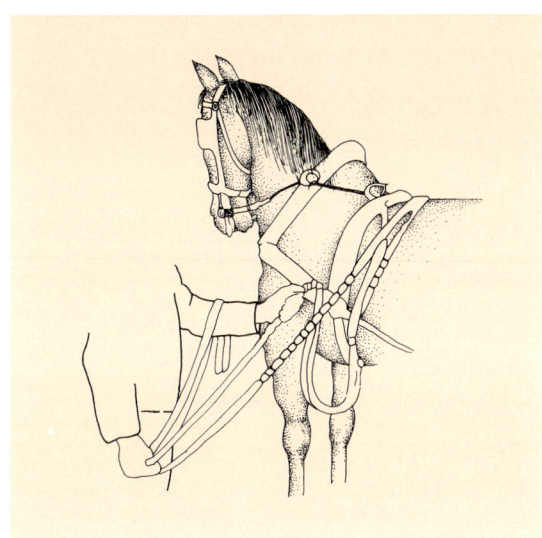

Abb. 100. Aufnehmen der Leinen.

erfaßt die rechte Leine zwischen Zeige- und Mittelfinger und stellt Verbindung zum Pferdemaul her. Der rechte Arm wird an die Hosennaht gelegt, wobei die Leine durch die Hand gleitet, bei Aufrechterhaltung der Verbindung zum Maul. Die linke Leine muß nun um 5 cm weiter geschnallt werden als die rechte, wenn der Fahrer später rechts sitzt und somit die linke Leine einen weiteren Weg bis zum Pferdemaul hat.

Zum **Aufsitzen** werden die Leinen von der rechten in die linke Hand gegeben, wobei das Leinenende auf dem linken Unterarm liegt, um sich nicht beim Aufsteigen zu verfangen. Über die Nabe der Vorderachse und den Tritt gelangt der Fahrer auf den Bock, die Pferde immer im Auge behaltend. Nach dem Hinsetzen legt er die Peitsche in die linke Hand und das Leinenende vom linken Unterarm neben den linken Oberschenkel. Diese Leinenhaltung nennt man auch die Grundhaltung.

Zum **Absitzen** wird die Peitsche in die linke Hand gegeben, mit rechts die Bremse angezogen, und die Handstücke der Leine werden wieder auf den linken Unterarm gelegt. Danach wird die Peitsche quer über den Sitz gelegt. Man steigt rückwärts ab, die Pferde wieder im Auge behaltend.

Beim Fahren unterscheidet man drei verschiedene Leinenhaltungen.

Die Grundhaltung

Wenn die rechte Hand des Fahrers frei sein muß, z. B. zum Bremsen oder zum Anzeigen der Richtung, müssen beide Leinen in die linke Hand gelegt werden. Hierbei hält der Fahrer die linke Leine über dem Zeigefinger und die rechte zwischen Mittel- und Ringfinger. Festgehalten werden beide Leinen mit den unteren drei Fingern, während Daumen und Zeigefinger für die Aufnahme der Peitsche frei bleiben.

Bei der **Gebrauchshaltung** bleibt die linke Hand des Fahrers wie in der Grundhaltung. Die rechte Hand greift dicht vor die linke, hierbei umfassen Daumen und Zeigefinger von oben die linke Leine, die übrigen drei Finger die rechte Leine und die Peitsche. Durch diese Haltung wird die linke Hand entlastet, die Leinen können jetzt bei Bedarf verkürzt oder verlängert werden. In dieser Haltung wird auf normalen, geraden Strecken gefahren.

In schwierigem Gelände, auf schlechten Straßen, bei schwierigen Pferden sowie in allen problematischen

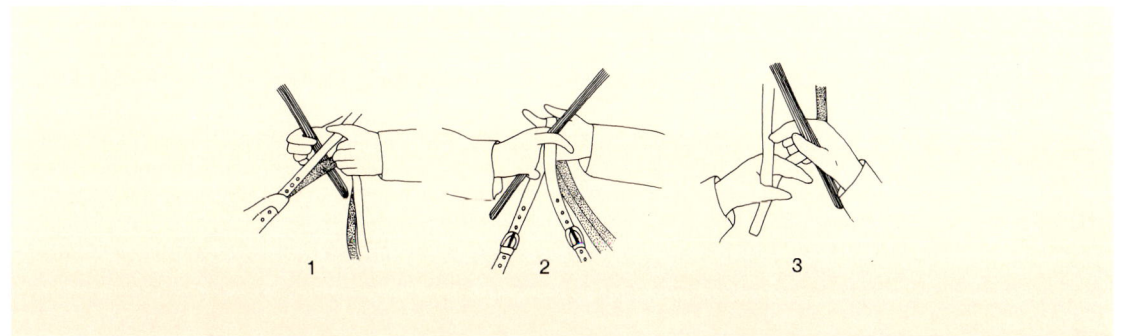

Abb. 101. Verschiedene Arten der Leinenhaltung. 1 = Grundhaltung von der Seite, 2 = Leinenhaltung zweispännig, Gebrauchshaltung, 3 = Dressurhaltung von oben.

Situationen wird die sogenannte **Dressurhaltung** eingenommen. Hierbei greift die rechte Hand ca. 5 cm vor die linke und umfaßt die rechte Leine mit den unteren drei Fingern. Die rechte Hand wird senkrecht vor die linke aufgestellt. Das hierfür benötigte Leinenstück wird so aus der linken Hand herausgezogen, daß sich die Länge der Leine zu den Pferdemäulern nicht verlängert. Da man während der Fahrt häufig die Leinenhaltungen ändert, sind die Wechsel so einzuüben, daß hierdurch die Verbindung zum Pferdemaul nicht verlorengeht.

Für das Fahren muß der Pferdewirt außerdem folgendes beherrschen: das Verlängern und Verkürzen der Leinen, das Anfahren und Halten, den Gebrauch der Peitsche, das Paradengeben, die Wendungen, das Fahren mit einer Hand, das Rückwärtsrichten und natürlich auch die Verkehrszeichen. Diese und die näher beschriebenen Aufgaben des Fahrers bilden ein System, das sogenannte deutsche Fahrsystem nach »Achenbach«. Benno von Achenbach (1861–1936) wollte hiermit geeignete Maßnahmen schaffen, um den Pferden die Arbeit im Gespann zu erleichtern. Daß Achenbach hiermit recht hatte, wird heutzutage auch dadurch anerkannt, daß dieses Fahrsystem in der Turnierordnung nicht nur in Deutschland fest verankert ist.

Zur Wiederholung und Vertiefung

1. Welche Fertigkeiten zählen zum Arbeiten von Pferden im Gespann?
2. Erläutern Sie die notwendigen Handgriffe vom Anschirren bis zum Anfahren.
3. Warum unterscheidet das Fahrsystem nach Achenbach verschiedene Leinenhaltungen?

5.3.5.5 Unfallverhütung

Der Umgang mit Pferden ist nicht ganz gefahrlos. Allein die landwirtschaftlichen Berufsgenossenschaften, die für den Unfallschutz in landwirtschaftlichen Betrieben zuständig sind, zählen pro Jahr ca. 3500 Verletzte und mehrere Tote bei Unfällen mit Pferden. Hinzu addiert werden müssen noch die Fälle in reinen Reit- und Rennställen sowie Unfälle, die bei der Durchführung pferdesportlicher Veranstaltungen passieren. Welche Ursachen könnten diese zahlreichen, folgenschweren Ereignisse haben?

– Unkenntnis des Menschen
– fehlerhaftes Verhalten des Menschen
– leichtsinniges Verhalten des Menschen
– grobe Behandlung und Reizen des Pferdes
– Erschrecken des Pferdes
– Mängel in der Stalleinrichtung

Zu bestimmten Anlässen bzw. bei bestimmten Tätigkeiten ist eine Unfallgefahr besonders gegeben: Reiten, Fahren, Transportieren, Einfangen auf der Weide, tierärztliche Behandlung und Hufpflege. Hierbei kann das Pferd folgendermaßen gefährlich reagieren:

– Treten mit den Hinterbeinen
– Ausschlagen mit den Vorderbeinen
– Beißen
– Steigen
– Buckeln
– rasche Kopfbewegungen
– Durchgehen

Häufig kommen auch mehrere Reaktionen in Kombination vor. Viele dieser Gefahrenarten sind nichts anderes als Befreiungsversuche (Steigen, Durchgehen, Buckeln, Ausschlagen). Sie beruhen auf dem ausgeprägten Fluchtinstinkt des Pferdes. Jedes Erschrecken, auch Schmerz oder Angst, lösen sehr rasch einen Impuls aus. Um dies zu verhindern, ist ein ruhiger, besonnener, aufmerksamer und vertraulicher Umgang mit den Pferden erforderlich.

Neben dem Fluchtinstinkt kann auch der Herdeninstinkt des Pferdes als Gefahrenursache in Frage kommen. Pferde reagieren oft mit Panik, wenn sie sich ohne die Herde alleine fühlen (Durchgehen, um zur Reitergruppe zurückzukommen, Stalldrang). Eine besondere Art des Herdeninstinkts ist das Schutzverhalten von Mutterstuten mit Fohlen bei Fuß, die glauben, es gegenüber den Menschen verteidigen zu müssen, bzw. das Schutzbedürfnis der Fohlen, die zur Mutter drängen. Besonders sind natürlich Hengste mit dem Herdeninstinkt ausgerüstet (Schutz der Mutterstuten, Abwehrverhalten gegenüber anderen Hengsten und Wallachen).

Diese Ausführungen zeigen, wie vielfältig die Unfallgefahren im Umgang mit Pferden sein können. Zur Abwendung dieser Gefahren müssen somit auch zahlreiche Maßnahmen, Vorschriften und Regeln beachtet werden. Einige wichtige sind im folgenden zusammengestellt:

– ruhiger, besonnener und vertraulicher Umgang mit dem Pferd
– Pferde vor jedem Kontakt ansprechen
– Pferde immer rechts herum wenden

- Pferde stets mit Führstrick oder Führzügel führen
- stets in Sichtkontakt des Pferdes Berührungen oder Kontakt aufnehmen
- Pferde nur an festen Gegenständen anbinden
- angebundene Pferde müssen schnell zu lösen sein (Panikhaken)
- nervöse Pferde mit Sichtkontakt zu ruhigeren Pferden behandeln, verladen etc.
- bei notwendigen Behandlungen von nervigen Pferden sind kleinere Zwangsmaßnahmen, wie die Nasenbremse, das Spannen, Fesseln des Vorderbeines etc., Mittel, die mit weniger Gefahr für Mensch und Tier verbunden sind
- fremde Personen vor Pferden mit Untugenden (Beißen) warnen
- stets festes Schuhwerk tragen (Stahlkappe, kräftige Gummisohle mit Profil)
- beim Reiten Sturzkappe mit Kinnbügel benutzen
- Reitstiefel mit durchgehender Ledersohle und Absatz tragen
- alle Ausrüstungsgegenstände müssen sorgfältig gepflegt und regelmäßig auf ihre Funktionstüchtigkeit überprüft werden
- ausreichend große Steigbügel auswählen, gegebenenfalls sogenannte Sicherheitsbügel verwenden
- bei der Planung von Pferdeställen auf ausreichende Größe der Boxen, Breite der Boxentüren und der Stallgasse achten
- für ausreichend Helligkeit im Stall sorgen.

5.3.5.6 Tierschutzgesetz

Jeder, der mit Pferden umgeht, natürlich insbesondere derjenige, der dies zu seinem Beruf macht, muß sich im klaren darüber sein, daß ihm diese Aufgabe nicht nur Freude bereiten wird, sondern daß er für die ihm anvertrauten Tiere auch Verantwortung übernimmt. Verantwortungslosigkeit kann sich zeigen in einem Vernachlässigen der Tiere, in einer zu hohen Leistungsanforderung an das Pferd, aber auch in einem unnötigen Quälen der Tiere. Um dies zu verhindern, hat sich der Staat zum Anwalt der Tiere gemacht und 1972 das Tierschutzgesetz (TSchG) erlassen, zuletzt geändert am 22. 8. 1986.

»Zweck dieses Gesetzes ist es, aus der Verantwortung des Menschen für das Tier als Mitgeschöpf dessen Leben und Wohlbefinden zu schützen. Niemand darf einem Tier ohne vernünftigen Grund Schmerzen, Leiden oder Schäden zufügen.« (§ 1 TSchG)

Kommt der tierliebende Pferdefreund überhaupt in die Gefahr, gegen diesen obersten Grundsatz zu verstoßen? Manchmal ist man schneller in solch einer Situation, als man denkt. Wie schnell ist man zuweilen an die Leistungsgrenze des Pferdes herangekommen. Auch durch unsachgemäße Fütterung, z. B. zu wenig Rauhfutter und zuviel Krippenfutter, kann man das Wohlbefinden des Pferdes beeinträchtigen. Manche unschönen Szenen vom Verladen nervöser Pferde bei pferdesportlichen Veranstaltungen lassen schon den Gedanken aufkommen, wo hier die Verantwortung für das Tiergeschöpf »Pferd« bleibt. Nicht jede Peitschenhilfe ist als Tierquälerei einzustufen. Aber der Pferdewirt muß sich der Diskussion um Fragen des Tierschutzes stellen können, die dann immer wieder aufflackern, wenn kurz zuvor Bilder über tragische Unfälle bei pferdesportlichen Veranstaltungen in den Medien zu sehen waren. Bei der Suche nach den Ursachen müssen die Regelungen des Tierschutzgesetzes als Rahmenmaßstab Beachtung finden.

Der zweite Abschnitt des Tierschutzgesetzes gibt im § 2 und 3 kurze Hinweise:

§ 2 Tierschutzgesetz: »Wer ein Tier hält, betreut oder zu betreuen hat, muß das Tier seiner Art und seinen Bedürfnissen entsprechend angemessen ernähren, pflegen und verhaltensgerecht unterbringen und darf die Möglichkeit des Tieres zur artgemäßen Bewegung nicht so einschränken, daß ihm Schmerzen oder vermeidbare Leiden oder Schäden zugefügt werden.«

§ 3 Tierschutzgesetz: »Es ist verboten, einem Tier außer in Notfällen Leistungen abzuverlangen, denen es wegen seines Zustandes offensichtlich nicht gewachsen ist oder die offensichtlich seine Kräfte übersteigen . . .«

Was ist angemessene Ernährung, Pflege und Unterbringung (Haltung) des Pferdes? Zu diesen Stichworten finden Sie in diesem Buch genügend Hinweise. Zugegebenermaßen ist es für den Anfänger nicht immer einfach, die Leistungsgrenze eines Pferdes genau einzuschätzen. Dies macht aber gerade das Können eines guten Trainers aus, daß er die Tagesform seiner Tiere richtig einschätzt, oder eines guten Reiters, der weiß, wie viel und welche Prüfungen er seinem Pferd zumuten kann.

Weitere Abschnitte des Tierschutzgesetzes sind gewidmet dem Töten von Tieren, Eingriffen an Tieren, Tierversuchen, Eingriffen zu Ausbildungszwecken und Tierhandel. Hier ist das Pferd nicht so sehr Konfliktobjekt wie andere Tiere, und der Pferdewirt hat in der Regel wenig mit solchen Problemen zu tun. Nicht unerwähnt bleiben soll der 11. Abschnitt des Gesetzes, wo der Bußgeldrahmen auf bis zu 50 000,– DM festgelegt wurde.

Mit der Überwachung der Einhaltung von Vorschriften des Tierschutzgesetzes sind in erster Linie die Veterinärbehörden beauftragt. Sie sind auch befugt, spezielle Maßnahmen anzuordnen, damit die verschiedenen tierschutzrechtlichen Grundpflichten gewahrt werden, z. B. den Weitertransport von Pferden in zu beengten Transportmitteln zu verbieten oder Pferde von weiteren Leistungsprüfungen auszuschließen. Ähnliche Überwachungsaufgaben sind auch Ordnungsämtern, Polizeibehörden, Tierschutzberatern und Tierärzten übertragen worden.

Manch kritischer Betrachter der hier zitierten und besprochenen Paragraphen wird sagen, daß das Tierschutzgesetz nichts darüber sagt, wie z. B. die Pferdebox beschaffen sein muß, so daß eine artgemäße Bewegung nicht beeinträchtigt wird. Es würde den Rahmen des Gesetzes sprengen, wenn derartige Details zu allen Tierarten aufgeführt würden. Deshalb ist es so allgemeinbedeutend abgefaßt worden. Die Gesetzesänderung von 1986 sieht aber die Möglichkeit vor, daß spezielle Rechtsverordnungen zusätzlich zu bestimmten konkreten Anliegen, wie z. B. den Grundpflichten des Tierhalters, erlassen werden können.

Daß für das Pferd keine speziellen tierschutzrelevanten Vorschriften notwendig werden, hieran müssen alle Pferdefreunde, insbesondere die Pferdewirte, durch einen beispielhaften, verantwortungsvollen Umgang mit dem Pferd mitwirken.

> **Zur Wiederholung und Vertiefung**
>
> 1. Nennen Sie die häufigsten Ursachen von Unfällen beim Umgang mit Pferden.
> 2. Welche Gefahrenarten kann man beim Pferd unterscheiden?
> 3. Warum stellen der Flucht- und der Herdeninstinkt Gefahrenmomente dar?
> 4. Erläutern Sie notwendige Vorsichtsmaßnahmen, die beim Umgang mit Pferden einzuhalten sind.
> 5. Beschreiben Sie den Grundsatz des Tierschutzgesetzes mit eigenen Worten.
> 6. Was wird im Tierschutzgesetz geregelt?
> 7. Erläutern Sie mit Hilfe von Beispielen, daß auch der Pferdewirt bei seiner täglichen Arbeit gemäß den Vorschriften des Tierschutzgesetzes handeln muß.

6 Fütterung

Das Füttern der Pferde gehört zu den täglichen Routinearbeiten des Pferdewirtes. Zwei- bis dreimal am Tag betritt er die Pferdebox mit unterschiedlichen Mengen an Krippen- und Rauhfutter. Hierbei werden jährlich Futtermittel im Wert von ca. 850 Mio. DM den bundesdeutschen Pferden vorgelegt. Wir müssen diese Mühen und finanziellen Mittel aufwenden, um das Leben der Tiere zu erhalten, um die Gesundheit der Pferde zu bewahren und um die von ihnen erwarteten Leistungen zu ermöglichen (Wachstum, Trächtigkeit, Laktation, Ausdauer, Schnelligkeit, Sprungkraft, Zugkraft etc.). Die Verwirklichung dieser Ziele ist aber mit Problemen verbunden. Bei vielen Leistungsrückschlägen oder auch Gesundheitsstörungen sollte man sich fragen, ob es nicht auch an der Fütterung liegen könnte. Hat das Pferd genügend Futter aufgenommen? Ist der Bedarf des Pferdes an Nährstoffen damit gedeckt? Wurden die richtigen Futtermittel eingesetzt? Konnte die richtige Tagesration zusammengestellt werden? Wurden grobe Fütterungsfehler gemacht? Um auf diese Fragen oder ähnliche Probleme richtig eingehen zu können, muß der Pferdewirt über Kenntnisse in den Gebieten Aufbau der Verdauungsorgane (Kapitel 1.2.4), Ernährung des Pferdes, Futtermittel des Pferdes und praktische Fütterung verfügen.

6.1 Ernährung des Pferdes

In diesem Abschnitt wollen wir der Frage nachgehen, welche Futtermittel das Pferd in welchen Mengen aufnehmen soll. So sieht zum Beispiel der Speiseplan für ein Großpferd 6 kg Hafer, 4 kg Heu und 100 g Mineralfutter vor. Warum geben wir nicht ausschließlich Hafer? Wir brauchten dann kein Heu zu lagern. Warum verfüttern wir nicht nur Heu? Dies wäre doch billiger. Antworten hierauf sollen die folgenden Ausführungen zur Futteraufnahme und zum Nährstoffbedarf der Pferde geben.

6.1.1 Futteraufnahme

Wenn wir Pferde beim Grasen auf der Weide beobachten, stellen wir fest, daß sie mit dieser Tätigkeit den größten Teil des Tages beschäftigt sind. Ständig werden kleinere Grasbüschel mit Lippen und Schneidezähnen abgerissen. Im Stall sind es insbesondere die Zunge und die Lippen, mit denen Krippen- und

Rauhfutter aufgenommen werden. Auch hier kann man beobachten, daß das Pferd mit den Lippen sehr geschickt aussucht (selektiert). Untergemischtes Mineralfutter oder Arzneimittel werden zuweilen auf diese Weise aussortiert. Dieses Freßverhalten des Pferdes ist auf seine Herkunft – die Steppe – zurückzuführen. Auch hier mußte das Pferd stundenlang kleine Futtermengen aufnehmen, wobei es mit den Lippen die begehrtesten Gräser aussuchen konnte. Obwohl wir das Pferd seit mehreren tausend Jahren zu unseren Haustieren zählen (domestiziert haben), hat sich an diesem Verhalten kaum etwas geändert. Der Pferdewirt muß deshalb versuchen, diesen Ansprüchen weitestgehend Rechnung zu tragen.

Wenn Sie sich den Pferdebestand Ihres Betriebes vor Augen halten, werden Sie feststellen, daß nicht alle Pferde die gleiche Menge Futter aufnehmen. Wir erkennen zunächst, daß schwere Pferde und Pferde, die viel arbeiten, größere Mengen aufnehmen. Die Futteraufnahme ist also in erster Linie vom Körpergewicht und von der Leistung des betreffenden Tieres abhängig.

Tägliche Trockensubstanzaufnahme (TS) in Prozent des Körpergewichtes

1,9	bei Absatzfohlen
1,8	bei Jährlingen
1,5	bei Zweijährigen
1,4	bei erwachsenen Pferden mit leichter Arbeit
1,6	bei mittlerer Arbeit
1,8	bei schwerer Arbeit
2,2	bei laktierenden Stuten

Diesen Untersuchungen zufolge nimmt ein Absatzfohlen von 200 kg Lebendgewicht 3,8 kg Futtertrockenmasse (Trockensubstanz) auf und ein 250-kg-Jährling 4,5 kg. Ursache hierfür ist das mit dem Gewicht der Tiere steigende Fassungsvermögen der Verdauungsorgane (Magen, Dünn- und Dickdarm). Absolut gesehen ist die Aufnahme beim Jährling größer, relativ, d. h. bezogen auf 100 kg Lebendgewicht, muß beim Absetzer mehr und intensiver gefüttert werden. Für ein 500 kg schweres Großpferd müßte die Futtertrockensubstanzmenge bei leichter Arbeit auf 7 kg bemessen werden, bei schwerer Arbeit auf ca. 9 kg. Die Höhe der Futteraufnahme wird nicht nur vom Tier, sondern auch vom Futter selbst beeinflußt.

Beispiel: Trockensubstanzaufnahme von ein- bis zweijährigen Ponys in Prozent des Körpergewichtes

Heu, Luzerne, lose	2,33
Heu, Luzerne, zerkleinert und pelletiert	2,77

Zerkleinerte und pelletierte Futtermittel erhöhen nicht nur die Freßgeschwindigkeit, sondern auch die Futteraufnahme. Neben der Struktur spielen aber auch Geschmack und Geruch der Futtermittel eine Rolle. So wissen wir, daß abgestandener, muffig riechender Hafer oder muffiges Heu von Pferden gemieden werden. Bitter schmeckendes Mineralfutter wird im Trog liegengelassen, während süße Futterrüben oder Möhren auch dann noch gefressen werden, wenn das Pferd schon satt ist. Ein ähnliches Verhalten beobachtet man manchmal auch, wenn Futtermittel leicht gesalzen werden. Beim Rauhfutter scheint auch die Härte (Konsistenz) von Bedeutung zu sein. Langes, hartes, in bzw. nach der Blüte geschnittenes Heu vom ersten Schnitt wird dem weicheren, stengelarmen Heu des zweiten Schnittes vorgezogen.

Auch äußere Faktoren wirken auf die Höhe der Futteraufnahme ein. An heißen, schwülen Tagen geht sie zurück. Oft ist eine geringere Futteraufnahme als gewohnt das erste Anzeichen für die Erkrankung eines Tieres. Fehlt den Pferden ausreichend Trinkwasser, wird ebenfalls weniger Futter aufgenommen. Die Gruppenhaltung von Pferden wirkt demgegenüber förderlich auf die Höhe der Futteraufnahme (Futterneid). Schließlich muß bemerkt werden, daß Pferde sehr individuell in ihrem Freßverhalten und somit auch in der Futtermengenaufnahme sind, d. h. auch, daß äußere Faktoren sehr unterschiedlich auf die Futteraufnahme wirken können. So führt ein Wechsel des Tierpflegers oder ein Stallwechsel bei dem einen Pferd zur Futterverweigerung, ein anderes läßt sich davon jedoch nicht beeindrucken.

Zusammenfassend erkennt man, daß die Höhe der Futteraufnahme von vielen Faktoren abhängig ist.

Tier:	**Äußere Faktoren:**
Körpergewicht	Außentemperatur
Leistung (Alter)	Umgebung
Gesundheitszustand	Tierpfleger
Futter:	Haltung
Geschmack	
Geruch	
Struktur	
Konsistenz	

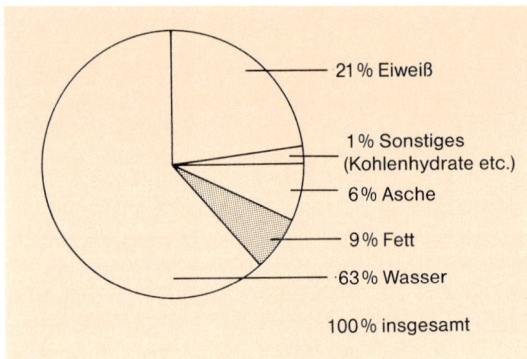

Abb. 102. Zusammensetzung des Pferdekörpers.

6.1.2 Nährstoffbedarf des Pferdes

Warum nimmt ein Pferd bei schwerer Arbeit mehr Futter auf als bei leichter Arbeit?
Es benötigt für diese Mehrleistung auch mehr Nährstoffe. Durch den Verbrauch der Nährstoffe entsteht ein Nährstoffsog, der das Hunger- oder Durstgefühl hervorruft. Wichtig für das Pferd sind jedoch nicht die Futtermittel an sich, sondern die in ihnen enthaltenen Nährstoffe. Für den Pferdewirt stellt sich die Frage, welche Nährstoffe in welcher Menge das Pferd in der jeweiligen Situation (Wachstum, Trächtigkeit oder schwere Arbeit) benötigt. Um hierbei zu genauen Angaben zu kommen, sind umfangreiche Untersuchungen notwendig, die vornehmlich in entsprechenden Universitätsinstituten durchgeführt werden. Die Ergebnisse muß jeder Pferdehalter durch die richtige Gestaltung der Futterration umsetzen können. Der Nährstoffbedarf des Pferdes muß mit Hilfe der in den Futtermitteln enthaltenen Nährstoffe gedeckt werden.

Um der Frage nach dem speziellen Nährstoffbedarf auf den Grund zu gehen, ist zunächst die Zusammensetzung des Pferdekörpers zu untersuchen.
Wenn die Inhaltsstoffe der Futtermittel den Nährstoffbedarf ausgleichen sollen, so müssen wir dort eine ähnliche Zusammensetzung wiederfinden. Die Untersuchung der Futtermittel auf verschiedene Inhaltsstoffe (Nährstoffe) wird nach der sogenannten »Weender-Analyse« durchgeführt, die hier aber nicht im einzelnen erläutert werden soll.
Wenn wir ein Futtermittel über längere Zeit trocknen, bleibt nur noch die Trockensubstanz übrig. Wird diese Trockensubstanz bei sehr hohen Temperaturen verascht, erhalten wir als Rest den anorganischen Teil, die Rohasche, die aus Mineralstoffen, Sand und Schmutz besteht. Den Rest der Trockensubstanz bildet die organische Substanz, die vorwiegend aus Rohprotein (Roheiweiß), Rohfett, Kohlenhydraten und sonstigen Stoffen, wie z. B. Vitaminen, zusammengesetzt ist. Anzahl und Höhe der Inhaltsstoffe von Futtermitteln schwanken recht stark.

Tab. 6. Zusammensetzung verschiedener Futtermittel und des Pferdekörpers

Inhaltsstoffe	Weide	Hafer	Pferdekörper
Wasser	84,0 %	13,0 %	63 %
Rohasche	2,0 %	2,9 %	6 %
Rohprotein	3,6 %	10,8 %	21 %
Rohfett	0,7 %	4,7 %	9 %
Kohlenhydrate	9,6 %	68,0 %	1 %
Sonstiges	0,1 %	0,4 %	

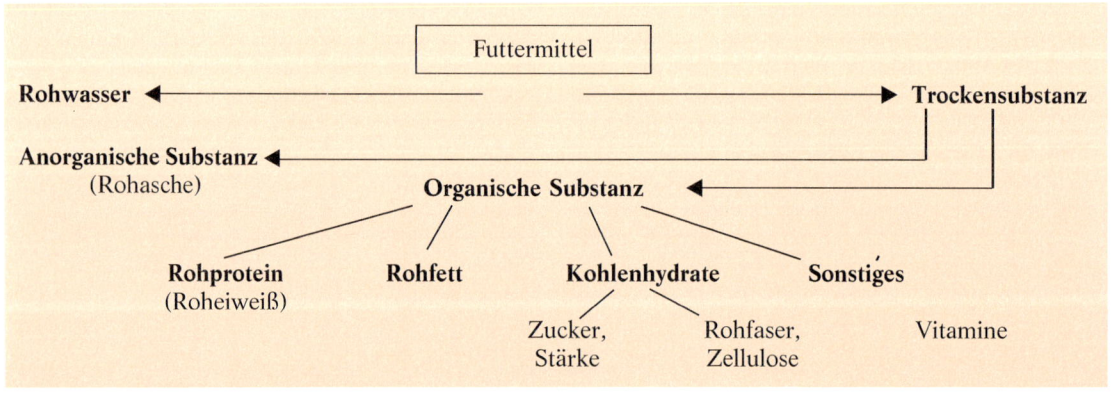

Wenn wir nun die Zusammensetzung des Pferdekörpers und der Futtermittel miteinander vergleichen, erkennen wir, daß manche Inhaltsstoffe der Futtermittel im Pferdekörper viel stärker zu finden sind (z. B. Rohasche und Eiweiß), andere, die sehr häufig in Futtermitteln vorkommen, im Pferd jedoch kaum wiederzufinden sind (z. B. Kohlenhydrate). Manche Stoffe werden also im Pferdekörper gespeichert oder aufgebaut, anderen scheinen sofort verbraucht zu werden. Der Nährstoffbedarf des Pferdes läßt sich somit auch nach folgenden Aufgaben unterscheiden:
Baustoffe: Organische Baustoffe: Eiweiß, Fett.
Anorganische Baustoffe: Wasser, Mineralstoffe
Brennstoffe: Kohlenhydrate, Fett, Eiweiß
Wirkstoffe: Vitamine etc.

Die Bau- und Wirkstoffe sind alle in ihrer Eigenart notwendig (essentiell) für das Pferd. So verlangt das Knochengerüst Mineralstoffe oder der Muskel vornehmlich Eiweiß. Bau- und Wirkstoffe können sich daher nicht gegenseitig ersetzen. Dies ist bei den Brennstoffen (Energieträger) anders. Hier kommt es in erster Linie auf den jeweiligen Brennwert an.
Neben diesen drei Nährstoffgruppen finden wir in Futtermitteln auch Stoffe, die nicht der Ernährung des Pferdes dienen, wie z. B. Farb-, Geschmacks- oder auch Giftstoffe. Sie werden unter dem Namen Begleitstoffe zusammengefaßt.
Die in den Futtermitteln festgestellten Inhaltsstoffe sind jedoch nicht alle für das Pferd verfügbar. So sind von den rund 3,6 % Eiweiß je kg Weide (entspricht 36 g pro 1 kg Weide) nur 2,4 % Eiweiß auch verdaulich. Der Rest wird mit dem Kot ausgeschieden.

Eiweiß in der Weide 36 g	
24 g verdaulich	12 g im Kot

Als verdauliche Menge eines Futtermittels bezeichnet man somit den Anteil, der durch die Verdauungsvorgänge aus dem Futtermittel aufgeschlossen werden kann und über die Darmwand in die Blutbahn gelangt. Die Verdaulichkeit eines Futtermittels gibt also an, inwieweit die Inhaltsstoffe vom Pferd verwertet werden können. In unserem Beispiel beträgt sie für das Eiweiß in der Weide 66 %. Für die gesamte organische Substanz (Eiweiß, Fett und Kohlenhydrate) liegt sie bei 64 %. Wenn von der Verdaulichkeit eines Futtermittels gesprochen wird, so versteht man hierunter meistens die der organischen Substanz. Sie

Tab. 7. Verdaulichkeit der organischen Substanz beim Pferd und beim Wiederkäuer (in %)

Futtermittel	Pferd	Wiederkäuer
Stroh	35	50
Heu	50	55
Luzerneheu	50	60
Grünfutter	65	70
Hafer	70	70
Rüben	85	85

ist nicht bei allen Futtermitteln gleich und auch bei den verschiedenen Tierarten unterschiedlich.
Im Vergleich der Tierarten erkennen wir, daß Wiederkäuer (Rind, Schaf) rohfaserreiche Rauhfuttermittel durchweg besser verwerten als das Pferd. Beim Pferd ist die Verdaulichkeit von Rüben und Hafer hoch, von Grünfuttermittel und von Rauhfutter schlecht. Hohe Anteile von Zellulose in Stroh und Heu senken die Verdaulichkeit, während Zucker und Stärke in Rüben und Hafer steigernd wirken.
Immer wieder wird auch das Quetschen von Hafer empfohlen. Dieses Walzen des ganzen Haferkorns führt jedoch nur zu einer geringfügigen Verbesserung der Verdaulichkeit. Lediglich zur gezielten Fütterung von Pferden mit Gebißanomalien oder -erkrankungen oder für Fohlen und hastig fressende Pferde kann eine solche Behandlung des Haferkorns notwendig werden. Weizen, Gerste und Maiskörner müssen jedoch gebrochen werden, da sie dann noch verdaut werden können, wenn sie vom Pferd nicht ausreichend zerkaut wurden. Günstig auf die Verdauung wirkt leichte, nicht anstrengende Arbeit nach der Futteraufnahme, während anstrengende Arbeit die Verdauungsleistung herabsetzt.
Gute oder schlechte Futterverwertung hat auch etwas mit der Verdauungsleistung zu tun. Insbesondere Erkrankungen der Verdauungsorgane (Gebißschäden, Magen-Darm-Entzündungen, Wurmbefall) führen zu erheblichen Unterschieden in der Verdauungsleistung zwischen verschiedenen Pferden bei gleicher Futterration. Auch das Freßverhalten – hastig schlingend oder geruhsam mahlend – beeinflußt die Verdaulichkeit eines Futtermittels. Die Verdaulichkeit der Nährstoffe von Futtermitteln läßt sich also beeinflussen. Der Pferdewirt muß insbesondere Maßnahmen unterbinden, die die von der Natur aus gegebene Verdaulichkeit noch senken (zu üppige Futtermengen, Übersehen von Erkrankungen etc.).

6.1.2.1 Wasser

Wasser ist ein wesentlicher Bestandteil des Pferdekörpers. Es kommt im Tierkörper aber in unterschiedlichen Anteilen vor. Auch die Futtermittel haben einen äußerst unterschiedlichen Wassergehalt.

Tab. 8. Wassergehalt im Tier und in Futtermitteln

Fleisch	76 %	Futterrüben	86 %
Fettgewebe	12 %	Weide	80–85 %
Blut	80 %	Getreide	14 %
Verdauungssäfte	98 %	Heu	12 %

Wasser wird sowohl über die Tränke als auch über die Feuchtigkeitsanteile in den Futtermitteln aufgenommen. Es wird über die Niere (Harn), den Darm (Kot), die Haut (Schweiß), die Lunge (Atem) und über das Euter der Stute (Milch) ausgeschieden. Hieraus ergeben sich auch die wichtigsten Aufgaben des Wassers. Als Harn dient das Wasser zum Entfernen von Abfall- oder Überschußprodukten. Pro Tag gibt ein Pferd etwa 40 bis 50 % der aufgenommenen Wassermenge als Harn ab.

Der Wassergehalt des Kotes ist von der Art und Verdaulichkeit des Futters abhängig. Je unverdaulicher das Futter, desto größer die Kotmenge und desto höher auch die ausgeschiedene Wassermenge. Der Wassergehalt des Kotes schwankt zwischen 75 und 80 %, bei Durchfällen steigt er auf über 90 % an. Diese zusätzlichen Wassermengen werden dem Körperinneren, insbesondere dem Blut, entzogen.

Bei schwerer Arbeit und hohen Temperaturen sondert das Pferd über die Haut erhebliche Mengen an Schweiß ab. Der Schweiß ruft Verdunstungskälte hervor, so daß die Körperoberfläche abgekühlt wird. Hier wirkt das Wasser also als Wärmeregulator.

Stutenmilch hat einen Wassergehalt von rund 90 %. Bei Milchmengenleistungen von 10 bis 20 kg pro Tag werden auch hier ständig größere Wassermengen umgesetzt. Entsprechend hoch ist der Wasserbedarf der Stute.

Die folgende Aufzählung macht deutlich, daß das Wasser eine erhebliche Bedeutung für das Wohlbefinden und die Leistungsfähigkeit des Pferdes besitzt. Es dient als:

– Baustoff (Bestandteile der Zellen, osmotischer Druck)
– Transportmittel (Bestandteil von Blut und Harn)
– Lösungsmittel (Bestandteil von Speichel und Verdauungssäften)
– Wärmeregulator (Bestandteil von Schweiß)
– Nährmittel (Bestandteil der Stutenmilch).

Es ist schwierig, den genauen Wasserbedarf für jedes Pferd exakt festzulegen. So kann durch die Aufnahme wasserreicher Futtermittel wie Gras, Futterrüben etc., die benötigte Menge schon mehr als genug abgedeckt sein. In diesem Fall sind die Harnmengen dann größer, die Pferde schwitzen schneller. Wird ausschließlich Trockenfutter gegeben, kann man mit folgenden Tränkemengen rechnen:

Tab. 9. Tränkewasserbedarf (kg pro Tag)

Fohlen	10–15
leichte Arbeit	30–40
schwere Arbeit	50–80
säugende Stuten	40–60
Bedarf je kg Futtertrockensubstanz	
Rauhfutter	3,5
Krippenfutter	3,0

Die angegebenen Mengen sollte das Pferd über den ganzen Tag verteilt aufnehmen können. Dies erreicht man im Stall durch Selbsttränken, bei Weidegang durch Vorratsbehälter bzw. Wasserpumpen. Alle Wasserbehälter müssen stets auf Sauberkeit kontrolliert werden. Nur so kann stets frisches, sauberes und geschmacksneutrales Wasser angeboten werden. Mit Kot verschmutzte Selbsttränkebecken oder verschlammte, sumpfige Tränkestellen auf der Weide führen zur Verweigerung der Wasseraufnahme. Die Folgen sind oft Futterverweigerung, Koliken oder Leistungsschwäche. Mangelnde Hygiene bei der Weidetränke führt auch zur Vermehrung von Parasiten (Magen-Darm-Würmer, Leberegel) oder Bakterien (Colikeime, Salmonellen).

Zur guten Wasserqualität gehört auch die richtige Temperatur, die bei 9 bis 12 °C liegen sollte. Eiskaltes Wasser für das Pferd ist wegen Kolikgefahr ungeeignet.

6.1.2.2 Energie

Bei allen Lebensvorgängen – Tätigkeit der Organe, Erhaltung der Körpertemperatur, Bewegung, Leistung – verbraucht das Pferd Energie. Diese Energie entstammt den Brennstoffen der Futtermittel, in erster Linie den Kohlenhydraten und Fetten sowie bedingt auch dem Eiweiß, wenn es im Überschuß zugeführt wird. Alle drei Nährstoffgruppen sind organische Verbindungen, die aus den Elementen Kohlenstoff (C), Wasserstoff (H) und Sauerstoff (O) bestehen; beim Eiweiß finden wir außerdem noch den Stickstoff (N) und in geringen Mengen Schwefel (S) und Phosphor (P).

Von allen Nährstoffen auf der Erde sind die **Kohlenhydrate** am weitesten verbreitet. Die meisten Futterpflanzen haben hohe Gehalte an Kohlenhydraten. Da ihr Anteil im Tierkörper jedoch äußerst gering ist, kann gefolgert werden, daß sie vornehmlich der Energielieferung dienen. Der Aufbau der Kohlenhydrate ist nicht kompliziert. Die einfachsten Bausteinen, sind die Einfachzucker, z. B. Traubenzucker. Zwei Einfachzucker ergeben einen Zweifachzucker, (z. B. Malzzucker), drei Einfachzucker einen Dreifachzucker usw. Kohlenhydrate, die aus sehr vielen (mehreren hundert) Einfachzuckern bestehen, nennt man Vielfachzucker. Hierzu zählt die Stärke im Haferkorn, aber auch die Zellulose, die Gerüstsubstanz der Pflanzen.

Die Einfachzucker werden in den Chlorophyllkörpern der Pflanzenblätter gebildet. Hierzu benötigen die Pflanzen Licht und Wärme der Sonne, Kohlendioxid aus der Luft und Wasser aus dem Boden. Diesen Vorgang bezeichnet man als Photosynthese (griech.: phos = Licht; synthesis = Aufbau). Die Energie der Sonne wird dabei als Einfachzucker festgehalten. Der Einfachzucker der Blätter wird als Mehrfachzucker (Stärke) in den Samenkörnern gespeichert. Bei der Verdauung der stärkereichen Haferkörner werden im Dünndarm durch den Verdauungssaft der Bauchspeicheldrüse (Enzym) die Vielfachzucker (Stärke) bis zu Einfachzucker (Traubenzucker) abgebaut. Er gelangt über die Darmzotten in die Blutbahn. Dort wird er sofort zu den Stellen des Verbrauchs (Muskeln) transportiert oder bei überhöhter Zufuhr kurzfristig in der Leber gespeichert. Hierfür muß er in die sogenannte »tierische Stärke« (Glykogen), also wieder zu einem Mehrfachzucker, aufgebaut werden. Erwähnt werden muß auch, daß durch die Aktivität von Kleinlebewesen im vorderen Magenabschnitt des Pferdes ein geringfügiger Aufschluß von Stärke und Zucker zu Milchsäure stattfindet.

Mehrfachzucker, die aus Stärke bestehen, sind leicht verdaulich. Die Energie steht sofort zur Verfügung, während andere Mehrfachzucker wie Zellulose schwer oder nur gering vom Pferd aufgeschlossen werden können. In diesem Fall kann die Energie erst Stunden nach der Futteraufnahme bereitgestellt werden. Wir müssen also bei den Kohlenhydraten unterscheiden zwischen den leichtverdaulichen (Zucker, Stärke, Glykogen), chemisch zusammengefaßt als N-freie Extraktstoffe (NfE), und den schwerverdaulichen (Zellulose, Lignin und Pentosane), chemisch zusammengefaßt als Rohfaser. Die Rohfaser hat für die Energiebereitstellung eine untergeordnete Rolle.

Abb. 103. Verdauung und Verwertung der Kohlenhydrate.

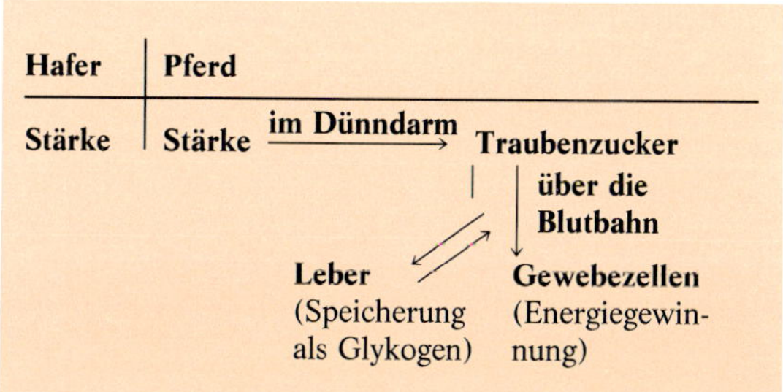

Hafer	Pferd		
Stärke	Stärke	im Dünndarm →	Traubenzucker über die Blutbahn
		Leber (Speicherung als Glykogen) ↙↗	Gewebezellen (Energiegewinnung)

Tab. 10. Zucker- bzw. stärkereiche Futtermittel (g NfE je kg Trockensubstanz)

Traubenzucker	998 g
Maiskörner	803 g
Weizenkörner	794 g
Gerste	754 g
Mohrrüben	684 g
Hafer	673 g
Trockenschnitzel	639 g
Futterrüben	521 g

Die Fette zählen ebenfalls zu den Kohlenwasserstoffverbindungen, jedoch ist der Anteil an Wasser geringer als bei den anderen Nährstoffen. Daher ist auch der Brennwert von Fetten doppelt so hoch wie der von Kohlenhydraten und Eiweiß. Fette bestehen aus drei Fettsäuren, die über eine Brücke (Glyzerin) miteinander verbunden sind. Es können drei gleiche, aber auch drei verschiedene Fettsäuren an diese

Brücke gebunden sein. Je nach Art der Fettsäure ist auch die Beschaffenheit der Fette unterschiedlich: fest (Talg, Speck, Wachs), flüssig (Öle) und flüchtig (ätherische Öle, Duftstoffe). Aufgrund des hohen Brennwertes sind Fette sowohl bei Pflanzen als auch bei Tieren insbesondere als Energiereservestoffe vorzufinden, bei den Pflanzen hauptsächlich als Öle in den Samenkörnern, bei den Tieren in Form von Speck oder Talg unter der Haut oder an den Organen.

Fette gelangen unverdaut in den Dünndarm. Der Gallensaft der Leber und der Verdauungssaft der Bauchspeicheldrüse (Pankreas) zerlegen sie hier in die einzelnen Fettsäuren und in Glyzerin. Die Fettsäuren gelangen über die Darmwand in die Blutbahn. Aus den einzelnen Fettsäuren wird körpereigenes Fett aufgebaut, das verbraucht oder unmittelbar als Speicherfett angelagert werden kann.

Der Fettgehalt im Pferdekörper liegt bei 9 %. Er ist jedoch großen Schwankungen unterworfen. So werden je nach Fütterungsintensität auch Anteile zwischen 6 und 20 % festgestellt. Fettdepots finden wir beim Pferd insbesondere unter der Haut, in der Beckenhöhle, an den Nieren und bei Stuten an den inneren Geschlechtsorganen.

Aus Geschmacksgründen werden Rindertalg, Raps-, Palmkern- und Kokoskuchen beim Pferd nur in geringen Mengen eingesetzt.

Wir haben gesehen, daß Futtermittel in unterschiedlichem Maße energiereiche Brennstoffe (Kohlenhydrate und Fette) beinhalten können. Darüber hinaus ist zu berücksichtigen, daß der Brennwert der einzelnen Nährstoffe unterschiedlich ist. Um trotzdem zu einer Bewertung der Futtermittel hinsichtlich des Energiegehaltes zu gelangen, ist die Aufstellung einer Maßeinheit notwendig. Wenn wir von Energie- oder Brennwerten der Futtermittel sprechen, so ist damit die Fähigkeit der Wärmeentwicklung gemeint. Die Maßeinheit hierfür ist »Joule« (J).

Abb. 104. Verdauung und Verwertung der Fette.

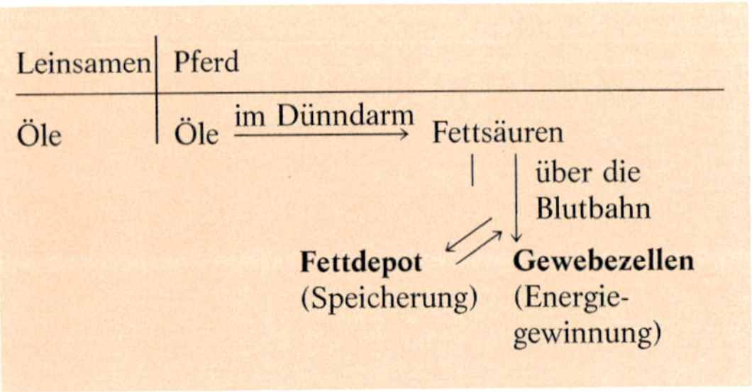

Leinsamen	Pferd		
Öle	Öle →im Dünndarm→	Fettsäuren	
		↓	über die Blutbahn
	Fettdepot ↙↗	Gewebezellen	
	(Speicherung)	(Energiegewinnung)	

Tab. 11. Fettreiche Futtermittel (g Rohfett je kg Trockensubstanz)

Rindertalg	990 g
Leinsamen	367 g
Rapskuchen	104 g
Palmkernkuchen	73 g
Kokoskuchen	75 g
Hafer	54 g
Gerste	25 g

1000 J = 1 KJ (Kilojoule)
1000 KJ = 1 MJ (Megajoule)

So erzeugt 1 g Fett ca. 39 KJ, 1 g Kohlenhydrate 17,2 KJ und 1 g Eiweiß ebenfalls 17,2 KJ.

Für die Energiegewinnung steht nicht die gesamte Energie eines Futtermittels (Bruttoenergie) zur Verfügung, sondern nur der Teil, den das Pferd auch verdauen kann (verdauliche Energie). Somit ist der Bewertungsmaßstab für die Energie eines Futtermittels die »verdauliche Energie«, gemessen in MJ.

Bruttoenergie im Futter
verdauliche Energie | Energie im Kot

Natürlich wird auch der Energiebedarf des Pferdes in verdaulicher Energie angegeben. Den Gesamtbedarf eines Pferdes kann man unterteilen in den Erhaltungs- und Leistungsbedarf. Ersterer umfaßt die Aufrechterhaltung notwendiger Funktionen, wie Futteraufnahme, Verdauung, Stoffwechsel, Körpertemperatur und leichte Bewegung. Die Höhe des Erhaltungsbedarfes hängt in erster Linie von der Körpergröße und dem Gewicht ab. Da kleine Tiere relativ gesehen eine große Oberfläche besitzen, müssen sie auch mehr Wärme an die Umgebung abgeben. Die Umgebungstemperatur bekommt dann Einfluß auf den Erhaltungsbedarf, wenn die Werte 10 bis 0 °C unterschreiten.

Die Höhe des Leistungsbedarfes an Energie ist zwar auch vom Körpergewicht abhängig, hauptsächlich jedoch von der Art und der Intensität der jeweiligen Arbeit. Beim Leistungsbedarf unterscheiden wir Bewegungsleistung (Muskelarbeit), Trächtigkeit, Laktation (Milchleistung) und Wachstum. Genaue Bedarfswerte zu den verschiedenen Leistungsarten sind im Kapitel 6.1.2.8 nachzulesen.

Tab. 12. Täglicher Energiebedarf für die Erhaltung

Lebendmasse (kg)	verdauliche Energie pro Tier und Tag (MJ)	pro 100 kg LG (MJ)
200	31,4	15,9
300	41,9	13,8
400	52,3	13,0
500	62,8	12,6
600	71,2	11,7

Tab. 13. Eiweißreiche Futtermittel (g Rohprotein je kg Trockensubstanz)

Sojaschrot	563 g
Magermilchpulver	362 g
Leinsamen	252 g
Weide	228 g
Grünmehl	225 g
Weizenkleie	163 g
Hafer	124 g

6.1.2.3 Eiweiß (Protein)

Wie schon gesehen, erfüllt das Eiweiß beim Pferd zwei wichtige Funktionen. Es ist zum einen Baustoff, zum anderen kann es auch als Brennstoff genutzt werden. Die einfachsten Bausteine des Eiweißes sind die Aminosäuren (Amino = NH$_2$-Gruppe). Es gibt 20 verschiedene Aminosäuren. Sie bilden, oft zu Hunderten spiral- oder ringförmig aneinandergereiht, die Eiweißstoffe (Proteine, griech.: protos = der Erste). In den Pflanzen sind junge Blätter und Samenkörner besonders eiweißreich.

Die Verdauung des Proteins beim Pferd beginnt im Magen, wo durch ein Enzym das Magensaftes (Pepsin) die langkettigen Eiweißstoffe in kurzkettige zerlegt werden. Die weitere Aufspaltung bis zu den einzelnen Aminosäuren erfolgt im Dünndarm. Von der gesamten verdaulichen Eiweißmenge werden rund ⅔ im Dünndarm aufgeschlossen und über die Darmwand an die Blutbahn abgegeben. Das übrige Drittel kann im Dickdarmbereich durch die Tätigkeit der dort in den Gärkammern (Blind- und Grimmdarm) lebenden Kleinlebewesen (Mikroben) in Aminosäuren zerlegt oder zum Aufbau von Kleinlebewesenprotein herangezogen werden. Dieses Mikrobenprotein steht dem Pferd ebenfalls zur Verfügung.

Aus den einzelnen Aminosäuren baut sich das Pferd sein körpereigenes Eiweiß auf, das durch keine anderen Stoffe zu ersetzen ist. Von den 20 Aminosäuren sind rund 10 essentiell, d. h. sie müssen mit dem Futter unbedingt zugeführt werden, während die übrigen 10 vom Pferd selbst aus anderen Aminosäuren gebildet werden können. Da das ausgewachsene Pferd auch Mikrobeneiweiß nutzen kann, das einen hohen Anteil an essentiellen Aminosäuren besitzt, ist in der Regel beim Pferd eine gezielte Versorgung mit diesen Aminosäuren nicht notwendig.

Ähnlich wie bei der Bewertung der Energie, so hat für das Pferd auch nur das Eiweiß des Futters eine Bedeutung, das verdaulich ist. Der Gehalt in den Futtermitteln bzw. der Eiweißbedarf des Pferdes wird daher in der Einheit »g verdauliches Eiweiß (Rohprotein)« angegeben.

Da Fohlen einen hohen Bedarf an essentiellen Aminosäuren besitzen, andererseits die Mikrobentätigkeit im Dickdarmbereich noch nicht voll tätig ist, muß hier, neben dem Bedarf an Gesamteiweiß, der Aminosäure Lysin besondere Beachtung geschenkt werden.

Einen hohen Eiweißbedarf haben insbesondere wachsende Pferde und laktierende Stuten. Eiweißmangel führt bei diesen Pferdegruppen schnell zu Leistungseinbußen oder sogar zu Erkrankungen. Im Normalfall ist aber eine ausreichende Versorgung beim Einsatz der üblichen Futtermittel gewährleistet. Arbeitende Pferde, die reichlich Krippenfutter bekommen, können jedoch relativ schnell mit Eiweiß überversorgt werden. Überschüssiges Eiweiß, das nicht mehr zur Energiegewinnung benötigt wird, wird ausgeschieden. Dies belastet nicht nur unnötig die Ausscheidungsorgane Leber und Niere, sondern

Tab. 14. Täglicher Eiweißbedarf für die Erhaltung

Lebendmasse (kg)	g verdauliches Rohprotein pro Tier und Tag
200	160
300	220
400	270
500	320
600	360

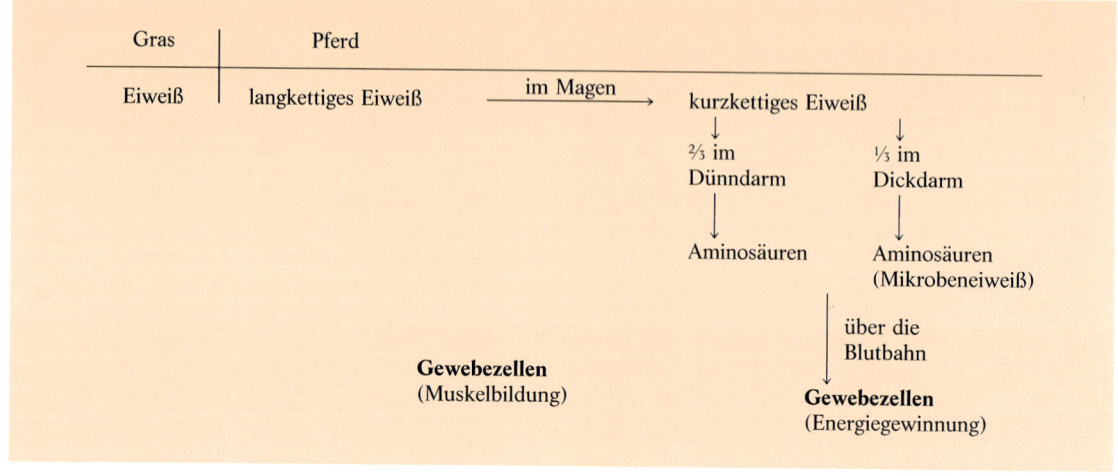

Abb. 105. Verdauung und Verwertung von Eiweiß.

auch den Geldbeutel des Pferdehalters, da eiweißreiche Futtermittel in der Regel sehr teuer sind. Genaue Bedarfsangaben zu den unterschiedlichen Leistungsarten des Pferdes finden Sie in Kapitel 6.1.2.8. Bezüglich des Erhaltungsbedarfes an Eiweiß gilt das gleiche wie bei der Energie. Auch hier finden wir die Tendenz, daß kleine Pferde relativ gesehen einen höheren Bedarf haben als große. Für Großpferde gilt die Faustregel: 60 g verdauliches Rohprotein je 100 kg Lebendmasse.

6.1.2.4 Struktur- und Ballaststoffe (Rohfaser)

Bei der Besprechung der Kohlenhydrate wurde schon darauf hingewiesen, daß ein Teil davon nur sehr schwer verdaulich ist. Diese Gruppe, auch unter der Bezeichnung Rohfaser zusammengefaßt, besteht im wesentlichen aus Zellulose, Lignin, Pentosanen und Kutin. Diese Kohlenhydrate finden wir besonders in Gerüstteilen der Pflanze (Zellwände, Leitbahnwände etc.). Ihr chemischer Aufbau gleicht in etwa dem der übrigen Kohlenhydrate.
Die Verdauung der Rohfaser beginnt erst im Dickdarm des Pferdes. Vorher werden die Pflanzenteile zwar zerkleinert und eingespeichelt, ein Aufschluß der Rohfaser findet jedoch nicht statt. Es ist nicht das Tier selbst, das durch körpereigene Verdauungssäfte diese Strukturstoffe verwerten kann, sondern die in den Gärkammern lebenden Kleinlebewesen vollbringen diese Arbeit. Nur sie bilden geeignete Enzyme, um die hartnäckigen Gerüstsubstanzen zu knacken.

Für ihre fortlaufende Arbeit sind sie auf ein bestimmtes Milieu angewiesen: pH-Wert um 7,0 und ein ständiges, nicht übermäßiges Angebot an Nährstoffen, insbesondere Kohlenhydrate, Stickstoff (Eiweiß) und Strukturfutter. Diese Voraussetzungen sind im voluminösen Blinddarm und Grimmdarm gewährleistet. Der Nahrungsstrom kann hier für einen ausreichenden Aufschluß lange genug verweilen.
Leicht verdauliche Kohlenhydrate und Stickstoff dienen den Mikroben als Nahrung. Das Strukturfutter führt zu einer Auflockerung des Nahrungsbreies, so daß die Kleinlebewesen auf möglichst viele noch nicht verdaute Futterbestandteile einwirken können. Der pH-Wert (pondus hydrogenii = Gewicht des Wasserstoffs), der den Säuregrad des Darminhaltes bestimmt, zeigt, daß die Mikroben ein eher neutrales Milieu zum Leben benötigen. Im Gegensatz hierzu liegt der pH-Wert am Magenausgang bei 2,5, also im stark sauren Bereich.
Wenn die geschilderten Bedingungen für die Kleinlebewesen optimal sind, werden aus den Kohlenhydraten (auch den schwerverdaulichen) sogenannte flüchtige Fettsäuren gebildet. Diese gelangen über die Darmwand in die Blutbahn und werden anschließend zur Energiegewinnung verbraucht. Nach MEYER können bis zu 25 % der verdauten Energie dem Kohlenhydrataufschluß des Dickdarmes entstammen.
Aber nicht allein wegen der Energiegewinnung wird Rohfaser im Futter benötigt. Die Energie könnte ja jederzeit auch von anderen Nährstoffgruppen geliefert werden. Rohfaser im Futter hat noch einige andere wichtige Aufgaben. Rohfaser im Futter:

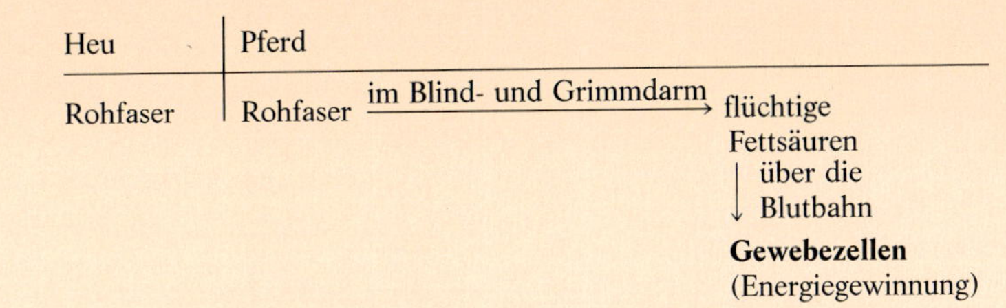

```
Heu      | Pferd
Rohfaser | Rohfaser  im Blind- und Grimmdarm  → flüchtige
                                                Fettsäuren
                                                über die
                                              ↓ Blutbahn
                                                Gewebezellen
                                                (Energiegewinnung)
```

Abb. 105a. Verdauung und Verwertung der Rohfaser.

- bedingt intensives, anhaltendes Kauen
- Lockerung und Durchmischung der Nahrung
- Förderung der Darmperistaltik (Darmbewegung)
- Regelung eines kontinuierlichen Nahrungsaufschlusses
- Steigerung des Sättigungsgefühls
- Beschäftigung.

Als Maßeinheit für den Bedarf an diesen Struktur- und Ballaststoffen wird der Rohfasergehalt in Prozent der Futtertrockensubstanz angegeben. Er beträgt 16 bis 18 % bei Leistungspferden und 20 bis 22 % bei Pferden in Erhaltungsbedarf. Dies entspricht pro Tag 0,5 bis 0,6 kg/100 kg LG bei Leistungspferden und 0,8 kg/100 kg LG bei Zuchttieren und Fohlen.

In vielen pferdehaltenden Betrieben versucht man, die täglich benötigte Rauhfuttermenge so gering wie möglich zu halten. Das voluminöse Rauhfutter benötigt viel Lagerraum, eine Mechanisierung der Futtervorlage ist kaum möglich, Rauhfutter kann zur Staubentwicklung im Stall beitragen, die Qualitäten können stark schwanken, die Preise sind von Jahr zu Jahr unterschiedlich. Bei Leistungspferden kann der Rauhfutteranteil die notwendige Energieaufnahme durch das Krippenfutter begrenzen. Trotz aller Einwände muß aber auf die Verfütterung einer Mindestrauhfuttermenge zum Wohle des Pferdes stets geachtet werden.

6.1.2.5 Mengenelemente

Sowohl die Zusammensetzung des Pferdekörpers als auch die der Futtermittel weist einen anorganischen Teil auf, der bei einer Veraschung übrig bleibt, die Rohasche. Sie besteht aus Mineralstoffen, bei Futtermitteln zusätzlich auch noch aus Schmutz und Sand. Diese Mineralstoffe sind ebenfalls notwendig für die Ernährung des Pferdes. Es gibt Mineralstoffe, die das Pferd in größeren Mengen benötigt, die **Mengenelemente**, und solche Mineralstoffe, deren Bedarf sich nur in sehr kleinen Einheiten (mg) bestimmen läßt, die **Spurenelemente**.

Im Gegensatz zu den bislang besprochenen Bedarfsgruppen haben wir es jetzt nicht mit mehr oder weniger komplizierten Verbindungen, sondern mit Einzelelementen zu tun. Ein Mangel dieser Elemente führt oft sehr rasch zu akuten Erkrankungen. Mineralstoffe kann das Pferd nicht selbst aufbauen, sie müssen unbedingt mit der Nahrung aufgenommen werden, sie sind essentiell. Sie können zwar aufeinander Einfluß nehmen, sich aber nicht gegenseitig ersetzen. Zu den notwendigen Mengenelementen zählen Kalzium (Ca), Phosphor (P), Magnesium (Mg), Kalium (K), Natrium (Na) und Chlor (Cl).

Kalzium und Phosphor sind von ihrem Vorkommen im Pferdekörper her gesehen die wichtigsten Mengenelemente. Bis zu 7 kg Kalzium und 4 kg Phosphor findet man bei mittelgroßen Pferden, davon 99 % des Kalziums und 80 % des Phosphors allein im Skelett. Hiermit wird auch die Hauptfunk-

Tab. 15. Rohfaserreiche Futtermittel (g Rohfaser pro kg Trockensubstanz)

Roggenstroh	487 g
Weizenstroh	451 g
Haferstroh	447 g
Heu, früh geschnitten	246 g
Heu in der Blüte	308 g
Heu überständig	345 g
Luzerneheu	329 g

tion dieser beiden Elemente deutlich. Sie dienen nämlich Aufbau und Funktion der Knochen. Des weiteren sind sie als Bausteine körpereigener Wirkstoffe bei der Blutgerinnung, der Reizleitung und beim Energiestoffwechsel im Muskelgewebe beteiligt.

Ein Mangel beider Elemente führt bei Fohlen und wachsenden Pferden zu Knochenauftreibungen und Knochenweiche, bei älteren Tieren zum Mineralstoffauszug aus den Knochen. Die Neigung zu Knochenbrüchen ist dann die Folge. Werden laktierende Stuten unterversorgt, können Tetanien auftreten: Unsicherer Gang, Festliegen, Lähmungen.

Ähnliche Auswirkungen wie beim Kalziummangel hat eine Überversorgung mit Phosphor, da hierdurch die Leistung des Pferdes, Kalzium aus dem Futter aufzuschließen und nutzbar zu machen, stark beeinträchtigt wird, so daß ein Kalziumdefizit entsteht. Somit ist neben dem absoluten Bedarf das Verhältnis von Kalzium zu Phosphor von erheblicher Bedeutung. Die Empfehlungen lauten: Kalzium zu Phosphor = 1:1 bis 3:1.

Zwischen den Futtermitteln bestehen erhebliche Unterschiede in den Gehalten dieser beiden Mengenelemente und auch in ihrem Verhältnis zueinander.

Aus diesen Beispielen erkennen wir, daß bei hohen Anteilen an Hafer bzw. Hafer und Weizenkleie im Futter die Gefahr eines Phosphorüberschusses sehr hoch ist. Beim Heu werden umgekehrte Verhältnisse deutlich. Jedoch scheint für einen notwendigen Ausgleich des Phosphorüberschusses im Krippenfutter nur Luzerne-Heu mit seinem weiten Kalzium-Phosphor-Verhältnis von 8:1 geeignet zu sein. Wiesenheu muß schon in größeren Mengen gereicht werden, um hier ausgleichend zu wirken. Der genaue Bedarf an Kalzium und Phosphor für die verschiedenen Leistungsstufen ist dem Abschnitt 6.1.2.8 zu entnehmen.

Vom Umfang des Vorkommens her ist das Magnesium (Mg) das drittwichtigste Mengenelement. Magnesium ist ebenfalls Baustein wichtiger körpereigener Wirkstoffe. Insbesondere hat es jedoch für die Funktion einiger Enzyme im Muskel- und Nervengewebe Bedeutung und ist, neben Kalzium und Phosphor, Baustein des Skelettsystems. Im Normalfall ist die Versorgung mit Mg gesichert, besonders dann, wenn ein Großteil des Krippenfutters aus Getreide besteht. Laktierende Stuten sondern mit der Milch aber größere Mengen an Mg ab, so daß hier die Versorgung überprüft werden muß.

Mg-Mangel ergibt sich zuweilen auch bei einseitiger Fütterung mit jungem Gras. Als Symptome können dann unsicherer Gang, Muskelzittern und Krämpfe beobachtet werden. Man bezeichnet dies als Tetanie. Während Kalium (K) den osmotischen Druck der Zellflüssigkeit reguliert und am Stoffwechsel beteiligt ist, steuert Natrium (Na) zusammen mit Chlor (Cl) den osmotischen Druck im Blut und in der Lymphe. Alle drei übernehmen wichtige Aufgaben in der Aufrechterhaltung der Leistungsfähigkeit des Muskel- und Nervengewebes sowie bei der Übertragung von Reizen. Ein erhöhter Bedarf an diesen drei Mengenelementen entsteht besonders bei Durchfällen, da mit dem flüssigen Kot größere Mengen an K, Na und Cl

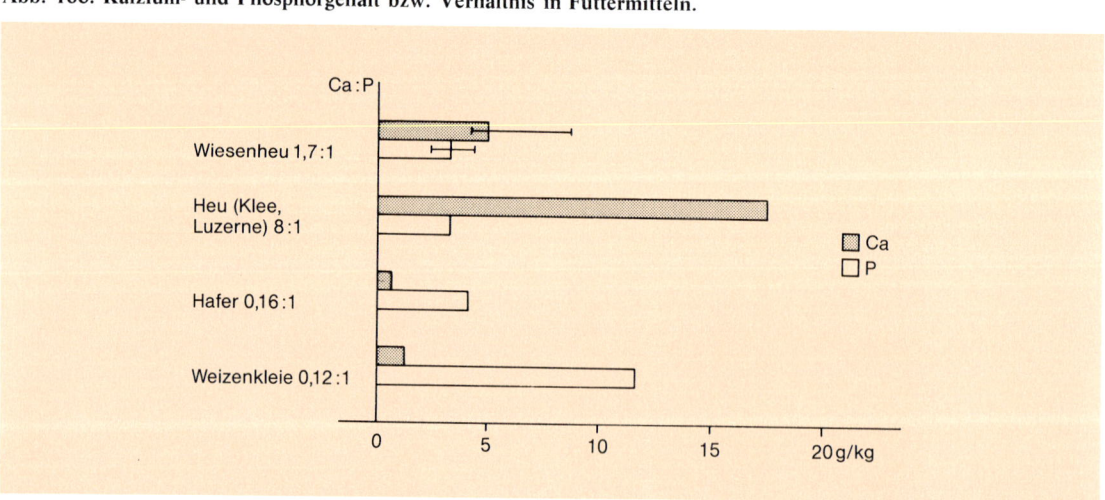

Abb. 106. Kalzium- und Phosphorgehalt bzw. Verhältnis in Futtermitteln.

ausgeschieden werden. Auch während der Arbeit verlassen größere Mengen dieser Elemente den Pferdekörper mit dem Schweiß.

Tab. 16. Schweißzusammensetzung des Pferdes (mg/Stunde bei 600 kg LG)

	K	Na	Cl
leichte Arbeit	4,5	6	8
mittlere Arbeit	9	12	16
schwere Arbeit	36	48	64

Tab. 17. Spurenelementbedarf des Pferdes (mg/kg TS)

Eisen	80 (Fohlen und Rennpferde 100)
Kupfer	5–8
Kobalt	0,05
Zink	30–50
Mangan	20–40
Jod	0,1–0,3
Selen	0,1

Der Bedarf an K, Na und Cl ist somit in erster Linie vom Leistungseinsatz abhängig. Mangel hat Leistungseinbußen und schnelle Ermüdung zur Folge. Bei Na- und Cl-Mangel können Kreislaufstörungen und totaler Zusammenbruch auftreten.
Die Versorgung des Pferdes mit K und Cl ist in der Regel gesichert, besonders dann, wenn genügend Rauhfutter gereicht wird. Anders sieht es bei Na aus. Getreide weist nur mittlere Gehalte auf, im Grünfutter und seinen Konserven (Heu und Grassilage) ist Na kaum vorhanden. Darüber hinaus muß man hier auch noch mit großen Schwankungen rechnen. Futterrüben sowie Trocken- bzw. Melasseschnitzel zeichnen sich einzig durch einen ansprechenden Na-Gehalt aus. Hieraus folgt, daß eine ständige Na-Ergänzung (eventuell mittels Leckstein) notwendig ist.

6.1.2.6 Spurenelemente

Spurenelemente sind im Pferdekörper nur in geringen Mengen vorhanden. Trotz des relativ geringen Bedarfes kann ein Mangel aber zu folgeschweren Erkrankungen führen. Im wesentlichen lassen sich die Aufgaben der Spurenelemente in zwei Hauptaufgaben zusammenfassen:
1. Bausteine körpereigener Wirkstoffe.
2. Beschleuniger im Stoffwechsel (Katalysator).
Als notwendige Spurenelemente werden genannt: Eisen (Fe), Kupfer (Cu), Kobalt (Ko), Zink (Zn), Mangan (Mn), Jod (J) und Selen (Se). Genaue Bedarfszahlen sind in den meisten Fällen nicht speziell für das Pferd ermittelt, sondern in Beziehung zum Bedarf anderer Haustiere aufgestellt worden.

In der Regel sind Pferde ausreichend mit Spurenelementen versorgt, so daß bei der Rationsgestaltung hierauf nicht besonders geachtet werden muß. Eisenmangel wird gelegentlich bei Rennpferden und Pferden mit starkem Wurmbefall beobachtet. Bei größeren Hauterkrankungen ist die Versorgung mit Zink zu erhöhen. Jodmangel wird besonders dann festgestellt, wenn in gesteigertem Maße Raps, Kohlrüben oder Weißklee gefüttert wird oder wenn der Boden jodarm ist, wie z. B. in manchen Alpenregionen.

6.1.2.7 Vitamine

Vitamine (lat.: vita = das Leben) sind wie die Spurenelemente für das Wohlbefinden und die Leistungsfähigkeit der Pferde unbedingt notwendig. Auch sie kommen nur in geringen Mengen vor, der Umfang ihres Bedarfs ist entsprechend. Im Gegensatz zu den Mineralstoffen sind Vitamine organische Verbindungen. Nach ihrer Löslichkeit unterscheidet man die fettlöslichen (Vitamin A, D, E und K) von den wasserlöslichen (Vitamin B_1, B_2, B_6, B_{12}, C und andere). Besonders wichtig für die Ernährung des Pferdes scheinen in erster Linie Vitamin A, D, E und B_1 zu sein.
Die Aufgaben des Vitamin A sind vielfältig. Als Bestandteil des roten Sehpurpurs hat es für den Sehvorgang eine besondere Bedeutung. Vitamin A wirkt auch bei der Regelung des Knochenaufbaues und Knochenwachstums mit, außerdem ist es notwendig für die Bildung und Funktion der Epithelien (äußere Zellschicht von Haut und Schleimhäuten). Ein Mangel an Vitamin A zeigt sich im Rückgang der Funktion der Schilddrüse und in einer Verhornung der äußeren und inneren Häute, wie der Atemwege, des Verdauungstraktes und der Geschlechtsorgane. Trockene, verhornte Schleimhäute verlieren ihre Abwehrkraft, so daß es Bakterien, Viren und Parasiten leichtfällt, hier einzudringen und sich zu vermehren.

Tab. 18. Bedeutung der verschiedenen Spurenelemente

Element	Aufgabe	Mangelsymptom	Futtermittel mit hohen Gehalten
Eisen (Fe)	Bestandteil des Blut- u. Muskelfarbstoffes, Sauerstofftransporteur	Leistungsschwäche, Infektionsanfälligkeit	Trockenschnitzel, Heu, Gras
Kupfer (Cu)	Blut- u. Blutgefäßbildung, Skelettentwicklung	Blutmangel, Skelettveränderung	Sojaextraktionsschrot, Melasse
Kobalt (Ko)	Bestandteil von Vitamin B_{12}	Blutarmut, Hautveränderung	Melasse, Trockenschnitzel
Zink (Zn)	Aufbau und Schutz der Haut, Wirkstoff im Stoffwechsel	Hautveränderung, Haarausfall	Weizenkleie, Maissilage
Mangan (Mn)	Wirkstoff im Stoffwechsel, Eierstöcke	unbekannt	Weide, Weizenkleie
Jod (J)	Bestandteil der Schilddrüsenhormone	Kropf, Ödembildung	Melasse, Futterrüben, Fischmehl
Selen (Se)	Muskelstoffwechsel	Versteifung der Muskulatur, Lahmheit	Leinsamen

Vitamin-A-Mangel erhöht somit die Infektionsanfälligkeit des Pferdes. Bei derartigen Erkrankungen ist der Bedarf an Vitamin A also besonders hoch.
Vitamin A kommt nur im Tierreich vor, also auch nur in Futtermitteln tierischer Herkunft, wie Fischmehl oder Lebertran. Die Futtermittel des Pferdes sind aber durchweg pflanzlicher Herkunft, so daß sie kein Vitamin A enthalten. Hier findet man jedoch die Vorstufe, das Karotin. Karotin kommt in den Pflanzen in drei verschiedenen Formen vor, wobei das sogenannte β-Karotin für die Vitamin-A-Bildung die größte Bedeutung hat. Ein mg β-Karotin bildet etwa die Menge von 400 bis 500 I.E. Vitamin A (I.E. = Internationale Einheit, entspricht bei Vitamin A etwa 0,3 µg). Viele Wissenschaftler schreiben dem β-Karotin nicht nur die Aufgabe als Vorstufe von Vitamin A zu, sondern auch eine eigenständige Funktion. Hohe Gehalte an Karotin weist der Eierstock der Stute auf. Daraus kann geschlossen werden, daß bestimmte Fruchtbarkeitsstörungen auf einen Mangel an β-Karotin zurückzuführen sind. Karotinhaltig sind insbesondere Gras, Möhren und konservierte Futtermittel des Grünlandes. Somit ist bei Weidegang mit einer ausreichenden Karotin- und damit auch Vitamin-A-Versorgung zu rechnen. Mit dem Trocknungsvorgang werden durch Licht- und Lufteinfluß die Karotingehalte abgebaut. Auch während der Lagerung entstehen erhebliche Verluste (ca. 10 % pro Monat).

Man kann davon ausgehen, daß spätestens nach Weihnachten eine Karotinversorgung mit Heu allein nicht mehr gewährleistet ist, so daß eine Ergänzung mit Möhren, Grünmehl oder Lebertran sowie mit industriell hergestellten Präparaten notwendig wird. Da auch beim Grünmehl (künstlich getrocknetes Gras) die Gehalte schwanken können, ist vor dem Kauf eine Untersuchung auf Karotin angebracht. Einen erhöhten Karotin- bzw. Vitamin-A-Bedarf haben, wie schon erwähnt, an den Schleimhäuten erkrankte Pferde, Zuchtstuten in der Produktion und Fohlen. Weitere Bedarfsangaben sind der Tab. 19 zu entnehmen.
Die Aufgabe des Vitamins D liegt in der Aufnahme und dem Stoffwechsel der beiden Mineralstoffe Ca und P. Es fördert die Aufnahme dieser Mineralstoffe aus dem Darm in die Blutbahn und regelt den Einbau in das Skelett. Ist der Bedarf an Ca und P hoch, die Versorgung aber gering, so können ausreichende Mengen an Vitamin D die Verdauungsleistung steigern. Fehlt Vitamin D, so können nicht genügend Ca und P nutzbar gemacht werden und es erfolgt kein Einbau in die Knochen. Mangelanzeichen sind Knochenverbiegungen und -auftreibungen (Rachitis).
Die Vitamin-D-Versorgung der Pferde ist abhängig von der Haltungsart. Im Freien können die Pferde dieses Vitamin selbst aufbauen. Dies geschieht in

Tab. 19. Täglicher Vitaminbedarf des Pferdes

Vitamine	hochtragende und säugende Stuten	Fohlen (bis 18 Mon.)	Arbeitspferde
Vit A I.E.[1] je kg LG	100	100	50
Vit D I.E.[1] je kg LG	15–20	20	5–10
Vit E I.E.[1] je kg LG	0,3–0,5	0,3	0,1–0,2[2]
Vit B_1 mg/kg T.S.	3	3	3–4

[1] I.E. = Internationale Einheit; die Menge eines Stoffes, die in einer Testlösung eben noch eine bestimmte Wirkung hervorruft. 1 I.E. Vitamin A = 0,3 µg, 1 I.E. Vitamin D = 0,025 µg.
[2] Bei Rennpferden bis 4 mg je kg LG.

Tab. 20. Nährstoffbedarfswerte für erwachsene Sportpferde

		Lebendgewicht des erwachsenen Pferdes (kg)							
		100	200	300	400	500	600	700	800
Erhaltung	verd. Energie (MJ)	19	32	43	54	64	73	82	90
	verd. Rohprotein (g)	95	160	215	270	320	365	410	450
	Kalzium (g)	4	8	12	17	21	25	29	33
	Phosphor (g)	2,5	5	7,5	10	12,5	15	17,5	20
Arbeit[1] leicht	verd. Energie (MJ) bis...		24	40	54	67	80	91	102	113
	verd. Rohprotein (g) bis...		120	200	270	335	400	455	510	565
	Kalzium (g)		4	9	13	17	22	26	31	36
	Phosphor (g)		2,5	5	7,5	10	13	16	20	24
Arbeit[1] mittel	verd. Energie (MJ) von... bis...		24–28	40–48	54–65	67–81	80–96	91–109	102–123	113–135
	verd. Rohprotein (g) von... bis...		120–140	200–240	270–325	335–405	400–480	455–545	510–615	565–675
	Kalzium (g)		4	9	13	18	22	26	31	36
	Phosphor (g)		3	6	9	11	13	16	24	24
Arbeit[1] schwer	verd. Energie (MJ) über...		28	48	65	81	96	109	123	135
	verd. Rohprotein (g) über...		140	240	325	405	480	545	615	675
	Kalzium (g)		5	9	13	18	22	27	32	37
	Phosphor (g)		3,5	6	9	12	14	17	20	23

[1] NaCl-Leckstein zum freien Ausgleich der Schweiß-Kochsalzverluste unentbehrlich.

Zellen unter der Haut, jedoch nur unter Mitwirkung von Sonneneinstrahlung (speziell der UV-Strahlung). Dies bedeutet, daß Pferde im Stall (UV-Licht geht nicht durch Fensterglas) auf die Versorgung über Futtermittel angewiesen sind. Vitamin-D-reiche Futtermittel sind Heu, Grassilage, Grünmehl und Gras. Hierbei hat sonnengetrocknetes Heu höhere Werte als Unter-Dach-Getrocknetes. Wie der Tierkörper, so benötigen auch die Pflanzen Sonnenlicht, um aus Vorstufen das Vitamin D zu bilden. Besonders bei Fohlen und bei laktierenden Stuten ist auf eine bedarfsdeckende Versorgung zu achten.

Vitamin E ist für den Stoffwechsel in den Körperzellen (Mitochondrien), insbesondere der Muskulatur, von Bedeutung. Die zweite wichtige Aufgabe liegt in der Verhinderung des Ranzigwerdens von Fetten (Antioxidans) im Futter (auch während der Verdauungsvorgänge). Mangel an Vitamin E führt zur Beeinträchtigung der Zellfunktionen und damit zur Leistungsminderung oder sogar zum Muskelschwund. Pferde mit hoher Leistung, z. B. Rennpferde, haben einen erhöhten Bedarf. Ob Vitamin E wie bei anderen Tieren förderlich auf die Fruchtbarkeitsleistung wirkt, konnte bei Pferden bislang nicht bestätigt werden. Im Grünfutter sind erhebliche Mengen an Vitamin E vorhanden, so daß beim Weidegang die Versorgung sichergestellt ist. In der Stallperiode können Getreide, Mühlennachprodukte (Weizenkleie) oder auch Ölsaatenprodukte den Bedarf abdecken.

Das Vitamin B_1 zählt zu den wasserlöslichen Vitaminen und wird wie die anderen Vitamine dieser Gruppe vom Pferd im Dickdarmbereich selbst aufgebaut. Bei übermäßigem Kohlenhydrateinsatz und Rohfasermangel, was häufig bei Rationen von Hochleistungspferden der Fall ist, oder bei Störungen der Mikrobentätigkeit im Dickdarm infolge von Verdauungsstörungen, kann trotzdem ein Vitamin-B_1-Mangel entstehen. Geringere Futteraufnahme, Leistungsrückgang sowie Lahmheiten und Erregbarkeiten werden beobachtet. Diese Anzeichen sind die Folge eines unzureichenden Abbaues der Kohlenhydrate. Zwischenprodukte, die nicht vom Pferd genutzt werden

Tab. 21. Nährstoffbedarfswerte für tragende und laktierende Stuten sowie Deckhengste

			Lebendgewicht des erwachsenen Pferdes (kg)						
			100	200	300	400	500	600	700	800
Trächtigkeitsmonat	8.	verd. Energie (MJ)	21	36	48	60	71	81	91	100
		verd. Rohprot. (g)	120	210	280	350	410	470	530	580
		Kalzium (g)	5	11	17	23	29	35	41	47
		Phosphor (g)	4	8	11	15	19	23	27	31
	11.	verd. Energie (MJ)	24	40	54	67	80	91	102	113
		verd. Rohprot. (g)	160	260	350	440	520	590	670	740
		Kalzium (g)	7	14	22	29	37	44	52	59
		Phosphor (g)	5	10	15	19	25	29	35	40
Laktationsmonat	1.	verd. Energie (MJ)	36	60	82	101	120	137	154	170
		verd. Rohprot. (g)	320	530	720	890	1060	1210	1360	1500
		Kalzium (g)	12	20	30	37	46	52	62	70
		Phosphor (g)	10	16	23	29	35	41	48	54
	3.	verd. Energie (MJ)	38	64	86	107	127	145	163	180
		verd. Rohprot. (g)	330	560	760	940	1110	1270	1430	1570
		Kalzium (g)	13	23	32	41	49	58	66	74
		Phosphor (g)	10	18	26	33	39	46	53	59
	5.	verd. Energie (MJ)	32	54	73	91	108	123	138	152
		verd. Rohprot. (g)	250	420	560	700	830	940	1060	1170
		Kalzium (g)	11	19	27	35	42	49	56	62
		Phosphor (g)	9	15	22	28	34	39	45	50
Hengste, hohe Deckbeanspruchung		verd. Energie (MJ)	29	48	65	81	96	110	123	135
		verd. Rohprot. (g)	160	270	370	460	560	620	700	770
		Kalzium (g)	8	15	23	30	38	45	53	60
		Phosphor (g)	5	10	15	20	25	30	35	40

Tab. 22. Nährstoffbedarfswerte für wachsende Pferde

Lebensmonate		Lebendgewicht des erwachsenen Pferdes (kg)							
		100	200	300	400	500	600	700	800
3.– 6.	verd. Energie (MJ)	17	29	40	51	60	70	79	88
	verd. Rohprot. (g)	140	255	365	470	575	675	775	870
	Kalzium (g)	6	12	18	23	30	36	42	48
	Phosphor (g)	4	8	13	17	21	25	29	33
7.–12.	verd. Energie (MJ)	18	30	42	52	62	72	81	90
	verd. Rohprot. (g)	120	210	300	380	460	540	615	695
	Kalzium (g)	5	10	14	19	24	29	34	39
	Phosphor (g)	3	6	10	13	16	19	22	25
13.–18.	verd. Energie (MJ)	19	32	44	55	66	76	86	95
	verd. Rohprot. (g)	115	205	285	360	435	505	575	640
	Kalzium (g)	5	10	15	19	25	31	35	40
	Phosphor (g)	4	7	10	13	17	20	23	26
19.–24.	verd. Energie (MJ)	20	34	46	58	68	79	88	98
	verd. Rohprot. (g)	115	195	270	340	410	470	535	595
	Kalzium (g)	5	10	15	19	25	31	35	40
	Phosphor (g)	4	7	10	13	17	20	23	26
25.–36.	verd. Energie (MJ)	21	36	49	61	72	82	93	103
	verd. Rohprot. (g)	115	195	265	330	395	450	510	570
	Kalzium (g)	5	10	15	19	25	31	35	40
	Phosphor (g)	4	7	10	13	17	20	23	26

können, sammeln sich an und verursachen diese Störungen. Bei einer notwendigen Zuführung von Vitamin B$_1$ über das Futter kann auf Weizenkleie, Weizenkeime oder Trockenhefe zurückgegriffen werden. Die übrigen hier nicht besprochenen Vitamine erfüllen im Pferd ebenfalls wichtige Aufgaben. Bedeutende Mangelerscheinungen sind jedoch nicht bekannt. Ursachen hierfür dürften zum einen die Tatsache sein, daß das Pferd sie selbst, z. B. mit Hilfe der Kleinlebewesen im Dickdarm, aufbauen kann, zum anderen sind sie in den pferdeüblichen Futtermitteln so umfangreich enthalten, daß bei normaler Ernährung der Bedarf zufriedenstellend gedeckt wird.
Zur Vitaminversorgung ist allgemein zu sagen, daß die hier für die verschiedenen Vitamine aufgezeigten Mangelerkrankungen in der Praxis nur noch selten beobachtet werden. Viel häufiger kommt es jedoch vor, daß der Bedarf gerade noch abgedeckt wird (Minimalbedarf). Bei erhöhter Leistung oder besonderen Streßsituationen werden dann aber nur schwer erkennbare Anzeichen wie Leistungseinbuße oder Infektionsanfälligkeit hervorgerufen. Zum Wohlbefinden des Pferdes und seiner Leistungsbereitschaft ist jedoch der Optimalbedarf abzudecken, der vom Pferdewirt aber nur schwer exakt ermittelt werden kann, da selbst in den vitaminreichen Futtermitteln erhebliche Schwankungen zu finden sind. Wesentlich sicherer ist daher die Verwendung von industriell hergestellten Vitaminpräparaten. Ihr Einsatz sollte aber mit dem Tierarzt abgesprochen werden. So können hohe Vitamingaben (Vitaminstoß) kurzfristig angewandt sehr hilfreich sein, über längere Zeit eingesetzt aber nutzlos werden.

6.1.2.8 Nährstoffbedarfsempfehlungen

In den folgenden Tabellen sind Nährstoffbedarfswerte für Pferde mit unterschiedlichem Lebendgewicht und unterschiedlichen Leistungsanforderungen zusammengestellt. Die Bedarfswerte sind für verdauliche Energie in MJ, verdauliches Rohprotein in g, für Ca und P jeweils in g je Tag angegeben. Es sind dies die Nährstoffgruppen, die in der Ernährung des Pferdes und somit bei der Zusammenstellung der Tagesration die häufigsten Probleme machen. Die Werte für die anderen Nährstoffe sind bereits unter den Punkten 6.1.2.1 bis 6.1.2.7 zu finden.

Um die Bedarfswerte für ein bestimmtes Pferd abzulesen, geht man zweckmäßigerweise folgendermaßen vor:
1. Festlegen der Nutzungsrichtung (erwachsene Sportpferde, trächtige und laktierende Stuten, Deckhengst oder wachsende Pferde).
2. Festlegung des Körpergewichtes.
3. Festlegung der Leistungsart.

Beispiel: Santos hat ein Lebendgewicht von 600 kg und wird nur leicht bewegt. Die Bedarfswerte lauten für dieses Pferd:
verdauliche Energie 91 MJ
verdauliches Eiweiß 455 g
Ca 26 g
P 16 g

Zur Wiederholung und Vertiefung

1. Von welchen Faktoren ist die Höhe der Futteraufnahme abhängig?
2. Beschreiben Sie die Zusammensetzung von Futtermitteln.
3. Welche Aufgaben haben die Futtermittel beim Pferd zu erfüllen?
4. Was versteht man unter Verdaulichkeit eines Futtermittels?
5. Welche Aufgaben erfüllt das Wasser im Pferdekörper?
6. Warum ist der Tränkebedarf beim Pferd sehr unterschiedlich?
7. Beschreiben Sie den Weg der Verdauung und die Verwertung von leicht verdaulichen Kohlenhydraten (von Fetten, von Eiweiß, von der Rohfaser) beim Pferd.
8. Nennen Sie eiweiß-, energie- und rohfaserreiche Futtermittel.
9. Nennen Sie die wichtigsten Mengenelemente und ordnen Sie ihnen die verschiedenen Aufgaben im Pferdekörper zu.
10. Warum sollte das Verhältnis von Kalzium zu Phosphor 1:1 bis 3:1 sein?
11. Welche Bedeutung haben die Spurenelemente für das Pferd?
12. Warum sind die Vitamine A, D und B_1 für das Pferd so wichtig?
13. Beschreiben Sie die Aufgaben des Beta-Karotins in der Pferdeernährung.
14. Erklären Sie, wie man in Bedarfstabellen den richtigen Nährstoffbedarf eines Pferdes feststellen kann.

6.2 Futtermittel des Pferdes

Wenn man Pferdehalter nach den Futtermitteln ihrer Pferde fragt, bekommt man häufig folgenden Speiseplan zu hören: »Hafer, Heu und Mischfutter«, nach längerem Nachdenken vielleicht auch noch »Gras und Möhren«.

Das vorhergehende Kapitel hat aufgezeigt, wie vielseitig der Bedarf des Pferdes an Nährstoffen ist und wie unterschiedlich das Vorkommen der einzelnen Stoffe in den Futtermitteln sein kann. Die eben zitierten Futtermittel sind wohl in der Praxis die gebräuchlichsten, sie sind aber nicht in allen Situationen die geeignetsten.

Was sind Futtermittel? Futtermittel sind »Stoffe, einzeln (Einzelfuttermittel) oder in Mischungen (Mischfuttermittel), mit oder ohne Zusatzstoffe, die dazu bestimmt sind, in unverändertem, zubereitetem, bearbeitetem oder verarbeitetem Zustand an Tiere verfüttert zu werden, ausgenommen sind Stoffe, die überwiegend dazu bestimmt sind, zu anderen Zwecken als zur Tierernährung verfüttert zu werden« (§ 2 (1) Futtermittelgesetz).

Ein Einzelfuttermittel ist der Hafer. Große Anteile davon finden wir in pelletiertem Mischfutter, als Reformhafer wird er mit Zusatzstoffen angereichert. Ganze Haferkörner können in unverändertem Zustand, als Mash in zubereitetem Zustand, als Walzhafer in bearbeitetem Zustand und als Bestandteil des pelletierten Mischfutters in verarbeitetem Zustand an Pferde verfüttert werden. Wird der Hafer im eigenen Betrieb selbst angebaut, so zählt er zur Gruppe der wirtschaftseigenen Futtermittel, wird er zugekauft, ist er ein Handelsfuttermittel.

Nach ihrer Beschaffenheit können die Futtermittel auch unterteilt werden in Rauhfutter (Heu), Saftfutter (Gras, Futterrüben) und Kraftfutter (Hafer). Rauh- und Saftfutter kann man auch als Grundfutter zusammenfassen. Im allgemeinen hat das Grundfutter eine geringere Nährstoffkonzentration (ver-

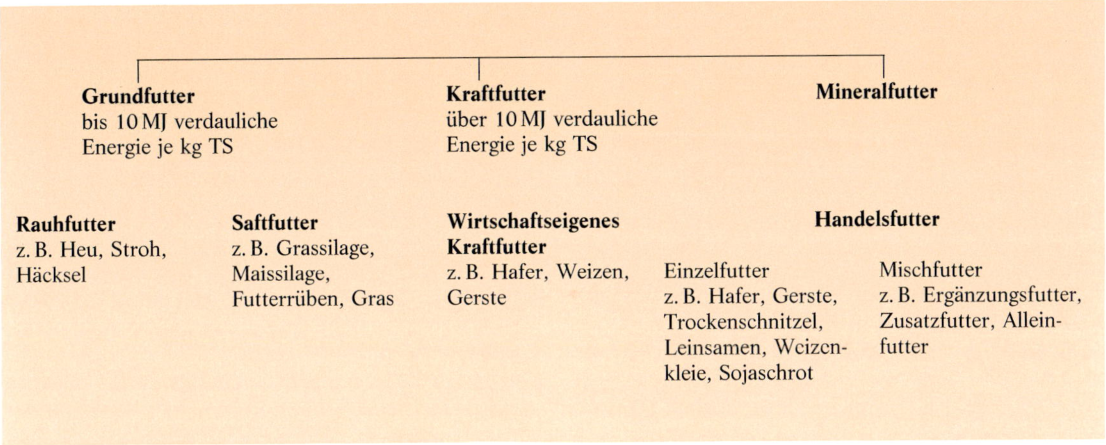

```
                        |                                |                        |
                  Grundfutter                      Kraftfutter              Mineralfutter
                  bis 10 MJ verdauliche            über 10 MJ verdauliche
                  Energie je kg TS                 Energie je kg TS

        |                    |                    |                               |
    Rauhfutter           Saftfutter          Wirtschaftseigenes              Handelsfutter
    z. B. Heu, Stroh,    z. B. Grassilage,   Kraftfutter
    Häcksel              Maissilage,         z. B. Hafer, Weizen,
                         Futterrüben, Gras   Gerste          Einzelfutter        Mischfutter
                                                             z. B. Hafer, Gerste, z. B. Ergänzungsfutter,
                                                             Trockenschnitzel,   Zusatzfutter, Allein-
                                                             Leinsamen, Weizen-  futter
                                                             kleie, Sojaschrot
```

Abb. 107. Einteilung der Futtermittel.

dauliche Energie MJ je kg Futtertrockenmasse) als das Kraftfutter. Wir erkennen, daß die Futtermittel nach vielen Gesichtspunkten unterteilt werden können.

Die meisten Pferdefuttermittel sind pflanzliche Produkte, die entweder in landwirtschaftlichen Betrieben speziell für Futterzwecke angebaut werden (Heu, Futterrüben, Hafer) oder die als Rückstände bei der Verarbeitung pflanzlicher Erzeugnisse für die menschliche Ernährung übrigbleiben (Weizen, Kleie, Sojaschrot, Trockenschnitzel). Futtermittel tierischer Herkunft spielen für die Pferdeernährung eine untergeordnete Rolle, wenn man von der Milch für die Fohlenaufzucht in Form von Stutenmilch oder Magermilchpulver absieht. Tierische Futtermittel sind in der Regel hochverdaulich und besitzen »wertvolle« Nährstoffe, sie sind »biologisch hochwertig«.

Wann sind Futtermittel für Pferde geeignet? Sie haben »die tierische Erzeugung so zu fördern, daß die Leistungsfähigkeit der Nutztiere erhalten und verbessert wird, und sicherzustellen, daß die Gesundheit von Tieren nicht beeinträchtigt wird« (§ 1, 1. und 2. Futtermittelgesetz). Futtermittel müssen also leistungserhaltend und -fördernd sein. Die natürliche Zusammensetzung der Nährstoffe, die Konsistenz, die Schmackhaftigkeit und Sauberkeit sowie das Freisein von Schadstoffen bestimmen im wesentlichen die Einsatzmöglichkeiten. Hierbei ist zu beachten, daß die Nährstoffgehalte schwanken und daß Schmackhaftigkeit und Sauberkeit gelegentlich zu wünschen übrig lassen. Diese Aussage gilt im besonderen für das Grundfutter. Will der Pferdewirt geeignete Futtermittel einsetzen, so werden von ihm Kenntnisse und Fertigkeiten verlangt:

– im Erkennen, Bestimmen und Beschreiben von Futtermitteln
– im Beurteilen von Futtermitteln.

Die folgenden Abschnitte befassen sich deshalb mit Bewertungsmöglichkeiten von Futtermitteln sowie mit der Vorstellung verschiedener Futtermittelgruppen (Saftfutter, Rauhfutter, Kraftfutter).

6.2.1 Bewertung von Futtermitteln

Der Wert eines Futtermittels für die Pferdeernährung wird im allgemeinen bestimmt durch den Gehalt an Energie, Eiweiß, Rohfaser, Mineralstoffen und Vitaminen, durch die Höhe der Verdaulichkeit dieser Inhaltsstoffe sowie durch die Schmackhaftigkeit. Diese Werte werden in wissenschaftlichen Untersuchungen festgestellt und können von jedem Interessenten in Futterwerttabellen nachgelesen werden. Die hier veröffentlichten Ergebnisse stellen Durchschnittswerte dar. Auch das vom Handel zu beziehende Mischfutter wird auf dem Sackanhänger bzw. Plombenanhänger hinsichtlich der Inhaltsstoffe beschrieben (deklariert). Mit Hilfe dieser Angaben können die verschiedensten Futtermittel nach ihren Einsatzmöglichkeiten bewertet werden. Viele Futtermittel unterliegen jedoch starken Nährstoffgehaltsschwankungen (z. B. Heu). Um die Qualität von Futtermitteln oberflächlich zu beurteilen, kann zunächst eine Begutachtung (Sinnenprüfung) durch den Pferdewirt selbst durchgeführt werden. Genaue Aussagen über die einzelnen Schwankungen der Nährstoffe kann aber nur eine chemische Untersuchung liefern. Dazu ist eine Probe des jeweiligen Futtermittels an ein entsprechendes Labor zu schicken.

Die **Sinnenprüfung** kann grundsätzlich bei jedem Futtermittel angewendet werden. Wie der Name schon sagt, müssen für die Beurteilung die Sinne (Sehen, Riechen und Fühlen) eingesetzt werden. Hierbei werden das Aussehen, der Geruch, die Griffigkeit und mögliche Verunreinigungen des vorliegenden Materials beschrieben und mit dem Idealzustand des Futtermittels verglichen. Bestehen große Unterschiede, ist mit einer Qualitätseinbuße zu rechnen, das Futter wird als minderwertig eingestuft. Entsprechende Umstellungen bzw. Ergänzungen der Tagesration müssen vom Pferdewirt vorgenommen werden, um diesen Mangel auszugleichen. Wie im einzelnen eine derartige Sinnenprüfung durchgeführt wird, soll an den Beispielen Heu, Maissilage und Hafer gezeigt werden.

Die Sinnenprüfung beim Heu geht auf die vier oben genannten Kriterien ein. Mit den Augen prüft man das Aussehen. Die natürliche Heufarbe ist grünlich-bläulich mit nur wenigen Aufhellungen. Diese Färbung deutet auf einen hohen Blattanteil, geringe Bröckelverluste bei der Heuwerbung und einen zügigen Trocknungsverlauf hin. Bei hellem, grauem, ausgebleichtem Heu ist der Trocknungsverlauf höchstwahrscheinlich durch längere Regenperioden unterbrochen worden. Die Blätter haben einen Großteil der Nährstoffe verbraucht und sind ausgebleicht. Das notwendige häufige Wenden des Erntegutes ruft Bröckelverluste insbesondere der Blätter hervor, so daß das Heu relativ viele Stengel aufweist, die hell gefärbt sind und nur wenige Nährstoffe beinhalten. Ist das Heu dunkelbraun bis schwarz verfärbt und erkennen wir weiße Schimmelnester, ist es für die Pferdeernährung nicht mehr zu gebrauchen. Ursache können lange Regenperioden während der Bodentrocknungsphase sein, die das notwendige regelmäßige Wenden verhindern. Eine Einlagerung mit zu hohem Feuchtegrad führt zur Erhitzung im Futterstapel und verdirbt das Heu ebenfalls.

Guter Heugeruch ist aromatisch und würzig. Geruchloses, fades Heu war entweder längere Zeit dem Regen ausgesetzt oder ist überjährig; es stammt von der vorherigen Ernte. Muffiger, fauler Geruch ist ebenfalls ein Warnzeichen für schlechtes, gesundheitsgefährdendes Futter.

Allein durch das Anfassen des Heus mit den Händen (Griffigkeit) können zwei Merkmale beurteilt werden: die Härte und die Feuchtigkeit. Blattreiches, nährstoffreiches Heu fühlt sich weich und zart an. Je mehr Stengel und je weniger Blätter vorhanden sind, um so härter wird das Heu. Es ist zu beobachten, daß das Pferd ein etwas härteres Heu dem weichen vorzieht. Fühlt sich das Heu klamm an, kann mit einem erhöhten Wassergehalt (18 bis 25 %) gerechnet werden, nasses Heu weist über 25 % auf. Hier besteht die große Gefahr der Selbstentzündung, da unter solchen Bedingungen die Pflanzen noch Restatmungen durchführen, die zu Erwärmungen über 70 °C führen können.

Gutes Heu muß frei von Verunreinigungen (Erde, Staub, Stallmistresten, Plastik- oder Blechteilen etc.) sein. Verfahrensbedingt wird das bodengetrocknete Heu etwas mehr Staub aufweisen als unter Dach getrocknetes. Gerade der Staubgehalt hat in vielen Betrieben zu einem Verzicht auf Heu geführt. Die ohnehin in vielen Ställen staubhaltige Luft wird noch angereichert, so daß durch Reizung der Schleimhäute Erkrankungen der Atemwege häufiger werden. Finden wir Schimmelstaub oder sogar Milben (kleine, parasitierende Spinnentiere) im Heu, muß von einer Verfütterung Abstand genommen werden.

Die Sinnenprüfung ist ein Teil des Heubewertungsschlüssels (Tab. 24), der darüber hinaus noch die Art des Pflanzenbestandes (Anteil an Gräsern, Kleearten und Kräutern), Abzüge für minderwertige und schädliche Pflanzenarten (Giftpflanzen) sowie den Schnittzeitpunkt berücksichtigt. Diese drei Kriterien verlangen das geschulte Auge eines Fachmannes, der lernende Pferdewirt sollte jedoch die Sinnenprüfung als erstes beherrschen. Die Merkmale des Heubewertungsschlüssels sind mit Punkten gewichtet. Insgesamt können bei vorzüglicher Qualität 100 Punkte erreicht werden, für die Sinnenprüfung werden davon maximal 30 Punkte vergeben. In Anlehnung an das Gesamturteil kommt man bei der Sinnenprüfung zu folgenden Güteklassen:

Tab. 23. Güteklassen der Sinnenprüfung

Güteklasse	Punktzahl
sehr gut	30–26
gut	25–20
befriedigend	19–14
minderwertig	13– 7
wertlos bis verdorben	6 und weniger

Die Sinnenprüfung von Silagen (Gras-, Mais-, Zuckerrübenblattsilage) kennt die Merkmale Geruch, Gefüge und Farbe. Der Geruch hat die größte Bedeutung, da hieran der richtige Gärverlauf beurteilt werden kann. Silagen sollten aromatisch und leicht säuerlich riechen. Essig- oder Röstgeruch zeigen Fehlgärungen an, schimmeliger, jauchiger oder widerlicher Geruch sind typisch für verdorbene Silagen. Pflanzenteile müssen wie beim Ausgangsmaterial gut erkennbar sein. Schmieriges, schleimiges Gefüge sind Merkmale eines beginnenden Verderbes, dessen Ursachen schon bei der Gewinnung zu suchen sind. Die Farbe sollte bei Grassilage möglichst grün bis hell, bei Mais- und Zuckerrübenblattsilagen hell sein. Eine Farbveränderung nach grau, braunschwarz bis grauschwarz ist auf den Einfluß nicht gewünschter Säuren während der Silierung oder auf hohen Schmutzanteil zurückzuführen. Auch bei der Silagebewertung sind die einzelnen Merkmale mit Punkten gewichtet, so daß sich anhand der Gesamtpunktzahl auch eine Einstufung in Güteklassen durchführen läßt.

Für die Beurteilung des Hafers nach der Sinnenprüfung ist die Kornform von entscheidender Bedeutung. Mit der Kornform ist auch die Ausbildung der Spelzen verbunden. Schmale, kleine Körner sind in der Kornform spitzig (Spitzkorn) und besitzen einen relativ hohen Spelzenanteil über 28 %. Große, vollrunde Körner sehen breit spitzbogig aus (Gerstkorn). Ihr Spelzenanteil liegt bei 24 %, der Nährstoffgehalt ist entsprechend höher. Die Kornform bzw. Korngröße läßt sich indirekt durch das Tausendkorngewicht messen (Spitzkorn 20 bis 30 g; Gerstkorn über 40 g). Eine weitere Maßeinheit ist das Hektoliter-Gewicht (entspricht dem Gewicht von Hafer für ein Volumen von 100 l). Hafersorten mit niedrigem Spelzenanteil und vollen Körnern fühlen sich schwerer an.

Die Farbe des Haferkornes wird von der Färbung der Spelzen bestimmt. Die Farbskala reicht von gelblich über goldgelb bis braunschwarz. Farbverblassungen sind ein Zeichen für unsachgemäße Lagerung oder hohes Alter. Grüne Körner entstammen dem sogenannten Zwiewuchs. Sie sind noch nicht abgereift und enthalten somit noch relativ viel Wasser, was der Schimmelbildung während der Lagerung förderlich ist.

Hafer ist an sich geruchsneutral. Fremdgeruch (muffig, dumpf, ranzig) ist immer ein Hinweis auf Verderb. Probiert man einige Haferkörner, stellt man normalerweise einen mehligen, walnußartigen Geschmack fest. Kein Geschmack deutet auf alten Bestand hin, bitterer Geschmack auf Pilzbefall. Verunreinigungen mit Staub, Erde, Steinchen, Milben, Mäusekot oder Unkrautsamen sollte guter Hafer nicht aufweisen. Steigt dieser sogenannte Fremdbesatz weit über 2 % an, sollte von einer Verfütterung aus Gesundheitsgründen Abstand genommen werden. Eine Haferbewertung nach den beschriebenen Merkmalen läßt sich ebenfalls nach Güteklassen durchführen.

Die mit Hilfe der Sinnenprüfung festgestellten Güteklassen spiegeln die Qualität des jeweiligen Futtermittels wider und somit auch den Nährstoffgehalt. Ist jedoch eine genaue Kenntnis der Inhaltsstoffe von Futtermitteln erforderlich, wie z. B. beim Kauf größerer Partien oder falls im Pferdebestand gehäuft Man-

Tab. 24. Die Sinnenprüfung bei Heu

1 Sinnenprüfung	Punkte
1.1 Aussehen	
natürliche Heufarbe, nicht verfärbt	10
etwas verfärbt oder schwach ausgebleicht	5
grau, stark ausgebleicht	0
gebräunt	−5
schwarzbraun verbrannt oder teilweise verschimmelt oder verschmutzt	−10
stark verschimmelt oder verschmutzt	−20
1.2 Geruch	
guter Heugeruch	5
fade bis geruchlos	0
schwach brandig oder Fremdgeruch	−5
stark brandig, schwach muffig oder faulig	−10
stark muffig oder stark faulig	−20
1.3 Griff	
weich und zart (blattreich ohne harte Stengel)	10
etwas härter (blattarm, wenig harte Stengel)	5
rauh (sehr blattarm, viele harte Stengel)	0
sperrig (sehr viele verholzte Stengel) oder klamm (über 20 % Wassergehalt bei gelagertem Heu)	−5
sehr klamm bis naß (über 25 % Wassergehalt bei gelagertem Heu)	−10
1.4 Verunreinigungen (Erde, Staub, Grashalme vom Vorjahr, Stroh- und Stallmistreste, Hühnerfedern und sonstige fremde Beimischungen)	
frei von Fremdbestandteilen, nur Spuren von Abreibsel und Erde	5
wenig Verunreinigungen (Erde und andere Fremdbestandteile), viel Abreibsel, Spuren Schimmelstaub, keine Milben	0
starke Verunreinigungen, viel Schimmelstaub, einzelne Milben (tot oder lebendig)	−10
sehr starke Verunreinigungen, sehr viel Schimmelstaub, viele Milben (tot oder lebendig)	−20

Tab. 25. Merkmale bei der Silagebewertung

Die Sinnenprüfung bei Silage kennt folgende Merkmale: Punkte

Geruch

	Punkte
aromatisch, angenehm säuerlich	12
Buttersäure nur durch Fingerprobe feststellbar oder stark nach Essig oder Röstgeruch	8
Buttersäure schon direkt wahrnehmbar oder muffig-schimmelig (nach verschimmeltem Brot) oder starker Röstgeruch	4
Buttersäure schon von weitem wahrnehmbar oder schwach jauchig	2
widerlich, stark jauchig oder stark schimmelig	0

Gefüge

wie beim Ausgangsmaterial	4
seifig, zarte Pflanzenteile weich oder mürbe	2
schmierig, schleimig, leicht verschmutzt oder verschimmelt	1
brei- oder musartig bis auf feste Stengelteile oder stark verschmutzt, stark schmierig, sehr verschimmelt	0

Farbe

möglichst grün, Mais hell, Kleearten dunkel, Ackerbohnen, Sonnenblumen und Topinambur schwarz-grün	4
abgewelktes Wiesengras und Halbheusilage heuartig bis bräunlich-heuartig	2
leichte Veränderungen: gelb bis gräulich, dunkelgrün, grau; Entfärbung gelb oder grau durch Buttersäure	1
starke Veränderungen: hellgelb, braunschwarz, grauschwarz oder stark verschimmelt; Dunkelfärbung durch Essigsäure	0

Nach der ermittelten Punktzahl (0–20 Punkte) erfolgt die Einstufung in fünf Güteklassen.

Vom »normalen« Nährwert sind Abschläge notwendig bei schlechter Qualität:

Güteklasse	Punktzahl	Minderung des Nährwertes StE/kg TS gegenüber normal	Nährstoffverluste	
			Naßsilage 20% TS	Gärheu 45% TS
sehr gut	20–18	0	25%	12%
gut	17–14	0	30%	15%
befriedigend	13–10	25–40	35%	17%
mäßig	9–5	40–70	40%	20%
schlecht bis verdorben	4–0	unbrauchbar	bis Totalverlust	

gelsymptome auftreten, so empfiehlt sich eine chemische Untersuchung des Futtermittels.

Von dem zu untersuchenden Futtermittel wird eine Probe genommen. Beim Grundfutter (Heu oder Silagen) entnimmt man die Proben an mehreren Stellen, beim Kraftfutter aus mehreren Säcken, bei loser Ware ebenfalls von mehreren Stellen. Die Futtermenge wird gut durchmischt und etwa 0,5 bis 1 kg hiervon in Transport- bzw. Versandbehälter verpackt. Die Futterprobe kann der Pferdehalter selbst ziehen, es sei denn, daß es sich um eine amtliche Probenahme

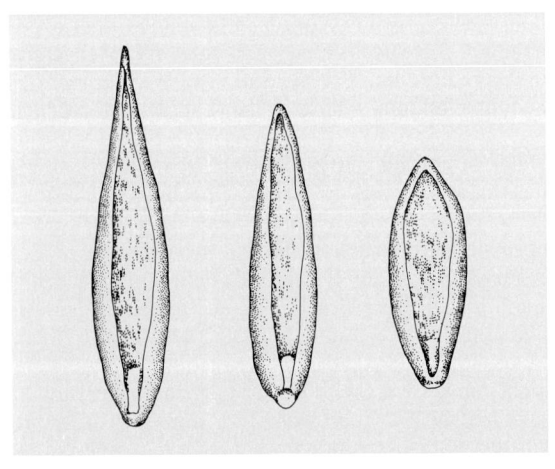

Abb. 108. Kornformen beim Hafer. Links: spitzig (Spitzkorn), Mitte: spitzbogig, rechts: sehr breit spitzbogig (Gerstkorn).

handeln soll (z. B. bei Reklamationen). Hier darf nur ein amtlich bestellter Probenehmer tätig werden, ansonsten könnte die gegnerische Partei die Identität der Probe bezweifeln. In einem Begleitschreiben ist das Futtermittel genau zu beschreiben (Futtermittelart, Herkunft, Gewinnungsart, Schnittzeitpunkt, Bezugsquelle oder Einsatz von Konservierungsmittel). Außerdem sollte man Angaben zu den gewünschten Untersuchungskriterien machen: Gehalt an Hauptnährstoffen, Mineralstoffen, Spurenelementen oder Vitaminen. Auch die bakteriologische Beschaffenheit, Fremdbesatz oder die Zusammensetzung von Mischfuttern kann untersucht werden. Werden Erkrankungen der Pferde in Zusammenhang mit dem Einsatz von Futtermitteln vermutet, sollte auch der Krankheitsverlauf mit angegeben werden.

Futtermittelprobe und Begleitschreiben sind an die nächste Landwirtschaftliche Untersuchungs- und Forschungsanstalt LUFA zu senden. Nach etwa 14 Tagen erhält man in einem Untersuchungszeugnis (Abb. 109) die gewünschten Ergebnisse, ggf. auch eine Beurteilung dieser Angaben. Hiermit dürfte es dem Pferdewirt leichter fallen, die eingesetzten Futtermittel richtig zu bewerten und eine bedarfsgerechte Tagesration zusammenzustellen. Bevor man an eine chemische Untersuchung seiner Futtermittel denkt, sollte man sich mit einer landwirtschaftlichen Dienststelle (Landwirtschaftsamt, Landwirtschaftskammer) in Verbindung setzen, da von dort notwendige Geräte für die Probenahme, Probebehälter und vorgedruckte Begleitschreiben zur Verfügung gestellt werden.

Tab. 26. Haferbewertung

Merkmale	Punkte
1 Kornform und -größe	
Große, runde, breit spitzbogige Körner, wenig Spelzen, Hektolitergewicht von 55 bis 65 kg	8
mittlere, spitzbogige Körner, Spelzenanteil unter 28 %, Hektolitergewicht von 50 bis 55 kg	6
kleine, schmale, flache, spitzige Körner, hoher Spelzenanteil, Hektolitergewicht von 50 kg und weniger	4
2 Farbe	
Je nach Sorte (goldgelb, gelb, braunschwarz)	3
geringfügige Verblassung	1
starke Farbveränderung, viele grüne Körner	0
3 Geruch	
geruchsneutral	3
leichter Fremdgeruch	1
starker Fremdgeruch (muffig, dumpf, ranzig)	0
4 Geschmack	
mehlig, walnußartig	3
geschmacksneutral	1
sauer, bitter, schimmelig	0
5 Verunreinigungen (Fremdbesatz)	
keine	3
Spuren von Verunreinigungen (Staub) Fremdbesatz 2 %	2
Verunreinigungen (Staub, Erde, Mäusekot, Milben etc.)	0
Bewertung:	
Güteklasse	Punktzahl
sehr gut	20–19
gut	18–17
befriedigend	16–13
mäßig	12– 8
schlecht bis verdorben	7 und weniger

Zur Wiederholung und Vertiefung

1. Welche Aufgaben haben Futtermittel zu erfüllen?
2. Beschreiben Sie die Einteilung der Futtermittel.
3. Nennen Sie verschiedene Möglichkeiten, Futtermittel zu bewerten.
4. Zeigen Sie an Beispielen, warum eine Beurteilung von Futtermitteln sinnvoll ist.
5. Beurteilen Sie verschiedene Heuproben.
6. Nennen Sie die Kriterien für die Beurteilung verschiedener Silageproben.
7. Beurteilen Sie verschiedene Haferproben.
8. Beschreiben Sie die ordnungsgemäße Probenahme für eine chemische Untersuchung.
9. Halten Sie den zeitlichen und finanziellen Aufwand für eine chemische Untersuchung in einem Labor für sinnvoll? Begründen Sie Ihre Meinung.

Angaben zur Probe

Art   Heu
Schnitt/Schnittzeit: 1. Schnitt – überständig
Werbung/Verarbeitung/ggf. Silierzusatz: –
Bemerkungen: II

Probe bei der LUFA Bonn eingegangen am   19. Oktober 1988

Untersuchungszeugnis Nr. 52. 410/239
(alle Gehaltsangaben sind auf 1000 g bezogen)

Nährstoffe:		in der Frischmasse	in der Trockenmasse	Mineralstoffe:		in der Frischmasse	in der Trockenmasse
Trockensubstanz	g	834	1000	Calcium	g		
Rohasche	g	107	128	Phosphor	g		
Rohprotein	g	92	110	Natrium	g		
Rohfaser	g	250	300				

errechnet:
(nach Grundfutter-Bewertungsrahmen der LWK Rhld. 1981)

				Sonstiges:		
NEL	MJ	4,17	5,0	Sinnenbefund:	10 Punkte (Gütekl. 2)	
StE		341	410	(nach DLG, 20 Punkte möglich)		
				pH-Wert:	–	
				(nur bei Naß- und Feuchtsilagen)		
				Schmutzanteil (in TS):	–	

Bonn, den 29. Oktober 1988 ve.
Im Auftrag:

Befunddurchschrift an
☐ LS/BBSt   Limburg
☐ Ref. Futter und Fütterung

(Dr. Maier)

Abb. 109. Probenbefund; Untersuchungsergebnis LUFA.

6.2.2 Grundfutter

Grundfutter umfaßt solche Futtermittel, die gekennzeichnet sind durch:
- geringe Nährstoffkonzentration je kg Frischsubstanz
- hohen Anteil geringwertiger Inhaltsstoffe (Wasser, Ballaststoffe)
- starke Schwankungen bei den Nährstoffgehalten
- große Qualitätsunterschiede.

Dies alles sind Merkmale, die an sich nicht für den Einsatz solcher Futtermittel in der Pferdeernährung sprechen. Trotzdem finden sie (z. B. Gras, Heu, Futterrüben, Möhren) in starkem Maße Verwendung. Der Hauptgrund dafür dürfte zunächst die Preiswürdigkeit sein. Darüber hinaus erfüllen sie bestimmte Anforderungen, die für die Pferdeernährung wichtig sind.

Je nach ihrem Wassergehalt unterscheiden wir das wasserreiche Saftfutter vom trockenen, sperrigen Rauhfutter.

6.2.2.1 Saftfutter, Grünfutter

Kennzeichen des Saftfutters ist der hohe Wassergehalt, der von 90 % (bei Möhren) bis 60 % (bei Grassilage) schwanken kann. Dies ist der Hauptgrund dafür, daß diese Futtermittel schnell verderben, d. h.,

Tab. 27. Heubewertung

		Probe 1	Probe 2	Probe 3	Probe 4
1. Sinnenprüfung	**Punkte**				
1.1 Ausssehen					
natürliche Heufarbe, nicht verfärbt	10				
etwas verfärbt oder schwach ausgebleicht	5				
grau, stark ausgebleicht	− 0				
gebräunt	− 5				
schwarzbraun verbrannt oder teilweise verschimmelt oder verschmutzt	−10				
stark verschimmelt oder verschmutzt	−20				
1.2 Geruch					
guter Heugeruch	5				
fade bis geruchlos	0				
schwach brandig oder Fremdgeruch	− 5				
stark brandig, schwach muffig oder faulig	−10				
stark muffig oder stark faulig	−20				
1.3 Griff					
weich und zart (blattreich ohne harte Stengel)	10				
etwas härter (blattarm, wenig harte Stengel)	5				
rauh (sehr blattarm, viele harte Stengel)	0				
sperrig (sehr viele verholzte Stengel) oder klamm (über 20 % Wassergehalt bei gelagertem Heu)	− 5				
sehr klamm bis naß (über 25 % Wassergehalt bei gelagertem Heu)	−10				
1.4 Verunreinigungen (Erde, Staub, Grashalme vom Vorjahr, Stroh- und Stallmistrest, Hühnerfedern und sonstige fremde Beimischungen)	10				
frei von Fremdbestandteilen, nur Spuren von Abreibsel und Erde	5				
wenig Verunreinigungen (Erde und andere Fremdbestandteile), viel Abreibsel, Spuren Schimmelstaub, keine Milben	0				
starke Verunreinigungen, viel Schimmelstaub, einzelne Milben (tot oder lebendig)	−10				
sehr starke Verunreinigungen, sehr viel Schimmelstaub, viele Milben (tot oder lebendig)	−20				
Insgesamt					
Güteklasse					

Güteklasse	Punkte
sehr gut	30–26
gut	25–20
befriedigend	19–14
minderwertig	13–7
wertlos	6 und weniger

Tab. 28. Silagebewertung

		Probe 1	Probe 2	Probe 3
Die Sinnenprüfung bei Silage kennt folgende Merkmale:	**Punkte**			
Geruch				
aromatisch, angenehm säuerlich	□			
Buttersäure nur durch Fingerprobe feststellbar oder stark nach Essig oder Röstgeruch	8			
Buttersäure schon direkt wahrnehmbar oder muffig-schimmelig (nach verschimmeltem Brot) oder starker Röstgeruch	4			
Buttersäure schon von weitem wahrnehmbar oder schwach jauchig	2			
widerlich, stark jauchig oder stark schimmelig	0			
Gefüge				
wie beim Ausgangsmaterial	4			
seifig, zarte Pflanzenteile weich oder mürbe	2			
schmierig, schleimig, leicht verschmutzt oder verschimmelt	1			
brei- oder musartig bis auf feste Stengelteile oder stark verschmutzt, stark schmierig, sehr verschimmelt	0			
Farbe				
möglichst grün, Mais hell, Kleearten dunkel, Ackerbohnen, Sonnenblumen und Topinambur schwarz-grün	4			
abgewelktes Wiesengras und Halbheusilage heuartig bis bräunlich-heuartig	2			
leichte Veränderungen: gelb bis gräulich, dunkelgrün, grau; Entfärbung gelb oder grau durch Buttersäure	1			
starke Veränderungen: hellgelb, braunschwarz, grauschwarz oder stark verschimmelt; Dunkelfärbung durch Essigsäure	0			

Nach der ermittelten Punktzahl (0–20 Punkte) erfolgt die Einstufung in fünf Güteklassen.

Güteklasse	Punkte
sehr gut	20–18
gut	17–14
befriedigend	13–10
mäßig	9– 5
schlecht bis verdorben	4– 0

sie müssen in der Regel frisch verfüttert oder haltbar gemacht (konserviert) werden. Zu bedenken ist ferner, daß der Transport wasserreicher Futtermittel zeit- und kostenaufwendig ist. Hieraus folgt, daß Saftfutter in den meisten Fällen dort verfüttert wird, wo es erzeugt wird. Somit zählt Saftfutter häufig zu den wirtschaftseigenen Futtermitteln, da es im Betrieb selbst erzeugt wurde. Pferdehaltende Betriebe mit landwirtschaftlicher Nutzfläche können Gras, Grassilage, Futterrüben, Maissilage oder Kartoffeln selbst produzieren. Natürlich ist es auch möglich, Saftfutter zuzukaufen. Sieht man von den Möhren ab, so ist dies jedoch eher die Ausnahme.

Gras von Weide oder Wiese kann sich aus über 700 verschiedenen Pflanzenarten zusammensetzen. Dieser Pflanzenbestand läßt sich grob einteilen in Gräser, Kleearten bzw. Leguminosen und Kräuter. Die Anteile dieser drei Artengruppen sowie das Vorkommen der einzelnen Arten in jeder Gruppe bestimmen zusammen den Nährwert und die Schmackhaftigkeit,

Tab. 29. Gräser des Grünlandes

| | Süßgräser | | mindwertige |
Obergräser		Untergräser	Gräser
Glatthafer		Deutsches Weidelgras	Binsen
Goldhafer		Gemeines Rispengras	Pfeifengras
Knaulgras		Jähriges Rispengras	Rasenschmiele
Wiesenfuchsschwanz		Rotschwingel	Ruchgras
Wiesenlieschgras		Straußgras	Schafschwingel
Wiesenschwingel		Wiesenrispengras	Seggen

also den Futterwert des Bestandes. Hierbei kann man allgemein den Gräsern die Verantwortung für den Massenertrag und damit für den energetischen Futterwert zuschreiben, den Kleearten die Verantwortung für den Eiweißgehalt und den Kräutern für die Schmackhaftigkeit und die Versorgung mit Sonderstoffen (Heilkräuter). Eine vielseitige Zusammensetzung des Grasbestandes ist somit unbedingt erwünscht. So hält man allgemein einen Gräseranteil von 70 bis 80 %, einen Kleeanteil von 10 bis 15 % und einen Kräuteranteil von 10 bis 15 % für pferdegerecht. Klima, Boden, Nutzungsart, Pflege und Düngung können jedoch erheblichen Einfluß auf diese Verteilung nehmen. So fördert mildes Klima mit reichlichen Niederschlägen den Gräseranteil, insbesondere die massebringenden Obergräser, in rauheren Klimaten mit längeren Trockenperioden finden wir mehr Kleearten und Kräuter. Feuchte, tiefgründige Böden weisen ebenfalls einen erhöhten Gräseranteil auf. Auch das Freßverhalten der Pferde auf der Weide nimmt Einfluß auf die Bestandszusammensetzung. Da das Pferd als sehr wählerisch gilt, werden insbesondere die schmackhaften Bestandteile gefressen. Weniger beliebte Gräser und Kräuter können ungestört bis zur Blüte weiter wachsen und Samen bilden, aus dem alsbald wieder weniger wertvolle Pflanzen gedeihen können. Durch eine Überbeweidung, d. h. ausschließliche Weidenutzung mit zu hoher Tierzahl, wird diese Entwicklung beschleunigt. Ein Übermaß an Löwenzahn, Weißklee oder Wegerich sind äußere, gut sichtbare Zeichen dafür. Vorbeugend wird hier eine Wechselnutzung – Mähen und Beweiden – empfohlen, so daß sich für die Mähnutzung die Pflanzen gleichermaßen entwickeln können, ohne schon sehr früh selektiert zu werden. Auch das Nachweiden durch Rinder und Schafe kann dem Nachteil einer Überbeweidung vorbeugen, da

diese Tierarten auch noch die Pflanzen fressen, die die Pferde eher verschmähen.
Die Düngung der Weiden (Nährstoffversorgung der Pflanzen) kann in starkem Maße die Zusammensetzung des Pflanzenbestandes beeinflussen. Mit der Steigerung der Düngermengen fördert man den Wuchs der schnell und hoch wachsenden Obergräser. Niedrig wachsende Pflanzen wie Untergräser und Klee werden unterdrückt, so daß die Artenvielzahl im Bestand nach wenigen Jahren abnimmt. Auch die Einzelnährstoffe der Düngemittel wirken bestandsverändernd. Stickstoff (z. B. Kalkammonsalpeter) läßt die Gräser gut gedeihen, Phosphor und Kalium fördern den Klee, während Kräuter – wenn überhaupt eine Düngung – die Verbindung Stickstoff-Kalium bevorzugen. Hieraus folgt, daß für die Erhaltung eines optimalen Pflanzenbestandes auf Pferdeweiden nicht nur die Düngermenge, sondern auch ein ausgewogenes Verhältnis der Einzelnährstoffe beachtet werden muß (siehe auch C 2.3.3). Nur so kann der Konkurrenzkampf, der innerhalb der Pflanzengesellschaft besteht, für eine ertragsfähige Bewirtschaftung genutzt werden.
Von den über 700 Pflanzenarten des Grünlandes finden wir natürlich nicht alle auf jeder Wiese. Aus dem Vorhergesagten wird deutlich, daß unter bestimmten Umweltbedingungen nur bestimmte Pflanzen gedeihen und sich durchsetzen können. So wird es verständlich, daß bei einer genauen Untersuchung einer Grünlandfläche meist nur 20 bis 30 verschiedene Arten festgestellt werden.
Die Unterteilung der Gräser des Grünlandes kann man nach der Wuchsform in die hoch wachsenden, stengelreichen Obergräser und die niedrig wachsenden, blattreichen Untergräser sowie nach der Schmackhaftigkeit in Süßgräser und minderwertige Gräser vornehmen.

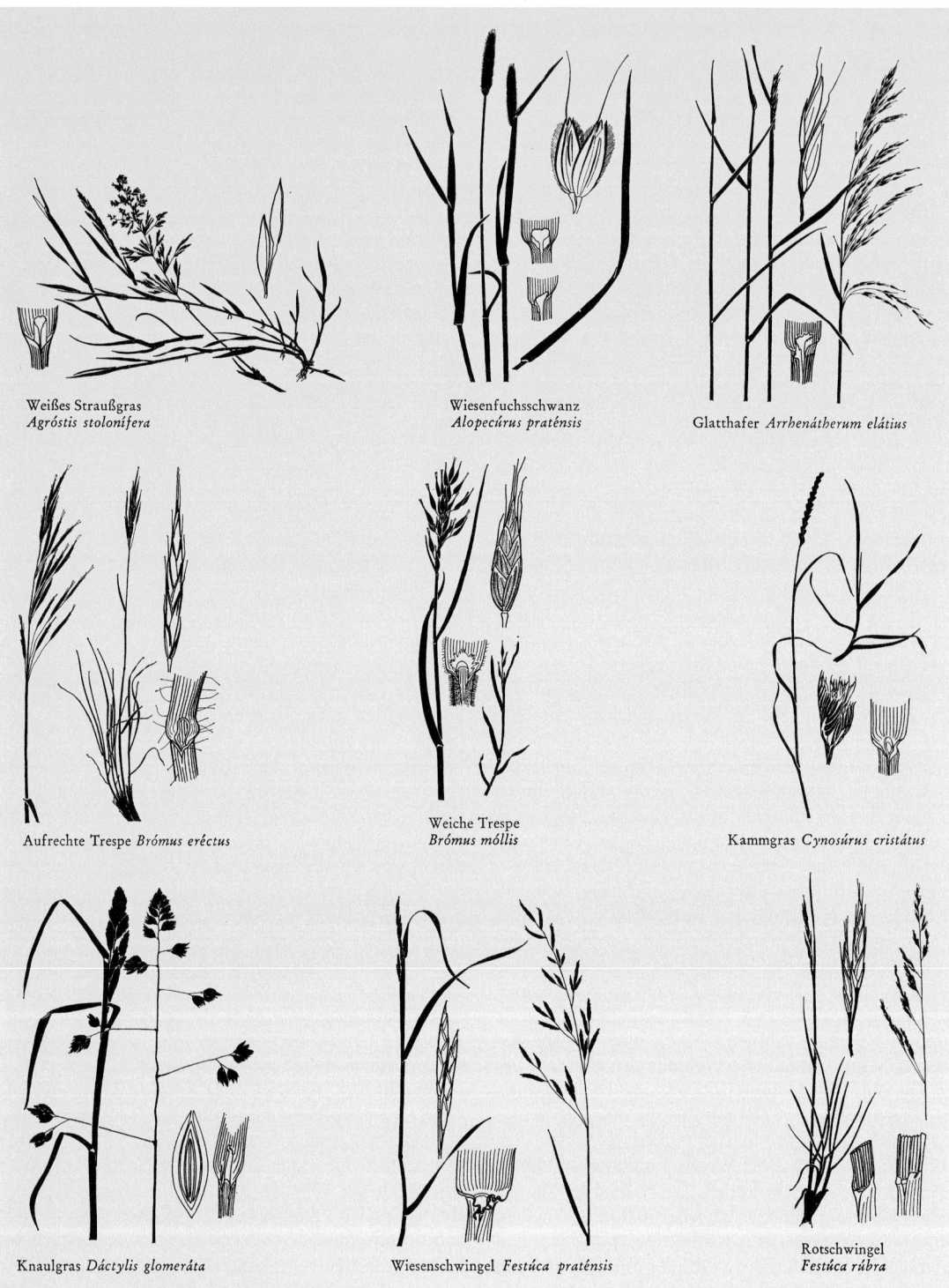

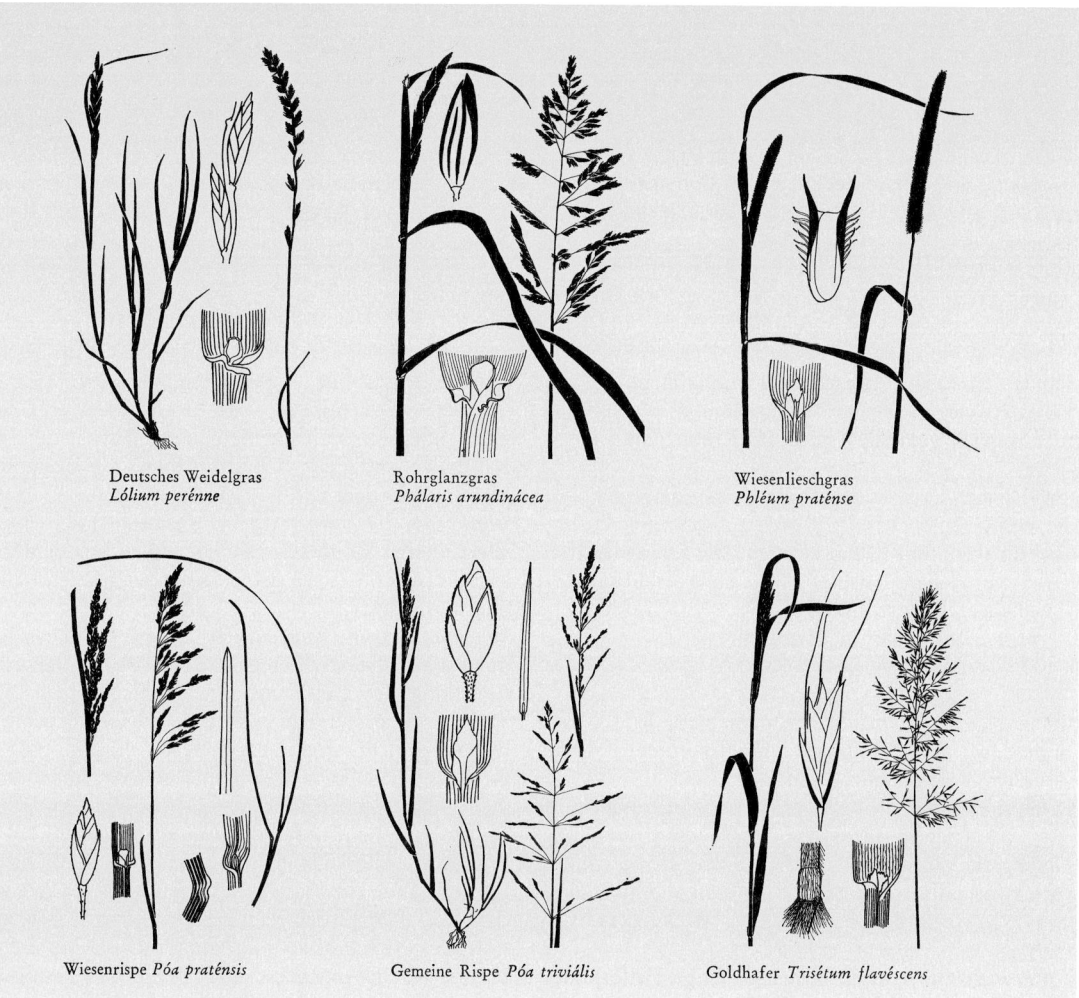

Abb. 110. Gräser des Grünlandes.

Tab. 30. Kräuter des Grünlandes

Futterkräuter	minderwertige Kräuter	giftige Kräuter
Löwenzahn	Breitwegerich	Sumpfdotterblume
Bärenklau	Ampferarten	Sumpfschachtelhalm
Schafgarbe	Hornkraut	Herbstzeitlose
Pimpinellen	Disteln	Scharfer Hahnenfuß
Spitzwegerich	Wilde Möhre	
Wiesenkerbel	Blutwurz	

Von den **Kleearten** finden wir auf dem Grünland besonders den Weißklee, aber auch der Wiesenrotklee, der Hornklee und der Gelbklee können vorkommen. Zu dieser Gruppe werden auch noch andere Leguminosen gezählt, wie die Wickenarten (Vogelwicke, Zaunwicke) oder die Wiesenplatterbse. Leguminosen zeichnen sich durch einen hohen Eiweißgehalt aus, von den Mineralstoffen sind insbesondere Kalzium und Magnesium vorhanden.

Auch die **Kräuter** tragen wie die Kleearten nicht zum Massenertrag des Grünlandes bei. Sie fördern aber die Schmackhaftigkeit und liefern Stoffe, die z. T. heilsame Wirkung haben. Kommen Kräuter im Übermaß vor, sinkt der Ertrag der Grünlandfläche schnell. Viele Kräuter haben auch nur einen geringen Wert oder werden gemieden, manche Kräuter sind sogar giftig.

Am Beispiel der Kräuter erkennen wir, daß die Pflanzen des Grünlandes einen unterschiedlichen Futterwert für das Pferd haben können. Die folgenden drei Kriterien machen den Futterwert einer Pflanze aus:
– Gehalt an Nährstoffen
– Verdaulichkeit der Nährstoffe
– Schmackhaftigkeit

Anhand dieser Merkmale kann man für jede Grünlandpflanze die Futterwertzahl bestimmen, deren Skala von acht bis eins reicht.

Futterwertzahl 8 bis 7: Hochwertige Futterpflanzen; z. B. Deutsches Weidelgras, Wiesenrispengras, Lieschgras, Wiesenschwingel, Rotklee.
Futterwertzahl 6 bis 5: Mittelwertige Futterpflanzen; z. B. Kammgras, Straußgras, Wicken, Löwenzahn.
Futterwertzahl 4 bis 2: Geringwertige Futterpflanzen; z. B. Rasenschmiele, wolliges Honiggras, Sauerampfer.
Futterwertzahl 1 bis 0: Wertlose Futterpflanzen; z. B. Sumpfdistel, Ferkelkraut, Johanniskraut.
Futterwertzahl – 1: Giftige Pflanzen; z. B. Herbstzeitlose, Sumpfdotterblume.

Daß der Schmackhaftigkeit bei einer Wertbestimmung ein erhebliches Gewicht zukommt, geht aus Tab. 31 hervor. Hier erkennen wir Gräser mit unterschiedlichem Futterwert. Die Unterschiede in den Nährstoffgehalten sowie in ihrer Verdaulichkeit halten sich allerdings in Grenzen. Obwohl das Pfeifengras mit besseren Werten als das Lieschgras aufwarten kann, hat es nur einen geringen Wert als Futterpflanze, da es nur ungern gefressen wird. Hieraus können wir schließen, daß der Futterwert einer Grünlandfläche von der Schmackhaftigkeit der Einzelpflanze und dem Nährstoffgehalt des Gesamtbestandes abhängig ist.

Wenn nun die Nährstoffgehalte zwischen den einzelnen Gräsern kaum schwanken, finden wir dann immer die gleiche Zusammensetzung der Nährstoffe auf dem Grünland?

Wie die Abb. 111 verdeutlicht, nimmt mit der Dauer der Vegetationszeit der Rohfasergehalt infolge einer Erhöhung der Gerüstsubstanzen, insbesondere des Stengelanteils stetig zu, während die Gehalte an Rohprotein und Energie deutlich fallen. Junges, frisches Gras ist somit eiweiß- und energiereich, überständiges, altes Gras ballaststoffreich.

Es ist aber nicht nur die Zusammensetzung der Inhaltsstoffe, die sich im Verlaufe des Jahres ändert, sondern auch die Aufwuchsmenge. Abb. 112 macht deutlich, daß ab dem zeitigen Frühjahr das Wachstum bis Mitte Juni ständig zunimmt. Bis Mitte September wächst das Gras noch mäßig nach, während danach der Aufwuchs nur noch als spärlich zu bezeichnen ist.

Tab. 31. Futterwert verschiedener Gräser

Gras	Futterwert	Rohprotein Gehalt (%)	Verdaulichkeit (%)	Rohfaser Gehalt (%)	Verdaulichkeit (%)	NfE-Gehalt (%)	Verdaulichkeit (%)
Lieschgras	8	9,9	60,1	33	75	47	66
Knaulgras	7	11	62	32	75	44	63
Pfeifengras	2	15	72	26	66	50	65

Verdaulichkeit beim Wiederkäuer festgestellt.

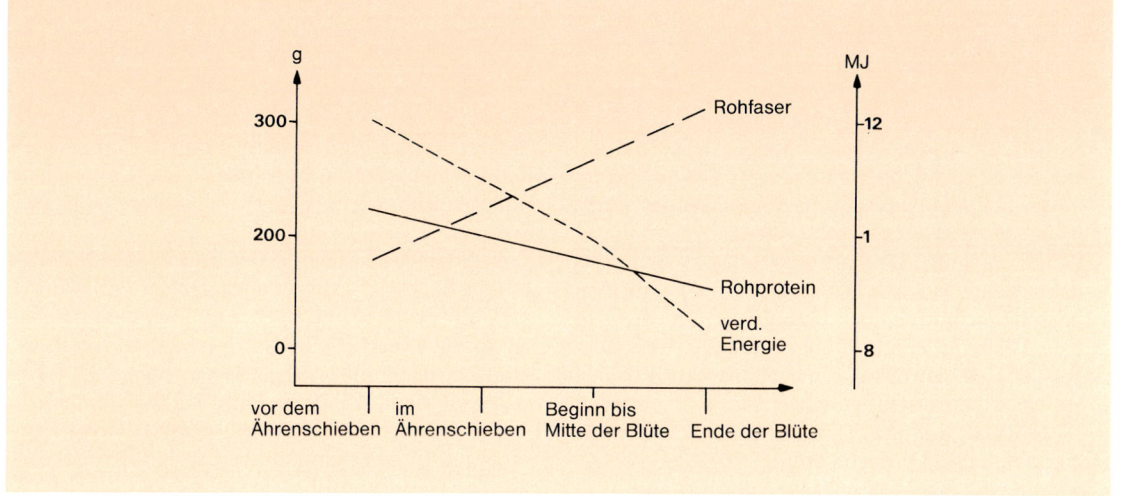

Abb. 111. Nährstoffgehalte des Grünlandes zu unterschiedlichen Zeiten (Gehalte je kg TS). Beispiel: Intensiv-Weide, 1. Aufwuchs.

Die hier angegebenen Zeitpunkte und Erfahrungswerte müssen nicht für jedes Jahr und jede Region gleichermaßen zutreffen. So verzögert ein naßkaltes Frühjahr den Vegetationsbeginn, während warme September- oder Oktobertage auch noch für einen ausreichenden Grasaufwuchs sorgen können.

Sowohl die sich stetig verändernden Nährstoffgehalte als auch Aufwuchsleistungen des Grünlandes nehmen somit erheblichen Einfluß auf die Einsatzmöglichkeiten des Weideaufwuchses in der Pferdefütterung. Grundsätzlich kann man feststellen, daß ein artenreicher Weidebestand als ideales Pferdefutter zu bezeichnen ist. Die Nährstoffgehalte des Grases können den Bedarf des Pferdes für die Erhaltung und auch für leichte Arbeit im wesentlichen decken. Das Futter ist stets frisch und sauber. Dem Freßverhalten der Pferde – Selektionsmöglichkeiten bei der Futtersuche, kontinuierliche Aufnahme kleiner Futtermengen, Bewegung und kleine Ruhepausen – kann die Weide weitestgehend gerecht werden.

Sie ist aber nicht nur Futterfläche, sondern gleichzeitig auch Bewegungsfläche und, da sie die Möglichkeit der Gruppen- bzw. Herdenhaltung bietet, auch »Sozialfläche«. In diesem Zusammenhang muß auf den Begriff der Besatzdichte (vgl. C 2.4) hingewiesen werden. Man wird erkennen, daß eine generelle Festlegung, wie viele Pferde je ha Dauergrünland gehalten werden können, auch danach zu beurteilen ist, ob das Dauergrünland als Futterfläche oder als Bewegungsfläche dienen soll.

Obwohl der Weideaufwuchs in vielen Fällen als echtes Alleinfutter betrachtet werden kann, sind zuweilen einschränkende Besonderheiten möglich:
- die Versorgung der Pferde mit Natrium ist auf der Weide unzureichend (Leckschale)
- bei sehr jungem, aber auch bei überständigem Gras können auch die Mengenelemente Kalzium und Magnesium fehlen
- beim Übergang vom Stall auf Weidehaltung muß eine 14tägige Übergangsfütterung vorgesehen werden (Rohfaserergänzung)
- junges Gras führt zu einer Überversorgung mit Eiweiß, insbesondere bei Robustpferden sind Erkrankungen möglich

Abb. 112. Ertragsleistung des Grünlandes.

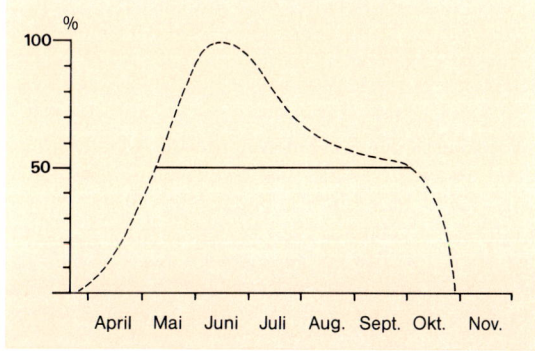

- ab Mitte Juni ist für arbeitende und wachsende Pferde eine Energieergänzung notwendig, ab Mitte September für alle Weidepferde
- um die Weideverluste (z. B. Geilstellen, starker Aufwuchs im Mai bis Juni) so gering wie möglich zu halten, ist eine Wechselnutzung mit Rindern, eine Mähnutzung oder eine genaue Weideführung mit einem dem Aufwuchs sich anpassendem Pferdebesatz vorzusehen
- Pferde, die mittel bis stark gearbeitet werden, sollten nur stundenweise Weidegang erhalten, da eine übermäßige Aufnahme voluminöser Grasmengen die Leistungsfähigkeit beeinträchtigt (Weidebauch) bzw. ansonsten eine ausreichende Nährstoffversorgung nicht gesichert ist
- junge Pferde können bis zu 40 kg Gras, ältere bis zu 70 kg täglich aufnehmen.

Eine Möglichkeit, den Weideaufwuchs für die Winterfütterung haltbar zu machen, besteht in der Silierung zu **Grassilage**. Bei dieser Gärung werden aus leicht verdaulichen Kohlenhydraten (Zucker, Stärke) des Grases Fettsäuren wie Milch-, Propion-, Essig- und Buttersäure gebildet, die das Futter einsäuern (pH-Wert 3 bis 4) und somit haltbar machen. An diesem Umbauprozeß sind Kleinlebewesen (Bakterien) beteiligt. Der Abbau zur Milchsäure ist mit den geringsten Energieverlusten verbunden und führt zu einem schmackhaften Futter. Um dies zu erreichen, müssen die Milchsäurebakterien gefördert und vor anderen Bakterien, z. B. Buttersäurebildnern oder auch Hefepilzen, geschützt werden. Notwendige Maßnahmen hierfür sind:

- Ausgangsmaterial muß hohen Anteil an Zucker oder Stärke aufweisen
- Ausgangsmaterial muß vorgewelkt sein
- Ausgangsmaterial muß gehäckselt sein
- der Futterbehälter muß zügig gefüllt werden (1 Tag)
- das Futter im Behälter muß gut verdichtet werden
- das Futter im Behälter muß luftdicht abgeschlossen werden.

Nur bei Beachtung dieser Regeln können die Nährstoffverluste bei der Silierung gering gehalten werden. Andernfalls wird der Silierverlauf gestört, es wird keine Milchsäure, sondern die übelriechende Buttersäure gebildet. Bald bilden sich auch Schimmelnester, die das Futter zersetzen und durch Abgabe von Giften (Toxinen) unbrauchbar machen. Ein solches Futter ist unter keinen Umständen in der Pferdeernährung einzusetzen.

Bei gelungenem Silierverlauf wird Grassilage nach einer Angewöhnungszeit als staubfreies, saftiges Futter von den meisten Pferden gern gefressen. In der Nährstoffzusammensetzung ist es dem Weideaufwuchs ähnlich. Somit bestimmt auch hier der Schnittzeitpunkt die Gehalte. Früher Schnitt ist eiweißreich, später Schnitt rohfaserreich. Im Vergleich zum Weideaufwuchs sind die Vitamingehalte niedriger.

Obwohl die Grassilage in der Pferdefütterung viele Vorteile hat – nicht zuletzt auch den der Preiswürdigkeit –, ist ihre Bedeutung eher als gering einzuschätzen. Gründe hierfür dürften im erhöhten Arbeitsaufwand bei der Futtervorlage liegen. Bei einer Tageshöchstgabe von 15 kg je Pferd müßten erhebliche Futtermengen für den Gesamtbestand bewegt werden. Eine Teilmechanisierung der Futtervorlage ist aber nur bei Gruppenhaltung möglich.

Grassilage muß stets frisch verfüttert werden, so daß eine Zwischenlagerung auf der Stallgasse entfällt. Beim Einsatz nicht sachgerecht bereiteter Silagen besteht relativ schnell die Gefahr von Koliken. Selbst gelungene Silagen verbreiten einen säuerlichen Geruch, der in Pferdebetrieben mit Dienstleistungen von den Kunden oft nicht gewünscht wird. Auch die Umstände einer allmählichen Angewöhnungsfütterung werden von vielen Betrieben nicht in Kauf genommen.

Die gleichen Hindernisse wie bei der Grassilage hemmen auch den Einsatz der **Maissilage** in den Pferdeställen. Futtermais (auch Silomais genannt) ist eine Ackerfutterpflanze, die bei der Ernte im Herbst gehäckselt und anschließend einsiliert wird. Hierbei sind die gleichen Bearbeitungsregeln einzuhalten wie bei der Grassilage, allerdings mit Ausnahme des Erntezeitpunktes, denn erst wenn die Maiskörner teigreif sind, ist die Nährstoffeinlagerung im Korn fast abgeschlossen und der Wassergehalt auf weniger als 70 % gesunken. Beim Silomais kommen Fehlgärungen seltener vor als bei der Grassilage. Auch der säuerliche Geruch ist nicht so durchdringend. Ein großer Vorteil der Maissilage ist außerdem in ihrer Nährstoffzusammensetzung zu sehen. Sie ist eiweißarm und energiereich (stärkereich). Durch ihren Einsatz kann der in vielen Rationen bestehende Überschuß an Eiweiß abgebaut und der Energiebedarf voll gedeckt werden. 10 bis 15 kg Maissilage können 2 bis 3 kg Heu und 0,5 bis 1,5 kg Hafer ersetzen. Beim Maissilageeinsatz ist auf eine ausreichende Mineralstoff- und Vitaminversorgung zu achten, da der Mais hiervon nur Spuren beinhaltet. Viele Betriebe, die Maissilage verfüttert haben, loben den guten Ernährungszustand des Pferdes und das glänzende Haarkleid, beklagen jedoch ein »Einfallen« der Tiere nach Fortfall der Maissilagefütterung. Diese sichtbaren Gewichtsverluste haben die Umstellung auf eine eiweißreichere und energieärmere Futterration als Ursache. Das An- und Abgewöhnen bei Maissilage darf daher nicht abrupt geschehen, sondern braucht Zeit (14 Tage).

Auch der Einsatz von **Zuckerrübenblattsilage** in der Pferdeernährung ist denkbar. Sie ist ein Nebenprodukt des Zuckerrübenanbaues. Im Eiweiß-Energie-Verhältnis ist sie ähnlich der Grassilage, jedoch reicher an Wasser und Mineralstoffen, aber ärmer an Rohfaser. Das Verfüttern von Zuckerrübenblattsilage wie auch von frischen Zuckerrübenblättern wird durch den erntetechnisch bedingten Schmutzanteil stark begrenzt. Bei chemischen Untersuchungen werden Schmutzgehalte (je nach Ernteverfahren und Erntebedingung) bis 40 % und mehr je kg Trockensubstanz festgestellt. Hemmend auf den Zuckerrübenblattsilageeinsatz dürfte auch der stark säuerliche Geruch, der hohe Wassergehalt sowie die Tatsache wirken, daß die in der Silage noch vorhandenen Rübenköpfe von den Pferden mitunter ganz verschluckt werden und so zu Schlundverstopfungen führen können.

Die Palette der Saftfuttermittel wird bereichert durch die Gruppe der **Wurzelfrüchte und Knollen.** Knollen sind Verdickungen, die der Einlagerung von Speicherstoffen dienen. Je nach ihrer Lage unterscheidet man Wurzelknollen (z. B. Maniok), Sproßachsenknollen (z. B. Kartoffeln) oder auch Hypokotylknollen (z. B. Futterrübe). Eine rübenförmige Verdickung der Wurzel finden wir hingegen bei den Möhren. Allen ist ihr hoher Wassergehalt, ein hoher Anteil an leichtverdaulichen Kohlenhydraten und der Mangel an Rohfaser gemeinsam. Aufgrund der hohen Verdaulichkeit und Schmackhaftigkeit werden sie von Pferden gern gefressen, auch dann noch, wenn sie schon satt sind oder infolge einer Erkrankung die Futteraufnahme eingeschränkt haben. Man spricht in diesen Fällen von einer diätetischen Wirkung des Futters.

Zu dieser Gruppe sind folgende Futtermittel zu zählen: Futter-, Zucker-, Stoppel-, Mohrrüben, Rote Beete, Kartoffeln, Topinambur und Maniok. Trotz dieser Auswahl werden diese Futtermittel in den meisten Betrieben nicht eingesetzt. Die Gründe dürften zunächst in erhöhtem Arbeitsaufwand zu suchen sein, der durch die Aufbereitung (säubern etc.) und durch die Verfütterung (kleine Tröge, aber großes Futtervolumen) entsteht. Da diese Futtermittel nicht übers Jahr verteilt anfallen, ist eine Vorratslagerung notwendig, die im Sommer durch starke Erwärmung kaum möglich ist und im Winter nur in Mieten einigermaßen verlustarm durchgeführt werden kann.

Bei den **Futterrüben** unterscheidet man die wasserreichen Massenrüben von den etwas nährstoffreicheren Gehaltsrüben. Letztere sind für die Pferdefütterung geeigneter, so daß Tagesgaben bis 20 kg möglich sind. Je nach Freßverhalten der Pferde können die Rüben ganz oder auch geschnitzelt verabreicht werden. Auf die Möglichkeit einer Schlundverstopfung ist aber immer zu achten. Als selbstverständlich gilt, daß die Futterrüben sauber sein müssen, da ansonsten Kolikgefahr besteht. Zuckerrüben weisen meist einen höheren Schmutzgehalt auf, da sie im Gegensatz zu den Futterrüben hauptsächlich in der Erde wachsen. Bewährt hat sich die regelmäßige Gabe von Rüben in Kombination mit Strohfütterung. Dadurch kann bei Pferden die Gefahr von Verstopfungskoliken erheblich verringert werden.

Hohe Gehalte an Rohr- und Fruchtzucker führen bei den **Mohrrüben** zu einem angenehmen Geschmack. Der Eiweißgehalt ist gegenüber den anderen Rübenarten etwas höher. Sehr wesentlich und bedeutend für die Pferdefütterung ist jedoch der Anteil an Karotin (60 mg/kg Möhren), das den Möhren auch die charakteristische Farbe verleiht. Da die Karotinwerte auch während der Lagerung kaum zurückgehen, ist auch noch im Frühjahr die Vitaminversorgung mit Mohrrüben sicherzustellen. Auch hier ist jedoch auf Sauberkeit zu achten. Verdorbene Möhren (angefault, schwarz angelaufen) oder gekeimte (grüne Köpfe) sind gesundheitsgefährdend und gehören nicht in den Pferdetrog. In einwandfreiem Zustand wirken Mohrrüben verdauungsfördernd und können auch in größeren Mengen (15 bis 20 kg) verfüttert werden.

Im Gegensatz zu den Rübenarten bildet bei den **Kartoffeln** die Stärke den Hauptenergieträger. Der Gehalt dieser leichtverdaulichen Kohlenhydrate (12 bis 20 %) ist mit dem Trockensubstanzgehalt der Kartoffel (18 bis 26 %) eng verbunden. Kartoffeln können sowohl roh als auch gedämpft an Pferde verfüttert werden, vor allem müssen sie sauber sein und dürfen weder gekeimt noch grün verfärbt sein, da ansonsten durch das gebildete Solanin Vergiftungen auftreten. Gedämpfte Kartoffeln wurden früher in großen Mengen (bis 25 kg) an Arbeitspferde verfüttert. Heute bilden sie auf dem Speiseplan des Pferdes eher eine Ausnahme.

Zur Wiederholung und Vertiefung

1. Beschreiben Sie die Kennzeichen des Grundfutters.
2. Beschreiben Sie an einem Beispiel die Merkmale des Saftfutters.
3. Aus welchen Pflanzenarten ist der Grasaufwuchs zusammengesetzt? Nennen Sie die Anteile in Prozent.
4. Wodurch wird der Futterwert des Grasaufwuchses bestimmt?
5. Begründen Sie, warum für Pferdeweiden eine artenreiche Zusammensetzung günstig ist.
6. Erläutern Sie, warum die Nährstoffzusammensetzung des Grases stark schwankt.
7. Welche Besonderheiten der Fütterung sind beim Weidegang zu beachten?
8. Welche Maßnahmen führen zu einer einwandfreien, verlustarmen Grassilage?
9. Warum finden Silagen in der Pferdefütterung kaum Verwendung?
10. Beschreiben Sie die Einsatzmöglichkeiten von Maissilage in der Fütterung.
11. Erläutern Sie an einem Beispiel Vor- und Nachteile von Wurzel- oder Knollenfrüchten in der Pferdefütterung.

6.2.2.2 Rauhfutter

Die Besonderheit der Pferdeernährung liegt auch im Bedarf an einer Mindestzufuhr von Ballast- und Strukturstoffen (s. auch 6.1.2.4). Diesem Bedürfnis kommt man in der Stallfütterung durch Gaben von Rauhfutter nach. Als Rauhfutter werden Heu und Stroh verwendet. Alte Pferdeställe weisen hierfür noch eine Heuraufe auf. In moderneren Gebäuden wird man aber vergeblich nach ihr suchen. Das Rauhfutter wird heute in den meisten Fällen auf dem Stallboden verfüttert. Dies ist zwar verlustreicher, jedoch können die Nachteile der Raufenfütterung (Senkrückenbildung bei Jungpferden, Augenentzündungen durch Staub und Heuteile) vermieden werden.

Heu ist nichts anderes als getrocknetes Grünfutter. Je nachdem, ob das Grünfutter vom Dauergrünland, von Klee- oder Luzerneflächen stammt, unterscheidet man Wiesenheu, Kleeheu und Luzerneheu. Bei den Verfahren der Trocknung werden heute im wesentlichen zwei Methoden unterschieden. Bei der Bodentrocknung versucht man durch häufiges Wenden, Zetten und Schwaden des vorher gemähten Aufwuchses möglichst in kurzer Zeit, innerhalb drei bis vier Tagen, den Wassergehalt auf etwa 20 % zu senken. Die Arbeitsqualität der Werbungsgeräte, vor allem jedoch die Witterung, bestimmen die Dauer dieses Vorganges. Trockenes Wetter mit leichter bis mäßiger Windbewegung und hoher Sonneneinstrahlung beschleunigt die Heuwerbung. Dauerregen kann zum Verderb des Futters führen, zumindest jedoch zu erheblichen Nährstoffverlusten (20 bis 30 %). Das getrocknete Erntegut muß schonend behandelt werden. Unsachgemäße Bearbeitung (z. B. zu häufiges Zetten) hat Bröckelverluste an feinen Halm- und Blatteilen zur Folge. Das Erntegut wird entweder lose, in etwa 15 kg schweren HD-Ballen (Hochdruckpreßballen) oder als Rundballen mit 1,20 m bis 1,80 m Durchmesser eingelagert.

Um das Wetterrisiko zu verringern, kann die Dauer der Bodentrocknungsphase auf ein bis zwei Tage reduziert werden. Es muß sich jedoch dann eine Unterdachtrocknung anschließen. Sie ist in Regionen mit ungünstigen Klimaten weit verbreitet. Das mit etwa 40 % Wassergehalt lose eingefahrene Gut wird unter Dach, d. h. in Scheunen oder speziellen Heuböden, mit Kalt- oder Warmluft nachgetrocknet. Bei diesem Verfahren sind die Nährstoffverluste infolge Auswaschung oder unsachgemäßer Bearbeitung wesentlich geringer. Allerdings wirkt sich der höhere Energieaufwand für die Trocknung nachteilig auf die Kosten aus sowie die Tatsache, daß eine Unterdachtrocknung nur die Lagerung von losem Heu ermöglicht.

Infolge der hohen Arbeitsbelastung findet man die früher übliche Reutertrocknung (gespannte Drahtseile) oder Heubocktrocknung (Holzgerüst aus drei Pfählen) heute nicht mehr, die Verluste an Nährstoffen waren aber sehr gering.

Das mit etwa 20 % Feuchtigkeit eingefahrene Heu muß noch eine Restfeuchte abgeben, um lagerfähig (15 % Feuchte) zu werden. Diese Restfeuchte führt zu einer Keimvermehrung und dadurch zu einer Erwärmung des Heustapels auf ca. 40 °C. Der gebildete Wasserdampf dringt von der Stapelmitte nach außen und kondensiert an kühleren Randschichten, das Heu »schwitzt«. Dieser Vorgang wird gewünscht, da die Verdaulichkeit und der Gehalt an Geschmacksstoffen zunimmt, der Anteil an Giftstoffen von Pflanzen sowie der Gehalt an gesundheitsgefährdenden Keimen aber abnimmt. Diese Schwitzphase dauert etwa sechs bis acht Wochen. Sie ist abhängig vom Ausgangsmaterial und vom Feuchtigkeitsgehalt des Erntegutes. Zu früh eingefahrenes Heu mit zu hohem

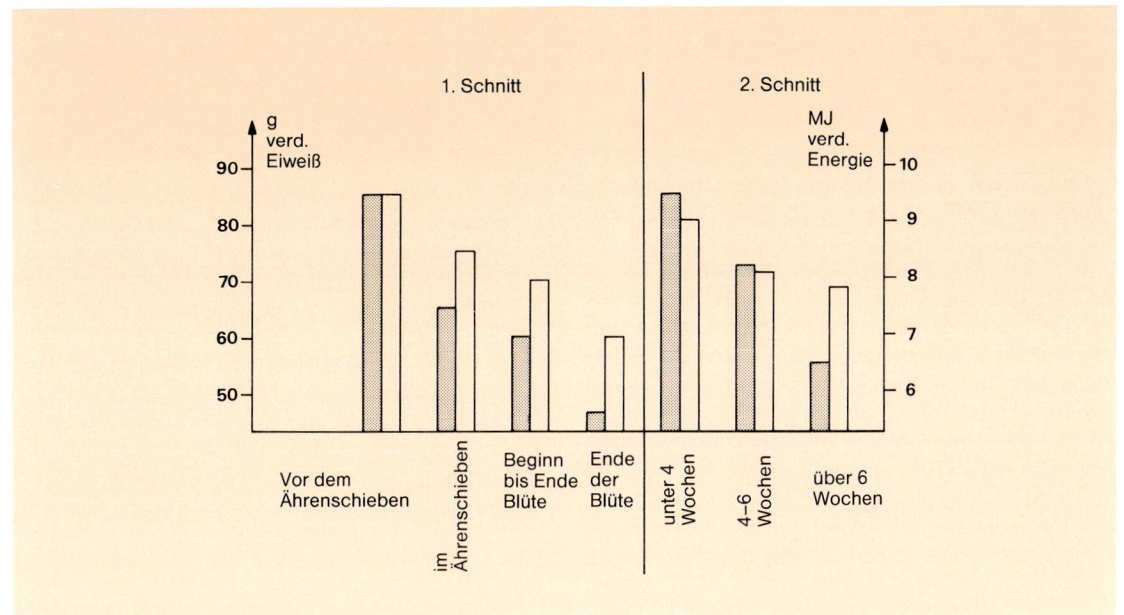

Abb. 113. Nährstoffgehalt des Wiesenheus in Abhängigkeit vom Schnittzeitpunkt (je kg Frischmasse).

Wassergehalt, 25 % und mehr, kann eine nicht mehr unter Kontrolle zu bringende Erhitzung von 70 °C zur Folge haben, das Heu kann dann durch Selbstentzündung in Brand geraten.

Heu, das sich noch in der Schwitzphase befindet, darf wegen des erhöhten Keimgehaltes unter keinen Umständen an Pferde verfüttert werden. Gelingt es nicht, die Restfeuchte auszuschwitzen, werden optimale Bedingungen für Futterverderber wie Bakterien, Pilze und Hefen geschaffen. Das Futter wird jedoch nicht nur minderwertig, sondern auch, z. B. durch Schimmelpilzbesatz, höchst gesundheitsgefährdend. Eine genaue Beurteilung und Untersuchung des zur Verfütterung bestimmten Heus ist deshalb stets geboten (s. 6.2.1).

Das Verfahren der Heugewinnung hat also einen großen Einfluß auf die Nährstoffgehalte. Ob viele oder wenige Nährstoffe im Heu vorhanden sind, hängt aber auch wesentlich vom Zeitpunkt der Gewinnung, also vom Schnittzeitpunkt, ab. Je später der Heuschnitt durchgeführt wird, desto niedriger sinken die Gehalte an Energie und Eiweiß (Abb. 113). Dies gilt auch für den späteren Aufwuchs, den zweiten Schnitt, auch »Grummet« genannt. In gleicher Weise, wie die wertvollen Gehalte fallen, steigt der Anteil an Strukturstoffen. Mit dem Älterwerden der Pflanzen sinken die Blattanteile, und die Stengelanteile nehmen zu. Entstehen durch falsche Werbungstechniken noch vermehrt Bröckelverluste, bleiben bei einem spät geschnittenen Heu nur noch Stengel übrig; entsprechend niedrig ist dann der Futterwert.

Grünfutter kann auch gänzlich künstlich getrocknet werden. In einem aufwendigen Verfahren wird das Material mit Heißluft getrocknet und anschließend in noch heißem Zustand gepreßt. Je nach Größe der Preßlinge unterscheidet man **Heucobs** (zwei cm Durchmesser) und **Heubriketts** (sechs bis sieben cm Durchmesser, zwei cm dick). Letztere eignen sich eher für die Pferdefütterung, da die Strukturwirksamkeit durch größere Häcksellänge besser ist. In den Heubriketts und -cobs sind die Nährstoffe weitgehend erhalten, der Schmutzanteil ist gering, Nährstoffschwankungen kommen kaum vor. Die enormen Trocknungskosten machen sie jedoch leider zu einem nicht gerade billigen Futter. Seit einigen Jahren werden Heubriketts, mit Mineralfutter und Hafer angereichert, als Alleinfutter vom Handel angepriesen. Dies ist durchaus gerechtfertigt. Zu bedenken bleibt aber, daß eine Anpassung an individuelle Nährstoffbedürfnisse der Pferde kaum möglich ist (nur mit Ergänzung durch andere Futtermittel) und daß die Preiswürdigkeit derartiger Alleinfuttermittel mit herkömmlichen Kombinationen mehrerer Futtermittel kaum konkurrieren kann.

Wenn Heu nicht in der gewünschten Menge und Qualität zur Verfügung steht, weicht der Pferdehalter auf **Stroh** aus. Als Stroh bezeichnet man die Bestandteile, die nach dem Dreschen von erntereifen Getreide- oder Leguminosenarten übrigbleiben, im wesentlichen sind es die Stengel, die Spreu oder Schalen. Stroh ist reich an schwerverdaulichen Nährstoffen, so daß der Rohfasergehalt deutlich über 30 % liegt. Somit kann Stroh in erster Linie nur als Ballast- oder Sättigungsfutter dienen. In dieser Hinsicht kann es die Funktion des Heus ersetzen, nicht jedoch als Lieferant von Nährstoffen. Stroh muß trocken und frei von Fremdbestandteilen sein. Wird das Stroh feucht gepreßt und eingelagert, erwärmt es sich und verdirbt. Durch die Bildung von Schimmelpilzen wird es darüber hinaus schnell gesundheitsgefährdend. Von den Getreidearten werden Weizen- und Haferstroh gerne gefressen, Gersten- und Roggenstroh aufgrund des erhöhten Grannenanteils jedoch weniger gut. Da Stroh erntetechnisch bedingt häufig weniger Staub aufweist als Heu, wird in vielen Betrieben Heu durch Stroh ersetzt. Im Gegensatz zu Heu darf Stroh nicht in unbegrenzten Mengen verfüttert werden, da dann die Gefahr von Verstopfungskoliken sehr groß ist. Vier Kilogramm pro Tag werden bei Großpferden als obere Grenze angegeben. In Kombination mit Heu kann es bei leichtfüttrigen Pferden einer Verfettung vorbeugen.

Bei der Bewertung von Rauhfuttermitteln für ihren Einsatz ist nicht der Gehalt an Nährstoffen, sondern in erster Linie ihre Beschaffenheit von Bedeutung. Sie müssen trocken und staubfrei sein, im Geruch nicht muffig oder faul, im Griff eher hart als weich. Besondere Beachtung muß möglichem Besatz mit Keimen, insbesondere Schimmelpilzen, geschenkt werden. Rauhfuttermittel sind vom Futterwert her als gering einzuschätzen. Die hygienische Beschaffenheit muß trotzdem immer einwandfrei sein.

Zur Wiederholung und Vertiefung

1. Beschreiben Sie die Verfahren der Heuwerbung.
2. Wodurch entstehen erhebliche Nährstoffverluste bei der Heugewinnung?
3. Warum darf Heu erst nach sechs bis acht Wochen verfüttert werden?
4. Begründen Sie die erheblichen Schwankungen des Nährstoffgehaltes im Wiesenheu.
5. Beurteilen Sie die Einsatzmöglichkeiten von Heubriketts in der Pferdefütterung.
6. Warum eignen sich nicht alle Stroharten für die Verfütterung?
7. Warum muß die Strohaufnahme bei Pferden begrenzt werden?
8. Welche Anforderungen werden an gutes Rauhfutter gestellt?

6.2.3 Kraftfutter

Mit dem Begriff Kraftfutter werden solche Futtermittel bezeichnet, die auch schon nach Verfütterung geringer Mengen dem Körper viel Energie zur Verfügung stellen. Der Gehalt an Nährstoffen ist hoch und konzentriert. Man spricht deshalb auch von einer hohen Nährstoffkonzentration des Kraftfutters. Die meisten Kraftfuttermittel des Pferdes weisen einen Energiegehalt von über 10 MJ je kg Frischmasse auf. Bezogen auf 1 kg Trockenmasse des Futtermittels kann das Grundfutter z. T. auch an die Energiegehalte des Kraftfutters heranreichen. Ein zu hoher Wasser- oder auch Rohfasergehalt begrenzt jedoch den Einsatz. Somit ist in den meisten Fällen eine Ergänzung der Tagesration mit Kraftfutter unumgänglich. Da Kraftfuttermittel meistens trocken, nicht so volu-

Tab. 32. Nährstoffgehalte verschiedener Futtermittel

Futtermittel	Wassergehalt (%)	je kg Trockensubstanz		Rohfaser (g)
		verd. Eiweiß (g)	verd. Energie (MJ)	
Weide	84	178	12,18	188
Heu	16	69	9,30	310
Hafer	13	98	13,12	116
Gerste	13	96	14,58	68
Sojaextraktionsschrot	12	514	16,95	37

minös wie Grundfuttermittel, fließfähig und aufgrund der Nährstoffgehalte wertvoll sind, lohnt sich ihr Transport auch über weite Strecken. Sie werden deshalb auch unter dem Namen Handelsfutter zusammengefaßt. Der Ausdruck »Krippenfutter« ist ebenfalls in Pferdekreisen gebräuchlich, da eine verlustarme Verfütterung das Vorhandensein einer Krippe oder eines Troges voraussetzt. Die Vorteile des Kraftfutters liegen weiter auch in den geringeren Ansprüchen an die Arbeitswirtschaft, in den Möglichkeiten der exakten Mengendosierung sowie der Vollautomatisierung bei der Futterverabreichung. Viele Kraftfuttermittel sind staubfrei und von einwandfreier hygienischer Beschaffenheit, die Qualität ist relativ konstant. Diese vielen Vorteile machen das Krippenfutter zu einem wertvollen Futter, was sich leider auch im Preis niederschlägt. Nicht nur aus Kostengründen sollte der Kraftfuttereinsatz gut geplant sein, denn eine unkontrollierte Verabreichung führt sehr schnell zum Eiweiß- oder Energieüberschuß, die beide schwere gesundheitsgefährdende Folgen (Verfettung, Koliken, Hufrehe) hervorrufen können.

Welche Futtermittel zählen nun zum Kraftfutter? Besonders wichtig für die Pferdeernährung sind die Getreidearten, mit dem Hafer an erster Stelle. Es gibt darüber hinaus noch weitere Einzelfuttermittel, die durch besondere Wirkungen in bestimmten Situationen ihre Berechtigung haben. Von den Einzelfuttermitteln unterscheidet man das Mischfutter, in dem mehrere Einzelfuttermittel kombiniert werden.

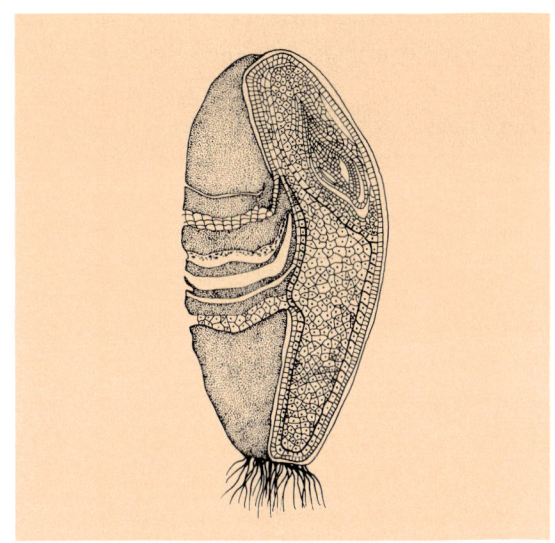

Abb. 114. Aufbau eines Getreidekornes.

6.2.3.1 Getreide

Zu den Getreidearten, die in größerem Umfang in der Pferdeernährung Verwendung finden, zählen Hafer, Gerste, Mais, Weizen und Roggen.

Aus der Tabelle 33 erkennen wir nur geringfügige Unterschiede im Nährstoffgehalt der Getreidearten. Ausnahmen bilden der geringe Eiweißgehalt des Maises sowie der Hafer mit seinem niedrigen Anteil an verdaulicher Energie und hohem Rohfasergehalt. Bei

Abb. 115. Getreidearten.

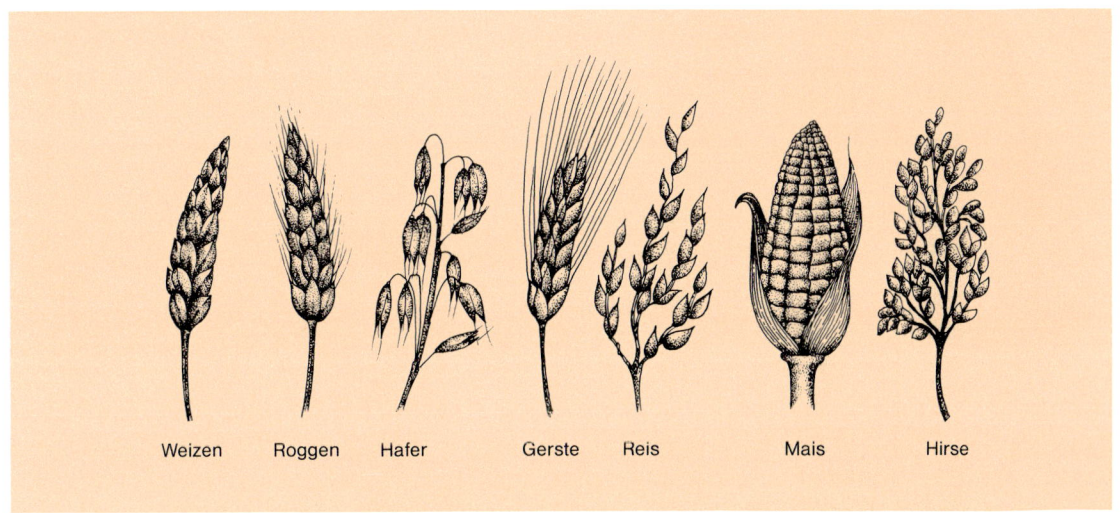

Tab. 33. Nährstoffgehalte der wichtigsten Getreidearten

Futtermittel	verd. Rohprotein (g)	je kg Trockensubstanz		Kalzium (g)	Phosphor (g)
		verd. Energie (MJ)	Rohfaser (g)		
Hafer	98	13,12	116	1,2	3,5
Gerste	96	14,58	68	0,7	4,1
Mais	77	15,58	26	0,5	3,3
Weizen	99	15,33	30	0,8	3,7
Roggen	85	15,97	28	0,9	3,3

den wichtigen Mineralien Kalzium und Phosphor besteht ein erhebliches Ungleichgewicht zugunsten des Phosphors, das den Bedürfnissen des Pferdes entgegengesetzt ist und somit unbedingt einen Ausgleich verlangt. Die Getreidearten sind arm an Natrium und Kalium, gleiches gilt auch für die fettlöslichen Vitamine mit Ausnahme des Vitamins E.

Die Getreidearten haben einen Restwassergehalt von 14 bis 12 %, sie sind damit gut lagerfähig. Bei der Ernte im Sommer wird dieser Wert, insbesondere in nassen Jahren, nicht immer erreicht. Unterbleibt in diesen Fällen eine Nachtrocknung, ist mit erhöhten Aktivitäten von Futterverderbern zu rechnen. Das Futter wird muffig, schimmelig, in Extremfällen erwärmt es sich und beginnt zu keimen. Gefährdet ist hier besonders der Hafer, da sich zwischen den langen Spelzen Restfeuchte noch lange halten kann. Es ist deshalb ratsam, Getreide erst 10 bis 12 Wochen nach der Ernte zu verfüttern. Dann ist die Bakterienaktivität aufgrund der Restfeuchte abgeschlossen. Um allen Gefahren aus dem Weg zu gehen, empfehlen alte Pferdekenner, Hafer nicht aus demselben Jahr zu verfüttern. Wer also größere Mengen Getreide einlagert, sollte die beschriebenen Gefahrenpunkte beachten (s. 6.2.1).

Von den Getreidearten wird der **Hafer** in der Pferdefütterung am häufigsten eingesetzt. Was macht ihn so geeignet? Der relativ hohe Spelzenanteil zwingt die Pferde zu intensivem Kauen, wodurch mögliche spätere Verkleisterungen im Magen-Darm-Trakt vermieden werden. Mit 5 % ist der Rohfettanteil bei Hafer besonders hoch (Weizen nur 2 %). Hierin enthaltene Fettsäuren und Geschmacks- und Schleimstoffe scheinen insgesamt positiv auf das Pferd zu wirken. Dieser förderliche Einfluß kann bei fast allen Jungtierarten beobachtet werden, ohne daß genaue Zusammenhänge und Ursachen bekannt sind. Schließlich kann auch angeführt werden, daß das Kalzium-Phosphor-Verhältnis nicht ganz so negativ ist wie bei den anderen Getreidearten.

Der Spelzengehalt des Hafers eröffnet auch die Möglichkeit, Haferkörner ganz zu verfüttern. Ganzer Hafer oder gewalzter Hafer – bei dieser Frage gehen die Meinungen weit auseinander. Untersuchungen in der Fachliteratur belegen immer wieder, daß bei gesunden, ausgewachsenen Pferden kein Unterschied in der Verdaulichkeit besteht. Bei ganzen Körnern werden die Pferde gezwungen, das Futter intensiv zu mahlen und zu durchmischen. Dies bewirkt einen gleichmäßigen Abrieb der Zahnkunden und verhindert die Bildung von Hakenzähnen. 1 kg Hafer besteht aus ca. 30 000 Einzelkörnern. Einige wenige im Pferdekot wiedergefundene Körner sind noch kein Alarmsignal für eine schlechte Verdauung. Bei Pferden mit Zahnerkrankungen oder Zahnanomalien, bei hastig fressenden Pferden und Jungtieren, die noch im Zahnwechsel stehen, wird der Walzhafer besser verwertet.

Durch das Walzen bzw. Quetschen des Haferkorns wird die Spelzenummantelung geöffnet, die Verdauungssäfte können die im Mehlkörper enthaltene Stärke leichter aufschließen. Gleichzeitig wird jedoch die Lagerfähigkeit auf 1 Woche beschränkt, da nun auch Mikroben leichter eindringen und das Futter zersetzen können. Äußere Einflüsse wie Licht, Wärme oder Feuchtigkeit können zudem die ungesättigten Fettsäuren des Hafers umbilden, der Hafer wird ranzig. Ein tägliches Aufbereiten von frischem Walzhafer ist demnach geeignet, allen Gefahren vorzubeugen. Eine zu feine Einstellung der Maschine sollte unterbleiben, da nicht nur die Staubentwicklung zunimmt, sondern das notwendige Zermahlen des Futters durch das Pferd verhindert wird.

Unter Punkt 6.2.1 wurde schon auf die äußerlich wahrnehmbaren Qualitätsunterschiede des Hafers hingewiesen. Dies wirkt sich auch inhaltlich auf die

Zusammensetzung der Nährstoffe aus. Flachkörniger Hafer besitzt einen hohen Spelzenanteil und damit auch Rohfasergehalt. Da der Anteil des Mehlkörpers relativ gering ist, weist dieser Hafer auch weniger Stärke auf. Beim vollkörnigen Hafer sind die Verhältnisse umgekehrt; er ist somit als wertvoller einzustufen.

Der Einsatz des Hafers in der Pferdefütterung kann unter Berücksichtigung der gezeigten notwendigen Ergänzungen als recht vielseitig bezeichnet werden. Trotzdem gibt es genügend Beispiele, die zeigen, daß Hafer ganz oder zumindest teilweise ersetzt werden kann. So gilt die **Gerste** als der »Hafer des Orients«, wo sie anstelle des Hafers als Körnerfutter breite Verwendung findet. Von den Getreidearten besitzt sie den zweithöchsten Rohfasergehalt und kommt somit dem Kau- und Mahlbedürfnis des Pferdes mit Einschränkungen entgegen. Gerste ist energiereicher als Hafer, hat jedoch einen niedrigeren Rohfettgehalt. 1 kg Gerste entspricht etwa 1,1 kg Hafer. Im Gegensatz zum Hafer müssen die Gerstenkörner immer gequetscht verfüttert werden, da die Pferde die harte Gerste kaum zerkleinern können.

Auch **Maiskörner** sind hart. So ist normalerweise nur der Einsatz gebrochener Körner empfehlenswert. Bezogen auf den Energiegehalt kann 1 kg Mais 1,2 kg Hafer ersetzen. Für die Gesamtration günstig kann sich auch der relativ niedrige Eiweißgehalt auswirken. Mit nur zwei bis drei Prozent Rohfaser sind Maiskörner hochverdaulich, andererseits ist Mais aber mineralstoff- und vitaminarm. Somit scheidet er als alleiniges Krippenfutter aus. Mais eignet sich jedoch besonders gut für die Mischung von energiereichem Kraftfutter.

Weizen und Roggen sind ebenfalls sehr energiereiche Futtermittel, die, außer beim Pferd, bei allen Nutztierarten häufig verwendet werden. Weizen und Roggen besitzen jedoch sogenannte Klebeiweiße, die ein Verkleistern und Verklumpen des Futters im Pferdemagen herbeiführen. Für das Pferd können sich lebensgefährliche Magenerkrankungen ergeben, die kein Pferdehalter in Kauf nimmt. Da Roggen überdies noch Bitterstoffe enthält, ist sein Einsatz beim Pferd kaum angebracht. Weizen sollte nur in Mengen von bis zu 2 kg und auch dann nur nach längerer Eingewöhnungszeit verabreicht werden.

Besondere Bedeutung in der Pferdeernährung wird der **Weizenkleie** zugeschrieben. In der Getreidemühle wird das Weizenkorn so aufbereitet, daß nur der Mehlkörper des Kornes zur Mehlherstellung verwendet wird. Die äußeren Schichten (Fruchtschale, Samenschale, Aleuronschicht) bleiben zurück. Sie werden aufgrund des hohen Eiweiß- und Fettgehaltes (12 % verdauliches Eiweiß, 4 % Rohfett) als Kleie bezeichnet. Da auch der Anteil an Schleimstoffen in der Weizenkleie hoch ist, wirkt sie leicht abführend und hat somit insbesondere bei kolikgefährdeten Pferden eine gute diätetische Wirkung.

Da diese braunen, im Durchmesser drei bis vier Millimeter breiten »Plättchen« bei Befeuchtung schnell aufquellen, sind sie einerseits nur begrenzt lagerfähig, zum anderen ist die Verabreichung in gequollenem Zustand der Trockenfütterung vorzuziehen. Eine übermäßige Volumenvergrößerung im Magen ist dann nicht mehr zu befürchten. Die empfohlene Einsatzmenge liegt bei 0,5 bis 1 kg.

6.2.3.2 Sonstige Einzelfuttermittel

Neben den verschiedenen Getreidearten und ihren Nebenprodukten kann in der Pferdefütterung noch eine Großzahl weiterer Einzelkraftfuttermittel verwendet werden, z. B. Bananen, Kartoffelpülpe, Murumurukuchen, Zitrustrester, um nur einige wenige Beispiele zu nennen. Es wäre müßig, alle einzeln aufzuführen. Ihre Nährstoffgehalte können in den einschlägigen Futterwerttabellen nachgelesen werden. Aus dieser Vielzahl sind jedoch einige Handelsfuttermittel aufgrund ihrer besonderen Wirkung in der Pferdeernährung hervorzuheben.

So ist beim **Luzernegrünmehl** der Eiweißgehalt mit bis zu 23 % ausgesprochen hoch. Dies ist jedoch nicht der einzige Grund des Einsatzes. Luzernegrünmehl ist besonders vitaminreich: 100 bis 400 mg Karotin, 40 bis 150 mg Vitamin E, 250 I.E. Vitamin D. Somit wird dieses Futter gerne bei Pferden mit hohem Vitaminbedarf (z. B. säugende Stuten) und in Zeiten mit wenig natürlich vorkommenden Vitaminen im Futter wie in der Winterfütterung verabreicht. Luzernegrünmehl wird heute überwiegend in gepreßter Form angeboten. Dazu wird die Luzerne gehäckselt, getrocknet und anschließend pelletiert. Die Gefahr der Staubbildung ist damit gebannt. Zur Vitaminabdeckung reicht ein kg Luzernegrünmehl aus. Die auf den Futtersäcken beschriebenen Karotinmengen werden leider nicht immer eingehalten. Insbesondere bei älteren Partien (überjährig) fallen die Werte deutlich unter 100 mg ab. Wer größere Partien von Luzernegrünmehl einsetzen will, sollte vorher eine Futterprobe auf den Karotingehalt bei einer LUFA untersuchen lassen.

Als Energielieferant müssen **Trockenschnitzel** angesehen werden. Sie bleiben bei der Zuckergewinnung aus Zuckerrüben übrig. Die reine Schnitzelform, sogenannte Brühschnitzel, findet man heute kaum noch. Trockenschnitzel kommen heute überwiegend mit Melasse (ebenfalls ein Nebenprodukt der Zuckerherstellung, Restzuckersaft mit 70% Trockenmasse) gemischt und in pelletierter Form in den Handel. Während Brühschnitzel aufgrund des großen Quellvermögens in jedem Fall vor dem Verfüttern eingeweicht werden müssen, wird bei geringen Mengen von Melasseschnitzeln (bis ein kg) hierauf verzichtet. Praktiker beobachteten jedoch wiederholt, daß sich die recht groben Pellets im Schlund quer setzen. Das Einweichen der Melasseschnitzel kann eine Entmischung herbeiführen, andererseits besteht dann eine bessere Kontrollmöglichkeit über die Zusammensetzung der Pellets. Eingeweichte Trockenschnitzel müssen stets frisch zubereitet und schnell verfüttert werden, da ansonsten das Futter in Gärung übergeht. Trockenschnitzel werden bei Großpferden in Mengen bis zu drei kg täglich eingesetzt.

Eine Besonderheit stellt der **Futterzucker** dar. Er enthält so gut wie kein Fett, keine Rohfaser, wenig Eiweiß und keine Mineralstoffe jedoch viel Zucker (Saccharose). Futterzucker ist nicht nur energiereich (14,46 MJ verdauliche Energie), sondern, was viel wichtiger ist, diese Energie ist hochverdaulich, d. h. sie steht sehr schnell zur Verfügung. So kann der Einsatz dieses teuren Futters bei Rennpferden in Mengen von ein bis zwei kg gerechtfertigt sein.

Leinsamen ist mit 25% Rohprotein und 36% Rohfett ein sowohl eiweiß- als auch fettreiches Futtermittel. Der hohe Fettanteil übt günstigen Einfluß auf Haut und Haarkleid des Pferdes aus. Es verleiht ihm einen besonderen Glanz. Geschätzt wird der Leinsamen jedoch wegen seiner vielen Schleimstoffe, die den Darm wie mit einem Schutzfilm überziehen und somit insbesondere Darmerkrankungen vorbeugen und kurieren können. Der dunkelbraune, im Durchschnitt drei bis vier mm breite, flachkörnige Leinsamen muß vor der Verfütterung grob geschrotet werden. Mengen bis zu 100 g können trocken verabreicht werden. Wird mehr Leinsamen verfüttert (bis 0,8 kg), ist er vorher 10 Minuten abzukochen, da beim Aufquellen in Feuchtigkeit im Leinsamen die hochgiftige Blausäure gebildet wird. Gekochter Leinsamen ist weitgehend frei von Blausäure.

Zu den eiweißreichen Kraftfuttermitteln ist auch das **Sojaextraktionsschrot** zu zählen. Das fettreiche Öl der Sojabohne wird im sogenannten Extraktionsverfahren chemisch aus dem Ausgangsmaterial zur Gewinnung von Pflanzenöl herausgelöst. Die restlichen Pflanzenteile werden zu Sojaextraktionsschrot verarbeitet. Viele Ölmühlen nehmen die Sojabohne als Ausgangsprodukt zur Pflanzenölherstellung. Um dennoch das Sojaextraktionsschrot als einheitliches Produkt in den Handel bringen zu können, verpflichten sich die Hersteller gewisse Nährstoffgehalte einzuhalten, wobei die erlaubten Abweichungen ebenfalls festgesetzt sind. Daher wird Sojaextraktionsschrot als sogenannter »Normtyp« angeboten:
Rohprotein mindestens 44%
Rohfett maximal 2%
Rohfaser maximal 6,5%
Wasser maximal 12,5%

Mit mindestens 44% Eiweiß ist Sojaextraktionsschrot eines der eiweißreichsten pflanzlichen Futtermittel. Es sollen andererseits nicht mehr als 6,5% Rohfaser vorhanden sein, da ein höherer Wert als Hinweis auf einen größeren Schalenanteil hindeutet; die Verdaulichkeit würde dadurch schlechter. Auch der Anteil an Wasser muß begrenzt sein (max. 12,5%), da höhere Gehalte einerseits den Anteil an Nährstoffen reduzieren, was bei einem so teuren Einzelfuttermittel nicht unwesentlich ist, andererseits die Lagerfähigkeit negativ beeinflussen. Pferdebetriebe, die größere Mengen an Sojaschrot einsetzen wollen, sollten stets den »Normtyp« verlangen.

Neben dem hohen Eiweißgehalt ist es die Zusammensetzung des Eiweißes, die an diesem Futter so geschätzt wird. So sind hierbei bestimmte Aminosäuren (Eiweißbausteine) zu finden, die wachsende Pferde sowie laktierende Stuten und Pferde mit größeren Gewichtsverlusten besonders benötigen, die aber relativ selten in anderen Futtermitteln vorkommen.

Pferde als Pflanzenfresser sind normalerweise auf die Verfütterung von **Futtermitteln tierischer Herkunft** nicht angewiesen. Diese Gruppe, z. B. Magermilchpulver, Fisch-, Fleisch- und Blutmehl, ist hochverdaulich (90%) und weist einen hohen Eiweißgehalt auf (z. B. Fleischmehl 80 bis 90%). Während die genannten Mehle nur vereinzelt bei Hengsten oder stark abgemagerten Pferden in sehr geringen Mengen (100 g) aufgrund des Geschmacks, Geruchs und auch wegen des Preises Verwendung finden, wird Magermilchpulver häufiger, insbesondere in der Aufzucht, in Tagesgaben bis zu 0,5 kg eingesetzt.

Zur Wiederholung und Vertiefung

1. Beschreiben Sie die gemeinsamen Merkmale von Kraftfuttermitteln.

2. Erläutern Sie Vor- und Nachteile des Kraftfuttereinsatzes.
3. Wie unterscheiden sich die Getreidearten im Nährstoffgehalt?
4. Warum ist der Hafer ein so geeignetes Pferdefutter?
5. Begründen Sie die begrenzte Lagermöglichkeit von Walzhafer.
6. Beschreiben Sie die Einsatzmöglichkeiten von Gerste, Weizen, Roggen oder Maiskörnern in der Pferdefütterung.
7. Erläutern Sie den besonderen Nährwert von Weizenkleie.
8. Was zeichnet Luzernegrünmehl besonders aus?
9. Beschreiben Sie die Entstehung von Trockenschnitzeln und die Einsatzmöglichkeiten.
10. Beschreiben Sie den besonderen Nährwert von Leinsamen.
11. Warum ist Sojaextraktionsschrot ein wertvolles Futtermittel für Pferde?

6.2.3.3 Mischfutter

Es gibt kein Futtermittel, das allen Ansprüchen des Pferdes vollkommen gerecht wird. Aus diesem Grunde werden sowohl Grund- als auch Kraftfuttermittel in Kombination eingesetzt. Obwohl Kraftfutter reich an Nährstoffen ist, kann in vielen Fällen ein einziges Futtermittel nicht alle Ansprüche erfüllen. Daher besteht die Möglichkeit, verschiedene Einzelfuttermittel so zu kombinieren, daß alle Bedürfnisse des Pferdes gedeckt werden können. Werden diese Einzelkomponenten nicht getrennt, sondern in gemischter Form verfüttert, spricht man von Mischfutter.

Bei der Zubereitung von »Mash« werden die Grundschritte der Mischfutterherstellung vollzogen. Ausgangspunkt sind verschiedene Einzelkomponenten (Leinsamen, Weizenkleie, Hafer und Salz). Diese werden aufbereitet, Leinsamen abgekocht, Hafer gewalzt, je nach Bedarf in einem bestimmten Verhältnis gemischt und mit kochendem Wasser eingeweicht (50 bis 100 g Leinsamen, 0,5 bis 1 kg Weizenkleie, 1 bis 2 kg Hafer, 50 g Salz). Die Mischung kann warm oder auch abgekühlt verabreicht werden.

Auch andere Mischungen einzelner Komponenten könnten im Pferdebetrieb durchgeführt werden. Dies unterbleibt jedoch meist weitgehend. Die Herstellung betriebseigener Mischungen stößt auf viele Probleme: Beschaffung und Lagermöglichkeit verschiedener Einzelfuttermittel, geeignete Maschinen zum Wiegen, Mahlen und Mischen größerer Futtermengen, Gefahr der Entmischung. Aus diesen Gründen werden in der Pferdefütterung die meisten Mischfutter nicht im eigenen Betrieb, sondern industriell hergestellt. Die Arbeitsweise eines derartigen Mischfutterwerks ist auf Seite 234 dargestellt.

Das Mischfutter erreicht dann in Säcken oder auch lose in Silofahrzeugen den pferdehaltenden Betrieb. Die Verfütterung des Mischfutters in Mehlform wäre denkbar, die Pellets werden jedoch bevorzugt, da eine Staubentwicklung nicht eintritt sowie Lagerung, Transport und Zuteilung sehr vereinfacht werden. Der Handel bietet das pelletierte Mischfutter von 2 bis 12 mm im Durchmesser an. Bei der Beurteilung ist jedoch weniger die Größe als vielmehr die Härte zu beachten. Zu harte Pellets beeinträchtigen die Futteraufnahme, bei weichen Pellets besteht die Gefahr des Abtriebes und der Entmischung. Kleinere Pellets werden bei einer automatischen Fütterung vorausgesetzt, bei größeren dauert die Futteraufnahme länger.

Unabhängig von der Form muß das wertvolle Mischfutter trocken und sauber gelagert werden. Schon der geringste Feuchtigkeitszusatz führt zum Aufquellen der Pellets, die dann schnell mit Bakterien und Pilzen besiedelt werden und verderben. Auch die Lagerräume und -behälter (Futtersilo) müssen auf Sauberkeit und Vorhandensein von Futterschädlingen, wie Milben, Schaben, Käfer und Mäuse, kontrolliert werden. Unachtsamkeit hat hierbei nicht nur Futterverlust und damit Geldverlust zur Folge, die Pferde werden auch einer großen Gesundheitsgefährdung ausgesetzt. Die Verantwortung für mögliche Erkrankungen liegt dann beim Betriebsleiter.

Auch bei einwandfreier Lagerung sollte nur so viel Mischfutter eingekauft werden, daß die Lagerdauer maximal sechs bis acht Wochen beträgt. So hat man die Möglichkeit, den Pferden stets frisches Mischfutter anzubieten.

Stellt der Pferdehalter beim gekauften Mischfutter dennoch Unregelmäßigkeiten fest (Beschaffenheit des Futters, Futterverweigerung der Pferde), sollte er sich unverzüglich mit dem Mischfutterhersteller in Verbindung setzen. Bei Unstimmigkeiten kann eine chemische Untersuchung einer Futterprobe Klarheit bringen. Für Haftungsansprüche wird stets eine »amtliche« Futtermittelprobenahme benötigt, die nur von einem anerkannten Probenehmer gezogen werden darf.

Unregelmäßigkeiten sind Sonderfälle. In der Regel schätzt der Pferdewirt die ausgeglichene Nährstoffge-

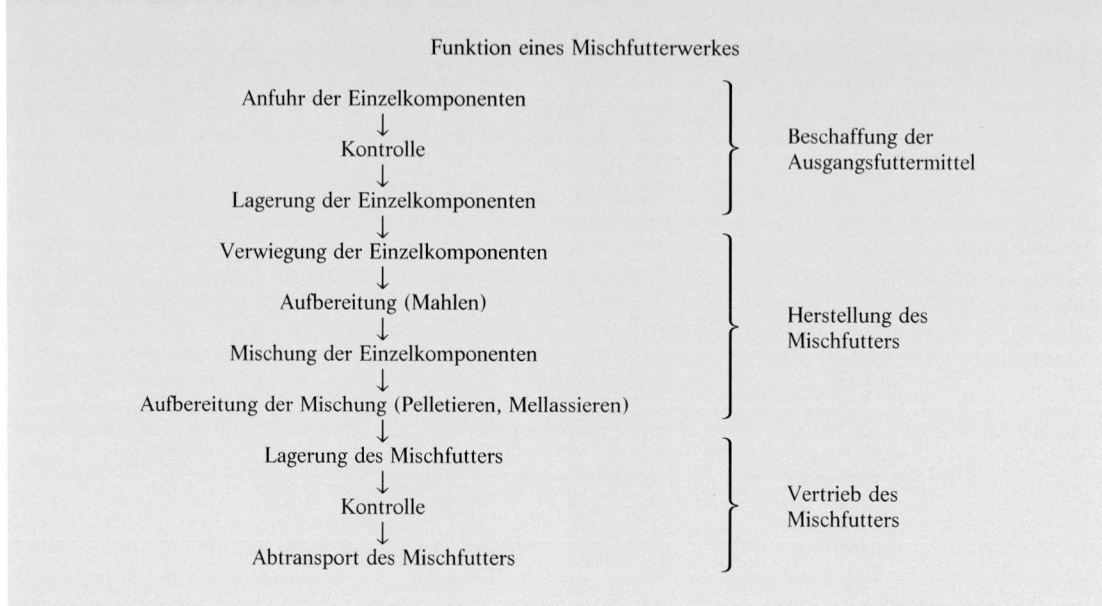

staltung und gleichbleibende Qualität des Mischfutters, die einfache Handhabung und auch die Preiswürdigkeit. Auch die Forschungs- und Beratungstätigkeit der Mischfutterhersteller zielt auf einen praxisnahen, pferdegerechten Einsatz der Futtermittel ab.

Eine Beratung der Kunden ist zuweilen notwendig, denn viele Firmen bieten verschiedene Mischfutter für Pferde an und jeder Hersteller meistens auch noch eine ganze Palette verschiedener Ergänzungs- und Alleinfuttermittel. Um hier Unterschiede festzustellen, muß man sich sehr genau die Bezeichnungen, Beschreibungen und die deklarierten (angegebenen) Inhaltsstoffe anschauen. Es empfiehlt sich bei jeder Lieferung das Begleitschreiben – bei gesackter Ware den Sackanhänger, bei loser Ware den Plombenanhänger – durchzulesen.

Wird das falsche Futter geliefert und der Pferdehalter unterläßt die Kontrolle, trifft auch ihn eine Mitschuld.

Wie sieht ein Begleitschreiben eines Mischfutters aus?

Die Angaben zum Namen des Mischfutters, seiner Bezeichnung und zum Namen des Herstellers sind

Name des Futters:	Hop-Hop
Bezeichnung des Futters:	Ergänzungsfutter für Pferde (Normtyp)
Gehalte an Inhaltsstoffen:	13 % Rohprotein, 2 % Rohfett, 12 % Rohfaser, 10 % Rohasche, 1,6 % Kalzium, 0,5 % Phosphor, 0,5 % Natrium
Zusatzstoffe je kg Mischfutter:	6000 i.E. Vit$_A$, 800 i.E. Vit$_D$, 30 mg Vit$_E$
Zusammensetzung:	25 % Hafer, 10 % Gerste, 2 % Leinkuchen, 14 % Weizenkleie, 12 % Mais, 6 % Melasse, 10 % Apfeltrester, 12 % Luzernegrünmehl, 5 % Kalziumkarbonat, 1 % Natriumchlorid, 3 % Vitaminvormischung = 100 %
Energiegehalt:	12,2 MJ verdauliche Energie
Name des Herstellers:	Favorit-Kraftfutterwerk, Helgoland-Hafen

Tab. 34. Normtypfuttermittel für Pferde

Bezeichnung	Rohprotein (%) min.	Rohfaser (%) max.	Kalzium (%) min.	Phosphor (%) max.	Vitamin A (i.E.) min.[2]	Vitamin D (i.E.) min.[2]	Vitamin E (mg) min.[2]
Ergänzungsfuttermittel	10	–	0,6	0,6	5000	625	25
Ergänzungsfuttermittel für Zuchtpferde	15	10	0,8	0,6	16000	2000	75
Ergänzungsfuttermittel für Fohlen[1]	15	10	1,2	1	20000	2500	100

Bei Mischfuttern, die nicht dem Normtyp entsprechen, sind neben den Zusatzstoffen (Vitamine, Spurenelemente) die Gehalte an Rohprotein, Rohfaser, Kalzium und Phosphor (beim Ergänzungsfutter für Fohlen auch der Milchpulveranteil) zu deklarieren.
[1] Magermilchpulver mind. 20%
[2] pro kg

lediglich informativ. Eine Beurteilung kann sich nur auf die Gehalte an Inhaltsstoffen, Zusatzstoffen, die Zusammensetzung und den Energiegehalt beziehen. So kann festgestellt werden, ob es sich um ein eiweißreiches, energiereiches oder rohfaserreiches Futtermittel handelt, ob Mineralstoff- und Vitamingehalt den Bedürfnissen des betreffenden Pferdes entsprechen, aber auch aus welchen wertvollen oder weniger wertvollen Einzelfuttermitteln sich das gekaufte Mischfutter zusammensetzt. Die Angaben des Begleitschreibens müssen mit den tatsächlichen Werten des Futters übereinstimmen. Diese Forderung ist erfüllt, wenn die Bezeichnung des Futters den Zusatz »Normtyp« aufweist. Wenn ein Mischfutterwerk »Normtyp«-Futter anbietet, verpflichtet es sich laut Futtermittelgesetz, bestimmte wichtige Inhaltsstoffe auf der Deklaration anzugeben, bestimmte Mindest- oder Höchstgehalte einzuhalten und mögliche Abweichungen nur in ganz geringen Grenzen zuzulassen. Tab. 34 führt die Normfuttermittel für Pferde auf.

Hiernach sind drei verschiedene Mischfutterbezeichnungen zu unterscheiden: Ergänzungsfuttermittel, Ergänzungsfuttermittel für Zuchtpferde und Ergänzungsfuttermittel für Fohlen. Da die Kraftfutterwerke nicht unbedingt nach Normtypen ihre Mischungen herstellen müssen, sind noch weitere Bezeichnungen im Handel. Will man diese Vielfalt nach ihren Einsatzpunkten unterscheiden, so könnte man zur folgenden Einteilung kommen.

Ergänzungsmischfutter für Pferde sollen den Hafer vollkommen ersetzen; sie besitzen dann wenig Eiweiß und Rohfaser (je ca. 12%). Oder sie sollen nur einen Teil des Hafers ersetzen. In diesem Fall liegt

Tab. 35. Einteilung des Mischfutters nach Einsatzschwerpunkten

1. Ergänzungsfuttermittel für Pferde	
a) wenig Eiweiß, wenig Rohfaser	Haferersatzfuttermischung zu Heu
b) viel Eiweiß	Haferergänzungsfuttermittel zu Heu (20 bis 50%)
c) rohfaserreich, eiweißarm	Haferersatzmischfutter zu Stroh sog. Alleinfutter
2. Ergänzungsfuttermittel für Zuchtpferde	
eiweiß- und energiereich	Haferergänzungsmischfutter für Zuchtpferde
3. Ergänzungsfuttermittel für Fohlen	
eiweiß- und vitaminreich	Haferersatz oder Haferergänzungsmischfutter für Fohlen

der Eiweißgehalt höher (über 12 %). Daneben wird sogenanntes »Alleinfutter« angeboten. Es zeichnet sich durch einen relativ hohen Rohfasergehalt (über 15 %) und wenig Eiweiß (bis 12 %) aus. Hafer und Heu sollen ersetzt werden. Es ist jedoch kein echtes Alleinfutter, da eine Ergänzung mit Strukturfutter (Stroh) zur Aufrechterhaltung der Verdauungsvorgänge und zur Beschäftigung der Pferde unbedingt notwendig ist. Alleiniger Einsatz dieses Mischfuttertyps hat schon zu vielen Verdauungserkrankungen mit Todesfolge geführt. Die Ergänzungsfuttermittel für Zuchtpferde und Fohlen sind aufgrund ihres hohen Gehaltes an Eiweiß, Energie, Mineralstoffen und Vitaminen sehr wertvolle Futtermittel, die den Hafer in Fällen hohen Nährstoffbedarfs (Fohlenstuten, Fohlenaufzucht) sehr sinnvoll ergänzen.

6.2.4 Zusatzfuttermittel

Neben den bislang beschriebenen Gruppen von Futtermitteln gibt es noch eine Reihe von Produkten (meist industriell hergestellt), die sich nicht eindeutig einordnen lassen. In vielen Fällen wurden sie in kleinen Mengen (100 bis 200 g) noch zusätzlich zur Gesamttagesration verabreicht. Sie werden deshalb hier unter dem Sammelbegriff Zusatzfuttermittel aufgeführt. Im Handel finden wir eine breite und bunte Palette von energiereichen Futterzusätzen (aus Futterzucker aufgebaut) über eiweißreiche Produkte (meist aus Hefe hergestellt) bis hin zu Kräutermischungen. Vielfach sind bekannte Grundstoffe mit wertvollen Vitaminen- und Spurenelementmischungen kombiniert. Siegchancen im Sport und Vorbeugung gegen viele Krankheiten werden dem Käufer mit dem Kauf dieser Produkte in Aussicht gestellt. Vor dem Erwerb sollte der Hoftierarzt nach der Notwendigkeit solcher Futtermittel um Rat gefragt werden, denn auch ein Zuviel kann in der Pferdefütterung oft gesundheitsbedenklich sein. Schließlich sind auch Wirkung und Aufwand (bis 100 DM/kg) gegeneinander abzuwägen.

Von den beschriebenen Mitteln grenzt sich die Gruppe der **Mineralfutter** ab. Futtermittelrechtlich zählen sie mit zu den Ergänzungsfuttermitteln. Da ihr Einsatzbereich sich jedoch von den unter 6.2.3.3 dargestellten Mischfuttern unterscheidet, werden sie hier als Zusatzmittel behandelt.

Das Mineralfutter kann sowohl aus einem natürlich vorkommenden Einzelmineral, wie auch aus einer industriell hergestellten Mischung bestehen. Von den Einzelmineralien ist das **Viehsalz** (in Form von Leckschalen oder Lecksteinen) am bekanntesten. Es dient der Natrium-Bedarfsdeckung (37 % Na) der Pferde bei Weidegang und Stallfütterung. Des weiteren ist in der Fohlenaufzucht der Einsatz von kohlensaurem Futterkalk (37 % Kalzium) gebräuchlich, um den hohen Kalzium-Bedarf zu decken. Besteht das Krippenfutter aus Getreide, könnte das Kalziumdefizit ebenfalls mit diesem Mineral abgedeckt werden.

Natürlich vorkommende Einzelmineralien weisen in den meisten Fällen einen hohen Gehalt des jeweiligen Mineralstoffes auf, jedoch entspricht der Geschmack oft weniger den Wünschen des Pferdes, so daß die Aufnahme der benötigten Menge durch das selektive Freßverhalten nicht immer gewährleistet ist. Aus diesem Grunde verwenden viele Betriebe nicht die Einzelmineralien, sondern Mineralsalzgemische, üblicherweise als »Mineralfutter« bezeichnet. Diese Gemische enthalten nicht nur mehrere Mengenelemente, sondern zusätzlich auch noch Spurenelemente sowie Vitamine und Geschmacksstoffe. Diese »Vollwertigkeit« gegenüber den Einzelmineralien macht sich natürlich auch im Preis (150 bis 300 DM je dt) bemerkbar.

Bei Mineralfutter stellen wir ähnlich wie bei Mischfutter eine große Vielfalt fest. Die meisten zeichnen sich durch einen hohen Kalzium- und niedrigen Phosphorgehalt aus. Das Verhältnis kann zwischen 5:1 bis 1:1 variieren, aber auch das Verhältnis 0,8:1 ist möglich. Für Mineralfutter wurde ebenfalls ein Normtyp aufgestellt, er schreibt folgende Gehalte vor: Tab. 36.

Die Tagesmengen an Mineralfutter sollten sich nach den notwendigen Ergänzungen richten, d. h. der Bedarf des Pferdes und die Gehalte der eingesetzten

Tab. 36. Mindest- und Höchstgehalte bei Normtyp Mineralfutter

Ca (%)	P (%)	Na (%)	Fe (mg)	Vit A (i.E.)	Vit D (i.E.)	Vit E (I.E.)
mind. 12	4–8	mind. 4	mind. 500	mind. 300 000	mind. 37 500	mind. 1500

Futtermittel müssen bekannt sein. In der Regel reichen Tagesgaben von bis zu 100 g bzw. 2,5 % der Gesamtration aus.

> **Zur Wiederholung und Vertiefung**
>
> 1. Welche Vorteile bietet die Verfütterung von Mischfutter?
> 2. Beschreiben Sie kurz die industrielle Herstellung eines Mischfutters.
> 3. Was ist bei der Lagerung von Mischfutter zu beachten?
> 4. Welche einzelnen Angaben können vom Begleitzettel des Mischfutters entnommen werden?
> 5. Was ist unter dem Begriff »Normtyp« zu verstehen?
> 6. Welche Haupteinsatzmöglichkeiten unterscheidet man bei Mischfutter?
> 7. Worin können sich Ergänzungsfuttermittel für Pferde unterscheiden?
> 8. Was ist beim Einsatz von sogenannten Alleinfuttermitteln zu beachten?
> 9. Welche Aufgaben nehmen Zusatzfuttermittel wahr?
> 10. Beschreiben Sie kurz die Verwendungsmöglichkeiten von zwei wichtigen Einzelmineralien.
> 11. Welche Vorteile bietet der Einsatz von Mineralsalzgemischen (Mineralfutter) in der Pferdefütterung?

6.2.5 Die wichtigsten Futtermittel und ihre Nährstoffgehalte

Die für die Pferdeernährung wichtigsten Futtermittel sind auf Seite 238 und 239 tabellarisch aufgelistet. Sie werden in die zwei Hauptgruppen Grundfutter (Saft- und Rauhfutter) und Kraftfutter (Einzel- und Mischfutter) unterteilt. In den einzelnen Gruppen erfolgt die Aufzählung in alphabetischer Reihenfolge. Die Futtermittel werden nach dem üblichen Sprachgebrauch bzw. nach den Regelungen des Futtermittelgesetzes bezeichnet. Zu jedem Futtermittel sind die Gehalte aufgeführt.

Diese Zahlen sind Durchschnittswerte, die in der Regel aus vielen wissenschaftlichen Untersuchungen ermittelt wurden. Die exakten Werte können davon leicht abweichen.

6.3 Praktische Fütterung

Zur praktischen Fütterung gehören die richtige Futtervorlage, das Aufstellen von bedarfsgerechten Tagesrationen, das Erkennen wichtiger Fütterungsfehler und die Kenntnis einiger notwendiger futtermittelrechtlicher Bestimmungen. Allgemeines äußeres Zeichen einer richtigen Fütterung ist der Futterzustand des Pferdes. Neben der Ausprägung der einzelnen Körperpartien kommen hierbei dem Aussehen des Felles, dem Freßverhalten und der Kotbeschaffenheit besondere Bedeutung und Aufmerksamkeit zu. Der Berufung von »Futtermeistern« in vielen größeren Pferdebetrieben liegen die folgenden Tatsachen zugrunde:

– Leistungsfähigkeit und Gesundheit der Pferde sind in großem Maße von der richtigen Fütterung abhängig
– richtiges Füttern erfordert detailliertes Fachwissen, großes Einfühlungsvermögen und Erfahrung im Umgang mit Pferden.

6.3.1 Grundsätze der Futtervorlage

Das Füttern der Pferde zählt zu den täglich wiederkehrenden Arbeiten. Diese Regelmäßigkeit bewirkt einerseits den Erwerb einer gewissen Arbeitstechnik und Erfahrung, andererseits liegt hierin, wie bei jeder routinemäßigen Arbeit, die Gefahr der Sorglosigkeit. Füttern bedeutet nicht nur das Bemessen und Zuteilen von Futterportionen, sondern umfaßt auch Kontrolltätigkeiten.

Verändertes Allgemeinbefinden (Trägheit, vereinzeltes Husten), abnormes Freßverhalten, nicht leer gefressene Futtertröge, Belecken und Benagen der Boxenwände sowie Menge und Beschaffenheit des Kotes können wichtige und ernste Anzeichen einer Störung des Wohlbefindens bzw. der Gesundheit sein, die vielleicht nur während des Fütterns auffallen und die es frühzeitig zu erkennen gilt. Einem aufmerksamen und gewissenhaften Pferdewirt werden diese Veränderungen auffallen. Er wird seine Beobachtungen dem Betriebsleiter bzw. dem Pferdebesitzer mitteilen.

Fragt man in Pferdebetrieben nach den genauen Tagesfuttermengen, so erhält man nicht selten als Antwort: »Fünf Schaufeln Hafer und zwei Scheiben Heu«. Für einen ausgebildeten Pferdewirt keine fachmännische Antwort. Es ist sicher nicht praxisüblich und auch nicht notwendig, jede Futterportion für jedes Pferd exakt abzuwiegen. Man muß jedoch die genaue Vorstellung dessen haben, welche Gewichts-

Tab. 37. Die wichtigsten Futtermittel und ihre Nährstoffgehalte (je kg Frischmasse)

	Trockensubstanz (%)	verd. Energie (MJ)	verd. Rohprotein (g)	Rohfaser (g)	Ca (g)	P (g)	Na (g)
1 Grundfutter							
1.1 Saftfutter/Grünfutter							
1 Grünfutter im Schossen	18	2,1	30	45	1,5	0,8	0,1
2 Grünfutter, Beginn bis Mitte Blüte	21	1,9	28	54	1,7	0,7	0,2
3 Luzerne, Beginn der Blüte	23	2,2	27	70	5,0	0,7	0,4
4 Rotklee, Beginn bis Mitte Blüte	21	2,1	27	50	3,6	0,7	0,2
5 Grassilage angewelkt	30	2,7	26	75	1,2	1,0	0,1
6 Maissilage, Teigreife	21	2,1	11	52	0,9	0,3	0,1
7 Rübenblattsilage	16	1,5	15	22	2,5	0,4	0,8
8 Kartoffeln, roh	21	2,1	11	6	0,2	0,5	0,2
9 Topinambur	22	3,8	18	21	0,4	0,7	0,8
10 Futterrüben	18	2,2	8	11	0,4	0,3	0,7
11 Zuckerrüben	24	3,3	10	13	0,8	0,4	0,5
12 Zuckerrübenschnitzel	93	13,9	30	59	3,7	1,2	1,8
13 Kohl-/Steckrüben	11	1,3	11	12	0,5	0,5	0,2
14 Möhren	13	1,9	10	12	0,6	0,5	0,9
1.2 Rauhfutter							
15 Wiesenheu, Beginn bis Mitte Blüte	87	7,5	52	268	5,1	2,3	0,3
16 Wiesenheu, Ende der Blüte	87	7,1	50	290	5,0	2,1	0,2
17 Wiesenheu, nach der Blüte	86	6,7	46	307	4,8	2,0	0,2
18 Lieschgrasheu, nach der Blüte	85	8,0	38	293	4,0	2,0	0,2
20 Luzerne, Beginn bis Mitte Blüte	87	8,4	75	283	15,0	3,4	1,0
19 Rotkleeheu, Beginn bis Mitte Blüte	87	8,4	115	268	14,3	2,2	0,4
21 Haferstroh	87	5,4	9	400	3,5	0,7	2,5
22 Roggenstroh	88	5,4	10	413	3,0	1,0	1,4
23 Weizenstroh	90	5,0	8	408	2,0	0,7	1,5
24 Erbsenstroh	84	6,7	41	355	11,5	1,6	1,5
25 Ackerbohnenstroh	88	7,3	36	365	8,5	1,5	1,0
2 Kraftfutter							
2.1 Einzelfuttermittel							
26 Hafer, mittel	88	11,3	87	102	0,6	3,6	0,3
27 Gerste	87	13,0	83	47	0,5	3,9	0,3
28 Mais	87	13,6	68	25	0,2	3,6	0,2
29 Milocorn	87	12,6	82	19	0,3	3,1	0,5
30 Besenhirse	87	10,9	42	26	0,2	3,5	0,5
31 Futtererbsen	86	12,6	184	58	1,0	4,0	0,3
32 Ackerbohnen	86	13,4	223	75	1,1	5,3	0,5
33 Lupinen, süß	89	13,8	381	145	2,2	6,5	0,5
34 Leinsamen	91	14,2	168	77	2,0	6,1	0,8
35 Grastrockengrün (Lieschgras)	93	8,0	94	260	5,0	2,0	1,0
36 Luzernetrockengrün	90	8,8	122	230	15,0	2,0–3,0	0,8
37 Tapiokamehl	88	13,0	14	29	1,2	1,0	0,4
38 Trockenschnitzel	91	11,7	59	180	8,3	1,0	1,2
39 Melasseschnitzel, getrocknet	90	11,1	49	140	4,9	1,1	2,3

	Trocken-substanz (%)	verd. Energie (MJ)	verd. Roh-protein (g)	Roh-faser (g)	Ca (g)	P (g)	Na (g)
40 Melasse	77	11,1	80	–	1,4	0,2	6,9
41 Futterzucker	96	13,3	16	4	–	–	–
42 Weizengrießkleie	88	15,0	156	63	1,1	8,9	0,2
43 Weizenkleie	87	9,7	112	111	1,5	12,0	0,7
44 Weizenfuttermehl	88	13,8	140	45	0,9	7,1	0,2
45 Roggenkleie	88	10,7	114	72	1,8	12,0	0,4
46 Gerstenfuttermehl	88	10,1	75	67	0,6	4,8	0,4
47 Malzkeime	92	11,3	222	145	1,4	7,5	1,0
48 Biertreber getrocknet	92	9,1	160	160	2,5	10,0	0,2
49 Bierhefe	90	13,8	440	8	3,3	15,5	2,0
50 Leinsaatkuchen	90	12,1	295	100	3,9	8,1	0,9
51 Sojaextraktionsschrot	88	14,7	427	60	3,0	6,9	1,0
52 Erdnußextraktionsschrot	90	13,2	470	50	1,7	6,1	0,6
53 Baumwollsaatextraktionsschrot, entschält	89	12,0	371	92	1,7	8,6	0,2
54 Sonnenblumenextraktionsschrot, schalenhaltig	90	8,4	137	360	3,7	10,7	1,6
55 Magermilchpulver	95	15,9	330	–	13,0	10,0	6,0
2.2 Mischfutter							
56 Ergänzungsfutter zu Heu/Hafer	87–90	10,5	70–100	80–120	15	4–6	2
57 Ergänzungsfutter zu Heu/Hafer für Zuchtpferde	87–90	11,7	120–150	60–100	15–20	5–8	2
58 Ergänzungsfutter zu Heu	87–90	11,3	70–80	80–100	10	4	2
59 Ergänzungsfutter für Fohlen	87–90	13,8	150–180	50–100	12–15	8–10	2
60 Mischfutter zu Stroh (Alleinfutter)	87–90	10,9	60–90	130–180	6–8	4–6	1,5

menge z. B. das verwendete Hohlmaß (Schaufel, Eimer, Litermaß) beinhaltet.

Das Litergewicht von Hafer schwankt je nach Qualität zwischen 500 und 650 g, von Walzhafer zwischen 350 und 500 g. Pelletiertes Mischfutter weist ebenfalls Litergewichte zwischen 550 und 650 g auf.

Soll die Tageskraftfütterung z. B. aus 5 kg Hafer bestehen, so werden je nach Qualität bei gleichem Hohlmaß 750 g mehr oder weniger zugeteilt.

Energiemangel und Gefahr der Verfettung liegen nahe beieinander. Es empfiehlt sich also, bei jeder neuen Lieferung von Hafer oder pelletiertem Mischfutter die Gewichtsmenge des für die Zuteilung verwendeten Hohlmaßes neu zu überprüfen.

Heuballen schwanken im Gewicht ebenfalls. Die häufig zu findenden rechteckigen Press(HD)-Ballen wiegen zwischen 15 und 20 kg, Strohballen der gleichen Größe sind leichter. Sie haben oft ein Gewicht von 10 bis 15 kg. Auch hier kann durch eine regelmäßige Wiegekontrolle das Schätzen von Gewichtsmengen geschult werden. Es nützt dem Pferd wenig, wenn bedarfsgerechte Tagesrationen aufs Gramm genau berechnet werden, beim Zuteilen jedoch keine Vorstellung über das eingefüllte Gewicht besteht und Abweichungen von 15–20 % nicht erkannt werden. Arbeitswirtschaftlich wäre es sinnvoll, die gesamte Tagesration auf einmal zu verfüttern. Warum muß jedoch den Pferden wenigstens zweimal, meistens dreimal, nicht selten sogar viermal das Futter vorgelegt werden?

Wenn wir Pferde in ihrer natürlichen Umgebung auf der Weide beobachten, so stellen wir fest, daß sie hier fast ständig Gras aufnehmen, mit gelegentlichen kleineren Ruhepausen. Aus Kapitel 1 wissen wir, daß Pferde einen relativ kleinen Magen besitzen, in dem keine großen Futtermengen Platz finden. Das Pferd ist somit aufgrund des Baues der Verdauungsorgane und seines Freßverhaltens auf die fortlaufende Aufnahme kleiner Futtermengen angewiesen. Diese Verhältnisse der Weide müssen nach Möglichkeit auch in der Stallfütterung berücksichtigt werden. Wie kann man jedoch Pferde im Stall »weiden« lassen? Würde man die gesamte Tagesration auf einmal verabreichen, damit sich das Pferd wie auf der Weide selbst bedienen kann, würde es sich höchstwahrscheinlich reichlich am Kraftfutter bedienen, der Magen wäre überladen, es würde Kolikgefahr bestehen. Pferde stündlich mit kleinen Portionen von 0,5 bis 1 kg zu füttern scheitert am Arbeitsaufwand. Man muß daher einen Mittelweg finden.

Das Heu kann auf zwei Tagesgaben verteilt werden, wenn nicht durch übermäßiges Selektieren zu hohe Verluste entstehen. Es empfiehlt sich, über Nacht eine höhere Gabe Heu vorzulegen. Die Pferde sind dann länger beschäftigt, andererseits wird das Arbeiten des Pferdes über Tag nicht durch eine zu hohe Rauhfutteraufnahme erschwert. In Reitbetrieben, in denen die Pferde oft abends bewegt werden, sollte die Verteilung der Rauhfuttermengen umgekehrt erfolgen. Das Aufschütteln von gepreßtem Heu führt zu erhöhter Staubentwicklung, so daß das Vorlegen in gepreßten Scheiben vorzuziehen ist. Die Qualitätskontrolle des Heus wird hierdurch erschwert, sie muß deshalb umso sorgfältiger durchgeführt werden. Wer die Staubentwicklung bei der Heuvorlage ganz unterdrücken will, kann die Futtermenge vorher mit gesalzenem Wasser anfeuchten.

Die Zuteilung des Krippenfutters muß in der Regel häufiger erfolgen, da eine optimale Verwertung der in ihnen enthaltenen Nährstoffe durch Verdauungssäfte und Kleinlebewesen im Dickdarm bei einer fortlaufenden Zufuhr am ehesten gewährleistet ist. Diese Forderung kann durch automatische Fütterungsanlagen weitgehend erfüllt werden. Eine derartig aufwendige Mechanisierung der Fütterung setzt einen großen Pferdebestand voraus, außerdem ist mit einer höheren Lärmbelästigung zu rechnen.

Die Häufigkeit der Kraftfuttervorlage richtet sich nach der Arbeitsleistung, d.h. nach dem Energiebedarf des Pferdes. Arbeitspferde, Rennpferde, Fohlenstuten und Fohlen benötigen relativ viel Energie und somit hohe Kraftfuttermengen. Bei Großpferden sollten Kraftfuttermengen von bis zu 5 kg auf zwei, von 5 bis 7 kg auf drei und über 7 kg auf vier Gaben verteilt werden.

Üblicherweise wird die Zuteilung von Kraft- und Rauhfutter bei täglich dreimaliger Vorlage wie folgt bemessen:

Tab. 38. Zuteilung von Kraft- und Rauhfutter im Tagesverlauf

	Kraftfutter	Rauhfutter
morgens	⅓	¼ (⅓)
mittags	⅓	¼
abends	⅓	½ (⅔)

Hierbei werden meistens Kraft- und Rauhfutter gleichzeitig verfüttert. Ernährungsphysiologisch ist es jedoch günstiger, zur Anregung der Speichelproduktion und zur Förderung der Abgabe von Verdauungssäften und der Darmperistaltik, zunächst Rauhfutter zu verfüttern und erst im 2. Arbeitsgang das Krippenfutter.

Bei Arbeitspferden, die an mehreren Tagen in der Woche einer hohen Belastung ausgesetzt sind, muß an Ruhetagen unbedingt eine Reduzierung des Kraftfutters erfolgen. Es entstehen ansonsten schwerwiegende Stoffwechselstörungen wie Verschlag oder Hufrehe.

Besondere Vorsicht muß der Pferdewirt bei jedem **Futterwechsel** walten lassen. Dies gilt auch, wenn eine neue Partie Mischfutter oder Heu vom anderen Schnitt eingesetzt werden soll. Einige Pferde reagieren sehr schnell mit Koliken auf Futterwechsel. Die Futtermittel sollten deshalb nur langsam und schrittweise gegeneinander ausgetauscht werden. Beim Übergang von Stall- auf Weidefütterung und umgekehrt ist dieses langsamere Austauschen auf 14 Tage auszudehnen.

Zur Wiederholung und Vertiefung

1. Was sind die Ziele der richtigen Fütterung?
2. Beschreiben Sie die notwendigen Arbeitsgänge und zusätzlichen Aufgaben beim Füttern von Pferden.
3. Warum müssen die Futtermengen von Zeit zu Zeit nachgewogen werden?
4. Beschreiben Sie die Zuteilung der Tagesfuttermengen in Ihrem Ausbildungsbetrieb.
5. Warum ist ein Futterwechsel nur langsam vorzunehmen?

6.3.2 Grundsätze der Rationsgestaltung

Wie können die richtigen Tagesrationen für Pferde zusammengestellt werden? Im Grunde geht es um die Anwendung der in den Kapiteln 6.1 und 6.2 vermittelten Kenntnisse. Der spezifische Bedarf des Pferdes an Nährstoffen muß durch die sinnvolle Kombination verschiedener Futtermittel gedeckt werden. Hierbei stellen sich dem Pferdewirt zwei wesentliche Fragen:
1. Wie hoch ist der Nährstoffbedarf des Pferdes?
2. Welche Futtermittel sind geeignet?

Um die erste Frage zu beantworten, muß der Pferdewirt das Lebendgewicht des Pferdes einschätzen und den Leistungsstand bestimmen können. Erkennt er, daß sein Pferd z.B. etwa 500 kg schwer ist und nur leichte Arbeit verrichtet, so ist er mit Hilfe der unter 6.1.2.8 aufgeführten Tabellen relativ schnell in der Lage, die Bedarfsmengen der verschiedenen Nährstoffe zu bestimmen.

Schwieriger wird es bei der Auswahl der geeigneten Futtermittel. In Kapitel 6.2 wurden die in der Pferdefütterung gebräuchlichen Futtermittel kurz vorgestellt. Dies sagt jedoch wenig darüber aus, in welcher Situation das jeweilige Futtermittel auch geeignet ist. Welche Voraussetzungen muß ein Futtermittel überhaupt erfüllen, damit es als »geeignet« bezeichnet werden kann?
1. Es muß schmackhaft und verträglich sein.
2. Es muß möglichst viele Nährstoffe enthalten.
3. Es muß preisgünstig sein.

Allerdings lassen sich wohl kaum alle drei Forderungen in einem Futtermittel optimal erfüllen. Man muß also Kompromisse schließen können. Was nützt es, wenn man ein Futtermittel preisgünstig einkaufen kann, z.B. verregnetes Heu, die Pferde es jedoch nicht fressen oder sogar erkranken. Das anscheinend billige Futtermittel wird letztlich sehr teuer. Pferde, die hohe Leistung erbringen sollen, müssen mit nährstoffreichen Komponenten gefüttert werden, die durchweg kostspielig sind. Auch die Verträglichkeit setzt dem Einsatz Grenzen. Kaum ein Futtermittel kann in unbegrenzter Menge eingesetzt werden, ohne daß es nicht zu Verdauungsstörungen kommen könnte. Für die meisten Futtermittel finden wir in der Literatur Höchstmengenangaben, Mengen also, die normalerweise unbedenklich verfüttert werden können.

Schließlich gibt es auch Futtermittel, die unbedingt notwendig sind, also in jede Tagesration gehören. Dies sind die Rauhfuttermittel Heu oder Stroh.

Tab. 39. Höchstmengen einiger Futtermittel (Gewicht 500–600 kg)

Futtermittel	Menge
Klee- und Luzernegrünfutter	15 kg
Zuckerrübenblatt (frisch)	15 kg
Grassilage	6–12 kg
Maissilage	10–15 kg
Rübenblattsilage	10–12 kg
Klee- und Luzerneheu	3 kg
Futterstroh, gut	4–6 kg
Futterrüben	25 kg
Futtermöhren	10 kg
Trockenschnitzel	2 kg
Futterzucker	1– 2 kg
Haferkörner	8–10 kg
Maiskörner	6 kg
Weizenkleie	0,5– 1 kg

Welche Schritte müssen nun nacheinander durchgeführt werden, um zur bedarfsgerechten Tagesration zu gelangen?
1. Gewicht und Leistungszustand des Pferdes feststellen.
2. Den Bedarf an Nährstoffen aus der Tabelle ableiten.
3. Vorhandene Futtermittel so kombinieren, daß zuerst Energie- und Eiweißbedarf, dann auch der Bedarf an Rohfaser, Mineralien und evtl. Vitaminen abgedeckt wird.
4. Zwischensumme bilden und mit den Bedarfswerten vergleichen.
5. Ration ggf. durch weitere Futtermittel bzw. Zusatzstoffe ergänzen.
6. Endsumme bilden und mit den Bedarfswerten vergleichen. Wenn der Bedarf und die Nährstoffgehalte der Futtermittel immer noch nicht übereinstimmen, muß die Berechnung von neuem beginnen.
7. Beurteilung der Ration: Neben der Abdeckung der Bedarfsmengen ist zu prüfen, ob a) genügend Futter aufgenommen werden kann, b) der Rohfasergehalt stimmt, c) das Ca:P-Verhältnis in Ordnung ist, d) eine Vitaminversorgung notwendig wird, e) weitere Ergänzungen angebracht sind.

Diese sieben Schritte können am zweckmäßigsten mit Hilfe eines Rationsplanes (Tab. 40) nachvollzogen werden. In Tab. 41 wird ein einfaches Beispiel vorgestellt. »Rubin« ist ein Großpferd (500 kg Lebendgewicht) und verrichtet nur leichte Arbeit (1 Reitstunde pro Tag). Laut Bedarfstabelle benötigt er

Tab. 40. Rationsplan

	in kg	Trocken-substanz (kg)	verd. Energie (MJ)	verd. Eiweiß (g)	Roh-faser (g)	Ca (g)	P (g)	Na (g)
Bedarf								
Futtermittel								
Summe								
Ergänzung								
Endsumme								

Beurteilung:
a) Futteraufnahme — TS/% Lebendgewicht =
b) Rohfasergehalt — % in der Trockensubstanz =
   Rauhfuttermenge/100 kg LG =
c) Ca:P-Verhältnis =
d) Vitaminversorgung =
e) notwendige Ergänzung =

80 MJ verd. Energie, 400 g verd. Eiweiß, 22 g Ca, 13 g P und 15 g Na, daneben natürlich auch Rauhfutter. Im Betrieb stehen Hafer und Gerste als Kraftfutter sowie Wiesenheu, das Ende der Blüte geschnitten wurde, zur Verfügung. Die Tagesration umfaßt insgesamt 2 kg Hafer, 1,75 kg Gerste und 5 kg Heu. Bei der Zwischensumme erkennen wir, daß der Energiebedarf gedeckt ist, sowohl Eiweiß als auch Kalzium und Phosphor im Überschuß vorhanden sind, während Natrium in großem Umfang fehlt. Eine Na-Versorgung über einen Leckstein ist also unbedingt zu ergänzen. Die Endsumme weist somit kein Defizit mehr auf. Kann diese Ration auch als bedarfs- bzw. pferdegerecht bezeichnet werden?
Die Mengen der hier ausgewählten Futtermittel unterschreiten die verträglichen Höchstmengen deutlich, so daß die Ration als verträglich einzustufen ist. Die Futteraufnahme ist mit 1,52 % TS des Lebendgewichtes im gewünschten Bereich (1,4 %). Der Energiebedarf wird nur knapp gedeckt. Dahingegen wird »Rubin« mit ca. 160 g verd. Eiweiß überversorgt, was nicht direkt gesundheitsgefährdend ist, jedoch bei Ernährungserkrankungen beachtet werden muß. Der Rohfasergehalt liegt bei 19 % in der TS bzw. bei 1,0 kg Rauhfuttermenge je 100 g LG, was der Norm entspricht. Kalzium und Phosphor sind ebenfalls über den Bedarf vorhanden, jedoch ist ihr Verhältnis mit 1,1:1 ausgeglichen. Die Vitaminversorgung, insbesondere Karotin, dürfte bis Jahresende gesichert sein. Im neuen Jahr sollte jedoch ein Vitaminpräparat zum Einsatz kommen. Eine Ergänzung bei Natrium mit Hilfe des Lecksteines ist unbedingt erforderlich.

Tab. 41. Rationsplan für „Rubin", 500 kg Lebendgewicht, leichte Arbeit

	in kg	Trocken-substanz (kg)	verd. Energie (MJ)	verd. Eiweiß (g)	Roh-faser (g)	Ca (g)	P (g)	Na (g)
Bedarf	–	–	80	400	–	22	13	15
Futtermittel								
Hafer	2,00	1,76	22,6	174	204	1,2	7,2	0,6
Gerste	1,75	1,52	22,7	145	82	0,8	6,8	0,5
Heu, Ende Blüte	5,00	4,35	35,5	250	1450	25,0	10,5	1,0
Summe	8,75	7,63	80,8	569	1736	27,0	24,5	2,1
Ergänzungen			=	+		+	+	–
Leckstein								13
Endsumme	8,75	7,63	80,8	569	1736	27,0	24,5	15

Beurteilung:
a) Futteraufnahme TS/% Lebendgewicht = 1,52
b) Rohfasergehalt % in der Trockensubstanz = 19,0
Rauhfuttermenge/100 kg LG = 1,0
c) Ca:P-Verhältnis = 1,1:1
d) Vitaminversorgung = kritisch nach Neujahr
e) notwendige Ergänzungen = Leckstein

Wir erkennen, daß der Rationsplan Sicherheit in die Fütterung bringt. Es kann nachgeprüft werden, ob der Nährstoffbedarf des Pferdes durch die Tagesration gedeckt werden kann oder ob eine gesundheitsgefährdende Überversorgung bzw. Unterversorgung besteht. Fütterungsfehler können erkannt und somit beseitigt werden. Darüber hinaus kann man besser beurteilen, ob teure Zusatzfuttermittel notwendig sind oder ob auf sie verzichtet werden kann. Die Mühe der Berechnung für einen Rationsplan lohnt sich immer. Die Berechnung kann aber nur genau sein, wenn der Pferdewirt die benötigten Werte richtig ermittelt bzw. beurteilt. Es bleibt weiterhin zu bedenken, daß die für die Futtermittel in den Tabellen angegebenen Nährstoffmengen Durchschnittswerte darstellen, so daß mit Schwankungen besonders beim Grundfutter sowohl nach oben als auch nach unten zu rechnen ist. Wer Ernährungsfehlern auf die Spur kommen will, sollte das Grundfutter auf Nährwerte chemisch untersuchen lassen.

Zur Wiederholung und Vertiefung

1. Begründen Sie die wichtigsten Grundsätze der Rationsgestaltung.
2. Welche Anforderungen werden an ein »geeignetes« Futtermittel gestellt?
3. Erklären Sie an einem Beispiel den Begriff der Verträglichkeit eines Futtermittels.
4. Welche Schritte führen zur Aufstellung der richtigen Tagesration?

6.3.3 Tagesrationen für Zuchtpferde

Güste Stuten

Güste Stuten sollen auf die bevorstehende Bedeckung vorbereitet werden. Dies gilt auch für die Fütterung. Nach Ansicht vieler Fütterungsexperten sind viele güste Stuten zu fett, so daß der Rossezyklus gestört sein kann. Um dies zu verhindern, müssen diese Stuten in Zuchtkondition gebracht werden, in diesem Fall würde dies ein Abspecken (Ahlswede 1977) bedeuten. Erhöhte Rauhfuttermengen und weniger Krippenfutter können dies erreichen. Etwa zwei Wochen vor dem beabsichtigten Decktermin ist die Kraftfuttergabe um bis zu 20 % zu erhöhen. Wichtig ist auch die Vitaminversorgung mit Karotin, da im Eierstock relativ hohe Werte hiervon zu finden sind.
Beispiel:
4 kg Heu
0,5 kg Luzernegrünmehl
2,5 kg Hafer
1 kg Haferstroh

Tragende Stuten

Der Nährstoffbedarf bei tragenden Stuten setzt sich zusammen aus dem Bedarf für die eigene Erhaltung und Leistung sowie für die Entwicklung der Frucht.

Tab. 42. Fruchtentwicklung

Trächtig-keitsmonat	% des Geburts-gewichtes	Fruchtgewicht (Warmblut)
3.	1 %	0,5 kg
6.	8 %	5,0 kg
8.	23 %	18,0 kg
9.	19 %	28,0 kg
10.	22 %	40,0 kg
11.	27 %	55,0 kg

Diese Darstellung zeigt, daß eine deutliche Entwicklung der Frucht erst mit dem 8. Trächtigkeitsmonat einsetzt. Bis zu diesem Zeitpunkt kann die Versorgung mit der güster Stuten gleichgesetzt werden. Hochtragende Stuten, also ab dem 8. Monat, sollen jeden Monat 0,5 kg Kraftfutter mehr bekommen. Zu beachten ist auch der erhöhte Mineralstoff- (Skelettentwicklung des Fohlens) und Eisenbedarf. Kurz vor der Geburt sollte zur Entlastung des Darmkanals und zur Förderung der Schmackhaftigkeit der Ration ca. 0,5 kg Weizenkleie anstelle von 1 kg Rauhfutter gegeben werden. Auch eine erhöhte Karotinversorgung wird empfohlen, damit nach der Geburt das Neugeborene mit der Stutenmilch sofort einen »Vitaminstoß« erhält.

Beispiele:
4,5 kg Heu
1,0 kg Luzernegrünmehl
4,4 kg Hafer
100 g Mineralfutter für Pferde

oder

5 kg Heu
20 kg Gehaltsrüben
0,5 kg Sojaschrot
100 g Mineralfutter

Säugende (laktierende) Stuten

Säugende Warmblutstuten geben bis zu 20 kg Milch täglich ab. Mit der Milch verlassen auch hohe Nährstoffmengen in Form von Milcheiweiß, -fett und -zucker sowie größere Mengen an Mineralstoffen den Körper. Sie müssen vorher der Stute als Futter zugeführt werden. Andernfalls werden sie den Körperreserven entnommen. Über die Blutbahn gelangen die Nährstoffe ins Euter. Etwa 540 l Blut müssen das Euter durchfließen, um 1 l Milch zu bilden. Um die um das Zwei- bis Dreifache erhöhten Nährstoffmengen zur Verfügung zu stellen, muß die Futteraufnahme am Ende der 1. Laktationswoche gesteigert werden. Da jedoch dieses Aufnahmevermögen begrenzt ist, dürfen in erster Linie nur hochverdauliche, nährstoffreiche und schmackhafte Futtermittel zum Einsatz kommen. Die ersten 10 Wochen der Säugezeit sind für die Stute nicht einfach. Sie muß die Anstrengungen der Geburt überstehen, sie muß ihren Körper auf die hohe Milchleistung umstellen, sie muß enorme Mengen an Nährstoffen aus dem Futter in Milch umwandeln, sie muß sich um das Fohlen kümmern und sie soll wieder tragend werden. Stall- und Futterwechsel sowie längere Transportwege erhöhen noch den Streß. Wenn es dann auch mit der Fütterung nicht stimmt, kann man sich leicht vorstellen, daß es mit einem schnellen Tragendwerden nichts wird.

Steht jedoch sehr früh die Trächtigkeit fest, so kann eine ausreichende Energieversorgung eine Fruchtresorption verhindern. Vorsicht jedoch bei Zwillingen. Hier führt die Senkung der Kraftfuttermenge nicht selten zur gewünschten Frühresorption eines Zwillings, andernfalls, d.h. bei gleich hohem Energieangebot, kommt es zu einem Abort beider Früchte. Erst mit dem 5. Säugemonat nimmt der Nährstoffbedarf ab, da die Fohlen sich nun auch aus dem Beifutter versorgen können. Beim Absetzen sind die Futtermengen rapide zu senken, damit die Milchbildung versiegt.

Beispiele:
5,0 kg Heu
5,5 kg Hafer
1,0 kg Luzernegrünmehl
0,5 kg Sojaschrot
100 g Mineralfutter

oder

5,0 kg Heu
10 kg Gehaltsrüben
5,0 kg Hafer
0,5–1 kg Sojaschrot
100 g Mineralfutter

bei Weidegang evtl. 1 kg Heu
2–3 kg Hafer
Gras satt

Deckhengste

Außerhalb der Decksaison liegt der Nährstoffbedarf wie bei anderen ausgewachsenen Pferden entsprechend des Lebendgewichtes und des Leistungszustandes. Etwa zwei bis drei Monate vor der Decksaison sollte der Hengst auf die bevorstehende Belastung (entsprechend seinem Einsatz) durch erhöhte Energiezufuhr und ausgeglichene Eiweißversorgung vorbereitet werden. Das Niveau der Nährstoffmengen entspricht in etwa dem hochtragender Stuten. Die Anforderungen an die Eiweißmenge und Eiweißqualität werden von den Hengsthaltern häufig überschätzt. So erfordern zwei Sprünge nur 40 g verdauliches Eiweiß mehr. Auch die Notwendigkeit von tierischem Eiweiß in Form von Eiern, Milch, Milchpulver oder Fischmehl konnte bislang wissenschaftlich nicht nachgewiesen werden. Statt dessen sollte mehr Wert auf eine abwechslungsreiche Rationsgestaltung gelegt werden, in der Saftfutter (frisches Gras, Rüben etc.) die Schmackhaftigkeit erhöht.

Beispiele:
5,0 kg Heu
3,0 kg Hafer
1,5 kg Ergänzungsfutter
1,0 kg Futterstroh
4,0 kg Möhren
1,0 kg Mais (gebrochen)

oder

5,0 kg Heu
5,0 kg Hafer
1,5 kg Ergänzungsfutter
0,5 kg Mais (gebrochen)

Zur Wiederholung und Vertiefung

1. Wie können güste Stuten fütterungsmäßig auf die bevorstehende Bedeckung vorbereitet werden?
2. Können Futtermittel eine erfolgreiche Bedeckung unterstützen? Begründen Sie Ihre Meinung.
3. Zeigen Sie an einem Rationsbeispiel die Besonderheiten der Fütterung hochtragender Stuten.
4. Welche Fütterungsprobleme ergeben sich bei säugenden Stuten in den ersten Laktationswochen?
5. Welche Futtermittel sind Ihrer Meinung nach für säugende Stuten geeignet?
6. Warum sollten Deckhengste eine abwechslungsreiche Futterration bekommen? Begründen Sie an einem Beispiel.

6.3.4 Tagesrationen für Fohlen und Jungpferde

Saugfohlen

Fohlen nehmen täglich ca. 50mal kleinere Mengen an Stutenmilch von 150–200 ml auf, was der noch geringen Verdauungsleistung des neugeborenen Tieres sehr entgegenkommt. Wie Tab. 43 zeigt, ist die Stutenmilch jedoch in ihrer Zusammensetzung nicht immer gleich.

Die Milch der ersten Tage, Biestmilch oder Kolostralmilch (Kolostrum) genannt, weist einen wesentlich höheren Trockensubstanzgehalt auf, der durch einen sehr hohen Eiweißgehalt hervorgerufen wird. Dementsprechend ist auch der Energiewert der Biestmilch um etwa 50% höher als in der normalen Stutenmilch. Das Eiweiß der Biestmilch ist reich an bestimmten Eiweißverbindungen, den γ-Globulinen, die als Schutz-(Immun-)stoffe bekannt sind. Die Biestmilch versorgt das neugeborene Tier also nicht nur mit Nährstoffen, sondern auch mit Abwehrstoffen gegen Krankheiten. Biestmilch bewirkt außerdem das Absetzen des Darmpechs. Da der Gehalt an den

Tab. 43. Zusammensetzung der Stutenmilch

	TS (%)	Eiweiß (%)	Fett (%)	Zucker (%)	kJ/kg
Biestmilch	15–20	5–15	1–1,5	5	3765
1. Säugemonat	12	2,5	2,0	6,5	2510

lebenswichtigen Schutzstoffen in der Milch schnell absinkt und das Fohlen selbst sie auch nur in den ersten drei Tagen verwerten kann, muß jedes neugeborene Fohlen so schnell wie möglich und so viel wie möglich Biestmilch aufnehmen.

Die Säugeperiode dauert maximal sieben bis acht Monate. Wie die Abb. 116 zeigt, kann der Energiebedarf nur in den ersten 4 Wochen allein durch die Stutenmilch abgedeckt werden. Danach steigt einerseits der Bedarf des wachsenden Fohlens stetig an, während andererseits Menge und Qualität (Energiegehalt) der Stutenmilch sinken. Will man einen Wachstumsstillstand verhindern, so muß der sich abzeichnende Nährstoffmangel behoben werden.

Bei frischem, jungem Weideaufwuchs kann das Fohlen die notwendige Ergänzung durch den Weidegang erhalten. In der Stallperiode wird eine Beifütterung mit Walzhafer und/oder Mischfutter (Fohlenstarter) notwendig. Die Menge kann nach der alten Faustregel »Ein Pfund (0,5 kg) pro Lebensmonat« bemessen werden, sie sollte jedoch immer frisch, zur freien Verfügung und für die Stute nicht erreichbar angeboten werden. Gleiches gilt für kleine Heugaben.

Muß das Fohlen mutterlos aufgezogen werden (Ableben der Stute, Unverträglichkeit der Stutenmilch, geringe Milchleistung der Stute), so sollte dennoch das Fohlen Biestmilch erhalten. Um dies zu ermöglichen, sollte man von älteren Stuten, die vor dem Fohlen Weidegang erhielten, kleinere Mengen an Biestmilch abmelken und einfrieren. Der Gehalt an Schutzstoffen und Karotin ist in dieser Milch besonders hoch. Füllt man sie in Gummihandschuhe ab, so hat man ungefähr die Menge für ein bis zwei Portionen und kann nach dem Auftauen im Wasserbad bei 40 °C einen Finger gleich als Sauger benutzen. Stutenmilchersatz ist im Handel als sogenannte Fohlenmilch erhältlich oder kann nach AHLSWEDE auch selbst hergestellt werden (64 % frische Kuhmilch, 32 % Wasser, 3,5 % Traubenzucker und pro Liter 1500 I.E. Vitamin A, 3000 I.E. Vitamin D; oder aus Milchaustauscher für Zuchtkälber, 100 g/l Wasser und 10 g/l Traubenzucker). Die Fohlen müssen häufig getränkt werden, mindestens achtmal täglich, wobei die Menge sich nach dem Entwicklungszustand des Fohlens richtet. Die verabfolgte Tränke muß körperwarm sein, bei ihrer Zubereitung muß peinlichste Sauberkeit herrschen.

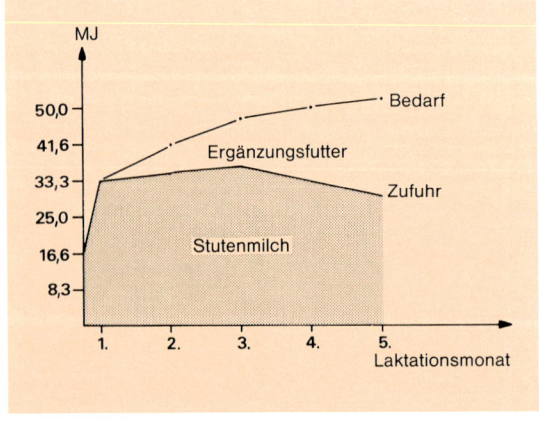

Abb. 116. Energieversorgung des Saugfohlens mit der Stutenmilch.

Absatzfohlen

Fohlen werden in der Regel zwischen dem 5. und 7. Lebensmonat abgesetzt. Der Termin richtet sich nach dem Entwicklungszustand des Fohlens und der Arbeitsbelastung der Mutterstute. Die Intensität der Aufzucht ist abhängig davon, ob Jungpferde schnell oder langsam aufwachsen sollen.

Wenn Pferde möglichst schnell »fertig« werden müssen (z. B. in der Vollblutzucht mit 500 Tagen), muß eine nährstoffreiche, hochverdauliche Ration angeboten werden. Der Gefahr von Gelenkserkrankungen, als Folge übermäßiger Muskelzunahme und unvollständiger Knochenhärtung, können nur erfahrene Aufzüchter durch bedarfsgerechte Tagesrationen und richtige Haltungsmaßnahmen (z. B. angemessene Bewegung) entgegenwirken.

Im Normalfall empfiehlt sich aber eine verhaltene Aufzuchtfütterung, die erst ab dem 8. Lebensmonat intensiviert wird, um somit ein langsames, gleichmäßiges Wachstum zu ermöglichen. Da die meisten Fohlen schon in der Säugezeit an Weidegang und Beifütterung gewöhnt sind, dürfte die Umstellung auf die Absatzfütterung kaum Probleme mit sich bringen.

Auch in dieser Periode gilt die Regel »1 Pfund Krippenfutter pro Lebensmonat«. Beim Einsatz von Walzhafer muß eine Ergänzung mit Mineralstoffen und Vitaminen erfolgen. Da diese Beimischungen (z. B. Futterkalk) von Fohlen gerne verweigert werden, erscheint der Einsatz von Mischfutter (Fohlenaufzuchtfutter) sinnvoll.

Beispiele:

bei schneller Entwicklung

2 kg	Hafer
1 kg	Fohlenaufzuchtfutter
200 g	Sojaextraktionsschrot
250 g	Weizenkleie
250 g	Mais, gemahlen
150 g	Melasse
80 g	Mineralfutter
5 g	Salz
bis 2 kg	Heu, Weidegang

bei verhaltener Entwicklung

2,5–4 kg	Fohlenaufzuchtfutter
1 kg	Möhren
1,5–3 kg	Heu, Weidegang

Jährlinge und Zweijährige

Wie auch bei den Absatzfohlen, so benötigen diese Jungpferde unbedingt den Weidegang. Die Fütterung muß die Nährstoffverhältnisse der Weide jedoch richtig ergänzen. Man muß beim Weideaustrieb Rauhfutter anbieten, ab Mitte bis Ende Juni eventuell energiereiches Kraftfutter (ein bis zwei kg Mais, Hafer) geben, im Herbst auf die Stallperiode langsam vorbereiten und stets Lecksteine zur Verfügung stellen.

Beispiele:

Jährlinge

2 kg	Hafer
1 kg	Möhren
0,5 kg	Sojaextraktionsschrot
0,5 kg	Luzernegrünmehl
3 kg	Heu
100 g	Mineralfutter

Zweijährige

3 kg	Ergänzungsfutter
1 kg	Möhren
3 kg	Heu
1 kg	Futterstroh

Zur Wiederholung und Vertiefung

1. Warum nehmen Saugfohlen über den Tag verteilt sehr kleine Mengen an Stutenmilch auf?
2. Warum sollte das neugeborene Fohlen so schnell wie möglich und soviel wie möglich Biestmilch aufnehmen?
3. Begründen Sie, warum bei sechs bis acht Wochen alten Fohlen in manchen Betrieben ein Wachstumsstillstand zu beobachten ist.
4. Wie können Fohlen auch mutterlos aufgezogen werden?
5. Beschreiben Sie die Fütterung von Absatzfohlen bei unterschiedlicher Entwicklung an Rationsbeispielen.
6. Wie können in der Jungpferdeaufzucht die Nährstoffverhältnisse der Weide durch Beifütterung richtig ergänzt werden?

6.3.5 Tagesrationen für Leistungspferde

Bei Sportpferden ist neben dem Erhaltungsbedarf, der im wesentlichen vom Lebendgewicht abhängig ist, der Leistungsbedarf, dessen Höhe je nach Lebendgewicht und Leistungsintensität schwankt, von großem Einfluß. Wenn schon die Beurteilung des Lebendgewichtes Erfahrung benötigt, so ist diese bei der Einschätzung des jeweiligen Leistungsniveaus noch in weit größerem Maße vonnöten. Man unterscheidet zwar zwischen leichter, mittlerer und schwerer Arbeit, eventuell noch extremer Belastung, jedoch sind die Übergänge fließend, so daß die Einordnung eines Pferdes in die richtige Leistungsgruppe nicht immer einfach ist.

Je mehr gearbeitet wird, um so höher steigt in erster Linie auch der Verbrauch an zusätzlicher Energie. Bei der »klassischen« Kombination von 5 kg Hafer und 5 kg Heu bei 600 kg schweren Reitpferden erkennen wir, daß der Energiebedarf für leichte Arbeit an der oberen Grenze liegt, für mittlere Arbeit an der unteren und nicht ausreicht bei schwerer Belastung. Ganz anders sieht es mit der Eiweißversorgung aus. Sie liegt in allen drei Stufen über dem

Tab. 44. Zusätzlicher Energieverbrauch je 100 kg LG und Stunde (Beispiel 600 kg LG)

Schritt	0,7 MJ verd. Energie	4,2 MJ
leichter Trab	2,1 MJ verd. Energie	18,6 MJ
mittlerer Trab	5,1 MJ verd. Energie	30,6 MJ
Galopp	10,5 MJ verd. Energie	63,0 MJ
extreme Anstrengung	16,4 MJ verd. Energie	98,4 MJ

Tab. 45. Hafer/Heu-Ration

Futtermittel	Menge (kg)	TS (kg)	verd. Energie (MJ)	verd. Eiweiß (g)	Rohfaser (g)	Ca (g)	P (g)	Na (g)
Hafer	5	4,35	56,5	435	0,520	3	18	1,5
Heu[1]	5	4,30	33,5	230	1,535	24	10	1
gesamte Zufuhr	10,0	8,65	90,0	665	2,055	27	28	2,5
Bedarf bei 600 kg LG für:								
leichte Arbeit			bis 88	470		27	17	15
mittlere Arbeit			90–105	510		27	18	30
schwere Arbeit			ab 105	600		30	21	36

[1] Leckstein

Bedarf. Ca und P sind ausreichend vorhanden, jedoch ist ihr Verhältnis zu eng. Na fehlt immer. Diese Ration ist an sich nur für leichte bis mittlere Arbeit geeignet, bei einer geringen Ca- und starken Na-Ergänzung (kohlensaurer Futterkalk 30 g bzw. Leckstein oder 50–100 g Viehsalz).
Bei nur leichter Arbeit sollte unbedingt der Krippenfutteranteil auf 4 kg Hafer gesenkt werden, ggf. kann Hafer durch Trockenschnitzel ersetzt werden.
Für schwere Belastung ist der Krippenfutteranteil der Standardration um mindestens 1 kg zu erhöhen, wenn möglich nicht durch Hafer. Gerste, Mais und Trocken- bzw. Melasseschnitzel erscheinen geeigneter, da bei diesen Futtermitteln das Energie:Eiweiß-Verhältnis günstiger ist.
Bei einem Erhaltungsbedarf für ein 600 kg schweres Sportpferd von 73 MJ verd. Energie ergibt sich bei einer Leistung von einer Stunde leichtem Trab ein Gesamtenergiebedarf von 91,6 MJ. Diese Belastung eines Pferdes würde man noch als leichte Arbeit bezeichnen. Zwei Stunden leichtes Traben oder eine Stunde pro Tag mittlerer Trab dürfte dem Leistungs-

Tab. 46. Ration mit Trockenschnitzeln

Futtermittel	Menge (kg)	TS (kg)	verd. Energie (MJ)	verd. Eiweiß (g)	Rohfaser (g)	Ca (g)	P (g)	Na (g)
Hafer	2	1,76	22,6	174	204	1	7	–
Trockenschnitzel	2	1,80	23,4	118	360	16	2	2
Heu[1]	5	4,30	33,5	230	1535	24	10	1
gesamte Zufuhr	9	7,86	79,5	522	2099	41	19	3
Bedarf			bis 88	470		27	17	15

[1] Leckstein

Tab. 47. Hafer/Heu-Ration

Futtermittel	Menge (kg)	TS (kg)	verd. Energie (MJ)	verd. Eiweiß (g)	Rohfaser (g)	Ca (g)	P (g)	Na (g)
Hafer	3	2,60	33,9	261	306	1	10	1
Gerste	1,5	1,30	20,0	124	70	–	4	–
Melasseschnitzel	1,5	1,45	17,6	74	210	7	1	3
Heu[1]	5	4,30	33,5	230	1535	24	10	1
gesamte Zufuhr	11	9,35	105,0	689	2121	32	25	5
Bedarf			ab 105	600		30	21	36

[1] Leckstein

niveau mittlerer Arbeit zuzuordnen sein. Bei weiteren Anstrengungen liegt schwere Arbeit vor. Mit zunehmender Leistung steigt auch der Bedarf an Eiweiß. Die erhöhte Krippenfuttermenge deckt in der Regel diesen Mehrbedarf ab, so daß nicht zusätzlich eiweißreiche Futtermittel verwendet werden müssen. Viele Autoren sehen hierin eher die Gefahr zu hoher Stoffwechselbelastung.

Was leichte oder schwere Arbeit bedeutet, läßt sich aber ganz so einfach nicht immer beurteilen. Dies hängt im wesentlichen von der Nutzungsart des Pferdes ab. Ein Rennpferd muß für kurze Zeit alle Kräfte mobilisieren können, bei einem Distanzritt wird eine gleichbleibende, ausdauernde Leistungsbereitschaft verlangt. Reitpferde werden unterschiedlichen Belastungen oft auch unterschiedlich lange ausgesetzt. In jedem der geschilderten Fälle muß das Tier Muskelarbeit verrichten, die abhängig ist von der Belastungsdauer, der Belastungsgeschwindigkeit und auch vom Belastungsgewicht (Reiter- bzw. Zuggewicht).

Reitpferde

Die meisten Reitpferde sind in größeren Reitbetrieben aufgestallt. Die eingesetzten Futtermittel sind für alle Pferde gleich. Teilweise stellte man auch fest, daß selbst die verfütterten Mengen einheitlich sind. Daß es hier dann zu Bestandserkrankungen kommen kann, liegt auf der Hand. Die Pferde haben häufig mit Verfettung, Eiweißüberschuß oder Energie- und Mineralstoffmangel zu kämpfen. Die Vereinheitlichung der Fütterung ist aus betriebswirtschaftlichen Gründen (Arbeitsaufwand, Futterkosten, Lagerkosten) überlegenswert, ernährungsphysiologisch gesehen birgt sie die erwähnten Gefahren in sich. Wie sind diese Standardrationen zu beurteilen?

Standardrationen bauen auf viel Erfahrung auf, so daß sie bei richtiger Handhabung als pferdegerecht bezeichnet werden können. Als Standardkombinationen sind bekannt:
– Hafer/Heu
– Hafer/Mischfutter/Heu
– Mischfutter/Heu
– Mischfutter/Stroh

Wie bei der Beispielsration für leichte Arbeit, so ist auch hier eine Ergänzung durch den Leckstein notwendig, insgesamt entspricht jedoch die Zufuhr eher den Bedarfswerten.

Hafer/Mischfutter/Heu-Ration

Diese Kombination finden wir ebenfalls häufig in Reitbetrieben. Bis zu 50 % des Hafers werden durch Ergänzungsfuttermittel ersetzt. Man verbindet hiermit die Absicht, eine vollwertige und insbesondere im Hinblick auf die Mineralstoffe und Vitamine abgesicherte Tagesration anzubieten. Werden diese Erwartungen erfüllt?
Im Vergleich zu der Hafer/Heu-Ration erkennen wir bezüglich der Hauptnährstoffe Eiweiß, Rohfaser und Energie kaum Unterschiede, jedoch konnte durch den Mischfuttereinsatz das Ca:P-Verhältnis auf 1:1 verbessert und eine kontinuierliche Vitaminversorgung gesichert werden. Die vorher genannten Erwartungen werden also erfüllt. Es bleibt zu bedenken, daß bezüglich des Einsatzes die gleichen Mängel wie bei der Hafer/Heu-Ration auftreten können: Eiweißüberschuß, nur für leichte bis mittlere Arbeit angepaßt, Na-Mangel. Also gilt auch hier bei nur leichter Arbeit, den Krippenfutteranteil zu kürzen und bei schwerer Arbeit mit eiweißarmen und energiereichen Futterkomponenten zu erhöhen.

Tab. 48. Hafer/Mischfutter/Heu-Ration

Futtermittel	Menge (kg)	TS (kg)	verd. Energie (MJ)	verd. Eiweiß (g)	Rohfaser (g)	Ca (g)	P (g)	Na (g)
Hafer-	2,5	2,20	28,2	217	255	1	9	–
Ergänzungsfutter	2,5	2,20	26,2	250	250	37	10	5
Heu[1]	5	4,30	33,5	230	1535	24	10	1
gesamte Zufuhr	10	8,70	87,9	697	2040	62	29	6
Bedarf bei 600 kg LG für:								
leichte Arbeit			bis 88	470		27	17	15
mittlere Arbeit			90–105	510		27	18	30
schwere Arbeit			ab 105	600		30	21	36

[1] Leckstein

Tab. 49. Mischfutter/Heu-Ration

Futtermittel	Menge (kg)	TS (kg)	verd. Energie (MJ)	verd. Eiweiß (g)	Rohfaser (g)	Ca (g)	P (g)	Na (g)
Ergänzungsfutter	5	4,80	56,6	350	500	50	20	10
Heu[1]	5	4,30	33,5	230	1535	24	10	1
Gesamtzufuhr	10	9,10	90,0	580	2035	74	30	11
Bedarf bei 600 kg LG für:								
leichte Arbeit			bis 88	470		27	17	15
mittlere Arbeit			88–105	510		27	18	30
schwere Arbeit			ab 105	600		30	21	36

[1] Leckstein

Mischfutter/Heu-Ration

Bei dieser Kombination besteht das Krippenfutter nur noch aus Mischfutter. Das Füttern größerer Bestände wird dadurch vereinfacht, ermöglicht den Einbau einer automatischen Fütterungsanlage und kann unter Umständen sogar Preisvorteile gegenüber dem Hafereinsatz mit sich bringen. Das Walzen des Hafers entfällt, einer möglichen Staubentwicklung wie beim Hafereinsatz soll dadurch vorgebeugt werden. Wird die Tagesration aber auch bedarfsgerechter?
Das gewählte Ergänzungsfutter soll einen Gehalt an verd. Eiweiß von nur 7 % besitzen. Gegenüber den bislang vorgestellten Standardrationen fällt der erfreulicherweise niedrige Eiweißgehalt auf, der aber immer noch den Bedarf für mittlere Arbeit mit abdeckt. Auch das Ca:P-Verhältnis ist mit 2,5:1 bedarfsgerecht. Für leichte Arbeit müßte 1 kg Mischfutter abgewogen werden, bei schwerer Arbeit ist es um 1 bis 2 kg zu erhöhen.

Mischfutter/Stroh-Ration

Ganz ohne Heu auszukommen, dies wird beim Einsatz von Alleinfutter oder Mischfutter zu Stroh versucht. Hierbei ist die zweite Bezeichnung richtiger, da das Wort Alleinfutter ja auch den ausschließlichen Einsatz von Mischfutter bedeuten könnte. Daß dieser Fehler nicht so abwegig ist, zeigen eine Reihe von Todesfällen und viele Kolikpatienten, denen kein Ballast-(Rauh-)futter angeboten wurde. Der Umgang mit diesem Mischfutter ist also nicht so einfach, sondern verlangt eine intensive Tierbeobachtung, häufiges Füttern, Vorlage von Futterstroh und nicht von Einstreu. Bei der Auswahl muß auf einen möglichst niedrigen Gehalt an verd. Eiweiß (6–9 %) und einen ausreichenden Rohfasergehalt (15–18 %) geachtet werden. Dieser Rohfasergehalt fördert eine verlangsamte Futteraufnahme und intensives Kauen. Da er fast strukturlos ist, hat er kaum Bedeutung als Ballaststoff oder Nährstoff der Dickdarmlebewesen.

Tab. 50. Mischfutter/Stroh-Ration

Futtermittel	Menge (kg)	TS (kg)	verd. Energie (MJ)	verd. Eiweiß (g)	Rohfaser (g)	Ca (g)	P (g)	Na (g)
Mischfutter zu Stroh	8	7,0	87,0	560	1200	56	35	10
Weizenstroh[1]	2	1,8	10,0	16	816	4	1	3
gesamte Zufuhr	10	8,8	97,0	576	2016	60	36	13
Bedarf bei 600 kg LG für:								
leichte Arbeit			bis 88	470		27	17	15
mittlere Arbeit			88–105	510		27	18	30
schwere Arbeit			ab 105	600		30	21	36

[1] Leckstein

Tab. 51. Mischfutter/Stroh-Ration mit Rüben

Futtermittel	Menge (kg)	TS (kg)	verd. Energie (MJ)	verd. Eiweiß (g)	Rohfaser (g)	Ca (g)·	P (g)	Na (g)
Mischfutter zu Stroh	7	6,0	76,3	490	1050	49	35	10
Weizenstroh[1]	2	1,8	10,0	16	816	4	1	3
Futterrüben	5	0,9	11,0	40	55	2	1	3
gesamte Zufuhr	14	8,7	97,3	546	1921	55	37	16

Bei der Kombination von 8 kg Mischfutter zu Stroh und 2 kg Weizenstroh wird eine Nährstoffzufuhr im Bedarfsniveau von mittlerer Arbeit erreicht. Wird das Pferd nur leicht gearbeitet, müssen 1 bis 2 kg Mischfutter abgezogen werden, bei schwerer Arbeit muß zugelegt werden. Um den Problemen beim Einsatz dieses Mischfutters zu entgehen, setzen einige Betriebe verdauungsfördernde Futtermittel wie z. B. Rüben ein. Ein Vorteil des Alleinfutters wird dann entkräftet, nämlich der günstige Zeitaufwand für das Füttern. Die Einfachheit der Rationsgestaltung wird beibehalten, da der Nährstoffbedarf für das jeweilige Leistungsniveau weiterhin durch das Mischfutter gesteuert werden kann.

Saftfutter-Ration

Der Einsatz von Saftfutter wie Futterrüben oder eingeweichte Brühschnitzel war früher häufiger auch in Reitbetrieben anzutreffen als heute. Bei Pferdeställen, die landwirtschaftlichen Betrieben angeschlossen sind, kann es auch aus ökonomischen Gründen sinnvoll sein, im Rahmen einer bedarfsgerechten Fütterung Grundfuttermittel, wie z. B. Gras- und Maissilage oder auch Futterrüben, einzusetzen. Die Energiekonzentration ist so hoch, daß Kraftfutter teilweise ersetzt werden kann, der günstige Rohfasergehalt erlaubt mitunter auch die Verringerung der Rauhfuttergaben. Letztlich handelt es sich um schmackhafte, saftige Futtermittel, die, in angemessenen Mengen verfüttert, den Speiseplan des Pferdes abwechslungsreich gestalten können. In Tab. 52 werden einige Rationsbeispiele für ein 600 kg schweres Pferd bei mittlerer Arbeit vorgestellt.

Zur Wiederholung und Vertiefung

1. Warum steigt bei Leistungspferden insbesondere der Bedarf an Energie mit zunehmender Belastung?
2. Was versteht man unter einer Standardration?
3. Beurteilen Sie den Einsatz von Hafer/Heu-Rationen bei Leistungspferden.

4. Wie sollte die Hafer/Heu-Ration für schwer arbeitende Pferde richtig ergänzt werden?
5. Wird beim Ersatz des Hafers durch Mischfutter die Standardration bedarfsgerechter? Begründen Sie Ihre Meinung.
6. Zeigen Sie an einem Rationsbeispiel die Besonderheiten der Mischfutter/Stroh-Ration bei Leistungspferden.
7. Welche Gründe sprechen für den Einsatz von Gras-, Maissilage oder Futterrüben in Tagesrationen von Leistungspferden? Demonstrieren Sie dies an einem Beispiel.

6.3.6 Tagesrationen für Rennpferde

Rennpferde – ob Traber oder Galopper – stellen besondere Anforderungen an das Futter. Eine dem Trainingszustand angemessene Fütterung ist die Grundvoraussetzung für die Ausschöpfung der Leistungsfähigkeit. Bei einer unsachgemäßen Fütterung kann ein Rennpferd kaum die gestellten Erwartungen erfüllen. Die Tatsache, daß viele erfolgreiche Rennställe ganz »normale« Futtermittel einsetzen, entkräftet die Vermutung, man könne mit der richtigen Fütterung aus einem Schleicher einen Sprinter machen.

Man weiß, daß ein Rennpferd bei einer Geschwindigkeit von 600 m/min. 1,2–1,5 MJ Energie je Minute verbraucht. Die Verdauungsorgane sind jedoch nicht in der Lage, Futter so schnell in Energie umzuwandeln. Dies bedeutet, daß bei Rennen die erforderlichen Nährstoffe nicht so sehr aus der vorherigen Fütterung, sondern aus angelegten Reserven in Leber, Milz, Muskulatur und Fettgewebe stammen müssen. So wie dem Rennpferd Ausdauer, Kraft und Geschwindigkeit antrainiert werden müssen, muß der Stoffwechsel in der Lage sein, Reserven zu mobilisieren, sie an den Ort des Bedarfs zu transportieren und dort möglichst verlustarm zu verbrauchen. So können Pferde im Bedarfsfall ihr Blutvolumen kurz-

Tab. 52. Rationsbeispiele für Reitpferde

	Menge (kg)	TS (kg)	verd. Energie (MJ)	verd. Eiweiß (g)	Rohfaser (g)	Ca (g)	P (g)	Na (g)
Bedarf		8,4	88–105	510		27	18	30
Futtermittel								
Hafer	2	1,76	22,6	174	204	1	7	–
Ergänzungsfutter	2	1,76	21,0	200	200	30	10	4
Futterrüben	10	1,80	22,0	80	110	4	3	7
Heu	5	4,30	33,5	230	1535	24	10	1
gesamte Zufuhr	19	8,62	99,1	684	2049	59	30	12
Ergänzungsfutter	3,5	3,00	39,5	280	350	35	14	7
Maissilage[1]	7	2,24	27,3	119	452	6	5	–
Heu	4	3,44	26,8	184	1228	19	8	–
[1] 32 % TS gesamte Zufuhr	14,5	8,68	93,6	573	2030	60	27	7
Hafer	3,0	2,64	33,9	261	306	2	10	1
Grassilage[1]	6,0	2,10	19,9	204	603	18	6	–
Trockenschnitzel	2,0	1,80	23,4	118	360	16	2	2
Heu	2,5	2,15	16,8	115	768	12	5	1
[1] 35 % TS gesamte Zufuhr	13,5	8,69	94,0	698	2037	48	23	4

zu allen Rationen Lecksteine

fristig aus Leber und Milz um 10–20 % erhöhen. Der Körper muß jedoch auf diese Leistung vorbereitet, also trainiert sein. Das Vermögen, Reservestoffe schnell zu mobilisieren und bereitzustellen, ist allerdings unterschiedlich. Diese Unterschiede sind erblich bedingt.

Damit das ständige Ein- und Auslagern von größeren Nährstoffmengen im Körper möglich wird, müssen dem Rennpferd auch die nötigen hohen Gaben zugeführt werden. Hierdurch muß sich zwangsläufig die Futtermenge erhöhen. Das Sättigungsgefühl des Pferdes setzt jedoch der Futterzufuhr Grenzen, so daß die Futtermittel, welche aufgenommen werden, auch nährstoffreich, d. h. nährstoffkonzentriert sein müssen.

Da das Pferd darüber hinaus nur 24 Stunden täglich verdauen kann, müssen die Nährstoffe schnell aus dem Futter gewonnen werden, d. h. hoch verdaulich sein. Nährstoffreiche, hochverdauliche Futtermittel gibt es genügend. Kann man aber auf Rauhfutter verzichten? Hier beginnen die echten Probleme der Rennpferdefütterung, denn auf Rauhfutter kann kein Pferd verzichten. Der Futtermeister muß den minimalen Rauhfutterbedarf (3–4 kg) seiner Pferde kennen, um eine maximale Nährstoff- bzw. Energieversorgung zu erreichen. Je geringer der Rauhfutteranteil in der Gesamtration ist, um so kleiner ist auch das sogenannte »tote Gewicht« im Verdauungskanal des Pferdes, welches am Renntag von Bedeutung ist. Aus diesem Grunde finden leicht abführende Futtermittel wie Weizenkleie im Rennstall häufiger Verwendung.

Das Geschick des Futtermeisters liegt also darin, das »tote Gewicht« so gering wie möglich zu halten, andererseits aber so viel Rauhfutter zu geben, daß negative Auswirkungen eines Ballastfuttermangels wie Unruhe, unzureichende Darmtätigkeit und Darmbewegung oder mangelnde Vitamin-Synthese unterbleiben.

Wichtig ist, daß bei hochleistenden Pferden der Bedarf an Mineralstoffen und Vitaminen steigt, da diese vielfach Aufgaben im Stoffwechsel übernehmen, ein Mangel hingegen wird mit Sicherheit die Schnelligkeit der Bereitstellung von Reservestoffen vermindern.

Rationen für Rennpferde müssen also nährstoffreich, hochverdaulich, ballastfutterhaltig, vielseitig und schmackhaft sein.

Tab. 53. Ration für Rennpferde 500 kg LG, starkes Training

Futtermittel	Menge (kg)	TS (kg)	verd. Energie (MJ)	verd. Eiweiß (g)	Rohfaser (g)	Ca (g)	P (g)	Na (g)
Bedarf		10–11	115–130	700		30	20	25
Hafer	2	1,76	22,6	174	204	1	7	–
Mais, gebrochen	2	1,74	27,2	136	50	–	7	–
Ergänzungsfutter	3	2,61	33,9	240	300	30	12	6
Melasseschnitzel	1	0,90	11,1	49	140	4	1	2
Heu, Ende Blüte	4	3,43	28,4	200	1160	20	8	1
gesamte Zufuhr[1]	12	10,49	123,2	799	1854	55	35	9
Hafer	2,0	1,76	22,6	174	204	1	7	–
Mais, gebrochen	3,0	2,61	40,8	204	75	–	10	–
Ergänzungsfutter	2,5	2,17	28,2	200	250	26	10	6
Weizenkleie	0,5	0,43	4,8	56	56	–	6	–
Luzernegrünmehl	0,5	0,45	4,4	61	115	7	1	–
Heu	4,0	3,48	28,4	200	1160	20	8	1
gesamte Zufuhr[1]		10,9	129,2	895	1860	54	42	7

[1] + 50 g Ca-reiches, vitaminisiertes Mineralfutter

> **Zur Wiederholung und Vertiefung**
>
> 1. Warum gehören bei Rennpferden Training und Fütterung unbedingt zusammen?
> 2. Welche Futtermittel finden Sie für Rennpferde geeignet?
> 3. Wie kann am Renntag das sogenannte »tote Gewicht« so gering wie möglich gehalten werden?
> 4. Begründen Sie die Forderung nach der Rauhfuttermindestbedarfsmenge bei der Rennpferdefütterung.
> 5. Warum ist bei Rennpferden der Bedarf an Vitaminen und Mineralstoffen besonders zu beachten?
> 6. Stellen Sie eine Tagesration für ein 500 kg schweres Rennpferd bei starkem Training zusammen.

6.3.7 Fütterungsfehler

Bei der Besprechung der praktischen Tagesration für Pferde wurde auf die Gefahr möglicher Fütterungsfehler vereinzelt hingewiesen. Da jedoch gerade beim Pferd durch eine Auswahl falscher Futtermittel, Futtermengen und -qualitäten sowie auch unsachgemäßer Futterzuteilung die Gesundheit der Tiere stark beeinträchtigt werden kann, sollen nachstehend die Ursachen und Folgen nach Betriebsart unterschieden aufgeführt werden.

Diese Aufstellung soll dem Pferdewirt deutlich machen, daß manche Betriebe hinsichtlich bestimmter Fehler besonders gefährdet sind. Die nachfolgende Auflistung erhebt natürlich keinen Anspruch auf Vollständigkeit und kann durch eigene Erfahrungen und Beobachtungen ergänzt werden.

Zuchtbetrieb:

a)	zu gute Fütterung bei Maidenstuten	Fruchtbarkeitsstörungen
b)	Vitamin- und Mineralstoffmangel bei Stuten	Fruchtbarkeitsstörungen
c)	blähendes Grundfutter (Klee)	Aufgasungen
d)	verschimmeltes Grundfutter	Kolik, Hufrehe, Aufgasungen
e)	verschmutztes Grundfutter	Sandkolik, Durchfallserscheinungen
f)	quellende Futtermittel	Magenüberladung Schlundverstopfung
g)	feingemahlenes Kraftfutter	Schlundverstopfung Magenverkleisterung
h)	zu gute Fütterung bei Jungpferden	Knochen- und Gelenksschwäche
i)	plötzlicher Futterwechsel	Kolik, Hufrehe
j)	Mineralstoffmangel	Knochenweiche

Reitbetrieb:

a)	zu wenig Arbeit bei guter Fütterung	Verfettung, Verschlag
b)	plötzlicher Futterwechsel	Kolik, Hufrehe
c)	schwere Arbeit nach der Fütterung	Verdauungsstörungen
d)	zu wenig Rauhfutter, zuviel Kraftfutter	Magenüberladung Magenverkleisterung, Aufgasungen, Darmverschlingung, Hufrehe
e)	zuviel Rauhfutter	Verstopfung im Dickdarm
f)	frisches Heu und Hafer	Kolik, Hufrehe
g)	Einheitsfütterung	Unter- oder Überversorgung mit Nährstoffen

Rennbetrieb:

a)	zu wenig Rauhfutter, zuviel stärkereiches Kraftfutter	Verkleisterungen Magenüberladung Aufgasungen
b)	zu wenig Rauhfutter, zuviel eiweißreiches Kraftfutter	Magenüberladung Aufgasungen Hufrehe
c)	zu wenig Rauhfutter	Störungen der Darmbewegungen, Verstopfungen
d)	Rauhfutter als Kurzhäcksel	Verstopfungen
e)	zu wenig Arbeit bei guter Fütterung	Hufrehe, Verschlag
f)	schwere Arbeit nach der Fütterung	Verdauungsstörungen
g)	plötzlicher Futterwechsel	Kolik, Hufrehe

Die hier genannten Erkrankungen, wie Kolik, Hufrehe, Aufgasung, Verschlag etc., werden in Kapitel 7 genauer erklärt.

> **Zur Wiederholung und Vertiefung**
>
> 1. Beschreiben Sie die Gründe und Auswirkungen möglicher Fütterungsfehler in Ihrem Ausbildungsbetrieb.
> 2. Welche Fehler können bei der Auswahl der Futtermittel begangen werden?
> 3. Welche Auswirkungen rufen Fehler in der Futterzuteilung hervor?
> 4. Welche Fütterungsfehler können eine Schlundverstopfung bewirken?
> 5. Wodurch werden Verstopfungen im Darmbereich hervorgerufen?
> 6. Nennen Sie einige fütterungsbedingte Ursachen für das Auftreten von Hufrehe.
> 7. Was verstehen Sie unter einer Kolik?
> 8. Wie kann es zu Fruchtbarkeitsstörungen kommen?

6.3.8 Futterrechtliche Bestimmungen

Da Futtermittel nicht nur in der Pferdehaltung, sondern bei allen landwirtschaftlichen Nutztieren eine große Bedeutung haben, indem sie Gesundheit und Leistung sehr stark beeinflussen können, hat der Gesetzgeber das Futtermittelgesetz (FMG) und die Futtermittelverordnung (FMV) erlassen. Ziele dieses Gesetzes sind im einzelnen

1. die tierische Erzeugung so zu fördern, daß
   a) die Leistungsfähigkeit der Nutztiere erhalten und verbessert wird und
   b) die von den Nutztieren gewonnenen Erzeugnisse den an sie gestellten qualitativen, insbesondere den lebensmittelrechtlichen Anforderungen entsprechen
2. sicherzustellen, daß durch Futtermittel die Gesundheit von Tieren nicht beeinträchtigt wird
3. vor Täuschung im Verkehr mit Futtermitteln, Zusatzstoffen und Vermischung zu schützen
4. Rechtsakte von Organen der Europäischen Gemeinschaft im Bereich des Futtermittelrechtes durchzuführen (§ 1 FMG).

Für den Pferdehalter sind die Ziele Förderung der Leistungsfähigkeit, Schutz der Gesundheit des Pferdes und Schutz vor Täuschung mit Futtermitteln besonders wichtig. Das Futtermittelgesetz ist also auch zum Schutze des Pferdehalters aufgestellt worden.
Wie kann dieses Ziel verwirklicht werden?

In erster Linie sind es bestimmte Anforderungen an die Futtermittel, Beschränkungen und sogar Verbote, die diesen Schutz gewährleisten sollen. Sie sind in der Futtermittelverordnung in 7 Anlagen im einzelnen aufgeführt.
In der 1. Anlage werden über 300 zugelassene Einzelfuttermittel aufgelistet.

Beispiel Einzelfuttermittel:

1. Bezeichnung:	Luzernegrünmehl
2. Beschreibung:	Erzeugnis, das durch künstl. Trocknung ggf. nach Vortrocknung von junger Luzerne gewonnen wird und dessen Enzyme, welche die Oxidation beschleunigen, durch die Trocknung praktisch unwirksam geworden sind. Das Erzeugnis darf ungefähr 20 % Gras oder Klee aus demselben Aufwuchs, gleichzeitig künstlich getrocknet, ggf. nach Vortrocknung, enthalten. Rohprotein mind. 17 %.
3. Anforderungen:	Salzsäure max. 3,4 % unlösliche Asche
	Wasser max. 12 %
4. Gehalte bei Normtyp:	Rohprotein min. 17 %
	Karotin min. 0,01 %
	Rohasche max. 12 %
5. Anzugebende Inhaltsstoffe:	Rohprotein Karotin Rohasche
6. Inhaltsstoffe, die zusätzlich angegeben werden dürfen:	Rohfett Rohfaser salzsäureunlösliche Asche Wasser
7. Verpackungspflicht	keine

Dieses Beispiel zeigt, daß Anforderungen sich aus der Beschreibung (z. B. nur 20 % Gras) an Höchst- und Mindestwerten bei Inhaltsstoffen, wie der Art der anzugebenden Inhaltsstoffe, und aus Pflichten bezüglich der Verpackung ergeben können. Eine zusätzliche Verschärfung der Anforderungen ist mit der Bezeichnung »Normtyp« verbunden. Während beim »einfachen« Luzernegrünmehl nur die Inhaltsstoffe Rohprotein, Karotin und Rohasche angegeben werden müssen, ist mit dem Begriff »Luzernegrünmehl – Normtyp« die Anforderung verbunden, bezüglich Rohprotein und Karotin bestimmte Mindestwerte, bezüglich Rohasche einen bestimmten Höchstwert zu deklarieren. Im ersten Fall kauft ein Pferdehalter Luzernegrünmehl mit 0,005 % Karotin (entspricht 50 mg), im zweiten Fall Luzernegrünmehl – Normtyp, ebenfalls mit 0,005 % Karotin. Während im ersten Beispiel der Hersteller den Anforderungen des Gesetzes genüge leistet, wird dem im zweiten Beispiel nicht entsprochen, da hier bei Karotin ein Mindestgehalt von 0,01 % (gleich 100 mg) gefordert wird. Die Bezeichnung Normtyp bedeudet aufgrund der hiermit verbundenen zusätzlichen Anforderungen an die Inhaltsstoffe der Futtermittel einen umfassenderen Schutz für den Pferdehalter.

Ähnlich wie die Einzelfuttermittel werden auch 63 Mischfutter-Typen (Alleinfutter und Ergänzungsfutter) beschrieben und aufgelistet.

Beispiel:
1. Nr. 5.2
2. Bezeichnung: Ergänzungsfuttermittel für Pferde
3. Normtyp:
   a) Inhaltsstoffe: Rohprotein: mind. 10 %
      Kalzium: min. 0,6 %
      Phosphor: max. 0,6 %
      (jedoch Ca:P-Verhältnis 1,5 bis 3:1)
   b) Zusatzstoffe je kg: Vitamin A min. 5000 i.E.
      Vitamin D min. 625 i.E.
      Vitamin E min. 25 mg
   c) Energiezahl: keine
4. anzugebende Inhaltsstoffe: Rohprotein, Rohfett, Rohfaser, Rohasche, Kalzium, Phosphor
5. Hinweis für die sachgerechte Verwendung: keiner

Auch hier gewährt die Bezeichnung »Normtyp« dem Einkäufer zusätzlichen Schutz. Sollte das gekaufte Ergänzungsfutter anstelle der geforderten 10 % nur 8 % Rohprotein laut eines amtlichen Untersuchungszeugnisses aufweisen, kann der Käufer eine entsprechende Entschädigung für die minderwertige Ware bzw. für daraus entstandenen Schaden verlangen. Fütterungsbeschränkungen ergeben sich beim Einsatz von Zusatzstoffen (z. B. Antibiotika, Aromastoffe, färbende Stoffe, Preßhilfsstoffe, Konservierungsstoffe, Vitaminvormischungen).

Dieses Futter darf nur:
– an die angegebene Tierart verfüttert werden
– bis zum angegebenen Höchstalter des Tieres verfüttert werden
– bei Einhaltung der angegebenen Wartezeit gegeben werden
– in der angegebenen Höchstmenge verabreicht werden.

Beschränkungen betreffen insbesondere Zusatzstoffe, die die Futterverwertung verbessern (Antibiotika) und die zur Verhütung bestimmter, verbreitet auftretender Krankheiten (Coccidiostatika) beigemischt werden. Für Pferde sind zur Zeit keine dieser beiden Zusatzstoffarten zugelassen.

Enthalten Futtermittel Schadstoffe (z. B. Blausäure, Blei, Fluor, Nitrate, Mutterkorn, DDT etc.), so wird der Einsatz ab einer bestimmten Höchstgrenze verboten.

Beispiel:
Schadstoff: Blei
Futtermittel: Grünfutter, einschl. Weidegras und Rübenblätter, Grünfuttersilage, Heu
Höchstgehalt in mg/kg: 40

Heu, das z. B. in der Nähe von Bleibergwerken gewonnen wird, kann erheblich höhere Gehalte aufweisen. Ein »Verschneiden« (Vermischen) mit »bleifreien« Futtermitteln ist nur bei Höchstmengen bis 100 mg/kg erlaubt, wenn in der Gesamtration 40 mg/kg nicht überschritten werden.

Ein Fütterungsverbot gilt für bestimmte Stoffe wie Kot, Reisspelzen, Samen verschiedener Früchte (Bittermandel, Bucheckern, Senfarten o. ä.). Sie dürfen weder bearbeitet, verarbeitet noch verfüttert werden.

Diese Beispiele zeigen, daß bei strikter Anwendung der futtermittelrechtlichen Bestimmungen die Ziele (Förderung der Leistungsfähigkeit und Sicherung der Gesundheit der Pferde sowie Schutz vor Täuschung mit Futtermitteln) durchaus erreicht werden können. Dies setzt jedoch beim Pferdewirt die Kenntnis dieser Regeln und ein gutes Beobachtungsvermögen beim Einkauf und Einsatz der Futtermittel voraus. Sollten sich beispielsweise einmal Gesundheitsprobleme nach dem Einsatz zugekaufter Futtermittel im Pferdebestand ergeben, ist es ratsam, möglichst auch mit dem Verkäufer bzw. Hersteller Kontakt aufzunehmen. Zur Sicherung eines guten Vertrauensverhältnisses wird dieser für eine Lösung der Probleme offen sein. Wenn dennoch keine Einigung erzielt werden kann, sollte der Einkäufer auf der Grundlage einer amtlich gezogenen Futterprobe die Möglichkeiten nach den futtermittelrechtlichen Bestimmungen ausschöpfen. Auskunft erteilen hierzu die jeweiligen Fachverbände oder auch die örtlichen landwirtschaftlichen Dienststellen (Amt für Landwirtschaft, Landwirtschaftskammer).

Zur Wiederholung und Vertiefung

1. Welche beiden futtermittelrechtlichen Bestimmungen sind für den Pferdewirt wichtig?
2. Nennen Sie kurz die Ziele des Futtermittelgesetzes.
3. Beschreiben Sie wichtige Anforderungen an die Futtermittel, die in der Futtermittelverordnung aufgelistet sind.
4. Warum ist der Einsatz von Futterzusatzstoffen (z. B. Antibiotika) mit Beschränkungen verbunden?
5. Warum dürfen bestimmte Schadstoffe in Futtermitteln nur bis zu einer gewissen Höchstgrenze enthalten sein?
6. Haben futtermittelrechtliche Bestimmungen für den Pferdehalter einen Nutzen? Begründen Sie Ihre Meinung.

---

7 Pferdegesundheit

7.1 Allgemeine Verhaltensweisen des Pferdes

Bei der Betreuung, Pflege und Arbeit mit Pferden muß man sich ständig einen Überblick über deren Gesundheitszustand und ihr Wohlbefinden verschaffen. Zunächst wird man sich an die auffälligsten Symptome, wie Aufmerksamkeit, Anteilnahme, Lebhaftigkeit halten. Diese Merkmale gelten als Kennzeichen für das jeweilige Befinden eines Pferdes. Das gesunde, sich wohlfühlende Pferd wird z. B. bei der allmorgendlichen Fütterung durch freudige Reaktionen, wie Wiehern und Scharren, Anteil nehmen.

7.1.1 Futter- und Wasseraufnahme

Als weiteres Gesundheitskriterium gilt die Futteraufnahme. Im Normalfalle leert das gesunde Pferd den Futtertrog innerhalb von 20 bis 30 Minuten vollständig. Es kann jedoch zu Abweichungen kommen, denen nicht immer krankhafte Befunde zugrunde liegen müssen.
Einer völligen Futterverweigerung liegen aber im Regelfalle Fieberzustände oder Schmerzreaktionen wie z. B. bei Koliken zugrunde. Hier ist in jedem Falle größte Aufmerksamkeit anzuraten, und der Tierarzt sollte alsbald zugezogen werden. Eine verzögerte Futteraufnahme mit Kauen von Wickeln und Aufsperren des Maules ist bei Zahnhaken zu beobachten. Verlangsamte Futteraufnahme tritt häufig bei Sportpferden auf, die intensiv trainiert werden und denen sehr reichlich Futter angeboten wird.
Völlige Futterverweigerung und verzögerte Futteraufnahme müssen genau beobachtet werden, da sie als Vorboten schwerwiegender Krankheitsprozesse gelten können.

7.1.2 Kot- und Urinabsatz

Kot- und Urinabsatz des Pferdes geben ebenfalls Hinweise auf Gesundheit oder Unwohlsein. Der Kot wird überprüft auf **Farbe, Konsistenz, Geruch** sowie auf **fremde Beimengungen** (z. B. Parasiten). Das Pferd kotet als Pflanzenfresser etwa 10 bis 20 mal pro Tag. Der Kot eines gesunden Pferdes wird in großen braunen bis grünbraunen Ballen abgesetzt, die angefeuchtet und im Regelfalle mit einem glatten Feuchtigkeitsfilm überzogen sind. Farbe, Geruch und Konsistenz wechseln entsprechend der Fütterung des Pferdes und können zwischen braunen und festen Kotballen bei reiner Trockenfütterung und grünen breiigen Kotballen bei reiner Grünfütterung variieren.
Häufigste Abweichungen hiervon sind einmal der Durchfall mit ungeformten Kotballen und andererseits der eingetrocknete Kot infolge einer Anschoppung (Zusammenpressung) mit festen, harten Kotballen. Relativ fester und harter Kot kann z. B. bei Fohlen (Abgang des Darmpechs) beobachtet werden. Innerhalb von 24 Stunden setzt das Pferd ca. 5 bis 7 mal Harn ab, bei einer Gesamtmenge von ca. 3 bis 6 l. Neben der **Harnmenge** werden die **Farbe**, die **Durchsichtigkeit**, die **Konsistenz** sowie der **Geruch** geprüft. Die Farbe des Pferdeurins wird als eierkognacartig beschrieben, und der natürliche Urin des Pferdes ist trübe, undurchsichtig und dickflüssig. Der Geruch gilt als aromatisch.

Bisweilen wird fehlender oder gestörter Harnabsatz beobachtet. Die Pferde nehmen zwar Harnabsatznormalstellung ein – gekrümmter Rücken (Stuten) oder ausgeschachteter Penis (Hengst, Wallach) – der Harn fließt jedoch nur tröpfelnd oder gar nicht. Im Gegensatz dazu tritt vereinzelt die Poliurie (Dauerharnen) auf (Absetzen größerer Harnmengen in kürzeren Zeitabständen). Damit verbunden ist meistens eine übermäßige Flüssigkeitsaufnahme des Pferdes. Auffällig wird dieses Krankheitsgeschehen zumeist durch ständig nasse Boxeneinstreu.

7.1.3 Äußeres Erscheinungsbild

Ein wichtiges Kriterium für die Gesundheitsbeurteilung ist das äußere Erscheinungsbild des Pferdes, insbesondere dessen Haarkleid. Das gesunde Pferd hat ein **glattes, glänzendes** und **anliegendes** Fell. Das Winterfell kann durch das Nachwachsen der Haare weniger glatt sein, und auch während des Haarwechsels im Frühjahr sehen Pferde gelegentlich etwas struppig aus, was durch das ungleichmäßige Ausfallen der Winterhaare bedingt ist. Der Glanz des Felles geht beim gesunden Pferd aber nicht verloren. Glanzloses Haar wird durch eine veränderte Talgdrüsensekretion bedingt. Ursächlich dafür können sein: Infektionskrankheiten, Parasitenbefall, Ernährungsstörungen u. a. m.

Als Veränderung der Haut gilt das sogenannte Sträuben der Haare. Es ist durch eine Reaktion des vegetativen Nervensystems bedingt. Durch Anspannung der Hauthaarmuskeln kann es bei beginnendem Fieber, bei Angst, Erregung sowie Kältegefühl des Pferdes zu Aufstellung der Haare kommen. Hiervon sind meistens die Kruppen- und Lendengegend betroffen. Kleine lokale Hautveränderungen mit Quaddelbindung, z. B. durch Insektenstiche oder beginnenden Satteldruck, äußern sich in ihrem Frühstadium ebenfalls durch Aufstellen der Haare an den betroffenen Körperstellen.

Schweißausbruch bei Pferden wird bei anstrengender Arbeit beobachtet. Er dient der Regulation der Körperinnentemperatur. Meistens beginnt der Schweißausbruch seitlich am Hals, kann sich jedoch je nach Intensität zum Flankenbereich hin über den gesamten Körper des Pferdes ausbreiten. Bei Pferden, die keine Arbeit verrichtet haben, muß jedem Schweißausbruch besondere Aufmerksamkeit geschenkt werden. Er kann hervorgerufen werden durch: Hohe Stalltemperaturen mit großer Luftfeuchtigkeit, Fieber oder auch hochgradige Schmerzzustände (z. B. bei Koliken).

7.1.4 Hauttemperatur

Die Hauttemperatur ist eine Reaktion auf den Grad der Durchblutungsintensität sowie auf die Menge der abgegebenen Wärme an die Umgebung. Sie wird, anders als bei offensichtlichem Schwitzen, wegen geringer Temperaturunterschiede mit dem Handrücken festgestellt. Die Hauttemperatur ist normalerweise im Bereich der Beine, der Nüstern und der Ohren etwas geringer als an den übrigen Körperregionen. Beim Pferd werden daher verschiedene Körperpartien abgefühlt, z. B. die Beine, die Sattellage, die Kruppe wie auch die Ohren, um die Temperaturunterschiede bzw. die Höhe der Temperaturen feststellen zu können. Erhöhte Hauttemperaturen treten nach der Arbeit, nach Sonneneinstrahlung, aber auch als Reaktion auf lokale Entzündungen auf und weichen dann deutlich von der menschlichen Hauttemperatur ab.

Zu niedrige Hauttemperatur ist die Folge mangelhafter Durchblutung, die durch Kreislaufschwäche verursacht wird.

7.1.5 Körperinnentemperatur

Neben der Hauttemperatur spielt die Körperinnentemperatur eine besondere Rolle. Sie wird im Regelfalle rektal mittels Fieberthermometer gemessen. Dazu wird ein zuvor heruntergeschlagenes Fieberthermometer mit Wasser oder Gleitmittel befeuchtet und vorsichtig in den After eingeführt, nachdem das Pferd zuvor angebunden worden ist. Bei Pferden, die schlagen, sollte man sich entweder hinter eine feste Halbtür stellen oder die Pferde ausbinden. Das Fieberthermometer ist entsprechend der Gebrauchsanweisung ca. 2 bis 3 Minuten im After zu belassen. Die normale Körperinnentemperatur beträgt bei einem ausgewachsenen Pferd 37,5 bis 38,2 °C, bei einem Fohlen bis zu einem halben Jahr kann sie durchaus auch bis 38,5 °C ansteigen. Bei der Beurteilung der Körperinnentemperatur sind auch tageszeitliche Schwankungen zu berücksichtigen. Morgens liegt sie oftmals niedriger als abends. Desgleichen verändern Belastung oder Ruhe die Körperinnentemperatur. Bei starker Belastung werden z. B. 40,0 bis 41,0 °C erreicht. Auch Erregungszustände (z. B. Transporte, neue Umgebung, vor Turnier- bzw. Rennstarts) können sie erheblich steigern. Temperaturen in der Ruhe gemessen bis 39,0 °C bezeichnet man als erhöhte Temperatur und solche über 39,0 °C als Fieber. Bei festgestelltem Fieber ist unverzüglich der Tierarzt zu informieren.

7.1.6 Puls

Der Pulsschlag des Pferdes gibt auch Auskunft über seinen Gesundheitszustand. Die einfachste Stelle zur Messung befindet sich am Unterkieferast im Bereich des Umschlages der Unterkieferarterie von der inneren Seite der Backen an die äußere Backe.
Desgleichen kann man die Pulsaktion an der Mittelfußarterie in Höhe des Fesselkopfes fühlen.
Der Puls wird beurteilt nach seiner **Frequenz** (Pulsschläge pro Minute), seiner **Qualität** (Kraft und Form), seinem **Rhythmus** und seiner **Gleichmäßigkeit.** Außerdem wird die Füllung der Arterie geprüft. Bei einem gesunden Pferd fühlt man in der Ruhe 28 bis 40 Pulsschläge pro Minute, wobei der Puls kräftig schlägt und die Pulswelle gleichmäßig unter dem Finger herläuft. Der Rhythmus sollte regelmäßig und gleichmäßig sein, das Blutgefäß bleistiftdick und gut gefüllt.
Die Aufzählung der Pulsqualitäten dient der Erläuterung und kann im Regelfalle nur vom erfahrenen Fachmann genau festgestellt werden. Jedoch sollte jeder Pferdekenner in der Lage sein, zumindest die **Pulsfrequenz** und den **Pulsrhythmus** zu messen.

7.1.7 Atmung

Als weitere wichtige meßbare Körperreaktion gilt die Atemfrequenz. Diese kann entweder an den Nüstern oder an den Flanken beobachtet werden. Beim Einatmen öffnen sich die Nüstern des Pferdes und gleichzeitig werden die Flanken des Pferdes leicht aufgezogen. Das gesunde Pferd zeigt pro Minute **7 bis 14 Atemzüge.** Die Atemfrequenz ist wiederum abhängig vom Trainingszustand sowie vom Allgemein- oder Erregungszustand des Pferdes.
Die Beurteilung der Atemwerte gelingt jedoch besser in einem Belastungstest, bei dem das Pferd eine bestimmte Zeit (ca. 10 bis 15 Minuten) belastet wird und sich anschließend innerhalb der doppelten Zeitspanne wieder dem Ruhewert nähern muß. Liegen hier Abweichungen vor, kann das auf einen krankhaften Befund hindeuten.
Die Beobachtung der Atmung im Ruhezustand sollte jedoch immer vorausgehen. Hier muß ein besonderes Augenmerk auf das Vorhandensein der sogenannten Dampfrinne gelegt werden. Beim gesunden Pferd ist die Einatmung ein aktiver Vorgang unter Zuhilfenahme des Zwerchfelles und der Zwischenrippenmuskulatur, während die Atmung passiv durch die natürliche Elastizität der Lunge erfolgt.
Bei Dämpfigkeit (s. Seite 301) kann die Ausatmung jedoch nur aktiv unter Zuhilfenahme der Bauchmuskulatur erfolgen. Bei diesen kranken Pferden wird dann an der Flanke am Übergang zwischen gerader Bauchmuskulatur und quergestreifter Rippenmuskulatur die sogenannte Dampfrinne sichtbar. Die Zuhilfenahme der Bauchmuskulatur bei der Ausatmung ist ein typisches Kennzeichen für die Dämpfigkeit des Pferdes.

7.1.8 Spezielle Überprüfungen

Neben diesen allgemeinen Kriterien zur Beurteilung des Gesundheitszustandes eines Pferdes wird selbstverständlich auch nach belastungsspezifischen Symptomen beurteilt. Insbesondere bei Sportpferden wird man sich den Zustand der Sehnen und Gelenke ansehen und überprüfen, ob dieselben klar und normal temperiert sind. Hier sind auffällig:

1. Das Vorhandensein von Schwellungen (warm) als Ausdruck einer Entzündung.
2. Das Vorhandensein von Ödemen (kalt) als Ausdruck von Kreislaufstörungen bzw. auch als Hinweis auf Ernährungsstörungen insbesondere bei jungen Pferden.

Daneben sollte man sich auch die Lymphknoten ansehen, insbesondere im Kehlgangsbereich, und diese ebenfalls palpieren (betasten). Die Kehlgangslymphknoten sind bei beginnender Erkrankung der oberen Luftwege (s. S. 272) geschwollen.
Besonderes Augenmerk muß man auch auf eventuell vorhandenen Nasenausfluß legen. Er ist regelmäßig ein Zeichen für eine Infektion der oberen Luftwege, aber auch ein Zeichen für eine eventuell bestehende Luftsackvereiterung.

Abb. 117. Fachgerechtes Fühlen des Pulsschlages.

Normalwerte des Pferdes

Allgemeinverhalten:	ruhig und aufmerksam
Puls/Ruhe:	28 bis 40 Schläge pro Minute; regelmäßig
Atmung/Ruhe:	10 bis 15 Züge pro Minute; regelmäßig
Körperinnentemperatur:	37,5 bis 38,0 °C; Fohlen bis ½ Jahr: 37,5 bis 38,5 °C
Kotabsatz:	10- bis 20mal pro Tag, große braune bis grünbraune Ballen mit aromatischem Geruch
Urinabsatz:	5- bis 7mal täglich mit insgesamt 3 bis 6 Litern; eierkognakfarbig, aromatischer Geruch
Futteraufnahme:	2 bis 5 Hauptmahlzeiten; daneben ständiges Angebot an Rohfaser (Stroh, Heu, Gras), da das Pferd als Steppentier für eine kontinuierliche Futteraufnahme prädestiniert ist.

Dabei ist die Qualität des Ausflusses – **wäßrig**, **schleimig** oder **eitrig** – zu unterscheiden. Bei Pferden, die über einen längeren Zeitraum an Nasenausfluß leiden, werden an den Nüstern helle Sekretrinnen sichtbar, die durch die Entpigmentierung der Nüsternhaut entstehen. Sie können als Hinweis auf eine seit längerer Zeit bestehende Erkrankung der oberen Luftwege gewertet werden.

Bei Hengsten muß man während der Decksaison auf eventuellen Ausfluß aus dem Präputium (Vorhaut) bzw. auf Veränderungen am Penis beim Ausschachten achten.

Diese relativ einfachen Beobachtungen, die eventuell mit einfachen Untersuchungen verbunden werden, geben dem Pferdehalter bzw. dem Pferdebetreuer einen guten Überblick über den Gesundheitszustand bzw. das Wohlbefinden des Pferdes. Es kann nun schnell beurteilt werden, ob ein Tierarzt zur Behandlung von Krankheiten zugezogen werden muß, oder ob es sich lediglich um kleinere Störungen handelt, die zwar der Beobachtung, aber noch keiner tierärztlichen Betreuung bedürfen.

Zur Wiederholung und Vertiefung

1. Schildern Sie die Futter- und Wasseraufnahme eines gesunden Pferdes.
2. Wie sollten Kot und Harn eines gesunden Pferdes aussehen und riechen?
3. Beschreiben Sie die Haut und das Haarkleid eines Pferdes, das sich wohl fühlt.
4. Welche Auskünfte geben
   a) Hauttemperatur und
   b) Körperinnentemperatur
   über Gesundheit und Wohlbefinden der Pferde?
5. Stellen Sie Höhe und Bedeutung der Pulsfrequenz von Pferden dar.
6. Welche Erkenntnisse liefert die Feststellung der Atemfrequenz von Pferden bei unterschiedlicher Belastung?
7. Machen Sie Angaben über belastungsspezifische Symptome.

7.2 Infektionskrankheiten

7.2.1 Einteilung der möglichen Krankheitserreger

Wie alle Lebewesen gehören Mikroorganismen (Bakterien, Viren, Pilze, Einzeller u. a.) als natürlicher Bestandteil zu einem intakten Ökosystem. Auf eine Vielzahl dieser Mikroorganismen ist der gesunde Säugetierorganismus sogar angewiesen, um optimal leben zu können. So gehören z. B. verschiedene Bakterien zu einer gesunden Magen-Darmflora der Pferde. Auch die äußere Haut ist von einigen Mikroorganismen besiedelt, um diese gesund zu erhalten.

Farbtafel 5
Die Weidekoppel bietet Auslauf, Kontakt zu Artgenossen und Futter zugleich.

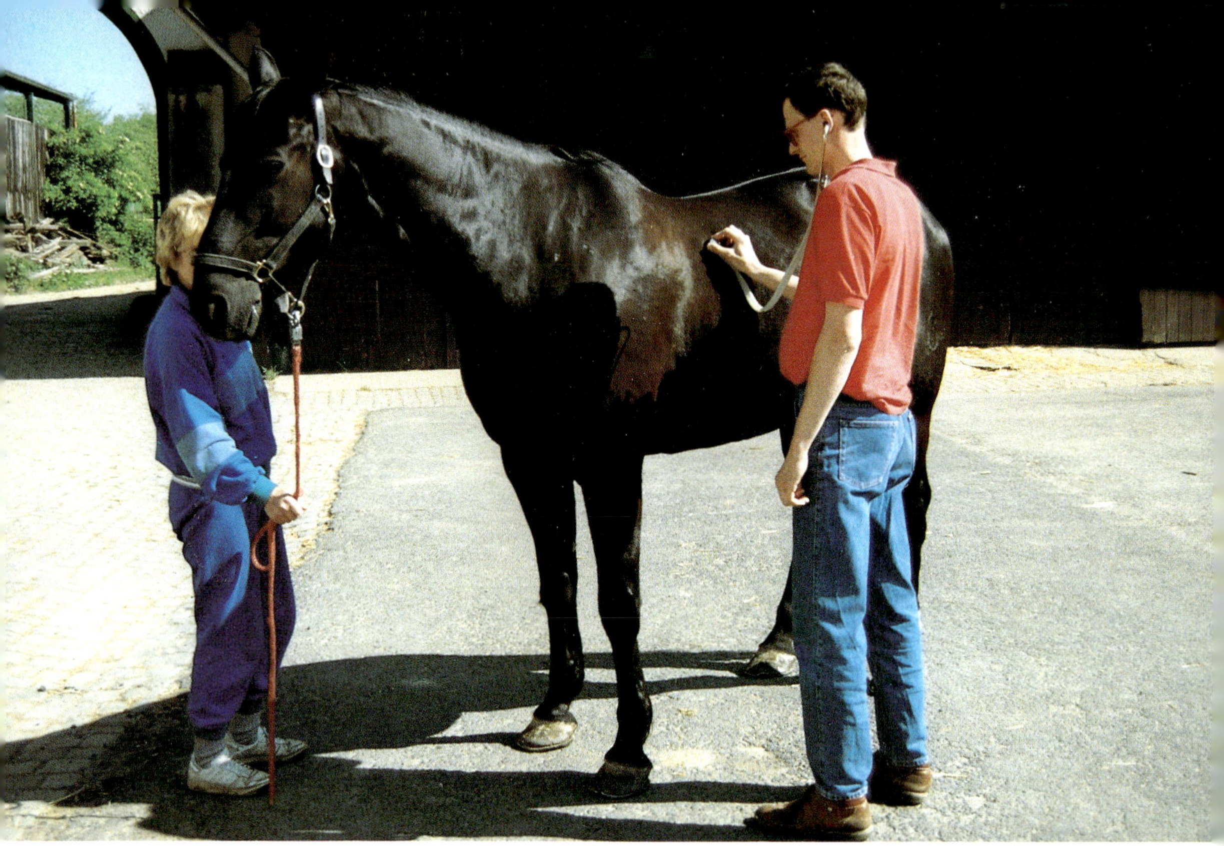

Tab. 54. Die wichtigsten Unterschiede der Mikroorganismen

Mikroorganismen	Größe	Zellkern	Nukleinsäure	künstliche Vermehrung	sonstige Eigenschaften
Bakterien	1 µm–20 µm	nur ein Kernäquivalent vorhanden	DNS + RNS	auf Nährboden möglich	Wachstumshemmung durch Antibiotika
Viren	< 300 nm	kein Zellkern oder Kernäquivalent vorhanden	DNS oder RNS	Vermehrung nur in lebenden Zellen möglich	keine Wachstumshemmung durch Antibiotika
Pilze	6–10 µm	nur ein Kernäquivalent vorhanden	DNS + RNS	auf Nährboden möglich	teilweise Wachstumshemmung durch Antibiotika

Bestimmte Mikroorganismen können jedoch bei Tieren Krankheiten auslösen. Wenn diese in den Körper eindringen, sich dort vermehren und ihre schädigenden Eigenschaften zur Geltung bringen können, spricht man von Infektionskrankheiten.

Mikroorganismen, die Infektionen auslösen können, sind im wesentlichen Bakterien, Viren und Pilze. Bakterien und Pilze unterscheiden sich vor allem durch die Art und Weise ihrer Vermehrung. Bakterien vermehren sich durch Zellteilung, während sich Pilze durch Knospung (sog. Pilzhyphen) vermehren. Es ist wichtig zu wissen, ob bestimmte Mikroorganismen für die jeweilige Tierart krankmachende Eigenschaften besitzen oder nicht. Besitzen sie krankmachende Eigenschaften, spricht man von **pathogenen** Mikroorganismen. Treten diese krankmachenden Eigenschaften nur unter bestimmten Voraussetzungen auf, z. B. durch schlechte Haltung und Pflege, so spricht man von »fakultativ pathogenen« Mikroorganismen. Besitzen sie für die entsprechende Tierart keine krankmachenden Eigenschaften, spricht man von »apathogenen« Mikroorganismen.

Es wird weiter unterschieden nach dem Grad der krankmachenden Eigenschaften. So gibt es z. B. pathogene Mikroorganismen, deren einzelne Unterstämme avirulent, d. h. für eine bestimmte Tierart nicht krankmachend wirken. Diese Eigenschaft von bestimmten Krankheitserregern macht man sich zum Beispiel bei Schutzimpfungen zunutze. Man unterscheidet die Virulenzgrade (Grad der krankmachenden Eigenschaft):

Farbtafel 6
Oben: Eine frühzeitige Erkennung schützt meist vor schweren Erkrankungen. Unten: Alte Pferdeställe zeichnen sich oft durch Helligkeit und großen Luftraum aus.

starkvirulent
schwachvirulent
nichtvirulent (avirulent)
Unter bestimmten Einflüssen kann sich auch die Virulenz eines Stammes ändern (s. Influenza, Seite 272).

7.2.2 Spezielle Schadwirkungen der einzelnen Mikroorganismen

7.2.2.1 Schadwirkungen durch bakterielle Erkrankungen

Diese werden durch die Art der produzierten Bakteriengifte unterschieden.

a) **Exotoxine**

Exotoxine sind Gifte, die von einem in einen Körper eingedrungenen Bakterium aktiv ausgeschieden werden (z. B. Tetanus- und Botulismustoxine, s. Seite 267). Hier zeigen sich typische Krankheitssymptome, wie z. B. die Krampfanfälle beim Tetanus (Wundstarrkrampf).

b) **Endotoxine**

Endotoxine sind Gifte, die beim Zerfall eines Bakteriums im Körper frei werden. Hier sind häufig unspezifische Krankheitssymptome wie Fieber und Herz-Kreislauf-Störungen festzustellen.

7.2.2.2 Schadwirkungen durch Pilzerkrankungen

Es werden unterschieden:

a) Dermatomykosen (Hautpilzerkrankungen, s. Seite 293)

b) Systemmykosen (innere Pilzerkrankungen) z. B. Lungenaspergillose (Pilze befallen die inneren Organe, vorwiegend die Lunge und können zu erheblichen Funktionsstörungen führen)
c) Mykotoxikosen (Vergiftungen, durch die vom Pilz produzierten Gifte, s. Seite 269).

7.2.2.3 Schadwirkungen bei Viruserkrankungen

a) Absterben der von einem Virus befallenen Zellen
b) Auslösung von Tumorerkrankungen (ungehemmtes Wachstum der befallenen Zellen)
c) Viruspersistenz (Verbleiben eines Virus in einer Zelle ohne sofortige Reaktion). Aktivierung eines solchen »verkappten« Virus bei besonderen Körperbelastungen, z. B. Streß. Ein typisches Beispiel für diese Viruspersistenz ist die Infektion mit Herpesviren.

7.2.3 Inkubationszeit

Die Zeit vom Haften und Eindringen eines Mikroorganismus in einen lebenden Makroorganismus bis zum Ausbrechen der ersten klinischen Krankheitserscheinungen nennt man die Inkubationszeit. Diese Zeit ist bei den einzelnen Krankheitserregern unterschiedlich lang. Es gibt sehr kurze Inkubationszeiten, z. B. bei der Influenza (1–2 Tage), mittlere Inkubationszeiten z. B. infektiöse Anämie des Pferdes (15–30 Tage), aber auch sehr lange Inkubationszeiten bis zu acht Monaten, z. B. bei der Tollwut.

Die besondere Gefahr besonders der langen Inkubationszeiten besteht darin, daß die Tiere während dieser Phase den Erreger bereits im Körper tragen, diesen auch ausscheiden und andere Tiere anstecken können, während die Erkrankung beim Tier selbst noch nicht erkennbar ist. Oft spielen daher infizierte Tiere bei Krankheiten mit langer Inkubationszeit als Krankheitsüberträger bzw. Krankheitsverbreiter eine entscheidende Rolle.

7.2.4 Eintrittspforten für Krankheitserreger in den Körper

Krankheitserreger suchen sich bestimmte Infektionswege, durch die sie in den Körper gelangen können. So unterteilt man:
– aerogen (über die Luft, z. B. Influenza)
– Tröpfcheninfektionen (durch Speichel und Nasensekrete)
– Wundinfektionen (z. B. Tetanus/Wundstarrkrampf)
– neurogene Infektionen (an den Nervenbahnen entlang)
– Deckinfektionen (Scheide und Penis, z. B. durch ansteckende Gebärmutterentzündung).

7.2.5 Schema des Ablaufes einer Infektionskrankheit

- Haften und Vermehren des Erregers an der Eintrittstelle = Inkubation
  ↓
- Verteilung des Erregers über den gesamten Organismus (Blut, Lymphe); erkennbar zuerst an meist unspezifischen Allgemeinsymptomen wie Fieber und Appetitlosigkeit
  ↓
- Organbesiedlung/Ausbruch der typischen Krankheitserscheinung
  ↓
- Fortgang der Infektion → Tod des Organismus
  oder
  ↓
- Begrenzung und Zurückdrängung
  ↓
- Genesung des Organismus durch die körpereigenen Abwehrmechanismen

7.2.6 Abwehrmechanismen des Körpers

Trotz Haftens und Eindringens von pathogenen Mikroorganismen in einen Körper muß es nicht unbedingt zum Ausbruch einer Infektionskrankheit kommen. Jeder Organismus baut bestimmte Abwehrmechanismen auf, die es ihm ermöglichen, eingedrungene pathogene Mikroorganismen zu neutralisieren, bevor sie zum Ausbruch einer Infektionskrankheit führen können. Bei diesem körpereigenen Abwehrsystem wird prinzipiell unterschieden zwischen unspezifischer Widerstandskraft (= Resistenz) und spezifischer Abwehr (= Immunität).

Resistenz

Jeder Organismus verfügt primär über eine unspezifische Abwehr, die gegen jede Art von Erregern reagiert. Es sind verschiedene Resistenzfaktoren, die man unterteilt in:

1. Allgemeine Resistenzmechanismen
(z. B. Tränenfluß, hoher Säureanteil im Magen, Nasenausfluß, Säuremantel der Haut). Diese Resistenzfaktoren sollen für eine Ausschwemmung bzw. für ein Abtöten von Erregern jeglicher Art sorgen.

2. Zelluläre Resistenzfaktoren
In den weißen Blutkörperchen und an verschiedenen Stellen des Körpergewebes finden sich sogenannte Freßzellen (polymorphkernige Granulozyten), die in den Körper eingedrungene Krankheitserreger in Verbindung mit den humoralen (im Blut gelösten) Resistenzfaktoren vernichten können.

3. Humorale Resistenzfaktoren
Die humoralen, im Blutserum gelösten Resistenzfaktoren können eingedrungene Mikroorganismen erkennen und diese für die Vernichtung durch die Granulozyten vorbereiten. Diese sind angeboren (erblich bedingt) und bestimmen damit die individuelle Widerstandskraft eines Organismus gegen Krankheitserreger (Konstitution).
Die Resistenzfaktoren können jedoch durch Umwelteinflüsse beeinflußt werden. Zum Beispiel sorgen Cortisongaben, übermäßiger Streß, schlechte Stalluft u. a. m. dafür, daß die Zahl der Leukozyten im Blut unter den Normalwert sinkt und die Resistenzmechanismen bei der Krankheitsabwehr geschwächt werden.
Reichen die vorhandenen Resistenzmechanismen zur Krankheitsabwehr nicht mehr aus, treten gegen jeden einzelnen Krankheitserreger gesondert erzeugte Abwehrreaktionen in Aktion.
Unter diese allgemeinen Resistenzmechanismen fallen auch alle sonstigen organischen Schutzbarrieren des Körpers, wie z. B. die Körperhöhlen auskleidenden Häute (seriöse Häute), die Sehnenscheiden, die sogenannte Blutgehirnwasserschranke, die Blutplazentaschranke u. a. m.
Diese erblichen Resistenzmechanismen machen einen erheblichen Teil der Widerstandskraft eines Organismus aus.
Aufgrund der Funktionstüchtigkeit dieses Resistenzsystems spricht man von »anfälligen« bzw. von »robusten« Pferden und stellt damit ein züchterisch zu beeinflussendes Qualitätsmerkmal für Pferde heraus, das auch als »Konstitution« bezeichnet wird.
Des weiteren gibt es sogenannte primäre Resistenzfaktoren, die zum einen an Zellen gebunden sind und zum anderen über besondere Proteine im Körper und in den Körperflüssigkeiten verfügen. Die Hauptträger dieser primären zellulären Resistenz sind die sogenannten Phagozyten oder auch Freßzellen des Blutes und der Gewebe. Diese Zellen sind an verschiedenen Stellen der Organe verteilt, z. B. in der Lunge und in der Leber und können eingedrungene Krankheitserreger unter Zuhilfenahme der im Körper befindlichen sonstigen Proteine erkennen, diese aufnehmen und intrazellulär zerstören.
Die vorher beschriebenen humoralen Resistenzfaktoren spielen auch eine zentrale Bedeutung beim Ablauf einer Entzündung.

7.2.7 Entzündungen

Zu den allgemeinen Resistenzmechanismen gehören auch Entzündungen. Als weitere Abwehrstufe, nach den natürlichen Barrieren des Körpers, wird durch den Ablauf entzündlicher Vorgänge vom Körper versucht, Schäden durch eingedrungene Krankheitserreger, wie auch durch Verletzungen eingetretene Gewebszerstörungen, zu begrenzen.
Durch die sich bei der Entzündung zersetzenden Gewebeteile werden die humoralen und zellulären Resistenzfaktoren aktiviert.
Durch ein Zusammenwirken dieser Entzündungsmediatoren (Entzündungsvermittler) kommt es zu den bei jeder Entzündung auftretenden Symptomen:
1. Rötung durch vermehrte Durchblutung.
2. Schwellung des betroffenen Organs bzw. Gewebeteils.
3. Wärme.
4. Schmerzen.
5. Funktionsstörungen des Organs bzw. Körperteils.

Entzündungen verlaufen je nach Ursache unterschiedlich. Nach dem Eindringen von bakteriellen Krankheitserregern entweder unter Eiterbildung, wie z. B. bei der Phlegmone (s. Seite 289), oder primär ohne Eiterbildung bei Virusinfektionen.
Häufiger kommt jedoch der gemischte Verlauf vor, bei dem sich primäre Virusinfektionen durch bakterielle Sekundärbesiedlung in eitrige Entzündungen umwandeln. Sterile Entzündungen – ohne Beteiligung von Krankheitserregern – beobachtet man in der Regel bei gedeckten Verletzungen. Das bekannteste Beispiel einer solchen Entzündung stellt der partielle (teilweise) Sehnenanriß beim Pferd dar (Bogen auf der Sehne).

7.2.8 Immunität

Neben den unspezifischen Resistenzmechanismen gibt es die speziell gegen bestimmte Erreger vorbereitete spezifische Immunität. Diese setzt sich aus zwei

Teilen zusammen, einmal aus einem sogenannten humoralen Anteil und zum anderen aus einem zellulären Anteil. Die humorale Immunität bedeutet, daß sich im Blut und in den Gewebeflüssigkeiten bestimmte Eiweißkörper (Antikörper) befinden, die in der Lage sind, eingedrungene pathogene Mikroorganismen speziell zu neutralisieren. Bei diesen Eiweißkörpern spricht man von den sogenannten Immunglobulinen. Diese können **passiv** erworben sein oder **aktiv** vom Körper produziert werden.

7.2.8.1 Passive Immunität

Von passiver Immunität spricht man, wenn diese Immunglobuline dem Körper zugeführt worden sind. Das geschieht beim Fohlen über das Kolostrum (Biestmilch).

Während der Trächtigkeit können dem Fetus nämlich von der Stute nur sehr wenige Antikörper (Immunglobuline) übertragen werden. Unmittelbar nach der Geburt verfügt das Fohlen somit über keinerlei spezifische Abwehrkräfte gegen eindringende Mikroorganismen. Wie bereits ausgeführt, muß jeder Organismus mit den Mikroorganismen leben, auch das Fohlen. Es wird über die unmittelbar nach der Geburt aufgenommene Muttermilch (Kolostrum/Biestmilch) mit Antikörpern gegen die pathogenen Mikroorganismen versorgt (passive Immunität). Daher ist es verständlich, daß die Aufnahme der Biestmilch sehr bald nach der Geburt erfolgen muß. Sie ist fast überlebensentscheidend.

Immunglobuline können ferner passiv aufgenommen werden, wenn sie vom Tierarzt durch Injektionen verabreicht werden (s. Prophylaxe und Therapie der Fohlenlähme Seite 270).

7.2.8.2 Aktive Immunität

Eine aktive humorale Immunität wird dadurch erreicht, daß die sogenannten B-Lymphozyten aus der Fraktion der weißen Blutkörperchen in die Lage versetzt werden, gegen zuvor aufgenommene Mikroorganismen spezifische Antikörper zu produzieren und diese in die Blutbahn bzw. in die Gewebe abzugeben. Diese Bildung von Immunglobulinen kann aber erst etwa ab dem dritten Lebensmonat funktionieren. Vorher ist das Fohlen auf die passive Immunität durch die Biestmilch angewiesen.

Neben diesen Immunglobulinen gibt es noch eine zelluläre Immunität. In der Fraktion der weißen Blutkörperchen des Blutes finden sich die T-Lymphozyten, die mit der Fähigkeit ausgestattet sind, spezielle Mikroorganismen, mit denen der Organismus zuvor bereits einmal Kontakt hatte, abzuwehren. Diese Zellen inaktivieren, ähnlich wie die bereits zuvor genannten Immunglobuline, die eingedrungenen Mikroorganismen.

Die spezifische Immunität macht man sich bei den Schutzimpfungen zunutze. Man verabreicht dem Organismus eine bestimmte Menge bzw. Art eines pathogenen Mikroorganismus und trainiert so die Immunzellen, auf diesen Mikroorganismus durch Produktion von Immunglobulinen und von T-Lymphozyten zu reagieren, um den Mikroorganismus zu neutralisieren.

Zusammenfassend kann festgehalten werden: Durch die komplexen, schwierigen Vorgänge der unspezifischen Resistenz und der spezifischen Immunität sollen eingedrungene und sich vermehrende Schadmikroorganismen aus dem Körper eliminiert und somit die Schadwirkungen begrenzt werden.

Diese oben besprochenen Resistenz- und Immunitätsmechanismen werden durch nicht artgerechte Haltung, Pflege und Fütterung negativ beeinflußt. Kommt Streß hinzu, kann es zu einer unzureichenden Funktion der Immunitäts- und Resistenzmechanismen kommen. Schlecht gehaltene und falsch ernährte Pferde sind im Regelfall wesentlich krankheitsanfälliger als Tiere, die artgerecht versorgt werden. Es ist wichtig, Pferde immer in guter Kondition zu halten, damit die körpereigene Krankheitsabwehr funktionsfähig bleibt und bestmögliche Widerstandskraft gegen Infektionskrankheiten besteht.

Zur Wiederholung und Vertiefung

1. Welche Mikroorganismen können Infektionen auslösen?
2. Beschreiben Sie die Schadwirkungen
   a) für bakterielle Erkrankungen
   b) für Pilzerkrankungen
   c) für Viruserkrankungen.
3. Erklären Sie den Begriff »Inkubationszeit«.
4. Beschreiben Sie die Eintrittspforten für Krankheitserreger anhand von Beispielen.
5. Erläutern Sie den schematischen Ablauf einer Infektionskrankheit.
6. Stellen Sie den Unterschied von
   a) unspezifischer Widerstandskraft
   b) spezifischer Abwehr
   dar.

7. Nennen Sie die Symptome einer Entzündung, und geben Sie Gründe für ihr Entstehen an.
8. Stellen Sie die Besonderheiten der
   a) passiven
   b) aktiven
   Immunität dar und erläutern Sie, welche Bedeutung sie bei Schutzimpfungen haben.

7.3 Bakteriell bedingte Infektionskrankheiten

7.3.1 Die Druse

Die Druse ist eine weit verbreitete, akut verlaufende Infektionskrankheit der Pferde. Vor der Verfügbarkeit von Antibiotika verursachte sie in vielen Gestüten große Ausfälle.

Erreger der Druse ist *Streptokokkus equi*, für den Pferde ganz besonders empfänglich sind.

Nach einer Inkubationszeit von 4 bis 8 Tagen erkranken die infizierten Pferde zunächst an akutem Fieber mit 40 bis 41,5 °C. Sie sind apathisch und fressen nichts mehr. Ferner haben sie einen trockenen Husten und einen wäßrigen Nasenausfluß, der alsbald eitrig wird. Zusätzlich kommt es dann zu einer Schwellung der Kehlgangslymphknoten. Diese werden warm und schmerzen. Häufig kommt es auch zur Abszedierung (Geschwürbildung) dieser Lymphknoten. Sie öffnen sich entweder von allein oder müssen nach vorheriger scharfer Einreibung gespalten werden.

Als Komplikation kann eine Weiterverbreitung der Krankheitserreger in den gesamten Körper erfolgen (Blutvergiftung). Das führt im Regelfall zum Tode. Diese Verlaufsform findet man gelegentlich bei sehr jungen, meistens unter drei Tage alten Fohlen. Bei älteren Pferden läuft die Krankheit gedämpfter ab. Hier bleibt sie in den meisten Fällen auf den Hals-Rachen-Raum beschränkt.

Wegen der Empfänglichkeit der Pferde für das Bakterium *Streptokokkus equi* ist die Ansteckungsgefahr innerhalb eines Pferdebestandes sehr groß. Oftmals kommt es sogar in Ställen oder Gestüten zu einem seuchenhaften Verlauf.

Therapeutisch (heilend) wendet der Tierarzt Antibiotika an. Als Prophylaxe (Vorbeugung) könnten zwar Impfstoffe eingesetzt werden, diese finden jedoch aufgrund der guten therapeutischen Wirksamkeit von Antibiotika keine Anwendung. Betriebe, die häufig Fremdpferde einstellen, müssen Quarantäneställe vorsehen, damit im Falle eines Krankheitsausbruchs die bestandseigenen Pferde geschützt sind. Ställe, in denen erkrankte Pferde gestanden haben, lassen sich mit handelsüblichen Desinfektionsmitteln (s. Liste Desinfektionsmittel der Deutschen Veterinärmedizinischen Gesellschaft DVG) desinfizieren.

7.3.2 Der Wundstarrkrampf
(Tetanus)

Der Wundstarrkrampf wird ausgelöst von einem vorwiegend unter Sauerstoffabschluß wachsenden Bakterium *(Clostridium tetani)*. Clostridien bilden als Dauerform Sporen, die sehr umweltresistent sind. Diese Sporen halten sich in der Erde über Jahre hinweg und bleiben auch ansteckungsfähig. Viele Pflanzenfresser scheiden Clostridiensporen mit dem Kot aus. Gelangt der Erreger durch Verletzungen, wie Nageltritte, Drahtverletzungen oder Operationswunden, in den Körper eines Pferdes und lebt dort unter Sauerstoffabschluß, wie es z. B. bei gestörtem Wundabfluß oder bei Nageltritten und Vernagelungen nach Verschluß des Stichkanals der Fall ist, hat der Erreger optimale Wachstumsmöglichkeiten. Der Erreger selbst bleibt im Regelfalle an oder in der Nähe der Verletzungsstelle.

Seine krankmachenden Eigenschaften entwickelt er durch die Produktion eines Nervengiftes. Wenige Tage, manchmal erst nach mehreren Wochen, kommt es zu den ersten klinischen Erscheinungen beim infizierten Pferd. Zuerst versteift die Körpermuskulatur. Die Pferde nehmen eine sägebockartige Stellung ein und spreizen die Vorderbeine. Ein Wenden der Pferde ist kaum möglich. Der Gang wird stelzig, und die Pferde sind nicht mehr in der Lage, die Füße hochzuheben. Am Kopf des Pferdes fällt die starr gespreizte Nüsternhaltung und der Vorfall des 3. Augenlides auf.

Mit fortschreitender Erkrankung kommt es zur Maulsperre, das Pferd kann dadurch nicht mehr fressen und trinken. Eine enorme Schreckhaftigkeit kommt hinzu. Die Pferde neigen zu Krampfanfällen, sobald sie hellem Licht oder lauteren Geräuschen ausgesetzt werden. Die Körperinnentemperatur ist bei verzögertem Verlauf leicht erhöht. Kommt es jedoch zu einem akuten Schub, steigt die Körpertemperatur auf Werte um 42 °C, so daß anschließend der Tod eintritt.

Die Therapie dieser Erkrankung gestaltet sich außerodentlich schwierig. Zunächst muß versucht werden, den Infektionsherd aufzuspüren, was gelegentlich nicht mehr möglich ist. Liegen jedoch Verletzungen vor, so müssen diese vom Tierarzt chirurgisch behandelt werden. Daneben empfiehlt es sich, die Infektionsstelle mit einem Hyperimmunserum zu umspritzen, um die von den Bakterien ausgeschiedenen Nervengifte zu neutralisieren. Ferner wird das Tier mit Antibiotika in hohen Dosen versorgt, um dadurch den Erreger in seinem Wachstum zu hemmen. Weiterhin werden dem Tier (Gesamtorganismus) hohe Dosen eines Immunserums verabreicht und die Krampfneigung und Schreckhaftigkeit durch Gaben von Tranquilizern (Beruhigungsmitteln) gedämpft. Die Heilungschancen liegen bei einem sehr schnellen Krankheitsverlauf (Inkubationszeit ein bis zwei Tage) bestenfalls bei ungefähr 20%. Bei einer Inkubationsdauer von drei bis sechs Tagen kann mit einer Heilungschance von etwa 60% gerechnet werden.

Die Rekonvaleszenz dauert allerdings vier bis sechs Wochen und ist mit erheblichen Mühen und Anstrengungen der Pfleger, aber auch erheblichen Leiden der Pferde verbunden.

Pferde sind neben dem Menschen die für Tetanuserreger empfänglichsten Lebewesen. Daher sollte jeder Tierbesitzer Vorsorge treffen. Fohlen werden im allgemeinen durch die Aufnahme der Biestmilch einer geimpften Stute während der ersten drei Monate geschützt. Ab dem 3. Lebensmonat ist die passive Immunität durch die Muttermilch erloschen, so daß jetzt aktive Schutzimpfungen durchgeführt werden müssen.

Zur Schutzimpfung werden Tetanustoxoide verwandt. Bei den Toxoiden handelt es sich um die von den Clostridien produzierten Nervengifte, denen die krankmachenden Eigenschaften durch chemische Behandlungsverfahren genommen wurden. Bei nicht geimpften Pferden, bei denen Verletzungen gefunden werden, muß eine sofortige Applikation (Verabreichung) von Tetanusimmunserum erfolgen, das als Simultanimpfung mit einer aktiven Schutzimpfung kombiniert wird. Als Grundimmunisierung sollte die Tetanusimpfung zunächst zweimal im Abstand von etwa vier Wochen durchgeführt werden, um anschließend nach einem Jahr und dann in zweijährigem Abstand wiederholt zu werden. Tetanusvaccine werden häufig in Kombinationsimpfungen angeboten, so daß sie bei sonstigen jährlich erforderlichen Schutzimpfungen leicht mitverabreicht werden können (s. Impfplan Seite 304).

Wer einmal die Leiden eines an Tetanus erkrankten Pferdes gesehen hat, wird auf eine Schutzimpfung nicht verzichten.

7.3.3 Die Salmonellose

Die Salmonellose ist eine weltweit verbreitete Infektionskrankheit von Mensch und Tier. Die klassische Salmonellose des Menschen wird auch als Typhus bezeichnet, während die abgewandelten Erreger bei den Tieren als Paratyphuserkrankungen bezeichnet werden. Die Salmonellen sind kleine Stäbchenbakterien, die in vielen verschiedenen Unterarten vorkommen. Weltweit sind derzeit ca. 1500 Unterarten bekannt. Die Salmonellen werden häufig über den Kot ausgeschieden und können in der Umgebung sehr lange überleben. Die Aufnahme und Weitergabe erfolgt vorzugsweise über den Kot bzw. über Futtermittel, die mit salmonellenhaltigem Kot verunreinigt worden sind.

Auch eine Infektion von Stuten durch infizierte Hengste bei der Bedeckung ist möglich.

Einige Salmonellenarten zeigen besondere Anpassungsfähigkeiten an eine bestimmte Tierart. Beim Pferd handelt es sich um den Typ *Salmonella abortus equi*. Er löst die unterschiedlichsten Krankheitsbilder aus.

Nach der Aufnahme von Salmonellen über das Futter vermehren sich die Erreger im Darm. Sie siedeln sich dort an und schwemmen in den gesamten Organismus aus. Bei den klinischen Erscheinungen stehen Koliken mit Durchfällen zunächst im Vordergrund. Bei einer Ansiedlung in den inneren Organen kommt es zusätzlich zu periodenweisen Fieberschüben, die durch Giftausschüttung der Salmonellen bedingt sind. Des weiteren werden schleimig-blutiger Durchfall, struppiges Fell und u. U. auch Gelenkentzündungen beobachtet.

Bei tragenden Stuten siedelt sich *Salmonella abortus equi* besonders massiv in der Gebärmutter an. Dadurch kommt es zur Ablösung der Eihäute mit folgendem Abort (Verfohlen). Die abortierten Feten und Eihäute sind massiv mit Salmonellen infiziert, so daß von dort aus eine sehr leichte Übertragung auf die anderen Tiere des Bestandes möglich ist. Die Folge davon kann ein seuchenhafter Verlauf der *Salmonella abortus equi*-Infektion in Gestüten sein.

Werden Stuten gegen Ende der Trächtigkeit infiziert, können u. U. auch lebensschwache Fohlen geboren werden, die bereits in den ersten Tagen nach der Geburt verenden.

Bei den infizierten Stuten treten häufig noch Folgeerkrankungen auf, wie Sehnenscheidenentzündungen, Hufrehe, Lungenentzündungen und verschiedene Abszesse. Derartige Krankheitsprozesse sind die Folge der Ausschwemmung von Salmonellen aus der Gebärmutter in den gesamten Organismus. Diese Blutvergiftungen enden für die erkrankten Pferde häufig tödlich.

Kann die Salmonelleninfektion auf den Genitalbereich beschränkt werden, ist für den Krankheitsverlauf und für die Heilungschancen eine relativ gute Aussicht vorhanden, weil ein Abort durch *Salmonella equi* im Regelfall beim gleichen Pferd nur einmal auftritt.

Neben den Salmonelleninfektionen, die mit klinischen Erscheinungen verlaufen, gibt es auch häufig solche, bei denen zwar eine Infektion stattfindet, die Tiere zunächst aber nicht sichtbar erkranken. Hier siedeln sich die Erreger vorzugsweise im Darm an und werden fortlaufend über den Kot ausgeschieden. Dieser Zustand kann auch nach Salmonelleninfektionen mit klinischen Erscheinungen eintreten. Diese Tiere sind sog. Dauerausscheider, die eine potentielle Gefahr für den übrigen Bestand darstellen. Sie laufen aber Gefahr, daß bei plötzlich auftretenden Streßsituationen, wie z. B. Virusinfektionen, intensivem Training, längeren Transporten, Operationen, diese Salmonelleninfektion aktiviert wird und dann oftmals unter blutvergiftungsähnlichen Erscheinungen mit Fieber, Durchfall und Gelenkentzündungen zum Tode führt.

Als Therapie verbleiben lediglich der Einsatz von Antibiotika und Dauertropfinfusionen. Intensive tierärztliche Behandlung, meistens sogar die Einweisung in eine Klinik, ist unumgänglich.

Aufgrund der beschriebenen großen Ansteckungsfähigkeit dieser Bakterien müssen erkrankte Tiere in eine Quarantänebox verbracht werden. Strenge Hygienemaßnahmen sind durchzuführen, um eine Verschleppung in andere Ställe zu verhindern. Als Vorbeugungsmaßnahme kann eigentlich nur auf Hygiene und peinliche Sauberkeit verwiesen werden. Die Salmonelleninfektion ist im wesentlichen eine Schmutz- und Schmierinfektion, die durch infizierte Futtermittel, Gegenstände oder Ställe hervorgerufen wird.

Ist die Salmonellose jedoch in einem Bestand aufgetreten, sollten für alle Pferde Kotprobenuntersuchungen und evtl. serologische Untersuchungen erfolgen, um die stillen Erregerausscheider zu ermitteln und diese dann isolieren zu können.

Die Isolierung infizierter Pferde ist auch für das betreuende Personal wichtig, da Salmonellen auch für Menschen krankmachende Eigenschaften besitzen und der Mensch vom Pferd angesteckt werden kann.

7.3.4 Deckseuchen

Ansteckende Gebärmutterentzündung

Die *Contagiöse Equine Metritis* (CEM) wird durch das Kugelbakterium *Hämophilus equigenitalis* hervorgerufen. Sie trat Ende der 70er Jahre in verschiedenen Vollblutgestüten erstmalig auf und ist seitdem als Deckinfektion registriert. Die Infektion erfolgt fast ausschließlich über den Deckakt, wobei indirekte Übertragungen durch Beschnuppern und Benutzung von gleichem, kontaminiertem Putzzeug nicht auszuschließen sind.

Nach einer Inkubationszeit von 24 bis 48 Stunden kommt es zu einem graugelben, schleimigen Scheidenausfluß, der von unterschiedlich schweren entzündlichen Erscheinungen der Scheide, des Gebärmutterhalses und der Gebärmutter stammt.

Insgesamt ist mit einem ein- bis dreiwöchigen Anhalten des Ausflusses zu rechnen. Die Krankheit kann nach ca. zwei bis sechs Wochen ohne therapeutische Maßnahmen abheilen.

Das Hauptproblem dabei liegt darin, daß sich der Erreger in den Sekretionsdrüsen der Klitorisgrube 100 bis 200 Tage halten kann. Bei weiteren Bedeckungen, auch nach Abheilung der klinischen Erscheinungen, können dann erneut Hengste infiziert werden.

Infizierte Hengste können ebenfalls über einen längeren Zeitraum Keimträger sein. *Hämophilus equigenitalis* lagert sich im Harnleiter sowie in der Grube der Penisspitze ab und ist im Vorsekret nachweisbar. Aufgrund des langen Keimträgertums besteht die Gefahr, daß unerkannt infizierte Hengste gesunde Stuten decken bzw. gesunde Hengste von infizierten Stuten angesteckt werden. Schwere Deckinfektionen mit erheblichen wirtschaftlichen Schäden sind die Folge.

Daher ist eine konsequente Bekämpfung dieser Deckinfektion erforderlich. Infizierte Stuten müssen über einen längeren Zeitraum mit verschiedenen Antibiotika sowie mit Desinfektionsmitteln intensiv behandelt werden. Hengste müssen sowohl mit Antibiotika als auch lokal behandelt werden. Ihr Zuchteinsatz darf erstmals wieder nach Vorliegen von mindestens drei negativen Klitoristupferproben bzw. Vorsekretproben erfolgen.

Neben der Infektion mit *Hämophilus equigenitalis* spielen auch die Infektionen mit anderen bakteriellen Krankheitserregern im Fortpflanzungsgeschehen eine bedeutsame Rolle. So sind Infektionen mit *Streptokokkus zooepidemicus* (betahämolysierende Streptokokken) wie auch *Streptokokkus equi* (sog. Deckdruse) und *Salmonella abortus equi* von Bedeutung (s. Seite 268 und 269). Diese Infektionen führen, wie z. T. schon beschrieben, zu Infektionen des Tieres mit nachfolgender Gebärmutterentzündung oder sogar zu Aborten. Um diese Deckinfektionen zu verhindern, wird bei güst gebliebenen Stuten sowie bei Altstuten eine Cervixtupferprobe vor der Bedeckung vorgeschrieben. Ebenso werden die Hengste in der deckfreien Zeit untersucht. Dabei werden je eine Tupferprobe aus der Vorhaut und eine Vorsekretprobe entnommen.

Die Beschälseuche s. Seite 303.

7.3.5 Fohlenfrühlähme

Zum Komplex Fohlenlähme zählen durch verschiedene Krankheitserreger hervorgerufene bakterielle Infektionskrankheiten neugeborener Fohlen. Als Hauptursache gilt die ungenügende, zu späte Versorgung mit Immunglobulinen aus dem Kolostrum. Verschiedene Bakterien, insbesondere *Aktinobazillus equi, Escherichia coli,* Salmonellen und Klebsiellen dringen über den Nabel bzw. oral in den Körper ein. Der junge Organismus des Fohlens ist nicht in der Lage, diese Infektionen abzuwehren. So kommt es schnell zu allgemeiner Schwäche, Fieber, Hinfälligkeit, Mattigkeit. Das Auftreten der Fohlenfrühlähme führt im Regelfalle innerhalb von 24 Stunden zum Tode. Überstehen Fohlen diese Erkrankung, kommt es aufgrund von septikämischen (blutvergiftungsartigen) Veränderungen im Bereich der Gelenke (Arthritiden) zu chronischen, unheilbaren Gelenksveränderungen. Die Therapie derartiger Fohlenfrühlähmen ist äußerst schwierig. Es sind alle möglichen Maßnahmen

Tab. 55. Die wichtigsten bakteriellen Infektionskrankheiten

Krankheit	Erreger	Inkubationszeit	Krankheitserscheinungen	Therapie	Prophylaxe
Druse	*Streptokokkus equi*	4–8 Tage	Fieber, Nasenausfluß, Lungenabszeß; Sonderform: Deckdruse, Geschlechtsorgane betroffen	Antibiotika	Quarantäne neu eingestallter Pferde
Wundstarrkrampf Tetanus	*Clostridium tetani*	einige Tage bis mehrere Wochen	Krampfanfälle, Vorfall des 3. Augenlides, steifer Gang	Immunserum, Antibiotika, Wundreinigung, Tranquilizer	Schutzimpfung, sorgfältige Wundreinigung
Salmonellose	*Salmonella spp.*	unterschiedlich	Durchfall, Blutvergiftungserscheinungen, Fieber, Aborte	Antibiotika, Flüssigkeitszufuhr	Hygiene, Kotprobenuntersuchungen zur Ermittlung von Erregerausscheidern
Contagiöse Equine Metritis CEM	*Hämophilus equigenitalis*	24–48 Stunden	eitrige Vaginalausflüsse nach der Bedeckung	Antibiotikagaben, Desinfektionsmaßnahmen	Cervix- und Klitoristupferproben, Vorsekret und Tupferproben von Hengsten
Fohlenfrühlähme	Mischinfektion; vorwiegend *Aktinobazillus equi*, Salmonellen,	bis zu 24 Stunden	Blutvergiftungserscheinungen mit zunehmender Beteiligung der Gelenke, daher Fohlenlähme genannt	Antibiotika, Zufuhr von Blutserum der Mutterstute in die Blutbahn	Impfung der Stute, Anlegung eines Kolostrumvorrates, Zufuhr von Immunserum bei bestehendem Immunglobulindefizit
Fohlenspätlähme	bei Sekundärinfektionen vorwiegend *Streptokokkus zooepidemicus*	1–3 Wochen	Blutvergiftungserscheinungen mit hauptsächlicher Beteiligung der Gelenke	Antibiotika, Hyperimmunseren	Deckhygiene, Nabelhygiene, Prüfung des Immunglobingehaltes des Fohlenserums, ausreichende Verabreichung von Kolostrum in den ersten 24 Lebensstunden

im Rahmen der Prophylaxe zu treffen. Eine Heilung kann durch Gaben von Immunseren und mit Dauertropfinfusionen versucht werden.

Als Vorbeugung gilt heute die Impfung von Stuten mit einem *Aktinobazillus equi*-Stamm im letzten Drittel der Trächtigkeit. Dadurch hat das Immunsystem der Stute genügend Zeit, eine ausreichende Menge von Immunglobulinen für die Kolostralmilch zu produzieren.

Bei Risikogeburten (z. B. in häufig betroffenen Ställen oder nach Schwergeburten) wird ein Immunglobulindefizit durch Gaben von Blutplasma ausgeglichen. Dazu wird von Stuten gegen Ende der Trächtigkeit eine größere Menge Blut gewonnen, die Blutkörperchenfraktion abzentrifugiert und das Plasma eingefroren, um es im Bedarfsfall verwenden zu können. Bei den Risikofohlen, die nicht oder nicht früh genug saugen wollen, gibt es die Möglichkeit, das Kolostrum innerhalb der ersten 24 Stunden einzugeben. Falls dieses nicht möglich ist, wird das zuvor gewonnene Blutplasma intravenös verabreicht. Durch diese Maßnahmen können die in der Stute gebildeten Immunglobuline direkt auf das Fohlen übertragen werden. Vorbeugende Antibiotikagaben haben sich nicht bewährt.

7.3.6 Fohlenspätlähme

Der Erreger *Streptokokkus zooepidemicus*, der auch bereits bei den Genitalinfektionen der Stute als betahämolysierender Streptokokkus angesprochen worden ist, ist hauptverantwortlich für die Spätlähme der Fohlen. Frühestens eine Woche bis etwa drei Wochen nach der Geburt tritt bei den Fohlen Freßunlust, Fieber, Apathie und Bewegungsunlust ein. Auf den ersten Blick meint man häufig, das Fohlen sei von der Stute geschlagen worden, doch in den meisten Fällen ist dies nicht zutreffend, sondern es liegt eine Blutvergiftung mit Schädigung der Gelenke vor. Der Erreger verschafft sich Eintritt entweder über den Nabel, das Maul oder die Nüstern. Nach Eintritt erfolgt die allmähliche Ausbreitung im Körper. Es ist in erster Linie ein eher verzögerter Verlauf der Erkrankung bekannt. Ein überstürzter Ablauf mit sofortigem, hochgradigem Fieber und schnellem Verenden tritt nur ganz selten auf.

Als Hauptausscheider für den Erreger gelten latent infizierte Stuten, die ihn mit der Fruchthülle ausscheiden. Insbesondere die Nabeldesinfektion des Fohlens ist wichtig, weil der Erreger sehr häufig durch den Nabel eintritt. Zur Identifikation solcher latent infizierter Stuten werden vor der Bedeckung Tupferproben untersucht.

Die Behandlung der Fohlenspätlähme gestaltet sich recht schwierig. Sinnvoll erscheint es, dem Fohlen ein »Hyperimmunserum« zu verabreichen (s. Fohlenfrühlähme), ebenso eine intravenöse Plasmagabe, die von der Stute gewonnen wurde. Daneben sind Antibiotika unerläßlich.

Als Vorbeugemaßnahmen können gelten:
– die Stutenkontrollen
– die Reinigung und Desinfektion der Stallungen
– die Nabeldesinfektion
– ausreichende Kolostrumversorgung nach der Geburt.

7.4 Virusinfektionen

7.4.1 Rhinopneumonitis

Als weitverbreitete Virusinfektion der Pferde ist die Rhinopneumonitis, ausgelöst durch das Equine Herpesvirus I (EHV 1) anzusehen.

Von der Herpesvirusinfektion werden alle Altersklassen der Pferde betroffen. Man unterscheidet zwei Verlaufsformen:
1. die Lungenverlaufsform
2. den Virusabort.

Herpesviren sind in der Umwelt häufig vorhanden, und jeder Organismus tritt sehr schnell mit diesen Erregern in Kontakt.

Die Herpesviren verbleiben nach durchlaufener Infektion mit entsprechender Antikörperbildung im Organismus. Nach Abbau des Antikörperspiegels im Blut können diese Erreger dann unter Streßeinwirkung aus ihrer Ruhephase im Organismus aktiviert

---

Zur Wiederholung und Vertiefung

1. a) Was ist Wundstarrkrampf?
   b) Wie äußert er sich?
   c) Wie beugt man dem Auftreten vor?
   d) Welche Aussichten auf Heilung bestehen?
2. Beschreiben Sie die Maßnahmen, die beim Auftreten von Salmonellose zu treffen sind.
3. Nennen Sie die wichtigsten Deckseuchen und die möglichen Vorbeugemaßnahmen.
4. Stellen Sie die Unterschiede zwischen
   a) Fohlenfrüh- und
   b) Fohlenspätlähme
   fest und erläutern Sie Vorbeuge- und Gegenmaßnahmen.

werden. Sie vermehren sich wieder im Körper, werden massiv ausgeschieden und können auch beim Trägertier neue Krankheitsschübe auslösen.

Fohlen werden häufig von dieser Virusinfektion ab der 10. bis 12. Lebenswoche befallen. In dieser Zeit sinkt der passiv erworbene Immunglobulinspiegel der Fohlen, so daß der junge Organismus relativ ungeschützt diesen Krankheitserregern ausgesetzt ist.

Werden Fohlen gemeinsam mit Virusausscheidern aufgestallt, ist die Infektionsgefahr besonders groß. Bei Fohlen und jungen Pferden verläuft die Herpesinfektion vorwiegend als respiratorisches Krankheitsgeschehen. Betroffen sind die oberen Luftwege und die Lunge; Nasenausfluß und Husten sind die Folge. Vom Virusabort werden tragende Stuten vorwiegend im letzten Drittel der Trächtigkeit befallen. So kommt es nach einer Inkubationszeit von vier Wochen bis zu vier Monaten zu einem Spätabort, der vorwiegend zwischen dem 8. und 10. Monat der Trächtigkeit erfolgt. Ohne große vorherige Allgemeinerkrankung der Stute geht die Frucht mit den Fruchthüllen komplett ab.

Von zunehmender Bedeutung ist die zentralnervöse Verlaufsform der EHV-1-Infektion. Hier kommt es zu einer Mitbeteiligung des zentralen Nervensystems (Lähmungserscheinungen), von denen im Regelfall jüngere Pferde betroffen werden. Dieser Krankheitsverlauf nimmt an Bedeutung zu, und die wirtschaftlichen Schäden sind im Moment noch nicht zu übersehen.

Eine Therapie ist nicht möglich. Nach Eintreten der klinischen Erscheinungen kann das Pferd durch Antibiotikagaben vor Zusatzinfektionen geschützt werden. Beste Haltungsbedingungen und frische Luft vermögen die Krankheitssymptome abzumildern.

Bei Virusaborten muß die abgestoßene Frucht mit den Fruchthüllen und dem Fruchtwasser unschädlich beseitigt werden, damit möglichst keine Neuinfektionen erfolgen können. Für Vollblüter gelten Sonderbestimmungen (siehe Rennordnung).

Umfassende Reinigungs- und Desinfektionsmaßnahmen müssen einsetzen, weil sich der Erreger auch im Stroh, an Stallwänden, Geräten und Pferdehaaren wochenlang infektionsfähig halten kann. Es sind Desinfektionsmittel nach der DVG-Desinfektionsmittelliste einzusetzen.

Wie bei allen Virusinfektionen steht die Prophylaxe im Vordergrund. Regelmäßige Schutzimpfungen schützen in diesem Falle zwar nicht vor einem erneuten Ausbruch der Erkrankung, jedoch verlaufen neue Infektionen wesentlich milder und gedämpfter als bei nichtgeimpften Pferden. Daher müssen alle Pferde eines Bestandes geimpft werden.

Der Impfschutz vermindert auch die Virusausscheidung verdeckter Virusträger, so daß sich das Infektionsrisiko für noch nicht geschützte Tiere erheblich reduziert.

Als weitere Herpesvirusinfektionen sind Ansteckungen mit dem EHV 2 bekannt, dem »Zytomegalievirus«. Dieser Erreger ist in nahezu 85 % der Pferdepopulation verbreitet. Infektionen damit gelten als Ursache für die gelegentlich beim Fohlen auftretenden Hornhautentzündungen.

Die EHV-3-Infektion führt beim Pferd zum Koitalexanthem (dem Bläschenausschlag der Genitalien) und wird beim Deckakt übertragen. Nach einer Inkubationszeit von 2 bis 10 Tagen entstehen die typischen Pusteln und Bläschen, die oft unter Narbenbildung nach 10 bis 14 Tagen abheilen. Eine Prophylaxe kann nur durch Decksperren erfolgen.

7.4.2 Influenza oder Hoppegartener Husten

Die Influenza oder der Hoppegartener Husten wird häufig verwechselt mit der zuvor behandelten Rhinotracheitis bzw. der EHV-1-Infektion des Pferdes. Beim Influenzavirus handelt es sich jedoch um Viren aus der Myxo-Gruppe, die nicht verwandt sind mit den Herpes-Viren.

Nach einer Inkubationszeit von 18 Stunden bis zu fünf Tagen kommt es zu Fieberschüben von 39 bis zu 41 °C, die ein bis drei Tage anhalten können. Zusätzlich setzen Nasenausfluß, Kreislaufstörungen, erhöhte Herzfrequenz und Kehlkopfentzündungen ein, die mit Schwellungen der regionalen Kehlgangslymphknoten einhergehen. Danach tritt ein charakteristischer, trockener, hohler Husten ohne eitrige Schleimabsonderung auf. Die Erkrankung heilt ohne Behandlung innerhalb von ein bis drei Wochen wieder ab, vorausgesetzt, daß den Pferden in der Zwischenzeit Ruhe und optimale Haltungsbedingungen mit viel frischer Luft gewährt werden. In Ausnahmefällen kommt es als Folge der Infektion auch zu Aborten. Treten als Komplikationen bakterielle Sekundärinfektionen ein und wird das Ruhebedürfnis der Pferde nicht beachtet, kann es, wie bei allen anderen respiratorischen Infektionskrankheiten auch, zu schwersten Folgeerscheinungen kommen. Hier sind insbesondere die Chronische Obstruktive Lungenerkrankung oder der als Dämpfigkeit (s. Seite 301) beschriebene Krankheitskomplex zu nennen.

Eine direkte Bekämpfung des Krankheitserregers ist, wie auch bei der Rhinopneumonitisinfektion, nicht möglich. Lediglich eine Unterstützung des Heilungsprozesses, z. B. durch Verbesserung der Haltungsbedingungen, ist zu empfehlen. Auch bei der Influenza steht die Prophylaxe im Vordergrund. Es sollten in jedem Falle regelmäßige Schutzimpfungen erfolgen (s. Impfkalender Seite 304), damit dem Pferd ein optimaler Infektionsschutz gewährt wird (bei Rennpferden Impfpflicht).

7.4.3 Ansteckende Blutarmut des Pferdes
(Equine Infektiöse Anämie)

Die infektiöse Anämie des Pferdes spielt weltweit eine bedeutende Rolle und verursacht große Ausfälle. Sie wurde darum in die staatliche Bekämpfung aufgenommen und es besteht für sie eine Anzeigepflicht. Erreger ist ein »Retrovirus«, das vorwiegend von Stechinsekten übertragen wird. Daher ist eine besonders große Ausbreitungstendenz in Feucht- und Sumpfgebieten zu beobachten, in denen besonders viele blutsaugende Stechinsekten leben. Auch durch indirekte Kontakte, z. B. über Speichel, Kot und Urin, kann die Krankheit übertragen werden. Der Deckakt kann ebenfalls zur Verbreitung beitragen.
Nach einer Inkubationszeit von etwa 9 bis 30 Tagen treten Fieberschübe auf, die bis zu 40 °C gehen.

Durch Vorgänge im Immunsystem kommt es dabei zum Zerfall der roten Blutkörperchen (Erythrozyten). Dadurch wiederum werden innere Organe, z. B. die Leber, stark belastet und es kommt zur Gelbsucht unterschiedlichen Ausmaßes. Die Blutarmut führt zu einer allgemeinen Schwäche und Hinfälligkeit der Pferde. Solche Anfälle dauern im Regelfall ca. drei bis fünf Tage, und es kommt anschließend zu einer Rekonvaleszenz (Erholung).
Die akute Verlaufsform kann – falls die Pferde daran nicht sterben – in eine chronische übergehen. Dabei wechseln sich akute Fieberschübe mit Erholungsphasen ab. Nach einer gewissen Rekonvaleszenzzeit sind die Pferde wieder voll belastungsfähig und können genutzt werden. Solche Pferde stellen jedoch dann ein besonders gefährliches Erregerreservoir dar. Sie bleiben lebenslang Virusträger und können den Erreger ausscheiden. Dieser wird durch Insekten auf andere Tiere übertragen.
Der Nachweis einer bestehenden Infektion wird mit dem sog. Cogginstest (Agargelimmundiffusionstest) geführt. Dieser Cogginstest ist eine wichtige Untersuchung, der zum Schutz vor einer Verbreitung der Infektion vor grenzüberschreitenden Transporten verlangt wird.
Eine Heilung ist nicht möglich. Impfungen und Heil-

Tab. 56. Virusinfektionskrankheiten

Krankheit	Erreger	Krankheitserscheinungen	Inkubationszeit	Therapie/Prophylaxe
Rhinopneumonitis	Equines Herpesvirus	Erkrankung der oberen Luftwege mit Lungenbeteiligung und Nasenausfluß	häufig latente Infektionen	T.: Verhinderung von bakteriellen Sekundärinfektionen durch optimale Haltungsbedingungen
Virusabort	EHV 1	Abort im letzten Drittel der Trächtigkeit		P.: Schutzimpfung gem. Impfplan
Influenza Hoppegartener Husten	Myxoviren	Erkrankung der oberen Luftwege mit trockenem Husten und Nasenausfluß	18 Stunden bis 5 Tage	T.: Verhinderung von bakteriellen Sekundärinfektionen P.: Schutzimpfung gem. Impfplan
Equine infektiöse Anämie	Retroviren	Gelbsucht, Schwäche, Hinfälligkeit mit meist anschließender Rekonvaleszenz	5–30 Tage	T.: verboten, da anzeigepflichtige Tierseuche P.: Trennung von infizierten Pferden, Bekämpfung von stechenden Insekten
Tollwut	Rhabdoviren	40–60 Tage 10–209 Tage	1. Einleitungsstadium 2. Erregungsstadium 3. Lähmungsstadium 4. Tod	T.: keine möglich P.: Tollwutschutzimpfung in allen gefährdeten Bezirken

versuche sind aufgrund der staatlichen Bekämpfungsbestimmungen verboten. Weil infizierte Pferde als Erregerreservoir gelten, können sie auf Anordnung getötet werden.

7.4.4 Tollwut

Die Tollwut wird durch „Rhabdoviren" verursacht. Beim Pferd erfolgt die Infektion fast ausschließlich über tollwütige Füchse beim Weidegang in tollwutgefährdeten Gebieten. Der Erreger dringt von der Bißstelle längs der Nervenbahnen zum Gehirn vor und verursacht dort die klinischen Erscheinungen. Entsprechend der Entfernung von der Bißstelle bis zum Gehirn kann die Inkubationszeit 10 bis 209 Tage betragen. In der Regel liegt sie zwischen 40 und 60 Tagen.

Die klassische Tollwut umfaßt prinzipiell drei Stadien. Das erste Stadium, das Prodromalstadium, äußert sich durch verändertes Benehmen des Tieres, das aber häufig übersehen wird. Dieses Prodromalstadium wird gefolgt vom Erregungsstadium, wobei das Pferd dann Schluckbeschwerden und Speichelfluß zeigt. Die Schluckbeschwerden und der Speichelfluß werden durch die Lähmung des Schlundes hervorgerufen. Auch kolikartige Erscheinungen können auftreten. Sie führen häufig zu Fehldiagnosen. Aggressivität gegenüber Menschen und insbesondere Hunden kommt vor. Ferner ist beim Pferd eine sog. Wasserscheue (Hydrophobie) ausgeprägt. Beim Anblick von Wasser zittert das Pferd am ganzen Körper.

Auf das Erregungsstadium folgt das sog. Paralyse- oder Lähmungsstadium. Die Tiere zeigen zunehmende Lähmungserscheinungen und verenden. Die Krankheitsdauer beim Pferd beträgt ca. 4 bis 5 Tage. Tollwut ist unheilbar. Als wirksame Prophylaxemaßnahme sollte man in allen tollwutgefährdeten Bezirken Schutzimpfungen durchführen. Die Tollwut ist eine anzeigepflichtige Tierseuche und wird staatlicherseits bekämpft.

Zur Wiederholung und Vertiefung

1. a) Wie und wodurch zeigt sich Rhinopneumonitis?
   b) Was ist dagegen zu tun?
2. Warum kann die Influenza so große Schäden verursachen und was ist dagegen zu unternehmen?
3. Schildern Sie die Gefahren der ansteckenden Blutarmut und begründen Sie die staatlichen Gegenmaßnahmen.
4. Erläutern Sie die Stadien der Tollwut und die möglichen Vorbeugemaßnahmen.

7.5 Krankheiten der Verdauungsorgane

Die Krankheiten der Verdauungsorgane kann man nach ihrer Lokalisation in vier größere Bezirke unterteilen:
– Erkrankungen der Maulhöhle
– Erkrankungen bzw. Störung des Schlundes
– Krankheiten bzw. Funktionsstörungen des Magens
– Krankheiten bzw. Funktionsstörungen des Darms

7.5.1 Erkrankungen der Maulhöhle

Erkrankungen im Bereich der Maulhöhle werden in erster Linie durch gestörte bzw. verzögerte Futteraufnahme sichtbar.

7.5.1.1 Zahnhaken

Als bestes Beispiel für eine verzögerte oder gestörte Futteraufnahme gilt das sog. Wickelkauen. Pferde versuchen grobstrukturiertes Futter (Heu und Stroh) aufzunehmen und kauen es eine Zeitlang. Die Zerkleinerung gelingt nicht. Im Trog wird das Futter als aufgewickeltes Bündel zurückgelassen (Wickeln). Vorgelegter Hafer wird erheblich langsamer gefressen als sonst üblich. Die Ursache dieses Wickelkauens sind die sich an den prämolaren und molaren Backenzähnen bildenden scharfen Kanten. Man spricht von den sog. Haken auf den Zähnen. Bedingt durch die Asymmetrie zwischen Unterkiefer und Oberkiefer stehen die Zahnreihen nicht exakt übereinander. Durch unzureichende Kaubewegungen, z. B. bei ausschließlicher Walzhaferfütterung, werden die Kanten vorzugsweise an der Innenseite der Oberkieferbackenzähne und an der Außenseite der Unterkieferbackenzähne nicht normal abgerieben und es entstehen bald scharfe Kanten. Beim Kauen führen diese scharfen Kanten zu Verletzungen der Zungen- und der Mundschleimhaut im Bereich der Backen. Beide sind außerordentlich schmerzempfindlich, so daß die Pferde nicht mehr richtig kauen mögen. Als sichtbares Zeichen bleiben dann die Wickel im Trog zurück.

Vorherige genauere Beobachtung hätte gezeigt, daß Futter, besonders Hafer, schlecht gekaut und darum unzureichend verdaut wurde. Insbesondere das gute Zerkleinern des Hafers mit entsprechender Einspeichelung führt zu ordnungsgemäßer Verdauung und zu optimaler Ausnutzung der angebotenen Nährstoffe. Das regelmäßige Raspeln der Zähne sollte daher eine Selbstverständlichkeit sein.

Bei evtl. vorhandenen Zahnlücken nutzen die Reibepartner nicht mehr ab und wachsen zu lang. Eine ähnliche Anomalie wird häufig auch an den oberen Prämolaren infolge Inkongruenz des Unterkiefers mit dem Oberkiefer beobachtet. Auf diese Weise entstehen insbesondere im vorderen Bereich der prämolaren Backenzähne scharfe Kanten, die nicht nur zu Kaustörungen, sondern auch zu Störungen während des Reitens führen können. Die gestörte Bewegungsfähigkeit der Unter- und Oberkiefer zueinander kann bewirken, daß das Gebiß nicht richtig angenommen wird, bzw. die Pferde sich auf dem Zaum festbeißen.

7.5.1.2 Zahnwechsel

Zu Störungen bei der Futteraufnahme kann es während des Zahnwechsels bei jüngeren Pferden kommen. Durch den Ausfall der Milchzähne und das Nachschieben der Schneidezähne können zwischenzeitlich leicht schmerzhafte Reaktionen im Bereich des Zahnfleisches auftreten, die im Regelfall nach kurzer Zeit wieder verschwinden. Als Pferdehalter muß man Obacht geben, daß die Milchzähne auch ausfallen und den Platz für die Schneidezähne freimachen. Kommt es zu einem verzögerten Ausfallen der Milchzähne, suchen sich die bleibenden Schneidezähne an falscher Stelle einen neuen Platz. Dann muß unbedingt ein Tierarzt hinzugezogen werden.

7.5.1.3 Zahnfleischentzündungen

Zahnfleischentzündungen können als weitere Ursache für verzögerte Futteraufnahme gelten. Sie können die verschiedensten Ursachen haben, z. B. Aufnahme leicht ätzender Flüssigkeiten, wie Holzimprägnierungsmittel oder Desinfektionsmittel u. a., an die das Pferd herangekommen ist.

Hierbei ist darauf zu achten, daß man sehr schnell die Ursache ermittelt, um geeignete Gegenmaßnahmen in Abstimmung mit dem Tierarzt ergreifen zu können.

7.5.1.4 Zäumungsverletzungen

Ein großes Problem stellen Verletzungen durch unsachgemäße Zäumungen dar. Ältere, ausgeschlissene Gebisse bilden an den Abnutzungsstellen scharfe Kanten, die bisweilen im Bereich der Lefzen wie auch der Mundschleimhaut Risse und sogar größere Verletzungen hinterlassen. Werden solche Gebisse auch noch von Reitern benutzt, die eine grobe Hand haben, können die Verletzungen schwerwiegend sein. Sie betreffen nicht selten auch die Zunge und können dann zu einer länger anhaltenden Futterverweigerung führen.

7.5.1.5 Das Kopper-Gebiß

Markante Veränderungen erfährt das Kopper-Gebiß bei Pferden. Der typische Krippensetzer hat abgeschliffene Schneidezähne, die durch das ständige Aufsetzen auf harte Gegenstände einem höheren Abnutzungsgrad unterliegen. Kopper müssen aufgrund der regelmäßigen Luftzufuhr in den Magen durchweg als schlechte Futterverwerter und schlechte Fresser eingestuft werden, wobei es auch Ausnahmen von der Regel gibt. Beim ständigen Aufsetzen können auch Verletzungen auftreten, z. B. durch Hängenbleiben an scharfen Krippenkanten. Das Aufsetzen auf spitzkantigen, scharfen Gegenständen führt häufig zu Verletzungen im Schneidezahnbereich.

Das gelegentlich als »Strafe« gedachte Verändern der Aufsetzpunkte mittels scharfer Gegenstände reicht normalerweise nicht zum Abgewöhnen des Koppens aus, sondern führt lediglich zu erheblichen Verletzungen am Pferdemaul.

7.5.2 Störungen im Schlundbereich

Hier ist vor allem die Schlundverstopfung zu nennen. Sie tritt nach der Aufnahme von getrocknetem Futter auf, das im Schlund quillt (z. B. Trockenschnitzel, Weizenkleie). Seit 15 bis 20 Jahren werden zunehmend Pellets gefüttert und oftmals als Alleinfutter angeboten. Bei Pferden, die das Futter sehr gierig aufnehmen und nicht genug einspeicheln, kommen große Mengen pelletierten Futters in den Schlund, das dort quillt. Die Volumenvermehrung ist erheblich. Es kommt zur Ansammlung von Futterpartikeln im Schlund, bis dieser schließlich bis zum Pharynx gefüllt ist. Die Pferde zeigen dann ein Regurgitieren (Würgen) mit Abfließen von Futterbrei durch die Nüstern, was mancher Halter als Erbrechen des Pferdes deutet. Die große Gefahr dieser Störung liegt darin, daß die regurgitierten Futtermassen in die Lunge eingeatmet werden und es anschließend zu schweren, eitrig-jauchigen Lungenentzündungen kommen kann.

Bei Schlundverstopfungen ist unverzüglich ein Tierarzt zu rufen, der dann durch eine Spülung des Schlundes versucht, diesen wieder freizubekommen. Oftmals sind diese Schlundverstopfungen jedoch derart hartnäckig, daß ein Pferd in Narkose abgelegt und die Luftröhre mit einem Tubus verschlossen werden muß, um anschließend dann gefahrlos den Futterbrei aus dem Schlund abhebern zu können.

Die Gefahr der Schlundverstopfung ist besonders groß bei sehr klein pelletiertem Futter, das stärker quellen kann als grob pelletiertes. Ferner sollte man Pferden, die zu hastigem Fressen neigen, auf keinen Fall Pellets als Alleinfutter verabreichen, sondern diese mit Hafer (besser Häcksel) mischen.

7.5.3 Krankheiten des Magens und des Darms

Das Leitsymptom der meisten Magen- und Darmerkrankungen wird mit dem Begriff Kolik (Bauchschmerzen) umschrieben.

Die Kolik umfaßt eine Vielzahl von Erkrankungen, bei denen das Pferd durch auffälliges Verhalten Schmerzen oder Unbehagen, vorwiegend im Bauchhöhlenbereich, zum Ausdruck bringt. Die Erscheinungen können ausgelöst werden durch:

– Magen-Darm-Erkrankungen
– Leber- und Gallengangserkrankungen
– Erkrankung der Harn- und Geschlechtsorgane
– Erkrankungen im Brust- und Schlundbereich
– Infektionskrankheiten wie Tetanus, Tollwut, Salmonellose und Milzbrand
– Hauterkrankungen
– Erkrankungen der Muskulatur und der Gliedmaßen (z. B. Lumbago und Hufrehe)
– Futter- und Wassermangel bzw. Fütterungsfehler.

Der Begriff Kolik ist allerdings äußerst unspezifisch und stellt keine präzise Diagnose dar.

7.5.3.1 Magenerkrankungen

Im Magenbereich sind zwei wesentliche Krankheitsabläufe zu beachten, die im Regelfall sehr dramatisch verlaufen. Es sind die primäre und die sekundäre Magenüberladung.

Unter einer primären Magenüberladung versteht man die Aufnahme großer Mengen quellfähigen Futters in kurzer Zeit. Das passiert, wenn sich Pferde unbeaufsichtigt aus der Box entfernen und an die Haferkiste bzw. an die Pelletskiste gelangen, aber auch, wenn sie große Mengen nicht eingeweichter Schnitzel oder Weizenkleie fressen. Diese gelangen zwar durch den Schlund in den Magen, aber sie quellen dort und überdehnen ihn. Die primäre Magenüberladung tritt häufig zusammen mit der Schlundverstopfung auf. Da das Pferd nicht erbrechen kann, können derartige Magenüberladungen leicht zum Zerreißen der Magenwand (Magenruptur) führen, was in jedem Falle tödlich endet.

Das klinische Bild der Magenüberladung stellt sich folgendermaßen dar: Die Pferde zeigen während der Futteraufnahme plötzlich starke Unruheerscheinungen und hören auf zu fressen. Es wird versucht, Würgebewegungen auszuführen, wobei der Rücken stark nach oben gekrümmt ist und der Hals maximal gespannt und nach unten durchgebogen wird. Befindet sich im Magen ein großer Flüssigkeitsanteil, ist ein Abfließen von Magenflüssigkeit durch die Nüstern möglich. Erbrechen ist bekanntlich nicht möglich. Die Magenflüssigkeit fließt aufgrund der anatomischen Verhältnisse im Rachen nicht durch das Maul, sondern durch die Nüstern ab.

Der durch die Überladung entstandene vergrößerte Magenumfang verursacht einen erheblichen Druck auf das Zwerchfell, so daß Atmung und Kreislauffunktionen des Pferdes stark beeinträchtigt sind. Kurzatmigkeit, Herzrasen und Kreislaufversagen können die Folgen sein. Trotz starker Schmerzen bewegen sich die Pferde nur äußerst vorsichtig und langsam, da starke Bewegungen vermutlich zu noch größerem Schmerz führen würden. Nach der Feststellung dieser Krankheit ist äußerste Eile geboten. Ein Tierarzt muß konsultiert werden, Ruhigstellung des Pferdes und die Sondierung des Magens mit der Magen-Schlund-Sonde muß sofort erfolgen.

Als weiterer, bisweilen ebenso dramatisch verlaufender Krankheitskomplex ist die sekundäre Magenüberladung anzusehen. Als Folge von Darmverschlüssen oder Darmpassagehindernissen kommt es zu einem Rückfluß von Futterbrei in den Magen. Der Magen läuft aus den rückwärtigen Darmabschnitten voll und es kommt wiederum zu einer Überladung. Wichtig ist, daß im Rahmen der Kolikbehandlung der Füllungszustand des Magens durch Sondierung mit einer Nasen-Schlund-Sonde regelmäßig kontrolliert wird.

Kommt es infolge einer primären oder sekundären Magenüberladung zu einer Magenruptur, sind die klinischen Erscheinungen äußerst typisch. Das Pferd hat zunächst große Schmerzen. Anzeichen dafür sind: Schwitzen, beschleunigte Atmung und Unruhe. Kommt es zum eigentlichen Magenriß, wird das

Pferd urplötzlich ganz ruhig, der austretende Schweiß ist kalt, und die Kreislaufsituation des Pferdes wird zusehends schlechter. Die Ohren erkalten, es wird hinfällig. Der Puls wird schwach und ist kaum noch wahrnehmbar. Eine Magenruptur ist in jedem Fall tödlich.

7.5.3.2 Erkrankungen des Darms

Krampfkoliken

Eine der häufigsten Kolikursachen ist die sog. spastische oder Krampfkolik. Für diese Kolikart gibt es verschiedene Bezeichnungen, wie Reiz- und Erkältungskolik, rheumatische Kolik oder katarrhalischer Darmkrampf. Bei den betroffenen Pferden kommt es zu spontanen krampfartigen Kolikattacken, die fünf bis zehn Minuten dauern. Das Pferd zeigt äußerste Unruhe mit starken Schmerzen. Die Puls- und Atemfrequenz steigt dabei kaum merklich an.

Ursachen für diese Krampfkoliken können sein: Futterwechsel, Überanstrengung, Verabreichung von verdorbenem Futter oder Giftpflanzen. Durch das autonome Nervensystem kommt es zu einer Entgleisung der normalen Darmperistaltik (Darmbewegung) mit zunehmender Krampfbereitschaft. Durch diese verstärkte Peristaltik werden die Futterpartikel frühzeitig in die Dickdarmbereiche abgeschoben.

Auch ohne Hilfsmittel sind die Darmgeräusche des Pferdes von weitem hörbar und klingen durch die gespannten Darmwände häufig metallisch hart. Die Therapie besteht in einer intravenösen Gabe von Schmerzmitteln mit krampflösenden Medikamenten. Nach der Injektion sind die Erscheinungen häufig wie weggeblasen.

Gaskolik oder Windkolik

Nach Verfütterung von erhitztem und welkem Grünfutter, frischem Brot oder eiweißreichem Gras kommt es zu einer abnormen Gasbildung insbesondere im Dickdarmbereich. Meistens ist aufgrund seiner physiologischen Gärkammerfunktion der Blinddarm betroffen. Je nach Grad der Aufgasungen kommt es zu mehr oder minder stark ausgeprägten Kolikerscheinungen, wobei im Regelfall das Allgemeinbefinden ungestört bleibt. Diese Aufgasungen können jedoch bei massiver Ausdehnung lebensbedrohlich werden, weil die betroffenen Darmabschnitte zu zerreißen drohen oder sogar zerreißen.

Die klinischen Erscheinungen sind je nach Ausdehnung der Aufgasung äußerst unterschiedlich. Sind die Dickdarmabschnitte mäßig betroffen, verlaufen auch die Kolikerscheinungen sehr verhalten. Liegt jedoch ein allgemeiner Meteorismus (Gasbildung) unter Beteiligung der Dünndarmabschnitte vor, verlaufen die Koliken äußerst dramatisch. Durch den Druck auf das Zwerchfell werden wiederum die Lunge und das Herz in ihrer Funktion beeinträchtigt, so daß respiratorische und Kreislaufstörungen die Folge sind. Schlimmstenfalls kann nach wenigen Stunden der Tod durch Ersticken eintreten.

Die Therapie einer hochgradigen Gaskolik muß zunächst in der Beeinflussung des Blinddarms liegen, da von dort aus im Regelfalle die Aufgasung ausgeht.

Von dieser primären Gasbildung deutlich abzugrenzen ist die Krankheitsform des sekundären Meteorismus, der durch Verlagerung und Verschließung von bestimmten Darmabschnitten hervorgerufen wird.

Anschoppungskolik (Verstopfungskolik)

Neben den Gaskoliken kommt es relativ häufig auch zu den Anschoppungskoliken. Anschoppungskoliken werden nach ihrer Lokalisation unterteilt und finden sich entweder im Dünn- oder Dickdarmbereich und da vorzugsweise an Stellen, die natürlicherweise einen Engpaß für die Futterpassage darstellen. Daneben können Narbenzüge im Darminneren, die z. B. durch Parasitenbefall hervorgerufen worden sind, als Passagehindernis wirken.

Anschoppungen im Dünndarmbereich werden jedoch in erster Linie durch einen Darmkrampf hervorgerufen. Die vor einer Stenose (Verengung) festsitzenden Futtermassen werden durch eine Kontraktur (Darmverkrampfung) des umschließenden Darmmantels festgehalten, ausgetrocknet und so zu einem festen Hindernis.

Die Verstopfungen des Dünndarms führen sehr schnell zu heftigen Kolikerscheinungen, so daß diese Erkrankungen alsbald erkannt werden. Die große Gefahr liegt, neben den Veränderungen an den betroffenen Darmabschnitten, wiederum in der sekundären Magenüberladung, an der das Pferd sehr schnell verenden kann.

Die Anschoppungskolik im Dickdarmbereich tritt sehr viel langsamer und schleichender auf. Die Pferde setzen zunächst weniger Kotballen ab, die häufig eingetrocknet sind. Ferner kommen Appetitlosigkeit und eine gewisse Unruhe hinzu. Die Gefahr der Darmanschoppung liegt neben der bereits beschriebenen sekundären Magenüberladung auch in der Nekrose (Gewebszerstörung) der betroffenen Darmabschnitte. Durch die Überdehnung der Darmwände werden diese nur noch unzureichend durchblutet und es kommt schließlich zum Absterben einzelner Darmabschnitte.

Als Therapie wird neben der Kreislaufstabilisierung des Pferdes auch eine Verflüssigung der Kotmassen versucht, insbesondere durch Flüssigkeitszufuhr über die Vene, wie auch durch Gaben von Paraffinöl und Glaubersalz mittels Nasenschlundsonde. Derartigen Darmobstipationen vorzubeugen gelingt am besten bei Verfütterung ausreichender Mengen Saftfutter, z. B. Möhren, Rüben und Grünfutter. Regelmäßige, ausreichende Bewegung des Pferdes sind als Vorbeugung besonders wichtig.

Darmverlagerungen (Ileus)

Darmverlagerungen mit resultierenden Darmverschlüssen gehen im Regelfall mit hochgradig schmerzhaften Zuständen einher. Insbesondere die Verlagerung des Dickdarms, die Kolondrehung, führt dazu, daß die Pferde infolge heftiger Schmerzen toben. Untersuchungen oder Behandlungen des Pferdes sind kaum noch möglich. Die Pferde sind nicht mehr zu kontrollieren und der Umgang mit ihnen wird oftmals gefährlich.

Die Gründe für Darmverlagerungen oder Darmverschlüsse sind vielfältig. Hier können nur die wesentlichsten Ursachen aufgezeigt werden. Zum einen kann es im Dünndarmbereich, insbesondere bei Jungtieren, durch Verwurmungen oder durch unregelmäßige Futteraufnahme zu Drehungen des Dünndarms kommen *(Volvolus nodosus).*

Bei älteren Pferden kommt es dagegen häufiger zu Einschlüssen von Dünndarmabschnitten in das Winslowsche Dreieck, das zwischen Leber und Pfortader liegt. Dünndarmabschnitte können durch diese Öffnung hindurchfallen und dabei abgeknickt werden.

Eine andere Ileusursache kann die Darminvagination sein. Durch eine Hyperperistaltik (übersteigerte Peristaltik) kommt es zu Einschiebungen verschiedener Darmabschnitte in andere Teile mit dann folgendem Darmverschluß.

Des weiteren ist die Drehung der großen Dickdarmschleife möglich, die allgemein starke Schmerzen verursacht. Auch die Verlagerung der großen Dickdarmschleife über das linksseitig liegende Milznierenband hinweg kommt vor. Dabei werden dann ebenfalls Dickdarmabschnitte verschlossen und ein Ileus wird hervorgerufen.

Generell muß zur Prophylaxe der Kolik festgehalten werden, daß eine regelmäßige, quantitativ und qualitativ ausgewogene Fütterung, regelmäßige Entwurmung und ausgiebige Bewegung der Pferde die beste Vorbeugung darstellen.

Sind jedoch Koliken aufgetreten, so ist unverzüglich ein Tierarzt hinzuzuziehen, und es ist sehr schnell zu entscheiden, ob das Pferd ambulant weiterbehandelt werden soll oder in eine Klinik eingeliefert werden muß. Aufgrund des bisweilen dramatischen Krankheitsverlaufs und sehr schnell eintretender lebensbedrohlicher Zustände, kann manchmal allein eine Behandlung in der Fachklinik Heilung erwarten lassen.

Zur Wiederholung und Vertiefung

1. Nennen Sie die möglichen Zahnanomalien oder Zahnerkrankungen sowie wirksame Gegenmaßnahmen.
2. Wann kann Schlundverstopfung auftreten?
3. Wie entstehen die Primäre und die Sekundäre Magenüberladung? Stellen Sie die Folgen dar.
4. Welche Koliken können bei Pferden auftreten und wie kann man vorbeugen?
5. Worin liegen die Gefahren von Darmverlagerungen bzw. Darmverschlingungen?

7.6 Die Endoparasitosen (Magen-Darm-Wurmerkrankungen)

Die Magen-Darm-Würmer stellen eine sehr wichtige Gruppe von Parasiten dar. Sie spielen in der Pferdehaltung eine wesentliche Rolle und ihre stete Bekämpfung und Niederhaltung ist eine Daueraufgabe. Prinzipiell haben alle Magen-Darm-Würmer eines gemeinsam: Mit dem Futter werden Eier oder Larven aufgenommen, die in den Magen-Darm-Trakt gelangen, von dort aus eine Wanderung durch die verschiedensten Körperorgane antreten und dabei schwerste Organschäden verursachen können. Während der Körperwanderung entwickeln sich die Parasiten zur Geschlechtsreife, siedeln sich vorwiegend wieder im Magen-Darm-Trakt an und scheiden über den Kot Eier bzw. Larven aus. Daneben werden im

Farbtafel 7
Oben: Die Muttermilch ist für das neugeborene Fohlen das wichtigste Futtermittel.
Unten: Sumpfschachtelhalm (links) und Adlerfarn sind auch nach der Trocknung im Heu noch giftig.

Tab. 57. Magen- und Darmerkrankungen

Erkrankung	mögliche Ursachen	Therapie	Prophylaxe
Primäre Magenüberladung	hastige Aufnahme größerer Mengen quellfähigen Futters (z. B. Schnitzel, Pellets usw.)	nur durch Tierarzt möglich, Versuch, Gase und Mageninhalt abzuheben, Gefahr der Magenruptur	nur eingeweichte Schnitzel verfüttern, Pellets mit Hafer mischen
Sekundäre Magenüberladung	durch Darmverschlüsse oder Passagehindernisse in den rückwärtigen Darmabschnitten kommt es zum Rückfluß von Darminhalt in den Magen und überfüllt diesen	sofortige Sondierung mittels Nasen-Schlund-Sonde, bei Verdacht einer Obstipation und Abhebern des Mageninhalts sonst Gefahr der Magenruptur	regelmäßige Sondierung während einer Koliktherapie
Spastische Kolik Krampfkolik	z. B. Futterwechsel, große Belastungen, Transporte und Streß	Verabreichung eines krampflösenden Medikamentes durch einen Tierarzt, gleichmäßige Bewegung	gute Kondition des Pferdes
Gaskolik	Aufnahme von stark gärfähigem Futter, das zunächst im Blinddarm die Gasbildung übermäßig aktiviert	Verabreichung krampflösender Arzneimittel	Vermeidung der Verabreichung von übermäßig gärfähigen Futtermitteln
Anschoppungskolik	natürliche Darmpassagenhindernisse oder erworbene, z. B. durch Darmstrikturen nach Narbenbildungen	Verflüssigung des Darminhaltes durch Infusionen bzw. Gaben von Paraffinöl und Glaubersalz per Nasen-Schlund-Sonde.	gefährdete Pferde möglichst mit saftreichen Futtermitteln füttern, z. B. Zugabe von Leinsamen
Darmverlagerungen mit möglichen Verschlüssen:			
1. *Volvolus nodosus*	starker Endoparasitenbefall, unregelmäßige Fütterung	sofortige Einweisung in Tierklinik, nur operative Behandlung möglich, evtl. operativer Eingriff nötig	Parasitenbekämpfung, regelmäßige, qualitativ gute Fütterung
2. Darminvagination	übersteigerte Darmperistaltik bedingt durch Dünndarmentzündungen oder stark abführende Futtermittel		Meidung von zu stark abführendem Futter
Dickdarmdrehungen *(Torsio coli)*	evtl. unregelmäßige Futteraufnahme, sonst nicht weiter bekannt	s. o.	keine spezifische Prophylaxe möglich
Verlagerung über das Milznierenband	ungleichmäßige Darmfüllung	s. o.	s. o.
Hernien: Vorfall und Abknickung von Darmschlingen in Bruchpforten, wie Hodenbruch oder der Vorfall in das Winslowsche Dreieck *(Foramen epiploicum)*	Bildung von Bruchpforten bzw. Vorhandensein von inneren Bruchpforten	s. o.	s. o.

Farbtafel 8
Verschiedene Pflanzen, die für Pferde giftig sind:
Von links oben nach rechts unten:
Eibe, Scharfer Hahnenfuß, Robinie, Rotbuche, Gundermann, Jakobskraut.

Kot auch gelegentlich ausgewachsene Parasiten gefunden. In der Umwelt (Stall, Weide, Boxenwände) können sich die Eier bzw. Larven aufhalten, erneut in das Futter des Pferdes gelangen oder abgeleckt werden und den Zyklus aufrechterhalten. Organe wie Magen-Darm-Trakt, Blutgefäße, Leber und Lunge werden von diesen Parasiten geschädigt. Sie reagieren in den meisten Fällen durch entzündliche Veränderungen.

Anzeichen für Parasitenbefall sind im Regelfall: struppiges Fell, Abmagerung, Koliken, Freßunlust sowie Blutarmut. Alle diese Auffälligkeiten zeigen sich in erster Linie durch vermindertes Leistungsvermögen der Pferde.

Die wichtigsten Magen-Darm-Parasiten sollen nachfolgend beschrieben werden.

7.6.1 Der große Palisadenwurm oder Blutwurm (Strongylus vulgaris)

Der große Palisadenwurm bevorzugt den Blind- und Dickdarm des Pferdes. In diesen Darmabschnitten legen die geschlechtsreifen weiblichen Würmer ihre Eier ab, die mit dem Kot ausgeschieden werden. In der Außenwelt entwickeln sich innerhalb von fünf bis acht Tagen infektionsfähige Larven, die aus dem Kot auswandern und mit Gras oder Heu vom Pferd aufgenommen werden. Die Larven gelangen dann erneut in den Blind- oder Dickdarm, wandern von dort in die Darmschleimhaut und gehen weiter in die angrenzenden Blutgefäße des Darmes. In den Gefäßwänden bewegen sie sich zur vorderen Gekrösewurzel (Aufhängung des Magen-Darm-Trakts) und gelangen von dort an die große Schlagader (Aorta).

Im weiteren Fortgang der Entwicklung wandern die Larven durch die Blutgefäße wieder zurück zum Blind- bzw. Dickdarm, dringen durch die Darmschleimhaut erneut in den Dickdarm des betroffenen Pferdes ein, werden dort zu geschlechtsreifen Würmern und scheiden nach vorheriger Paarung erneut Eier mit dem Kot aus.

Während dieser Wanderung können sie schwerste Gefäßschäden verursachen, so daß die betroffenen Blutgefäße verstopfen oder reißen. Dadurch treten starke Blutungen oder auch Gefäßverschlüsse auf, die zu lebensbedrohlichen Koliken bei Pferden führen. Durch den Verschluß bestimmter Blutgefäße werden diese Darmabschnitte nicht mehr versorgt und sterben ab. Sofortige tierärztliche Behandlung, evtl. verbunden mit einer Operation, wird erforderlich.

Die Ansteckung mit diesen Parasiten erfolgt vorwiegend auf der Weide, im Regelfall während der feuchten Tagesstunden. Die sich aus den Eiern entwickelnden Larven kriechen an den feuchten Grashalmen empor und werden vom Pferd mitgefressen. Bei Trockenheit und intensiver Sonneneinstrahlung ziehen sich die Larven dagegen in die Grasnarbe zurück. Auch in den Boxen ist die Entwicklung der Parasiten möglich. In feuchter Einstreu sowie an feuchten Boxenwänden ist die Entwicklung vom Ei zur infektionstüchtigen Larve nicht auszuschließen. Daher kann sich ein Pferd auch bei ausschließlicher Stallhaltung infizieren. Mit dem Kot gelegentlich ausgeschiedene Würmer sind 1,7 bis 2,5 cm lange, rotbraune Rundwürmer mit einer becherförmigen Mundkapsel. Die Unterbringung in trockenen, sauberen Boxen ist darum die wichtigste Vorbeugung.

7.6.2 Die kleinen Strongyliden des Pferdes (Strongylinae und Trichonomatinae)

Wie *Strongylus vulgaris* sitzen auch die kleinen Strongyliden vorwiegend im Blind- und Gesamtdickdarm des Pferdes. Sie sind aber wesentlich kleiner (4–26 mm lang) und weiß. Die Eier werden von den Weibchen im Dickdarm abgelegt und gelangen mit dem Kot in die Außenwelt. Dort entwickeln sie sich über zwei Zwischenstufen zu infektionsfähigen Larven, die bereits nach sechs Tagen erneut zu Ansteckungen führen können. Diese Larven sind sehr widerstandsfähig, so daß sie monatelang in der Außenwelt überleben und sogar überwintern können. Die infektionsfähigen Larven kriechen bei Feuchtigkeit (Tau, Regen) an Futterpflanzen oder an feuchten Stallwänden hoch und können so vom fressenden bzw. leckenden Pferd aufgenommen werden. Sie gelangen auf dem Futterwege erneut in den Blind- oder Dickdarm und siedeln sich dort in der Darmschleimhaut an. Die Veränderungen an den Organen sind im Regelfall zwar nicht so massiv wie bei den Blutwürmern, können jedoch auch zu erheblichen Verletzungen der Darmschleimhaut führen. In der Darmschleimhaut bilden sich aus den infektionsfähigen Larven unter Knötchenbildung die geschlechtsreifen Würmer, die nach der Entwicklungszeit in den Darm einwandern. Die Darmverletzungen besiedeln sich oft mit Bakterien und können dann zu schweren Entzündungen bzw. zu erheblichen Blutungen führen. Als sichtbare klinische Symptome werden in erster Linie Durchfall, mangelnder Appetit, struppiges Fell, Abmagerung und Leistungsminderung erkennbar.

7.6.3 Der Spulwurm des Pferdes
(Parascaris equorum)

Der Spulwurm des Pferdes belastet am häufigsten Fohlen und Jährlinge und hat seinen Sitz vorwiegend im Dünndarm, während die Larven eine Körperwanderung durchführen. Spulwürmer sind im Gegensatz zu den Strongyliden große und lange Würmer, die eine gelbliche Farbe haben und 15 bis 50 cm lang werden können. Im Dünndarm legen die geschlechtsreifen Würmer Eier ab, die mit dem Kot ins Freie gelangen. Innerhalb von 8 bis 15 Tagen entwickeln sich aus dem Ei infektionsfähige Larven, die vom Pferd meistens über die Nahrung aufgenommen werden. Dieselben wandern durch die Darmschleimhaut auf dem Blut- und Lymphweg in Richtung Leber und Lunge. Auf dieser Wanderung hinterlassen sie Bohrgänge, die zu erheblichen Blutungen führen können. In der Lunge entwickeln sie sich weiter und gelangen über die Bronchien in den Rachenraum, werden erneut abgeschluckt und landen schließlich wieder im Dünndarm, wo sie zu geschlechtsreifen Würmern heranwachsen. Neben den Bohrgängen in Lunge und Leber ist vor allen Dingen die dadurch hervorgerufene Anfälligkeit der Lunge gegenüber Infektionen mit Bakterien und Viren als Schadwirkung hervorzuheben. Eventuell vorgeschädigte Organe der Pferde sind stets eine geeignete Brutstätte für verschiedene Mikroorganismen, die dann Krankheiten auslösen können.

Klinisch sichtbar wird der Spulwurmbefall bei den jüngeren Pferden in erster Linie durch struppiges Fell, Abmagerung, Durchfälle und Fieber. Aber auch Lungenerkrankungen mit Husten können ein wichtiges Indiz für das Vorhandensein von Spulwurmbefall sein.

Bei massivem Befall treten bisweilen Darmverschlüsse auf, die zu erheblichen Koliken mit Todesfolge führen können. Klinisch sichtbar wird ein Darmverschluß in erster Linie durch hochgradige Schmerzen mit fehlendem Kotabgang.

Ältere Pferde werden seltener befallen. Die klinischen Krankheitssymptome treten nicht deutlich auf. Als Ausscheider von Spulwurmeiern spielen ältere Pferde aber eine Rolle. Sie verbreiten die Spulwürmer.

Wie bereits bei anderen Parasiten beschrieben, sind auch die Spulwurmeier in der Außenwelt sehr widerstandsfähig, und nur regelmäßige Kotentfernung sowie Reinigung und auch Desinfektion der Ställe können hierbei eine massive Parasiteninvasion verhindern.

7.6.4 Der Pfriemschwanz des Pferdes
(Oxyuris equi)

Pfriemschwanzbefall tritt vorwiegend bei älteren Pferden auf und ist durch heftigen Juckreiz im Analbereich, gekennzeichnet. Der Juckreiz tritt vorwiegend nachts auf und führt zu erheblicher Unruhe und Verstörung der Pferde.

Pfriemschwänze sind geschlechtsabhängig unterschiedlich große Parasiten von 1,9 bis 18 cm Länge mit einem pfriemenartigen Hinterende. Sie sitzen vorwiegend im Blind- und Dickdarm, wobei besonders der Enddarm befallen wird. Die geschlechtsreifen Würmer saugen sich im Enddarm an der Darmschleimhaut fest und können dort zu Schleimhautschäden mit entzündlichen Veränderungen führen.

Vorwiegend nachts lösen sich die kleineren weiblichen Pfriemschwänze von der Darmschleimhaut, wandern aktiv aus dem After und legen in der Analgegend ihre Eier in Form von Eischnüren mit einer zähen, klebrigen Flüssigkeit ab. Dieser Vorgang – Auswandern und Eiablage – löst beim Pferd den massiven Juckreiz aus, der schließlich zu starkem Scheuern führt. Typisch dafür ist der »Rattenschwanz«, die Schweifrübe ist völlig abgescheuert.

Nach etwa einer Woche entwickelt sich aus dem Ei in der Analregion eine Larve, die schließlich in die Einstreu fällt. Durch die Aufnahme der Larven mit dem Stroh dringen dieselben erneut in den Dickdarm ein und entwickeln sich dort wieder zu geschlechtsreifen Parasiten.

Die Männchen sterben unmittelbar nach der Begattung ab, die weiblichen Pfriemschwänze dagegen erst nach der Ablage der Eier im Analbereich und anschließender Rückkehr in den Darm.

Als erste Gegenmaßnahme muß eine umfassende Reinigung der Analgegend durch Abwaschen mit einer Seifenlösung vorgenommen werden. Die Entfernung der Eier kann den Juckreiz vermindern. Bodenfütterung (Heu) leistet einer Neuinfektion Vorschub. Sie sollte vermieden werden. Stallhygiene spielt auch beim Pfriemschwanzbefall eine besondere Rolle und muß peinlich genau vorgenommen werden. Parallel erfolgt die medikamentöse Entwurmung nach Anweisung des Tierarztes.

7.6.5 Die Magendassel des Pferdes
(Gastrophilus intestinalis)

Magendasseln sind mit Recht gefürchtete Parasiten der Pferde, die erhebliche Schäden verursachen. Vorwiegend in den Monaten Juni bis September ist die weibliche Dasselfliege aktiv und legt die typischen, gelblichen Eier im Bereich der Beine und Mähnen der Pferde ab. Diese Eier haften sehr fest an den Haaren. Aus den Eiern entwickeln sich Larven, die zu Juckreiz an den betroffenen Hautstellen führen. Als Reaktion lecken Pferde diese Stellen. Die Larven dringen dabei in die Mundschleimhaut ein. Während der Reifungsphase verbleiben sie dann in der Zungenschleimhaut und verweilen hier für etwa drei bis vier Wochen.

Während dieser Phase kann es zu größeren Verletzungen der Maul- bzw. Zungenschleimhaut kommen. Erhebliche Kau- und Schluckbeschwerden sind die Folge. Danach verlassen die Parasiten den Zungen-/Maulbereich und gelangen in den Magen, wo sie sich in der Schleimhaut festbohren. Hier können sie erhebliche entzündliche Veränderungen mit Geschwürbildung hervorrufen. Daneben treten wieder allgemeine Symptome wie: Inappetenz, struppiges Fell und auch Leistungsminderung auf. Die Larven verbleiben bis zum Beginn der warmen Jahreszeit im Magen und werden schließlich mit dem Kot ausgeschieden. Sie verpuppen sich vornehmlich auf der Weide, und nach drei bis vier Wochen Puppenruhe schlüpfen aus den Larven schließlich Dasselfliegen, welche nach der Paarung wieder mit der Eiablage beginnen.

Als Prophylaxemaßnahme dient die regelmäßige Entwurmung der Pferde vorwiegend im Winter und die Entfernung der abgelegten, gelblichen, gut sichtbaren Eier an allen Körperpartien. Hierzu eignet sich ein nicht zu scharfes Rasiermesser. Damit können die Eier vorsichtig entfernt werden.

7.6.6 Der Zwergfadenwurm (Strongyloides westeri)

Der Zwergfadenwurm ist der typische Parasit des Fohlens, das bereits unmittelbar nach der Geburt befallen werden kann. Die Infektion mit dem Erreger erfolgt in erster Linie galaktogen, d. h. über die Milch infizierter Stuten. Sie ist jedoch auch perkutan, d. h. über die Haut möglich. Im zweiten Fall bohren sich infektionsfähige Larven durch die Haut des Tieres und gelangen so in den Organismus. Nach galaktogener Aufnahme wandern die Larven entweder durch die Magen- oder durch die Darmwand in die Blut- bzw. Lymphgefäße. Die Lunge wird von den Larven dann auf dem Blut- bzw. Lymphweg erreicht.

In der Lunge werden sie hochgehustet, abgeschluckt und gelangen von dort in den Magen-Darm-Trakt. Die Larven entwickeln sich während dieser Wanderungsphase zu geschlechtsreifen Parasiten, die sich im Dünndarm ansiedeln und dort mit dem Kot Eier legen und ausscheiden.

Bereits neun Tage nach erfolgter Infektion werden geschlechtsreife Würmer im Dünndarm gefunden, die wiederum Eier ausscheiden.

Klinisch treten neben Husten und Lungenentzündungen auch Durchfälle auf, typischerweise sieben bis zehn Tage nach der Geburt. Häufig werden sie mit der fast immer gleichzeitig auftretenden Fohlenrosse der Stute in Zusammenhang gebracht.

Ursächlich für diese Durchfälle sind jedoch häufig Infektionen mit *Strongyloides westeri*.

Die von den geschlechtsreifen Würmern ausgeschiedenen Eier entwickeln sich in der Umwelt sehr schnell über verschiedene Larvenstadien zu infektionstüchtigen Larven, die dann, wie schon beschrieben, perkutan das Fohlen infizieren können. Daher kann es neben den beschriebenen Störungen des Darmes auch zu Juckreiz und Hautveränderungen kommen.

Ältere Pferde werden zwar auch mit *Strongyloides westeri* infiziert, klinische Erscheinungen zeigen sich aber nur weniger deutlich. Sie fungieren vornehmlich als stille Ausscheider des Parasiten und sind damit für die Weiterverbreitung mitverantwortlich.

Es ist offensichtlich, daß die Bekämpfung von *Strongyloides westeri* ein wesentlicher Faktor zur Gesunderhaltung der Pferde ist. Darum sollten hochtragende Stuten bereits vor dem Abfohltermin mit geeigneten Mitteln entwurmt werden, während Fohlen erstmalig spätestens am 7. Lebenstag mit einem geeigneten Antiparasitikum behandelt werden müssen. Neben hygienischen Maßnahmen sollten weitere Entwurmungen in wöchentlichem Abstand bzw. alle zwei Wochen erfolgen (s. Entwurmungsplan, Seite 305).

Parasitenbefall bei Pferden stellt ein erhebliches Gesundheitsrisiko dar. Neben akuten Schäden und Erkrankungen sind die langfristigen Konsequenzen zu bedenken, welche die Parasiten bei ihren Organ- und Körperwanderungen verursachen.

Konsequente Parasitenbekämpfung, nach einem mit dem Tierarzt verabredeten Plan, sollte für jeden ordnungsgemäß geführten Stall eine Selbstverständlichkeit sein (s. Beispiel Seite 305). Daneben ist darauf zu achten, daß die eingesetzten Präparate ihre Wirksamkeit behalten und die Wurmkuren ordnungsgemäß verabreicht werden. Das Anbieten von Wurmmitteln allein ist nicht entscheidend, sondern es muß gewährleistet sein, daß die Medikamente auch aufgenommen werden.

Tab. 58. Die Parasitosen der Pferde

Parasit	Ansiedlung im Organismus	Schädigungen	klinische Symptome/ Diagnose	Therapie (T), Prophylaxe (P)
Strongylus vulgaris, Großer Palisadenwurm, Blutwurm des Pferdes	Blind- und Dickdarm	Wanderung in den Blind- und Dickdarm, u. U. Absterben von Darmteilen durch Verschluß der Blutgefäße	Abmagerung, Koliken, Ausscheiden von Parasiten im Kot (Bilder)	T: regelmäßige Entwurmung insbesondere der jungen Pferde
die kleinen Strongyliden	Blind- und Dickdarm	Darmverletzungen mit bakteriellen Sekundärinfektionen	u. U. Darmentzündungen mit Blutungen	T: regelmäßige Entwurmung
Parascaris equorum, Spulwurm des Pferdes	Dünndarm	Bohrgänge in Leber und Lunge mit Infektionsanfälligkeit	Abmagerung, Durchfall, Fieber, Husten	T: s. oben, P: Stalldesinfektion; Kotsammeln auf Weiden
Habronema muscae, Magenwurm des Pferdes	1) Magen 2) Haut	1) Magengeschwüre, Verdauungsstörungen 2) Sommerwunden	1) Inappetenz, Koliken 2) chronische Dermatitis, nicht heilende Wunden	T: s. oben P: 1) Stallhygiene, Einsatz von wirksamen Wurmmitteln 2) lokale Behandlung der Sommerwunden mit larvenabtötenden Präparaten und fachgerechter Versorgung durch einen Tierarzt
Dictiocaulus arnfieldi, Lungenwurm des Pferdes	Lunge	Lungengewebszerstörungen, Erhöhung der Infektionsgefahr	Lungenentzündung, Husten, Fieber	P: mit Pferden gehaltene Esel intensiv entwurmen T: Entwurmen
Oxyuris equi, Pfriemschwanz des Pferdes	Blind- und Dünndarm	Haut- und Schweifrübenschädigungen durch juckreizbedingtes Scheuern	Scheuerstellen im Afterbereich, Ausfallen der Schweifhaare mit Bildung des Rattenschwanzes	T: Reinigung der Afterregionen des Pferdes; Entwurmen

Regelmäßige Kotprobenuntersuchungen bieten die sicherste Möglichkeit, den Parasitenbefall zu kontrollieren.

Zur Wiederholung und Vertiefung

1. Nennen Sie die Parasiten
   a) des Magens
   b) des Dünndarms
   c) des Dickdarms.
2. Erläutern Sie das Schadbild zu a), b) und c).
3. Stellen Sie Vorbeuge- und Gegenmaßnahmen dar.

7.7 Erkrankungen der Bewegungsorgane

Erkrankungen der Bewegungsorgane äußern sich in erster Linie durch Lahmheiten. Um diese lokalisieren und näher beschreiben zu können, ist eine systematische Untersuchung vorzunehmen. Zu unterscheiden sind:

1. Stützbeinlahmheiten
   Gekennzeichnet ist die Stützbeinlahmheit dadurch, daß die Belastungsphase der betroffenen Gliedmaße verkürzt wird und das Pferd im Trab auf das gegenüberliegende Bein fällt. Verstärkt sichtbar werden solche Lahmheiten im Regelfall auf hartem Untergrund.

2. Hangbeinlahmheiten
   Bei Hangbeinlahmheiten ist die Entlastungsphase der geschädigten Gliedmaße verkürzt und das Pferd tritt mit dem erkrankten Bein nicht so weit vor bzw. unter als mit dem gesunden. Verstärkt werden solche Lahmheiten im Regelfall bei der Bewegung im tiefen Boden sichtbar.

3. Gemischte Lahmheiten
   Gemischte Lahmheiten sind Störungen der Belastungs- und Entlastungsphase eines oder mehrerer Extremitäten im Bewegungsablauf eines Pferdes. Hier wird oftmals die exakte Diagnose (auf welchem Bein das Pferd lahmt) nur von einem Fachmann gestellt werden können.

Nach dem Grad ihrer Ausprägung werden die Lahmheiten unterschieden in
– geringgradig lahm (für den Laien kaum zu sehen)
– mittelgradig lahm (gut sichtbar)
– hochgradig lahm (Pferd fußt kaum noch auf)
– höchstgradig lahm (Pferd fußt gar nicht mehr, z. B. bei einer Fraktur).

Zur näheren Beschreibung differenziert man noch Lahmheiten der Vordergliedmaßen und Lahmheiten der Hintergliedmaßen.

7.7.1 Huferkrankungen

Am häufigsten kommt leider nach wie vor die Strahlfäule vor. Durch fehlende Pflege des Hufes sowie durch ständige Haltung in feuchter, nasser Einstreu, kommt es zum Eindringen von Bakterien in die Strahlfurchen, die zur Zerstörung des Strahlhornes führen. Begünstigt wird die Erkrankung durch fehlende Belastung des Strahles infolge unregelmäßiger und zu geringer Bewegung. Auch steile Trachten – das Strahlgewebe hat keinerlei Kontakt mehr mit dem Boden – begünstigt die Strahlfäule. Durch fehlende Bodenberührung kommt es nicht zum Druckreiz auf das Strahlgewebe, so daß das Wachstum nicht mehr genügend angeregt wird. In Verbindung mit fehlender Pflege und nasser Haltung kann es zu tiefgreifenden Entzündungen kommen, die tiefere Hufstrukturen in Mitleidenschaft ziehen.
Die Behandlung dieser Erkrankung muß durch Verbesserung der Haltung eingeleitet (trockene Einstreu) und mit regelmäßiger täglicher Hufpflege fortgesetzt werden. Dabei sind die Strahlfurchen sorgfältig zu reinigen und bei Feuchtigkeit mit austrocknenden Lösungsmitteln zu versehen. Hier hat sich vor allem das Einlegen von Wattetupfern bewährt, die mit Jodtinktur bzw. Jodoformäther getränkt sein können.
Vorhandenes abgestorbenes Gewebe ist zuvor vom Tierarzt bzw. Hufschmied beim Beschlagen sorgfältig zu entfernen.
Sollten diese Maßnahmen alleine nicht zum Erfolg führen, und sollte weiterhin kein Druck auf den Strahl kommen, dann müssen Korrekturbeschläge vorgenommen werden. Das Hufeisen kann z. B. mit einem Steg versehen werden, um dadurch einen dauerhaften Druckreiz auf das Strahlgewebe auszuüben.
Bei rechtzeitigem Erkennen der Strahlfäule und sorgfältig durchgeführter Behandlung ist die Aussicht auf Heilung im allgemeinen gut. Sind jedoch auch tiefere Hufstrukturen befallen, können schwere Folgeerkrankungen bis zum Totalausfall eintreten.

7.7.2 Hornspalten

Unter Hornspalten versteht man Spalten in der Hufwand, die entweder vom Tragrand oder vom Kronsaum ausgehend u. U. den ganzen Bereich zwischen Tragerand und Kronsaum umfassen. Ursache dafür ist häufig eine schlechte Hufpflege. Bei zu lang gewordenen Hufen, die am Tragerand ausfransen, können sich Hufspalten bis hinauf zum Kronsaum bilden. Weitere Ursachen können Verletzungen im Bereich des Kronsaumes sein, die zum Tragerand hin als Spalten auswachsen.
Die Pferde müssen wegen dieser Hornrisse primär nicht zwangsläufig lahmen, es muß jedoch bei Infizierung tieferliegender Hufstrukturen mit schwerwiegenden Folgen gerechnet werden.
Begünstigt werden derartige Hornrisse durch spröde, trockene Hufe als Folge von Ernährungsstörungen, Haltungsfehlern oder fehlender Hufpflege. Erbliche Veranlagung ist oft mit im Spiel.
Die Behandlung der Hornspalten muß in jedem Falle dem Fachmann überlassen werden. Je nach Ausprägung und Ursache wird man zu Korrekturbeschlägen in Verbindung mit lokalen Behandlungen des Hornspaltes greifen. Die Erweiterung des Spaltes vom Tragerand her durch Belastung ist einzudämmen. Die Rißstelle vom Kronrand aus muß unterbrochen werden.
Wichtig ist das rechtzeitige Erkennen eines Hornspaltes, um mit einfachen, wenig aufwendigen Behandlungsmethoden größere Schäden für das Pferd zu vermeiden.

7.7.3 Hufrehe

Eine der gefürchtetsten Erkrankungen stellt die Hufrehe dar. Es ist eine mit hochgradigen Schmerzen verbundene Entzündung der Hufblättchen aller vier Hufe, meistens jedoch nur der beiden Vorderhufe. Durch die entzündlichen Vorgänge entsteht ein großer Druck auf die sensiblen und empfindlichen Hufstrukturen. Typisch für das Vorliegen von Hufrehe an den Vorderhufen ist das weite Untersetzen der Hinterhand unter den Schwerpunkt des Pferdes, um eine Entlastung der Vorderhufe zu bewirken. Als weitere Symptome sind große Hitze der Hufe und starke Pulsation der Mittelfußarterien festzustellen.

Die Ursache für das Auftreten der Hufrehe sind vielfältig.

Bei den nicht infektiösen Ursachen liegen in fast allen Fällen Einwirkungen verschiedenster Toxine (Gifte) vor, die zu entzündlichen Reaktionen der Huflederhaut führen. Auch die Verabreichung von Arzneimitteln, z. B. von bestimmten Cortisonpräparaten, können Hufreheerscheinungen auslösen.

Die Geburtsrehe infolge Nachgeburtsverhaltung bei Stuten ist am bekanntesten. Durch das Verbleiben von Nachgeburtsresten in der Gebärmutter kommt es zu einer bakteriell bedingten Gebärmutterentzündung. Die Bakterien sondern Gifte ab, die bei den Stuten die Hufrehe auslösen.

Eine weitere, seltener auftretende Form ist die Belastungsrehe. Durch starken Druck auf die Huflederhaut, bedingt durch längeres, ungewohntes Bewegen und Arbeiten auf hartem Boden, können starke entzündliche Reaktionen der Huflederhaut hervorgerufen werden.

Tab. 59. Formen der Hufrehe

Form	mögliche Ursache
Intoxikationsrehe	Gifte verschiedenster Art; verschiedene unverträgliche Arzneimittel
Fütterungsrehe	übermäßige Gaben von unverträglichem Getreide, stark eiweißhaltige Futtermittel (z. B. Luzerne im Übermaß)
Geburtsrehe	Intoxikation durch bakterielle Gifte nach Nachgeburtsverhaltungen
Belastungsrehe	plötzliche Belastungen auf hartem Untergrund

Die Verfütterung von frischen Körnern und frischem Heu, aber auch von Melonen und Hülsenfrüchten, kann zur Futterrehe führen. Bei der Aufspaltung dieser Futtermittel im Magen-Darm-Trakt wird die Aminosäure Histamin freigesetzt, die dann zum Entzündungsmediator Histidin verstoffwechselt wird. Dieses Histidin gelangt in die Blutbahn und löst an der feinen Huflederhaut entzündliche Erscheinungen aus.

Besonders anfällig für das Auftreten der Hufrehe sind leichtfuttrige Kleinpferde und Ponys. Durch ein Überangebot an Kohlenhydraten verfetten diese Tiere häufig. Durch eine Entgleisung des gesamten Stoffwechsels werden im Körper Toxine produziert, die letztlich die Hufrehe auslösen.

Bei den ersten Anzeichen für Hufrehe ist sofort der Tierarzt hinzuzuziehen. Er kann versuchen, durch den Einsatz geeigneter Medikamente und durch die sofortige Einleitung anderer therapeutischer Maßnahmen die Schäden zu begrenzen. Eine schwerwiegende Folge kann die Rotation des Hufbeines sein. Das bedeutet: Durch die Trennung der Lederhaut vom Hornschuh kann das Hufbein eine abnorme Beweglichkeit erlangen, sich mit der Hufbeinspitze in Richtung Hufsohle bewegen und oftmals sogar durchbrechen. Derartige Krankheitsentwicklungen versucht man durch Stegeisen zu beherrschen, da bei einem Hufbeindurchbruch im Regelfall nur noch die Tötung des Tieres bleibt.

Eine akute Hufrehe kann sich auch in eine chronische Verlaufsform umwandeln. Hier werden dann auch die Saumbänder der Hufe in Mitleidenschaft gezogen, so daß es zur Deformation des Hufes kommt. Bei chronischen Verlaufsformen sind Hufrillen und schlimmstenfalls die Bildung von Knollhufen oder das Abwerfen des Hornschuhes zu beobachten.

Hufrehe führt relativ oft zum totalen Ausfall der erkrankten Pferde.

7.7.4 Die Podotrochlose oder Hufrollenentzündung

Im täglichen Sprachgebrauch wird diese Erkrankung oftmals als Hufrolle bezeichnet. Die Hufrolle stellt jedoch lediglich einen Teil des Hufmechanismus dar und wird gebildet vom Strahlbein, dem darübergleitenden Teil der tiefen Beugesehne sowie dem dazwischenliegenden Schleimbeutel (Bursapodotrochlearis). Aufgrund der Lokalisation und der Funktion dieser Organteile im Huf werden hier zu einem Großteil die auftretenden Belastungen und Stöße abgefangen.

Unter einer Hufrollenentzündung versteht man nun zunächst die Entzündung des Schleimbeutels mit Ausdehnung der entzündlichen Veränderungen auf das Strahlbein und auf die tiefe Beugesehne.

Im fortgeschrittenen Stadium der Erkrankung kommt es zu narbigen Veränderungen an der tiefen Beugesehne und zu Auflösungserscheinungen des Strahlbeines. Die Auflösungserscheinungen des Strahlbeines werden durch ordnungsgemäß angefertigte Röntgenaufnahmen sichtbar gemacht. Zu sehen sind bohrgang- bzw. lochartige Veränderungen in dem weberschiffchenartigen Strahlbein. Lahmheiten durch diese Krankheit treten meistens bei älteren Pferden auf, obschon auch jüngere Pferde betroffen sein können. Bei der tierärztlichen Untersuchung tritt nach der Leitungsanästhesie des lahmen Beines häufig eine Lahmheit des zunächst nicht betroffenen Beines auf (Umspringende Lahmheit). Nur durch Anfertigen von Röntgenaufnahmen kann die Verdachtsdiagnose bestätigt werden. Diese Erkrankung wird auch »Berufskrankheit des Springpferdes« genannt, weil die Druckeinwirkungen nach Sprüngen erheblich sind. Aber auch Huffehlstellungen, z.B. steile Fesselstellung, Zwanghuf und zu starke Beschlagskorrekturen mit plötzlicher Umstellung der Zehenachse, können solche Krankheitsprozesse verursachen und auch beschleunigen. Aufzuchtfehler mit gestörtem Mineralhaushalt können diese Krankheit begünstigen. Inwieweit erblich bedingte Faktoren mitverantwortlich sind, kann derzeit noch nicht mit Sicherheit gesagt werden.

Symptomatisch für die Hufrollenentzündung ist der schleichende Verlauf. Die Pferde sind im Regelfall zunächst gangunfreudig, der Gang wird zunehmend stumpfer und die Pferde versuchen beim Auffußen die Trachten und Ballen zu entlasten. Dadurch kommt es bei längerer Dauer zu nur geringer Abnutzung der Trachtenpartie, so daß die Hufstellung steiler wird und Zwanghufe die Folge sein können. Während des Reitens verlieren sich die Symptome oftmals, jedoch zeigen die Pferde oft am Morgen nach stärkeren Belastungen deutliche Lahmheitssymptome. Auf unebenem Boden verschlimmert sich die Lahmheit. Von der Hufrollenentzündung werden fast ausschließlich die Vorderbeine betroffen, meistens beide, aber nicht unbedingt im gleichen Ausmaß.

Grundsätzlich muß gesagt werden, daß die Heilung einer Hufrollenentzündung nicht möglich ist. Die Veränderungen am Strahlbein sind irreversibel.

In der Praxis wird versucht, den Krankheitsprozeß zu verlangsamen, indem den Pferden z.B. blutgerinnungshemmende Substanzen (Warfarin) verabreicht werden. Dies kann aber nur zu einem verzögerten Verlauf der Erkrankung führen.

Um das Pferd noch für eine gewisse Zeit nutzen zu können, wird auch gelegentlich ein Nervenschnitt durchgeführt (Neurektomie). Dieser Eingriff ist jedoch mit äußerster Vorsicht und nach reiflicher Überlegung vorzunehmen, weil diese Pferde beim Reiten oftmals einen unsicheren Gang zeigen und auch gelegentlich ein Ausschuhen (Abwerfen des Hornschuhes) vorkommt. Im internationalen Turniersport dürfen neurektomierte Pferde nicht eingesetzt werden. Ferner stellt sich die Frage, ob die sportliche Nutzung eines neurektomierten Pferdes mit der Verantwortung des Reiters bzw. Fahrers gegenüber dem Mitgeschöpf Pferd vereinbar ist.

7.7.5 Die Gelenkschale

Als Gelenkschale bezeichnet man Knochenzubildungen, die am Hufbein, am Kronbein und am Fesselbein auftreten können. Durch die Entzündung der Knochenhaut in diesen Bereichen kommt es zu entzündlichen Reaktionen mit Knochenauftreibungen. Diese können schließlich zu einer Arthrose mit anschließender Versteifung der betroffenen Gelenke führen. Die Ursachen für diese Reizung der Knochenhaut sind einwirkende Traumen (Überlastung in Wendungen und bei Überspringen von Hindernissen). Das kann durch starke Druck- und Zugeinwirkung (enge Wendungen), aber auch durch Anschlagen an Hindernissen oder durch tiefe Wunden verursacht werden. Sichtbar werden diese Erkrankungen oftmals durch äußerlich erkennbare Zubildungen, vorwiegend im Kronbereich. Diese Knochenzubildungen führen dann zu Lahmheiten, wenn sie bereits die Gelenkflächen ergriffen haben. In diesen Fällen wird die Gelenkfunktion beeinträchtigt, so daß bei entsprechend weiter Beugung oder Streckung der Gelenke zueinander die Exostosen auf den Gelenkflächen reiben und damit zu Schmerzen führen.

Wichtig ist daher die sorgfältige Behandlung von Prellungen bzw. Zerrungen an den Pferdebeinen. Es gilt, die akuten Entzündungserscheinungen durch geeignete therapeutische Maßnahmen, wie Einreibungen und u.U. Injektionen mit entzündungshemmenden Arzneimitteln, zu dämpfen.

Bei bereits bestehenden Knochenzubildungen müssen Lahmheiten nicht unbedingt auftreten, wenn die Lokalisation (Ansiedlung) der Knochenexostosen die Funktion der Gelenke nicht beeinträchtigt. Als Nebenwirkung kann jedoch auch ein Abbrechen der Auftreibung beobachtet werden. Das Bruchstück findet man gelegentlich als sog. freien Gelenkkörper (Gelenkmaus) in den Gelenkspalten. Dort führt es sporadisch zu hochgradigen, aber auch bisweilen zu dauerhaften Lahmheiten. Solche freien Gelenkkörper können nach vorheriger Gelenkspiegelung bei günstiger Lokalisation entfernt werden.

7.7.6 Der Spat

Spat ist die Bezeichnung für Knochenhautentzündungen an der Innenseite des Sprunggelenkes im Bereich der straffen Gelenke. Unterschieden wird zwischen dem Spat des jungen Pferdes und dem Spat des alten Pferdes. Sichtbar wird die Spaterkrankung durch Lahmheiten der Hinterhand, die bei längerer Bewegung bzw. Arbeit des Pferdes nachlassen.

Es treten Stützbein-, Hangbein-, aber auch gemischte Lahmheiten auf. Als weiteres, gut sichtbares Anzeichen ist die besondere Ausbildung der Zehenrichtung des Hufes erkennbar. Der vordere Tragerand im Bereich der Zehe rundet ab, weil das plane Auftreten fehlt und der Fuß über den Boden schleift. Das erkrankte Pferd bewegt das Sprunggelenk so wenig wie möglich. Das Auftreten dieser Erkrankung wird durch verschiedene Faktoren begünstigt. Es führen insbesondere Stellungsfehler, wie Säbelbeinigkeit, Faßbeinigkeit, bodenenge und zehenweite Stellungen, zu vermehrt ungleichmäßiger Belastung der Sprunggelenke. Die Innenseiten mit ihren straffen Gelenkanteilen werden hauptsächlich belastet. Dies führt dann reaktiv zu entzündlichen Veränderungen der betroffenen Knochenanteile.

Als weitere Auslöser gelten Störungen des Mineralstoffhaushaltes oder zu frühes Anreiten und Belasten von Pferden. Besonders anfällig für Spat sind Traber. Aufgrund des frühen Trainingsbeginns sowie der aktiven Arbeit und des weiten Untertretens der Hinterbeine sind die Sprunggelenke besonderer Belastung ausgesetzt. Starke Kürzung der Trachten bei Belassung des langen Zehentragerandes führt zu einer unphysiologischen Beanspruchung der Hinterextremitäten. Alle diese Besonderheiten beanspruchen letztlich die Sprunggelenke extrem und lösen dadurch Spat aus.

Die Behandlung von Spat wird in erster Linie durch einen therapeutischen Hufbeschlag vorgenommen, bei dem einseitig die Innenseite des Hinterbeines durch eine Verdickung des inneren Hufeisenschenkels angehoben wird. Dadurch sollen die Innenseiten der Sprunggelenke entlastet werden. Zusätzlich werden Einreiben, Brennen und bisweilen auch operative Eingriffe nötig. Die Entscheidung darüber kann nur vom Tierarzt getroffen werden.

Die »Spatprobe« ist eine bekannte Diagnosemethode. Dabei wird das Hinterbein nach vorne aufgehoben und für etwa drei Minuten gebeugt. Danach muß das Pferd sofort antreten. Liegt Spat vor, lahmt das Pferd während der ersten Tritte deutlich. Es ist jedoch anzumerken, daß diese Lahmheitsverstärkungen in Einzelfällen von krankhaften Prozessen im Kniegelenk oder im Hüftgelenk verursacht werden können. Der Tierarzt wird unter Zuhilfenahme von diagnostischen Anästhesien und Röntgenaufnahmen zu einer klaren Diagnose kommen.

7.7.7 Die Gallen

Unter Gallen versteht man die Zubildung von Gelenkflüssigkeit bzw. Sehnenscheidenflüssigkeit bis an den tiefliegenden Gelenken bzw. Sehnenscheiden. Sie treten im allgemeinen an den Fesselgelenken sowie an den Fesselbeugesehnenscheiden auf, gelegentlich auch am Sprunggelenk. Die Ursachen für Gallen liegen im allgemeinen in einer starken Beanspruchung, die eine reaktive, übermäßige Produktion von Gelenk- bzw. Sehnenscheidenflüssigkeiten hervorruft. Nach reduzierter Belastung normalisiert sich oftmals die Flüssigkeitsproduktion. Da die Gallen normalerweise keine Lahmheiten verursachen, solange sie weich bleiben, sondern lediglich einen Schönheitsfehler darstellen, erübrigt sich meistens eine Therapie.

Gallen sind abzugrenzen von akuten entzündlichen Erscheinungen, die mit Wärme und Lahmheiten einhergehen. Gallen treten gelegentlich auch bei jüngeren Pferden auf. Sie können oftmals als ernährungsbedingte Wachstumsstörung gewertet werden. Die Überprüfung der Futterrationen und des Mineralstoffangebotes sind angezeigt.

7.7.8 Die Phlegmone oder der Einschuß

Unter einer Phlegmone versteht man die eitrige Entzündung der Unterhaut. Ist davon eine Gliedmaße betroffen, spricht man auch vom Einschuß. Durch kleine Hautverletzungen können Bakterien in die Unterhaut eindringen und dort eitrige Entzündungen der gesamten Unterhaut verursachen. Sichtbar wird dies in erster Linie durch ein starkes Anschwellen eines Beines mit hochgradiger Schmerzhaftigkeit und massiver Umfangsvermehrung. Die betroffenen Körperregionen zeigen alle Anzeichen einer typischen Entzündung mit vermehrter Durchblutung, Schwellung, Wärme und Schmerzen. Fieber kann ebenfalls auftreten.

Phlegmonen sind unverzüglich mit Kühlung und Spezialsalben vom Tierarzt zu behandeln. Ferner sind Antibiotikagaben erforderlich. Die Gefahr bei Phlegmonen besteht darin, daß durch Bindegewebszubildungen in der entzündeten Unterhaut das Bein dauerhaft verdickt bleibt. Man spricht dann von der sog. Elephantiasis.

7.7.9 Der Kreuzverschlag oder Lumbago

Unter Kreuzverschlag versteht man die Zerstörung von Muskelzellen in der Rückenmuskulatur des Pferdes. Dieselbe tritt insbesondere auf, wenn Pferde trotz fehlender Bewegung voll mit Kraftfutter versorgt werden. In den dicken Muskelpaketen der Rückenmuskulatur sammelt sich das aus dem Kraftfutter gebildete Kohlenhydrat Glykogen an, das bei plötzlicher Belastung sehr schnell durch den anaeroben Stoffwechsel zu Milchsäure abgebaut wird. Diese Milchsäure kann jedoch nicht schnell genug abtransportiert werden. Sie zerstört die Zellwände der Rückenmuskelzellen. Die Muskelzellen gehen dann zugrunde. Durch das austretende Myoglobin (roter Farbstoff der Muskelzelle) wird dann der Harn der erkrankten Pferde rostbraun. Es wird über die Niere mit dem Urin ausgeschieden. Die Symptome sind eindeutig.

Nach kurzzeitiger Belastung des Pferdes kommt es zu einer völligen Versteifung der Rückenmuskulatur mit starken Schmerzen. Das Pferd ist kaum noch in der Lage zu gehen und die Rückenmuskulatur wird bretthart. Es ist sofort ruhigzustellen, warm einzudecken (Prießnitzumschlag) und die gesamte Rückenmuskulatur muß warm gehalten werden. Nur ein unverzüglich konsultierter Tierarzt kann Folgeschäden mindern oder gar verhindern.

Vorbeugend sollten Pferde bei fehlender Belastung – besonders bei Ruhetagen – Futterabzug bekommen. Besser ist es jedoch, die Pferde regelmäßig zu bewegen und völlige Ruheperioden auf ein Minimum zu beschränken. Der in vielen Ställen praktizierte Ruhetag bringt für Pferde eher Nachteile als Vorzüge. Regelmäßige Bewegung im Wechsel mit Erholungsphasen bedeuten bestmögliche Vorbeuge.

Pferde, die einmal einen Lumbagoanfall hatten, sind aufgrund des sich in der Rückenmuskulatur bildenden Narbengewebes für erneuten Kreuzschlag besonders anfällig. Bei schweren Anfällen gehen sehr viele Muskelzellen zugrunde, dann werden oftmals auch die Nieren durch das anfallende Myoglobin geschädigt. Nierenzerstörung und nachfolgende Urämie (Harnstoffvergiftung) können die Folge sein.

Zur Wiederholung und Vertiefung

1. Wie diagnostiziert man Lahmheiten und wodurch erkennt man ihre Lokalisation?
2. Beschreiben Sie die wichtigsten Huferkrankungen und die Möglichkeiten, diese zu vermeiden bzw. zu heilen.
3. Wie äußert sich Schale und woran erkennt man diese?
4. Erläutern Sie Lokalisation und Schadbild von Spat sowie Vorbeuge- und Gegenmaßnahmen.
5. Was sind Gallen, wo sind diese angesiedelt und welche Schäden können sie verursachen?
6. Beschreiben Sie die Phlegmone und deren mögliche Auswirkungen.
7. Wodurch entsteht Kreuzschlag und wie kann man vorbeugen?

7.8 Die Wundverletzungen des Pferdes

Wundverletzungen werden unterteilt in offene und gedeckte Verletzungen.

7.8.1 Die offenen Wunderkrankungen

Man kann sie weiter unterteilen in
1. Schnittwunden
2. Rißwunden
3. Stichwunden

7.8.1.1 Schnittwunden

Sie werden hervorgerufen durch Verletzungen an scharfen Gegenständen. Es entstehen relativ glatte Wundränder.

Aufgrund der dann meistens eng umschriebenen Gewebezerstörungen kann durch eine alsbald nach der Verletzung angelegte Wundnaht gute Heilung erzielt werden. Voraussetzung ist jedoch, daß die Wunde nicht bakteriell infiziert wird und die Wundfläche völlig ruhiggestellt werden kann.

Bei glatten Schnittwunden werden im Regelfalle nur die direkt betroffenen Gewebestellen in Mitleidenschaft gezogen. Es besteht aber die Gefahr, daß die Einschnittstellen sehr tief gehen und daß dabei Blutgefäße getroffen werden. Starke Blutungen sind die Folge, besonders wenn Arterien verletzt werden.

7.8.1.2 Rißwunden

Rißwunden treten häufig auf der Weide und auch im Stallbereich auf. Draht, besonders Stacheldraht, Nägel, defekte Gatter u. a. m. sind ständige Gefahrenquellen.

Die Haut wird durch Rißverletzungen nicht glatt unterbrochen, sondern sie »franst« an den Rändern aus. Das Wundgebiet bleibt nicht eng umschrieben, sondern dehnt sich weiter aus. Ganze Hautstücke können herausgerissen werden.

Solche Rißwunden sind chirurgisch meistens schwer zu versorgen und nur selten gelingt eine die Wunde verschließende Wundnaht. Oft muß mit sekundärer Wundheilung gerechnet werden, die dann mit Narbenbildungen einhergeht.

7.8.1.3 Stichwunden

Die Stichwunden stellen außerordentlich gefährliche Verletzungen dar. Die schmale Stichstelle wird oftmals sehr spät erkannt. Spitze Gegenstände, z. B. Nägel, Gabelzinken u. a., dringen nicht selten sehr tief in den Körper ein. Die häufigste Stichverletzung ist der Nageltritt. Ein Nagel dringt zwischen Strahlfurche und Seitenstrebe in den Huf ein bis in tiefer gelegene Regionen des Hufgelenkes. Solche Verletzungen können zu einer eitrigen Infizierung der Gelenke führen, die irreversible Schädigungen nach sich ziehen. Außerdem besteht die Gefahr, daß Bakterien, die unter Luftabschluß besonders gut wachsen, Toxine produzieren und damit den gesamten Organismus schwer erkranken lassen. Die gefährlichsten Erreger dieser Krankheiten sind die Tetanus- und die Rauschbrandbazillen.

Zu Gabelstichen kommt es häufig beim Einstreuen oder Ausmisten der Boxen, wenn dabei die Pferde noch im Stall sind. Stichverletzungen in Gliedmaßen und Gelenken, besonders in den Sprunggelenken, können zu Schäden führen, die nur langsam oder gar nicht ausheilen.

7.8.2 Gedeckte Verletzungen

Bei gedeckten Verletzungen wirkt ein äußeres Trauma auf tieferliegende Gewebestrukturen ein ohne Durchtrennung der äußeren Haut. Es können sein z. B. Quaddeln nach Insektenstichen, die erste Stufe des Satteldruckes, Schürf- und Scheuerwunden (darunter gequetschte Gewebe heilen erst nach Verschorfung ab) oder Quetschungen, bei denen es zu blutigen Durchtränkungen, Blutergußbildung oder auch zur Zermalmung der tieferen Gewebe kommt.

Ursachen für diese Arten von Verletzungen können sein: Anschlagen gegen Hindernisse, Anrennen gegen Stallecken, Huftritte, Stürze u. v. a.

Zur wirksamen Schadensbegrenzung ist eine schnelle und exakte Feststellung der Verletzungsart und ein unverzügliches Ergreifen der notwendigen Gegenmaßnahmen erforderlich. Erst dann gibt es eine Chance zur vollständigen Heilung. Nur der erfahrene Pferdehalter wird beurteilen können, ob eine Verletzung so geringgradig ist, daß sie durch eigene Maßnahmen erfolgreich behandelt werden kann. Es ist ein großer Fehler, zunächst eine aussichtslose Eigenbehandlung einzuleiten, um Tierarztkosten zu sparen. 8 bis 14 Tage alte Verletzungen kann auch der Tierarzt oftmals nicht mehr durch therapeutische Maßnahmen vollständig heilen. Er muß rechtzeitig zu Rate gezogen werden.

Die Behandlung von Schnitt-, Riß- und Quetschwunden setzt besondere Gewissenhaftigkeit voraus. Zunächst ist für eine exakte Wundreinigung zu sorgen. Die Abtrennung von nekrotischem, abgestorbenem Gewebe und die Zusammenlegung der Wundränder sind der nächste Therapieschritt. Die Zusammenfügung der Wundränder (Naht), mit anschließender Abheilung bei geringgradiger Narbenbildung, wird als primäre Wundheilung bezeichnet. Sekundäre Wundheilung erfolgt über die Bildung von Granulationsgewebe. Ist ein Wundverschluß für eine primäre Wundheilung nicht möglich, kommt es als Komplikation bisweilen zu überschießender Bildung von Granulationsgewebe (Narbengewebe), dem sog. wilden Fleisch. Dies führt zu einer Verhinderung der Epithelisierung der Haut und somit zu verzögertem Wundverschluß mit häßlicher Narbenbildung.

Offene Wunden bedürfen vielfach einer antibiotischen Versorgung, da durch das Eindringen von Krankheitserregern verschiedenster Art Wundinfektionen hervorgerufen werden können, die den Heilungsprozeß zusätzlich komplizieren.

Aus dem Gesagten wird deutlich, daß bei Pferden eine ordnungsgemäße Tetanusimpfung vorliegen sollte. Auffrischungsimpfungen sollten nicht versäumt werden. Wird ein noch nicht geimpftes Pferd verletzt, ist eine Simultanimpfung mit Tetanusserum und Tetanustoxoid vorzunehmen.

Bei größeren Verletzungen mit heftigen Blutungen müssen vom Pferdehalter bis zum Eintreffen des Tierarztes lebenserhaltende Maßnahmen getroffen werden. Das Anlegen von Druckverbänden mit sauberem Verbandsmaterial sollte jeder Pferdehalter beherrschen. In jeder Stallapotheke müssen sterile Wundkompressen mit entsprechenden Bandagen vorhanden sein, um Blutungen, z. B. an den Extremitäten, abdecken zu können. Bei einer massiven Blutung am Bein muß eine Wundkompresse aufgelegt, eine zusätzliche Polsterung mittels Watte vorgenommen und anschließend ein fester Druckverband angelegt werden.

Das Anlegen eines Druckverbandes sollte von jedem Auszubildenden geübt werden, um für alle Fälle gewappnet zu sein. Wundverbände sollten nicht zu lange verbleiben (ca. 60 Minuten), sondern frühestmöglich einem Tierarzt vorgestellt werden, damit eine evtl. bestehende Abschnürung des Beines rechtzeitig gelöst wird. Die Blutung kann dann ordnungsgemäß zum Stillstand gebracht werden.

Die Behandlung gedeckter Verletzungen sieht etwas anders aus. Am häufigsten kommt wohl der Satteldruck vor. Er ist häufig bedingt durch unpassendes oder minderwertiges Sattelzeug und auch durch Eindringen von Schmutz zwischen Satteldecke und Sattellager. Das führt zur Reizung der Unterhaut und zur Ausbildung von Quaddeln u. U. zur Hämatombildung.

Pferde mit Satteldruck müssen außer Dienst gestellt werden und die betroffenen Stellen sind zu kühlen. Vorab muß eine gründliche Wundreinigung stattfinden, z. B. mit physiologischer Kochsalzlösung oder auch zunächst mit klarem Wasser und einer jodhaltigen Seife. Abschließend sollte eine antiseptisch wirkende Salbe aufgetragen werden. Danach wäre eine durchblutungsfördernde und entzündungshemmende Salbe zu empfehlen. Ist die Wunde mit Eiterbakterien infiziert, muß eventuell eine antibiotikahaltige Salbe aufgetragen werden. Es kann erst wieder gesattelt werden, wenn die Wunde vollständig abgeheilt ist. Die Sattellage ist erst dann wieder voll belastbar. Zur Vermeidung von Satteldruck ist zu beachten, daß nur passendes Sattelzeug angelegt wird, die Satteldecke sauber und gepflegt ist, und daß die Sattellage vor dem Aufsatteln ordnungsgemäß gereinigt wurde. Zur Vorbeuge gehört außerdem die ordnungsgemäße Versorgung der Pferde nach dem Reiten (Fahren), wie Abschwammen und Abwischen der Sattellage, die vollständige Entfernung des Schweißes u. a. m. Als Nebeneffekt wird die Sattellage durch den Kältereiz besser durchblutet und damit widerstandsfähiger.

Quetschungen und Prellungen infolge Einwirkung von stumpfen Traumen, z. B. durch heftiges Anschlagen an Stangen, sind zunächst für etwa 24 Stunden zu kühlen. Durch die Kühlung sollen die Blutgefäße enggestellt werden, so daß weitere Blutungen begrenzt werden. Nach etwa 24 Stunden sollte man die Behandlung ändern und von der Kältetherapie in die Wärmetherapie übergehen. Hierzu eignen sich Verbände mit z. B. Hirudoidsalbe, warmem Enelbin, Salbenverbände mit Hepathrombin u. a. Durch die dann erhöhte Durchblutung sollen die Blutgerinnsel und zerstörten Gewebsanteile schneller abtransportiert werden. Das trägt zu einer zügigen Heilung bei.

Bei Ballentritten ist zuerst festzustellen, ob eine tiefe, offene Verletzung vorliegt, die eine tierärztliche Behandlung erforderlich macht. Sonst werden sie zunächst mit einem Angußverband behandelt. Hierzu wird ein Watteverband um den Huf gelegt und dieser mit einem Desinfektionsmittel (vorwiegend Acridinfarbstoffe, z. B. Rivanol, Entozoon) getränkt, um für Wundreinigung mit Kühlung zu sorgen. Je nach Ausmaß des Ballentrittes muß dann über die weitere Versorgung, z. B. mit Wundsalben usw., entschieden werden.

7.8.3 Die Stallapotheke

Um für den Notfall oder zur täglichen Gesundheitsvorsorge ordnungsgemäß Arzneimittel und Hilfsmittel unterbringen zu können, muß in jedem Pferdestall eine Stallapotheke – in größeren Betrieben ein Apothekenraum mit Kühlschrank – vorhanden sein. Hierzu ist ein sauberer, trockener Schrank zu wählen, der an einem sicheren, kühlen Ort aufgestellt werden kann. Der Schrank ist so abzusichern, daß nur Befugte Zugang haben. In diesem Schrank müssen die Hilfsmittel, wie Hufmesser, Verbandswatte, Hufzange, Fieberthermometer sowie auch Desinfektionsmittel und Medikamente, die vom Tierarzt verschrieben worden sind, aufbewahrt werden. Folgende Grundausstattung sollte in einer Stallapotheke zu finden sein:

1. Verbandsmaterial
   1 Rolle mit ca. 5 m Verbandmull – sauber verpackt, einige Pakete Watte, sterile Wundkompressen, elastische Binden, 1 Rolle Verbandisolierband sowie einige Rollen mit Klebeband.

2. Pflegemittel
   Hierzu gehören: Schmierseife, Jodseife zur desinfi-

zierenden Reinigung, Spiritus, Jodoformäther zur Behandlung von Strahlfäule.
3. Geräte und Hilfsmittel
An Geräten und Hilfsmitteln müssen vorhanden sein: 1 Henkelgefäß zum Anmengen von Flüssigkeiten, verschiedene saubere Lappen zum Anlegen von Hufverbänden, Polsterlagen zum Anlegen von Verbänden, Hufmesser, Fieberthermometer, Nasenbremse, frisch gewaschene Pferdedecke mit Beckengurt sowie Desinfektionslösungen zur Reinigung von Putzzeug und Händen.

Es ist empfehlenswert, ein Stallbuch zu führen, in dem sämtliche Behandlungen und anstehende Entwurmungs- und Impftermine eingetragen und entsprechend abgehakt werden.

Notwendige Medikamente sollten vorrätig gehalten werden. Dies sind nicht verschreibungspflichtige Salben und Desinfektionsmittel sowie Wurmpräparate, die vom Tierarzt verschrieben worden sind. Zur Ausstattung gehören ebenfalls Salben, die bei Vorliegen von Hämatomen oder sonstigen Verletzungen aufgetragen werden können. Schmerzstillende oder entzündungshemmende Medikamente sollten nur vom Tierarzt in dringenden Fällen verordnet werden und nach jeder Behandlung verbraucht sein. Restbestände müssen über den Sondermüll vernichtet werden.

Es ist zu beachten, daß verschiedene Medikamente nur unter Lichtabschluß oder bei bestimmten Temperaturen gelagert werden können. Dafür sind abgedunkelte Schränke oder ein Kühlschrank aufzustellen.

Erst die ordnungsgemäße, saubere Lagerung der Medikamente und Verbandsmaterialien stellt sicher, daß diese im Bedarfsfall ihren Zweck erfüllen.

7.8.4 Erste-Hilfe-Maßnahmen

In der Pferdehaltung treten immer wieder unvorhergesehene Ereignisse ein, bei denen sich Pferde verletzen bzw. erkranken und diese dann vom Reiter bzw. vom Halter der Pferde bis zum Eintreffen des Tierarztes versorgt werden müssen. Folgende Grundsätze sind einzuhalten:
1. Ruhe bewahren – gerade das oftmals kopflose Handeln von Beteiligten verschlimmert Gefahrensituationen und bringt nicht nur das Pferd, sondern auch beteiligte Personen in Gefahr.
2. Bei stark blutenden Wunden muß durch Druckverbände versucht werden, die Blutung zum Stillstand zu bringen.
3. Ein Koliker, der starke Unruhe zeigt, muß sofort aus gefährlichen Räumen, wie einer engen Stallgasse usw., entfernt werden, da er sich hier zusätzlich erhebliche Verletzungen zuziehen kann. Die Umstallung in einen relativ sicheren Raum (z. B. Reitbahn) ist daher notwendig.
4. Bei offenkundigen Kreislaufstörungen, wie Zittern etc., muß das Pferd sofort warm eingedeckt werden.
5. Pferde, die stark lahmen (z. B. Verdacht auf Frakturen), dürfen nicht mehr weitergeführt werden, sondern müssen nach Eindeckung stehengelassen und möglichst mit einem Fahrzeug abtransportiert werden.
6. Grundsätzlich gilt ferner, daß bei allen schwer zu beherrschenden Krankheitssituationen bzw. Unfällen mit größter Eile ein Tierarzt hinzuzuziehen ist, um größere Folgeschäden nach Möglichkeit zu vermeiden.

7.9 Hauterkrankungen

Hauterkrankungen sind beim Pferd sehr vielfältig. Darum beschränken wir uns hier auf die vier wichtigsten: Mauke, Hautpilz, Sommerräude und Räude.

7.9.1 Mauke

Unter Mauke versteht man ein vorwiegend in den Fesselbeugen des Pferdes auftretendes, zunächst nässendes Ekzem, das durch bakterielle Sekundärinfektion mit nekrotisierenden Bakterien zu tiefergreifenden Entzündungen mit übermäßiger Hornhaut- und Krustenbildung führt. Häufig befallen sind Pferde mit langem Kötenschopf und Pferde, die ständig in feuchter Umgebung sind. Früher kannte man bei Kaltblütern eine Prädisposition (Vorbelastung) für diese Erkrankung. Die Behandlung erfolgt durch Trockenstellen der Pferde (saubere, trockene Einstreu), damit keine Feuchtigkeit und kein Schmutz in die Wunden eindringen können sowie mit austrocknenden Salben, denen u. U. Antibiotika zugegeben werden müssen.

7.9.2 Hautpilzerkrankungen

Der Befall mit Hautpilzen zeigt bei den Pferden ein typisches Bild. Sichtbar werden kreisrunde Hautbezirke, an denen die Haare ausfallen. Daher nennt man diese Hautpilzerkrankungen auch Glatzflechte oder Ringwurm.

Die auch „scherende Flechten" genannten Hauterkrankungen zeigen sich durch Haarausfall kreisrunder, kleinerer Stellen, die sich über den gesamten Körper ausdehnen und bei Fortgang auch tieferliegende Hautbezirke befallen können. Häufig wird die Sattellage betroffen, so daß die Pferde dann nicht mehr geritten werden dürfen. Die Übertragung der Pilzsporen findet häufig mit dem Putzzeug statt. Daher ist es außerordentlich gefährlich, Pferde, die mit Hautpilzen befallen sind, neben anderen Pferden aufzustellen und das gleiche Putzzeug zu benutzen. Die Übertragung der Krankheit ist dann vorprogrammiert.

Zunächst ergreift man Hygienemaßnahmen. Für jedes Pferd ein eigener Putzbeutel mit allem Zubehör, optimale Pflege der Pferde, sterile Satteldecken, Zaum- und Sattelzeug.

Die betroffenen Hautbezirke werden lokal mit fungiziden (pilztötenden) Medikamenten behandelt, die der Tierarzt verordnen muß. Die Hygienemaßnahmen müssen über einen längeren Zeitraum nach Abklingen der sichtbaren Symptome aufrechterhalten werden, da es möglich ist, daß Pilzsporen nach wie vor in der Haut haften und zu Wiederinfektionen führen.

7.9.3 Sommerräude

Die Sommerräude oder auch Sommerekzem genannte Erkrankung tritt besonders während der Sommermonate bei Kleinpferden, aber auch in zunehmendem Maße bei Großpferden auf. Die Krankheitssymptome findet man vorwiegend am Schweifansatz, auf dem Rücken und auf dem Widerrist. Sie treten vorwiegend zu Beginn der warmen Jahreszeit auf und halten sich über den gesamten Sommer. Sichtbar wird die Erkrankung durch quälenden Juckreiz, der die Pferde zu erheblichem Scheuern veranlaßt. Dies führt sehr schnell zum Ausfall der Mähnenhaare und der Behaarung befallener Körperstellen, nicht zuletzt auch zum Ausfall der Schweifhaare.

Es geht um einen Krankheitskomplex, dessen Ursache über lange Jahre hinweg nicht genau bekannt war. Mittlerweile scheint jedoch festzustehen, daß es sich dabei um allergische Reaktionen gegen Insektenstiche handelt. Insekten suchen vorwiegend die vorher genannten Stellen des Pferdes auf, stechen und saugen Blut und Lymphe. Die allergischen Reaktionen treten vorzugsweise lokal in diesen Körperregionen auf.

Therapeutisch sind diese Krankheitssymptome nur schwer anzugehen. Man kann versuchen, durch Cortisongaben den Juckreiz zu lindern und durch lokale Einreibungen Insekten vom Pferd fernzuhalten. Am sichersten ist es jedoch, die Tiere während der warmen Tagesstunden, in denen die Insektenflugaktivität besonders groß ist, nicht auf die Weide zu schicken.

7.9.4 Räude

Von der Sommerräude als allergischer Hautreaktion ist die echte Räude abzugrenzen. Sie wird durch Milben hervorgerufen. Räudebefall betrifft häufig schlecht ernährte und sehr stark belastete Pferde. Hier scheinen Vitamin- und Mineralstoffmangelsituationen für das Haften der Räudemilben eine besondere Rolle zu spielen. Häufig befallen waren in früheren Jahren die Pferde, die im Kriegseinsatz genutzt wurden. Grundsätzlich unterscheidet man drei verschiedene Räudemilbenarten:

7.9.4.1 Die Grabmilbe

Die Grabmilbe siedelt sich meistens an dünnbehaarten Körperstellen an. Häufig beginnt die Erkrankung am Kopf und greift über auf Hals- und Schulterpartien sowie auch Sattel- und Geschirrlage. Sie neigt zur Ausdehnung über den gesamten Körper. Es handelt sich dabei um eine mit Juckreiz einhergehende, eher chronisch verlaufende Hautkrankheit, die mit Hautknötchen-, Krusten- und Borkenbildung verbunden ist. In späteren Stadien treten kleieartige Beläge und die typische Faltenbildung der Haut auf. Infolge des Juckreizes entstehen Scheuerwunden, die zu Narbenbildungen führen. Während des fortschreitenden Krankheitsverlaufes kommt es auch zu Störungen des Allgemeinbefindens durch mögliche bakterielle Sekundärinfektionen. Die Grabmilbe (*Sarcoptes equi*) kann auch Menschen befallen und die sog. Scheinräude oder Pseudo-Skabies hervorrufen.

7.9.4.2 Die Saugmilbe

Die Saugmilbe (*Psoroptes equi*), setzt sich zunächst an den langbehaarten Körperstellen (Mähnenansatz und Schweifansatz) fest. Von dort aus kann sich die Psoroptesmilbe über den gesamten Körper ausdehnen. Es kommt zu Juckreiz mit Haarausfall, Knotenbildungen und typischer Hautverdickung.

7.9.4.3 Die Schuppenmilbe

Als dritte Art ist die Fußräude (*Chorioptes equi*) bekannt, eine schuppenfressende Milbe. Wie der Name bereits sagt, geht die Krankheit von der Fesselbeuge des Pferdes aus, vor allen Dingen bei Pferderassen mit langen Kötenbehängen (Kaltblütern). Von den oberen Hautschichten frißt sich die Milbe in die tieferen hinein, so daß schließlich die Haut verschwunden ist und die Milben von der austretenden Lymphe und dem Blut leben können. Als Reaktion der Haut entstehen übermäßig viele Schuppen mit typischer Bildung von Krusten, Schorf und zusätzlichem granulationsgewebeähnlichem Randsaum. Bakterielle Sekundärinfektionen kommen hinzu, so daß eine schmierige, nässende Entzündung entsteht. Eine Verwechselung mit Mauke ist für Laien möglich. Infolge des quälenden Juckreizes, den der Räudemilbenbefall auslöst, sind die befallenen Pferde extrem unruhig und stampfen mit den befallenen Beinen ständig auf den Boden.

Eine sichere Diagnose kann mit Hilfe von Hautgeschabseln oder klinisch gestellt werden. Die Therapie besteht im Einwaschen von Kontaktinsektiziden, die vom Tierarzt verschrieben werden müssen. Daneben sind antibiotische Behandlungen einzuleiten, um dann die bakteriellen Sekundärinfektionen zu bekämpfen.

Räude ist nach dem Tierseuchengesetz anzeigepflichtig (s. Seite 273).

7.10 Vergiftungen

Alle bei Pferden auftretenden Vergiftungen können nicht beschrieben werden. Nach dem Grad der Wichtigkeit soll eine Unterteilung in Vergiftungen durch Pflanzen, durch Futtermittel und durch chemische Substanzen vorgenommen werden.

7.10.1 Giftpflanzen

Die Bedeutung von Giftpflanzenvergiftungen bei Pferden hat in den letzten Jahrzehnten stetig abgenommen. Aufgrund immer besserer Weidepflege sowie sorgfältiger Stallfütterung ist die Wahrscheinlichkeit, daß Giftpflanzen in größerer Menge vom Pferd aufgenommen werden, äußerst gering. Dennoch können diese Vergiftungen nicht ausgeschlossen werden und stellen besonders bei Pferden, die gelegentlich zum Ausritt mitgenommen werden und dabei Heißhunger auf Grünfutter haben, immer noch eine Gefahr dar. Die Symptome nach der Aufnahme von Giftpflanzen sind recht uneinheitlich. Es werden beobachtet: Koliken, Durchfall, Speicheln sowie eine Beeinträchtigung des zentralen Nervensystems mit Übererregungen, Muskelzuckungen und auch Lähmungserscheinungen.

Aufgrund der Vielfältigkeit der Krankheitssymptome sind häufig Verwechslungen mit anderen Erkrankungen möglich.

Als besonders giftig gelten folgende Pflanzen:

7.10.1.1 Der Sumpfschachtelhalm

Der Sumpfschachtelhalm stellt eine besonders für Pferde giftige Art dar und enthält neben verschiedenen toxischen Substanzen insbesondere eine sog. Thiaminase, die das lebensnotwendige Vitamin B_1 im Körper des Pferdes spaltet und so dem Tier entzieht. Etwa vier bis fünf Wochen nach der Aufnahme von Sumpfschachtelhalm treten die klinischen Erscheinungen auf, die unter dem Begriff »Taumelkrankheit« zusammengefaßt werden.

Im Krankheitsverlauf kommt es zunächst zu einer allgemeinen Übererregbarkeit (Unruhe, Muskelzittern), die im späteren Krankheitsverlauf in eine Phase der Ataxie übergeht, die durch unkoordinierte Bewegungsabläufe mit stark schwankendem Gang sichtbar wird. Im Endstadium zeigen die Tiere dann vollkommene Lähmungserscheinungen.

Als Therapieversuch kann die Verabreichung von Vitamin-B_1-Präparaten versucht werden. Außerdem müssen Herz-Kreislauf-Präparate verabreicht werden.

7.10.1.2 Der Adlerfarn

Bei der Aufnahme von Adlerfarn wird ebenfalls eine Thiaminase frei, die ähnliche Symptome im Nervensystem des Pferdes auslöst. Es tritt ein der Taumelkrankheit ähnliches klinisches Krankheitsbild auf. Bei einer rechtzeitigen Behandlung mit Thiamin besteht für die betroffenen Pferde eine gute Heilungschance.

7.10.1.3 Die Eibe

Die Eibe *(Taxus baccata)* ist besonders gefährlich für Pferde, da sie nicht nur – wie die meisten anderen Giftpflanzen – bei Futtermangel, sondern generell sehr gerne gefressen wird. Schon 100 bis 200 g Eibennadeln können durch die Freisetzung des Atmungs- und Herzgiftes Taxin ein ausgewachsenes Pferd töten. Die klinischen Erscheinungen beginnen mit einer Phase der Übererregbarkeit, die von Fieber begleitet ist. Daneben sind Koliken, Durchfall und

Blutharnen zu beobachten, dazu Muskelkrämpfe und ein schwankender, unkoordinierter Gang (Ataxien). Bereits nach kurzer Zeit werden die Pferde apathisch und der Tod tritt durch Herzversagen ein.

7.10.1.4 Der Hahnenfuß

Beim Hahnenfuß müssen drei Arten unterschieden werden:

a) der Gifthahnenfuß
b) der scharfe Hahnenfuß
c) der knollige Hahnenfuß.

Die Hahnenfußgewächse werden fast ausschließlich von Weidepferden aufgenommen und dies auch nur dann, wenn die Weide abgegrast ist und die Pferde unter Futtermangel leiden. Der Hahnenfuß ist wenig schmackhaft und wird normalerweise von Pferden gemieden. Wird er dennoch gefressen, kommt es in erster Linie zu Erregungszuständen mit anschließender Lähmung. Dies wird begleitet von entzündlichen Veränderungen der Häute und Schleimhäute mit daraus resultierendem Durchfall. Daneben kommen Muskelzittern, Pupillenerweiterung und Blindheit vor.

7.10.1.5 Die Robinie

Die Robinie, auch als Falsche Akazie bezeichnet, enthält vor allen Dingen im Herbst in der Rinde in größerer Menge giftige Eiweißstoffe, die zu erheblichen Störungen des Organismus führen können. Die Tiere zeigen Herzbeschleunigungen, Speicheln, Harndrang sowie Kolikerscheinungen mit Durchfall- und Verstopfungssymptomen. Vergiftungen über die Robinie lassen sich durch eine entsprechend sorgfältige Behandlung therapeutisch meistens in den Griff bekommen, und nach etwa 10tägiger Therapie verschwinden die Krankheitserscheinungen im allgemeinen wieder.

7.10.1.6 Die Bucheckern

Pferde, die über 1 kg Bucheckern aufnehmen, zeigen heftige Kolikerscheinungen mit Tobsucht und Automutilisation (Selbstzerfleischung). Daneben werden diese Vergiftungserscheinungen von Krämpfen, Taumeln, Zittern, Atemnot und Lähmungen der Hinterhand begleitet. Der Tod tritt im Regelfall bis 12 Stunden nach der Vergiftung ein. Im Ausnahmefall ist eine Genesung möglich.

7.10.1.7 Der Gundermann

Der Gundermann hat die Eigenschaft, auch im getrockneten Zustand seine vergiftende Wirkung beizubehalten. Daher kann auch frisch verfüttertes Heu zu Krankheitserscheinungen führen. Insbesondere findet man den Gundermann vermischt mit Luzerneheu. Die Krankheitssymptome zeigen sich etwa vier bis sechs Tage nach der Aufnahme. Insbesondere sind hier Pupillenerweiterung, Schweißausbruch und Atemstörungen zu beobachten, die von einer Blauverfärbung der Schleimhäute begleitet werden. In vielen Fällen tritt der Tod schon wenige Stunden nach Sichtbarwerden der Krankheitserscheinungen ein.

7.10.1.8 Das Kreuzkraut

Das in ganz Mitteleuropa vorkommende Jakobskreuzkraut ist eine Giftpflanze. Die häufigsten Vergiftungserscheinungen treten in der Blütezeit auf. Als Symptome kommen beim Pferd je nach Aufnahmemenge akute Vergiftungen, aber auch subakute Formen vor. In der akuten Form sind Übererregbarkeit und schwankende Gänge mit schleifenden Hufen zu beobachten. Bei der subakuten Form ist stets eine Leberfunktionsstörung vorhanden, die zu einer Gelbsucht führen kann. Eine Therapie solcher Vergiftungen ist meistens aussichtslos.

7.10.2 Mykotoxikosen
(Vergiftungen durch Pilze)

Bei den Pilzvergiftungen muß man unterscheiden zwischen einer direkten Schadwirkung durch aufgenommene Pilzsporen und einer indirekten durch Pilze, die Gifte aussenden, die dann im Körper des Pferdes Störungen verursachen.
Zunehmende Bedeutung erlangen auch die sog. Fusarientoxikosen. Diese Pilzgifte werden von den Fusarienpilzen vorwiegend im feuchten Futter gebildet und greifen in erster Linie das blutbildende System des Körpers an. Daneben gibt es auch eine Art des Giftes, die östrogene (hormonähnliche) Wirkung hat und somit einen indirekten Einfluß auf die Geschlechtsorgane des betroffenen Tieres ausübt.
Der Nachweis der Pilzgifte im Futter ist außerordentlich schwierig und unter Praxisbedingungen im Regelfall kaum zu erbringen. Daher ist es wichtig, Futtermittel vor der Verfütterung sensorisch zu prüfen. Verschimmeltes Futter, das sich meistens auch durch

muffigen Geruch auszeichnet, darf auf gar keinen Fall verfüttert werden. Neben Pilzen haften am Futter oftmals Milben (z. B. auf Möhren oder Quetschhafer). Futter wird gerne befallen, wenn es warm und feucht gelagert wird. Die Milben sind ein Indikator für die beginnende Zersetzung des Futtermittels. Insbesondere gequetschter Hafer, dessen natürliche Abwehrstruktur durch das Quetschen zerstört wird, ist anfällig für Milbenbefall. Nach Verfütterung milbenhaltigen Futters werden bei Pferden Verdickungen der Gliedmaßen, Freßunlust und Lähmungserscheinungen beobachtet, die sich nach Weglassen des Futters innerhalb von acht bis zehn Tagen wieder bessern. Mit Futtermilben befallene Futtermittel gehören auf gar keinen Fall in den Pferdetrog.

7.10.3 Vergiftungen durch chemische Substanzen

Als dritte wesentliche Vergiftungsursache sind chemische Substanzen zu beachten. In Kontakt mit ihnen gelangen Pferde z. B. über Pflanzenschutzmittel, Holzschutzmittel und Insektizide. Als Substanzgruppe mit akuter Toxizität sind Phosphorsäureester bekannt. Sie werden als Insektizide zur Bekämpfung von Mücken, Flöhen und Läusen eingesetzt. Phosphorsäureestervergiftungen sind im Regelfall recht typisch gekennzeichnet durch Krampfanfälle, Unruhe, starke Durchfallerscheinungen, Speicheln und Lähmungen. Eine Therapie ist nur in der Frühphase erfolgversprechend. Der Tierarzt muß durch gezielte Maßnahmen (Linderung) versuchen, die Krankheitserscheinungen zu dämpfen.

Schwere Vergiftungserscheinungen rufen bisweilen die Rodentizide (Rattengift) hervor. Sie bestehen heute in erster Linie aus Cumarinderivaten. Cumarin hat die Eigenschaft, Vitamin K im Blut zu binden und somit die Blutgerinnung zu verzögern oder sogar zu unterbinden. Nach der Aufnahme von Cumarin kommt es nach einer längeren Latenzzeit zu erheblicher Mattigkeit und Kurzatmigkeit der Pferde. Kleine Verletzungen bluten sehr lange weiter, ohne daß es zum Stillstand der Blutungen kommt. In der Endphase der Vergiftung kommt es zu inneren Blutungen, an denen die Pferde schließlich verenden.

Als sofortige Gegenmaßnahme muß Vitamin K_1 verabreicht oder sogar Blut übertragen werden.

Das Cumarinderivat Warfarin wird in der Pferdepraxis auch zu therapeutischen Zwecken eingesetzt. Es dient als Blutgerinnungshemmer und kann bei dosiertem Einsatz für eine bessere Durchblutung der peripheren Gefäße, z. B. im Strahlbein, sorgen. Dadurch können aufgetretene Krankheitsprozesse, wie z. B. die Hufrollenentzündung oder auch die Gleichbeinentzündung, therapeutisch angegangen werden. Die Verabreichung des Medikamentes geschieht nur unter fortlaufender Kontrolle der Blutgerinnungszeit. Die Dosierung muß bei jedem Pferd individuell eingestellt werden.

Einige Holzschutzmittel und Bauhilfsstoffe sind z. T. giftig, z. T. geruchsaktiv oder gar ätzend. Es kommt durch diese stark riechenden und oft ätzenden Flüssigkeiten und Dämpfe zu erheblichen Irritationen der Nasen- und Lungenschleimhäute mit entzündlichen Erscheinungen. Abgeleckte bleihaltige Schutzanstriche (z. B. Mennige) können Krankheiten, wie z. B. Freßunlust, stumpfes Haar, Kümmern, Unwohlsein u. a., erzeugen.

7.10.4 Nitrate, Nitrite

Die zunehmende Belastung des Grundwassers mit Nitraten und Nitriten kann Pferde schädigen, wenn sie mit unkontrolliertem, aus dem Hausbrunnen stammenden Wasser getränkt werden. Neue gesetzliche Regelungen schreiben vor, daß das Grundwasser regelmäßig kontrolliert und analysiert werden muß. Kommen größere Mengen von Nitriten bzw. Nitraten über das Wasser in das Pferd, ist mit der typischen Methämoglobinbildung zu rechnen. Die freiwerdenden Nitrite bzw. Nitrate binden sich anstelle des Sauerstoffs an den roten Blutfarbstoff der Erythrozyten. Die Erythrozyten sind mit Nitraten besetzt. Dadurch kann der Sauerstoff nicht mehr transportiert werden. Dies führt letztlich zum Ersticken des Tieres. Klinisch sichtbar wird ein solcher Zustand durch zunehmende Blauverfärbung der Schleimhäute, insbesondere der Nasenschleim- und der Lidbindehäute.

> **Zur Wiederholung und Vertiefung**
> 1. Nennen und beschreiben Sie fünf Giftpflanzen und deren Schadwirkungen.
> 2. Beschreiben Sie die Gefahren von Pilzvergiftungen.
> 3. Mit welchen Chemikalien sollten Pferde nicht in Berührung kommen und warum nicht?
> 4. Wann kommt es zur Methämoglobinbildung und wodurch wird sie verursacht?

7.11 Doping

Unter Doping versteht man die mißbräuchliche Verabreichung von Mitteln zur Leistungssteigerung oder Leistungsminderung. Die ältesten Dopingbestimmungen stammen aus dem Jahre 1666. In England wurde die Verabreichung von Anregungsmitteln an Pferde verboten. In Preußen stellte man von 1881 an die Verabreichung alkoholischer Getränke an Pferde unter Strafe. Bereits zur Jahrhundertwende unterlag die Verabreichung von Dopingmitteln der Strafverfolgung, weil zu dieser Zeit die Entwicklung dopingwirksamer Arzneimittel einen rasanten Fortschritt nahm.

Bekannt ist der alte Roßtäuschertrick, mageren Pferden in schlechtem Ernährungs- und Pflegezustand geringe Mengen Arsen zu verabreichen. Dies führt zu einer leichten Vergiftung der peripheren Gefäße und bewirkt einen höheren Tonus (Gefäßspannung). Durch diesen höheren Blutgefäßtonus erscheint die Haut des Pferdes glatt und glänzend, so daß ein wesentlich besserer Gesundheitszustand als tatsächlich vorhanden vorgetäuscht wird.

Das heutige Dopingverbot hat folgende Aufgaben:
1. Durchführung sportlich fairer Wettkämpfe – Chancengleichheit.
2. Moralische Verantwortung für das Pferd.
3. Verhindern falscher Zuchtauslese durch Vortäuschung nicht normal erbrachter Leistungen.
4. Schutz vor Wettbewerbsverzerrung und damit Schutz vor Täuschung des wettenden Publikums.
5. Schutz anderer Renn- und Turnierteilnehmer vor der Gefährdung durch gedopte Tiere.

Im Trabrennsport dienen Rennleistungen (1000-m-Zeiten auf verschiedenen Distanzen) der Zuchtauslese. Bei Vollblütern wird das Generalausgleichgewicht (GAG) als Hauptselektionsmerkmal herangezogen. Würden gedopte Pferde beider Sparten besonders gute Leistungen erbringen und dann zur Zucht verwandt, würde ein völlig verzerrtes Bild über ihr Können entstehen.

Es werden folgende Dopingformen unterschieden:
1. Doping auf Sieg.
2. Doping auf Niederlage.
3. Doping zur Wiederherstellung der normalen Leistungsfähigkeit.
4. Doping mit körpereigenen Substanzen.
5. Unabsichtliches Doping.
6. Maßnahmen zur Erschwerung des Dopingnachweises.
7. Physikalisches Doping.

Doping kann durch viele verschiedene Substanzen wie auch durch unterschiedliche Maßnahmen erreicht werden. Man hat sich deshalb dazu entschlossen, lediglich die verbotenen Wirkstoffgruppen und nicht die einzelnen Arzneimittel in die Dopingliste aufzunehmen. Die Bestimmungen des Hauptverbandes für Traber, Zucht und Rennen, des Direktoriums für Vollblutzucht und Rennen sowie der Deutschen Reiterlichen Vereinigung decken sich im wesentlichen. Als ein gravierender Unterschied ist zu nennen, daß der Nervenschnitt vom Direktorium für Vollblutzucht und Rennen und auch von der FEI auf die Liste der verbotenen Anwendungen gesetzt wurde, und daß bei Vollblütern und Trabern die Anwendung von Phenylbutazon generell untersagt ist. Hier haben die FEI und die FN eine Toleranzgrenze von vier Mikrogramm pro Milliliter Blutplasma zugelassen.

Die Entnahme der Dopingproben geschieht nach unterschiedlichen Kriterien. Zum einen werden oftmals die Gewinner von Prüfungen herangezogen, zum anderen gilt auch das Lossystem. Bei verschiedenen Veranstaltern gibt es eine Kombination dieser Auswahlkriterien. Gelegentlich werden Verdachtsproben entnommen, vor allen Dingen in Situationen, in denen Pferde ungewöhnliche Leistungen bzw. ungewöhnliches Verhalten zeigen (z. B. bei Beruhigungsmitteln).

Die Proben werden von damit beauftragten Tierärzten entnommen und an zugelassene Untersuchungsinstitute versandt. Gleichzeitig werden Gegenproben angefertigt, die versiegelt zurückgelegt und erst beim Vorliegen eines positiven Ergebnisses, meistens von einem anderen Untersuchungsinstitut, nachkontrolliert werden.

Bei Verstößen gegen die Dopingbestimmungen werden die zuständigen Personen zur Rechenschaft gezogen. Die Rennordnung des Direktoriums für Vollblutzucht und Rennen legt fest, daß in jedem Fall der Trainer eines Pferdes die verantwortliche Person ist. Bei anderen reitsportlichen Veranstaltungen werden die verantwortlichen Personen während der Entnahme der Blutprobe ermittelt. Bei einem positiven Ergebnis verhängen die Verbände Sperren (Reiter und Pferd) und/oder Geldstrafen. Das Pferd wird disqualifiziert und evtl. eingenommene Gewinngelder müssen zurückgezahlt werden.

Die Untersuchungen werden über Blut- bzw. Urinproben durchgeführt, auch Speichelproben können in Einzelfällen herangezogen werden. Erfahrungsgemäß stellt die Entnahme von Urinproben fast immer ein größeres Problem dar, weil die Pferde nur unwillig in fremder Umgebung Urin ablassen. Die Urinprobe erlaubt aber besonders sichere Aussagen und eindeutige Hinweise auf die Verabreichung verbotener Substanzen (s. Veröffentlichung Prof. Donicke, Equitana Essen 1989). In jedem Einzelfall sind die exakten Verbandsbestimmungen, die die Entnahme von Dopingproben festlegen, zu beachten. Mit der Meldung zu einem Turnier bzw. zu einem Rennen unterwirft sich jeder Besitzer bzw. Halter eines Sportpferdes den Verbandsbestimmungen.

Nach einem positiven Dopingbefund kommen nicht nur verbandsinterne Restriktionen zum Tragen, sondern auch ordnungsbehördliche Maßnahmen können nach dem Tierschutzgesetz eingeleitet werden. Die Verabreichung von Dopingmitteln stellt eine Ordnungswidrigkeit im Sinne des § 3 Nr. 11 des Tierschutzgesetzes dar. Sie kann gem. § 18 Nr. 4 TSchG mit einem Bußgeld bis zu 50 000,– DM geahndet werden.

Nachstehend sind die verbotenen Substanzgruppen der verschiedenen Organisationen aufgeführt.

Bekanntmachung der FN – Abt. Sport

Liste der kontrollierten Substanzen

Liste der verbotenen Substanzen

Verbotene Substanzen sind Substanzen mit äußerem Ursprung, ob sie für das Pferd endogen sind oder nicht:

Substanzen, die auf das zentrale oder periphere Nervensystem wirken
Substanzen, die auf das autonome Nervensystem wirken
Substanzen, die auf das kardiovaskuläre System wirken
Substanzen, die auf den Bewegungsapparat wirken
Substanzen, die die Magen-Darm-Funktionen beeinflussen
Antivirale, antimikrobielle, antiparasitäre Substanzen
Antihistaminika
Antipyretika
Analgetika
Entzündungshemmende Substanzen – außer Phenylbutazon (siehe unten)
Diuretika
Lokalanästhetika
Muskelrelaxantien

Respiratorische Stimulantien
Sexualhormone, Anabolika
Corticosteroide Substanzen
Endokrine Sekrete und ihre synthetischen Gegenstücke
Cytotoxische Substanzen
Experimentelle Substanzen, die noch nicht genehmigt und registriert wurden
Jede andere Substanz als normale Nahrung, die in der Lage sein kann, die Leistung eines Pferdes zu beeinflussen.   (nach Zrenner/Paintner 1986)

Direktorium für Vollblutzucht u. Rennen

Unerlaubte Mittel

Unerlaubte Mittel sind folgende Stoffe, die selbst oder in ihren Umwandlungsprodukten im Körper, in den Körperflüssigkeiten oder in den Körperausscheidungen eines Pferdes vor oder nach dem Rennen nachgewiesen werden:

a) auf das zentrale oder periphere Nervensystem wirkende Mittel
b) auf das vegetative Nervensystem wirkende Mittel
c) auf den Kreislauf wirkende Mittel
d) die Funktionen von Magen und Darm beeinflussende Mittel
e) Antibiotika sowie synthetische Mittel zur Bekämpfung von Bakterien, Viren und Parasiten
f) Antihistaminika
g) Mittel zur Bekämpfung von Malaria
h) Fiebermittel, schmerzstillende und entzündungswidrige Mittel
i) harntreibende Mittel
j) Mittel zur örtlichen Betäubung
k) Mittel zur Muskelerschlaffung
l) Mittel zur Beeinflussung der Atmung
m) Geschlechtshormone, anabole Steroide (Anabolika) und Corticosteroide
n) sonstige Hormone und entsprechende synthetische Mittel
o) Mittel zur Beeinflussung der Blutgerinnung
p) Zellgifte enthaltende Mittel (zytotoxische Substanzen).

Unerlaubte Mittel sind ferner:
a) alle Stoffe (Medikamente, Vitamine, Hormone usw), außer dem üblichen Futter und Wasser, die einem Pferd an dem Tage, an dem es an einem Rennen teilnimmt, vor Beendigung dieses Rennens verabreicht werden

b) Nährstoffe und deren Bestandteile, soweit sie einem Pferd nicht als Futter verabreicht werden
c) Infusionen von Blut oder Blutbestandteilen
d) Nervenschnitte an den Gliedmaßen
e) Mitführen oder Anwenden technischer Mittel im Rennen.

Dopingbestimmungen des Hauptverbandes für Traberzucht und -rennen

Dopingliste gemäß § 93,2 TRO

Verboten sind folgende Substanzen:
- Substanzen, die auf das zentrale oder periphere Nervensystem wirken
- Substanzen, die auf das vegetative Nervensystem wirken
- Substanzen, die auf Herz und Kreislauf wirken
- Substanzen, die auf den Magen-Darm-Trakt wirken
- Substanzen, die auf den Bewegungsapparat wirken
- Substanzen mit fiebersenkender, schmerzstillender, entzündungshemmender Wirkung
- Substanzen mit antibiotischer, antimykotischer, antiviraler, antiparasitärer Wirkung
- Antihistaminika
- Diuretika
- Lokalanästhetika
- Muskelrelaxantien
- Atmungsstimulantien
- Sexualhormone
- Anabolika
- Corticosteroide
- Endokrine Sekrete und ihre synthetischen Homologe
- Substanzen, die die Blutgerinnung beeinflussen
- Substanzen mit zellschädigender Wirkung

(nach Zrenner/Paintner 1985)

International verbotene Substanzen (FEI)

1. Prohibited Substances are substances originating externally whether or not they are endogenous to the horse
- Substances acting on the nervous system
- Substances action on the cardiovascular system
- Substances acting on the respiratory system
- Substances acting on the alimentary system
- Substances acting on the urinary system
- Substances acting on the musculoskeletal system
- Substances acting on the immune system
- Antibiotics, antibacterial and antiviral substances
- Antiparasitic substances
- Anti-pyretics, analgesics and anti-inflammatory substances other than Phenylbutazone and Oxyphenbutazone (see para 2)
- Endocrine secretions and their synthetic counterparts
- Substances affecting blood coagulation
- Cytotoxic substances

2. List of substances for which maximum permissible levels have been established

Phenylbutazone = concentration 2.0 micrograms per millilitre of plasma
Oxyphenbutazone = concentration 2.0 micrograms per millilitre of plasma
Theobromine = concentration 2.0 micrograms per millilitre of urine
Salicylic Acid = concentration 750.0 micrograms per millilitre of urine
Arsenic = concentration 0,2 micrograms per millilitre of urine
For exceptions see Rules for Endurance Riding.

Zur Wiederholung und Vertiefung

Erläutern Sie den Begriff „Doping" und kommentieren Sie das Dopingverbot.

7.12 Pferdekauf

Pferdekauf war schon immer Vertrauenssache. Rechtsfragen erlangen dabei aber zunehmend Bedeutung. Es wurden bereits in früheren Jahrhunderten Rechtsgrundsätze festgelegt, die eine größere Sicherheit beim Pferdekauf gewährleisten sollten. Seit 1899 gibt es die Kaiserliche Verordnung über Hauptmängel. Sie besagt, daß bei Feststellung eines Hauptmangels innerhalb von 14 Tagen nach erfolgtem Kauf eine Wandlung des Kaufs zu erfolgen hat. Die Kaiserliche Verordnung vom 27. 3. 1899 nennt für Zucht- und Nutzpferde folgende Hauptmängel:

1. Rotz (Hautrotz- und Nasenrotz).
2. Dummkoller (Gehirnwassersucht).
3. Dämpfigkeit (Atembeschwerden, die durch einen chronischen, unheilbaren Krankheitszustand der Lunge und/oder des Herzens hervorgerufen werden).
4. Kehlkopfpfeifen (als Kehlkopfpfeifen ist anzusehen die durch einen chronischen und unheilbaren Krankheitszustand des Kehlkopfes in der Luftröhre verursachte und durch ein hörbares Geräusch gekennzeichnete Atemstörung). Es ist heute meistens operabel.
5. Periodische Augenentzündung (innere Augenentzündung, Mondblindheit; als periodische Augenentzündung gilt die auf inneren Einwirkungen beruhende, entzündliche Veränderung des inneren Auges).
6. Koppen (Krippensetzen, Aufsetzen, frei Luft schnappen oder Wind schnappen).

Bei Feststellung eines Hauptmangels innerhalb der Gewährsfrist hat der Käufer dem Verkäufer den festgestellten Mangel unter genauer Beschreibung anzuzeigen. Es sollte die Schriftform mit Einschreibebrief gewählt werden. Für den Postweg der Mängelanzeige werden zwei Tage zusätzlich gewährt, so daß spätestens am 16. Tag nach Übergabe des Pferdes der Verkäufer den Brief in der Hand halten muß.

Eine weitere Frist ist vom Käufer zu beachten. Kann innerhalb von 6 Wochen über die Mängelhaftung keine Einigung mit dem Verkäufer erzielt werden, dann muß bei Gericht der Anspruch geltend gemacht werden, andernfalls verjährt die Mängelanzeige. Es ist auch möglich, die Fristen für Hauptgewährsmängel vertraglich zu verlängern. Man kann mit dem Verkäufer auch vereinbaren, daß er für weitere Mängel, wie z. B. Spat, Hufrolle oder Schale, geradezustehen hat.

Als weitere Nebenabsprachen können Zusicherungen aufgefaßt werden, die der Verkäufer hinsichtlich der Eigenschaften und Fähigkeiten eines Pferdes abgibt (z. B. M-Dressur-fähig, S-Military-einsatzbereit, schmiedefromm, verladesicher usw.). Es ist aber wichtig, daß solche Zusicherungen entweder unter Zeugen oder besser schriftlich festgehalten werden.

Im Pferdehandel gilt nach wie vor der Handschlag als Kaufvertrag. Es sollte jedem Käufer bewußt sein, daß er, falls er sich auf den einfachen Handschlag einläßt, lediglich die Hauptmängel im Sinne der Kaiserlichen Verordnung rechtlich abgesichert hat.

In jedem Falle ist es zu empfehlen, zum Kauf angebotene Pferde tierärztlich untersuchen zu lassen (Ankaufsuntersuchung). Über die entstehenden Kosten müssen sich Verkäufer und Käufer einigen. Für derartige Untersuchungen gibt es Vordrucke, nach denen der Tierarzt vorgehen kann. Besonders wichtig sind: die gründliche klinische Untersuchung des Pferdes, Kehlkopfspiegelung, Röntgenaufnahmen der Vordergliedmaßen (vom Karpalgelenk abwärts) und der Sprunggelenke.

Zur Wiederholung und Vertiefung

1. Nennen Sie beim Pferdekauf relevante Gewährsmängel und die Gewährsfristen.
2. Stellen Sie wichtige Bestimmungen beim Pferdekauf dar.

7.13 Rechtliche Grundlagen

Für die Haltung von Tieren, insbesondere für die Haltung von Pferden, sind rechtliche Bestimmungen zu beachten. Die wichtigsten sind:
1. Das Tierschutzgesetz
2. Das Tierseuchengesetz
3. Das Tierkörperbeseitigungsgesetz.

Es handelt sich um Gesetze, die durch den Gesetzgeber (z. B. Bundestag, Landtag) verabschiedet worden sind. Sie werden ergänzt durch die Verordnungen und Erlasse der Fachministerien.

7.13.1 Das Tierschutzgesetz

Das Tierschutzgesetz wurde im Jahre 1987 novelliert und brachte auch für Pferdehalter wesentliche Neuerungen.

Es definiert das Tier als Mitgeschöpf, dem niemand ohne vernünftigen Grund Schmerzen, Leiden oder Schäden zufügen darf. In § 2 dieses Gesetzes ist verankert, daß Pferden eine artgerechte Pflege und Ernährung sowie eine verhaltensgerechte Unterbringung und eine artgerechte Bewegung gewährt werden müssen.

Neu eingefügt wurde, daß es verboten ist, einem Pferd Dopingmittel zu verabreichen. Bei Verstößen gegen dieses Dopingverbot hat die zuständige Ordnungsbehörde die Möglichkeit, ein Bußgeld zu verhängen.

Ferner beinhaltet das Tierschutzgesetz die Erlaubnispflicht für gewerbsmäßige Reit-, Fahr- und Pferdehandelsbetriebe. Im § 11 des Tierschutzgesetzes wurde festgelegt, daß diejenigen Pferdehalter, die gewerbsmäßige Pferde für andere halten oder auch für andere unterbringen über:
– die notwendige Sachkunde
– die erforderliche Zuverlässigkeit und
– die entsprechenden räumlichen Möglichkeiten verfügen müssen.

Dieses Erlaubnisverfahren wird im Regelfalle von den zuständigen Veterinärämtern abgewickelt. Als Sachkundenachweis dient eine abgeschlossene Berufsausbildung z. B. als Pferdewirt oder Landwirt. Sie kann auch in einem Fachgespräch mit einem Amtstierarzt erbracht werden. Zusätzlich ist ein polizeiliches Führungszeugnis vorzulegen.

Vergehen gegen das Tierschutzgesetz führen zur Ablehnung. Die räumlichen Verhältnisse werden an Ort und Stelle geprüft. Dabei wird die Checkliste der Deutschen Reiterlichen Vereinigung zur Begutachtung von Reit- und Fahrbetrieben zugrunde gelegt.

Sind alle Voraussetzungen erfüllt, steht der Erteilung einer Erlaubnis nichts im Wege. Auch länger bestehende Betriebe unterliegen dem Erlaubnisverfahren. Es kann also jedem Reitstallbesitzer oder Pferdehändler nur empfohlen werden, sich mit den zuständigen Veterinärämtern in Verbindung zu setzen, um die Zulassung zu erwirken. Letztlich dient dieses Verfahren dem vorbeugenden Tierschutz, die Anerkennung des Betriebes kann als Qualitätskriterium gelten.

Der Leistungssport mit Pferden gerät immer wieder in die Schlagzeilen. Die Sensationsmedien versuchen seit Jahren, Stürze, Mißhandlungen von Pferden u. a. m. (Military/Grand National) in der Öffentlichkeit besonders herauszustellen. Es ist jedoch nicht zu verkennen, daß Mißhandlungen von Pferden scharf reglementiert werden müssen. Der Pferdewirt hat die besondere Aufgabe, seine Pferde artgerecht zu halten, zu pflegen und zu füttern, optimal zu trainieren und damit zu zeigen, wie der Pferdesport in Wirklichkeit aussieht.

Auf allen pferdesportlichen Veranstaltungen sind unabhängige Tierärzte im Einsatz, deren Hauptaufgabe es ist, die Einhaltung der tierschutzrechtlichen Bestimmungen zu überwachen (international: FEI-Tierärzte). Für die Aufsicht auf Abreiteplätzen sind Turnierrichter verantwortlich, die den widerrechtlichen Gebrauch von Gerte und Sporen u. a. unverzüglich ahnden.

7.13.2 Das Tierseuchengesetz

Bereits im Jahre 1909 wurde das Tierseuchengesetz verabschiedet. Neben den üblichen, gängigen Krankheiten gibt es Tierseuchen, die staatlicherseits bekämpft werden müssen. Hierbei handelt es sich um Erkrankungen, die große wirtschaftliche Schäden verursachen, für nicht beteiligte Tierbestände außerordentlich gefährlich sind und gegen die der Tierbesitzer sich durch eigene Vorsichtsmaßnahmen nicht ausreichend schützen kann.

Das Tierseuchengesetz regelt Maßnahmen, die einer dauernden Krankheitsvorbeuge dienen und auch nach Ausbruch einer Seuche spezielle Maßnahmen zur Tilgung festlegen. Zusätzlich wird geregelt, welcher Rahmen für Entschädigungen bei auf staatliche Anordnung hin getöteten Tieren angewendet werden kann. Folgende für Pferde bedeutsame Erkrankungen werden durch das Tierseuchengesetz erfaßt:

1. Milzbrand
2. Tollwut (s. Seite 274)
3. Rotz
4. Beschälseuche des Pferdes
5. Räude der Einhufer
6. Ansteckende Blutarmut des Pferdes
7. Afrikanische Pferdepest

7.13.2.1 Milzbrand

Der Milzbrand des Pferdes ist eine durch Bazillen hervorgerufene Erkrankung, die einen septikämischen Verlauf (Ausschwemmung der Erreger über die Blutbahn) mit Austritt von Blut aus Nase, After und Scheide verursacht. Der Verlauf dieser Erkrankung endet meistens tödlich. Das austretende Blut verendeter Pferde ist himbeerfarben und gerinnt schlecht, so daß daraufhin die Verdachtsdiagnose gestellt werden kann. Gelegentlich verläuft der Milzbrand auch ohne eindeutige klinische Anzeichen, so daß diese Pferde den Erreger dann noch unerkannt über einen längeren Zeitraum ausscheiden können.

Besonders gefährlich ist der Milzbrand, weil auch Menschen daran erkranken können. Außerdem bleiben die ausgeschiedenen Erreger durch Sporenbildung oft über Jahrzehnte hinweg infektiös.

Tiere, die nachweislich eine Erkrankung an Milzbrand aufweisen, dürfen nicht geschlachtet werden, sondern sind ohne Blutentzug zu töten. Ferner regelt das Tierseuchengesetz für diese Erkrankung auch Desinfektions-, Absonderungs- und Sperrmaßnahmen.

7.13.2.2 Tollwut

Die Tollwut ist eine anzeigepflichtige Krankheit. Beim Auftreten eindeutiger Symptome können vom zuständigen Amtstierarzt Tötungsanordnungen ausgesprochen werden, denen jedoch meistens Absonderungs- und Beobachtungsphasen vorausgehen (Krankheitsverlauf s. Seite 274).

7.13.2.3 Rotz

Der Rotz ist eine Erkrankung, die durch das Bakterium *Pseudomonas mallei* hervorgerufen wird. Der letzte Seuchenausbruch in Deutschland wurde in der Zeit des 1. Weltkrieges beobachtet. Man unterscheidet zwischen Hautrotz und Nasenrotz. Als Symptome werden eisblumenartig aufgewölbte Nasenschleimhäute beim Nasenrotz und Erosionen in der Haut bei der Hautverlaufsform sichtbar. Kompliziert wird der Erkrankungsverlauf durch bakterielle Sekundärinfektionen der Wunden, die das Pferd schwächen und schließlich zu einer Septikämie (Blutvergiftung) mit Todesfolge führen können. Anzeigepflichtig ist die Erkrankung deshalb, weil sie in früheren Jahren viele wirtschaftliche Schäden verursacht hat und ebenfalls für Menschen gefährlich ist.

7.13.2.4 Beschälseuche des Pferdes

Hier werden einzellige Lebewesen *(Trypanosoma equiperdum)* durch den Deckakt übertragen, die sich in der Scheidenschleimhaut einnisten und dort zu Infektionen mit anschließender Sterilität bei Stuten führen. Der Hengst gilt als Überträger der Beschälseuche und leidet selber u. U. an einer Entzündung der Vorhaut. Bei Stuten wird eine Infektion mit den einzelligen Krankheitserregern durch das Auftreten sog. weißer Krötenflecken im Bereich der Scheidenschleimhaut sichtbar. Staatlicherseits werden nach dem Auftreten dieser Erkrankung Sperrmaßnahmen verfügt, insbesondere Deckverbote für Hengste und Stuten. Die Behandlung erkrankter Pferde kann angeordnet werden und wird überwacht.

7.13.2.5 Räude der Einhufer

Staatlicherseits werden in diesem Falle Behandlungs- und Desinfektionsmaßnahmen angeordnet.

7.13.2.6 Ansteckende Blutarmut des Pferdes (Infektiöse Anämie)

Auf staatliche Anordnung werden bei Feststellung des klinischen Verlaufs dieser Erkrankung die betroffenen Tiere getötet. Der Besitzer erhält eine Entschädigung. Es treten Sperrmaßnahmen für die betroffenen Gestüte, Pferdeställe oder Gehöfte und auch für pferdesportliche Veranstaltungen in Kraft (Krankheitsverlauf s. Seite 273).

7.13.2.7 Afrikanische Pferdepest

Die Afrikanische Pferdepest wird durch ein Virus verursacht, das im Regelfalle durch stechende Insekten übertragen wird. Die größte Ausbreitung hat sie in Afrika und in südeuropäischen Ländern. Insbesondere Spanien wird regelmäßig von Seuchenzügen heimgesucht. Die klinischen Erscheinungen sind: Mattigkeit, Apathie, Blutgefäßstörungen, Einsetzen von inneren Blutungen und schließlich der Tod. Die Gefahr dieser Erkrankung liegt darin, daß Tiere, die Virusträger sind, u. U. den Erreger über längere Zeit verbreiten und so wiederum andere Tiere anstecken können.

Staatlicherseits wird nach Feststellung der Afrikanischen Pferdepest die unverzügliche Tötung der Pferde ohne Blutentzug angeordnet und deren unschädliche Beseitigung verfügt. In der Bundesrepublik Deutschland ist die Afrikanische Pferdepest bisher noch nicht aufgetreten. Durch Transporte zu Rennen und Turnieren in südeuropäische Länder ist die Gefahr einer Ausbreitung aber groß. Die Abwicklung der Reitwettkämpfe bei den Olympischen Spielen 1992 ist wegen dieser Krankheit gefährdet.

Von den Tierseuchenkassen vieler Länder werden für die Bekämpfung der anzeigepflichtigen Tierseuchen Beiträge erhoben. Diese Beitragspflicht beinhaltet auch eine Entschädigungspflicht bei Tötungsanordnungen. Tierseuchenkassen sind z. B. in Nordrhein-Westfalen beim Landesamt für Ernährungswirtschaft in Düsseldorf angesiedelt. Die Beiträge richten sich nach den Tierzahlen, die jeder Besitzer der Tierseuchenkasse alljährlich mitzuteilen hat. Nur korrekte Angaben sichern im Schadensfalle die ordnungsmäßige Entschädigung. Das Tierseuchengesetz sieht Höchstbeträge für Entschädigungsleistungen vor. Bei Pferden liegt er bei 10 000,– DM je Tier.

Zur Wiederholung und Vertiefung

1. Welche Krankheiten sind nach dem Tierseuchengesetz anzeigenpflichtig und warum?
2. Welche Aufgaben hat die Tierseuchenkasse?

7.13.3 Das Tierkörperbeseitigungsgesetz

Im Tierkörperbeseitigungsgesetz von 1975 ist festgelegt, daß verendete bzw. totgeborene Tiere sowie Körperteile hiervon in Tierkörperbeseitigungsanstalten zu beseitigen sind. Das gilt in allen Fällen für Pferde und Fohlen. Dies hat seinen Grund darin, daß durch verendete und totgeborene Tiere Krankheitserreger in die Umwelt gelangen und dann zur Reinfektion führen können.

Das Direktorium für Vollblutzucht und Rennen schreibt vor, daß alle totgeborenen Fohlen oder abortierten Fohlen zur Sektion an bestimmte Untersuchungsinstitute zu schicken sind, um die Ursache des Verfohlens bzw. des Verendens herauszufinden. Diese Regelung sollte eigentlich auch von anderen Pferdehaltern übernommen werden. Ein ungeklärter Todesfall bedeutet immer Anlaß zur Sorge, weil auch gesund erscheinende Tiere gefährdet sind.

Zur Wiederholung und Vertiefung

1. Begründen Sie die Bestimmungen des Tierkörperbeseitigungsgesetzes.

Impfprogramm (Beispiel)

Fohlen:

Tetanus-Toxoid

4. Lebensmonat ⎫
6. Lebensmonat ⎬ Grundimmunisierung
18. Lebensmonat ⎭

Wiederholung alle 2 Jahre

Resequin F (z. B.) ⎫ Kombinationsimpfstoff gegen
⎭ Herpesvirus und Influenza

4. Lebensmonat ⎫
6. Lebensmonat ⎬ Grundimmunisierung
12. Lebensmonat ⎭

Wiederholung nach jeweils 9 Monaten

Andere Pferde ohne ordnungsgemäßen Impfschutz:

Tetanus-Toxoid
Grundimmunisierung
1. Impfung
   nach 4–8 Wochen Abstand
2. Impfung
   nach 12 Monaten Abstand
3. Impfung
   Wiederholung alle 2 Jahre

Resequin F (z. B.)
1. Impfung in allen Trächtigkeitsstadien möglich
   nach 6–8 Wochen Abstand
2. Impfung Grundimmunisierung
   nach 7 Monaten Abstand
3. Impfung
   Wiederholung alle 9 Monate

Zusätzliche Impfung Zuchtstute im 6. Trächtigkeitsmonat, falls Routinetermin vor dem 3. Trächtigkeitsmonat lag.

Ergänzung zum Impfprogramm
Zur Aufrechterhaltung der Immunität sollten möglichst alle Pferde eines Bestandes geimpft sein. Dies ist insbesondere wichtig für die Schutzimpfung gegen das Rhinopneumonitis-Virus.

In Stallungen mit Zuchtstuten sollten nur ordnungsgemäß geimpfte Pferde aufgenommen werden. Wichtig ist auch die korrekte Einhaltung der Impftermine, da sonst trotz durchgeführter Schutzimpfungen die Virusinfektionen ausbrechen können. Dies kann insbesondere bei der Zusammenziehung von Pferden aus verschiedenen Ställen zu Trainings- oder Verkaufszwecken fatale Folgen haben.

Parasitenbekämpfungsplan

Behandlungstermin	Beispiele geeigneter Präparate	Vorrangiges Behandlungsziel
I. Fohlen: 7.–10. Lebenstag	Rintal Thibenzole	Zwergfadenwurm
wöchentl. Wiederh. bis ca. 8. LW	s. o.	s. o.
8. Lebenswoche	Rintal Thibenzole Ivomec P	Zwergfadenwurm Strongyliden Ascariden
Wiederh. in ca. monatlichem Abstand bis 8. Lebensmonat danach s. II.	s. o.	s. o.
II. Bestandsbehandlung Februar	Ivomec P Banminth Rintal u. a. m.	Strongyliden Oxyuren
Wiederholungen: April/Mai Juni/Juli August/September	s. o.	s. o.
Oktober	Ivomec P Rintal Plus Equigard	Strongyliden Ascariden Gasterophilus
Wiederholung: Dezember	s. o.	s. o.

III. Besonderheiten
Zuchtstuten: 4 Wochen vor der Geburt und wenige Tage nach der Geburt
Weidehaltung: 3–4 Tage vor Austrieb Bestandsbehandlung, danach alle 4–6 Wochen

IV. Allgemeine Grundsätze zur Parasitenbekämpfung
– Die Stallungen müssen sauber und trocken gehalten werden, damit sich die Parasiteneier nicht weiterentwickeln können
– Tägliche Wechselstreu, möglichst keine Tiefstreu
– Kot von Koppeln auflesen
– Fohlenstuten auf möglichst wenig beschickten Weiden laufen lassen
– Neu aufgenommene Pferde erst nach mehrtägiger Quarantäne mit Behandlung in den Bestand und in den Prophylaxeplan aufnehmen

C Betriebliche Zusammenhänge

Dieser Abschnitt soll helfen, die verschiedenen Abläufe in einem Betrieb zu verstehen und richtig einzuordnen.

Als Fachmann sollte man fähig sein, Betriebe beurteilen zu können. Nur wer dies beherrscht, kann frühzeitig Fehler und Mängel erkennen, kann geeignete Verbesserungen vornehmen, kann die Ertragssicherheit des Betriebes und damit Arbeitsplätze erhalten. Dies alles sind Fähigkeiten, mit denen ein Pferdewirt sich im Berufsleben auseinandersetzen muß. Um sie zu beherrschen, braucht er Erfahrung, aber auch Wissen und Kenntnisse sind notwendig. Mit den Kenntnissen zu den betrieblichen Zusammenhängen wird es leichter fallen, Antworten auf die Fragen zu bekommen, warum ein bestimmter Arbeitsablauf so und nicht anders organisiert und durchgeführt, warum die Anschaffung der einen Maschine sich lohnt und die der anderen nicht, warum der eine Betrieb sich eher für den Aufbau einer Pferdezucht eignet, der andere für einen Reitstall.

Alle Dinge eines Betriebes – Gebäude, Pferdebestand, Personal, Geräte und Maschinen, Auslauf- oder Weideflächen usw. – stehen in einem Zusammenhang, mit dem Ziel, einen möglichst hohen Ertrag zu erreichen. Verändern sich diese betrieblichen Zusammenhänge, verändert sich der Erfolg und die Wirtschaftlichkeit des Betriebes. Sinkt z. B. der Pferdebestand eines Reitstalles bei sonst gleichen Bedingungen, werden die Einnahmen auch fallen. Jeder Pferdewirt sollte versuchen, auch seinen Betrieb in die Kategorie einzuordnen und zu überprüfen, ob die geforderte Wirtschaftlichkeit gegeben ist.

Um diese Wirtschaftlichkeit messen und bewerten zu können, ist die Kenntnis der verschiedenen betrieblichen Einflußgrößen (Faktoren) notwendig. Wir werden deshalb zunächst den pferdehaltenden Betrieb anhand der wichtigsten Einzelfaktoren untersuchen, um danach die Wirtschaftlichkeit beurteilen zu können.

1 Die Bedeutung der Pferdehaltung für die Volkswirtschaft

Will man die volkswirtschaftliche Bedeutung der Pferdehaltung beurteilen, so ist es sinnvoll, auch auf den Nutzungswandel einzugehen. Früher war Europa mit fast 20 Mio. Pferden der pferdereichste Erdteil. Die Ursache hierfür lag in der Nutzungsvielfalt dieses Tieres. Als Transportmittel mußte es Eisenbahn und Lastwagen ersetzen, als Zugpferd in der Landwirtschaft den Traktor. Das Militär trug auf seinem Rücken Kriege aus; auch im letzten Weltkrieg sind Pferde noch zum Einsatz gekommen. Sogar die Übermittlung von Nachrichten und Meldungen wurde früher durch die Geschwindigkeit des Pferdes bestimmt. Militär, Landwirtschaft, Handel und Gewerbe waren somit von einer guten und intensiven Pferdezucht abhängig.

Nach dem 2. Weltkrieg, um 1950, nahmen die steigende Technisierung, Automatisierung und insbesondere die Motorisierung dem Pferd die beschriebenen Aufgaben ab. Das Pferd war »arbeitslos« geworden. Die Bedeutung der Pferdehaltung schmolz dahin, was sich auch in den Bestandzahlen niederschlug. 1970 wurden nur noch etwa 250 000 Pferde in der BRD gezählt (1951 1 570 000).

Die angenehmen Auswirkungen des »Deutschen Wirtschaftswunders« brachten den Bundesbürgern jedoch auch ein Mehr an Freizeit. Jetzt besann man sich wieder auf das Pferd als lieben und treuen Sport- und Freizeitpartner. Die Zucht mußte sich den geänderten Wünschen anpassen. Pferde für den Reitsport mit seinen vielfältigen Möglichkeiten (Freizeitreiterei bis Turniersport) waren nun gefragt. So verdoppelte sich die Zahl der Zuchtstuten von Anfang bis Ende der siebziger Jahre auf etwa 55 000. Bezeichnend für diese Entwicklung ist, daß das bevölkerungsstärkste Bundesland, Nordrhein-Westfalen, auch die meisten Pferde zählt, ca. 100 000. Mit etwa 400 000 Pferden hat der Bestand in der Bundesrepublik Deutschland zwar nicht den Umfang wie in anderen Ländern, z. B. in Polen mit ca. 2 Mio., Brasilien mit ca. 9 Mio. erreicht, aber deutlich mehr als das klassische Pferdeland England, wo nur 150 000 Pferde gehalten werden.

Wenn nun das Pferd nicht mehr als Arbeits- und Zugpferd dient, sondern »nur« zur Sport- und Freizeitgestaltung benötigt wird, hat es dann noch eine volkswirtschaftliche Bedeutung?

Wenn nach einer Umfrage 1,8 Mio. Bundesbürger Interesse am Pferd bekunden, ca. 500 000 organisierte Reiter gezählt werden, 120 000 Personen sich stolze Besitzer von Pferden nennen können, so ist die gesellschaftliche Bedeutung, also die Bedeutung für die Mitbürger eines Staates, nicht von der Hand zu weisen. Die volkswirtschaftliche Leistung, also alle Aufwendungen, Anschaffungen, Arbeiten, Kosten und Mühen für die gesamte Pferdehaltung, läßt sich nur abschätzen. Sie wird für die Pferdezucht und den Pferdesport in der Bundesrepublik insgesamt auf 3,5 Mrd. DM pro Jahr angesetzt. (Wenn man 1000 Eintausend-Mark-Scheine auf 10 cm preßt und aus diesen Preßlingen einen Turm von 100 m Höhe baut, dann hat man 1 Mrd. DM erreicht.) Als umsatzträchtige Teilbereiche seien die Futtermittel (Heu, Stroh, Hafer, Mischfutter etc.) mit 850 Mio. DM, ärztliche Behandlung und Arzneimittel mit 180 Mio. DM, Zubehör, Kleidung usw. ebenfalls 180 Mio. DM, oder auch der Stallbau mit 80 Mill. DM genannt. Wenn wir über diese großen Summen auch erstaunt sind, so sagen sie doch letztendlich nur aus, wieviel Geld für die Haltung aller Pferde aufgewendet werden muß. Die Zusammenhänge werden schnell etwas verständlicher, wenn wir uns die Zahlen für ein Pferd vor Augen halten. Mit Recht wird jeder sagen, daß dies von vielen Dingen abhängig ist (z. B. Pferdesportart, Pferderasse, Anschaffungspreis, Aufstallungsart, Futtergrundlage etc). So können die monatlichen Aufwendungen von etwa 1800 DM für ein Rennpferd im intensiven Training, auf 300 DM für ein Robustpferd sinken. Aber alle zusammen tragen zu der volkswirtschaftlichen Gesamtleistung der Pferdehaltung bei.

Wodurch kann die volkswirtschaftliche Leistung der Pferdehaltung beeinflußt werden?

Die Leistung wird steigen, wenn der Zuchtbetrieb die Nachzucht zu einem höheren Preis verkaufen, wenn der Reitbetrieb die ausgebildeten Pferde teurer absetzen, wenn der Rennstall seine Trainingssätze erhöhen, wenn der Pensionsstall seinen Pensionspreis heraufsetzen kann. In umgekehrten Fällen wird man mit einer Senkung der Leistung rechnen müssen. Die Beispiele lassen deutlich werden, daß eine Leistungssteigerung mit dem Erfolg des Betriebsleiters (Gestütsleiter, Reitlehrer, Trainer), mit dem Können, was auch die Führung des Betriebes einschließt, in engem Zusammenhang steht. Steigt die Leistungsfähigkeit des Betriebes, steigt auch der Gewinn des Betriebes; in den genannten Beispielen liegt es meist an den Fähigkeiten des Personals.

Weitaus stärker als durch die beruflichen Qualitäten wird die Leistung durch die Höhe des Pferdebestandes beeinflußt. Wenn beispielsweise die Nachfrage nach Reitpferden sinkt, kann der Züchter nicht mehr so viele Fohlen absetzen, der Reitstall weniger Pferde ausbilden usw. Ein derartiger Nachfragerückgang läßt sich durch eine Schwächung im allgemeinen Wirtschaftsleben (Konjunkturrückgang) erklären. Auf Grund gleichbleibender oder sinkender Einkommen können die Bürger nicht mehr den gleich hohen Anteil ihres zur Verfügung stehenden Gehaltes für die Freizeit und damit für den Pferdesport ausgeben. »Der Gürtel muß enger geschnallt werden«; zuerst wird natürlich an den nicht lebensnotwendigen Freizeitausgaben gespart. In einer derartigen Situation wird man feststellen, daß zunächst die Zahl der Bedeckung bei den Zuchtstuten und später die Zahl der Zuchtstuten sinkt, bevor der Gesamtpferdebestand sinkt. Wir erkennen, daß die volkswirtschaftliche Leistungsfähigkeit der Pferdehaltung und das Einkommen des pferdehaltenden Betriebes vom Wohl der Allgemeinwirtschaft (Konjunktur) abhängig ist. Zu bedenken bleibt jedoch, daß trotz wirtschaftlicher Flaute z. B. die Auktionspreise für Pferde angestiegen sind. Dies soll als Zeichen gewertet werden, daß Qualität (gute Nachzucht, gute Ausbildung, gutes Training, gute Pflege) in der Pferdehaltung konjunkturabhängig gut bezahlt wird. Um diese Qualitätsstufe im jeweiligen Schwerpunktbereich des Pferdesports zu erreichen, gilt als einer der wichtigsten Grundbausteine die gute Ausbildung zum Pferdewirt.

Zur Wiederholung und Vertiefung

1. Beschreiben Sie die Entwicklung der Pferdehaltung in der Bundesrepublik Deutschland nach dem 2. Weltkrieg.

2. Hat die Pferdehaltung in der Bundesrepublik Deutschland eine volkswirtschaftliche Bedeutung? Begründen Sie Ihre Meinung.
3. Beschreiben Sie die verschiedenen Auswirkungen des Konjunkturverlaufes auf die Pferdehaltung.
4. Worin liegen die Leistungen eines pferdehaltenden Betriebes?

2 Der Ausbildungsbetrieb

Die volkswirtschaftliche Leistung der gesamten Pferdehaltung setzt sich aus den Leistungen jedes einzelnen Betriebes zusammen. Die Leistungen pferdehaltender Betriebe können wir allgemein in Herstellung (Produktion) von Gütern (Zuchtbetriebe) und Bereitstellung von Dienstleistungen (Pflege, Training, Ausbildung) unterteilen. Somit umfaßt der Betrieb im Wirtschaftsleben den Ort der Produktion. Bevor jedoch produziert wird, muß ein Bedarf an diesen Gütern oder Dienstleistungen bestehen. Dieses Bedürfnis geht von Privatpersonen (Haushalt) aus. Der Haushalt ist der Ort des Verbrauches (Konsum). Damit der Haushalt konsumieren kann, stellt er dem Betrieb seine Arbeitskraft zur Verfügung und erhält dafür Lohn bzw. Gehalt. Haushalt und Betrieb sind somit die beiden wichtigsten Zellen der Wirtschaft.

Der Zuchtbetrieb kann aber die Aufzucht edler Fohlen nicht vollkommen selbständig durchführen. Er benötigt noch Güter von anderen Betrieben, z. B. Mischfutter vom Landhändler, oder Dienstleistungen, wie z. B. Tierarzt und Hufschmied. Jeder Betrieb stellt somit nicht nur her, sondern verbraucht auch selbst Güter für die Produktion. Dies nennt man die Doppelfunktion des Betriebes. Man erkennt, daß jeder Betrieb von der Zulieferung oder Mitarbeit anderer Betriebe abhängig ist. Speditionen befördern Pferde und Futtermittel, Versicherungen übernehmen den Schutz vor Beschädigung, Kreditinstitute wickeln den Geldverkehr ab. Aus diesem Zusammenarbeiten ergibt sich das Gesamtbild des komplizierten Wirtschaftslebens.

Aufgabe des Betriebes ist jedoch nicht nur die Herstellung, sondern auch das Bereitstellen von Arbeitsplätzen sowie das Zahlen von Steuern. Aus diesen Gründen sind die Städte und Gemeinden sehr um die Ansiedlung existenzfähiger Betriebe bemüht. Bevor jedoch ein Betrieb gegründet werden kann, müssen eine Reihe von Voraussetzungen erfüllt werden:
– der Betriebsinhaber muß voll geschäftsfähig sein (§ 2 BGB: Unbeschränkt geschäftsfähig ist, wer das 18. Lebensjahr vollendet hat, also volljährig ist)
– Nachweis beruflicher Qualifikation, Prüfung zum Pferdewirtschaftsmeister für die Anerkennung in der Berufsorganisation
– besondere behördliche Genehmigung nach der Gewerbeordnung bzw. Bauordnung, z. B. Bauen im Außenbereich

Abb. 118. Haushalt und Betrieb.

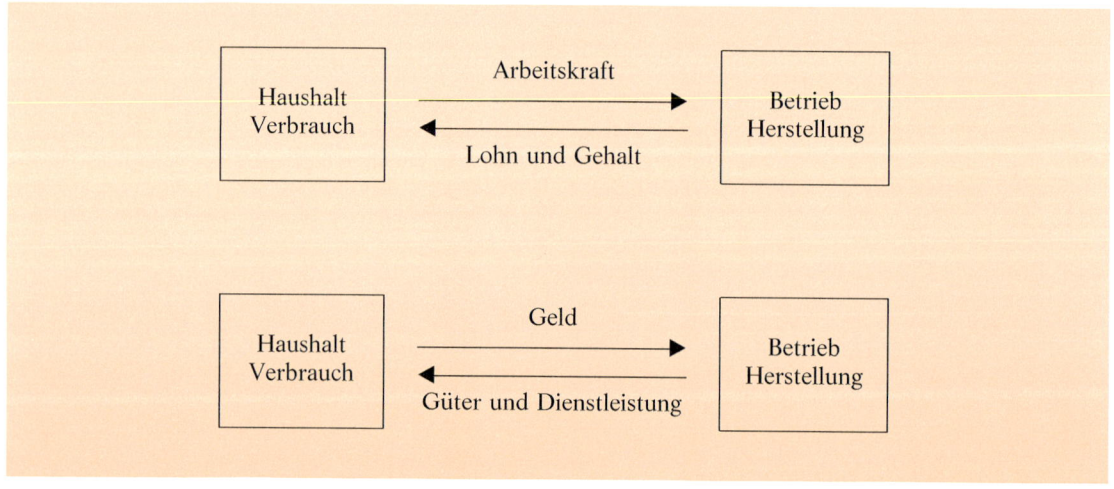

– Anmeldung bei öffentlichen Behörden (Gewerbeamt, Finanzamt, zuständige Berufsgenossenschaft, Träger der Sozialversicherung, Landwirtschaftskammer).

Ziel eines jeden Betriebes ist es, den größtmöglichen Erfolg mit den gegebenen Mitteln zu bekommen (Maximalprinzip), z. B. im Rennstall viele Plazierungen zu erreichen (siehe auch 8.3.2.1), bzw. mit dem geringsten Mitteleinsatz einen gegebenen Erfolg zu erreichen (Minimalprinzip), z. B. eine Pferdeaufzucht mit möglichst geringen Kosten. Welche Gesichtspunkte beim Einsatz der Mittel in der Pferdehaltung zu beachten sind, sollen die folgenden Ausführungen zeigen.

2.1 Struktur der Ausbildungsstätte

Die Struktur von Betrieben mit Pferdehaltung ist sehr vielfältig. Die Bezeichnung des Ausbildungsberufes Pferdewirt mit seinen vier Schwerpunkten – Zucht und Haltung, Reiten, Rennreiten, Trabrennfahren – macht dies deutlich. Die Notwendigkeit dieser Einteilung ist auch durch die sehr unterschiedlichen Betriebstypen in der Pferdehaltung entstanden.
Um einen Betrieb einer bestimmten Gruppe zuzuordnen, gibt es viele Möglichkeiten, die nachfolgend angeführt werden.

Der Produktions- oder Dienstleistungsbetrieb

Wie wir gesehen haben, stellen Produktionsbetriebe Güter bzw. Waren her, die verkauft werden. Zwar kann man Pferde nicht als Güter bezeichnen, jedoch würde man Betriebe mit Pferdezucht trotzdem dieser Gruppe zuordnen. Auch Fohlenaufzüchter, die ausschließlich junge Fohlen ankaufen, aufziehen oder auch ausbilden, könnte man als Produktionsbetriebe bezeichnen, gleichfalls Reitbetriebe, die 3jährige zukaufen, ausbilden und dann zum Verkauf anbieten. Das Betriebsergebnis ist sehr stark von den eigenen Qualitäten und Fähigkeiten abhängig. Man muß die Produktionstechnik (Herstellungsweg) sehr gut kennen, um Fehler zu verhindern (z. B. die bedarfsgerechte Futterration für Aufzuchtfohlen).
Dienstleistungsbetriebe bieten Dienste und Arbeiten an bzw. übernehmen Aufträge, so z. B. der Pensions-Pferdestall, der gegen ein monatliches Entgelt die Pferde pflegt und versorgt oder der Trabrennstall, der für die Besitzer die Pferde trainiert und in Rennen fährt. Hier entscheidet nicht immer nur der Betriebsleiter, sondern man muß auch auf die Wünsche der Auftraggeber eingehen können. Nur die Qualität der angebotenen Dienstleistung wird bewertet. Dieser Bereich ist oft sehr von der Konjunktur (Wirtschaftslage) abhängig.

Der Spezial- oder Gemischtbetrieb

Der Spezialbetrieb befaßt sich mit einer Möglichkeit (Produktionsverfahren) der Pferdehaltung, z. B. der Galopprennstall. Da er sich nur mit einem Sondergebiet beschäftigen muß, kann der Betriebsleiter hier ein hohes Maß an speziellen Kenntnissen und Fertigkeiten erlangen, um die Betriebsprobleme zu beherrschen. Andererseits steht und fällt der Erfolg des Betriebes mit der Arbeitsqualität in diesem Spezialgebiet.
Im Gemischtbetrieb laufen mehrere Produktionsverfahren gleichzeitig nebeneinander. Beispielhaft wäre ein Reitbetrieb mit eigener kleiner Pferdezucht, in dem die Pferde bis zur Klasse M ausgebildet werden und ein Teil der vorhandenen Boxen mit Pensionspferden besetzt wird. Da man sich im Betrieb um mehrere Fachgebiete kümmern muß, können die Spitzenleistungen eines Spezialbetriebes kaum erreicht werden. Sollte eine Sparte jedoch nicht den gewünschten Erfolg bringen (z. B. geringe Abfohlquote), könnte diese Minderleistung woanders ausgeglichen werden (z. B. hoher Preis auf einer Reitpferdeauktion).

Der Extensiv- oder Intensivbetrieb

Hiermit soll die Intensität der Bewirtschaftung und Nutzung von Betrieben angegeben werden. Extensiv betriebene Pferdehaltung könnte die Robustpferdehaltung von Verleihpferden sein, wo einmal die Haltung und Pflege der Pferde nicht so aufwendig ist, aber auch der Arbeitseinsatz der Tiere selbst in vielen Zeiten nicht allzu hoch ist. Diese Betriebe haben insgesamt nur geringe Kosten (Material, Arbeit etc.), erreichen andererseits auch selten hohe Erträge.
Intensivbetriebe werden in ihrem Betriebsablauf sehr gründlich mit hohem Aufwand und Engagement geführt, sie sind auf Höchstleistungen abgestimmt, wie z. B. ein Rennstall mit vielen Plazierungen, ein Gestüt mit Aufzucht, Nachzucht der Stuten und Deckstation. Um in der heutigen Situation als Betrieb existenzfähig (lebensfähig) zu bleiben, ist eine intensive Führung, d. h. eine bestmögliche Auslastung und Nutzung der vorhandenen Betriebsmittel, notwendig.

Haupttätigkeiten

a) Der Zuchtbetrieb

Zuchtbetriebe beschäftigen sich vornehmlich mit der Erzeugung und Aufzucht von Pferden. Die Nachzucht kann unterschiedlich lange im Betrieb verbleiben bis zum Absetzen von der Mutter oder bis zum Beginn der Ausbildungsphase. Hat der Betrieb genügend Arbeitskräfte und Grünlandflächen zur Verfügung, werden die Fohlen möglichst so lange gehalten, bis sich ein günstiger Verkaufspreis ergibt. Ist der Betrieb knapp mit Flächen ausgestattet, wird er versuchen, sie als Absetzer zu verkaufen. Ein Betrieb, der ausschließlich Pferdezucht betreibt, wird in der Regel auch eine Deckstation besitzen. Hierdurch wird eine optimale Versorgung des eigenen Stutenbestandes gesichert, andererseits kann durch die Zuführung betriebsfremder Stuten der Hengst intensiver ausgelastet werden. Die besten Stutfohlen will der Zuchtbetrieb oft selbst für die Erstellung seiner Nachfolgegeneration behalten und aufziehen. Die eigene Stutennachzucht ist etwas arbeitsextensiver, d. h., es fallen verhältnismäßig wenig Arbeitsstunden je aufgezogener Stute an, der Betrieb muß jedoch über viele Grünlandflächen verfügen. Die Deckstation für sich alleine muß ebenfalls den Zuchtbetrieben zugezählt werden. Betriebe, die ausschließlich bzw. hauptsächlich die Haltung von Vatertieren durchführen, findet man nicht oft, mit Ausnahme der bekannten staatlichen Landgestüte im Warmblutbereich oder einiger privater Deckstellen bei Warm- und Vollblut.

Nach dieser Definition würden natürlich alle Warmblut-, Vollblut-, Traber- und Kleinpferdegestüte sowie ebenfalls auch landwirtschaftliche Betriebe mit Pferdezucht unter die Bezeichnung „Zuchtbetrieb" fallen.

b) Reit- und Fahrbetriebe

Eine ähnlich vielschichtige Gruppe wie die Zuchtbetriebe sind die »Reit- und Fahrbetriebe«.

In den Vordergrund ihrer Arbeit stellen diese Betriebe das Ausbilden von Pferden und Reitern. Je nach Schwerpunkt hat der Betrieb hierfür bestimmte Voraussetzungen zu erfüllen. Wird ein Reiter ausgebildet, so muß neben dem geeigneten Pferdematerial zumindest ein Springplatz, ein Dressurviereck und eine Reithalle zur Verfügung stehen. Für die Ausbildung von Military-Pferden benötigt man außerdem eine Geländehindernisstrecke. Das Einfahren von Pferden in der Kutsche setzt einen gewissen Bestand an Kutschen und entsprechendem Geschirr voraus. Die Betriebe können sich jedoch nicht nur dadurch unterscheiden, was sie ausbilden, sondern auch wie intensiv sie ausbilden. So kann es sich beispielsweise um ein bloßes »Anreiten« handeln oder um eine Ausbildung in den höheren Leistungsklassen M und S. Es gibt auch Betriebe, die nur speziell entweder in der Dressur, im Springen, im Fahren oder Westernreiten ausbilden.

Bei der Pensionspferdehaltung hat der Betrieb keine eigenen Pferde. Die fremden Pferde werden nur gehalten und gepflegt, eine Ausbildung findet nicht statt. Es kann sich hierbei um eine Ganzjahresstallhaltung oder um Weidehaltung bzw. um eine Kombination von beidem handeln. Nicht selten findet man die Pensionspferdehaltung einem landwirtschaftlichen Betrieb angegliedert.

Zuchtbetrieb			
Fohlenaufzucht bis zum 5.–8. Monat	mit Deckstation	mit Stutennachzucht	Deckstation
Fohlenaufzucht bis zum 3jährigen	ohne Deckstation	ohne Stutennachzucht	

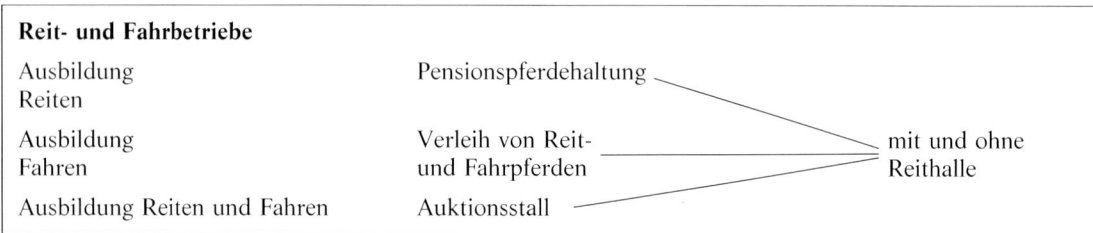

In Betrieben mit Verleih von Reit- und Fahrpferden findet in der Regel ebenfalls keine Ausbildung statt. Im Gegensatz zum Pensionsbetrieb sind die Pferde hier Betriebseigentum. Diese Form der Pferdehaltung ist häufig in der Freizeitreiterei anzutreffen. Der Auktionsstall bildet Pferde für den Verkauf aus. Oft werden Pferde im »rohen« Zustand »von der Weide« angekauft, intensiv ausgebildet und dann zum Verkauf angeboten. Es kann aber auch durchaus mit schon voll ausgebildeten Pferden gehandelt werden. Die Pferde müssen nicht immer im Eigentum des Betriebes sein, sondern können auch im Auftrag (Kommission) verkauft werden.

Ähnlich wie bei den Zuchtbetrieben sind auch in dieser Gruppe alle möglichen Kombinationen denkbar.

c) Rennbetriebe

Nach der Sportart sind diese Betriebe klar zu unterscheiden. Hauptaufgaben sind das Trainieren der Pferde und die Durchführung (nicht die Organisation) des Rennens. Das Trainieren umfaßt die Ausbildung und den Test junger Pferde für diese Sportart sowie das ständige Training der Pferde, die schon Rennen laufen. Um diese intensive Trainingsarbeit leisten zu können, sind die Rennbetriebe meistens auch einer Trab- oder Galopprennbahn angeschlossen. Der Betrieb selbst besteht somit oft nur aus Gebäuden, die für die Unterbringung und Versorgung von Pferden notwendig sind. Die Haltung der Rennpferde schließt auch die Betreuung der Tiere vor, während und nach dem Rennen ein. Da die Rennbahnen im gesamten Bundesgebiet verteilt sind, darüber hinaus aber auch gerne ausländische Bahnen aufgesucht werden, muß sich der Betrieb und das Personal besonders auf das Transportieren von Pferden einstellen.

Die hier gezeigte Vielseitigkeit von Betriebstypen und die sich daraus ergebenden Kombinationsmöglichkeiten sowie die unterschiedlichen Gesichtspunkte, aus denen man die Betriebstypen ihrer Struktur nach betrachten kann, machen deutlich, wie individuell die Pferdehaltung ist. Sie zeigen aber auch, wie beweglich der Betrieb in seiner Anpassungsfähigkeit an die gestellten Aufgaben sein muß.

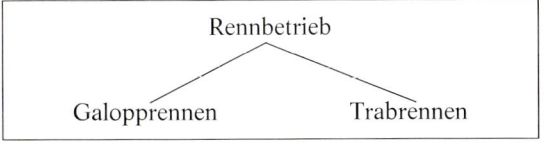

Zur Wiederholung und Vertiefung

1. Was versteht man unter der Doppelfunktion eines Betriebes?
2. Unterscheiden Sie die verschiedenen Stufen der Geschäftsfähigkeit.
3. Welche verschiedenen Betriebstypen in der Pferdehaltung – geordnet nach den Haupttätigkeiten – kennen Sie?
4. Erläutern Sie an Beispielen folgende Begriffe: Produktionsbetrieb, Dienstleistungsbetrieb, Spezialbetrieb, Gemischtbetrieb, Extensivbetrieb, Intensivbetrieb.

2.1.1 Innere Verkehrslage

Die »innere Verkehrslage« eines Betriebes beschreibt die Wege im Betrieb, d. h. sowohl die Wege innerhalb der Gebäude, zwischen den Gebäuden, zwischen den Betriebsgebäuden und Betriebsflächen, als auch zwischen den einzelnen Betriebsflächen. Es ist außerordentlich wichtig für einen Betrieb, ob die Wege zwischen den verschiedenen Betriebsteilen kurz oder lang sind, da sie der Arbeitszeit zuzuschreiben sind. Die Zeitdauer, die für das Zurücklegen von Wegstrecken benötigt wird, dient nicht der unmittelbaren Produktion, sie ist ohne direkten Ertrag, deshalb sollte sie möglichst kurz sein. Die Wegzeit gehört zur Rüstzeit (Vorbereitungszeit).

Hier ein Beispiel: Sie wollen ein Pferd satteln. Die Zeiten, die Sie benötigen, um Pferd, Reitzeug, Sattel und Zäumung zum Sattelplatz zu bringen, sind die Wegzeiten. Als Rüstzeit zählt zusätzlich das Putzen, Zäumen und Satteln.

Der Betrieb kann im Ort, am Ortsrand oder in der Gemarkung liegen. Lagen im Ort oder am Ortsrand sind häufig beengt, Einzelbetriebslagen außerhalb von Orten sind meistens weiträumig.

Um die Wege innerhalb eines Gebäudes gering zu halten, muß der Pferdebestand berücksichtigt werden. Bei kleineren Beständen (bis zu 12 Tieren) ist eine einreihige Aufstellung möglich; große Bestände müssen in mehrreihigen Stallungen untergebracht werden. So können Wege, die besonders häufig gemacht werden, z. B. zur Futterkammer, zur Sattelkammer oder zur Mistplatte, möglichst kurz gehalten werden.

Ein weiteres Beispiel, um innerhalb eines Gebäudes die Entfernungen gering zu halten, ist die Lagerung von Einstreu und Futtermitteln deckenlastig über den

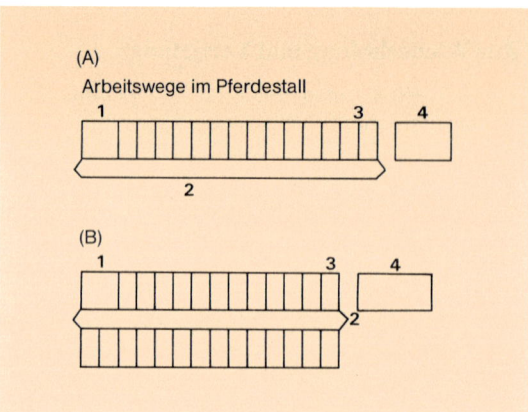

Abb. 119. Arbeitswege im Pferdestall sollen möglichst kurz gehalten werden. A = Einreihige Aufstallung, B = mehrreihige Aufstallung. 1 = Sattel- und Futterkammer, 2 = Stallgasse, 3 = Boxen, 4 = Mistplatte.

Stallungen. Wie wir später noch sehen werden, hat dieses Verfahren aber auch seine Nachteile.
Die Wege zwischen verschiedenen Betriebsgebäuden – Pferdestall, Heulager, Reithalle, Mistplatz, Nebengebäude einschließlich Wohnhaus – sollten nach Möglichkeit ebenfalls kurz sein. Jedoch sind gerade hierbei Kompromisse zu schließen, wenn es sich um den Ausbau bestehender Hofanlagen handelt bzw. wenn mögliche Erweiterungen oder Änderungen von vornherein vorgesehen sind.
Eine optimale Anlage hat ein Zentrum, von dem aus auf kurzen Wegen Stall, Futterlager, Halle, Nebenräume und Außenreitanlagen zu erreichen sind.
Pferdehaltende Betriebe, die auf das Vorhandensein von Betriebsflächen (z. B. Weiden) angewiesen sind – Zuchtbetriebe oder Pensionspferdehalter mit Weideauslauf – müssen darauf achten, daß diese Flächen möglichst zusammenhängend in der Nähe der Gebäude liegen. Man bezeichnet diese Lage der Wirtschaftsflächen dann als arrondiert. Befinden sich alle Grundstücke in unmittelbarer Nähe des Betriebes, so spricht man von »vollarrondiert« (Beispielbetrieb B), liegt der überwiegende Teil um die Hofstelle, einige Parzellen jedoch entfernter, so ist dieser Hof »teilarrondiert«. Für die Haltung von Pferden ungeeignet ist die sogenannte »Streulage« (Beispielbetrieb A), bei der alle Grundstücke weit verstreut um den Betrieb liegen. Diese Betriebe besitzen dann oft viele kleine Einzelflächen. Hier ist das tägliche Führen der Pferde zu den Koppeln – wenn überhaupt möglich – mit hohen Wegzeiten verbunden.

Abb. 120. Beispiele für Aufstallungsarten in der Pferdehaltung.

Merke:

Eine gute innere Verkehrslage eines Betriebes zeichnet sich durch kurze Wege im Betrieb, eine geringe mittlere Betriebsflächenentfernung und eine hohe mittlere Betriebsflächengröße aus.

Wenn man alle Entfernungen zu den Betriebsflächen addiert und durch ihre Anzahl dividiert, erhält man die »mittlere Betriebsflächenentfernung«, die bei der Pferdehaltung unter 500 m liegen sollte.
Um die ungünstige »Streulage« zu beseitigen, kann der Betriebsleiter mit anderen Grundstückseigentümern freiwillig die Flächen tauschen, so daß sie für alle Beteiligten näher zur Betriebsstelle liegen. Da dieser freiwillige Tausch (Flurtausch) selten zustande kommt, führt der Staat Flurbereinigungsverfahren durch, in denen großflächig oft mehrere tausend Hektar neu geordnet werden. Diese umfangreiche Aufgabe ist dem Amt für Agrarordnung übertragen. Die Flächeneigentümer müssen sich an den Kosten

Abb. 121. Arbeitswege im Betrieb.

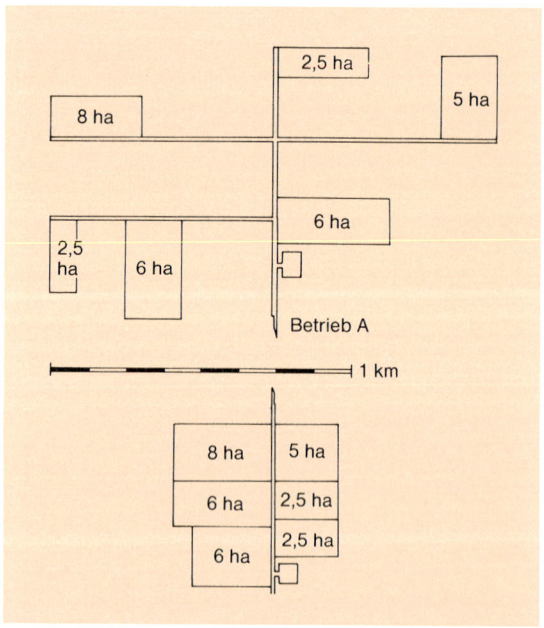

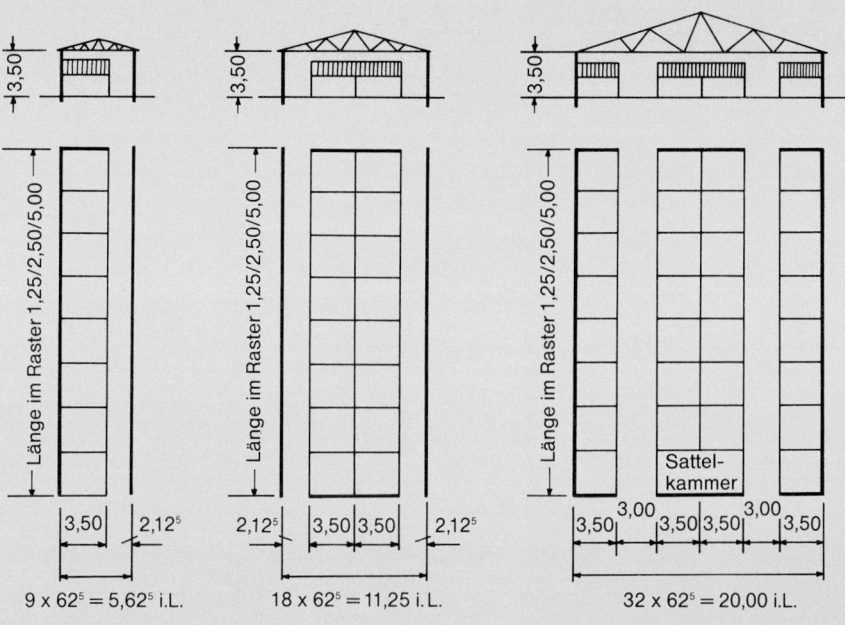
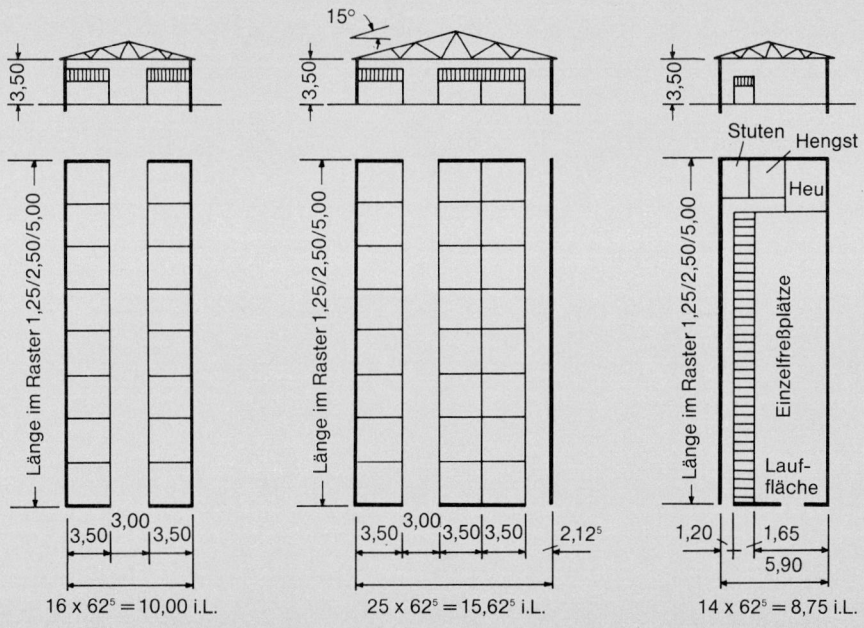

dieses Verfahrens beteiligen, können jedoch auch in einem gewissen Umfang mitplanen und mitbestimmen. Die innere Verkehrslage der Betriebe ist nach einem derartigen Verfahren besser, d. h. die mittlere Betriebsflächenentfernung und die Anzahl der einzelnen Grundstücke ist geringer, dafür ist die mittlere Betriebsflächengröße erhöht worden.

2.1.2 Äußere Verkehrslage

Die »äußere Verkehrslage« eines Betriebes beschreibt das Wegeverhältnis zu den notwendigen, auswärtigen Geschäftspartnern (Zulieferer, Abnehmer, Kunde). Welche Personen kommen zu einem pferdehaltenden Betrieb?
– Tierarzt
– Hufschmied
– Pferdetransporteur
– Futtermitteltransporteur
– Pferdebesitzer
– Reitschüler etc.

Welche Verbindungen muß der Betrieb nach außen wahrnehmen?
– Werkstatt
– Landwarenhandel
– Bank
– Auktionshalle etc.

Je nachdem, ob die Entfernungen kurz oder lang sind, können die Transportkosten bzw. Wegstreckenkosten unterschiedlich sein. Ein guter Standort wird aber auch durch die Art der Pferdehaltung bestimmt. Ein Reitbetrieb sollte dicht an ein Reitwegenetz angeschlossen sein, da das Reiten durch Ortschaften und über befestigte Straßen sowohl bei Reitern als auch bei Anwohnern auf Unbehagen stößt. Andererseits ist es günstig, wenn dieser Betrieb durch öffentliche Verkehrsmittel leicht zu erreichen ist, da viele Reitschüler Kinder oder Jugendliche sind.

Für einen Zuchtbetrieb mit Deckstelle ist es außerdem von Nachteil, wenn er weitab liegt und nur über schlecht ausgebaute Straßen zu erreichen ist. Der günstige Standort eines Rennbetriebes ist nicht nur darin zu sehen, daß er einer Rennbahn angeschlossen ist, sondern daß das häufig notwendige Transportieren der Pferde über gut ausgebaute Straßen und direkte Schnellstraßenverbindungen abgewickelt werden kann.

Wenn man die drei Betriebstypen vergleichen will, so kann man festhalten, daß der Zuchtbetrieb am ehesten auf eine günstige äußere Verkehrslage verzichten kann, da die höheren Transportkosten auf die Gesamtkosten nur einen geringen Einfluß nehmen.

Betriebe, die jedoch auf den häufigen, regelmäßigen Kontakt ihrer Kunden angewiesen sind (Reitschule, Pensionspferdehaltung, Verleih von Reitpferden) benötigen als Standort die »Marktnähe«.

Eine einheitliche gute äußere Verkehrslage läßt sich somit nicht bestimmen, jedoch ist der Betrieb mit dem schlechteren Standort gezwungen, diesen Nachteil durch zuzätzliche Aufwendungen (z. B. mehr Dienstleistungen, niedrigere Preise, bessere Qualität) wettzumachen.

> **Zur Wiederholung und Vertiefung**
>
> 1. Erläutern Sie an Beispielen eine gute innere Verkehrslage eines Betriebes.
> 2. Warum sollte bei Pferdebetrieben die mittlere Betriebsflächenentfernung unter 500 m liegen?
> 3. Zur Abb. 121. Beide Betriebe haben gleich große Flächen. Stellen Sie fest, welche Strecken beide Pferdewirte zurücklegen müssen, um alle Flächen mit ihren Zuchtpferden zu besetzen.
> 4. Wie kann die ungünstige Streulage beseitigt werden?
> 5. Beschreiben Sie die Voraussetzungen, die ein guter Standort eines Betriebstypes Ihres Ausbildungsschwerpunktes bezüglich der äußeren Verkehrslage haben muß.

2.1.3 Klimatische Verhältnisse

Das Entstehen der unterschiedlichen Pferderassen ist auch auf die wechselnden klimatischen Verhältnisse der Erde zurückzuführen. Das Klima der Wüsten- und Steppenregion mit wenig Niederschlägen und extremen Temperaturunterschieden zwischen Tag und Nacht verlangt ein anspruchsloses, widerstandsfähiges Pferd (Araber), das gemäßigte Klima unserer Breiten mit auf das Jahr verteilten Niederschlägen und nur mäßigen Temperaturunterschieden zwischen Sommer und Winter erlaubt die Zucht auf leistungsstarke, hinsichtlich Haltung und Pflege aber anspruchsvolle Pferde (Warmblut). Neben dem gemäßigten Klima können wir noch zwei weitere Klimabereiche in unserem Land unterscheiden: Das in der Küstenregion befindliche Seeklima (maritimes Klima) zeichnet sich durch höhere Niederschläge und damit verbundene höhere Luftfeuchtigkeit sowie ausgeglichene Temperaturen in den verschiedenen Jahreszeiten aus.

Abb. 122. Pferderennbahn in Bad Harzburg.

Dagegen können wir heiße Sommer und kalte Winter (Festlandklima, Kontinentalklima) im Osten und Süden unseres Landes feststellen.

Aus diesen Beispielen können wir auch eine allgemeine Erklärung für den Begriff Klima finden: Klima beschreibt die Wetterverhältnisse in einer bestimmten Region (Landschaft) im langjährigen Durchschnitt.

Das Wetter selbst wird bestimmt durch das Aufeinandertreffen von Licht und Wärme (von der Sonne) sowie Luft und Wasser (von der Erde). Ist der Einfluß des Klimas auch für pferdehaltende Betriebe von Bedeutung?

Vergleicht man die Pferdehaltung mit anderen Bereichen der Agrarwirtschaft, so kann man den Einfluß eher als gering einstufen. In der Landwirtschaft und im Gartenbau bestimmt neben den Bodenverhältnissen das Klima, welche Kulturpflanzen angebaut werden können und welche nicht. So verlangt z. B. der Mais 290 frostfreie Tage mit einer Jahresdurchschnittstemperatur von 10 °C, Sommergetreide jedoch nur 120 Tage bei durchschnittlich 6 °C. Da diese Frage für die Landwirtschaft so wichtig ist, versucht man diesen Einfluß zu verringern: mit Beregnungsanlagen bei Trockenheit im Gemüsebau und im Obstbau, Folienabdeckung gegen Frostschäden bei Frühkartoffeln, Unterglasanbau bei Zierpflanzen und Feingemüsen usw.

Solche Maßnahmen sind kostspielig und lohnen sich nur bei solchen Produkten, bei denen ein höherer Preis erzielt werden kann. Pferdefuttermittel würden dadurch zu teuer werden.

Das Klima wird die Pferdehaltung dort am ehesten beeinträchtigen, wo man auf eine Freilandhaltung angewiesen ist. Dies trifft insbesondere für Zuchtbetriebe zu, die ohne Auslauf nicht geführt werden können. Je länger die Pferde auf den Koppeln weiden können, desto gesünder, tiergerechter und kostengünstiger ist die Haltung. Die Weide bietet mit wenigen Ausnahmen eine für das Pferd ideale Nährstoffgrundlage, sie kommt dem Sozialverhalten der Pferde als Herdentier entgegen und sie bietet gute Auslauf- und Bewegungsmöglichkeiten. Bei Weidehaltung sind die Kosten für Arbeit, Haltung und Fütterung niedriger als bei der Stallhaltung. Damit die Weidesaison möglichst lange dauern kann, wäre für Zuchtbetriebe ein gemäßigtes Klima zunächst von Vorteil. Einschränkend muß aber beachtet werden, daß ein rauhes Klima insbesondere bei der Aufzucht von Pferden ihre Robustheit und Widerstandskraft fördern kann.

Auch der Rennbetrieb ist vom Klima abhängig. So wird auf den Galopprennbahnen eine Winterpause eingeschoben, da in dieser Zeit das Geläuf meist keinen ordnungsgemäßen Rennverlauf erlaubt.

Auch in der Pferdehaltung versucht man, nachteilige klimatische Gegebenheiten auszugleichen. Als wichtigste Maßnahmen sind die Bewegungs- und Reithallen anzusehen, die den Bewegungsbedarf der Pferde decken sowie die Fortführung der Ausbildungs- und Trainingsarbeit auch bei ungünstigem Wetter gewährleisten.

Die Allwetterbahnen im Trabrennsport ermöglichen die Aufrechterhaltung des Rennbetriebes im Winter. Dies wird durch einen kostspieligen, frostsicheren Unterbau (Filter- und Tragschicht) und durch intensive Pflege der Fahrschicht erreicht.

Auch im Bereich der Zucht versucht man das Klima zu steuern, indem durch Lichtprogramme ein längerer Tag bzw. eine kürzere Nacht vorgetäuscht wird, was sich auf die Intensität der Rossemerkmale auswirkt. Letztendlich soll auch das Solarium dem Pferd eine wärmere Jahreszeit vorspiegeln; es reagiert darauf mit dem Ausbleiben des Winterhaares.

Wir erkennen, daß das Klima auf die Art und Weise der Haltung, der Fütterung, der Ausbildung und des Trainings Einfluß nehmen kann.

Wodurch unterscheiden sich nun die klimatischen Verhältnisse der Ausbildungsbetriebe? Unterschiede im Klima sind meßbar und lassen sich anhand bestimmter Daten ablesen.

Höhenlage: »Der Betrieb liegt 276 m über NN«. Hiermit soll ausgedrückt werden, daß der Höhenunterschied zwischen der Lage des Betriebes und Normal-Null (NN entspricht der Meereshöhe) 276 m beträgt. Besitzt der Betrieb in einem größeren Umfang Grünlandflächen, so ist auch der Höhenunterschied innerhalb des Betriebes interessant. Beträgt der Unterschied mehr als 50 m, so könnte man daraus schließen, daß die Flächen weit voneinander entfernt liegen oder daß ein Teil der Betriebsfläche aus Hanglagen besteht. Die Höhenlage vermittelt einen ersten Eindruck über das Klima, da mit zunehmender Höhe der Luftdruck abnimmt, die Lufttemperatur sinkt (etwa 0,7 °C je 100 m Höhe) und die Niederschlagsmenge größer wird.

Mittlere Jahrestemperatur: Die mittlere Jahrestemperatur ergibt sich aus den mittleren Tagestemperaturen, die mit Hilfe eines Maximum-Minimum-Thermometers festgestellt werden. Sie beträgt in Niederungsgebieten 9–10 °C, in Höhengebieten um 500 m 6–7 °C. Wie schon eingangs erläutert, richtet sich der Anbau der verschiedenen Kulturpflanzen nach der durchschnittlichen Jahrestemperatur einer Landschaft.

Tab. 60. Klimatypen in Mitteleuropa

Klimatyp	Durchschnittliche Jahrestemperatur °C	Frostfreie Tage ca.
Maisklima	10	290
Weinklima	9	260
Wintergetreideklima	8	180
Sommergetreideklima	6	120

Die Höhe der Lufttemperatur wird durch die Sonnenenergie bestimmt. Hierbei sind der Sonnenstand (Einstrahlungswinkel) und die Sonnenscheindauer von entscheidender Bedeutung. Für die Erwärmung der Erdoberfläche sind darüber hinaus das Wärmeaufnahmevermögen (Absorption) und die Abstrahlung (Reflexion) des Bodens von Bedeutung.

Der flache Einstrahlungswinkel und die geringe Einstrahlungsdauer im Winter fördern die Frostgefahr. Das Absinken der Temperatur unter 0 °C wird in unseren Breiten meistens durch die Heranführung kühler Luftmassen (Polargebiet, Osteuropa) hervorgerufen. Aber auch in klaren Nächten, wenn eine Wolkendecke oder eine Dunstglocke die Bodenwärme nicht mehr festhalten kann und die erwärmte Luft aufsteigt, kann es zu Frühfrösten (Herbst) und Spätfrösten (Frühjahr) kommen.

Mittlere jährliche Niederschlagsmenge: Alle Pflanzen sind auf die Zufuhr von Wasser in Form von Niederschlägen (Regen, Schnee, Hagel oder Tau) angewiesen. Hierbei ist eine gleichmäßige Verteilung über das Jahr günstiger für das Wachstum als klar abgegrenzte Regenzeiten. Die Höhe der Niederschlagsmenge ist nicht nur in den Klimazonen unterschiedlich, sie kann auch von Ort zu Ort wechseln. So müssen Regenschattengebiete mit weniger als 500 mm Niederschlag auskommen, während in Mittelgebirgslagen und Höhengebieten sowie in Küstenregionen der Wert auf 1500 mm und mehr ansteigen kann. 1 mm Niederschlag entspricht 1 l Wasser je m². Die Niederschläge werden mit dem Regenmesser gemessen.

Pferde bevorzugen einen warmen, trockenen, humosen Boden. Allzu hohe Niederschlagsmengen sind der Pferdehaltung eher abträglich. Die Gefahr der Verwurmung ist größer. Insbesondere bei naßkaltem Wetter wird die Futtersuche und Bewegungsaktivität eingeschränkt. Tierärzte stellen dann auch vermehrt Erkrankungen der Atemwege fest. Bei lang anhaltenden Regenfällen stellt sich rasch eine Zerstörung der Grasnarbe auf Pferdeweiden ein. Hufschmiede führen das verstärkte Auftreten von Bockhufen bei Fohlen auf nasse Frühjahre zurück. Diesen nachteiligen Einflüssen kann der Betrieb jedoch durch gezielte, ausgeglichene Zufütterung, Bewegungsmaschinen oder Reit- und Bewegungshallen entgegenwirken.

Windlage und Windschutz: Pferde geben Plätzen mit leichter Windbewegung den Vorzug. Im Sommer sind hier die Temperaturen angenehmer und die Fliegenplage ist nicht so stark. Eine leichte bis schwache Brise entspricht einer Windgeschwindigkeit von 3 bis 5 m/sec. bzw. 8 bis 15 km/h. Nur wenn ständig eine frische Brise weht, suchen Pferde natürliche Windschutzanlagen (Hecken, dichtere Baumbestände) oder Schutzhütten auf.

Bei der Planung eines Pferdestalles ist die Hauptwindrichtung zu beachten, da die Be- und Entlüftung besser gestaltet werden kann, wenn die Längsfläche des Stalles parallel zur Windrichtung verläuft. Der Wind kann dann beide Seiten gleich gut bestreichen. Die Frischluftzufuhr ist gleichmäßig verteilt, eine Regulierung der Stalluft ist einfach. Die Gefahr von Zugluft im Stall ist dadurch gering. Man spricht dann von Zugluft, wenn die Luftgeschwindigkeit im Stall 3 m/sec. übersteigt.

Die bislang besprochenen Kennzeichen des Klimas lassen sich mit den verschiedensten Geräten genau erfassen und auswerten. Da sie jedoch meistens Jahresdurchschnittswerte sind, sagen sie nichts über den Verlauf des Wetters innerhalb eines Jahres aus. Für fast jeden Bereich in der Agrarwirtschaft gibt es aber Termine, an denen man auch die klimatischen Verhältnisse ablesen kann, die für die Durchführung der Produktion in diesem Bereich von Wichtigkeit sind. Für die Pferdehaltung können die folgenden Daten von Bedeutung sein:
– Weideauftrieb
– letzte Spätfröste
– Beginn der Heuernte
– Weideabtrieb
– Frostbeginn – erster Frühfrost

Früher Frostbeginn und letzte Spätfröste beschneiden natürlich die Dauer der Vegetationsperiode und können z. B. den Beginn der Heuernte verschieben. Auch das genaue Datum des Weideauf- und -abtriebes ist von Klima und Wetter abhängig.

Die Kenntnis der klimatischen Verhältnisse ist wichtig für die Organisation des Arbeitsablaufes eines pferdehaltenden Betriebes.

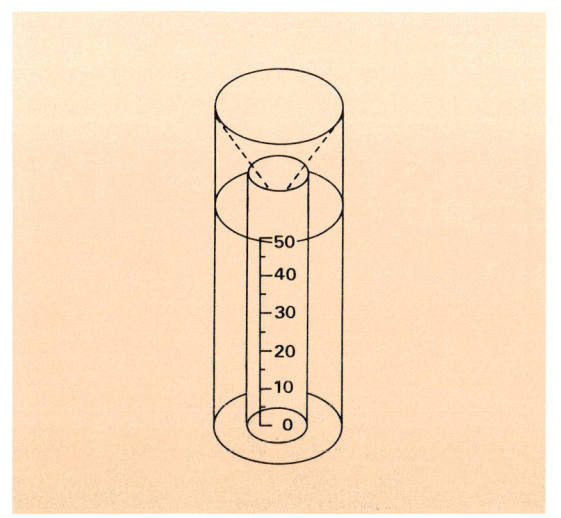

Abb. 123. Der Regenmesser.

Zur Wiederholung und Vertiefung

1. Beschreiben Sie das Klima der Region Ihres Ausbildungsbetriebes und ordnen Sie es einem Klimatyp zu.
2. Warum ist der Einfluß des Klimas auf den pferdehaltenden Betrieb von Bedeutung?
3. Wie können in der Pferdehaltung ungünstige klimatische Auswirkungen ausgeglichen werden?
4. Wodurch unterscheiden sich die klimatischen Verhältnisse verschiedener Ausbildungsbetriebe?
5. Welche Daten (Zeitpunkte) halten Sie für einen Pferdebetrieb aus klimatischen Gründen für wichtig?

2.2 Betriebsgebäude (siehe auch B 5.2)

Die Ausstattung mit Betriebsgebäuden ist bei pferdehaltenden Betrieben sehr unterschiedlich. Sie ist abhängig vom Umfang des Pferdebestandes, vom Ausbildungsschwerpunkt und von den klimatischen Verhältnissen.

Wohnhaus

Hier wohnt der Betriebsleiter mit seiner Familie, darüber hinaus können auch noch Wohnungen für Fremdarbeitskräfte und Aushilfskräfte vorhanden sein. Da ein größerer Pferdebestand eine ständige Kontroll- und Aufsichtspflicht verlangt, kann das Wohnhaus den Betriebsgebäuden zugerechnet werden. In Betrieben ohne Wohnhaus werden die genannten Aufgaben durch die Bereitstellung von Aufenthalts- und Sozialräumen erfüllt. Hier kann sich das Personal z. B. während der Nachtwachen und in den Arbeitspausen aufhalten. Die Schreib- und Verwaltungsaufgaben kann der Betriebsleiter in einem separaten Stallbüro erledigen.

Pferdestall

Stallungen dienen als Schutz vor klimatischen Einflüssen wie Hitze, Kälte, Nässe und Zugluft. Die Aufstallungsart und das »Stallklima« müssen in jedem Fall pferdegerecht sein. Die Größe des Stalles bestimmt der Pferdebestand sowie die Art der Pferdehaltung. Die Unterbringung der Pferde kann in einem einzelnen Hauptgebäude (Rennbetrieb, Reitbetrieb) erfolgen oder in mehreren verschiedenen Nebengebäuden (Zuchtbetrieb). Letztere Möglichkeit findet man häufig in größeren Gestüten, wo die verschiedenen Funktionsbereiche – Abfohlen, Aufzucht von Jungtieren, Deckzentrum, Haltung von tragenden Stuten – auf die einzelnen Gebäude aufgeteilt sind. Die baulichen Einrichtungen können dadurch den besonderen Bedürfnissen der Pferde genau angepaßt werden. Eine besondere Art von Pferdestall ist der Quarantänestall. Hierbei handelt es sich um ein einzeln gelegenes Nebengebäude, in dem Pferde mit ansteckenden Erkrankungen oder Pferde, bei denen der Verdacht auf eine solche Krankheit besteht, getrennt vom übrigen Pferdebestand untergebracht werden können.

Einen Großteil der Arbeitszeit verbringt der Pferdewirt im Stall. Es ist daher sinnvoll, schon bei der Planung darauf zu achten, daß ein ungestörtes Arbeiten und der Einsatz von Maschinen möglich sind (8.2.2.1).

Reit- und Bewegungshallen

Mit ihrer Hilfe können auch bei ungünstigen Witterungsverhältnissen die Ausbildung oder das Training fortgeführt und der hohe Anspruch der Pferde nach Bewegung gesichert werden. Die meisten Hallen werden heute mit Zuschauertribünen versehen, so daß auch pferdesportliche Veranstaltungen durchgeführt werden können.

Deckhalle

Jedes Gestüt mit Deckhengsten sollte über eine Deckhalle verfügen, die auch Mittelpunkt eines Deckzentrums sein kann. Die zu deckenden Stuten und die Deckhengste sollten in enger Nachbarschaft untergebracht werden. Die Deckhalle gewährleistet ein von äußeren Störfaktoren (z. B. Lärm) oder von der

Abb. 124. Moderner Pferdestall mit Dachfirst aus Glas.

Abb. 125. Gestüt Bad Harzburg – ideale Verbindung zwischen Stall und Koppel.

Witterung unabhängiges Decken. Sie muß geräumig (mind. 100 m², 4 m Deckenhöhe), gut durchlüftet und hell sein und sich durch lange Sonneneinstrahlung gut erwärmen können. Als Bodenbelag empfehlen sich gewaschener, mittelgroßer Kies- oder griffige Gummimatten, damit ein Ausgleiten der Pferde und Staubentwicklung verhindert werden.

Lagerräume

In den meisten pferdehaltenden Betrieben werden die notwendigen Futtermittel und die Einstreu für einen längeren Zeitraum eingelagert. Die Lagerräume müssen von ihrer Kapazität (Aufnahmevermögen) und Bauart her den Anforderungen dieser Produkte entsprechen. So muß insbesondere eine trockene Lagerung gewährleistet sein. Heu und Hafer müssen außerdem unter Lichtabschluß gelagert werden.
Die Bevorratung von selbsterzeugten oder zugekauften Produkten fördert die Unabhängigkeit des Betriebes. Jahresbedingte Preisanstiege verschiedener Futtermittel können durch Lagerungsmöglichkeiten umgangen werden.

Maschinen- und Geräteräume

Um Maschinen (z. B. Schlepper, Hof-Trak, Transportanhänger) und Geräte (Wiesenschleppe, Hindernisse, Sulky) vor Witterungseinflüssen, insbesondere vor Nässe zu schützen, empfiehlt sich die Unterstellung in entsprechenden Räumen. Hier sind die Geräte nicht nur abgestellt, darüber hinaus können sie auch bei Bedarf repariert, gepflegt und gewartet werden.

Solche Arbeiten können dadurch trotz schlechter Witterung noch ausgeführt werden, wenn Tätigkeiten im Außenbereich nicht mehr möglich sind.
Neben den Hauptgebäuden verfügen viele Betriebe noch über Nebengebäude (Werkstatt, überdachte Führmaschine, Weideunterstände) und andere Anlagen (Silos, Dungstätte, Zuschauertribüne).
Bei den meisten pferdehaltenden Betrieben stellen die Betriebsgebäude ein erhebliches Vermögen dar. Die Neubaukosten für eine Reitanlage (Reithalle 20 × 40, Pferdestall für 50 Boxen, Sozial- und Aufenthaltsräume, Lagerraum, Außenanlagen) ohne Grundstück kann man auf ca. 600 000 DM veranschlagen. Wie können diese Vermögenswerte erhalten und geschützt werden?
Um die Gebäudesubstanz zu erhalten, sind Reparatur- und Ausbesserungsarbeiten notwendig. Zusammen mit Modernisierungsmaßnahmen sind sie werterhaltend oder sogar wertsteigernd. Vor größeren Verlusten schützen spezielle Gebäudeversicherungen wie Feuer-, Sturm-, Glasbruch- oder Wasserrohrbruchversicherungen.
Nicht nur die Erstellung von Gebäuden für die Pferdehaltung ist sehr aufwendig, sondern auch die Werterhaltung verursacht durch Reparaturen, Versicherungen und Abschreibungen erhebliche Kosten, unabhängig davon, wie viele Pferde betreut werden.
Diese jährlichen Kosten belaufen sich im Durchschnitt auf 8 % des Anschaffungspreises. Eine zweckmäßige Nutzung und Auslastung ist daher zur Sicherung des Betriebseinkommens zwingend notwendig. Bei der Planung von neuen Betrieben ist deshalb die Lage, Anordnung und Nutzung von Betriebsgebäuden genau zu bedenken.

2.2.1 Lage, Anordnung und Nutzung

Die Lage eines pferdehaltenden Betriebes wird, wie wir bereits gesehen haben, durch die Verkehrslage und die klimatischen Verhältnisse entscheidend bestimmt. Günstige Verkehrsanbindungen erleichtern den notwendigen Kontakt mit außerbetrieblichen Wirtschaftspartnern und das Erreichen des Betriebes durch Besucher. Die im Betrieb angebotenen pferdesportlichen Möglichkeiten gewinnen an Qualität, wenn sie durch entsprechende Ergänzungen in der Umgebung des Betriebes unterstützt werden (z. B. Reitwegenetz für Reitbetriebe). Andererseits sollten sich Betriebe mit Pferdehaltung, die ja meist über umfangreiche Gebäude verfügen, im Außenbereich dem Landschaftsbild durch geeignete Bauausführung und Eingrünung anpassen.

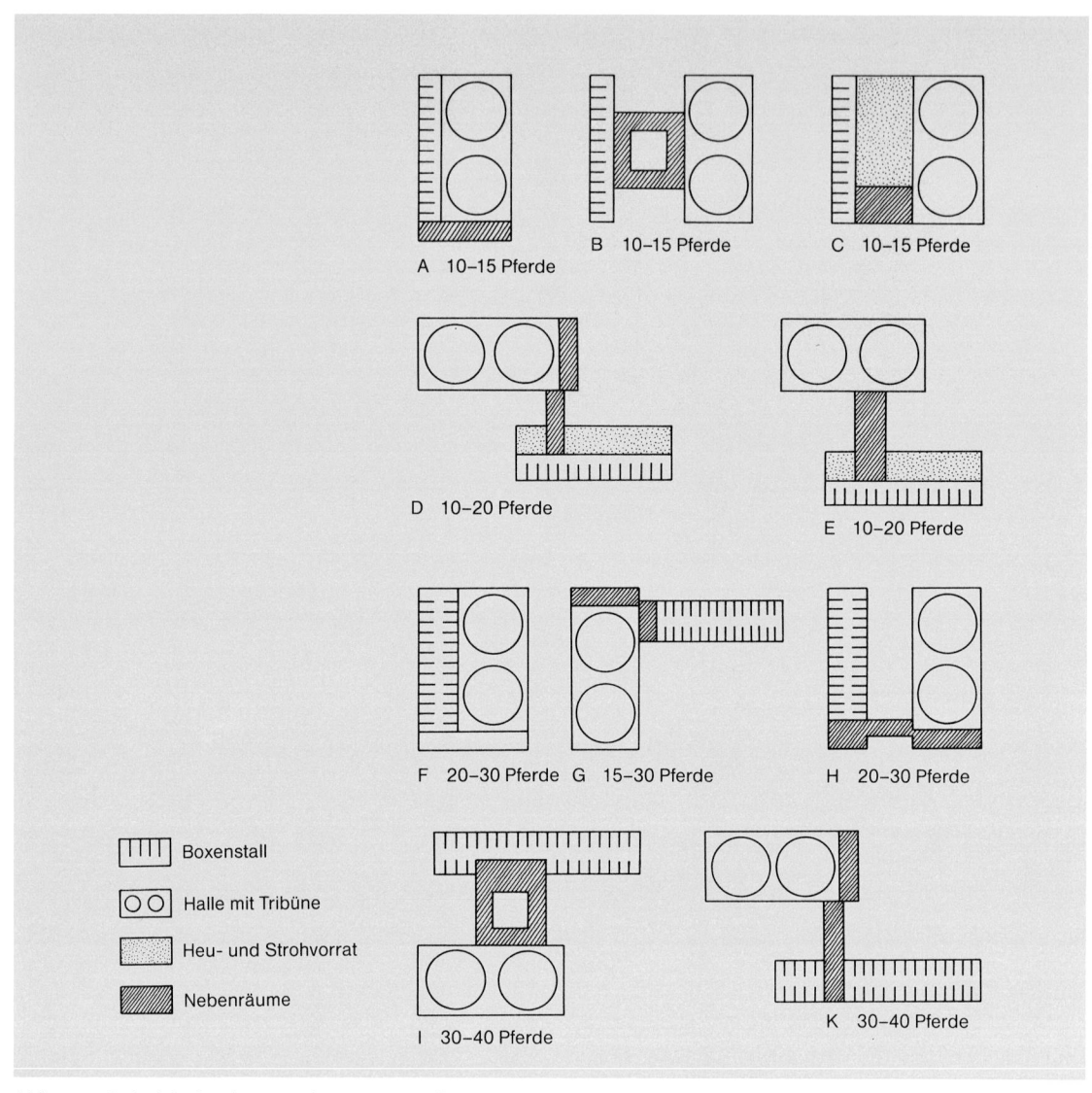

Abb. 126. Beispiele für die Anordnung von Ställen und Reitanlagen (nach Schnitzer).

Da eine pferdegerechte Haltung die klimatischen Einflüsse berücksichtigen muß, sollten Pferdeställe nicht in feuchten Mulden, sondern möglichst auf trockenen und durchlässigen Bodenerhebungen stehen. Dies ist auch für die Erwärmung des Stalles durch die Sonne günstiger, da dann sowohl Vormittags- als auch Nachmittagssonne auf den Stall scheinen kann.
Wenn es sich nur um einen einreihigen Pferdestall handelt, der in einem größeren Gebäude untergebracht werden soll oder der an ein bestehendes Gebäude »angeschleppt« wird, so ist die Südlage zu bevorzugen.
Zur besseren Durchlüftung des Stalles sollte das Gebäude parallel zur Hauptwindrichtung angelegt sein.
Nur selten lassen sich die genannten Forderungen in einem Betrieb vereinen, insbesondere bei Planungen von Neubauten sind sie jedoch zu berücksichtigen.
Die Anordnung des Pferdestalles ist vom Bestand abhängig. Kleine Betriebe mit bis zu 12 Pferden

können einreihig aufstallen, bei größeren Tierzahlen ist eine mehrreihige Aufstallung aus arbeitswirtschaftlichen und finanziellen Gründen vorzuziehen. Eine günstige innere Verkehrslage eines Pferdestalles zeichnet sich durch möglichst kurze Wege zwischen den Einstellplätzen und den anderen Funktionsbereichen (z. B. Futter- und Sattelkammer, Dungstätte) aus. Darüber hinaus sichert eine verfügbare Stallgassenbreite von 2,50 bis 3,00 m ein bequemes Arbeiten mit Schubkarre, Futtertrögen oder Hof-Trak, ein gefahrloses Führen, Wenden und Begegnen von Pferden.

Auf Dauer kommen die meisten pferdehaltenden Betriebe nicht ohne eine überdachte Reitbahn aus. Leerstehende Scheunen, die oft nur Breiten bis 16 m aufweisen, eignen sich für einen Kleinbetrieb oder für einen vorübergehenden Ausbau. Das normale Maß für jede Betriebsart beträgt 20 × 40 m (Bandenunterkante). Betriebswirtschaftlich gesehen ist der Neubau von Reithallen in dieser Größe nur bei größeren Beständen (ca. 40 Pferde) gerechtfertigt. Zu einer Halle, sei sie noch so klein, gehört ein Raum oder ein Gang, von dem aus der Reit- oder Trainingsbetrieb bequem beobachtet werden kann, ohne daß hierfür Türen und Tore offenstehen müssen.

Der Reiter möchte mit seinem Pferd die Reithalle möglichst schnell und bei schlechtem Wetter auch trocken erreichen. Es ist deshalb eine überdachte Schleuse denkbar, die groß genug ist, um ein reibungsloses Ein- und Ausreiten zu gewährleisten, und um genügend wartende Pferde aufzunehmen. Damit eventuell auch hier Pferde gepflegt, geputzt oder abgespritzt werden können, müssen der Boden gefliest und die Wände gekachelt sein. Von hier aus sollten mögliche Außenreitanlagen wie Springplatz oder Dressurviereck schnell zu erreichen sein.

Lagerräume und Dungstätte müssen aus arbeitswirtschaftlichen Gründen dem Pferdestall günstig zugeordnet werden. Füttern und Entmisten zählen zu den täglichen Arbeiten; sie betragen bis zu 100 bis 120 Arbeitskraftstunden (AKh) je Pferd und Jahr.

Bei der Lagerung von Futtermitteln und Einstreu kann man zwischen einer deckenlastigen und einer erdlastigen Unterbringung unterscheiden. Die deckenlastige Lagerung z. B. über dem Pferdestall verursacht keinen Mehrbedarf an Gebäudegrundstücksfläche, somit ist sie bei sehr hohen Grundstückspreisen und in beengten Lagen sinnvoll. Die Auslagerung der Güter erfolgt bei Vorhandensein geeigneter Abwurfluken recht problemlos. Dagegen erfordert das Einlagern entweder mehr Arbeitskraft oder einen höheren Mechanisierungsaufwand (Förderband) als bei der erdlastigen Lagerung. Aufwendiger ist auch die bauliche Ausführung der Decke, deren Tragkraft auf die Lagerhöhe und das Lagergut abgestimmt sein muß. Die Decke muß die gelagerten Güter auch gegen aufsteigende Feuchtigkeit schützen, um höheren Lagerverlusten durch Schimmelbildung vorzubeugen. Eine mit Heu oder Stroh belagerte Decke wirkt gegenüber dem darunter befindlichen Stall wärmedämmend. Dieser Vorteil für das Stallklima wird aber dann schnell wieder aufgehoben, wenn durch eine zu niedrige Decke der Luftraum im Pferdestall verringert wird.

Die erdlastige Lagerung (z. B. in Flachhallen, im Pferdestall selbst oder in einer Abschleppung, seitlich neben dem Stall) ist platzaufwendiger und führt oft zu längeren Arbeitswegen. Dieser Nachteil ist durch einfache Mechanisierungsmöglichkeiten und günstige Arbeitsbedingungen, insbesondere beim Einlagern, wettzumachen. Der eindeutige Vorteil erdlastiger Lagerungen liegt in größeren Lagerhöhen, wodurch der Anteil an Tot- und Leerräumen im Vergleich zur Deckenlagerung stark verringert wird. Die erdlastige Lagerung eignet sich für alle Lagergüter wie Körner, Fertigfutter, Saftfutter (Futterrüben) und Trockenfutter wie Heu und Stroh in normalen Hochdruckballen oder großen Rundballen.

Erdlastige Lagerräume müssen so zum Stall angeordnet werden, daß mögliche spätere Erweiterungen des Pferdestalles nicht behindert werden.

Aus der Vielzahl von Vor- und Nachteilen erkennt man, daß die jeweilige Situation des Betriebes darüber entscheidet, ob eine erd- oder deckenlastige Lagerung vorzuziehen ist.

Bei der Anordnung der Dungstätte zum Pferdestall wird man zwei Grundsätze beherzigen; einmal kurze Arbeitsstrecken, zum anderen sollen möglichst viele Boxen zu einer Dungstätte hin zu entmisten sein. Der Misttransport wird in den meisten pferdehaltenden Betrieben mit Hilfe von Schubkarren bewältigt. Gelegentlich werden Hilfsschlepper (Hof-Trak) eingesetzt. Diese sehr wendigen Maschinen mit einer Breite von 0,90 m und einer Länge von ca. 2,50 m, über Batterien angetrieben, erleichtern die strapaziöse Arbeit des Entmistens erheblich. Kurze Wegstrecken verringern aber auch hier die Arbeitszeit. Dieser Gesichtspunkt ist von untergeordneter Bedeutung bei stationären Entmistungsanlagen (Seilzug, Schubstangen), die jedoch kaum in Pferdeställen zu finden sind. Damit die Wegstrecken vom Stall zur Dungstätte in Grenzen gehalten werden, hat es sich in der Praxis bewährt, 15 Einzelboxen zu einer Dungstätte hin zu entmisten.

Da Dungstätten meistens keinen schönen Anblick bieten und die Vermehrung von Fliegen und Parasiten sowie Krankheitserregern fördern, wird die Anzahl und Größe der Dungstätten möglichst gering gehalten.

Die Größe der Dungstätte sollte zur Vermeidung von Engpässen trotzdem nicht zu knapp bemessen sein. Sie ist abhängig vom täglichen Mistanfall und der Lagerdauer. Pro Pferd fallen täglich ca. 20 kg Mist an, also 600 kg pro Monat, was einem Volumen von 1,5 m^3 je Pferd und Monat entspricht. Je häufiger die Miststätte geleert werden muß, um so mehr sollte auf ausreichenden Rangierradius und feste An- und Abfahrtswege für die misttransportierenden Fahrzeuge (Stalldungstreuer, Lkw) geachtet werden. Daher sollte die Dungstätte seitlich neben oder am Ende des Stalles (je nach Pferdebestand) angelegt sein.

Die Planung eines Pferdebetriebes beginnt mit der Zuordnung der Funktionsbereiche, d. h. mit der Anordnung der Gebäude. Eine optimale Anlage hat ein Zentrum, einen Drehpunkt, von dem aus auf kurzen Wegen Stall, Futterlager, Halle, Nebenräume und Außenreitanlagen zu erreichen sind. Die Wege für die Besucher sollen übersichtlich und kurz gehalten werden. Störungen des Stallbetriebes durch Besucher sind auszuschließen. Innerbetriebliche Verkehrswege und Wege der Besucher kreuzen sich nach Möglichkeit nie.

Nur wenige werden jedoch das Glück haben, einen idealen Pferdebetrieb an einem idealen Standort errichten zu können. Beim Ausbau bestehender Hofanlagen sind immer Kompromisse zu schließen. Es sollte aber versucht werden, möglichst viele Idealforderungen zu erfüllen, wobei später eventuell notwendige Erweiterungen oder Änderungen von vorherein in das Planungskonzept mit einbezogen werden müssen.

Eine der Funktion angemessene Gestaltung und ein gepflegter Zustand der Gebäude und Außenanlagen sind bei der Beurteilung des Betriebes durch die Kundschaft mitbestimmend. In Abbildung 126 sind Beispiele für die Anordnung von Ställen und Reithallen aufgeführt.

2.2.2 Arbeitsschutz- und Unfallverhütungsmaßnahmen bei Gebäuden

Einen Großteil der Arbeitszeit verbringt der Pferdewirt in den Betriebsgebäuden. Arbeitsschutz- und Unfallverhütungsmaßnahmen wollen den arbeitenden Menschen vor Verletzungen, Krankheit, Invalidität oder Tod schützen. Betriebsgebäude und andere bauliche Anlagen, die nicht die notwendigen Unfallverhütungsmaßnahmen aufweisen, dürfen nicht benutzt werden. Darüber hinaus sind mangelhafte bauliche Einrichtungen so abzusperren, daß ein Zugang beispielsweise für Kinder nicht möglich ist.

Leider ist auch zu beobachten, daß Betriebsangehörige selbst Unfallverhütungsmaßnahmen beseitigen, um »schneller und bequemer« arbeiten zu können. Diese Begründung ist falsch, da bei richtiger Wahl der Schutzmaßnahmen keine arbeitstechnischen Behinderungen auftreten. Die Art und die Abmessungen der Schutzeinrichtungen sind erprobt und auf den Arbeitsablauf abgestimmt worden. Sie sind in Unfallverhütungsvorschriften und in DIN-Normen festgelegt.

Als Gefahrenquelle für Unfälle und Verletzungen müssen insbesondere beachtet werden: drehbare Tore, Schiebetore, erhöht liegende Arbeitsplätze, Wandluken, Öffnungen in Böden, Falltüröffnungen, Leitern, Treppen, Treppenöffnungen und Gruben.

Zur Wiederholung und Vertiefung

1. Welche verschiedenen Gebäude kennen Sie in Ihrem Ausbildungsbetrieb?
2. Beschreiben Sie Haupt- und Nebengebäude Ihres Ausbildungsbetriebes.
3. Begründen und bewerten Sie die Anordnung der verschiedenen Gebäude Ihres Ausbildungsbetriebes.
4. Nennen Sie Vor- und Nachteile einer erd- und einer deckenlastigen Lagerung von Heu und Stroh.
5. Nennen Sie Gefahrenquellen an Gebäuden in pferdehaltenden Betrieben und Möglichkeiten der Unfallverhütung.
6. Beschaffen Sie sich bei Ihrer Berufsgenossenschaft Unterlagen zum Unfallschutz.

2.3 Betriebsfläche

Die Vielfältigkeit pferdehaltender Betriebe spiegelt sich auch in den sehr unterschiedlichen Größen der Betriebsfläche wider. So besitzt zum Beispiel ein Rennbetrieb nur ein Stallgebäude in unmittelbarer Nähe einer Rennbahn, während ein Gestüt neben Stallgebäuden auch noch über mehrere Koppeln, Heuwiesen oder sogar Ackerflächen verfügen kann.

Aus diesen Beispielen erkennt man, daß die Betriebsfläche im wesentlichen zwei wichtige Aufgaben wahrnimmt: Standort der Betriebsgebäude und Standort der Futtermittelproduktion.

Um die Größe dieser Flächen zu bestimmen, werden in der Bundesrepublik Deutschland folgende Einheiten verwendet:

    1 Hektar (ha)   10 000 m²
    1 Ar (a)   100 m²

2.3.1 Lage, Zuordnung und Nutzung

Die gesamte Betriebsfläche setzt sich aus Teilflächen mit unterschiedlichen Aufgaben zusammen. Die wichtigsten Begriffe sind in untenstehender Abbildung dargestellt und werden im folgenden erläutert. Die Betriebsfläche umfaßt alle Flächen, die vom Betrieb selbst bewirtschaftet bzw. genutzt werden. Hierbei spielt es keine Rolle, ob die Flächen im Eigentum des Betriebes oder nur gepachtet sind. Eigentumsflächen, die der Betrieb einem anderen zur Nutzung überläßt, zählen daher zur Betriebsfläche des anderen Betriebes.

Die Kulturfläche dient der Erzeugung von Pflanzen, während der andere Teil der Betriebsfläche den Bereich Gebäude-, Arbeits- und Bewegungsfläche umfaßt.

Viele pferdehaltende Betriebe benutzen nur diese Flächenart, so z. B. ein Pensionspferdebetrieb, bestehend aus Wohnhaus, Pferdestall, Reithalle, Nebengebäude, Reitplatz und Dressurviereck.

Die Kulturfläche setzt sich zusammen aus der forstwirtschaftlichen Nutzfläche (FN), bewirtschafteten Gewässern (z. B. Teiche) und der landwirtschaftlichen Nutzfläche (LN). Flächen, die genutzt werden könnten, jedoch wegen einer bevorstehenden Bebauung (Wohnhäuser, Straßen etc.) liegengelassen werden, bezeichnet man als Sozialbrache. Die landwirtschaftlich genutzte Fläche (LF) besteht in der Regel bei pferdehaltenden Betrieben aus Dauergrünlandflächen. Als Wiesen bezeichnet man Grundstücke, die ausschließlich zur Heu- oder Grassilageherstellung gemäht werden. Weiden dagegen dienen nur der Beweidung mit Pferden. Beweiden die Pferde das ganze Jahr über die gesamte Fläche, so nennt man dies Standweide. Wird die Fläche unterteilt, so daß ein Wechsel zwischen Beweidung und Weideruhe stattfindet, so spricht man von Umtriebsweide. Bei der Portionsweide, der intensivsten Weideführung, werden durch Versetzung eines Zwischenzaunes die Futterflächen den Tieren täglich neu zugeteilt.

Eine Kombinationsform stellt die Mähweide dar. Der erste Aufwuchs im Frühjahr wird z. B. als Heu geworben, der weitere Aufwuchs wird bis zum Herbst

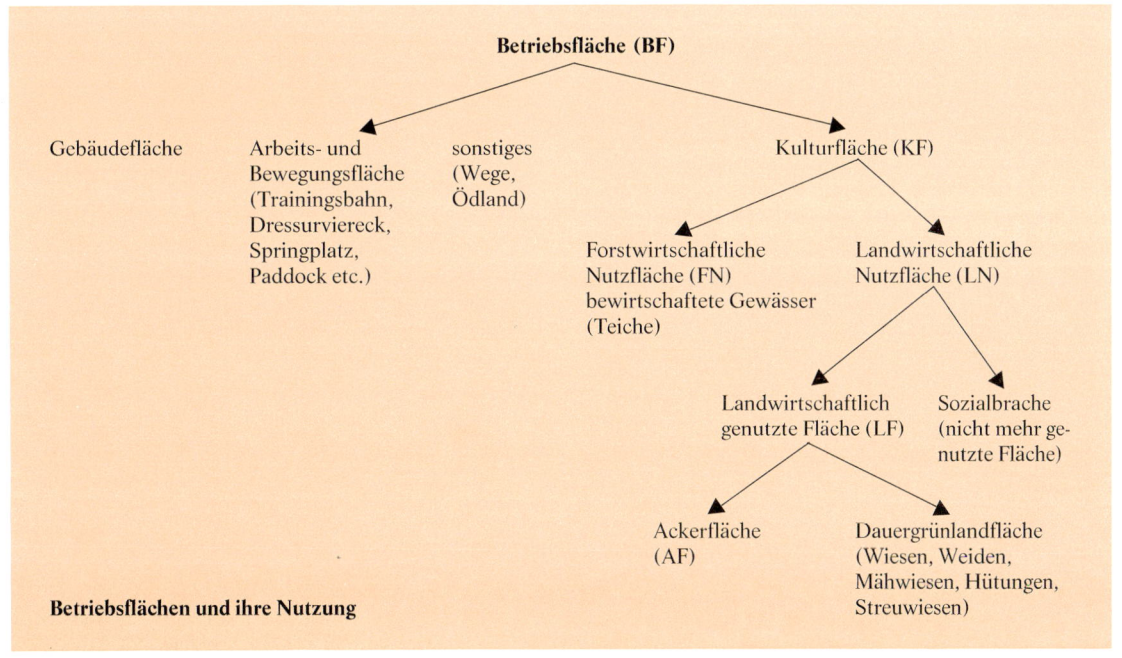

Betriebsflächen und ihre Nutzung

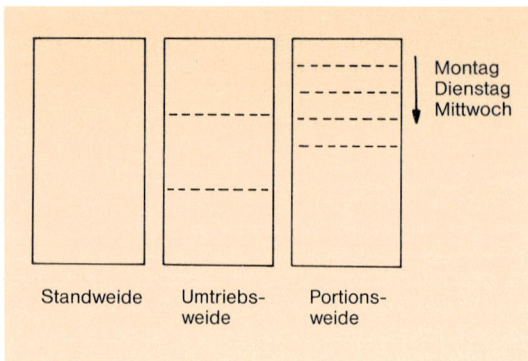

Abb. 127. Formen der Weidenutzung.

abgeweidet. Hutungen sind Grünlandflächen von geringem Wert. Hier kann im ganzen Jahr oft nur ein Aufwuchs mit relativ wenigen Tieren abgeweidet werden. Ähnlich ist die Bedeutung der Streuwiesen einzuordnen. Ihr Gras ist so minderwertig, daß Pferde es nicht fressen. Es wird zur Einstreu gewonnen. Der Anteil des Dauergrünlandes an der landwirtschaftlich genutzten Fläche wird Dauergrünlandanteil genannt und in Prozent ausgedrückt. Grundstücke, die nur als Grünland bewirtschaftet werden und nicht zu Ackerland umgebrochen werden können, bezeichnet man als absolutes Grünland.

Auch die Ackerfläche kann Grünfutter liefern. Sie wird mit Gras eingesät und mehrfach geschnitten. Im folgenden Jahr werden jedoch wieder andere Früchte angebaut. Ist genügend Zeit zwischen der Ernte der letzten Frucht (z. B. Gerste Anfang/Mitte Juli) und der Einsaat der folgenden Frucht (z. B. Zuckerrüben Anfang April), kann auf der Ackerfläche ebenfalls Gras eingesät werden, das die Pferde von September bis November abgrasen können. Dies nennt man Zwischenfruchtfutterbau. In der Regel dient die Akkerfläche aber dem Anbau von Marktfrüchten (Getreide, Kartoffeln, Zuckerrüben).

2.3.2 Standorte des Grünlands

Wir haben gesehen, daß es Grünland von unterschiedlichem Wert gibt. Warum ist die Ertragsfähigkeit des Grünlands nicht überall gleich? Im folgenden sollen einige Ursachen kurz angesprochen werden.

Die Wasserversorgung der Pflanzen des Grünlandes ist sehr wichtig. Das im Boden frei bewegliche, die Poren des Bodens füllende Wasser bezeichnet man als Bodenhaftwasser, das aus dem Grundwasser gespeist wird. Die Pflanzen können es durch ihre Wurzeln aufnehmen. Das Grundwasser kann im Boden höher (bei vielen Niederschlägen) oder tiefer (bei einer Dürreperiode) anstehen. Sinkt das Grundwasser so tief, daß den Wurzeln das Bodenhaftwasser entzogen wird, wird das Wachstum gehemmt oder die Pflanzen vertrocknen sogar. Abhilfe kann dann nur eine künstliche Beregnung der Flächen bringen. Ist der Grundwasserstand dagegen sehr hoch, bilden sich in der Niederschlagsperiode schnell Pfützen und die Grasnarbe leidet stark unter Trittschäden. Für die meisten Grünlandflächen ist ein Grundwasserstand von 1 bis 2 m optimal.

Wasser erhalten die Pflanzen des Grünlandes auch aus Niederschlägen. Neben der absoluten Höhe der Niederschläge ist auch die Verteilung übers Jahr von Bedeutung. Bei günstiger Verteilung reichen 700 bis 850 mm Jahresniederschläge aus. In vielen Grünlandregionen steigen die Niederschlagsmengen auf 1500 bis 1800 mm an. Ackerbau ist hier kaum noch möglich.

Der Boden ist außerdem unterschiedlich in der Lage, Niederschläge zu speichern. Leichter Sandboden kann schnell viel Regen aufnehmen, aber nicht lange festhalten. Mittelschwere Lehmböden nehmen das Wasser langsam auf, können es aber auch länger halten. Noch extremer liegen die Verhältnisse bei schwerem Ton.

Die hier bezeichneten Bodenarten unterscheiden sich neben dem Wasseraufnahmevermögen auch in ihrem Gehalt an Nährstoffen für die Pflanzen. So enthalten in der Regel Sandböden weniger Nährstoffe als Lehmböden.

Der Wert des Grünlandes ist auch abhängig von der Höhenlage. Zwar bringt Grünland auch noch in solchen Regionen gute Erträge, wo Ackerbau nicht mehr möglich ist, es bleibt aber zu bedenken, daß mit zunehmender Höhenlage die mittlere Jahrestemperatur ab- und die Niederschlagshöhe zunimmt. So sinkt ab 1000 m Höhe der Jahresertrag des Grünlandes je 100 m Höhenzuwachs um 8 %.

Wasserversorgung, Bodenart und Höhenlage bestimmen die Qualität des Grünlandes. Um verschiedene Grünlandflächen hinsichtlich ihrer Qualität einteilen zu können, ist ein Schätzungsrahmen geschaffen worden. Die Einstufung erfolgt in Verhältniszahlen. Hierbei hat der beste Boden die Zahl 100. Gute Grünlanderträge werden auf Flächen mit 50 bis 70 Punkten erzielt, während Zahlen von unter 30 andeuten, daß hier nur geringe Erträge erwartet werden können. Diese Zahlen oder Punkte bezeichnet man auch als Grünlandgrundzahl. Durch Zu- oder Ab-

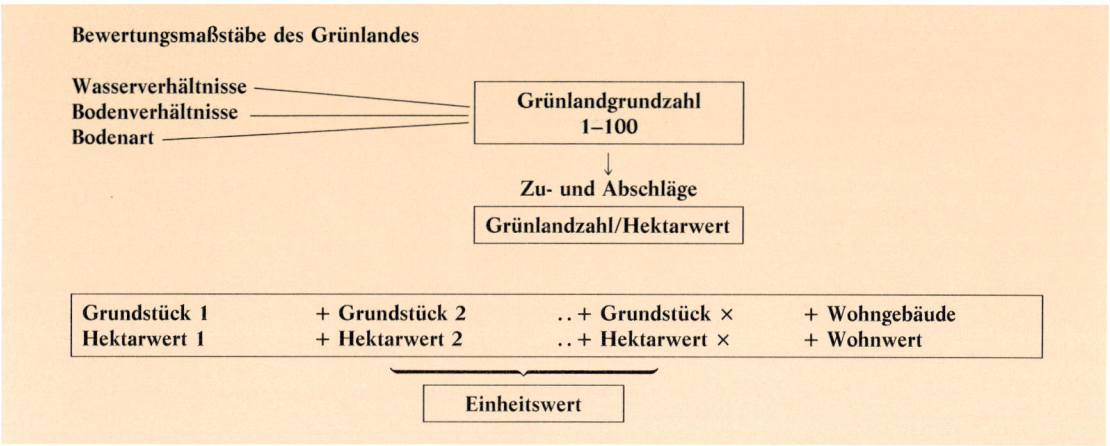

schläge für die den Ertrag mindernden Einflüsse (wie z. B. Hanglage, Nässe, Vegetationszeit, Verkehrslage) erhält man die Grünlandzahl oder den Hektarwert (Vergleichswert).

Werden die Hektarwerte aller Grundstücke des Betriebes und der Wohnungswert des Wohngebäudes addiert, so erhält man den Einheitswert des Betriebes. Der Einheitswert eines Betriebes wird als Grundlage der Besteuerung (z. B. Grundsteuern) herangezogen.

2.3.3 Nutzung und Pflege von Pferdeweiden

Grünland stellt also bestimmte Ansprüche an den Standort. Diese durch die Natur bedingten Gegebenheiten kann der Mensch nicht verändern. Um jedoch trotz ungünstiger Standorte ertragreiche Pferdeweiden zu bekommen und um bei guten Standorten die Qualität des Grünlandes zu erhalten, sind bestimmte Nutzungs- und Pflegemaßnahmen notwendig.

Düngung

Bei der Düngung führt man dem Boden die Nährstoffe zu, die die Pflanzen zum Wachstum benötigen. Dies muß regelmäßig und in dem Maße erfolgen, wie die Pflanzen dem Boden die benötigten Nährstoffe entziehen. Wie kann man aber erfahren, wieviel von welchen Nährstoffen durch die Düngung wieder ergänzt werden muß? Man kann sich natürlich nach Erfahrungswerten richten oder Düngerempfehlungen anwenden. Diese Methoden sind aber ungenau, so daß sowohl Nährstoffmangel als auch Nährstoffüberschuß möglich ist. Bei einem Nährstoffmangel ist das Wachstum der Pflanzen verringert, der Ertrag sinkt. Nährstoffüberschuß läßt im Frühjahr das Gras zu schnell wachsen, so daß überständiges Gras heranwächst, das von Pferden gemieden wird. Darüber hinaus können überzählige Nährstoffe leichter aus dem Boden ausgewaschen werden und das Grundwasser beeinträchtigen. Nicht zuletzt sind die Kosten der Düngung unnötig hoch.

Um diese genannten Nachteile zu umgehen, empfiehlt sich eine Bodenuntersuchung. Von verschiedenen Stellen der Grünlandfläche werden Bodenproben gezogen, gemischt und ein Teil – etwa 250 g – zur Untersuchung an die nächste landwirtschaftliche Untersuchungs- und Forschungsanstalt eingeschickt. Nach einigen Tagen erhält man eine Analyse des Bodens mit einer entsprechenden Düngungsempfehlung. Diese Kontrolle der Nährstoffversorgung der Böden ist recht genau. Sie sollte regelmäßig alle drei bis vier Jahre durchgeführt werden. Weitere Hinweise zur Bodenuntersuchung geben die Landwirtschaftlichen Dienststellen auf Kreisebene.

In welcher Form können die benötigten Nährstoffe dem Boden zugeführt werden?

Als Düngemittel können sowohl organischer als auch mineralischer Dünger verwandt werden. Als organische Düngemittel gelten Mist, Gülle, Jauche, Hornmehl, Blutmehl usw.

Ist es ratsam, Pferdemist auf Pferdeweiden auszubringen?

Pferdemist ist im Vergleich zu Rindermist viel trockener, da der Anteil an Kot und Harn viel geringer ist. Trockener Mist verrottet viel langsamer und unregelmäßiger, so daß die Gefahr der Verbreitung von im Mist lebenden Parasiten sehr groß ist. Außerdem ist

Pferdemist arm an Nährstoffen. Eine Düngung mit Gülle (Kot-Harn-Gemisch) oder Jauche (Harn-Wasser-Gemisch) empfiehlt sich ebenfalls nicht. Beide sind zwar nährstoffreich, jedoch beobachtet man, daß trotz vorheriger Schnittnutzung Pferde begüllte Grünlandflächen meiden. Den Einsatz von Horn- und Blutmehl findet man im alternativen Landbau. Als alleiniges Düngemittel ist der Einsatz – bezogen auf die in ihnen enthaltenen Nährstoffe – zu teuer.

Bei pferdehaltenden Betrieben wird häufig Mineraldünger verwendet. Der Gehalt an Nährstoffen ist hoch, sie liegen in anorganischer Form vor. Man unterscheidet Einzelnährstoffdünger, sie enthalten hauptsächlich nur einen Nährstoff (z. B. Thomasphosphat, P_2O_5), von Mehrnährstoffdünger bzw. Volldüngern, die bis zu vier Hauptnährstoffe (N, P_2O_5, K_2O, MgO) aufweisen. Da alle Mineraldünger zugekauft werden müssen, bezeichnet man sie auch als Handelsdünger.

Wieviel Mineraldünger muß ausgebracht werden? Dies richtet sich zunächst einmal nach dem Nährstoffgehalt im Boden, zum anderen aber auch nach dem Besatz an Pferden (Pferde/ha). Bei ausreichenden Vorräten im Boden und mäßigem Besatz (2 bis 3 Pferde/ha) genügen im Jahr nach BOEKER bei reiner Beweidung:

80–100 kg/ha	Stickstoff (N)
50– 60 kg/ha	Phosphorsäure (P_2O_5)
80–120 kg/ha	Kalium (K_2O)

Diese Nährstoffmengen sollten nicht in einer Gabe, sondern über die gesamte Vegetationsperiode verteilt gestreut werden, um einen zeitweisen Überschuß zu vermeiden. Die Nährstoffe müssen dann zu den Pflanzen gebracht werden, wenn sie sie benötigen. Im folgenden zwei Düngungsvorschläge:

1. Mit Einzelnährstoffdünger

Grunddüngung	
im Winter mit	4 dt/ha Thomasphosphat = 60 kg/ha P_2O_5
	3 dt/ha 40er Kali = 120 kg/ha K_2O
im Juni	1 dt/ha Kalkammonsalpeter = 27 kg/ha N
im Juli	1 dt/ha Kalkammonsalpeter = 27 kg/ha N
im August	1 dt/ha Kalkammonsalpeter = 27 kg/ha N
im September	1 dt/ha Kalkammonsalpeter = 27 kg/ha N

2. Mit Mehrnährstoffdünger (Volldünger)

im Mai	2 dt/ha Volldünger (12 % N, 12 % P_2O_5, 17 % K_2O, 2 % MgO)
im Juli	1 dt/ha Kalkammonsalpeter (27 % N)
im August	2 dt/ha Volldünger (12 N, 12 P_2O_5, 17 K_2O, 2M_gO)

Mit Einzelnährstoffdünger ist eine gezielte Düngung zwar möglich, beim Einsatz von Volldüngern spart man aber Ausbringungskosten. Da man in den meisten pferdehaltenden Betrieben nicht auf einen Höchstertrag Wert legt, kommen Volldünger sehr häufig zum Einsatz. Manche Betriebe verzichten bewußt völlig auf den wachstumsteigernden Stickstoff (N). Ein zu üppiges Pflanzenwachstum findet dann nicht statt, die Pflanzenwuchshöhe ist einheitlich, überständiges, hohes Gras, das von Pferden gemieden wird, findet man hier weniger.

Bei zu hohem Besatz breitet sich der Weißklee oft schnell aus. Obwohl er eine wertvolle Futterpflanze ist, führt zu üppiger Verzehr zu Tympanien (Aufgasungen). Einmal zur Blüte gekommen, wird der Weißklee von den Pferden geschmäht, er verbreitet sich dadurch noch schneller.

Weidepflege

Pferdeweiden benötigen eine intensive Pflege. Pferde können bei der Futtersuche sehr gut selektieren (auswählen), so daß manche Grasarten bevorzugt und stets tief abgebissen werden, andere aber hoch und alt werden (Inselbildungen). Pferde lieben im allgemeinen kurzes Gras, es ist schmackhafter und nährstoffreicher. Aus gutem Grund meiden Pferde Stellen, an denen sie Kot abgesetzt haben (Ansteckungsgefahr durch Würmer, Strongyliden). Auch hier wird das Gras alt. Solche Bereiche werden als Geilstellen bezeichnet. Huftritte entstehen infolge eines Überbesatzes (Trampelkoppel) oder durch hohe Niederschläge.

Welche Maßnahmen können getroffen werden, um diesen Beeinträchtigungen der Grünlandqualität vorzubeugen oder abzuhelfen?

Um eine gleichmäßige Wuchshöhe der Pflanzen zu erzielen, empfiehlt sich eine Misch- oder Wechselbeweidung mit Rindern oder Schafen; Rinder und Schafe fressen auch die Gräser, die Pferde meiden. Darüber hinaus nehmen diese beiden Wiederkäuerarten auch pferdespezifische Parasiten auf, die sie teilweise in ihrem Verdauungstrakt abtöten können.

Abb. 128. Erst Pferde, dann Rinder.

Geilstellen finden aber auch bei Rind und Schaf wenig Beachtung. Während der Weideperiode hilft nur ein Absammeln von Hand, was natürlich sehr kostenaufwendig ist. Eine Verteilung der Kothaufen mit einer Wiesenschleppe ist nur am Ende der Weideperiode möglich, da sonst die Gefahr der Vermehrung von Parasiten wächst. Geilstellen sollten unbedingt nachgemäht werden, da sonst die hier wuchernden Wildkräuter (Disteln, Brennessel) sich bis zur Samenreife entwickeln und somit weite Flächen der Koppel besiedeln können.

Verletzungen der Grasnarbe durch Trittschäden vermeidet man nur dadurch, daß die Weide nicht mit Pferden übersetzt wird. Bei tiefem Boden sollten die Pferde – wenn überhaupt – nur stundenweise auf die Weide. Gönnt man der Koppel längere Ruhepausen, so verschwinden viele Narbenschäden. Narbenschäden bieten aber insbesondere durch den Wind verbreiteten Wildkrautsamen guten Nährboden. Um dies zu verhindern, sollte bei lückigem Grasbestand eine Nachsaat mit 25 bis 40 kg/ha durchgeführt werden. Sind nur Teilbereiche der Weide betroffen, kann das Nachsäen von Hand erfolgen. Das Saatgut kann auch während einer Düngergabe mit dem Düngerstreuer ausgebracht werden. Bei großflächigen Nachsaaten wird zweckmäßigerweise eine für die Grünlandnachsaat hergerichtete Sämaschine verwendet.

Bei der Auswahl der Saatmischung sollte auf einen möglichst geringen Weißkleeanteil geachtet werden. Eine weitere Pflegemaßnahme ist das Abschleppen der Pferdeweiden im zeitigen Frühjahr. Hierbei werden Erdhügel des Maulwurfs und Kothaufen des Winterauslaufes verteilt. Die Grasnarbe wird nur leicht verletzt, eher aufgelockert, das Pflanzenwachstum wird angeregt, die Bestockung der Gräser (Seitentriebbildung) gefördert. Alte, über den Winter abgestorbene Pflanzenteile werden ausgezogen, junge Pflanzen können sich in der Grasnarbe besser entwickeln.

Demgegenüber ist das Eggen und Walzen von Koppeln eher kritisch zu betrachten. Das Eggen ruft eine starke Verletzung der Grasnarbe hervor, ein Nachsäen wird unumgänglich. Das Walzen verdichtet einen durch Huftritte ohnehin schon verfestigten Oberboden noch mehr, so daß es die Gräserwurzeln noch schwerer haben und den Bodenlebewesen „die Luft ausgeht".

Pferde alleine hinterlassen keine gepflegte Koppel, der Halter muß einige Maßnahmen beachten, um den gewünschten Pflanzenbestand, die richtige Wuchshöhe und eine dichte Grasnarbe zu erhalten. Dieser Aufwand lohnt sich aber, da für viele pferdehaltende Betriebe das Dauergrünland zu den wichtigsten Flächen des Betriebes gehört.

Zur Wiederholung und Vertiefung

1. Erklären Sie folgende Begriffe:
   Betriebsfläche, Arbeits- und Gebäudefläche, Kulturfläche, Landwirtschaftliche Nutzfläche, landwirtschaftlich genutzte Fläche.
2. Wie unterscheiden sich Wiesen, Weiden und Mähweiden?
3. Wodurch wird die Ertragsfähigkeit des Grünlandes beeinflußt?
4. Wozu dienen Grünlandzahlen?
5. Wie wird die Bodenuntersuchung auf Grünland durchgeführt?
6. Warum lohnt sich der Aufwand einer Bodenuntersuchung?
7. Wie kann die Düngung des Grünlandes durchgeführt werden?
   a) mit organischem Dünger
   b) mit Mineraldünger
8. Warum benötigen Pferdeweiden eine intensive Pflege?
9. Welche Maßnahmen eignen sich zur richtigen Weidepflege?

Tab. 61. Besatzdichte von Pferdeweiden

Nur Beweidung			
Standweide	Großpferd	1,5–2,5	Pferde/ha
	Kleinpferd	3 –5	Pferde/ha
Umtriebsweide	Großpferd	3 –5	Pferde/ha
	Kleinpferd	5 –7	Pferde/ha
Beweidung und Heugewinnung			
Standweide	Großpferd	1 –1,8	Pferde/ha
	Kleinpferd	2 –3,5	Pferde/ha
Umtriebsweide	Großpferd	2 –3	Pferde/ha
	Kleinpferd	3 –5	Pferde/ha
Stute mit Fohlen bei Fuß (Beweidung)			
guter Standort		0,5 ha	
schlechter Standort		0,7 ha	
bei geringem Besatz		1,0 ha	

2.4. Pferdebestand

Der Pferdebestand ist definiert als die Zahl an Pferden zu einem bestimmten Zeitpunkt (z. B. an einem Stichtag) oder im Durchschnitt eines Zeitraumes (z. B. im Jahresdurchschnitt). Der Pferdebestand verändert sich laufend durch Geburten, Zukäufe und Verkäufe, Zugänge und Abgänge. Um einen einheitlichen Vergleichsmaßstab für verschiedene Betriebe zu erhalten, werden alle Tierzahlen in Großvieheinheiten umgerechnet. Eine Großvieheinheit (GV) entspricht 500 kg Lebendgewicht bei ganzjähriger Haltung im Betrieb.
Der allgemeine Umrechnungsschlüssel in GV sieht bei den Pferden nur zwei Kategorien vor:
Pferde (Großpferd) über 3 Jahre = 1,1 GV
Pferde (Großpferd) unter 3 Jahre = 0,7 GV

Vom Viehbestand spricht man dann, wenn man den Viehbestand auf eine Flächeneinheit bezieht, z. B. GV/100 ha. Man erhält damit einen Maßstab für die Dichte des Viehbestandes. Für pferdehaltende Betriebe ist diese Zahl weniger aussagekräftig. Hier wird häufig nach dem Pferdebesatz je ha Dauergrünlandfläche gefragt. Es ist zu unterscheiden, ob der Flächenbedarf sich nur auf die Weidesaison bezieht oder auch die Gewinnung von Heu einschließt.
Der Pferdebesatz je ha Weidefläche kann nicht genau festgelegt werden. Er ist abhängig von der Pferdeart, Weideart und Qualität der Weidefläche, von der Nutzung des Pferdes, vom Umfang der Beifütterung und von der Nutzung der Weide (Beweidung/Heugewinnung).

Zur Wiederholung und Vertiefung

1. Berechnen Sie den Pferdebestand in GV für Ihren Ausbildungsbetrieb.
2. Wie hoch ist der Pferdebesatz in Ihrem Ausbildungsbetrieb?

2.5 Arbeitskräfte im Betrieb

Die Betreuung, das Ausbilden und das Arbeiten der Pferde ist nur durch den Menschen möglich. Maschinen können ihn in pferdehaltenden Betrieben kaum ersetzen (Führmaschine, mechanische Entmistung, automatische Fütterung). So finden wir in Pferdebetrieben im Gegensatz zu anderen landwirtschaftlichen Betrieben viele Arbeitskräfte. Die Wirtschaftlichkeit und die Existenz dieser Betriebe hängt daher in starkem Maße von der Leistungsfähigkeit dieser Arbeitskräfte ab. Ihre Aufgabengebiete sind sehr unterschiedlich: Betriebsleiter, Trainer, Futtermeister, Jockey, Auszubildende, Pferdepfleger, Aushilfskraft. Der Erfolg eines Betriebes beruht letztlich auch auf einer guten Zusammenarbeit (Team-Arbeit) dieser Arbeitskräfte.

Betriebe, die hauptsächlich mit Familienmitgliedern bewirtschaftet werden, bezeichnet man als Familienbetriebe. Familienfremde Mitarbeiter nennt man auch Fremdarbeitskräfte. Personen, die nur vorübergehend Arbeit im Betrieb finden, z. B. zur Heuernte oder zum stundenweisen Bewegen der Pferde, sind die nicht-ständigen Arbeitskräfte, auch Saisonarbeiter oder Aushilfskräfte genannt. Schließlich kann man auch noch in entlohnte und nicht entlohnte Arbeitskräfte (Familienmitglieder, Nachbarschaftshilfe) unterscheiden.

Die Einsatzmöglichkeiten der Arbeitskräfte hängen in erheblichem Maße von der beruflichen Ausbildung und Qualifikation ab. Hier kann unterschieden werden zwischen dem Betriebsleiter, den ausgebildeten Fachkräften, den angelernten und ungelernten Kräften. In wirtschaftlich ungünstigen Zeiten wird sich der Betrieb in der Regel zuerst von ungelernten Mitarbeitern trennen. Ein Hinweis für jeden Jugendlichen, eine solide berufliche Ausbildung als Grundstein für die spätere berufliche Tätigkeit abzuleisten.

Arbeitskräftebewertung

Eine voll arbeitsfähige männliche oder weibliche Person, die dem Betrieb ständig zur Verfügung steht, entspricht einer **Arbeitskraft-Einheit**, abgekürzt AK. Die von einer AK geleistete Arbeitsstunde wird mit **AKh** abgekürzt (h = lat. hora, die Stunde). Hierbei spielt es keine Rolle, ob in dieser Zeit produktive Arbeit, wie z. B. Training von Pferden oder Geburtshilfe, oder unproduktive Arbeit, wie z. B. Stallwache, geleistet wird. Mit Hilfe dieser Einheiten ist es möglich, Betriebe bezüglich ihres Arbeitskräftebestandes zu vergleichen und zu bewerten. Bevor die Zahl der AK ermittelt wird, ist zu prüfen, inwieweit bei den betreffenden Personen von einer vollen Arbeitsleistung ausgegangen werden kann. Infolge Alters oder einer Behinderung werden Abschläge vorgenommen. Bezüglich des Alters wird folgender AK-Schlüssel verwendet:

15 bis 17 Jahre	= 0,7 AK
18 bis 65 Jahre	= 1,0 AK
65 Jahre und älter	= 0,3 AK

Darüber hinaus ist bei der Arbeitskräftebewertung zu prüfen, ob die AK dem Betrieb ständig zur Verfügung stehen. Eine Vollbeschäftigung wird bei familieneigenen AK mit etwa 2400 Std. bewertet, bei Fremdarbeitskräften mit der tariflichen Jahresarbeitszeit, 2140 Std. beispielsweise. Werden tatsächlich mehr Stunden im Jahr gearbeitet, so bleibt es dennoch bei der Bewertung von 1,0 AK.

Setzt man den AK-Bestand in Beziehung zur Zahl der gehaltenen Pferde, so erhält man den **AK-Besatz**. Er gibt Auskunft über die Frage, wieviele Personen sich um 10 Pferde kümmern oder wieviele Pferde eine AK versorgen muß. Der AK-Besatz hängt in starkem Maße von der Betriebsart ab und schwankt meist zwichen 0,5 und 2,5 je 10 Pferde.

AK-Besatz = AK/10 Pferde

z. B. 0,5 AK/10 Pferde entspricht
1 AK für 20 Pferde
1,6 AK/10 Pferde entspricht
1 AK für 6 Pferde

Tab. 62. Arbeitskräfte im Betrieb

Unterscheidungsmerkmal		Beispiel
– Familienzugehörigkeit	ja	Vater, Sohn
	nein	Fremdarbeitskräfte
– Anwesenheit im Betrieb	immer	Betriebsangehörige
	gelegentlich	Aushilfskräfte
– Lohnanspruch	ja	Fremdarbeitskräfte
	nein	Familienmitglieder, Nachbarschaftshilfe
– Ausbildung	ja	Fachkräfte
	nein	Ungelernte

Die Beispiele machen deutlich, daß der AK-Besatz einen geeigneten Bewertungsmaßstab zur Beurteilung der Betreuungsintensität darstellt. Im ersten Fall handelt es sich um einen Pensionsbetrieb, im zweiten Beispiel um einen Ausbildungsstall.

Den Bedarf an Zeit, um einen Arbeitsvorgang durchzuführen, nennt man **Arbeitszeitbedarf**. Er wird gemessen in AK min/Tag oder in AKh/Jahr. Die Kenntnis des Arbeitszeitbedarfs ist wichtig, um die betrieblichen Arbeiten richtig zu organisieren und zu koordinieren, damit nach Möglichkeit Leerlauf oder zu häufige Arbeitsspitzen vermieden werden. Bei der Planung von neuen Betrieben mit Pferdehaltung muß der Arbeitszeitbedarf für die verschiedenen Arbeiten ebenfalls berücksichtigt werden.

Der Arbeitszeitbedarf für einen bestimmten Vorgang (z. B. Füttern) setzt sich zusammen aus der
– Zeit für die Vorbereitung (Futterwagen füllen)
– Zeit für die zurückzulegenden Wege (Futterkammer–Stallgasse)
– Zeit für die eigentliche Arbeit (Füttern)
– Zeit für Unterbrechungen (Tröge säubern).

Die Vorbereitungszeit je Pferd verringert sich, wenn mit dem gleichen Zeitaufwand mehr Pferde versorgt werden können. Zeitlich ist es unerheblich, ob der Futterwagen für 15 oder 16 Pferde gefüllt wird. So kann durch höhere Tierzahlen der Arbeitszeitbedarf je Tier gesenkt werden. Unterschiedliche Arbeitsverfahren führen auch zu unterschiedlichen Bedarfszeiten beim gleichen Arbeitsvorgang.

Der Bedarf an AKh je Pferd richtet sich für einen Arbeitsvorgang nach:
– dem Arbeitsverfahren
– der Größe des Pferdebestandes
– der inneren Verkehrslage des Betriebes.

Das bedeutet, daß es keine einheitlichen Arbeitszeitbedarfszahlen für einzelne Arbeitsvorgänge gibt, sondern allenfalls Durchschnitts- oder Richtwerte, die die Größenordnung verdeutlichen können. In diesem Sinne ist auch die folgende Aufstellung zu verstehen.

Tab. 63. Arbeitszeitbedarf einzelner Arbeitsvorgänge in der Pferdehaltung

Arbeitsvorgang/ -verfahren	AKmin/Tier/Tag	AKh/Tier/Jahr
Kraftfuttervorlage	3,5 min	23,5
Grundfuttervorlage	1,5 min	10,0
Eimertränke	2,5 min	15,0
Entmisten	10,0 min	60,0
Einstreuen	2,5 min	15,0
Kehren	1,5 min	10,0
Putzen	5,0 min	30,0
Satteln	4,0 min	25,0
Lederzeugpflege	1,0 min	6,0
Bewegen	40,0 min	240,0
Weidebetrieb	1,5 min	10,0
Zuchtstute/0,6 Fohlen/Jahr		100
Absatzfohlen		50
Jährling		90
Zweijährige		105
Reitpferd, Stall		170
Reitpferd, Stall/Weide		100
Pferd im Training		350–450

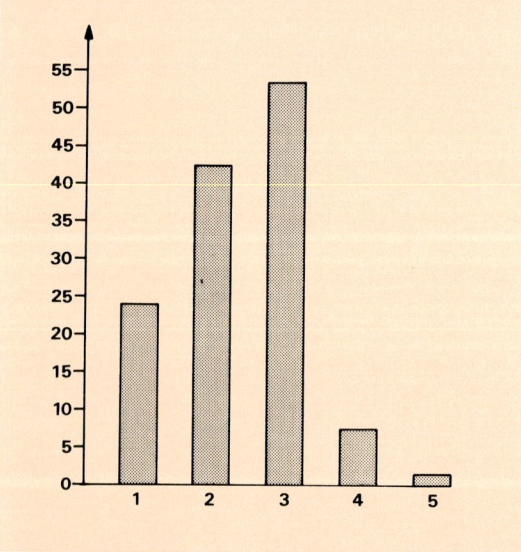

Abb. 129. Arbeitszeitbedarf (AKh/Tier/Jahr) für die Kraftfutterfütterung. 1 = Fütterung mit Eimer, 3mal täglich, ohne Futterluken, 2 = Fütterung mit Wagen 4- bis 5mal täglich, ohne Futterluken, 3 = Fütterung mit Eimer, 3mal täglich, ungünstige Organisation, 4 = Fütterung mit Wagen, 2mal täglich, Sammelbox, offene Futterluken, 5 = Laufstall.

Zur Wiederholung und Vertiefung

1. Erklären Sie den Begriff Arbeitskraft (AK).
2. Wie können Betriebe bezüglich ihres AK-Besatzes bewertet werden?

3. Berechnen Sie den AK-Besatz Ihres Ausbildungsbetriebes.
4. Berechnen Sie den AK-Bestand Ihres Ausbildungsbetriebes.
5. Stellen Sie den täglichen Arbeitszeitbedarf für ein Pferd in Ihrem Ausbildungsbetrieb fest.
6. Warum ist der Arbeitszeitbedarf für den gleichen Arbeitsgang in verschiedenen Betrieben nicht immer gleich?

2.6 Maschinen im Betrieb

Natürlich werden auch in Betrieben mit Pferdehaltung Maschinen und Geräte eingesetzt: Haferquetsche, Höhenförderer, Führmaschine, Hallenberegnungsanlage, Stallbelüftung, Stallschlepper, Pferdetransporter, Futterwagen usw. Warum werden diese Maschinen und Geräte eingesetzt?
Der Höhenförderer erleichtert das Einlagern von Heu- und Strohballen unter Dach. Das körperlich anstrengende Hochstemmen der Ballen entfällt. Die Arbeitskräfte können sich schonen und sich anderen Arbeiten widmen. Maschinen sollen also die Arbeit erleichtern, evtl. sogar gesundheitliche Schäden verhindern.
Der Einsatz von Maschinen bewirkt in der Regel auch eine Zeitersparnis, so z. B. das Entmisten einer Box von Hand (60 AKh/Tier/Jahr) im Vergleich zum Entmisten mit dem Hoftrak oder Frontlader (18 AKh/Tier/Jahr). In diesem Beispiel wird die Arbeitszeitersparnis durch eine höhere Arbeitsgeschwindigkeit erreicht. Eine Ersparnis erhält man auch, wenn ganze Arbeitsgänge eingespart werden, z. B. das Trockenführen mit der Führmaschine, das Abspritzen mit dem Schlauch durch die Beregnungsanlage, das Quetschen von Hand durch die Haferquetsche. Darüber hinaus bewirken Maschinen mit großen Arbeitsbreiten eine zusätzliche Zeitersparnis. So ist ein Hektar Pferdekoppel mit einer Wiesenschleppe von 3 m Arbeitsbreite eher abgeschleppt als mit einer Schleppe von nur 2 m Breite. Nicht zuletzt kann auch die Qualität der Arbeit durch den Maschineneinsatz verbessert werden. So wird der Hallenboden durch eine Beregnungsanlage gleichmäßiger angefeuchtet als mit dem Wasserschlauch. Es wird nicht nur Arbeitszeit eingespart; auch der Wasserverbrauch ist niedriger.
Maschinen und Geräte werden aber nicht nur aus arbeitswirtschaftlichen Gesichtspunkten eingesetzt. Die automatische Stallbelüftung oder das Solarium sind Geräte, die dem Wohl des Pferdes dienen. Sie sind nicht in dem Maße produktiv wie die übrigen Beispiele. Indem sie jedoch das Wohlbefinden der Tiere und ihren Gesundheitszustand fördern, können sie auch indirekt zu einer Leistungs- oder Ertragssteigerung beitragen.
Der Einsatz von Maschinen und Geräten im pferdehaltenden Betrieb kann somit folgende Vorteile haben:
– Erleichterung der Arbeit
– Verkürzung der Arbeitszeit
– Verbesserung der Arbeitsqualität
– Förderung des Wohlbefindens der Pferde.

Durch den Maschineneinsatz wird die Leistungsfähigkeit des Betriebes gefördert, Kosten werden gesenkt und Erträge gesteigert. Der Einsatz von Maschinen verursacht aber auch Kosten. Maschinen und Geräte müssen angeschafft, unterhalten und repariert werden, es entstehen feste Kosten, z. B. durch Versicherung oder Abschreibung (Verteilung der Anschaffungskosten auf die Nutzungsdauer), und veränderli-

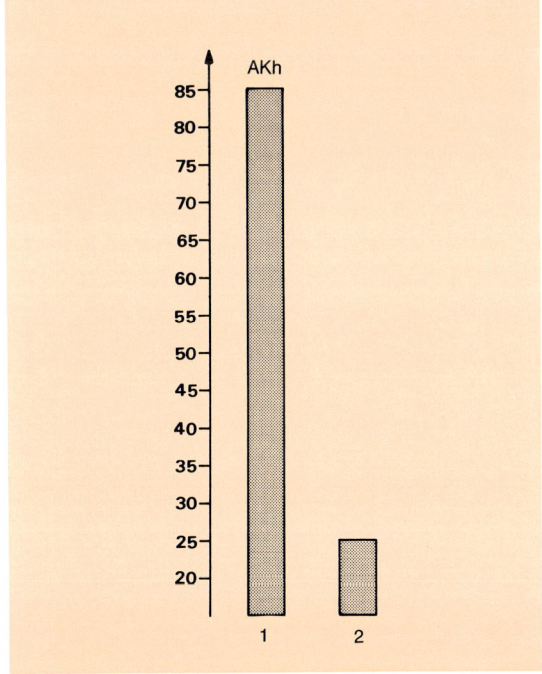

Abb. 130. Arbeitszeitbedarf (AKh/Tier/Jahr) für das Entmisten in verschiedenen Aufstallungssystemen. 1 = Wechselstreu, Entmisten 2- bis 3mal täglich, 2 = Wechselstreu, Mistbahn, 1mal täglich.

che Kosten (in Abhängigkeit vom Einsatz), z. B. durch Treibstoffe, Öle oder Reparaturen. Die festen Kosten fallen auch dann an, wenn die Maschine nicht genutzt wird. Veränderliche Kosten ergeben sich nur durch den direkten Einsatz. Demzufolge ist der Maschinenkauf dann lohnend, wenn eine gute Auslastung (häufiger Einsatz) zu erwarten ist. So wird sich der Kauf einer automatischen Haferquetsche für jeden Betrieb lohnen, da ein täglicher Einsatz möglich ist. Je nach Pferdebestand muß dann die Verarbeitungsleistung (200 bis 800 kg/h) des Gerätes berücksichtigt werden.

Die Wirtschaftlichkeit einer Maschine ist also von der Größe und Ausführung (Kosten) und von ihrer Auslastung (Nutzen) abhängig. Vor dem Kauf einer Maschine sollte deshalb im einzelnen geprüft werden:
– kann die Maschine im Betrieb ausgelastet werden
– ist der Einsatz von Arbeitskräften oder einer Lohnmaschine günstiger.

Der Umgang mit Maschinen erfordert Erfahrung und Übung. Nur durch einen häufigen Einsatz lernt man, mit der Maschine umzugehen. Die Arbeit mit Maschinen stellt meist keine große körperliche Belastung dar, jedoch wird körperliches Geschick und geistige Konzentrationsfähigkeit verlangt. Nach längerem Arbeiten sinkt jedoch die Konzentrationsfähigkeit, so daß auch bei längerer Erfahrung mit dem Gerät die Unfallgefahr steigt. Unfallgefahrenquellen stellen insbesondere folgende Bereiche bzw. Teile von Maschinen dar: Wellen und Kupplungen, Scher- und Quetschstellen, schnellaufende Arbeitsteile, elektrische Anlagen. Als häufige Schutzvorrichtungen an Maschinen findet man Verkleidungen, die unmittelbar an der Gefahrenstelle angebracht sind und das Erreichen allseitig verhindern (z. B. beim Kettenantrieb des Stalldungstreuers).

Zur Wiederholung und Vertiefung
1. Welche Maschine und Geräte finden in Ihrem Ausbildungsbetrieb Verwendung?
2. Warum werden Maschinen im Pferdebetrieb eingesetzt?
3. Ist der Einsatz von Maschinen immer als lohnend anzusehen?
4. Nennen Sie Unfallgefahrenquellen an Maschinen im Betrieb und Möglichkeiten der Unfallverhütung.

3 Die Wirtschaftlichkeit von pferdehaltenden Betrieben

3.1 Bedeutung von Boden, Arbeit und Kapital

Im Kapitel 2 wurde ein Rundgang durch den Ausbildungsbetrieb unternommen und seine Bestandteile (Betriebsflächen, Betriebsgebäude, Pferdebestand, Arbeitskräfte, Maschinen) näher betrachtet. Um ein Pferd zu züchten benötigt man:
– Zuchtstute und Hengst
– Weide, Kraftfutter, Grundfutter, Wasser
– Stall
– Medikamente
– Maschinen, Geräte, Strom
– Arbeitskräfte.

Diese Vielzahl von Voraussetzungen für die Erzeugung eines Fohlens kann man allgemein in drei Produktionsfaktoren zusammenfassen:
Boden (Weide, Erzeugungsfläche für Grundfutter, Standort der Gebäude)
Arbeit (Arbeitskräfte für die Pflege)
Kapital (Pferde, Gebäude, Maschinen, Geräte etc.)

Bei einem Vergleich wird man feststellen, daß die drei Faktoren in den einzelnen pferdehaltenden Betrieben unterschiedliche Bedeutung haben können. In einem Rennstall, wo die Trainingsarbeit sehr umfangreich ist, wird der Faktor Arbeit eine besondere Gewichtung haben. Daher könnte man diese Betriebe dem Dienstleistungsbereich zuordnen. Zuchtbetriebe kommen ohne größere Dauergrünlandflächen nicht aus, der Boden hat hier eine größere Bedeutung.
Jeder Wirtschaftsbetrieb gründet also auf den drei Produktionsfaktoren. In der Betriebsführung versucht man diese Faktoren so einzusetzen, daß möglichst geringe Kosten, aber hohe Erträge mit ihnen erwirtschaftet werden.

Der Boden

Der Boden erfüllt mehrere Aufgaben. Er ist Grundlage der pflanzlichen Erzeugung, Standort der Betriebsgebäude, und in ihm findet man vielleicht sogar Bodenschätze. Die Möglichkeiten der pflanzlichen Erzeugung sind sehr vielfältig, sie richten sich nach

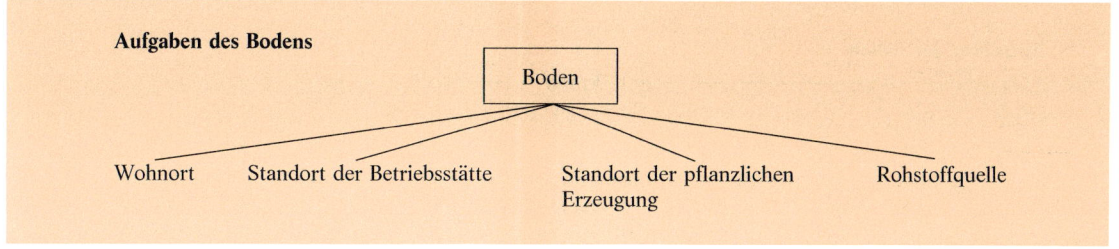

Aufgaben des Bodens

der Bodenfruchtbarkeit und Bodenart (nährstoffreicher Lehmboden oder nährstoffarmer Sandboden), der Bodengestaltung (Ebene oder Hanglage) und dem Klima.

Als Standort der Wirtschaftsgebäude kann kein pferdehaltendes Unternehmen auf den Boden verzichten. Im Gegensatz zur pflanzlichen Erzeugung ist der Standort des Betriebes nicht von vorneherein festgelegt. Er kann sich aber aus wirtschaftlichen Zwängen indirekt ergeben. So sollten die Gebäude für Zuchtbetriebe in der Nähe der Weidekoppeln angelegt werden, ein Reitbetrieb wünscht sich eine günstige Verkehrslage, damit die tägliche Anfahrt der Kunden erleichtert ist. Ein Rennstall wird die direkte Anbindung an eine Rennbahn bevorzugen, um das regelmäßige Training nicht durch längere Transportwege zu erschweren. Durch die richtige Wahl des Standortes soll die Wirtschaftlichkeit des Betriebes gefördert werden.

Von der gesamten Erdoberfläche (510 Mio. km^2) sind nur 29 % (149 Mio. km^2) Landfläche. Der Boden ist also nicht vermehrbar. Bei seiner Nutzung sollte man deshalb sorgsam mit ihm umgehen, um die Bodenfruchtbarkeit zu erhalten. Teilweise verliert jedoch der Boden diese Nutzbarkeit, indem z.B. über die Pferdekoppel eine Autobahn gebaut wird. Es geht landwirtschaftlich genutzte Fläche verloren, der Boden selbst wird dabei nicht zerstört. Im Jahre 1975 betrug die LF-Fläche 12,4 Mio. ha, 1985 nur noch 11,9 Mio. ha; ein Rückgang von 137 ha LF pro Tag. Eine Nutzungsänderung des Bodens ist auch häufig mit der Gewinnung von Bodenschätzen (z.B. Kiesabbau) verbunden. Zwar wird hier die Bodenoberfläche verschoben und der Kies entnommen, der Untergrund bleibt jedoch. Boden kann somit auch nicht in großem Umfang bewegt werden. Zusammenfassend sehen wir, daß der Boden drei wichtige Merkmale besitzt: Unvermehrbarkeit, Unzerstörbarkeit, Unbeweglichkeit.

Die Arbeit

Die Nutzung des Bodens, z.B. als Pferdeweide, setzt voraus, daß eine Einzäunung hergerichtet und das Pflanzenwachstum durch Pflege- und Düngungsmaßnahmen gefördert wird. Es muß also gearbeitet werden. Wie gearbeitet wird, hängt von der Betriebsart ab. In einem Zuchtbetrieb sollen möglichst viele Fohlen geboren und aufgezogen (Güterproduktion), in einem Rennbetrieb die Pferde der verschiedenen Eigentümer gut ausgebildet und trainiert werden (Dienstleistung). Bei der Arbeit werden sowohl körperliche als auch geistige Kräfte gebraucht, je nach Art der Arbeit in unterschiedlichem Maße. Das Setzen eines Weidepfahles benötigt mehr körperliche Kräfte, das Aufstellen eines Trainingsplanes für ein bestimmtes Pferd eher geistiges Vermögen.

Arbeit ist somit jede geistige und körperliche Tätigkeit des Menschen, durch die Güter erzeugt und Dienstleistungen erbracht werden.

Hierbei sind meistens mehrere Personen beteiligt: der Betriebsleiter, der den Betrieb lenkt (organisiert), die Arbeit einteilt, den Ein- und Verkauf durchführt. Fachkräfte, die sowohl anleitende wie ausführende Tätigkeiten ausüben, Auszubildende und ungelernte Hilfskräfte, die die erhaltenen Aufträge durchführen. Der Betriebsleiter verrichtet selbständige, die übrigen Mitarbeiter nichtselbständige Arbeit.

Nicht alle Erwerbswilligen finden heute einen Arbeitsplatz. Zur Zeit sind etwa 2 Mio. Personen erwerbslos. Die Gründe sind vielfältig, z.B. die allgemeine wirtschaftliche Situation (konjunkturelle Arbeitslosigkeit), die Situation in den verschiedenen Bundesländern (regionale Arbeitslosigkeit), die Situation in bestimmten Betriebsgruppen (strukturelle Arbeitslosigkeit) oder der Ersatz von Arbeitskräften durch Maschinen (technologische Arbeitslosigkeit). Da insbesondere der Anteil von Ungelernten an der Arbeitslosenquote mit 19 % recht hoch ist, sehen immer mehr Jugendliche ein, daß eine sorgfältige, qualifizierte Ausbildung den Eintritt in ein sicheres Berufsleben am ehesten ermöglicht.

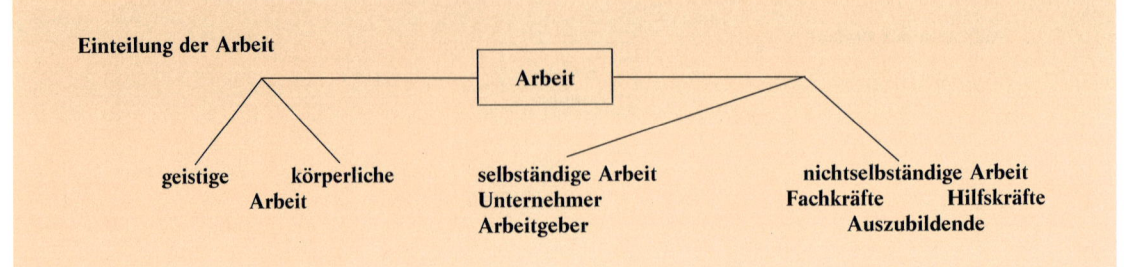

Das Kapital

Boden und Arbeit alleine genügen noch nicht, um z. B. Pferde zu züchten. Es müssen Zuchtpferde gekauft, Ställe errichtet, Futtermittel beschafft werden. Dazu braucht man Kapital. Wenn man gespartes Geld auf der Bank gewinnbringend anlegt, so spricht man von Geldkapital (Zinsen), kauft man jedoch hiervon Futter für die Zuchtpferde, so nennt man dies Sachkapital.

Zum Kapital eines pferdehaltenden Betriebes kann z. B. gezählt werden:

Anlagekapital:
– Gebäude
– Pferde
– Maschinen und Geräte

Umlaufkapital:
– Vorräte (Futter)
– Bargeld, Bankguthaben

Gebäude, Maschinen und Pferde sollen möglichst lange genutzt werden, sie heißen daher Anlagekapital. Vorräte, wie z. B. Futtermittel, werden kurz gelagert und dann schnell verbraucht. Bargeld und Bankguthaben verändern sich ständig. Hier spricht man von Umlaufkapital.

Befinden sich Anlage- und Umlaufkapital im Eigentum des Unternehmers, so bezeichnet man dies als Eigenkapital. Benötigt ein Unternehmen sein Bankguthaben für den Bau einer Bewegungshalle, wird also Geld- in Sachkapital umgewandelt, so nennt man diesen Vorgang „investieren" (lat: einsetzen). Reicht jedoch das Guthaben nicht aus, muß Geld geliehen werden (Hypothek, Darlehen). So wird neben dem Eigenkapital auch Fremdkapital eingesezt. Der Unternehmer hätte sein Bankguthaben auch bei der Bank gewinnbringend anlegen können und dadurch jährlich Zinsen erhalten. Da dies durch den Bau der Bewegungshalle nicht mehr möglich ist, muß dem Betriebszweig, dem diese neue Halle dienen soll, dieser Zinsverlust angerechnet werden (Zinsanspruch).

Zur Wiederholung und Vertiefung

1. Nennen Sie die drei Produktionsfaktoren.
2. Welche Aufgabe übernimmt der Boden als Produktionsfaktor im Betrieb?

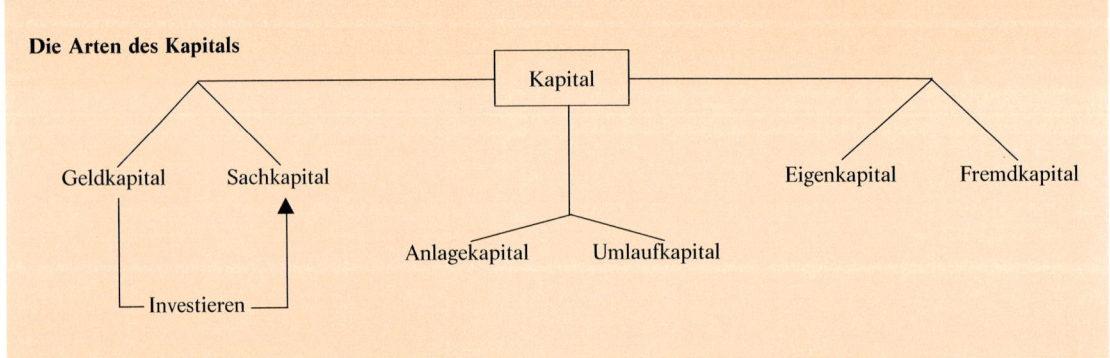

3. Unterscheiden Sie die verschiedenen Arten der Arbeit.
4. Nennen Sie Ursachen für die Arbeitslosigkeit.
5. Unterscheiden Sie Anlage- und Umlaufkapital im Betrieb.
6. Was versteht man unter „Investieren"?
7. Erklären Sie den Begriff Zinsanspruch (Zinsansatz).

3.2 Der pferdehaltende Betrieb im Wirtschaftsleben

Die rund 120 000 Pferdehalter in der Bundesrepublik Deutschland führen nicht alle einen eigenständigen Pferdebetrieb. Viele Pferde sind auch privat untergebracht. Hier ist die Pferdehaltung als Liebhaberei zu verstehen, sie dient nicht einer Erwerbs- oder Existenzgrundlage. Landwirtschaftliche Betriebe, die auf die Einnahmen aus der Pferdehaltung angewiesen sind, und reine Pferdebetriebe, müssen sich dem allgemeinen Wirtschaftsleben anpassen und nach wirtschaftlichen Grundsätzen arbeiten.

3.2.1 Wirtschaftliche Grundsätze

Wirtschaften können bedeutet soviel wie haushalten, vernünftig handeln und organisieren können. Dies kann im betrieblichen Alltag völlig verschieden aussehen. Durch Düngungs- und Pflegearbeiten bei der Pferdekoppel erhofft man sich einen hohen Pflanzenertrag, um möglichst viele Pferde weiden lassen zu können. Wenn mit gegebenen Mitteln der größtmögliche Nutzen erzielt werden soll, spricht man vom **Maximalprinzip**. Weiß der Betriebsleiter andererseits, daß die Pferdekoppel nur mit sechs Pferden besetzt werden muß, so versucht er mit den geringsten Düngungs- und Pflegemaßnahmen genügend Grasaufwuchs zu erzeugen. Soll ein angestrebtes Ziel mit den geringstmöglichen Mitteln erbracht werden, so bezeichnet man dieses Handeln als **Minimalprinzip**.

Im Betrieb hat das Minimalprinzip größere Bedeutung, da den Unternehmern das Ziel bekannt ist und sie nun versuchen, es mit den geringsten Kosten zu erreichen. Kosten entstehen dem Betrieb durch den Einsatz der drei Produktionsfaktoren Boden, Arbeit und Kapital. Welchen Anteil jeder dieser drei Faktoren an der Produktion hat, ist davon abhängig, wie knapp und wie teuer er im Vergleich zu den anderen ist.

Ist die Dauergrünlandfläche Boden zu knapp, um die 40 Pensionspferde des Betriebes weiden zu lassen, müssen Futtermittel (Kapital) zugekauft und eine intensive Stall- bzw. Beifütterung (Arbeit) durchgeführt werden. Boden wird durch Kapital und Arbeit ersetzt.

Steigen die Arbeitsgehälter nach drastischen Lohnerhöhungen an, versucht der Betriebsleiter vielleicht mit weniger Mitarbeitern auszukommen und kauft sich eine automatische Fütterungsanlage. Arbeit wird durch Kapital ersetzt. Wenn andererseits der Unternehmer zu wenig Geld für die Anschaffung eines Höhenförderers besitzt, führt er mit möglichst billigen Arbeitskräften das Einlagern von Heu- und Strohballen durch. Kapital wird durch Arbeit ersetzt. Je teurer ein Produktionsfaktor also ist, desto mehr wird versucht, ihn durch andere zu ersetzen. Die richtige **Kombination der Produktionsfaktoren** ermöglicht somit die billigste Erzeugung.

Das richtige Kombinieren setzt aber auch immer richtiges Einsetzen der Faktoren voraus.

Beispiel: Ein Betriebsleiter errichtet eine Reitsportanlage, die jährlich Festkosten von DM 30 000,– verursacht, die Pflegekosten (ohne Lohn) für 1 Pferd betragen DM 3600,– jährlich. Der Pferdebestand vergrößert sich nur allmählich. Wann sind die Gesamtkosten je Pferd und Jahr am geringsten?

Tab. 64. Beispiel: Gesamtkosten je Pferd

Pferdebestand	10	20	30	40	50
Festkosten je Pferd DM	3000	1500	1000	750	600
Pflegekosten je Pferd	3600	3600	3600	3600	3600
Gesamtkosten je Pferd	6600	5100	4600	4350	4200

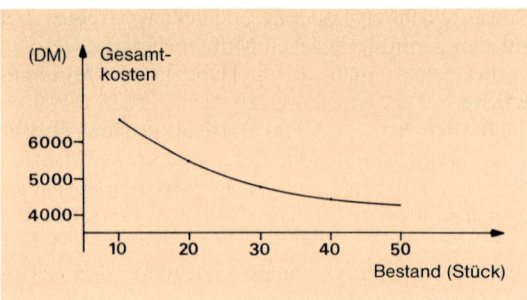

Abb. 131. Gesetz von den abnehmenden Stückkosten.

Tabelle und Graphik zeigen, daß die Gesamtkosten je Pferd mit zunehmendem Bestand sinken, da sich die Festkosten auf einen größeren Bestand beziehen.
Diese Gesetzmäßigkeit gilt für jede Produktion, es ist das **Gesetz der abnehmenden Stückkosten:**

> Die festen Kosten je Einheit (Pferd) sind um so geringer, je höher die Produktonsleistung (Pferdebestand) ist.

Man erkennt auch, daß der Unternehmer eine hohe Auslastung der Produktionsfaktoren anstreben muß, um möglichst billig zu erzeugen.

3.2.2 Der Pferdebetrieb als Anbieter und Nachfrager

Die pferdehaltenden Betriebe versuchen, durch Beachtung der ökonomischen (wirtschaftlichen) Grundsätze möglichst erfolgreich am Wirtschaftsleben teilzunehmen. Die Betriebe stehen in freiem Wettbewerb (Konkurrenz) zueinander. Nachfrage, Angebot und Wettbewerb bestimmen Art und Umfang der Produktion und der Preise. Ein Trainer kann für die Ausbildung und das Training eines Rennpferdes monatlich DM 2000,– verlangen. Dieses Angebot wird dann von den Pferdebesitzern angenommen werden, wenn der Trainer viele Erfolge aufzuweisen hat und die übrigen Rennställe nur unwesentlich billiger sind. Anders sieht es aus, wenn andere Trainer ihm im Erfolg kaum nachstehen, aber nur DM 1500,– monatlich für die Pflege und Arbeit berechnen. Es ist aber nicht nur der Wettbewerb, der die Wirtschaft antreibt. Manchmal greift auch der Staat ein, um z.B. benachteiligten und wirtschaftlich schwachen Betrieben zu helfen. So gewährt er Subventionen (Unterstützung) z.B. für landwirtschaftliche Betriebe in klimatisch ungünstigen Gebieten (benachteiligte Gebiete), um ihnen ein angemessenes Einkommen zu sichern.
In unserem Wirtschaftsleben ist der freie Wettbewerb bestimmend, der Staat greift nur selten ein. Man nennt diese Form „Soziale Marktwirtschaft". Das Grundprinzip der Sozialen Marktwirtschaft besteht darin:

> Wettbewerb soviel wie möglich, staatlicher Eingriff soviel wie nötig.

Den Ort des Zusammentreffens von Angebot und Nachfrage nennt man Markt. Bekannte Formen davon sind:
– der Wochenmarkt (Verkauf von Obst, Gemüse usw.)
– der Pferdemarkt (Verkauf von Pferden)
– die Versteigerung, Auktion (z.B. Verkauf von Pferden)
– die Börse (Verkauf von Wertpapieren).

Pferdehaltende Betriebe können sowohl als Anbieter als auch als Nachfrager auftreten.

als Anbieter:
– Absatzfohlen
– Jährlinge
– Zuchtpferde
– Reit- und Rennpferde
– Pflege- und Betreuung von Pferden
– Ausbildung von Pferden
– Training von Pferden
– Ausbildung von Reitern

als Nachfrager:
– Pferde
– Futtermittel
– Einstreu
– Düngemittel
– Baumaterialien
– Geräte und Maschinen
– tierärztliche Behandlung
– Reparaturdienste

Güter und Dienstleistungen werden mit Geld bezahlt. Der Preis ist somit der Gegenwert für Güter und Dienstleistungen. Er hängt aber auch von Angebot und Nachfrage ab.

Beispiel:
Auf einer Auktion wird ein hochprämiertes Fohlen bester Abstammung angeboten. Da mehrere Interessenten (Nachfrager) mitbieten, klettert der Preis schnell auf DM 20 000,–. Der Zuschlag erfolgt schließlich bei DM 28 000,–. Ein weiteres Fohlen mit einem nicht so bekannten Vater wechselt bereits für DM 5000,– seinen Besitzer.

Tab. 65. Beispiel: Der Heupreis im Laufe von 2 Jahren

Monat	Preis je dt/DM	
	1. Jahr	2. Jahr
August	23,50	26,00
Oktober	25,00	30,00
Dezember	28,00	33,00
Februar	30,00	35,00
April	30,00	35,00
Juni	20,00	35,00

Auch bei Heu entscheiden Angebot und Nachfrage über den Preis.

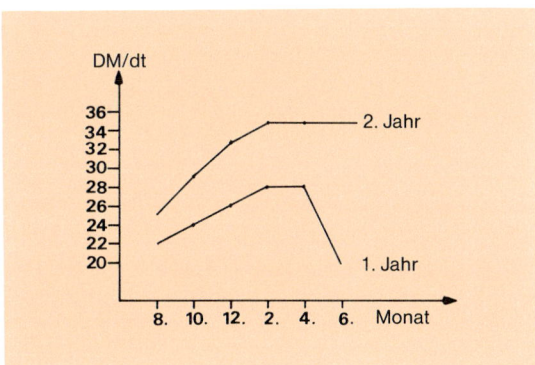

Abb. 132. Beispiel: Der Heupreis im Laufe von 2 Jahren.

Tabelle 65 und Abbildung 132 zeigen, daß die Preise für 1 dt (100 kg) Heu innerhalb eines Jahres verschieden sind und auch zwischen den Jahren schwanken. Welche Gründe können hier vorliegen? Im ersten Jahr scheint die Heuernte gut zu sein, die Preise sind normal, sie steigen etwas durch die Lagerungskosten. Im Mai, kurz vor der neuen Heuernte, hat der Landwirt einen guten Bestand an Altheu, er senkt den Preis, um das Lager räumen zu können. Im zweiten Jahr fällt die Heuernte durch schlechte Witterung geringer aus. Die Nachfrage ist groß, der Preis steigt. Der Preis ist auch im Juni noch hoch, da kaum genügende Mengen Heu besorgt werden können.

Beide Beispiele sollen zeigen, daß der Preis für ein Gut nicht immer gleich ist, daß sowohl auf der Angebotsseite als auch auf der Nachfrageseite bestimmte Gründe Schwankungen im Preis hervorrufen können.

Grundsätzlich kann man drei Preiszustände unterscheiden:
1. Bei einem ausgeglichenen (normalen) Preis entspricht das Angebot der Nachfrage.
2. Ist das Angebot größer als die Nachfrage, sinkt der Preis (Baisse, Schwemme).
3. Ist das Angebot kleiner als die Nachfrage, steigt der Preis (Hausse, Knappheit).

Angebot und Nachfrage bilden also den Preis.

Zur Wiederholung und Vertiefung
1. Erläutern Sie das Maximal- und Minimalprinzip an Beispielen.
2. Zeigen Sie an Beispielen, wie der eine Produktionsfaktor durch die beiden anderen ersetzt werden kann.
3. Erläutern Sie das Gesetz von den abnehmenden Stückkosten.
4. Definieren Sie soziale Marktwirtschaft?
5. Nennen Sie Beispiele, in denen der pferdehaltende Betrieb a) als Anbieter, b) als Nachfrager auftritt.
6. Erläutern Sie Ursachen für Preisschwankungen eines Gutes.
7. Welche drei Preiszustände kann man grundsätzlich unterscheiden?

3.3 Leistungen und Kosten im Betrieb

Angebot und Nachfrage haben für jeden wirtschaftlich arbeitenden Betrieb ihre Bedeutung. Alles, was ein pferdehaltender Betrieb anbietet (Pferde, Dienstleistungen), faßt man zusammen als Leistungen (Einnahmen), und alles, was für den Betrieb benötigt wird, als Kosten (Ausgaben). Art und Umfang der

Leistungen und Kosten sind in jedem Betrieb unterschiedlich. Natürlich versucht jeder Betriebsleiter die Einnahmen zu steigern und die Ausgaben zu senken. Um dies zu ermöglichen, muß man sich aber einen genauen Überblick verschaffen. Erst wenn bekannt ist, wo die Leistungen zu gering oder die Kosten zu hoch sind, kann man mit geeigneten Gegenmaßnahmen reagieren.

Das Herausfinden (Analysieren) und Gegenüberstellen von Leistungen und Kosten dient somit auch der Prüfung, ob der Betrieb ertragreich ist oder nicht. Erfolgreiche Betriebe sichern dem Unternehmer einen guten Gewinn, den Arbeitnehmern einen angemessenen Lohn und einen beständigen Arbeitsplatz. Jeder, der zum Betriebserfolg beiträgt, sollte somit auch über Kenntnisse von Leistungen und Kosten verfügen.

Leistungen (Einnahmen)

Wodurch erzielt ein pferdehaltender Betrieb Leistungen? Hier kann man grob zwei große Gruppen von Einnahmequellen unterscheiden: Verkauf von Pferden und Dienstleistungen.

Die Marktpreise von Pferden unterliegen starken Schwankungen. Sie sind abhängig von:
– Pferderasse
– Nutzungsart
– Alter
– Abstammung
– Ausbildungsstand
– Futter- und Gesundheitszustand
– Angebot und Nachfrage
– regionalen Verhältnissen.

Natürlich gibt es noch weitere Einflußgrößen, so daß die nachfolgende Tabelle nur als Richtschnur anzusehen ist. Auktionspreise von über DM 100 000,– sind Ausnahmen, mit denen der normale pferdehaltende Betrieb nicht rechnen kann.

Neben Einnahmen aus dem Verkauf von Zucht- und Nutzpferden ist auch der Erlös des Altpferdes zu berücksichtigen. Hier kann man mit etwa DM 3,– je kg Lebendgewicht rechnen. Ein Großpferd mit 500 kg könnte somit noch rund DM 1500,– erbringen.

Der überwiegende Teil der Leistungen eines pferdehaltenden Betriebs besteht aber aus Dienstleistungen. Als Einnahmen fallen dabei je nach Betriebstyp an:

– Unterstell- oder Pensionspreis
– Preis je Reitstunde
– Preis je Ausbildungs- oder Trainingsstunde
– Preis je Trainingstag
– Ausbildungspauschale
– Decktaxe usw.

Auch hier gibt es kaum einheitliche Preise für alle Betriebe. So ist der Preis je Reitstunde nicht so sehr abhängig von der Rasse, jedoch sehr von der Nachfrage. Er liegt zwischen DM 8,– und 15,–, bei Reithallenbenutzung zwischen DM 12,– und 25,–. Zu berücksichtigen ist ferner, ob der Reitunterricht in Gruppen oder einzeln erteilt wird. Da die meisten pferdehaltenden Betriebe sich spezialisiert haben, ist die Zahl der Einnahmequellen überschaubar und somit schnell zu erfassen.

Anders sieht es bei den Kosten aus. In jedem Betrieb fällt eine Vielfalt von Kostenarten an, z. B. Futterko-

Tab. 66. Verkaufspreise verschiedener Pferderassen

Pferderasse	Fohlen			Dreijährige und Ältere		
	von	bis	∅	von	bis	∅
Dt. Kaltblut	2000	4000	3000	3000	8000	6000
Dt. Reitpferd	1500	5000	2500	3000	20000	9000
Araber	2000	5000	3000	3000	20000	10000
Vollblut	2000	5000	4000	5000	20000	12000
Fjordpferd	1200	1800	1500	3200	5000	4000
Haflinger	1200	1800	1500	3000	5000	4000
Connemara	1200	1700	1400	3200	5000	4000
Welsh	1000	1500	1200	1800	3000	2500
Dt. Reitpony	1000	1500	1000	2000	4500	3000
Isländer	1200	3000	2000	3000	6500	4500
Shetlandpony	500	800	700	800	1500	1200

sten, Arbeitslohn, Tierarztkosten, Hufschmied, Gebäudereparaturen oder Betriebsversicherungen, um nur einige zu nennen. Die hier aufgezählten Ausgaben kann man in zwei Gruppen einteilen:
1. Futterkosten, Tierarztkosten, Hufschmied.
2. Arbeitslohn, Gebäudereparatur, Betriebsversicherungen.

Warum?

Kosten der 1. Gruppe fallen nur an, wenn im Betrieb auch Pferde gehalten werden. Die Höhe dieser Kosten ist abhängig vom Pferdebestand. Unterschiede von Pferd zu Pferd sind aber meistens vorhanden. Kosten dieser Art verändern sich, sie werden deshalb auch variable (veränderliche) Kosten genannt.

Im Gegensatz hierzu entstehen die Kosten der 2. Gruppe auch dann, wenn kein Pferd im Stall steht. Sie fallen allein dadurch an, daß die Betriebe bereit sind, Pferde zu halten. Da diese Ausgaben unabhängig vom Pferdebestand als fester Betrag anfallen, werden sie auch als fixe (feste) Kosten bezeichnet.

Die veränderlichen Kosten können durch fachgerechte Arbeit (gutes Produktionsmanagement) niedrig gehalten werden, die festen Kosten durch eine optimale Auslastung der Produktionsfaktoren (siehe hierzu Kap. 3.1).

Wenn man von den Leistungen eines Betriebes die Kosten abzieht, die durch die Produktion selbst verursacht werden (veränderliche Kosten), so erhält man den Deckungsbeitrag (DB). Er dient zur Deckung der Festkosten des gesamten Betriebes. Sollte danach noch Geld übrig bleiben, ist der Betrieb gewinnbringend, reicht der Deckungsbeitrag nicht, um die Festkosten zu bezahlen, wird Verlust gemacht.

Im folgenden wird die Berechnung von Ein- und Ausgaben verschiedener Betriebe mit Pferdehaltung vorgestellt.

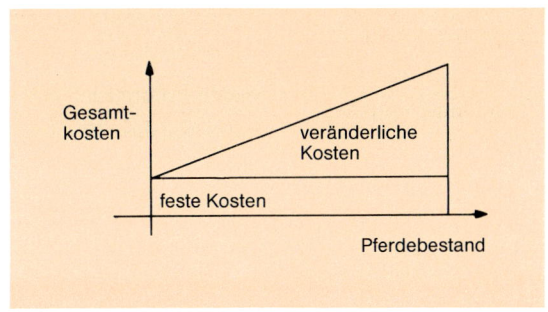

Abb. 133. Kosten in Abhängigkeit vom Bestand.

3.3.1 Zuchtbetrieb

Bei den folgenden Berechnungen wird ein Jahr als Bezugsgröße gewählt. Hierdurch wird ein Vergleich mit anderen Verfahren der Pferdehaltung erst möglich. Darüber hinaus kann auch eine Gegenüberstellung zu anderen landwirtschaftlichen Betriebszweigen erreicht werden. Die angeführten Zahlen und Berechnungen sind nicht allgemeingültig, sondern gelten nur für das beschriebene Verfahren. Sie stellen jedoch eine Richtschnur dar, so daß jeder anhand dieses Rahmens, unter Berücksichtigung der betrieblichen Besonderheiten der eigenen Pferdehaltung, Leistungs- und Kostenaufstellungen durchführen kann.

Im Zuchtbetrieb ist es möglich, die Berechnungen entweder auf das erzeugte Fohlen oder auf die gehaltene Stute zu beziehen. Letzterer Weg ist dann sinnvoll, wenn der Stutenbestand über längere Zeit konstant ist.

Die Einnahmen im Zuchtbetrieb setzen sich aus dem Erlös für den Verkauf von Nachzucht und Altpferd zusammen. Der Erlös der Nachzucht ist in starkem Maße abhängig vom Verkaufspreis und der jährlichen Abfohlquote. Sie gibt das Verhältnis von geborenen Fohlen zu den vorhandenen Zuchtstuten an.

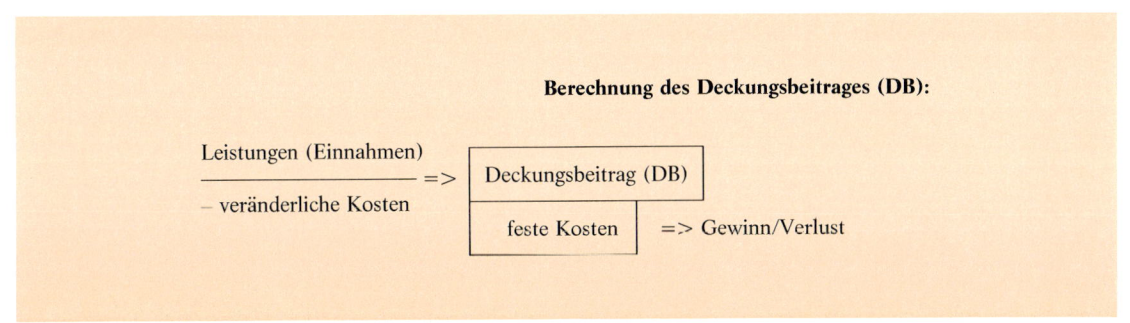

$$\text{Abfohlquote im Betrieb} = \frac{\text{Anzahl geborener Fohlen}}{\text{Anzahl Zuchtstuten}}$$

$$\text{Abfohlquote pro Stute} = \frac{\text{Anzahl geborener Fohlen}}{\text{Nutzungsjahre der Stute}}$$

Beispiel:
Bei 40 Zuchtstuten und 35 Fohlen beträgt die betriebliche Abfohlquote

$$35:40 = 0{,}87$$

in 12 Zuchtjahren brachte die Stute „Ira" 10 Fohlen zur Welt, ihre Abfohlquote ist

$$10:12 = 0{,}83 \text{ (Fohlen pro Jahr)}$$

Der Erlös des Altpferdes muß bei der jährlichen Berechnungsweise auf die Nutzungsjahre aufgeteilt werden.
In ähnlicher Art muß bei den Kosten der Wiederbeschaffungswert der Zuchtstute als Bestandserneuerung Berücksichtigung finden. Die Futterkosten schließen sowohl die Futtermittel für die Stute als auch für die Nachzucht ein. Das für die Pferde, Futtermittel etc. benötigte Geld hätte auch auf der Bank Zinsen bringen können. Deshalb wird ein Zinssatz (Zinsanspruch) von jeweils 3 % berechnet.
Beispiel:
Betrieb A: Die Zuchtstuten haben einen Anschaffungspreis von DM 8000,– und werden 8 Jahre genutzt. Der Erlös des Altpferdes beträgt DM 1300,–. Die Abfohlquote liegt bei 0,50. Die mit 6 Monaten abgesetzten Fohlen erbringen durchschnittlich 3000,–. Die Zuchtstuten sind in Einzelboxen untergebracht, im Sommer ist Weidehaltung möglich.
Betrieb B wirtschaftet mit gleichen Haltungs- und Fütterungsbedingungen. Der Anschaffungspreis der Zuchtstuten liegt jedoch bei DM 10000,–, sie werden 10 Jahre züchterisch genutzt. Die Abfohlquote ist günstiger und beträgt 0,75. Die Absatzfohlen erzielen DM 5000.–.
Wie wirken sich diese unterschiedlichen Leistungen auf den Deckungsbeitrag aus (s. Tab. 68)? Im Betrieb A macht sich das schlechte Zuchtergebnis von 0,5 Fohlen je Stute sehr deutlich bei den Leistungen bemerkbar. Die veränderlichen Kosten sind höher als die Einnahmen, so daß ein negativer Deckungsbeitrag entsteht. Die Restkosten können nicht abgedeckt werden, es wird also mit Verlust gearbeitet. Im Betrieb B sind die Leistungen deutlich besser. Die Unterschiede in den Kosten bleiben gering, so daß im Gegensatz zu Betrieb A ein positiver Deckungsbeitrag anfällt. Die Festkosten – Arbeitslohn (100 AKh) Abschreibungen, Reparaturen und Versicherungen der Gebäude – sind aber mit diesem Betrag kaum zu begleichen.
Eine gewinnbringende Erzeugung von Absatzfohlen ist also nur dann möglich, wenn überdurchschnittliche züchterische Erfolge erzielt werden können.
Bei ausreichendem Gebäudebestand und genügend Grünland kann in Zuchtbetrieben die Nachzucht bis zum dreijährigen Pferd gehalten werden. Einnahmen und Ausgaben dieser Möglichkeit für den Betrieb B zeigt die folgende Zusammenstellung:

Tab. 67. Leistungen und Kosten im Zuchtbetrieb (je Zuchtstute und Jahr)

I. Leistung	
Abfohlquote	0,75
Nutzungsdauer der Stute (Jahre)	10
Erlös der Nachzucht (8500)	6375,–
Erlös des Altpferdes (1300)	130,–
Leistungen insgesamt	6505,–
II. Kosten (veränderliche)	
1. Bestandserneuerung	1000,–
2. Futterkosten	
a) Hafer 20,6 dt à 45,–	927,–
b) Pferdeleistungsfutter 7,8 dt à 60,–	468,–
c) Mineralfutter 0,49 dt à 140,–	69,–
d) Grundfutter (Weide, Heu)	1200,–
3. Deckgeld, Fohlengeld, Fahrtkosten	340,–
4. Tierarzt, Medikamente, Hufpflege	500,–
5. Wasser, Strom, Maschinen	150,–
6. Tierversicherung, Verbandsbeitrag	250,–
7. Zinsanspruch, Umlaufkapital	51,–
Viehkapital	570,–
Kosten (veränderliche) insgesamt	5714,–
III. Deckungsbeitrag (+)	791,–

Der Verkauf der Dreijährigen bringt natürlich höhere Einnahmen. Auf der Kostenseite sind es insbesondere die Futtermittel, die zu gesteigerten Ausgaben führen. Es kommt in der Aufzucht auf eine preisgünstige Fütterung an, um zu einem befriedigenden Ergebnis zu kommen. Trotzdem scheint auch der in diesem Beispiel ausgewiesene Deckungsbeitrag kaum in der Lage zu sein, möglichen Arbeitslohn und andere Restkosten abzudecken.
Wie die Berechnungen zeigen, ist die Wirtschaftlichkeit in der Zuchtpferdehaltung nicht befriedigend.

Tab. 68. Leistungen und Kosten im Zuchtbetrieb (je Zuchtstute und Jahr)

	Betrieb A	Betrieb B
I. Leistung		
Abfohlqoute	0,50	0,75
Nutzungsjahre der Stute (Jahre)	8	10
Erlös der Nachzucht	1500,–	3750,–
Erlös des Altpferdes (1300,–)	162,–	130,–
Leistung insgesamt	1662,–	3880,–
II. Kosten (veränderliche)		
1. Bestandserneuerung	1000,–	1000,–
2. Futterkosten		
a) Hafer (45,–) 10,7 dt	481,–	481,–
b) Pferdeleistungsfutter (60,–) 3,5 dt	210,–	210,–
c) Fohlenaufzuchtfutter (65,–)		
Betrieb A 1,6 dt	104,–	
Betrieb B 2,3 dt		149,–
d) Mineralfutter (140,–) 0,35 dt	49,–	49,–
e) Grundfutter (Weide, Heu)	450,–	450,–
3. Deckgeld, Fohlengeld, Fahrtkosten	340,–	400,–
4. Tierarzt, Medikamente, Hufpflege	200,–	220,–
5. Wasser, Strom, Geräte	50,–	50,–
6. Tierversicherungen, Verbandsbeitrag	250,–	250,–
7. Zinsansatz		
a) Umlaufkapital	50,–	50,–
b) Viehkapital	295,–	360,–
Kosten (veränderliche) insgesamt	3479,–	3669,–
III. Deckungsbeitrag	(–) 1817,–	(+) 211,–

Das kann nur bedeuten, daß die Einnahmen deutlich besser sein müßten, als die in diesen Beispielen angenommenen Werte. Darüber hinaus müßten Produktionsreserven, wie z. B. in der Abfohlquote, der Verlängerung der Zuchtnutzung der Stuten sowie bei den Futterkosten, unbedingt ausgeschöpft werden.

3.3.2 Reitbetrieb

Bei Reitbetrieben handelt es sich häufig um gemischte Betriebe, die zum einen eine Pensionspferdehaltung, zum anderen eine Reitpferdehaltung durchführen.

Natürlich ist jede Betriebszweigform auch für sich allein möglich.

Pensionspferdehaltung

Auf der Einnahmenseite steht einzig der Pensionspreis. Seine Höhe richtet sich danach, was der Betrieb an Dienstleistungen bietet und was die Einsteller zu bezahlen bereit sind. Bei den veränderlichen Kosten sind Futterkosten sowie Ausgaben für Wasser, Energie und Maschinen zu nennen. Im folgenden Beispiel wird auch die Einstreu berücksichtigt, da bei vielen Reitbetrieben eine innerbetriebliche Verwertung des anfallenden Mistes entfällt.

Beispiel 1:
Es wurde eine Anlage für 40 Pferde im Wert von DM 500 000,– errichtet. Die Gebäudekosten (Abschreibung, Reparaturen, Zinsanspruch) betragen 8 % der Herstellungskosten. Der Pensionspreis von DM 450,– schließt alle Futter- und Pflegekosten mit ein, so daß pro Pferd 120 AKh anfallen.

Der hier errechnete Deckungsbeitrag ist hoch genug, um alle festen Kosten abzudecken, so daß schließlich auch ein Gewinn für den Unternehmer zu verzeichnen ist. Wie wirken sich jedoch eine rückläufige Nachfrage (statt 40 nur 30 Pensionspferde im Jahresdurchschnitt) und ein gesenkter Pensionspreis von

Tab. 69. Leistungen und Kosten der Pensionspferdehaltung (je Pensionspferd und Jahr)

	Beispiel 1	Beispiel 2
I Leistung		
Pensionspreis (DM 450,–/Monat)	DM 5400,–	DM 4800,–
II Kosten (veränderliche)		
1. Futterkosten		
a) Hafer 11 dt à 45,–		495,–
b) Haferergänzungsfutter 7,3 dt à 60,–		438,–
c) Heu 18,3 dt à 25,–		457,–
2. Einstreu 36,5 dt à 15,–		547,–
3. Wasser, Energie, Maschinen		70,–
Kosten (veränderliche) insgesamt	DM 2007,–	DM 2007,–
III Deckungsbeitrag	(+) DM 3393,–	DM 2793,–
IV Kosten (Jahr)		
1. Gebäudekosten (8 % der Herstellungskosten)	DM 1000,–	DM 1333,–
2. Arbeitslohn (120 AKh à 14,–)	DM 1680,–	DM 1680,–
Kosten (feste) insgesamt	DM 2680,–	DM 3013,–
V Gewinn	DM 713,–	DM 220,–

Tab. 70. Leistungen und Kosten der Reitpferdehaltung (je Reitpferd und Jahr)

I Leistung	
Reitstunden 500 à DM 18,–	DM 9000,–
Erlös Altpferd (2000,–)	DM 250,–
Leistungen insgesamt	DM 9250,–
II Kosten (veränderliche)	
1. Bestandserneuerung (12 000,–)	DM 1500,–
2. Futterkosten	
a) Hafer 11 dt à 45,–	DM 495,–
b) Haferergänzungsfutter 7,3 dt à 60,–	DM 438,–
c) Heu 18,3 dt à 25,–	DM 457,–
3. Einstreu 36,5 dt à 15,–	DM 547,–
4. Tierarzt, Medikamente, Hufpflege	DM 800,–
5. Wasser, Strom, Geräte	DM 60,–
6. Tierversicherung	DM 250,–
7. Zinsansatz, Viehkapital	DM 360,–
Kosten (veränderliche) insgesamt	DM 4907,–
III Deckungsbeitrag	DM 4343,–
IV Kosten (feste)	
1. Gebäudekosten	DM 1000,–
2. Arbeitslohn (250 AKh à DM 14,–)	DM 3500,–
Kosten (feste) insgesamt	DM 4500,–
V Gewinn	DM 157,–

DM 400,– monatlich auf die Einnahmen und Ausgaben des Betriebes aus?

Beispiel 2:
Die Leistungen belaufen sich insgesamt nur noch auf DM 4800 je Pensionspferd. Damit ist auch ein Rückgang des Deckungsbeitrages auf DM 2793,– verbunden. Veränderungen ergeben sich außerdem bei der Höhe der Gebäudekosten; die Belastung je Pensionspferd steigt auf DM 1333,–. Nach Abzug der gesamten Restkosten (DM 3013,–) entsteht ein Verlust von DM 220,–.

Dieses Beispiel soll deutlich machen, daß die festen Kosten ebenfalls einen erheblichen Einfluß auf den Gewinn haben und eine Kostensenkung bei Dienstleistungen durch die Ausschöpfung der Produktionsfaktoren erreicht werden kann.

Reitpferdehaltung

Hier werden Pferde zur Ausbildung von Reitern gehalten. Die Anzahl der Reitstunden, die Höhe der Reitstundengebühr sowie der anteilige Erlös des Altpferdes (achtjährige Nutzungsdauer) ergeben die Leistung. Auf der Ausgabenseite fallen Futter-, Haltungs- und Pflegekosten an. Der Arbeitsaufwand ist im Zusammenhang mit den Reitstunden zu sehen.

Die Einnahmen in unserem Beispiel sind infolge der großen Reitstundenzahl und der guten Stundengebühr sehr hoch. Sie können jedoch die Ausgaben kaum tilgen. In vielen Betrieben wird jedoch der Betriebsleiter die Ausbildung der Reiter selbst übernehmen, so daß an Arbeitslöhnen (140 AKh à DM 14,–) nur DM 2960,– entstehen. Die Arbeit des Betriebsleiters würde dann mit DM 1383,– je Reitpferd entlohnt (Gewinn).

3.3.3 Rennbetrieb

Von der Kostenstruktur ähnelt der Rennbetrieb dem Pensionsbetrieb. Dies liegt darin begründet, daß beide Betriebsformen dem Dienstleistungsbereich zuzuordnen sind. Der monatliche Pensionspreis, errechnet aus dem Tagespreis, muß die gesamten Kosten – veränderliche und feste – abdecken sowie dem Betriebsleiter ein entsprechendes Einkommen zur Verfügung stellen. Die folgende Aufstellung will nur die Kosten aufführen, um zu zeigen, wie hoch ein Mindesttagessatz berechnet werden sollte.

Im Vergleich zum normalen Pensionsbetrieb fallen durch das intensive Training besonders hohe Arbeitskosten an. Das Beispiel unterstellt einen Arbeitsaufwand von 450 Stunden pro Pferd im Jahr. Eine Berechnung des Stundenlohnes gestaltet sich allerdings schwierig, da die Betreuung des Rennpferdes

Tab. 71. Kosten im Rennbetrieb

I Veränderliche Kosten	
1. Futterkosten	
a) Hafer (13 dt à 50,–)	DM 650,–
b) Haferergänzungsfutter (auch Reformhafer, Luzerne oder ähnl.) 6,5 dt à 60,–	DM 390,–
c) Mais (7,5 dt à 65,–)	DM 487,–
d) Zusatzfutter (0,4 dt à 180,–)	DM 72,–
e) Heu (15,0 dt à 40,–)	DM 560,–
insgesamt	DM 2159,–
2. Einstreu (36,5 dt à 15,–)	DM 547,–
3. Wasser, Strom, Geräte, Maschinen	DM 150,–
veränderliche Kosten insgesamt	DM 2856,–
II Feste Kosten	
1. Gebäudekosten (Pacht oder Afa und Versicherung)	DM 1000,–
2. Arbeitslohn (450 Std. à 14,–)	DM 6300,–
feste Kosten insgesamt	DM 7300,–
III Gesamtkosten (I und II)	DM 10 156,–
IV Mindesttagespreis (III:365)	DM 27,82

von verschiedenen Personen unterschiedlicher Qualifikation und damit unterschiedlichen Gehaltsgruppen durchgeführt wird (z. B. im Galopprennstall: Trainer, Jockey, Futtermeister, Reisefuttermeister, Fachkraft, Auszubildender, Aushilfskraft). Wenn man die Arbeitskosten von DM 6300,– je Pferd und Jahr auf einen Galopprennstall mit 35 Pferden überträgt, ergeben sich Gesamtleistungen von DM 220 500,–, was nicht unrealistisch sein dürfte.

Eine weitere Besonderheit in der Kostenaufstellung für den Rennbetrieb ergibt sich aus der Höhe der Futterkosten. Obwohl die Menge an Krippenfutter höher als bei einem normalen Pferdestall liegt, so ist nicht sie ausschlaggebend, sondern die Qualität des Futters, die Futterkosten von DM 2159,– entstehen läßt. In vielen Betrieben kommt anstelle des normalen Haferergänzungsfutters Hochleistungsergänzungsfutter in die Ration, was bei einem Preis von DM 200,– je dt zu einer Verteuerung von etwa DM 500,– je Pferd und Jahr führen würde (bezogen auf eine Tagesmenge von 1 kg). Auch die Qualität des Heus wird in Rennbetrieben sehr hoch angesetzt, so daß oft Schwarzwaldheu verlangt wird, das aufgrund der Transportkosten nicht selten um die DM 40,– je dt kostet.

Wenn man die Gesamtkosten durch die Anzahl der Tage dividiert, erhält man den Mindesttagespreis, der in unserem Beispiel DM 27,82 beträgt. Zu beachten ist, daß dieser Wert weder einen Gewinn für den Unternehmer, noch mögliche Aufwendungen für Fremdkapital bzw. einen Zinsanspruch oder das Unternehmensrisiko abdeckt. Bei Berücksichtigung dieser Größen erscheinen Tagespreise von DM 30,– und mehr angebracht zu sein. Ein guter, von Pferdebesitzern stark nachgefragter Trainer wird den Satz eher nach oben (DM 40,–) setzen und damit sein Einkommen auch erhöhen können. Daß man bei der Festsetzung auch das Unternehmerrisiko berücksichtigen muß, soll folgendes Beispiel zeigen.

In unserem Beispiel betragen die veränderlichen Kosten DM 2856,– und die festen Kosten DM 7300,–. Können 35 Pferde im Stall untergebracht werden, so fallen im Jahr Kosten an von

35 × DM 2856,–	= DM 99 960,–
35 × DM 7300,–	= DM 255 500,–
insgesamt	DM 355 460

Unterstellt man, daß aus bestimmten Gründen statt der 35 nur 28 Pferde tatsächlich trainiert werden, die vorhandenen Arbeitskräfte aber beibehalten werden, so ergeben sich folgende Kosten:

28 × DM 2856	= DM 79 968
35 × DM 7300	= DM 255 500,–
insgesamt	DM 335 468,–

Da sich die veränderlichen Kosten um DM 20 000,– verringert haben, sind auch die Gesamtkosten weniger geworden. Kann der Rennbetrieb jedoch mit einem Tagessatz von DM 27,82 (wie im 1. Beispiel) auskommen? Bei 28 tatsächlich trainierten Pferden und einem Tagessatz von DM 27,82 werden Leistungen von insgesamt DM 284 320,– eingehen (27,82 × 28 × 365). Die Kosten könnten damit nicht abgedeckt werden. Dazu wäre ein Preis von DM 32,82 (335 × 468:35:365) notwendig.

Dieses Kostenbeispiel zeigt nicht nur, daß es wichtig ist, im Tagespreis auch das Risiko zu berücksichtigen, es wird auch deutlich, daß die Wirtschaftlichkeit von Rennbetrieben als Unternehmen im Dienstleistungsbereich in sehr starkem Maße durch die Auslastung der Produktionsfaktoren Arbeit und Kapital (Gebäude) beeinflußt wird. Die hiermit verbundenen Festkosten stellen 60 bis 70 % der Gesamtkosten dar. Sie müssen auf möglichst viele Produktionseinheiten (Pferde) verteilt werden.

3.3.4 Futterkosten

Die vorherigen Berechnungen haben gezeigt, daß nicht immer ein hoher Deckungsbeitrag in der Pferdehaltung erzielt wird. Insbesondere wenn eine rückläufige Nachfrage die Einnahmen schmälert, wird man sich Gedanken um eine mögliche Senkung der Kosten machen müssen. Die Futterkosten (Grundfutter und Kraftfutter) stellen häufig mit 40 bis 50 % einen erheblichen Anteil aller Aufwendungen dar.

Der Grasaufwuchs der Weide ist als preisgünstiges Pferdefuttermittel anzusehen, besonders dann, wenn die Grünlandflächen in der Nähe des Betriebes liegen und auf eine aufwendige Einzäunung verzichtet werden kann. Wenn es möglich ist, sollte also auch aus betriebswirtschaftlichen Gründen eine Weidehaltung zumindest teilweise durchgeführt werden.

Nicht alle Betriebe können dies praktizieren, so daß eine Untersuchung der Futterkosten bei der Stallfütterung sinnvoll erscheint.

In Tabelle 72 sind 6 verschiedene Tagesrationen dargestellt. Der Kostenvergleich zeigt die Ausgaben bei Bezug über den Handel und bei Entnahme im landwirtschaftlichen Betrieb. Alle Tagesrationen sind abgestimmt auf den Bedarf eines Pferdes mit einem Gewicht von 600 kg (bei mittlerer Arbeit, 100 MJ verdauliche Energie).

Tab. 72. Kosten verschiedender Tagesrationen

Ration/Futtermittel	Menge (kg)	Bezug über Handel		Bezug über Landwirt	
		Preis je dt (DM)	Preis der Ration (DM)	Preis je dt (DM)	Preis der Ration (DM)
Ration I					
Hafer (gewalzt)	6	59	3,45	44	2,64
Heu	5	28	1,40	23	1,15
Mineralfutter	0,1	170	0,17	170	0,17
			5,11		3,96
Ration II					
Hafer (Körner)	6	52	3,12	42	2,52
Heu	5	28	1,40	23	1,15
Mineralfutter	0,1	170	0,17	170	0,17
			4,69		3,84
Ration III					
Haferersatzfutter	6	58	3,48	58	3,48
Heu	5	28	1,40	23	1,15
			4,88		4,63
Ration IV					
Alleinfutter (Hafer, Heu, Preßlinge)	8	85	6,80	85	6,80
Stroh	1	15	0,15	10	0,10
			6,95		6,90
Ration V					
Gerste (gewalzt)	2	54	1,08	45	0,90
Hafer (Körner)	2	52	1,04	42	0,84
Futterrüben	16	10	1,60	7	1,12
Stroh	4	15	0,60	10	0,40
Mineralfutter	0,05	170	0,09	170	0,09
			4,41		3,35
Ration VI					
Hafer (Körner)	3,5	52	1,82	42	1,47
Maissilage	11,1	10	1,10	8	0,88
Melasseschnitzel	2,0	36	0,72	36	0,72
Heu	3,0	28	0,84	23	0,69
Mineralfutter	0,05	170	0,09	170	0,09
			4,57		3,55

Ration I wird als Standardkombination in vielen Ställen eingesetzt, deshalb soll sie auch beim Vergleich als Maßstab für die Preiswürdigkeit dienen. Hier wird auch schon der Preisunterschied deutlich, der durch verschiedene Bezugsquellen entstehen kann.

Ration II. Wie mehrere Untersuchungen beweisen, können ganze Haferkörner gleiche Verdaulichkeitsergebnisse erzielen wie Walzhafer, ausgenommen bei Jungpferden und Pferden mit Zahnerkrankungen. Durch den Wegfall der Verarbeitungskosten können die Rationskosten gegenüber Ration I bei entsprechendem Bezug über den Handel bis zu DM 0,45 gesenkt werden.

Auch die Kombination III ist weit verbreitet. Bei günstigem Einkauf können Betriebe, die beim Handel ihre Futtermittel einkaufen, preswerter füttern als mit Ration I. Für landwirtschaftliche Betriebe bleibt der Hafereinsatz günstiger.

Ration IV. Preßlinge aus Hafer und künstlich getrocknetem Heu stellen mehr oder weniger ein echtes Alleinfutter dar. Der Nährstoffgehalt ist relativ konstant, die Futterbeschaffung ist einfach. Es fallen hohe Trocknungskosten an. Im Vergleich zur Standardration I müssen DM 1,84 bis DM 2,94 mehr ausgegeben werden.

Ration V. Gerste (in gewalzter Form) wird von Pferden gerne aufgenommen. Futterrüben sind aufgrund des hohen Kohlenhydratanteils leicht verdaulich und wirken insbesondere beim Einsatz von Futterstroh verdauungsfördernd. Die Preiswürdigkeit der Gerste ruft eine Kostensenkung von DM 0,70 bzw. DM 0,61 hervor. Beim Vergleich sind jedoch auch zusätzliche Arbeiten wie Futterzusammenstellung, Futtertransport und das Säubern der Rüben zu berücksichtigen. In der Ration VI wird Maissilage eingesetzt. Ihr hoher Energiegehalt ergänzt in hervorragender Weise den oft üblichen Eiweißüberschuß in Pferderationen. Die Aufnahme von energiereichen Melasseschnitzeln ist begrenzt. Nach Möglichkeit sollten sie nur in eingeweichter Form verfüttert werden. Preisvorteile gegenüber der Standardration ergeben sich nur, wenn die Futtermittel über den Handel bezogen werden.

Der Kostenvergleich zeigt, daß Änderungen im Speiseplan der Pferde nicht nur Schmackhaftigkeit und Verdaulichkeit fördern, sondern auch eine Senkung der Kosten ermöglichen. Diese Tendenz wird besonders beim Bezug der Futtermittel über den Handel deutlich. Beschaffung über den Landwirt oder aus eigener Erzeugung ist durch den Wegfall der Handelsspanne im Durchschnitt billiger, jedoch sind auch hier Preisunterschiede festzustellen. Auch bei kleineren Differenzen ergeben sich für größere Bestände (40 Pferde), auf das gesamte Jahr bezogen, erhebliche Kosteneinsparungen.

3.4 Pferdehaltung im Steuerrecht

Bei unserer betriebswirtschaftlichen Betrachtung ist auch zu prüfen, ob öffentliche Abgaben (Steuern) zu bezahlen sind.

Für jedes Grundstück fällt die Grundsteuer an, wobei Gebäudeflächen höher als Grünlandflächen bewertet werden (Hebesatz). Sie wird von der Gemeinde eingezogen. Grundsteuer muß somit jeder Betrieb zahlen, der über Eigentumsflächen verfügt. Als weitere bedeutende Steuern können die Einkommens- und Gewerbesteuer erhoben werden. Unter welchen Voraussetzungen müssen sie gezahlt werden?

Ein pferdehaltender Betrieb zählt steuerrechtlich als Liebhaberei, wenn über längere Zeit (5 Jahre) kein Gewinn erbracht wird. Die Betriebsgröße spielt hierbei keine Rolle. Liebhaberbetriebe sind weder einkommenssteuer- noch gewerbesteuerpflichtig. Verluste sind aber auch nicht mit anderen Einkünften ausgleichsfähig.

Ein pferdehaltender Betrieb wird als landwirtschaftlicher Betrieb anerkannt, wenn er als Zuchtbetrieb oder reiner Pensionsbetrieb (ohne Reitbetrieb) geführt wird. Hierbei muß dem Tierbestand eine angemessene Futterfläche zur Verfügung gestellt werden. Einkünfte aus der Tierzucht zählen zu landwirtschaftlichen Einkünften, wenn:

- für die ersten 20 ha nicht mehr als 10 Vieheinheiten (VE)
- für die nächsten 10 ha nicht mehr als 7 Vieheinheiten
- für die nächsten 10 ha nicht mehr als 3 Vieheinheiten
- für die weitere Fläche nicht mehr als 1,5 Vieheinheiten

je ha LN erzeugt oder gehalten werden (§ 13 EStG).

Tab. 73. Pferdehaltung und Steuern

Betriebsart	Gewinne sind einkommensteuerpflichtig	Verluste sind ausgleichsfähig	Gewerbesteuerpflicht	Grundsteuerpflicht ist gegeben
1. Liebhaberbetrieb	nein	nein	nein	ja
2. landwirtschaftl. Betrieb	ja § 2 Abs. 1 z. 1 EStG § 13 Abs. 1 z. 1 EStG	nein ja 92 EStG	nein	ja
3. Gewerbebetrieb	ja § 2 Abs. 1 z. 2 EStG	nein § 15 Abs. 2 S. 1 EStG	ja GewStDV	ja

Hierbei wird folgender Umrechnungsschlüssel für Pferde in Ansatz gebracht:
Pferde bis 3 Jahre   = 0,7 VE
Pferde über 3 Jahre = 1,1 VE

Beispiel:
Wieviel Pferde über 3 Jahre kann ein Betrieb mit 12 ha LN halten?
12 ha à 10 VE = 120 VE
1 Pferd ≙ 1,1 VE
120 VE : 1,1 VE = 109 Pferde.

Gewinne aus landwirtschaftlichen Betrieben sind einkommensteuer-, jedoch nicht gewerbesteuerpflichtig. Die Gewerbesteuer würde dann anfallen, wenn der Pferdebestand die Höchstgrenzen an Vieheinheiten überschreitet. Als Gewerbebetrieb im steuerlichen Sinn sind pferdehaltende Betriebe mit zu geringer oder gar keiner Futterfläche bzw. reine Dienstleistungsbetriebe zu rechnen (Reitbetrieb, Rennställe). Hier wird die Gewerbesteuer erhoben, die Gewinne sind einkommensteuerpflichtig, Verluste können nicht mit anderen Einkünften ausgeglichen werden. Zu welcher Betriebsart das Unternehmen zu zählen ist, wird im Einzelfall entschieden; die entsprechenden Nachweise muß der Steuerpflichtige erbringen.

Zur Wiederholung und Vertiefung

1. Wodurch erzielt ein pferdehaltender Betrieb Einnahmen?
2. Erklären Sie an Beispielen die Begriffe veränderliche (variable) und feste (fixe) Kosten.
3. Wozu dient der Deckungsbeitrag?
4. Wie berechnet man den Gewinn eines Betriebes?
5. Stellen Sie Leistungen (Einnahmen) und Kosten (Ausgaben) für ein Pferd Ihres Ausbildungsbetriebs zusammen, so daß der Deckungsbeitrag bzw. Gewinn errechnet werden kann.
6. Wie hoch sind die Futterkosten je Pferd und Tag in Ihrem Ausbildungsbetrieb?
7. Wie senkt man überhöhte Futterkosten?
8. Welche Steuern hat ein Auszubildender, welche ein Pferdebetrieb zu zahlen?
9. Ist ein Pferdezuchtbetrieb gewerbesteuerpflichtig?

4 Pferdehaltung und Umweltschutz

Im Alltag wird Umweltschutz oft mit Umweltverschmutzung gleichgesetzt. Man denkt sofort an Bilder von stark rauchenden Fabrikkaminen, wilden Müllkippen in Naturschutzgebieten, qualmenden Autokolonnen und verschmutzten Flüssen.
Jeder pferdehaltende Betrieb stellt ebenso einen Teil der Umwelt dar, wie alle anderen Errungenschaften des Menschen. So erfordert die Haltung von Pferden Boden als Standort für Gebäude und Futterflächen, Wasser zum Tränken und Pflanzen als Futtermittel. Pferdehaltende Betriebe sind zumindest teilweise auch landwirtschaftliche Betriebe. Gerade der Landwirtschaft wird aber in letzter Zeit häufig umweltschädigendes Verhalten vorgeworfen. Daher müssen sich auch Pferdewirte mit diesem Thema auseinandersetzen.
Der Umweltschutz stellt vor allem zwei Forderungen:
1. Schutz des Menschen vor schädlichen Wirkungen bestimmter Stoffe.
2. Schutz der natürlichen Umwelt.

Hieraus ergeben sich zwei Fragen:
1. Ist der pferdehaltende Betrieb als Teil der natürlichen Umwelt ebenfalls von Umweltgefährdungen betroffen?
2. Kann der pferdehaltende Betrieb schädliche Wirkungen auf den Menschen und die Umwelt ausüben?

Um diese beiden Fragen beantworten zu können, müssen zunächst einige Begriffe geklärt werden.

Der Boden. Der Boden als Lebensraum für Pflanze und Tier wird durch die Überbauung mit Straßen, Häusern, Industrieanlagen usw. von Tag zu Tag weniger. Bereits 10 % der Fläche der Bundesrepublik Deutschland sind dadurch für Landwirtschaft und Natur verlorengegangen. Eine Gefährdung des Bodens geht aber auch von der allgemeinen Luftverschmutzung aus. So bewirken hohe SO_2-Gehalte aus Industrieabgasen und privaten Heizungen den sog. sauren Regen. In Industrie- und Autoabgasen mitgeführte Schadstoffe, wie Blei, Cadmium und andere Schwermetalle, lagern sich im Boden ab und werden dort angereichert. Unsachgemäße landwirtschaftliche Bewirtschaftung der Böden kann die Bodenfruchtbarkeit erheblich beeinträchtigen. Sie ist aber der Garant für nachhaltig hohe und sichere Erträge.

Das Wasser. Unsere heimischen Gewässer und auch das Grundwasser sind mehr denn je verschmutzt. Die Ursachen sind vielfältig, und der Schuldige läßt sich nicht immer finden. So wird bei überhöhter Stickstoffdüngung in der Landwirtschaft der nicht nutzbare Teil des Düngers ins Grundwasser ausgewaschen. Das in vielen Regionen als Trinkwasserreservoir genutzte Grundwasser wird dadurch mit Nitrat angereichert und so als Lebensmittel unbrauchbar. Immer wieder werden auch giftige Flüssigkeiten in Gewässer eingeleitet und führen dort zu Fischsterben. Phosphate in Waschmitteln bewirken die Eutrophierung (Überdüngung) von Gewässern. Dort bilden sich dann Algen im Übermaß und verzehren den für die tierischen Lebewesen notwendigen Sauerstoff. Teiche und Seen werden dann schnell zu toten, fauligen Gewässern.

Die Luft. In Industrie- und Ballungsgebieten wird die Luft stark mit Abgasen angereichert. Dadurch gelangen giftige Stoffe wie Kohlenmonoxid, Schwefeldioxid oder Ozon auch in andere Gebiete und bewirken dort z. B. das Waldsterben. Unter ungünstigen Wetterbedingungen kann die Luft in unseren Großstädten so schlecht werden, daß Smogalarm ausgerufen werden muß. Durch die Luftverschmutzung sind also auch wir unmittelbar bedroht.

Pflanzen- und Tierarten. Viele Tiere und Pflanzen unserer Heimat sind vom Aussterben bedroht oder bereits ausgestorben. Die Liste der gefährdeten Arten wird täglich länger. Vordergründig betrachtet sieht man den Nutzen dieser Tiere und Pflanzen für unser Leben kaum ein, viele Wissenschaftler warnen jedoch vor einer Verarmung der Artenvielfalt. Es werden dabei folgende Gründe angeführt:

– Jede Art hat ihren Platz und eine damit verbundene Aufgabe in der Umwelt. Das natürliche Gleichgewicht wird gestört, wenn Arten aussterben.
– Jetzt noch als nutzlos bezeichnete Arten können später aufgrund ihrer Besonderheit wichtig werden (z. B. als Ausgangsstoff für Arzneimittel).
– Jede Art zeichnet sich durch eine einmalige Erbanlage aus. Einmal ausgestorbene Arten gelten für immer als verloren.
– Der Mensch als Mittelpunkt der Umwelt hat die moralische Verpflichtung, die ihm anvertraute Natur zu erhalten und zu schützen.
– Nur eine intakte Natur hat einen hohen Erholungswert und kann dadurch zur Lebensqualität beitragen.

4.1 Umweltgefährdung im pferdehaltenden Betrieb

Wie andere Böden auch, so sind die Flächen von Pferdebetrieben ebenfalls Immissionen (Einwirkungen von Luftschadstoffen) ausgesetzt, dies gilt z. B. für Blei, Cadmium, Ruß oder auch für radioaktive Belastungen. Durch diese Einwirkungen kann die Qualität des Futters beeinträchtigt werden.

Pferde benötigen Trinkwasser in großen Mengen. Befindet sich die Tränke einer Weide an einem Fluß, so kann bei größeren Verschmutzungen dieses Gewässers auch eine Gefährdung der Pferde nicht ausgeschlossen werden.

Tierärzte stellen allgemein ein stetiges Ansteigen der Erkrankungen der Atemwege und der Lunge bei Pferden fest. Ein Zusammenhang mit dem erhöhten Schadstoffgehalt der Luft wird vermutet.

Diese wenigen Beispiele zeigen, daß auch pferdehaltende Betriebe sich der allgemein bestehenden Gefährdung der Umwelt keineswegs entziehen können.

4.2 Umweltgefährdung durch den pferdehaltenden Betrieb

Düngung. Auch Pferdeweiden oder Wiesen zur Heugewinnung werden mit Mineraldünger oder organischem Dünger zusätzlich versorgt. Eine unsachgemäße Ausbringung (zu viel, zum falschen Zeitpunkt) fördert die Auswaschung der Düngemittel ins Fluß- oder Grundwasser und kann deren Qualität beeinträchtigen.

Verhütung durch:
– gezielte, bedarfsgerechte Düngung
– Ausbringung in der Vegetationszeit
– Düngung auf der Grundlage von Bodenuntersuchungen
– Beachtung von möglichen Auflagen (Wasserschutzgebieten).

Pflanzenschutz. Pferdeweiden werden meist nicht gleichmäßig abgegrast, so daß Inseln entstehen, auf denen sich Wildkräuter wie Brennesseln oder Disteln übermäßig ausbreiten. Sie können mit chemischen Pflanzenschutzmitteln bekämpft werden. Durch unsachgemäßen Einsatz dieser Mittel (falsche Menge, falscher Zeitpunkt, falsches Mittel) können andere Pflanzen geschädigt, Kleinlebewesen des Bodens abgetötet oder die Qualität des Grundwassers beeinträchtigt werden.

Verhütung durch
- Beachtung der Gebrauchsanweisung und Einhaltung der Wartezeiten (bis zur nächstmöglichen Nutzung)
- gezielten Einsatz (richtige Dosierung, richtige Spritzmenge, richtiger Zeitpunkt, richtiges Mittel)
- Anwendung anderer Bekämpfungsmethoden (z. B. Ausmähen, Wechselbeweidung, richtige Besatzdichte
- Unterlassen der Spritzung von Gräben, Feldwegrändern, Unlandflächen oder Hecken.

Entmistung. In jedem pferdehaltenden Betrieb fallen größere Mengen an Stallmist und Jauche an. Bei unsachgerechtem Lagern und Ausbringen (Abtransport) können Geruchsemissionen (Abgabe von Gerüchen aus Anlagen an die Umwelt) entstehen. Die Bevölkerung reagiert heute sehr empfindlich auf derartige Emissionen, so daß alleine schon das Vorhandensein oder sogar der Anblick eines Mistplatzes als Belästigung betrachtet wird.
Verhütung durch:
- Anlage eines ausreichend großen und dichten Mistplatzes bzw. Jauchebehälters
- Auffangen von Sickerwasser des Miststapels
- Installation von Sichtblenden am Mistplatz (Eingrünung)
- Abtransport des Mistes nur an Werktagen
- Mistausbringung nicht in unmittelbarer Nähe von Wohnsiedlungen.

Abb. 134. Immissionen (Einwirkungen von Luftschadstoffen) auf den pferdehaltenden Betrieb.

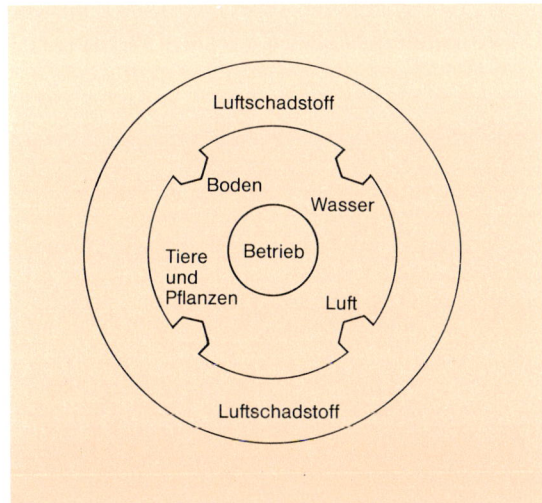

Einsatz von Tierarzneimitteln und Futterzusatzstoffen. Durch einen unsachgemäßen Einsatz von Tierarzneimitteln und Futterzusatzstoffen (Antibiotika) kann das zu behandelnde Pferd selbst schon gefährdet werden. Bedacht werden sollte auch, daß Schlachtpferde dem menschlichen Verzehr dienen. Falsche Anwendung von Tierarzneimitteln oder von manchen Zusatzstoffen führt zu Rückständen im Fleisch und Fettgewebe. Manche dieser Rückstände stellen für den Menschen eine Gesundheitsgefährdung dar.
Verhütung durch
- Befolgung der Anweisungen des Tierarztes
- Beachtung der Gebrauchsanweisung, Einhalten von Wartezeiten
- Anwendungsverbot von Tierarzneimitteln des „grauen Marktes"
- Abgabe der Reste von Arzneimitteln an den Hersteller, Tierarzt oder Apotheker (nicht in die Mülltonne werfen!)
- Kontrolle des Arzneimitteleinsatzes (Nachweispflicht für den Tierhalter über Herkunft, Art sowie Menge der im Besitz befindlichen Arzneimittel)
- Beachtung der Fütterungshinweise bezüglich Tierart, Höchstalter der Tiere, Höchstmenge des Zusatzstoffes und Wartezeit beim Einsatz von Futterzusatzstoffen.

Desinfizieren. Die unsachgemäße Anwendung von Desinfektions- und Reinigungsmitteln ist mit Risiken für die Gesundheit von Pferd und Mensch verbunden. Rückstandsmengen derartiger Mittel in der Boxe, in Tränkebecken und Trögen sowie in Lagerbehältern bzw. -räumen für Futtermittel sind in vielen Fällen für Pferde schädlich.
Verhütung durch:
- Beachtung der Gebrauchsanweisung
- Einhaltung von Wartezeiten (Räume und Geräte gut abtrocknen lassen!)
- Tragen von Schutzkleidung (Schutzbrille, Gummistiefel, Gummischürze, Handschuhe)
- Restmenge der angesetzten Brühe verdünnen und in einem zweiten Arbeitsgang verteilen (nicht in den Abfluß gießen!).

Tierkörperbeseitigung. Verendete Pferde können mit Krankheitserregern behaftet sein, so daß sie eine akute Gefahrenquelle für den übrigen Bestand, aber auch für den Menschen darstellen. Werden sie nicht schnell genug beseitigt, so entwickeln sie sich zu einer erheblichen Geruchsbelästigung.

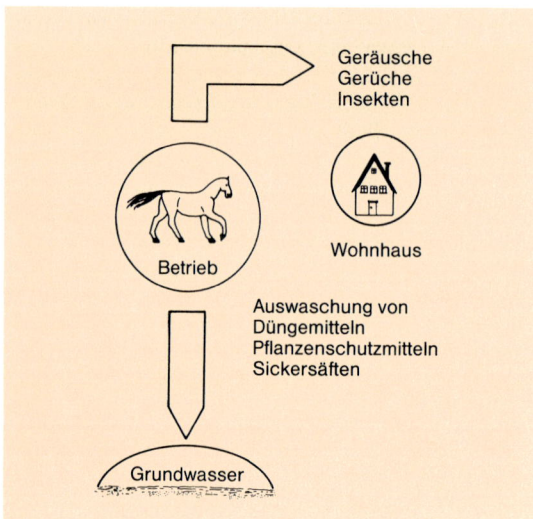

Abb. 135. Emissionen (Abgabe von Stoffen oder Gerüchen an die Umwelt) durch den pferdehaltenden Betrieb.

Verhütung durch:
– schnellsten Abtransport in eine Tierkörperbeseitigungsanstalt (Ordnungsämter und Veterinärbehörden geben Auskunft über die Anschriften)
– Isolierung des verendeten Tieres vom übrigen Bestand, aber auch von Katzen, Hunden und unbefugten Personen.

Pferdehaltung und Landschaft. Viele neue Pferdebetriebe muten den Betrachter an wie Produktionsstätten, in denen eine automatische Fertigung betrieben wird, nicht jedoch der Umgang mit Pferden. Auch das gesamte Landschaftsbild kann durch unpassende Gebäude gestört werden. Da aber pferdehaltende Betriebe in die Landschaft gehören und nicht in ein Industriegebiet, sollte die Einbindung einer geplanten Anlage in das Landschaftsbild eine Selbstverständlichkeit sein.
So kann z. B. die Bauweise den landschaftstypischen Gebäuden angepaßt werden. Eine verschieferte oder mit Holzelementen aufgelockerte Wandseite wirkt natürlicher als eine eintönige Beton- oder Wellblechfläche. Die Eingrünung der Gebäude, aber auch der übrigen zum Betrieb gehörenden Flächen, mit Baumgruppen oder Hecken, lockert das Bild auf und kann Verbindung mit der näheren Umgebung schaffen. Auch die Vielfalt der insektenfressenden Vogelwelt kann mit solchen Maßnahmen gefördert werden.

Letztlich dürfte sich der Kunde oder Besucher in einer derartigen Anlage insgesamt wohler fühlen.
Der Pferdewirt selbst und sein Pferd müssen sich rücksichtsvoll in der Landschaft bewegen. Die Ruhe der im Wald lebenden Wildtiere muß respektiert werden. Zum Reiterpicknick bzw. Reiterbiwak gehören das abschließende Aufsammeln von Abfällen und Beseitigen von Feuerstellen als Selbstverständlichkeit dazu. Daß die hier aufgezeigten Umweltgefährdungen nicht auf die leichte Schulter genommen werden dürfen, wird durch die Tatsache bekräftigt, daß der Gesetzgeber zu sehr vielen Bereichen des Umweltschutzes Rechtsvorschriften erlassen hat. Für den Pferdewirt sind wichtig:
– Abfallbeseitigungsrecht
– Arzneimittelrecht
– Baurecht
– Düngemittelrecht
– Forst- und Jagdrecht
– Futtermittelrecht
– Immissionsschutzrecht
– Landschaftsschutzrecht
– Lebensmittelrecht
– Naturschutzrecht
– Pflanzenschutzrecht
– Tierkörperbeseitigungsrecht
– Umweltstrafrecht
– Wasserrecht

Mit den für ihn wichtigen Bestimmungen sollte sich der Pferdewirt vertraut machen, um keine Übertretungen der Gesetze zu begehen. Informationen über die jeweiligen Regelungen erhält man über Verbände, die Landwirtschaftsämter bzw. Landwirtschaftskammern oder die Kreis- und Gemeindeverwaltungen.
Umweltschutz geht alle an, auch den Pferdewirt!

Zur Wiederholung und Vertiefung

1. Beschreiben Sie an Beispielen, warum die natürliche Umwelt heute gefährdet ist.
2. Erläutern Sie den Unterschied zwischen Immission und Emission.
3. Sind die natürlichen Gegebenheiten eines pferdehaltenden Betriebes gefährdet?
4. Zeigen Sie an Beispielen, daß bei unsachgemäßem Handeln auch der Pferdebetrieb die Umwelt gefährden kann.
5. Nennen Sie einige für den Pferdewirt wichtige Umwelt-Rechtsvorschriften.

Wichtige Adressen

Deutsche Reiterliche Vereinigung e. V. (FN)
Frhr.-v.-Langen-Str. 13, 4410 Warendorf 1
Tel. (0 25 81) 63 62 01
Geschäftsstelle Berlin: 1000 Berlin 19, Stadionallee
Telefon (0 30) 3 05 30 21

Deutsches Olympiade-Komitee für Reiterei e. V.
(DOKR)
Frhr.-v.-Langen-Str. 15, 4410 Warendorf 1
Tel. (0 25 81) 63 62 02

Direktorium für Vollblutzucht und Rennen e. V.
Rennbahnstraße 154, Postfach 62 01 80,
5000 Köln 60 (Weidenpesch)
Telefon (02 21) 74 98-0

Hauptverband für Traber-Zucht und -Rennen e. V.
Gutenbergstraße 40 (Hochhaus), Postfach 23 60,
4044 Kaarst 2

FN-Mitglieder

Mitgliedsverbände:

Landesverband der Reit- und Fahrvereine
Baden-Württemberg e. V.
Münchinger Str. 19, 7000 Stuttgart 40
Tel.: (07 11) 80 10 18

Bayerischer Reit- und Fahrverband e. V.
Landshamer Straße 11, 8000 München 81
Tel.: (0 89) 90 60 71

Landesverband der Reit- und Fahrvereine Berlin e. V.
Passenheimer Str. 30, 1000 Berlin 19
Tel.: (0 30) 3 05 36 03

Bremer Reiterverband e. V.
Ellhornstr. 30, 2800 Bremen 1
Tel.: (04 21) 17 08 04/5/6

Landesverband der Reit- und Fahrvereine
Hamburg e. V.
Tarpenbekstr. 125, 2000 Hamburg 20
Tel.: (0 40) 4 60 21 18

Hessischer Reit- und Fahrverband e. V.
Wilhelmstr. 24, 6340 Dillenburg
Tel.: (0 27 71) 61 63

Niedersächsischer Reiterverband e. V.
Johannssenstr. 10, 3000 Hannover
Tel.: (05 11) 32 57 68

Verband der Reit- und Fahrvereine
Nordrhein-Westfalen
Endenicher Allee 60, 5300 Bonn 1
Tel.: (02 28) 70 34 85 + 70 34 86

Landesverband der Reit- und Fahrvereine
Rheinland-Pfalz
Burgenlandstr. 7, 6550 Bad Kreuznach
Tel.: (06 71) 6 28 10

Landesverband saarländischer Reit- und
Fahrvereine e. V.
Saaruferstr. 16
6600 Saarbrücken, Tel.: (06 81) 5 86 03-40 + 41

Landesverband der Reit- und Fahrvereine
Schleswig-Holsteins e. V.
Eutiner Str. 27, 2360 Bad Segeberg
Tel.: (0 45 51) 87 92

Deutscher Reiter- und Fahrer-Verband e. V.
Roonstr. 54, 4800 Bielefeld
Tel.: (0 25 81) 12 31 37

Deutsche Richtervereinigung für Pferdeleistungs-
prüfungen e. V.
Frhr.-von-Langen-Str. 13, 4410 Warendorf
Tel.: (0 25 81) 63 62 45

Anschlußverbände:

Island-Pferde-, Reiter- und Züchterverband e. V. (IPZV)
Tannenwaldallee 49, 6380 Bad Homburg
Tel.: (0 61 72) 3 39 95 oder 3 50 41

Verein Deutscher Distanzreiter e. V. (VDD)
Baumschule 4–6, 4554 Ankum
Tel.: (0 54 62) 4 25

Kuratorium für Therapeutisches Reiten e. V. (KThR)
Freiherr-von-Langen-Str. 13, 4410 Warendorf
Tel.: (0 25 81) 63 62 01

Deutscher Akademischer Reiterverband e. V. (DAR), Krappmühlstr. 5, 6800 Mannheim 1
Tel.: (06 21) 44 84 81

Landeskommissionen:

Landeskommission für Pferdeleistungsprüfungen Baden-Württemberg
Münchinger Str. 19, 7000 Stuttgart 40
Tel.: (07 11) 80 10 18

Landeskommission für Pferdeleistungsprüfungen Bayern
Landshamer Str. 11, 8000 München 81
Tel.: (0 89) 90 60 71

Landeskommission für Pferdeleistungsprüfungen Berlin
Passenheimer Str. 30, 1000 Berlin 19
Tel. (0 30) 3 05 36 03 + 3 04 55 51

Landeskommission für Pferdeleistungsprüfungen Hamburg
Tarpenbekstr. 125, 2000 Hamburg 20
Tel.: (0 40) 4 60 21 18

Landeskommission für Pferdeleistungsprüfungen Hannover
Johannssenstr. 10, 3000 Hannover 1
Tel.: (05 11) 1 66 55 23

Landeskommission für Pferdeleistungsprüfungen Hessen
Wilhelmstr. 24, 6340 Dillenburg
Tel.: (0 27 71) 61 63 + 61 69

Landeskommission für Pferdeleistungsprüfungen Rheinland
Endenicher Allee 60, 5300 Bonn 1
Tel.: (02 28) 70 33 79

Landeskommission für Pferdeleistungsprüfungen Rheinland-Pfalz
Burgenlandstr. 7, 6550 Bad Kreuznach
Tel.: (06 71) 6 28 10

Landeskommission für Pferdeleistungsprüfungen Saarland
Rußhütterstr. 8a, 6600 Saarbrücken
Tel.: (06 81) 72 23 23

Landeskommission für Pferdeleistungsprüfungen Schleswig-Holstein
Eutiner Str. 27, 2360 Bad Segeberg
Tel.: (0 55 41) 87 92

Landeskommission für Pferdeleistungsprüfungen Weser-Ems
Mars-la-Tour-Str. 11, 2900 Oldenburg
Tel.: (04 41) 80 16 06

Landeskommission für Pferdeleistungsprüfungen Westfalen
Sudmühlenstr. 35, 4400 Münster-Handorf
Tel.: (02 51) 3 28 09-82

Der Abteilung Zucht sind folgende Mitgliedsverbände zugeordnet:

Pferdezuchtverband Baden-Württemberg e. V.
Heinrich-Baumann-Str. 1–3
7000 Stuttgart 1, Tel.: (07 11) 28 49 61

Abt. Stuttgart
Abt. Heidelberg
Abt. Titisee-Neustadt

Landesverband Bayerischer Pferdezüchter e. V.
Landskamer Str. 11, 8000 München 81
Tel.: (0 89) 9 26 97 13

Verband hannoverscher Warmblutzüchter e. V.
Lindhooperstr. 92, 2810 Verden
Tel.: (0 42 31) 6 73 12

Verband Hessischer Pferdezüchter e. V.
Kölnische Str. 48–50, 3500 Kassel
Tel.: (05 61) 10 37 20 + 70 72 56

Verband der Züchter des Holsteiner Pferdes
e. V., Steenbeker Weg 151, 2300 Kiel 1
Tel.: (04 31) 33 17 76

Verband der Züchter des Oldenburger Pferdes
Haarenfeld 52 c, 2900 Oldenburg
Tel.: (04 41) 7 40 61 + 7 40 62

Pferdezuchtverband Rheinland-Pfalz-Saar e. V.
Burgenlandstr. 7, 6550 Bad Kreuznach
Tel.: (06 71) 6 62 21

Rheinisches Pferdestammbuch e. V.
Endenicher Allee 60, 5300 Bonn 1
Tel.: (02 28) 70 34 23

Verband der Züchter und Freunde des Warmblutpferdes Trakehner Abstammung e. V.
Großflecken 68, 2350 Neumünster
Tel. (0 43 21) 4 50 39

Verband der Züchter des Arabischen Pferdes e. V.
Herlingsburg 16–18, 2000 Hamburg 54
Tel. (0 40) 56 51 71

Westfälisches Pferdestammbuch e. V.
Sudmühlenstr. 31–35, 4400 Münster-Handorf
Tel. (02 51) 3 28 09 81

Pferdestammbuch
Schleswig-Holstein/Hamburg e. V.
Steenbeker Weg 151, 2300 Kiel 1
Tel.: (04 31) 33 17 76

Verband der Kleinpferdezüchter Bayerns e. V.
Landskamer Str. 11, 8000 München 81
Tel.: (0 89) 92 69 67-42

Verband der Pony- und Kleinpferdezüchter
Hannover e. V.
Johannssenstr. 10, 3000 Hannover
Tel.: (05 11) 32 04 10

Verband der Ponyzüchter Hessen e. V.
Rheinstr. 91, 6100 Darmstadt
Tel.: (0 61 51) 89 39 55

Pferdestammbuch Weser-Ems e. V.
Mars-la-Tour-Str. 11, 2900 Oldenburg
Tel.: (04 41) 80 16 04

Stammbuch für Kaltblutpferde Niedersachsen e. V.
Lindhooperstr. 92, 2810 Verden
Tel.: (0 42 31) 6 73 11

Zuchtverband für deutsche Pferde e. V.
Andreaswall 7, 2810 Verden
Tel. (0 42 31) 8 28 92

Anschriften der Landgestüte

Niedersächsisches Landgestüt Celle
Spörckenstraße 10
3100 Celle
Tel.: (0 51 41) 2 70 61
Landstallmeister Dr. B. Bade

Nordrhein-Westfälisches Landgestüt
Sassenberger Straße 11
4410 Warendorf 1
Tel.: (0 25 81) 35 05 und 35 06
Landstallmeister Dr. G. Lehmann

Hessisches Landgestüt Dillenburg
Wilhelmstraße 24
6340 Dillenburg (Lahn-Dill-Kreis)
Tel.: (0 27 71) 60 75
Landstallmeister B. Petersen

Landgestüt Zweibrücken/Pfalz
Gutenbergstraße 16
6600 Zweibrücken
Tel.: (0 63 32) 1 75 56
W. Mengers

Haupt- und Landgestüt Marbach
7423 Gomadingen-Marbach a. L.
Tel.: (0 73 85) 10 31
Landoberstallmeister Dr. Cranz

Haupt- und Landgestüt Schwaiganger
8115 Ohlstadt/Obb.
Tel.: (0 88 41) 4 00 18
Landstallmeister Dr. Karnbaum

Zuständige Stellen für die Berufsausbildung zum Pferdewirt:

Baden-Württemberg
Regierungspräsidium Karlsruhe, Postfach 53 43,
7500 Karlsruhe 1
Tel.: 07 21/1 35–37 14

Bayern
Bayerische Landes-Reit- und Fahrschule München-Riem
Landshamer Straße 11, 8000 München 81
Tel.: 0 89/90 84 84

Berlin
Berufsamt Berlin, Geneststraße 5, 1000 Berlin 62
Tel.: 0 30/78 10 41

Bremen
Landwirtschaftskammer Bremen, Ellhornstraße 30,
2800 Bremen
Tel.: 04 21/17 08 04

Hamburg
Hauptausschuß für Landwirtschaft und Gartenbau Hamburg
Banksstraße, Veiling-Verwaltungsgebäude,
2000 Hamburg 1
Tel.: 0 40/32 68 46

Hessen
Hessisches Landesamt für Ernährung, Landwirtschaft und Landentwicklung, Kölnische Straße 48–50, 3500 Kassel
Tel.: 05 61/7 07–3 09

Niedersachsen
1. Landwirtschaftskammer Hannover
Johannssenstraße 10, 3000 Hannover 1
Tel.: 05 11/16 65–1
2. Landwirtschaftskammer Weser-Ems
Mars-la-Tour-Straße 1–13, 2900 Oldenburg
Tel.: 04 41/8 01–1

Nordrhein-Westfalen
1. Landwirtschaftskammer Rheinland, Endenicher Allee 60, 5300 Bonn 1, Tel.: 02 28/7 03–0
2. Landwirtschaftskammer Westfalen-Lippe, Schorlemerstraße 26, 4400 Münster, Tel.: 02 51/59 91

Rheinland-Pfalz
Landwirtschaftskammer Rheinland-Pfalz
Burgenlandstraße 7, 6550 Bad Kreuznach
Tel.: 06 71/6 90 31

Saarland
Landwirtschaftskammer für das Saarland
Lessingstraße 12, 6600 Saarbrücken 2
Tel.: 06 81/6 55 21

Schleswig-Holstein
Landwirtschaftskammer Schleswig-Holstein
Holstenstraße 106–108, 2300 Kiel
Tel.: 04 31/99 20

Stellenvermittlung und Vermittlung von Ausbildungsplätzen:

Zentrale Fachvermittlungsstelle für Berufe des Reit- und Fahrwesens und der Pferdezucht beim Arbeitsamt Verden
Münchmeyerstraße 6, 2810 Verden/Aller
Tel.: 0 42 31/80 92 48

Über den Pferdewirt – Schwerpunkt Reiten – informiert:

Deutsche Reiterliche Vereinigung e. V.
– Hauptverband für Zucht und Prüfung deutscher Pferde – Fédération Equestre Nationale – (FN)
Postfach 6 40, 4410 Warendorf 1
Tel.: 0 25 81/63 62 01

Über den Pferdewirt – Schwerpunkt Rennreiten – informiert:

Direktorium für Vollblutzucht und Rennen e. V.
Rennbahnstraße 154, 5000 Köln 60
Tel.: 02 21/7 49 80

Über den Pferdewirt – Schwerpunkt Trabrennfahren – informiert:

Hauptverband für Traber-Zucht und Rennen e. V.
Gutenbergstraße 40, 4044 Kaarst 2
Tel.: 0 21 01/5 15 57

für den West- und Norddeutschen Raum

Zentralverband für Traber-Zucht und Rennen e. V.
Neubrückenstraße 12–14, 4400 Münster
Tel.: 02 51/4 03 11

Literaturverzeichnis

ADAMS, O. R.: Lahmheit bei Pferden. Verlag Schaper, Hannover 1980.
AID: Unfälle vermeiden beim Umgang mit landwirtschaftlichen Nutztieren. AID, Bonn-Bad Godesberg 1980.
AID: Umweltschutz – was kann der Landwirt tun? AID, 68, Bonn-Bad Godesberg 1984.
AID: Natur und Ernährung – unsere Verantwortung. AID, 184, Bonn-Bad Godesberg 1986.
AHLSWEDE, L.: In GRAMATZKI, F. (Hrsg.): Handbuch Pferde. Verlag Kamlage, Osnabrück 1977.
AHLSWEDE, L.: Richtige Fütterung von Zucht und Sportpferden. Seminar Bergheim 1980, 1983.
AUFHAMMER, G., und FISCHBECK, G.: Getreide. DLG-Verlag, Frankfurt 1973.
Ausbildung und Beruf. Bundesminister für Bildung und Wissenschaft 1982 und 1990.
BAUMANN, H., METZLER, D., und THEISINGER, D.: Wirtschaftslehre.
Verlag H. Stam, Köln 1975.
BERG, R.: Angewandte und topographische Anatomie der Haustiere. Verlag F. Enke, Stuttgart 1974.
GEORG BLASS, DR. FRANZ LAMMERT: Gesetzessammlung, Ausgabe A. Verlag für Wirtschaft und Verwaltung, Essen 1975.
BOCH, J., und SUPPERER, R.: Veterinärmedizinische Parasitologie.
Verlag Paul Parey, Hamburg und Berlin 1977.
BOEGE, G.: Neu- und Umbauten von Pferdeställen. Seminarunterlagen Bergheim 1980.
BOEKER, P.: In GRAMATZKI, F. (Hrsg.): Handbuch Pferde. Verlag Kamlage, Osnabrück 1977.
BOLZ, W.: Lehrbuch der allgemeinen Chirurgie für Tierärzte.
Verlag F. Enke, Stuttgart 1970.
DAHME, E., und WEISS, E.: Grundriß der speziellen pathologischen Anatomie der Haustiere. Verlag F. Enke, Stuttgart 1978.
DICKOPP, F. J.: Wirtschaftliche Pferdehaltung. Seminarunterlagen Bergheim 1983.
DICKOPP, F. J., und MÖHLENBRUCH, G.: Winterfütterung der Pferde – tiergerecht und preisgünstig. Landwirtschaftl. Zeitung Rheinland, Nr. 4, 1983.
DLG: DLG-Futterwerttabelle für Pferde. Dokumentationsstelle der Universität Hohenheim. DLG Verlag, Frankfurt 1984.
DÖRFLER, J., und HÜFFMEIER, H.: Die Landwirtschaft, Band I: Pflanzliche Erzeugung Teil B. BLV Verlagsgesellschaft, München 1981.
EGGERT, H.: In GRAMATZKI, F. (Hrsg.): Handbuch Pferde. Verlag Kamlage, Osnabrück 1977.
EIMERN, J. VAN, und HÄCKEL, H.: Wetter- und Klimakunde. Verlag Eugen Ulmer, Stuttgart 1984, 4. Aufl.
Farbe und Abzeichen bei Pferden. Verlag M. und H. Schaper, Hannover 1973, 3. Aufl.
FELLMER, E.: Rechtskunde für Pferdehalter und Reiter. Verlag Eugen Ulmer, Stuttgart 1984, 2. Aufl.
FRAHM, B.: BGJ Agrarwirtschaft. Verlag Eugen Ulmer, Stuttgart 1984, 3. Aufl.
GEISSLER, A., und ROJAHN, A.: Sammlung tierseuchenrechtlicher Vorschriften. Verlag R. S. Schulz, München 1990.
Gesetze, Verordnungen und Bestimmungen zur beruflichen Aus-, Fort- und Weiterbildung.
GOLD, M.: Vom Reiterpaß zur Berufsreiterprüfung. BLV Verlagsgesellschaft, München 1977.
GRAMATZKI, F.: Handbuch Pferd, Band I und II. Verlag Kamlage, Osnabrück 1977.
GRANZ, E.: Tierproduktion. Verlag Paul Parey, Berlin und Hamburg 1978.
Handbuch der Pferdekrankheiten für Wissenschaft und Praxis.
Verlag S. Karger, Basel 1982.
Handbuch Pferd. BLV Verlagsgesellschaft, München, Wien, Zürich 1984.
HAUGK, S.: Das Reiter-ABC. Verlag M. und H. Schaper, Alfeld-Hannover 1968.
HOLZRICHTER, A.: Zaum- und Sattelzeug, Pferdegeschirre. In: GRAMATZKI, F. (Hrsg.): Handbuch Pferde. Verlag Kamlage, Osnabrück 1977.
HORZINEK, M.: Kompendium der allgemeinen Virologie. Pareys Studientexte 4, 1975.
HÖTZEL, H. J.: Änderung des Tierschutzgesetzes verkündet. Landwirtschaftl. Zeitung Rheinland, 37, 1986.
Jahresberichte 1982–1988. Deutsche Reiterliche Vereinigung (FN). Deutsches Olympiade-Komitee für Reiterei (DOKR),
Warendorf 1982–1988.

Jahresbericht 1984. Direktorium für Vollblutzucht und Rennen e. V., Köln 1984.

Jahresbericht 1984. Hauptverband für Traber-Zucht und Traber-Rennen e. V. (HVT), Kaarst 1984.

JAKSCH, W., und GLAWISCHNIG, E.: Klinische Propädeutik der inneren Krankheiten und Hautkrankheiten der Haustiere.
Pareys Studientexte. Verlag Paul Parey, Hamburg und Berlin 1976.

HERRMANN, H., und MEYER-ÖTTING, U.: Agrarwirtschaft. Grundstufe I und II. Landwirtschaftsverlag, Münster 1988.

KIRCHGESSNER, U.: Tierernährung. DLG-Verlag, Frankfurt 1985.

KLAPP, E.: Wiesen und Weiden. Verlag Paul Parey, Hamburg 1971.

KLIMKE, R.: Die Ausbildung des jungen Pferdes. In: GRAMATZKI, F. (Hrsg.): Handbuch Pferde. Verlag Kamlage, Osnabrück 1977.

KNOPFHARDT, A.: Beurteilung und Auswahl von Reitpferden. Verlag Paul Parey, Berlin und Hamburg 1971.

KOLB, E., und GÜRTLER, H.: Lehrbuch der Physiologie der Haustiere, Teil 1 und 2. Gustav Fischer Verlag, Stuttgart 1974.

KRESSE, W.: Pferde halten und Pflegen. Verlag Eugen Ulmer, Stuttgart 1989, 3. Aufl.

KTBL: Taschenbuch für Arbeits- und Betriebswirtschaft. Landwirtschaftsverlag, Münster 1985.

KÜST, D., und SCHÄTZ, F.: Fortpflanzungsstörungen bei Haustieren. Verlag F. Enke, Stuttgart 1977.

Landwirtschaftliches Wochenblatt Westfalen-Lippe. Ausgabe A 14, 146. Jahrgang 1989.

LORZ, A.: Tierschutzgesetz Kommentar. Verlag C. H. Beck, München 1987.

LÖWE, H., und MEYER, H.: Pferdezucht und Pferdefütterung.
Verlag Eugen Ulmer, Stuttgart 1979, 5. Aufl.

LPO (Leistungs-Prüfungs-Ordnung) gültig ab 1982. Deutsche Reiterliche Vereinigung (FN), Warendorf 1982.

MAYR, A., EISSNER, G., und MAYR-BIBRACK, B.: Handbuch der Schutzimpfung in der Tiermedizin. Verlag Paul Parey, Hamburg und Berlin 1984.

MEYER, E.: Neuzeitliche Viehhaltung und Tierheilkunde. C. Bertelsmann Verlag, München 1954.

MEYER, H. und BRONSCH, K.: Supplement zu Vorlesungen und
Übungen in der Tierernährung. Verlag Sprungmann, Hannover 1977.

MEYER, H.: Pferdefütterung, Verlag Paul Parey, 1986.

MSD-Agvet: Parasitenkunde. MSD-Agvet, Grunwald 1989.

NEHRING, K.: Lehrbuch der Tierernährung und Futtermittelkunde. Verlag J. Neumann-Neudamm, Melsungen 1972.

NEYE, L.: Tierzuchtlehre. Verlag J. Beltz, Weinheim 1956.

NISSEN, J.: Großes Reiter- und Pferdelexikon. Verlagsgruppe Bertelsmann, Gütersloh-Berlin 1976.

OEHMICHEN, J.: Pflanzenproduktion Band 1. Verlag Paul Parey, Hamburg 1983.

OEHMICHEN, J.: Chemie für Landwirte, Verlag M. u. H. Schaper, 1986.

Pferdehaltung Band 4: Richtlinien für Reiter und Fahrer. FN-Verlag, Warendorf 1986.

PFIZER, F.: Entwurmungsplan für Pferde. Pfizer GmbH, Karlsruhe 1989.

PIRKELMANN, H.: Pferdeställe und Pferdehaltung. Verlag Eugen Ulmer, Stuttgart 1976.

POLLAY, A.: Reitsport von A bis Z. BLV-Verlagsgesellschaft, München 1976.

REISCH, E. (Hrsg.): Betriebs- und Marktlehre. Verlag Eugen Ulmer, Stuttgart 1984, 6. Aufl.

Rennordnung mit Änderungen bis Mai 1986. Direktorium für Vollblutzucht und Rennen e. V., Köln 1986.

Rennordnung des Direktoriums für Vollblutzucht. In der Fassung vom 1. 1. 1989, Köln 1989.

ROITT, I.: Immunologie. Steinkopff Verlag, Darmstadt 1977.

ROLLE, M., und MAYR, A.: Mikrobiologie, Infektions- und Seuchenlehre. Lehrbuch für Praxis und Studium. Verlag F. Enke,
Stuttgart 1978.

ROMANZKAN, G.: Reiten lernen. Müller Verlag, 1957.

Satzungen und Ordnungen. HVT, Kaarst 1984.

Satzungen und Zuchtbuchordnung des Rheinischen Pferdestammbuches in Bonn, 1986.

SCHMIDT, M.: Untersuchungen über die Verträglichkeit und Verdaulichkeit eines pelletierten Mischfutters für Pferde in Kombination mit Heu und NH_3-aufgeschlossenem Stroh. Dissertation, Hannover 1980.

SCHÖN, D.: Praktische Pferdezucht. Verlag Eugen Ulmer, Stuttgart 1983.

SMIDT, D.: Tierzucht. Verlag Eugen Ulmer, Stuttgart 1982, 5. Aufl.

SOMMER, H., GREUEL, E., und MÜLLER, W.: Tierhygiene. Verlag Eugen Ulmer, Stuttgart 1976.

Statistisches Jahrbuch über Ernährung, Landwirtschaft und Forsten. Landwirtschaftsverlag, Münster 1986.

STEINHAUSER, H., LANGBEHN, C. und PETERS, U.: Einführung in die
landwirtschaftliche Betriebslehre 1. Verlag Eugen Ulmer, Stuttgart 1989, 4. Aufl.

STUMPF, A.: In: Bauen für die Landwirtschaft, 2, Betonverlag, Düsseldorf 1979.

SÜFLOHN, A.: Das geltende Futtermittelrecht. ASR Verlag, Rheinbach 1985.

Tierische Erzeugung Teil A. – Grundlagen – Die Landwirtschaft Band 2. BLV-Verlagsgesellschaft, München und Landwirtschaftsverlag, Münster-Hiltrup 1982. Schriftleiter: Dr. Johann Dörfler, Dr. Heinrich Hüffmeier.

TUSCHY, D.: Der Mineralstoffbedarf des Warmblutpferdes. Kraftfutter, 56, 1973.

Umweltschutz. Verlag W. Kohlhammer, Stuttgart, Berlin, Köln, Mainz. Bundesministerium des Innern 1980.

Unfallverhütungsvorschriften. Rheinische Landwirtschaftliche Berufsgenossenschaft, Düsseldorf 1980.

UPPENBORN, W.: Richtlinien für Reiten und Fahren. FN-Verlag, Warendorf 1967.

UPPENBORN, W.: Pferdezucht und Pferdehaltung. Bintz Verlag, Offenbach 1972, 4. Aufl.
UPPENBORN, W.: Ponys. Verlag Eugen Ulmer, Stuttgart 1981, 5. Aufl.
VAVRA, R.: Pferdestudien. Co-Libris Verlagsges. GmbH, München 1979.
Veterinary Regulations, 6th edition, FEI 1990.

WENGERSKY, K. VON: Das Viehgewährschaftsrecht im Wandel der Zeit. Inaugural Dissertation, Universität Köln 1988.
ZORN, W.: Pferdezucht. Verlag Eugen Ulmer, Stuttgart 1944.
ZRENNER, K., und PAINTNER, K.: Arzneimittelrechtliche Vorschriften für Tierärzte. Deutscher Apotheker Verlag, Stuttgart 1990.

Bildquellennachweis

Farbfotos:

Bechtel, H., Heimbach: Seite 279, Farbtafel 7 unten links.
Modl, M., Schnaitsee: Seite 162, Farbtafel 2 unten; Seite 179, Farbtafel 3 oben, Mitte rechts; Seite 180, Farbtafel 4 alle.
Möhlenbruch, G., Hennef: Seite 262, Farbtafel 6 oben und unten.
Reinhard, H., Heiligkreuzsteinach-Eiterbach: Seite 279, Farbtafel 7 unten rechts; Seite 280, Farbtafel 8 alle.

Sambraus, H. H., Freising-Weihenstephan: Seite 161, Farbtafel 1 alle; Seite 162, Farbtafel 2 oben.
Simak, E., München: Seite 179, Farbtafel 3 Mitte links; Seite 261, Farbtafel 5; Seite 279, Farbtafel 7 oben.

Schwarzweißfotos:

Ernst, W., Ganderkesee: Seite 33, Abb. 20, 21.
Alle übrigen Schwarzweißfotos sind von G. Möhlenbruch, Hennef.

Sachregister

Abfohlen 126 ff.
Abfohlquote 340
Abort 268
Abschlußprüfung 14
Absetzen 131 f.
Absetzer 132
Abstammung 67
Abwarten 166 f.
Abwurfschacht 142
Achenbach 192
Achenbach-Leine 182
Ackerfläche 323
Adlerfarn 295
Afrikanische Pferdepest 303
Aktive Immunität 266
Alleinfutter 236
Allwetterbahn 316
Alveolen 42
Aminosäuren 201
Ammenstute 130
Anbieter 336
Anbindestall 140
Anbindevorrichtung 147
Anbindezügel 185
Anglo-Araber 70
Angußverband 292
Anlehnung 189
Anschoppungskolik 277
Ansteckende Blutarmut
  (Equine Infektiöse Anämie)
  273
Antioxidans 208
Anzeigepflicht 273
Ar 323
Araber 70
Arbeit 333
Arbeitskraft, Arten und Bewertung
  329 ff.
– Einheit (AK) 329
– Stunde (AKh) 329
Arbeitslosigkeit 333
Arbeitsschutz 322
Arbeitszeitbedarf 330 f.
arrondiert 312

Art 110
Artenschutz 348
Atmung 41 ff., 259
Aufenthaltsraum 151
Auge 39 f.
Auktion 336
Außenboxenstall 139 f.
Ausbildender 12
Ausbilder 12
Ausbildungsberuf 11
Ausbildungsberufsbild 12
Ausbildungsbetrieb 12
Ausbildungsplan, individuell 11
Ausbildungsschwerpunkte 12 f.
Ausbildungsstätte 12
Ausbildungsvertrag 11 f.
Ausdruck, Pferd 87
Auslauf 134
Ausschuhen 288
Austreibungsphase, Geburt 128 f.

Baden-Württemberger Warmblut 75
Baisse 337
Balance 100
Ballaststoffe 202
Ballentritt 292
Bandagen 168
Bande, Reithalle 153
Bandentor 153
Bänder, Anatomie 31
Bandscheiben 25
Bauausführung 156 ff.
Bauberatung 155
Baubegenehmigung 155
Baukosten 155
Baumaterialien 159 ff.
Bauplanung 155
Bauverfahren 156
Bayerisches Warmblut 75 f.
Becherkeim 101
Bedeckung 121

Befruchtung 101
Beinhaut 22
Belüftung 148
Berufsbildungsausschuß 15
Berufsbildungsgesetz 11
Berufsfortbildung 11, 16
Berufsweiterbildung 11, 16
Besamung 123
Beschälseuche 303
Betrieb 308 ff.
– Arten 309
– Aufgaben 308
– Kosten und Leistungen 337 ff.
– Ziele 309
Betriebsfläche 322
– Arten 323
– Nutzung 323
Betriebsflächenentfernung 312
Betriebsgebäude 318
– Abschreibung 319
– Arten 319
– Neuplanung 320
– Versicherungen 319
Beurteilung von Pferden 80 ff., 116
Bewegen von Pferden 177 ff.
Bewegungsabläufe 31 ff.
Bewertung von Pferden 80 ff., 160
Biestmilch 130, 245 f.
Bindegewebe 21
Blastula 101
Blut 21, 43 f.
Blutbild 123
Blutgefäße 21, 43 f.
Blutgruppe 44
Blutkreislauf 45 ff.
Blutplasma 271
Boden 332 f.
– Arten 324
– Gefährdung 347
Boxenstall, geschlossen 139 ff.
Boxenwände 144 ff.
Brandzeichen 69
Brunst 62
Brust 24, 42

358

Brustblattgeschirr 182 f.
Brusthöhle 90
Bucheckern 296

Cervixtupferprobe 270
Charakter, Pferd 90, 99
Chlor 204
Chorion 101
Chromatid 20, 102
Chromosom 20, 102
Cogginstest 273
Connemara-Pony 78 f.
Contagiöse Equine Metritis (CEM) 269
Cumarin 297

Dämpfigkeit 259, 301
Dampfrinne 259
Darminvagination 278
Darmpech 131
Darmperistaltik 277
Darmverlagerung 278
Dartmoor-Pony 79
Dauerausscheider 269
Dauergrünlandfläche 323
Deckhalle 318
Deckstand 121
Deckungsbeitrag 339
Desinfektionsmittel 292
Desinfizieren 349
Desoxyribonukleinsäure (DNS) 20
Deutsche Landwirtschafts-Gesellschaft 67, 117
Deutsches Kaltblut 80
Deutsches Reitpferd 72 ff.
Deutsches Reitpony 78
Dickdarm 52
Dienstleistung 308 f.
Diffusion 20
Dominant 104, 109
Doping 298
Doppellonge 186
Drehung der großen Dickdarmschleife 278
Dreiecksbahn 85
Dressursattel 181
Druckverbände 292
Druse 267
Drüsen 36 ff., 56
Duales Ausbildungssystem 11
Dummkoller 301
Düngung des Grünlandes 325 ff.
– – Gefahren 348
Dünndarm 51
Durchlässigkeit 100
DVG-Desinfektionsmittelliste 272

Eibe 295
Eihaut 101

Einbiß 28
Eindecken, Pferd 169
Einheitswert 325
Einnahmen 338 ff.
Einrichtungen, sanitäre 151
Einschuß 289
Einstreu 143
Einstreumaterial 171 f.
Einstreuverfahren 171 f.
Einzelhaltung 39
Eiweiß 201 f.
Ekzem 293
Elementarmembran 19
Elephantiasis 290
Embryo 101
Emission 349 f.
Endotoxine 263
Energie 199 ff.
– Bedarf 200
– Einheit 200
Englisches Vollblut 70 f.
Entmistung 321, 331, 349
Entwicklung 116, 132
Entzündungen 265
Enzyme 21, 50 ff., 199, 202
Epithel 21
Equine Infektiöse Anämie 273
Equines Herpesvirus I (EHV 1) 271
Erbbild 104
Erbfaktoren (Gene) 104
Erbfehler 107 f.
Erdoberfläche 333
Ergänzungsmischfutter 235
Erlaubnisverfahren 302
Erregungsstadium 274
Erziehungsberechtigte 12
essentiell 197, 201
Exotoxine 263

Fahren im Gespann 190 ff.
Farbe und Abzeichen 80 ff., 99, 109
Farbvererbung 99, 109
Fasern (Gewebe) 21
Fertigkeiten 11, 14
Fett 20 f., 199 f.
Fetus (Fötus) 101
Fieber 292
Fieberthermometer 292
Fjordpferde 77
Flechten 294
Flurtausch 312
Fohlenfrühlähme 270
Fohlenspätlähme 271
Förderungsmaßnahmen 119
Format 87
Fortpflanzung 119 f.
Fötus 101
Frontwände 146

Frost 316
Fruchtbarkeitsstörungen 123 ff.
Fruchtblase 101, 128
Fruchtentwicklung 244
Fruchtwasser 101, 128
Führen von Pferden 182
Führmaschine 154
Fußräude 294
Futter 53, 131, 151
– Aufnahme 194, 195, 257
– Vorlage 237
Futterkammer 151
Futterkosten 340 ff., 344 f.
Futtermittel 210 ff.
– Bewertung 211 ff.
– Einteilung 211
– Einzelfuttermittel 255
– Höchstmengen 241
– Nährstoffgehalte 216, 223 ff.
– Probenahme 214 f.
Futtermittelgesetz 210, 255
Futterpassage 53
Futterrübe 225
Futterumstellung 131
Fütterung, allgemein 194 ff.
– von Fohlen und Jungpferden 245 ff.
– von Leistungspferden 247 ff.
– von Rennpferden 252 f.
– von Zuchtpferden 244 f.
Fütterungsfehler 254
Futterwechsel 240
Futterwertzahl 222
Futterzucker 232
Futterzusatzstoffe 349

Gabelstich 291
Galle 25, 54
Gallen 289
Galopp 189
Galopprennen 112
Gamaschen 174
Gang 98, 100, 116
Gärung 222
Gaskolik 277
Gasterophilus intestinalis 283
Gastrula 101
Gebäudewartung 172
Geburt 126 ff.
Geburtsanzeichen 126 ff.
Geburtseröffnungsstadium 126 ff.
Gefäße 21
Gefühl 41
Gehirn 35 f.
Geilstelle 326
Geißel 20
Gelbsucht 273
Gelenke 22, 25 f.
Gelenkschale 288

Gemischte Lahmheit 286
gemischterbig 104
Gene 104
Genotyp (Erbbild) 104
Geradegerichtetsein 190
Geräteraum 151
Gerste 231
Geruch 40 f.
Gesamterscheinung 86 ff.
Geschirr 181 ff.
Geschlecht 58 ff.
Geschlechtsorgane 58 ff.
Geschlechtsvererbung 107
Geschlechtszyklus 62
Geschmack 41
Gespann 190 ff.
Getreide 229 ff.
Gewebe 21
Gewinn 339
Gleichgewicht 100
Glykogen 199, 290
Glykose 21
Glyzerin 199
Golgi-Apparat 20
Grabmilbe 294
Granulationsgewebe 291
Gras, Arten 218 ff.
– Bestockung 327
– Nachsaat 327
Grasnarbe 327
Grassilage 224
Größe, Pferd 99
Großvieheinheit (GV) 328
Grummet 227
Grundausbildung (BBiG) 11
Grundfutter 211, 216 ff.
Grundplasma 19
Grundwasser 324
Grünfutter 216, 277
Grünland, Düngung 325
– Ertragsfähigkeit 223, 324
– Nutzung und Pflege 325 ff.
Grünlandgrundzahl 324
Grünlandzahl 325
Gundermann 296

Haar 56
Haarkleid 258
Hackfrucht 151
Hackfruchtlagerung 151
Hafer 230 f.
– Bewertung 213, 215
Haflinger 76 f.
Hahnenfuß 296
Halfter 177
Hallenboden 153 f.
Hämozytoblasten 23
Hangbeinlahmheiten 286

Hannoveraner 73
Harmonie 99
Harn 54 f.
Harnausscheidung 54 f.
Hauptmängel 301
Hausse 337
Haut 56
Hauterkrankungen 293
Hautpilzerkrankungen 293
Hauttemperatur 258
Hautveränderungen 258
Hektar (ha) 323
Hektolitergewicht (hl) 213
Hengstleistungsprüfungen 113 f.
Hengstschauen 118
Herz 45
Hessen 75
heterozygot (gemischterbig) 104
Heu 226 f.
– Bewertung 212
– Schwitzen 226
– Trocknung 226
Heubriketts 227
Heucobs 227
Hilfen 100
– des Reiters 187 f.
Hinterhand 80, 95 ff.
Höhenförderer 331
Höhenlage 316
Holsteiner 73 f.
Holz 114 f., 160
Holzschutzmittel 163 f.
Holzwerkstoffe 144 f., 160
homozygot (reinerbig) 104
Hoppegartener Husten 272
Hormone 21, 36 ff.
Hornrisse 286
Hornspalten 286
Huf 58
Hufbeschlag 169 f.
Hufererkrankungen 286
Hufmesser 292
Hufpflege 169 f.
Hufrehe 287
Hufrollenentzündung 287
Hufzange 292
Humorale Immunität 266
Hydrophobie 274
HD-(Hochdruck-)Ballen 226, 239

Identifikation 80 ff.
Immission 348 f.
Immunglobuline 266
Immunität 264
Infektionskrankheiten 263
Influenza 272
Inkubationszeit 264
Inneneinrichtungen, Stall 144 ff.

Inselbildung 326
Intermediär, Vererbung 105
Internationale Einheit (I. E.) 206
Interzellularsubstanz 21
Investieren 334
Inzestzucht 110 f.
Inzucht 110 f.
Isländer 77

Jahresdurchschnittstemperatur 315 f.
Jährling 133
Joule (J) 200
Jugendarbeitsschutzgesetz 17
Jugendschutzgesetz 17

Kaliber 87
Kalium 204
Kallus 24
Kaltstall 141
Kalzium 203 f.
Kambium (Knochen) 22
Kandare 178
Kapillaren 47, 49
Kapillarsystem 47, 49
Kapital 334
Kappzaum 185
Karotin 206
Kartoffel 225
Kehlgangslymphknoten 259
Kehlkopfpfeifen 301
Kenntnisse 11, 14
Kernkörperchen 20
Kernplasma 20
Kernsäure 20
Kilojoule (KJ) 200
Kleearten 222
Kleinpferde 76 ff.
Klima 141 f., 314 ff.
Knochen 22 f.
Knochengewebe 22 f.
Knochenhaut 22
Knochenverbindungen 22, 25 f.
Knollen 225
Knorpel 22, 25
Kohlenhydrate 20, 51, 199
Koitalexanthem 272
Kolik 276
Kolostralmilch (Kolostrum) 130, 245 f., 266
Kombinationskreuzung 111
Kompakta (Knochen) 22
Kondition 87
Konjunktur 307
Konkurrenz 336
Konstitution 87, 265
Koppen 301
Kopper-Gebiß 275

Körper 80 f.
Körperflüssigkeit 21
Körperhöhle 24, 42
Körperinnentemperatur 258
Körperteile 80 f.
Kosten 337
– feste 339
– in der Pferdehaltung 339 ff.
– veränderliche 339
Kot 53
Kotabsatz 257
Kraftfutter 211, 228 ff.
Krampfkoliken 277
Kräuter 221 f.
Kreuzkraut 296
Kreuzungszucht 111
Kreuzverschlag 290
Krippe 148
Krippenfutter 229
Kulturfläche 323
Kumtgeschirr 182 f.
Kunden (Zähne) 26 ff.

Lagerraum 319, 321
Lagerung, Futter 149 f.
– Vorräte 149 f.
Landschaftsbild 350
Langhaarpflege 167 f.
Leber 54
Leinenhaltung 191 f.
Leinsamen 232
Leistungen 338 ff.
– in der Pferdehaltung 339 ff.
Leistungsprüfung 112 ff.
Letalfaktoren 107
Leukozyten 21
Licht 143
Liebhaberei 346
Linien 110
Litergewicht (l) 239
Longe 185
Longieren 185 f.
Longierhalle 152, 154
Longierplatz 152, 154
Losgelassenheit 100, 189
LUFA 215
Luft 22, 142
Luftbläschen 42
Luftsackvereiterung 259
Luftverschmutzung 348
Lumbago 290
Lunge 42
Lungenverlaufsform 271
Luzernegrünmehl 231
Lymphe 47, 49
Lyosom 20
Lysin 201

Magen 50 f.
Magenruptur 276
Magenüberladung 276
– sekundäre 276
Magnesium 204
Maiskörner 231
Maissilage 225
Markt, Formen 336
Marktwirtschaft, soziale 336
Maschinen 331
– Unfallgefahr 332
– Wirtschaftlichkeit 332
Maschinenkosten 332
Maschinenraum 319
Mash 233
Mauke 295
Maximalprinzip 309, 335
Medikamente 292
Megajoule (MJ) 200
Meiose (Reifeteilung) 102 ff.
Melasse 232
Mendelsche Gesetze 104 ff.
Mengenelemente 203
Meteorismus 277
Mikroorganismen 260
Milch 62 f., 130 ff.
Milchaustauscher 246
Milchbildung 62 f., 130 ff.
Milchsäure 290
Milzbrand 302
Mindesttagespreis 344
Mineralfutter 211, 236
Mineralstoffe 21
Minimalprinzip 309, 335
Mischfutter 233, 256
– Ergänzungsmischfutter 235
Mischfutterwerk 234
Mist 151 f.
Mistanfall 322
Mistbeseitigung 151 f.
Mistlagerung 151 f.
Mitochondrien 20
Mitose 102
Mittelhand 80, 94 ff.
Mohrrüben 225
Monozyten 21
Morula 101
Muskeln 21, 28 f.
Mutation 107
Mykotoxikosen 296
Myxo-Gruppe 272

Nabelbehandlung 129 f.
Nachfrager 336
Nachgeburt 128 ff.
Nachgeburtsstadium 128 ff.
Nageltritt 291

Nährstoff 196 ff.
– Einteilung 196 f.
– Gehalte 238 f.
Nährstoffbedarf 196, 207 ff.
Nasenausfluß 160, 259
Natrium 204 f.
Nebeneinrichtungen 151 ff.
Nebengebäude 151 ff.
Nerven 21, 34 f.
Nervenschnitt 298
Nervensystem 34 f.
New-Forest 79
Niederschlagsmenge 316
Niere 54 f.
Nitrat 297
Normtyp 232, 235, 256
Nukleinsäure 20
Nutzfläche, forstwirtschaftliche (FN) 323
– landwirtschaftliche (LN) 323

Ödeme 259
Offenlaufstall 140 f.
Ohr 40, 65
Oldenburger 74
Osmose 20, 55
Osteoblast 22, 24

Paarung 120 ff.
Paarungsverfahren 110 ff.
Paddock 134
Palisadenwurm 282
Paralysestadium 274
Passive Immunität 266
Pellet 233
Pensionsbetrieb 310
Periodische Augenentzündung 301
Periost 22 f.
Pferdebesatz 328
Pferdebestand 67 f., 328
Pferdehaltung, volkswirtschaftliche Bedeutung 306
– Wirtschaftlichkeit 332 ff.
Pferdepflege 164 ff.
Pferdeschläge 110
Pferdestall 318
– Planung 320
Pferdewirt 11
Pferdewirtschaftsmeister 16
Pflanzenschutz 348
Pflege, Geräte 171 f.
– Maschinen 171 f.
Pfriemschwanz 283
Phagozytose 20
Phänotyp 104
Phenylbutazon 299
Phlegmone 289

361

Phosphor 203f.
Phosphorsäureester 297
Photosynthese 199
pH-Wert 202
Pigment 21, 109
Pinozytose 20
Placenta 101
Plasma 21
Podotrochlose 287
Points 100
Ponys 79
Population 110
Portionsweide 323f.
Prämien 119
Preis 336ff.
Prellungen 292
Probieren 121
Probierstand 121
Prodromalstadium 274
Produktion 308f.
Produktionsfaktor 332ff.
Protein 201
Prüfungsausschuß 14
Prüfungsgegenstand 14
Prüfungsordnung 15
Pseudomonas mallei 303
Puls 259

Quarantänestall 267, 318
Quetschungen 292

Rachitis 206
Rahmen 87
Rasse 70ff., 110
Ration 241
– Tagesrationen 244
Rationsplan 241f.
Räude 294
Raufen 146, 148
Rauhfutter 211, 226ff.
Raumgewicht 150ff.
Regen 316
reinerbig 104
Reinzucht 110
Reitbetrieb 310ff.
Reithalle 152ff., 318
Reitplatz 152ff.
Reize 21
Reizübertragung 21
Rennbetrieb 311
Rennen 112f.
Rennsattel 181
Resistenz 264
Retikulum 20
rezessiv 104
Rheinland-Pfälzer 75
Rheinländer 74

Rhinopneumonitis 271
Ribonukleinsäure 20
Ribosomen 20
Rißwunden 291
Robinie 296
Rodentizide 297
Roggen 231
Rohasche 196
Rohfaser 202
Rohfett 196
Rohprotein 196
Rosse 120f.
Rotz 301, 303
Rückenmark 36
Rückkreuzung 104, 106
Rüstzeit 311

Saarländer 75
Saftfutter 211, 216ff.
Salmonella abortus equi 268
Salmonellose 268
Sattel 178
– Arten 181
– Bestandteile 178
Satteldruck 292
Sattelkammer 151
Sattelzwang 185
Satzungen 117
Saugmilbe 294
Schadstoffe 256, 347f.
Schauordnung (DLG) 67, 70
Scheuerpfahl 136
Schleimstoffe 21
Schlundverstopfung 275f.
Schritt 188
Schulabschluß 12
Schutzimpfungen 44
Schweifschoner 174
Schweiß 56
Schweißausbruch 258
Schweißzusammensetzung 205
Schwellungen 259
Schwung 100, 189
Sehnen 22, 29, 58
Sekundäre Magenüberladung 276
Selbsttränke 149
Shetland-Pony 78
Sielengeschirr 182f.
Silage, Arten 224
– Bewertung 212ff.
Silierverlauf 224
Silomais 224
Silos 150, 159
Sinnenprüfung 212ff.
Sinnesorgane 39ff.
Sitz des Reiters 187f.
Skelett 22ff.
Smogalarm 348

Sojaextraktionsschrot 232
Sommerräude 294
Sozialbrache 323
Sozialverhalten 56, 63ff.
Spat 289
Spätabort 272
Spatprobe 289
Spongiosa 23
Springsattel 181
Spulwurm des Pferdes 283
Spurenelemente 21, 205f.
Stallapotheke 151, 292
Stallbausysteme 139ff.
Stallboden 142
Stallbuch 293
Stallfenster 147f.
Stallhygiene 143f.
Stallklima 142f.
Standardration 249ff.
Standortwahl 141f.
Standweide 323f.
Stärke 21, 199
Steuern 346
Stichwunden 291
Stoffwechsel 19, 41ff.
Streptokokkus zooepidemicus 269
Streulage 312
Streuwiese 324
Stroh 228
Strongylus vulgaris 282
Strukturstoffe 202
Stückkosten 336
Stufenausbildung des Pferdes 188ff.
Stutenmilch 246
Stützbeinlahmheiten 285
Stützgewebe 22f.
Substanz, anorganische 196
– organische 196
Suhle 136
Sumpfschachtelhalm 295
Synovia 25

Tagesration 244ff., 345
Takt 100, 189
Taumelkrankheit 295
Tausendkorngewicht 213
Temperatur 98f.
– Wetter 316
Tetanus 267
Tetanusbazillen 291
Tetraden 103
Tierarzneimittel 349
Tiergesundheitsdienst 121
Tierkörperbeseitigung 349
Tierkörperbeseitigungsgesetz 304
Tierschutzgesetze 193f.
Tierseuchengesetz 302

Tierzuchtgesetz 119
Tollwut 274, 303
Trab 189
Traber 71
Trabrennen 113
Trächtigkeit 125f.
Trächtigkeitsdiagnose 125f.
Tragezeit 126
Trakehner 72f.
Tranquilizer 268
Transport, Ausrüstung 174
– Dauer 176
– Fahrweise 175
– Fahrzeuge 174
Trennwände 144ff.
Trense 177
Trockenschnitzel 231
Trockensubstanz (TS) 196
Trockensubstanzaufnahme 195
Tupferprobe 121, 271
Türen 146f.
Typ 86f.

Umtriebsweide 323f.
Umwelt, Gefahren 347
– Recht 350
– Schutzmaßnahmen 348
Unfallverhütung 192f., 322, 332
Unternehmerrisiko 344
Urinabsatz 257
Urzelle 104

Vegetationsperiode 317
Verbandswatte 292
Verdaulichkeit 197
Verdauung 49ff., 199ff.
Verdrängungskreuzung 111
Veredlungskreuzung 111
Vererbungsgesetze 104ff.
Verhaltensweisen 98f., 116
Verkehrslage, äußere 314
– innere 311
verladefromm 173
Verladen 173ff.

Verlust 339
Versammlung 190
Verstopfungskolik 277
Vertragsnummer 12
Vertragspartner 12
Vielseitigkeitssattel 181
Virusabort 271
Viruserkrankungen 264
Vitamine 21, 52f., 205ff.
Volvolus nodosus 278
Vorführen 85f.
Vorhand 80, 88ff.
Vorstellen 85f.

Waldsterben 348
Walzhafer 230
Warmblutrassen 76
Wärmeregulierung 56
Wasser 21, 53
– Bedarf 198
– Qualität 198
Wasserversorgung 137, 149
Weender Analyse 196
Wehen 128
Weide 134ff.
– Arten 323
– Pflege 326ff.
Weidedüngung 134ff.
Weidegang 132
Weidepflege 134ff.
Weidetore 137f.
Weidezaun 137f.
Weizen 231
Weizenkleie 231
Welsh-Pony 78
Westfalen 73
Wettbewerb 336
Wetter 315
Wickelkauen 274
Widerstandskraft 265
Wiesen 323
Wind 317
Windkolik 277
Wirbel 22

Wirkung, diäthetisch 225
Wirtschaften, Grundsätze 335
Wirtschaftlichkeit 339ff.
Wohnhaus 318
Wohnwert 325
Wundheilung 291
Wundränder 290
Wundstarrkrampf (Tetanus) 267
Wurzelfrüchte 225

Zähne 26ff.
Zahnfleischentzündungen 275
Zahnhaken 257, 274
Zahnlücken 275
Zahnwechsel 275
Zäumung 177f.
Zelle 19ff.
Zellulose 199
Zinsanspruch 334
Zinsen 334
Zotten 101
Zottenhaut 101
Zuchtbetrieb 310
Zuchtbuch 117f.
Zuchtbuchführung 117f.
Zuchtbuchordnung 117
Züchterorganisationen 116ff.
Zuchtleistungsprüfung 114
Zuchtpferdeschauen 118
Zuchtprogramme 117
Züchtung, Grundbegriffe 110
– praktische 115ff.
Zuchtverfahren 110ff.
Zuchtwahl 115f.
Zucker 20
Zuckerrübenblattsilage 225
Zugluft 317
Zusatzfuttermittel 236
Zusatzstoffe 256
Zwergfadenwurm 284
Zwischenfruchtanbau 324
Zwischenprüfung 14